中国近代
思想家文库

◎

赵立彬 编

黄文山卷

中国人民大学出版社
·北京·

总　序

　　对于近代的理解，虽不见得所有人都是一致的，但总的说来，对于近代这个词所涵的基本意义，人们还是有共识的。一个国家、一个民族走入近代，就意味着以工业化为主导的经济取代了以地主经济、领主经济或自然经济为主导的中世纪的经济形态，也还意味着，它不再是孤立的或是封闭与半封闭的，而是以某种形式加入到世界总的发展进程。尤其重要的是，它以某种形式的民主制度取代君主专制或其他不同形式的专制制度。中国是个幅员广大、人口众多、历史悠久的多民族国家，由于长期历史发展是自成一体的，与外界的交往比较有限，其生产方式的代谢迟缓了一些。如果说，世界的近代是从 17 世纪开始的，那么中国的近代则是从 19 世纪中期才开始的。现在国内学界比较一致的认识，是把 1840 年到 1949 年视为中国的近代。

　　中国的近代起始的标志是 1840 年的鸦片战争。原来相对封闭的国门被拥有近代种种优势的英帝国以军舰、大炮再加上种种卑鄙的欺诈打开了。从此，中国不情愿地加入到世界秩序中，沦为半殖民地。原来独立的大一统的中央集权的君主专制国家，如今独立已经极大地被限制，大一统也逐渐残缺不全，中央集权因列强的侵夺也不完全名实相符了。后来因太平天国运动，地方军政势力崛起，形成内轻外重的形势，也使中央集权被弱化。经历第二次鸦片战争、中法战争、甲午战争、八国联军入侵的战争以及辛亥革命后的多次内外战争，直至日本全面侵略中国的战争，致使中国的经济、政治、教育、文化，都无法顺利走上近代发展的轨道。古今之间，新旧之间，中外之间，混杂、矛盾、冲突。总之，鸦片战争后的中国，既未能成为近代国家，更不能维持原有的统治秩序。而外患内忧咄咄逼人，人们都有某种程度"国将不国"的忧虑。

　　"天下兴亡，匹夫有责"，读书明理的士大夫，或今所谓知识分子，尤为敏感，在空前的危机与挑战面前，皆思有所献替。于是发生种种救亡图存的思想与主张。有的从所能见及的西方国家发展的经验中借鉴某些东西，形成自己的改革方案；有的从历史回忆中拾取某些智慧，形成某种民族复兴的设想；有的则力图把西方的和中国所固有的一些东西加以调和或结合，形成某种救亡图强的主张。这些方案、设想、主张，从世界上"最先进的"，到"最落后的"，几乎样样都有。就提出这些方案、设想、主张者的初衷而言，绝大多数都含着几分救国的意愿。其先进与落后，是否可行，能否成功，尽可充分讨论，但可不必过为诛心之论。显而易见，既然救国的问题最为紧迫，人们所心营目注者自然是种种与救国的方案直接相关的思想学说，而作为产生这些学说的更基础性的理论，及其他各种知识、思想，则关注者少。

围绕着救国、强国的大议题，知识精英们参考世界上种种思想学说，加以研究、选择，认为其中比较适用的思想学说，拿来向国人宣传，并赢得一部分人的认可。于是互相推引，互相激励，更加发挥，演而成潮。在近代中国，曾经得到比较广泛的传播的思想学说，或者够得上思潮的，主要有以下几种：

（一）进化论。近代西方思想较早被引介到中国，而又发生绝大影响的，要属进化论。中国人逐渐相信，进化是宇宙之铁则，不进化就必遭淘汰。以此思想警醒国人，颇曾有助于振作民族精神。但随后不久，社会达尔文主义伴随而来，不免发生一些负面的影响。人们对进化的了解，也存在某些片面性，有时把进化理解为一条简单的直线。辩证法思想帮助人们形成内容更丰富和更加符合实际的发展观念，减少或避免片面性的进化观念的某些负面影响。

（二）民族主义。中国古代的民族主义思想，其核心是"非我族类，其心必异"，所以最重"华夷之辨"。鸦片战争前后一段时期，中国人的民族思想，大体仍是如此。后来渐渐认识到"今之夷狄，非古之夷狄"，"西人治国有法度，不得以古旧之夷狄视之"。但当时中国正遭受西方列强的侵略和掠夺，追求民族独立是民族主义之第一义。20世纪初，中国知识精英开始有了"中华民族"的概念。于是，渐渐形成以建立近代民族国家为核心的近代民族主义。结束清朝君主专制，创立中华民国，是这一思想的初步实现。第一次世界大战爆发，中国加入"协约国"，第一次以主动的姿态参与世界事务，接着俄国十月革命爆发，这两件事对近代中国的发展历程造成绝大影响。同时也将中国人的民族主义提升到一个新的层次，即与国际主义（或世界主义）发生紧密联系。也可以说，中国人更加自觉地用世界的眼光来观察中国的问题。新生的中国共产党和改组后的国民党都是如此。民族主义成为中国的知识精英用来应对近代中国所面临的种种危机和种种挑战的一个重要的思想武器。

（三）社会主义。社会主义作为一种模糊的理想是早在古代就有的，而且不论东方和西方都曾有过。但作为近代思潮，它是于19世纪在批判近代资本主义的基础上产生的。起初仍带有空想的性质，直到马克思和恩格斯才创立起科学社会主义。20世纪初期，社会主义开始传入中国。当时的传播者不太了解科学社会主义与以往的社会主义学说的本质区别。有一部分人，明显地受到无政府主义的强烈影响，更远离科学社会主义。直到五四新文化运动兴起之后，中国人始较严格地引介、宣传科学社会主义。但有一段时间，无政府主义仍是一股很大的思想潮流。中国共产党的成立，从思想上说，是战胜无政府主义的结果。中国共产党把在中国实现社会主义乃至共产主义作为自己的奋斗目标。此后，社会主义者，多次同各种非科学社会主义思想的信仰者进行论争并不断克服种种非科学社会主义思想的影响。

（四）自由主义。自由主义也是从清末就被介绍到中国来，只是信从者一直寥寥。直到五四新文化运动兴起，具有欧美教育背景的知识精英的数量渐渐多起来，自由主义始渐渐形成一股思想潮流。自由主义强调个性解放、意志自由和自己承担责任，在政治上反对一切专制主义。在中国的社会条件下，自由主义缺乏社会基础。在政治激烈动荡的时候，自由主义者很难凝聚成一股有组织的力量；在稍稍平和的时候，他们往往更多沉浸在自己的专业中。所以，在中国近代史上，自由主义不曾有，也不可能有大的作为。

（五）激进主义与保守主义。处于转型期的社会，旧的东西尚未完全退出舞台，新的东西也还未能巩固地树立起来，新旧冲突往往要持续很长的时间，有时甚至达到很激烈的程度。凡助推新东西成长的，人们便视为进步的；凡帮助旧东西排斥新东西的，人们便视为保守的。其实，与保守主义对应的，应是进步主义；与顽固主义相对的则应是激进主义。不过在通常话语环境中人们不太严格加以区分。中国历史悠久，特别是君主专制制度持续两千余年，旧东西积累异常丰富，社会转型极其不易。而世界的发展却进步甚速。中国的一部分精英分子往往特别急切地想改造中国社会，总想找出最厉害的手段，选一条最捷近的路，以最快的速度实现全盘改造。这类思想、主张及其采取的行动，皆属激进主义。在中共党史上，它表现为"左"倾或极左的机会主义。从极端的激进主义到极端的顽固主义，中间有着各种程度的进步与保守的流派。社会的稳定，或社会和平改革的成功，都依赖有一个实力雄厚的中间力量。但因种种原因，中国社会的中间力量一直未能成长到足够的程度。进步主义与保守主义，以及激进主义与顽固主义，不断进行斗争，而实际所获进步不大。

（六）革命与和平改革。中国近代史上，革命运动与和平改革运动交替进行，有时又是平行发展。两者的宗旨都是为改变原有的君主专制制度而代之以某种形式的近代民主制度。有很长一个时期，有两种错误的观念，一是把革命理解为仅仅是指以暴力取得政权的行动，二是与此相关联，把暴力革命与和平改革对立起来，认为革命是推动历史进步的，而改革是维护旧有统治秩序的。这两种论调既无理论根据，也不合历史实际。凡是有助于改变君主专制制度的探索，无论暴力或和平的改革都是应予肯定的。

中国近代揭幕之时，西方列强正在疯狂地侵略与掠夺殖民地和半殖民地，中国是它们互相争夺的最后一块、也是最大的资源地。而这时的中国，沿袭了两千年的君主专制制度已到了奄奄一息的末日，统治当局腐朽无能，对外不足以御侮，对内不足以言治，其统治的合法性和统治的能力均招致怀疑。革命运动与改革的呼声，以及自发的民变接连不断。国家、民族的命运真的到了千钧一发之际，危机极端紧迫。先觉分子救国之心切，每遇稍具新意义的思想学说便急不可待地学习引介。于是西方思想学说纷纷涌进中国，各阶层、各领域，凡能读书读报者，受其影响，各依其家庭、职业、教育之不同背景而选择自以为不错的一种，接受之，信仰之，传播之。于是西方几百年里相继风行的思想学说，在短时期内纷纷涌进中国。在清末最后的十几年里是这样，五四时期在较高的水准上重复出现这种情况。

这种情况直接造成两个重要的历史现象：一个是中国社会的实际代谢过程（亦即社会转型过程）相对迟缓，而思想的代谢过程却来得格外神速。另一个是在西方原是差不多三百年的历史中渐次出现的各种思想学说，集中在几年或十几年的时间里狂泻而来，人们不及深入研究、审慎抉择，便匆忙引介、传播，引介者、传播者、听闻者，都难免有些消化不良。其实，这种情况在清末，在五四时期，都已有人觉察。我们现在指出这些问题并非苛求前人，而是要引为教训。

同时我们也看到，中国近代思想无比的多样性与复杂性呈现出绚丽多彩的姿态，各种思想持续不断地展开论争，这又构成中国近代思想史的一个突出特点。有些论争为我们留下了非常丰富的思想资料，如兴洋务与反洋务之争，变法与反变法之争，革命与改良之争，共和与立宪之争，东西文化之争，文言与白话之争，新旧伦理之争，科学与人生观之争，中国社会性质的论争，社会史的论争，人权与约法之争，全盘西化与本位文化之争，民主与独裁之争，等等。这些争论都不同程度地关联着一直影响甚至困扰着中国人的几个核心问题，即所谓中西问题、古今问题与心物关系问题。

中国近代思想的光谱虽比较齐全，但各种思想的存在状态及其影响力是很不平衡的。有些思想信从者多，言论著作亦多，且略成系统；有些可能只有很少的人做过介绍或略加研究；有的还可能因种种原因，只存在私人载记中，当时未及面世。然这些思想，其中有很多并不因时间久远而失去其价值。因为就总的情况说，我们还没有完成社会的近代转型，所以先贤们对某些问题的思考，在今天对我们仍有参考借鉴的价值。我们编辑这套《中国近代思想家文库》，希望尽可能全面地、系统地整理出近代中国思想家的思想成果，一则借以保存这份珍贵遗产，再则为研究思想史提供方便，三则为有心于中国思想文化建设者提供参考借鉴的便利。

考虑到中国近代思想的上述诸特点，我们编辑本《文库》时，对于思想家不取太严格的界定，凡在某一学科、某一领域，有其独立思考、提出特别见解和主张者，都尽量收入。虽然其中有些主张与表述有时代和个人的局限，但为反映近代思想发展的轨迹，以供今人参考，我们亦保留其原貌。所以本《文库》实为"中国近代思想集成"。

本《文库》入选的思想家，主要是活跃在 1840 年至 1949 年之间的思想人物。但中共领袖人物，因有较为丰富的研究著述，本《文库》则未收入。

编辑如此规模的《文库》，对象范围的确定，材料的搜集，版本的比勘，体例的斟酌，在在皆非易事。限于我们的水平，容有瑕隙，敬请方家指正。

《中国近代思想家文库》编纂委员会

目　录

导　言

　　20 世纪上半叶的中国思想界，经历了规模宏大而方向各异的重大变迁。从早期冲决旧思想的网罗，西方新思想、新观念澎湃涌入、叠彩纷呈，到 1920 年代后国民党建立全国政权、民族主义高扬、意识形态统制强化，新知识界的人士难有不受这些时代潮流的影响。黄文山就是中国现代思想和知识变动格局中的一位代表性人物。他较早受到西方新思潮的熏染，与早期共产党人、国民党人都有一定历史渊源，经历过思想上的巨大变化，社会交往广泛，学术领域广阔。他是一位在时代思潮中相对活跃的思想家和学者，对现实问题又非常关注，一生中的大部分时间代表国民党官方政治立场、为国民党意识形态服务，同时直接参与了国民党在文化、学术等方面的实际工作，担任过一些重要的职务。

一

　　黄文山（1897—1982）①，号凌霜，笔名兼生、兼胜等，广东省台山县人。出生于台山县洞口乡长兴里。幼时跟从其四叔祖黄尧文学习旧

---

　　①　刘伯骥：《黄文山》，华侨协会总会编：《华侨名人传》，390 页，台北，黎明文化事业股份有限公司，1984。关于黄文山的生年，有 1897、1898、1900、1901 年等各种说法，较早出版的日人桥川时雄所编《中华文化界人物总鉴》"黄文山"条目下记载为 1897 年，所本不详（桥川时雄编：《中华文化界人物总鉴》，北京，中华法令编印社，1940）。黄文山的两位友人：谢康 1969 年记到该年黄文山 71 岁（谢康：《黄文山先生的"书"和"人"》，《艺文志》第 48 期），卫惠林曾在 1978 年记到该年"正值文山兄八秩大庆"（黄文山：《黄文山文集》，台北，台湾商务印书馆，1983）。据此，黄文山应生于 1899 年（若以中国传统计龄习惯）或 1898 年（按实岁计）。

学，后入广州千顷书院肄业。1911 年，因为其父亲黄世河在港经商，便转学于香港皇仁书院。四年后（1915 年），赴上海考取清华学校，到北京求学，旋转入北京大学哲学系。①

黄文山在求学时期，对于新思潮就情有独钟，对新世界和新思想十分向往，并很快感知新思潮的影响。在香港读书的几年里，他便组织世界语学会。年轻时受师复的无政府主义影响已经很深，并参加了师复组织的"心社"。到北京后，迅速接受"人道主义与自由的社会主义"。在北京大学时，他又与赵太侔等组织"实社"，主编不定期刊物《自由录》，以凌霜为笔名，自是凌霜为其别号。这一刊物在思想上承接巴黎《新世纪》，以激进著称。黄在北京时受蔡元培影响至深，五四运动爆发，黄文山由北大学生会选举为《北京大学学生周刊》总编辑，同时又为《新青年》杂志撰译。五四运动后，黄文山与李大钊等早期中国共产党人过从甚密，在联络建立北京、广州的早期中国共产党组织过程中发挥过重要作用。1920 年 9—10 月，一度加入北京的共产党小组，参与《劳动音》周报的主编工作。② 这一时期他的思想徘徊于无政府主义与马克思主义之间，思想倾向激进。

1921 年黄文山毕业于北京大学，应广东机器工会领导人马超俊邀请，代表广东机器工会赴莫斯科参加"东方劳苦大众大会"③，即 1921 年底共产国际决定在苏俄召开的远东各被压迫民族代表大会（苏联文献称为"远东革命组织第一次代表大会"）。当时中国有 30 名代表参加了大会，其中有中共党员张太雷、邓培、张国焘等 10 人，国民党党员张秋白等 10 多人。在回国路时，黄文山执笔写了一封信给陈独秀，陈独秀把它公开刊登于《新青年》杂志上。信中黄文山表示认可"无产阶级专政"为社会革命的唯一手段。④

但是黄文山并不认为这封通信代表他对于马克思主义和无产阶级专政问题的看法，很快与马克思主义者分道扬镳。此后，黄文山主要转入学术研究。1922 年夏，黄文山赴美留学，入哥伦比亚大学及克拉克大学，专攻社会学、哲学、史学、文化人类学。1928 年得哥伦比亚大学

---

① 参见刘伯骥：《黄文山》，华侨协会总会编：《华侨名人传》，390 页。

② 参见黄尊生：《记黄文山先生》，张益弘主编：《黄文山文化学体系研究集》，2 页，台北，中华书局，1976。

③ 同上书，3 页。

④ 参见凌霜：《关于无产阶级专政致陈独秀函》，载《新青年》第 9 卷第 6 号。

硕士学位。同时加入了国民党，并开始精研三民主义。1928 年，黄文山由美赴欧，经历欧洲各国，返抵上海，出任劳动大学教务长，后任国立暨南大学社会学系主任。两年后，至北平任国立北京大学教授，兼国立北平师范大学社会学系主任。1932 年发生"一·二八"事变，黄南下广州，任国立中山大学社会学系教授。局势稳定后，又赴南京改任国立中央大学社会学系主任，并获选制宪国民大会代表。1936 年两广事变后，黄文山到广州，任国立中山大学社会学系教授，这时黄不仅在学术上已经具有一定地位，而且在政治上也具有一些职务，直接参与国民党的党务工作。南下广州后，先后担任过中国国民党广州市党部委员、市立第一中学校长。抗战爆发后，复兼《广州日报》社社长，创办《更生评论》等政论性杂志，组织中国文化研究会，出版《民族文化》月刊。[①] 1939 年至 1941 年间，奉派赴美国视察党务侨务。1941 年出任立法委员。1945 年 8 月，任广东省府委员、国民政府侨务委员会委员。1947 年当选国民大会代表、国民党中央监察委员。

同时黄文山仍有学术界的任职，1941 年 5 月，任中山大学法学院院长。抗战胜利后，中山大学、岭南大学复员广州，同时原广东省立勷勤大学法商学院发展成为广东省立法商学院，创办社会学系，黄文山接任院长兼系主任。在 1946—1949 年，他为推动广东的社会学、民族学等学科的发展，开展过许多学术组织工作，使在华南建设学术中心的工作颇有声色。

1949 年国民党政权垮台，大陆解放。黄文山继续在海外为国民党政府效力，1956 年在洛杉矶出版中英文《华美周刊》，1961 年在洛杉矶创办"华美文化学院"，以保存及阐扬中国文化并促进东西文化之交流与混融为目的，讲授东方文化哲学历史艺术的课程，自兼院长。并继续担任台湾的"中华民国"教育部驻美文化顾问委员会委员。1968 年，应台湾的"国家科学委员会"之聘，为客座教授，返回台湾，任教于台湾大学社会学系及考古人类学系。1970 年，受聘为香港中文大学新亚学院客座教授一年。聘期完毕，又应香港珠海书院之邀，留港讲学，任该校文学院院长。后因肾病施行手术，1973 年夏，辞退香港职务，返回美国，任洛杉矶东方大学研究院院长及教授。1982 年 6 月 20 日在洛

---

① 参见刘伯骥：《黄文山》，华侨协会总会编：《华侨名人传》，392 页。

杉矶逝世，葬于玫瑰坟场。①

　　黄文山在台、港和海外有较大的影响②，大陆学术界对黄文山的研究，过去多在论述早期的无政府主义思潮时，对"黄凌霜"之名有所提及，专文不多。阮青曾撰有《黄凌霜》一文，作为《中国现代哲学人物评传》之一，对黄氏的生平和主要学术、思想有初步的介绍。③ 黄兴涛在提议开展"文化学"的学科与理论研究时，特别注意到黄文山在这一领域的贡献，指出黄文山称得上近代中国最早具有明确的文化学方法论意识并试图在此基础上建构中国文化学的先驱人物。④ 作为学者的黄文山，近年来有蒋志华、钟少华、田彤、黄有东及笔者作过探讨性的研究。⑤

二

　　黄文山既是一名思想家，又是一名学者，他的思想主张与他的学术之间有着密切的关联。在思想上，黄文山受到 20 世纪初以来主要的思想大潮所影响，早年主张无政府主义，并对马克思主义有较深的了解，后来更是亲身参与了国民党意识形态的建构，在民族主义、中西文化观、文化政策等方面都深深带上了国民党党派学者的印记。在学术上，黄文山涉猎的领域颇为宽广，在民族学、人类学、社会学、哲学、历史

---

　　① 参见刘伯骥：《黄文山》，华侨协会总会编：《华侨名人传》，397 页。

　　② 1976 年，张益弘主编了《黄文山文化学体系研究集》（台北，中华书局，1976）一书，其中收录对黄文山生平的一些回忆、对黄文山著述的介绍和对黄文山"文化学体系"研究的心得。有关黄文山的生平和著述情况，可参阅该书。

　　③ 参见李振霞、傅云龙编：《中国现代哲学人物评传》（下），北京，中央党校出版社，1991。

　　④ 参见黄兴涛：《近代中国文化学史略》，氏著《文化史的视野》，福州，福建教育出版社，2000。

　　⑤ 大陆学者的研究，主要有蒋志华：《广东文化学研究一瞥》，载《广东社会科学》，1997（3）；钟少华：《中国学的文化创建者黄文山》，载《中国文化研究》，1998（2）；田彤：《转型期文化学的批判：以陈序经为个案的历史释读》，华中师范大学博士论文，2002；赵立彬：《黄文山文化学与文化观述论》，载《暨南学报》，2004（6）。黄有东对黄文山有系列的研究，如：《黄文山文化思想研究》，中山大学博士学位论文，2007；《黄文山与"五四"时期的无政府主义思潮》，载《燕山大学学报》，2008（3）；《黄文山与现代"文化学"》，载《中山大学学报》，2009（5）；《中国现代"文化学"双峰：黄文山与陈序经之比较》，载《理论月刊》，2010（7）；《民族本位·中庸型文化：黄文山的"文化出路"观述论》，载《现代哲学》，2010（4）。

学等领域都有相关著述和译述，特别重要的是，黄文山有着强烈的创立
"文化学"的学术理想，将"文化学"作为一门学科加以倡导，并努力
开展学科构建的实践，从而在近代中国的知识和学术转型上，具有一定
的代表性。

　　早期黄文山是一名无政府主义的积极倡导者。他的无政府主义思
想，主要承袭师复的主张，和区声白等人以社会主义学派自居，反对强
权和国家（包括无产阶级专政），主张个人绝对自由，主张建立无政府
共产主义社会。他们以公有制度作为他们的理想社会，主张政治生活由
自由组织的各种公会和团体主持，社会平等，个人独立，各尽所能，各
取所需。黄文山将社会主义分成无政府主义的"共产社会主义"与马克
思主义的"集产社会主义"，极端反对后者，并从无政府主义的立场出
发，对当时马克思主义和俄国社会主义实践提出了尖锐的批评，提倡
"无政府共产党"的"以各个人能享平等幸福为主"的主张。这一时期，
黄文山在《北京大学学生周刊》和实社《自由录》、《新青年》、《进化》、
《解放与改造》上发表了许多文章，宣扬无政府主义，产生了较大的
影响。

　　黄文山何时告别无政府主义，未有可靠的材料说明。但他很快从文
化的视角，对世界视野的无政府主义观点有所修正，在美国留学期间，
已显示出与国民党的思想观念日益接近，先后任纽约《民气日报》总编
辑和旧金山《国民日报》总编辑，阐扬三民主义理论。留学回国后，国
民党已经确立了在全国的统治，黄文山在国内的学术和政治活动，均与
国民党及其内部派系有密切关联，转而用国民党的意识形态来阐述其文
化观，不仅理论上发生了完全的转变，而且前后时期发表的文字在风格
上都截然不同，判若两人。1932 年 1 月，黄文山在广州国民党中央执
监委非常会议出版的机关刊物《中央导报》上，发表了《中国革命与文
化改造》一文，从国民党的意识形态出发，阐述其对中国文化的基本看
法。他认为中国革命的意义，就是要建立新的文化系统。革命是实行主
动的文化变革，"革命是文化转向的唯一因子"。"中国今日的民主革命
是拼命的飞跃，社会生产诸力的进展，文明的演进，都系于这个飞跃的
能否成功。"[1] 1935 年初《中国本位的文化建设宣言》发表时，黄文山
是署名者之一。他当时担任中央大学教授，和北京大学教授陶希圣、中

---

　　① 　黄凌霜：《中国革命与文化改造》，载《中央导报》第 23 期，1932 年 1 月。

央政治学校教授萨孟武、中央大学商学院教授武堉干四人都是后来被拉进来参加签名的。① 但这篇宣言的观点，确实代表了黄文山对于中西文化的态度和对中国文化的出路的答案。宣言发表后，引起激烈讨论，批评者甚众，黄文山认为大多数人对于《中国本位的文化建设宣言》的理解，都离开宣言的本意，是一种"曲解"。尤其对于论战中批评本位文化宣言有"复古"倾向、主张对西洋文化应该全盘接纳的胡适和陈序经，黄文山认为"实在不甚妥当"②。黄文山是从中西文化的比较中来求答案的，中国文化的改造，要改造基本精神的方面，以家族伦理为根本的中国传统制度是没有出路的，中国文化必须改造。其途径，便是当时国民党政府正在进行的文化运动。黄文山此后更为积极地参与国民党意识形态的宣传，抗战爆发后所创办的《更生评论》周刊，以宏扬"抗战建国"之国策为主要目的，另组织中国文化研究会，出版《民族文化》月刊，也以发扬"民族精神"、"民族文化"为主旨。③ 黄文山在《更生评论》、《时代动向》、《三民主义半月刊》、《中山文化季刊》等期刊上发表了大量的理论文章，对于国民党三民主义的宣传工作十分积极，并大力倡导符合国民党文化控制政策的"文化统制论"，认为在这种文化的转型时期，"一切文化之统制的变易，有赖于理论的文化学与应用文化学，为之指标，实如日月经天，江河行地，无可致疑者"④。从配合中国本位的文化建设运动，到鼓吹"精神力之统制"，直到晚年倡导中国文化复兴，黄文山坚持不懈地致力于"文化学"的著述，而在政治上都是与国民党的文化意识形态相一致的。中国本位的文化建设的主张在 20 世纪 30 年代提出时，本身处于中西文化选择的矛盾之中，虽然在思想的深处受到西方文化影响至深，在西学占据主导地位的形势下也不可能从根本上反对西方文化或将中国文化地位估计过高，但实际上已暗含文化自大的基因。后来黄文山晚年再谈及中国文化复兴时，便又将中国文化凌驾于世界文化之上，不为无因。

黄文山的中西文化观以及他对国民党文化意识形态的拥护，是以他的"文化学"学理为基础的。黄文山是近代中国"文化学"学科建构的

---

① 参见叶青：《〈中国本位的文化宣言〉发表经过》，载《政治评论》第 8 卷第 11 期。

② 参见黄文山：《中国文化建设的理论问题与文化学》，《文化学论文集》，154 页，广州，中国文化学学会，1938。

③ 参见刘伯骥：《黄文山》，华侨协会总会编：《华侨名人传》，392 页。

④ 黄文山：《文化学论文集·自序》，《文化学论文集》，6 页。

主要倡导者之一，"文化学"也是他一生最重视和用力最多的学术事业。自 1920 年代末，黄文山已经开始关注文化问题，特别是 1921—1922 年的苏俄之行，在经过乌拉尔山脉时，"目击欧罗巴和亚细亚分线的碑记，对于东西文化的根本区别，究竟何在的问题，在心影上便留着一个不可磨灭的印痕"①。1930 年代中期，他在"文化学"的倡导上取得重要进展，在他任教的各校中，"颇以文化学相号召"②，试图应用人类学、史学、社会学等各学科领域的知识，综合研究文化现象，建立"文化学"作为一门"纯粹的、客观的"并且是综合了其他各门具体文化科学的学科，以解决关于文化的重大问题。除在《新社会科学季刊》、《社会科学丛刊》等杂志上发表提倡"文化学"和阐述"文化学"研究的方法、文化法则问题的论文外，1938 年，由中国文化学学会在广州出版了他的《文化学论文集》，收录了他关于"文化学"学科的概念、文化法则、"文化学"研究方法等方面的文章。1940 年代，黄文山致力于《文化学体系》的著述，但直到 1949 年大陆政权易手，全书并未完成，只有《文化学及其在科学体系中的位置》一章，篇幅较紧，曾由岭南大学西南社会经济研究所别印专刊。抗战后的一段时期，黄文山的"文化学"相关著述发表较多，一些新的论文或经过修订后的重要论文，如《文化学的建立》、《文化体系的类型》、《文化学在创建中的理论之归趋及其展望》等分别在《社会科学论丛》、《社会学讯》上发表。1968 年，黄文山在台湾出版了约 70 万言的巨著《文化学体系》，全书共分三篇十九章：上篇：文化学的建立；中篇：文化体系的分析；下篇：综合观察。除下篇成书于 1960 年代外，上两篇均为 1949 年以前所作。由于黄文山"用文化学特有的概念及方法论解释人类及其社会的一切"，因而后来有研究者提出，黄文山的"文化学"是一种"文化还原论"或"文化归因论"，即用"文化学"特有的概念及方法论解释人类及其社会的一切，因而"是严格意义上的'文化学'"③。

在"文化学"研究的统领下，黄文山在民族学、人类学、社会学、哲学、历史学等领域也取得了不少的成果，对于这些学科的发展也产生

① 黄文山：《文化学的建筑线》，载《新社会科学季刊》第 1 卷第 2 期，1934。
② 黄文山：《文化学在创建中的理论之归趋及其展望》，载《社会学讯》第 8 期，1948 年 12 月 19 日。
③ 顾晓鸣：《追求通观：在社会学文艺学文化学的交接点上》，51 页，南宁，广西人民出版社，1989。

了一定的影响。从 1920 年代始,黄文山在广泛接触西方社会学、人类学理论的基础上,发表了一系列关于社会学、人类学的论文,编撰了《社会进化》、《西洋知识发展纲要》等著作,对于西方相关学说在中国的传播起到了积极的作用。1933 年 2 月,黄文山等人参与创办了一个"中华社会科学学社",黄文山是三名常务理事中的一员,负责编辑期刊工作,同时担任社会组兼史地组组长。这个团体所主办的期刊,就是《新社会科学季刊》。① 1934 年,黄与何联奎、孙本文、凌纯声等一起筹设"中国民族学会"。② 1946 年 4 月,中国社会学社广东分社成立,主要由中山大学、广东省立法商学院、岭南大学三校社会学系人员组成,黄文山任理事长。③ 抗战时期,他在《民族学研究集刊》、《青年中国季刊》发表了多篇与民族学有关的论文,他在中国的民族学研究领域颇有声名。史学也是他的主要学术领域之一。就其个人的史学实践,曾经因 1930 年代的中国社会史论战,发表过对中国古代社会史研究的方法论的看法,并引起过商榷,相关文字(包括他人的商榷文字)都发表在 1934 年和 1935 年《新社会科学季刊》上。④ 1930 年 5 月,黄文山在东南社会学会(后为中国社会学会)主编的《社会学刊》上,发表《史则研究发端》一文,论述了自己对于历史法则的认识。⑤ 1934 年又在中山文化教育馆主编的《中山文化教育馆季刊》的创刊号上,发表《民生史观论究》一文,主要围绕孙中山的民生史观和陈立夫的"唯生论"进行了阐述。⑥ 这两篇文字具有密切的关联,1935 年,黄文山以《民生史观论究》的内容为主体,将《史则研究发端》的一部分,作为《由史的"偶然论"说到史的因果法则》一章,并补写了《史的唯生论的方法论》一章,合为一体,撰成《唯生论的历史观》一书,由南京正中书局出版。1937 年初,黄文山又在自己于广州主办的《更生评论》上发表《历史科学与民生史观》一文。⑦ 黄文山以民族学、人类学、社会学知

① 参见《中华社会科学学社社务报告》,载《新社会科学季刊》第 1 卷第 1 期,1934。
② 参见何联奎:《自述》,《何联奎文集》,406 页,台北,中华书局,1980。
③ 参见《中国社会学社广东分社成立经过》,载《社会学讯》第 1 期,1946 年 5 月 20 日。
④ 参见黄文山:《对中国古代社会史研究的方法论之检讨》,载《新社会科学季刊》第 1 卷第 3 期,1934 年 11 月 15 日;《阶级逻辑与文化民族学》,载《新社会科学季刊》第 1 卷第 4 期,1935 年 3 月 15 日。
⑤ 参见黄文山:《史则研究发端》,载《社会学刊》第 1 卷第 3 期,1930 年 5 月。
⑥ 参见黄文山:《民生史观论究》,载《中山文化教育馆季刊》第 1 卷第 1 号,1934 年 8 月。
⑦ 参见黄文山:《历史科学与民生史观》,载《更生评论》第 1 卷第 2 期,1937 年 2 月。

识为主要学术资源，从"文化"的视角来整合对于历史的认识，将"史则"和"史观"与"文化学"理论联系起来，为国民党主流意识形态的民生史观作为最高历史法则提供学术论证。

黄文山同时在侨界中很有影响，并为国民党政府担负在华侨中的工作。在美国留学期间，黄文山先后任纽约《民气日报》总编辑和旧金山《国民日报》总编辑，这两份报纸"阐扬三民主义之理论，词意风发，气概磅礴，洋洋洒洒，为侨界所重视"①。抗战时期之初，黄文山为广东的《粤侨导报》撰写了大量文章，论述广东华侨对于抗战胜利后各方面建设的作用。1949 年国民党政权垮台，大陆解放。黄文山继续在海外为国民党政府效力，于 1949 年 7 月抵达美国旧金山，联络旧人，组织团体，在华侨中开展工作，从事文化宣传。②

译著和英文著述也是黄文山著述的重要组成部分。黄文山具有极佳的英文水平，由于香港皇仁书院以英语为教学工具，黄受到良好训练。年轻时翻译过罗素的《哲学问题》和《到自由之路》等著作，并在实社《自由录》、《劳动杂志》、《华铎》等杂志上发表多篇介绍西方无政府主义的翻译作品。1930 年代后，黄文山大量翻译了西方学者的社会学、人类学著作，如素罗金著《当代社会学学说》、阿贝尔著《德国系统的社会学》、哈尔著《社会法则》等。1971 年在台湾出版了黄文山翻译的李约瑟的名著《中国之科学与文明》（即《中国科学技术史》）导论卷。早年在美国时，黄文山著有《中国文化发展蠡测》，系英文写稿，名 *A Short Survey of the Cultural Development in China*。稿存哥伦比亚大学图书馆。③ 晚年他将《义化学导论》用英文出版，还用英文写了介绍太极拳的著作《太极拳要义》，借宣传太极拳来宣扬中国文化。

三

总的来说，黄文山一生著述十分丰富，涉及的领域非常宽广。黄文山生前在台湾和香港出版过几部文集，如 1959 年出版的《黄文山学术论丛》（台湾中华书局出版），所收各论文以提倡建立"文化学"的论著为主；1971 年出版的《当代文化论丛》（上、下册）（香港珠海书院出

① 刘伯骥：《黄文山》，华侨协会总会编：《华侨名人传》，391 页。
② 参见何联奎：《自述》，《何联奎文集》，409 页。
③ 参见黄文山：《文化学体系》，294 页，台北，中华书局，1968。

版委员会出版），以 1949 年以后的许多短篇评论和随笔为主；1983 年
出版的《黄文山文集》（台湾商务印书馆出版）主要收集了若干篇论述
民族学、社会学、中国文化的论文以及一部分评论、序跋、诗词等文
字，但较为全面反映其思想和学术的选集尚付阙如。本文集依《中国近
代思想家文库》选编的要求，尝试对此作一弥补。兹将本文集选编的若
干考虑说明如下：

第一，本集的选编在时段上，以黄文山在 1949 年以前的论著为主。
尽管 1949 年后，黄文山的著述无论在篇目上还是在篇幅上，都远超从
前，特别是他在"文化学"领域的集大成著作《文化学体系》，规模宏
富，但都不予选编。

第二，本集的选编在内容和篇目上，尽量全面反映黄文山各方面的
思想、学术和参与的工作。除学术界较为熟悉的无政府主义思想主张
外，尽量多地收录黄文山在国民党文化意识形态建构、中西文化观、
"文化学"的倡导、民族学和社会学等领域的学术研究，以及从事青年、
侨务、宣传等方面工作时撰写的政论。因为篇幅所限，这里可能将一些
同样也很重要的文章舍弃，以便多收录一些篇幅短小但具有代表性的文
章，以体现黄文山一生思想、学术和政治态度的全貌。

第三，多选不易见或学术界较少关注的文章。黄文山是 1935 年
《中国本位的文化建设宣言》及《我们的总答复》的参与签名者，但是
一来黄文山在这份宣言的发表过程中不是那么关键，二来这两份文献在
别的资料中容易检索，因此尽管也很重要，仍不在本集中选编。相反，
一些不为人注意的比较冷僻的杂志，如《新社会科学季刊》、《更生评
论》、《粤侨导报》中的文章，在本集中尽量多选编一些。

另外还有几个技术方面的问题需要说明一下：

第一，黄文山是一位学者，他的大多数学术文章本身有许多注释，
今已按照出版规范统一改为页下注。这些原本的注释与编者的校注按同
一格式和顺序标注，为示区别，凡编者的校注，均在注后标志"——编
者注"。

第二，所选编的文字均以原文为准，基本不作任何更动，只有在以
下特殊情况下，有未加校注而径改的情形：1. 部分标点符号，按照现
在的横排本出版要求修改；2. 西文字母的明显误植，这类情况太多，
如一一加注，将过于繁琐；3. 标题中的《本志……》，均改为实际的杂
志名称。

　　第三，原始文献中有大量的无法清晰辨认的情况，特别是在抗战时期的杂志中，因为纸张质量低劣、手民误植极多，此情况十分严重。处理方式为：1. 凡有明确依据可以订正的文字，均进行校改，并在校注中注明修订的依据；2. 凡存疑而不能明确校正的文字，姑照其旧，待以后有依据时补订；3. 完全不能辨认者，以"□"代替；4. 个别篇目中所附西文错误甚多，甚至字迹完全不清，只好将这些内容删除，并在题注中说明。

　　编者在关注黄文山研究的过程中，得到所在单位领导和同事的鼓励和支持，也结交了一些学术界的同好，如华南理工大学新闻与传播学院的黄有东博士、原北京师范大学硕士研究生秦楚硕士，他们的学位论文都是以黄文山为研究对象，在这一研究领域作出了重要的贡献。他们向编者惠赠过论文和自编的黄文山著述目录，编者对他们的研究成果有一定的参考。本集的选编，得到中国人民大学清史研究所黄兴涛教授的鼓励和指点，中山大学中国近现代史专业的研究生郭奕君、邢根华、刘格花、陈甜、颜彦、陆昊帮助进行了文字输入和校对工作，我的同事周立红和陈喆在部分外文资料的校对方面提供了帮助，在此谨致衷心的感谢！

编　者
2012 年 7 月 30 日

实社《自由录》弁言[*]

（1917）

世界进化，可谓至缓。以数千年之扰攘，而后进为今日之共和。从表面观之，平民之幸福，似稍增进矣，然强有力者睹平民之知自求幸福也，辄复出其虎狼之手段，以摧残方新之气，此其去吾人理想之社会盖远。吾人既感于现社会之不平等，与乎颠连无告者之盈天下也，于是思有以变革之。于政治上，则薪无政府之组织；于经济上，则主张共产之真理，而希其实现。悬此以为的，百折以赴之，亦曰：求一日之效而已。艰难困苦，岂吾侪之所计及哉？虽然，无政府至美也，共产至善也，欲成就之，盖未可以旦夕几也。吾人于是不能不先将无政府共产主义之观念，灌输于一般平民之脑海中，以促其自觉。灌输之方术，有激烈焉，有温和焉。前者以炸弹、手枪，而为荆轲、苏菲亚之行动；后者以教育言论，勤其感化，求大多数之同智同德。二者初似不相侔，实则并行而不相背。斯篇之作，窃欲于后者稍稍尽力焉耳矣。呜呼！今日社会制度之恶劣，孰不知之。吾人苟自甘之，则亦已矣，否则急起直追，与各国先进，谋革新之进行，宁有他道？诗曰：风雨如晦，鸡鸣不已。吾侪固陋，窃不自量，欲以蚊虻之力，导其流而扬其波。并世明哲，有以襄之，固所望也。

新世纪十七年七月一日

凌　霜

---

* 载实社《自由录》第 1 集，1917 年 7 月，署名凌霜。

托尔斯泰之平生及其著作*

（1917）

托氏之名海内学者多知之，惟其行状及著述，则道及者鲜。余久欲编托氏专传，以供海内之欲知托氏者，牵于人事，越久无成。兹以肄业余暇，先成是篇，乖陋粗略，自知不免，并世明达，幸匡教之。脱稿后，余友剑农，复为之订正，合并志谢。

（一）绪言

近世纪以还，能以道德文字，陶镕一世，足为天下法者，其惟"利奥·托尔斯泰" Leo Tolstoy 其人乎。当十九世纪之末叶，俄罗斯以庞然大帝国，僻处欧亚之北陲，于欧西文明，罕所闻觐。虽以"大彼得"之雄谋伟略，扩张国权，然俄罗斯之蔽塞也如故，其平民之惨受涂毒也如故。及托尔斯泰起，俄罗斯昔为世界所讥为 Dumb Russia 无文学之国者，一跃而为文学复兴时代之启明。俄罗斯之魂，寄于托氏一身，农民于以知自由幸福为何物，使世界进化史上呈一异彩焉。噫嘻！托氏岂特俄国之文豪而已哉？实二十世纪之社会革命家道德家，而足为人类万世之师表者也。

（二）传略

托尔斯泰者，俄之伯爵也，以一八二八年八月二十八日生于俄之"叶尼波利乡" Yasnaya Polyana。父母皆俄贵族，生十八月，慈母见背，九龄父亦云亡。是时幼稚之托氏，得与相依为命者，惟其善良慈蔼之阿婶而已。托氏尝云："吾一生之道德事业，与吾婶夏町 Aunt Tatana 有大关系焉。当吾幼时，吾婶教吾以爱情之美感，其教予也，不以言而以身，吾于是知仁爱为世间最快乐之事。次则示吾以宁静温存

---

* 载实社《自由录》第 1 集，1917 年 7 月，署名凌霜。

之德，此盖吾髫龄之好课本也。"托氏生平持博爱主义，其所发者至大且远，而其起点实根荄于一妇人之熏陶，以是知托氏天性之真挚也。

年及弱冠，托氏入嘉山大学 Kazan 习法律，不成，弃而返乡里，日与农民相往还，性孤介若隐士。既而以故至圣彼得堡居，所接触者皆浮靡之习，托氏以大好少年，置身其中，不免为物欲所蔽，光阴虚掷，后虽痛悔，然已晚矣。托氏曾云："予少立志不凡，惟性多欲，又独居无友，孤陋寡闻，习于为非……吾尝为军人以杀人，与人决斗以戕人，又复罚农民，取其额汗，供我挥霍。总言之，世间最大罪恶如嫖骗奸邪说谎杀人酗酒，予无一不曾为之。"

托氏荒落未久，其兄尼古拉托尔斯泰，服务于高加索炮队，劝之从军，托氏遂于一八五一年，往居高加索。约三载，身体复健康，昔被痼俗薰染者，渐以涤除，归于纯正，道德之念，绝而复苏。此托氏回头是岸放下屠刀立地成佛之关头也，其所著《儿童时代》Childhood、《哥萨克人》Cossacks And The Invaders 等书之材料，皆此时所收贮者也。

一八五三年，托氏离高加索赴嘉林靡亚 Crimea，其戚属荐之某将军。是时托氏少年勇锐，临阵辄克，时人多有称其功业者。军营经历，所获尤多，托氏遂成《萨彼道纪事》Tales From Sebastopol 一书，俄皇阅之，称赏其才。托氏文名，由是大震，昔为一群人所敬服之托氏，今一跃而为全国人所称颂矣。

从军非托氏志，其清白之脑筋，未尝有丝毫杀人之观念存。不久即概然解职，归圣彼得堡，入文学会。然托氏非志在雕虫末技，盖彼心目中别有高尚清洁之主义在。

一八五七年，托氏漫游欧陆，其目的在考察社会状况。居法兰西，见政府刑人，辄以大辟，怃然伤之。及经荆内华 Geneva、罗刹 Lucerne 等地，睹英伦游客之倨傲鲜靓，大恶之。所著《亚赖伯》Albert 一书，实为之写照也。

一八六〇年其兄卒，托氏哭之恸。后留英德法诸国，习教育。越年反国，际政府奴隶解释之期，托氏于是献身社会，组织乡村教育。托氏素慕卢骚之为人及其自由平等之学说，故其教育方法，主张放任而反对严谨。其所编纂之教科书，文字浅白，事实简单，如植物何由生长，动物何以互助，皆平易近人，学者乐之。时作故事小说，亦恢廓有奇趣，农民读之，思想勃发。政府忌之，封农民学校，于是托氏以精神脑力所灌溉之自由花，摧残殆尽。及贵族与农民分土之政将行，托氏虽身隶贵族，犹竭力反对，卒以毅力雄心，推倒不良之制度，拯平民于涂炭之中，此亦可见其改革社会反对强权之决心矣。

由一八六三年至一八七八年，是为托氏极乐时期。一八六二年，托氏与一素所景慕之妙龄女子名"苏菲亚·比露时"者 Sophia Belus 结婚。女年十八而托氏已过花信十载矣。《战争与和平》*War and Peace* 及《安弥·加连》*Anna Kayenina* 二书，即是时起草，《战争与和平》尤为托氏生平之鸿著。其夫人性情温良，雅好文学，曾手抄《战争与和平》，易稿凡七次，是其夫人之才，不特治理家政，且为托氏之良书记矣。托氏虽持无家庭主义，惟此时颇享家庭圆满之乐，其文字之锐进，著作之宏多，亦以此时称最。

托氏谓人由爱而生，赖工以存，故主张一切人治制度皆当废除。生死关念，昔为托氏所最难解决者。今一旦排除之，以生死为不足轻重，且将脑蒂中之唯我观念，亦一洗而清之，主张极端之爱他主义。一八七九年，托氏年五十一，是为其快乐告终而入于朴素之时代。托氏处己则温良恭俭，接物则和蔼慈祥，惟所接之境遇，与彼纯洁之道义心相反忤。概念一起，于是毅然行其心灵之所安，食素食，衣布衣，不用仆役，制履耕种、采薪汲水等工作，苟力所及，莫不身亲。其妻颇不谓然，力谏之，不听。其妻遂宣言于亲朋，谓其夫有精神病。托氏掉首不顾，惟行其心之所安而已。

是时俄之革命风潮弥漫全国，亚历山大第二被虚无党暗杀，党员牵连入狱者极众，待遇殊酷。托氏愍之，致书于亚历山大第三，请将犯人释放。夫以俄政府之专制，其不俯从，岂待蓍龟，然托氏之大勇，于斯益显。

托氏在莫斯科作短期之居留，与社会相接触，见贫富悬殊，怒焉痛之，以为贵族佃民，界限愈清，不平等之势愈显。遂援笔作《何为》*What to do?* 一书，写社会之罪恶，历历如绘，此托氏改革社会之印象也。

托氏之文学，虽为世界所称誉，彼反自目为狂妄，且以不得普通小册子散布平民沦其天真为憾。遂返里悉心著作，每一书出，廉其售，以广其传。效力所届，如甘霖沾枯草，平民莫不以托氏为彼等之良师焉。托氏学说正风行一世之时，而教会之阻难又至。一九〇一年，罪恶渊薮之教会，加托氏以著作教授"不信上帝叛背正教"之罪名，逐之出会。托氏屹然不为动，教会之一纸条文，不特无伤于托氏，且令平民敬服托氏愈深。一时贤士，千里造谒，以一瞻风采为幸。

一八九九年，托氏致书于海牙和平会，论和平之福利。一九○四年，著《论反对日俄战争》。一九○五年，起而反抗俄俗虐待犹太人之风，斯俗于以寝息。托氏晚年，欲牺牲家庭产业，实行其理想之主义，既见阻于其妻，其长子复著论诋諆《圣尼他》Kreutzey Sanata 一书，次子和之。托氏脱离家庭之思想，于是演为事实矣。

一千九百一十年十一月二日，有农友奴伟克甫 Nouikaff 者来访，托氏告以决志离家，且嘱代觅茅舍数椽。十一月十日，黎明，将首途。时雨雪霏霏，朔风如刺，乃留书别其妻曰："与子结缡，四十八载，子之忠诚欢爱，余实感焉。子有罪过，吾不敢念。予惟祝子勿思小怨，庶乎君子不念旧恶之义而已。"又曰："吾之地位，吾之痛苦，弥久弥甚，予已不能再忍。除远行外，更无他法。此余之所敢自信者也。且奢华都丽之乡，予更不愿久居，但求淡薄宁静，与世无闻，葆我性真，以了残年而已。世界老人暮年多有行之者，是予之远行，亦非不近人情也。"时同行者为其友人，马高德博士 Dr. Makouitski 及少女莎荼。托氏之远行，本无一定之地，至亚时塔埔 Astapavo，铁道站长见托氏病，让其室而居焉。托氏患肺炎症，剧烈愈恒时，遂于一九一十年十一月二十日卒，年八十有二。遗骸以十一月二十二日归葬沙石卡 Saceka，亲友会丧者极一时之盛，各国人士闻其死者，皆悼之。今日俄国"托尔斯泰社"甚多，盖哀托氏之死而为之纪念，及竭力传播其爱他之学说与公理之思想于一般平民者也。

（三）著述

（一）《战争与和平》War and Peace（一八六四—九）　是书为托氏杰作，于世界文学中，名誉最高。全篇为小说体，记载俄法战争时，两国恐慌之情况，及莫斯科火灾之惨状。事迹奇幻，关节缜密，本其哀衿之心，出以婉柔之笔，穷形尽态，有如绘画。托氏本俄之社会党，故于是书主张以战争为残民之具，必当废除云。

（二）《町尼·嘉连拿》Anna Karenina（一八七三—六）　是书卷帙虽不及《战争与和平》之宏富，而其美术观念则较为稍进。内记一俄国女子名嘉连拿者，受法兰西自由风气之鼓舞，慨然与国中不良之制度恶劣之习惯相抵抗。后以爱情之结果，竟身殉焉。今之社会小说多矣，而尤以言情者为最，托氏非欲于时人小说中占一席地。其意盖别有所在，善读书者当不难于言外得之。

（三）《忏悔》*My Confession*　是书为托氏自悔之作。托氏少年不羁，及壮始锐志进德，乃悔其少年行多不检，及往者所经历之苦痛，由弱冠以至耄耋，言之綦详。托氏此书，言解脱人生之罪恶苦痛，有三法焉：一曰不凿性灵，乐我天真。二曰"伊毕鸠鲁"（Epicurian 纪元前三四二—二七二，创伊毕鸠鲁哲学，主张人当服从道德，彼以为道德者，人类快乐之源泉也），服膺毋失。三曰洗涤心虑，不染俗尘。蔽屣富贵，劳力自食。盖所谓自乐天真，不假外物者欤。

（四）《何谓美术》*What is Art?*　托氏虽非极端厌世之人，然彼于此书，颇似厌世者之口吻。彼以为艺术乃人造的，而非天然的，人造故伪，伪故失真，无论其为文学为科学，托氏皆反对之。欧洲脍炙人口之文豪，由但丁 Dante 以至沙士比亚 Shakespeare 鲜不为托氏所排斥。沙士比亚等全为贵族写真，而托氏则提倡平民文学者也。

（五）《复活祭》*Resurrection*　是书为托氏晚年巨著，成于一八九二年。数十年来所研究之人生问题，注精会神，一一解答之。（是书中国已有译本改名《心狱》。）

（六）《予之宗教观》*My Religion*　托氏晚年，忽起建立宗教思想。是书言其所谓宗教的真理最详，其答日本友人书有云："吾之所谓宗教的真理，非此教与彼教之比，乃集合宗教共同之点（人类平等为宗教共同之点），采其精华，弃其糟粕，建为一教，以求人群真正之幸福，并以众生平等世界大同，各尽所能，各取所需为鹄的。"近人亦有倡托氏宗教者。

（七）其他著述，汗牛充栋，不惶详论，兹择其最要者，列名于后。

（一）教会与国家 Church and State（二）吾之信仰 What do I Believe?（三）实业与懒性 Industry and Idleness（四）二老人 Les deux Vieux hommes（五）个人所须之领土 How much Land does a Man Need?（六）人生论 On Life（七）道德之果 Fruits of Culture（八）素食主义著作第一级 The First Step（九）爱之要 The Demand of Love（十）宗教与道德 Religion and Morality（十一）耻辱 Honte（十二）主人与人 Master and Man（十三）爱国与和平 Patriotism and Peace（十四）近今科学 Modern Science（十五）近代之奴隶制度 The Slavery of Our Times（十六）罪恶之源 The Root of Evil（十七）告兵士 Notes for Soldiers（十八）告官 Notes for Offices（十九）告社会革新家 To Social Reformers（二十）自反 Bethink Yourself（二十一）工人自由问

题 How to Free the Workers（二十二）告平民 To the People（二十三）回读 A Circle of Reading（二十四）俄罗斯革命之意义 The Meaning of the Russian Revolution（二十五）互爱 Love on One Another（二十六）与支那人书 Letter to Chinese（二十七）自信 Trust Yourself（二十八）反对吊刑 I cannot be Silent（二十九）暴律与爱律 The Law of Violence and the Law of Love（三十）与农人谈科学书 To a Peasant and Science（三十一）不能免之革命 The Inevitable Revolution（三十二）处世宝箴 For Every Day。以上所举，于托氏之著作虽未及全豹，然于托氏之主张已厘然有当矣，好托氏之说者，其求诸斯乎。

（四）著述之性质

（一）诚　托氏尝言曰："吾人苟知一事之合理，则当放胆行之，外界阻碍，不必顾也。"又曰："不诚者非愚则废，凡著作当皆出于至诚，由是而知托氏著作，无不出于至诚，其能感动国人感动世界者，以此。"

（二）爱　世界由爱而相合，人类由爱而相群。托氏主张情爱，以为耶之爱仇如己，佛之舍身救世，皆此爱字有以鼓荡之。彼每出言，无不令人服膺，读其书觉其慈祥之容光，蔼然可掬。彼之主张人类平等，世界大同，种种问题，亦皆此爱字有以致之也。

（三）真　世界进化，渺无止境，今日以为善，明日或以为非。吾人所求者，即由较不善以达到较为良善是也。托氏反对社会恶劣之制度，颇为激烈，而事事以真为号。去真而谈进化，不可也，去真而谈哲学，更不可也。托氏著述，皆诠真理，故吾敢决言曰：托氏之道德，具诚爱真之美育；托氏之言论，亦具诚爱真之美育。离此而论托氏，而论托氏之著作，吾未见其公与当也。

（五）结论

托尔斯泰之关系于近世思想界、文学界、道德界、宗教界，既如此其深且切。其能转移学者之心理，自不待言。今复条分而论之，以见托氏感化之力之伟大焉。

（一）人道之正谊　近世社会风俗与组织之不正当，稍治社会学者，当能言之。志士仁人，有见于此，群起而倡改造社会之论。近世纪以来，社会党旗帜鲜明，辉耀大地，托氏即此旗帜下大声疾呼之健将，或以言论，或以实行，而总以达大同为目的，反对吊刑等，皆人道正谊之先声也。

（二）和平之先声　托氏为反对战争最烈之一人，其言论具见于

《战争与和平》一书。孤人之子，寡人之妻，田园荒芜，易子析骸而爨之惨状，皆肇于战争。是故战争者，万恶之源也。凡君主帝皇，以一己之权利而杀人盈野，流血成渠者，皆为托氏所恶绝。论者曰：使托氏学派再假以时日，传播遐迩熏陶人心，今日欧陆之大战争，可以不作。诚哉是言！

（三）诚爱真之美德　托氏为人，恭俭和蔼，固无论矣。而其改过之勇，济人之困，生平不食肉，不饮酒，不吸烟，非实际需用之物不购，家未尝蓄仆役，此等美德，托氏莫不躬亲行之，尤为世所钦慕。

呜呼今日民德之堕落，生计之困难，战争之恐慌，政象之迷离，可谓极矣。沧海横流，滔滔者天下皆是也。吾又安得人类大师如托尔斯泰者，复起而提撕警觉之。

竞争与互助[*]

（1917）

　　物竞天择二义，发于英人达尔文。达著《物种由来论》，以考世间动植物类所以繁之故。谓凡物由简单而趋于复杂，由不完全而趋于完全，如植物由隐花植物而进于显花植物，如动物由植虫及软体动物而进于介蚆类与鸟类而后哺乳类。人类几经争竞，始克底于生存。其学说行世，颇有风靡天下之概。德国学者，甚至有倡言据达氏之理，以天演竞争，适者生存，既为促人群进化之涂术，则此次大战为不能免之事实者。呜呼！竞争学说之误今日，犹宋儒谬论之误中国，谓之为洪水猛兽杀人而食，谁曰不宜？克若泡特金见达氏理论与考察之谬误，于是著《互助论》（李石曾先生曾节译之，以载于《新世纪》，迄今未曾译完。顷据李君云，今年秋间或可告竣矣），博考动物生存与人群进化之证据，发明人群进化乃相爱相助以生存，而非以野蛮手腕，奸诡阴谋，以相凌竞相杀戮而能进化。其书出版于一九〇二年，近今生物学者，多认互助确为进化之原素。欧战发生，克氏憝之，于一九一五年复将是书出版于伦敦，冀稍挽颓风。书分九篇，第一二章言动物之互助（专言鸟兽禽鱼等），第三四章言野蛮与未开化人之互助，第五六章言中世纪人类之互助，第七八章言吾人今日之互助，第九章结论。其说精辟宏富，集格致之大成，事事皆由考察得来，而终之以互助，为进化之公例。达尔文华里士之徒，谨据片段的真理演为学说，必不能为科学界人道主义所容，可无疑义矣。

　　近观美国大西洋杂志，亦有反对天演竞争之说者，其说与克氏略同，但于互助之理，尚未能见到，其要旨如下：

---

　　* 载实社《自由录》第1集，1917年7月，署名凌霜。

（一）天演学说，在今科学界中尚未成为定例，著名动物学家朱歇耳博士，谓物类进化之次序，如达氏之说，乃近臆说，而尚非定例。果由何道以次进化，至今未能确准，惟较高复杂之形体，实由低下简单之形体，进化而成，而物类与外境界遇之适合与否，似为其发达之重要原因。

（二）达氏所谓生存竞争之意义，未必为同类同种之互相竞争也。一兽与一兽相斗时或有之，则亦两雄争一雌耳，而未闻群兽与群兽相斗杀也。虎杀羚羊以为食，只求自治计，固无有统霸一方之意也。

（三）物类之发达衰落，概有两因，一为善病易死，二为易于生育。此则与人类同者也。然何以若者？易病而死，若者易生，而育是由于质力之不同，构造之各别，而与种类之竞争无关也。

今日人类以科学之考察，渐渐悟达氏学说之非。吾人不可不即起而研究互助论，以求致用于社会，此吾人之责无旁贷者也。近人有以互助与自由平等博爱三美德并举者，则互助之重要，盖可知矣。一曲之见，敢以质诸同志，进而求之，则请读互助论。

素食与道德 *
（1917）

　　主张素食者之言曰：人类生存之最大问题，饮食耳。饮食之是否得当，首视其是否有充分之滋养料。而经济问题，尚在其次。肉食经化学之试验，内含毒质及刺激性，不适于人体。若富于滋养料而无毒质，并适于人体者，莫如素食。（见美国《康健》杂志《素食与肉食论》，录《进步杂志》译论原文。）此主张素食而完全以卫生为前提，不佞亦极端赞同而实行之一人也。

　　虽然，素食为今日改革人类生活之大问题，卫生经济，遂足以尽素食主义之理由乎？素食与道德，实有密切之关系。而人类道德进化之表征，亦可于斯主义窥其梗概。未开化以前之民族，人与人竞争，强者则虏弱者以为食料。在昔日视之，固不见其残忍，或犹以为荣耀。若今有以人肉为食料者，吾知人人必斥之为野蛮生番，相率屏弃之，不与于人类之列，可决言也。

　　人类进化既知以人食人，为背乎正理，遂转而食他种较人为弱之动物（如牛羊豕鸡鸭鹅鱼鸟等）。岂知此种动物身体内部之组织，与人相去无几。不过人类进化较早（生物学家如达尔文等发明人由下等动物变化而来），有脑筋以思想，有文字以纪载，而他种动物，进化稍缓，遂尔无之。人类以彼为可欺，复利其肉之厚味，于是不顾正谊，不怜死者之痛苦，烹宰而食之，以恣一己之口腹。曾不念彼亦与我同时生于世界，同为动物同为强者刽割之资料，又何忍取以为食乎？

　　吾人既知以人食人之不道德，岂不知以人食他种动物，亦不道德乎。或谓弱肉强食，乃天演公例，人类强于他种动物者也，取之以为

　　* 载实社《自由录》第 1 集，1917 年 7 月，署名凌霜。

食，岂不甚当？曰不然。动物之最弱者，莫如婴孩，人类何不取而食之乎？此可见弱肉强食之断案，完全无成立之价值也（采精卫君论，见《旅欧杂志》）。故吾敢决言曰：素食匪特关于卫生经济，实攸关于人类道德进化焉。

读者疑吾言乎？请以托尔斯泰为证。托氏道德家也，生平沙砾富贵，去与齐氓伍，不食肉，不饮酒，提倡万物同胞论。谓人类进化，当联合宇宙间一切有生命之物为一大同胞。其所著书《第一级》，其言素食为人类道德进化之第一级。其所谓道德者情爱也，其不牺牲动物以为一己之食品，即其情爱之表见乎外者也，明乎此者可以言道德矣。

佛氏戒杀生，虽属迷信，然在人类智识薄弱时代，彼欲行其爱物如己之心，又乏真当之理由，自不得不饰为因果之邪说，以传播其主义。若今日科学昌明，肉食有害于人体，证据确凿，吾人自无须此。吾人但能充我爱物之心，相戒不杀生物，其功德已不可限量（害于人类之动物如虎豹蛇蝎等，吾人自当抵御之，幸勿误会）。

且尝观之英法，素食团体林立，反而求之海内，则未见焉。岂吾人道德观念较为薄弱欤？是非愚之所敢言也。善哉真民先生之言曰：知赌博狎邪之非，尽去之可矣。知饮食衣物之理，取其适于卫生，无耗时力体力财力者，而用之去一切之非要者可矣，此均可以科学求之，以达于适当之点而已（见《旅欧教育运动释德篇》）。进德会与心社，均有肉食之戒约，意在斯乎，意在斯乎。

抑犹有进者，吾之所谓道德，非拘迂之论也。吾之所谓道德，人生术之代名词耳。卫生者，人生术之最要者也，若不自卫其生，岂道德之所许乎？质言之，谈道德者不能不自卫生始，谈卫生者，不能不自素食始，且素食较肉食为俭，俭又吾人之所谓美德也。综是以观，则吾人甘于素食，所谓卫生问题、经济问题，道德二字可以包括之而无遗漏矣。

答思明君（一）[*]

（1917）

　　今岁端月，与都中二三好友，发起极端自由之小社团，以进德修学为目的，而以研究无政府主义之学理为范围，与广州之心社、南京之群社，鼎足而三。因思吾人欲以远大之眼光，促人类之进化，事事求真，故名曰"实"，聊相期也。发起以来，今经三月，除昔日同志加入外，新社友甚少。为今之计，只有竭力倡导，俾一般人民，晓然于吾人主义之纯正，翻然来助可耳。

　　足下实行素食，闻之甚为欣慰。予志行薄弱，前虽屡行之，而以种种之阻碍，辄行辄止，今惟决心向前，有恒做去，都中同志素食者反不若南方之多，殊憾殊怜。

　　托尔斯泰所著之书，不下数百种。吾现所见及其最有名于文学界者，为《战争与和平》、《我的忏悔》、《未来世》、《何为美术》、《我的宗教观①》、《第一级》、《致中国人书》、《宗教与道德》、《与农谈科学书》、《自反》等。《战争与和平》及《自反》二书为托氏反对军国主义之杰作，《第一级》言素食为吾人道德之第一级。余外《何为美术》等篇，想足下早已读之，今不复赘。

　　予尝怪以托氏之贤，对于世界思想影响之大，汉文托氏专传，竟付阙如，诚译述之憾事。近以课余之暇，编《托尔斯泰之生平及其著述》，全编分为五节：（一）绪言，（二）传略，（三）著述，（四）著述之性质，（五）结论。顷已脱稿，都万余言。然以托氏功业之伟，一生可纪者，何可胜道。兹篇之作，挂一漏万，自在意中。近得美人亚马谟得所

------

　　* 载实社《自由录》第 1 集，1917 年 7 月，署名凌霜。原标题无序数，"（一）"为编者所加。

　　① "观"，原作"宗"，误，校改。——编者注

著托氏传两巨帙，为托氏夫人所手订。若能纠合同志，译成中文，则托氏专传，庶有可观欤。

足下云："欧战终结，托氏学说，将为世界宗教。"予殊不赞同此论。盖宗教二字，含有迷信性质，吾人服膺托氏，以其学说具有真善美诸种良质也。若离此质而徒崇拜托氏之为人，奉之若教主，如今日之孔子，不特无益于世，反于佛老耶回之外加一赘疣，岂吾人服膺托氏所宜出此乎。

今日民德薄弱，人欲横流，推厥原因，未始非由于社会组织之不良，有以致之。吾人欲于黑暗之中骤起庄严，非积极进行，莫能为力。牺牲物质快乐，吾辈自应尔尔也。

附来书

（前略）足下组织之实社，宗旨若何？进行若何？现有社员几名？所研究者又为何种学理？暇请一一书以示我。仆近于肉食，几已屏绝，精神较前略进，心中颇觉愉快。可知荤食为反乎自然之行为，故于道德卫生上，皆宜素食也。都中同志，亦有实行素食者否？足下前书谓贵处图书馆，有托尔斯泰丛书多种，闻之令人羡极。暇请举其名以告我。都中同志，有好读托氏书且欲起而实行其学说者乎？鄙意欧战终结后，托氏学说，将为世界宗教。今日传播之责，端赖吾侪。然环顾四境，见夫一切社会制度、风俗习惯，莫不与托氏所主张相背驰。处此荆天棘地中，欲躬行爱他主义，非具有坚毅卓绝之魄力，且能牺牲一切物质快乐者，盖未可与言也。为道有暇，进而教之。幸甚。

答思明君（二）[*]

（1917）

惠书备悉。足下湛深托氏之学，今复出其心得，讨论真理，感极佩极！尊书所论者四：（一）戒杀；（二）戒色；（三）戒奢；（四）建立宗教。就以上四端论，（二）、（三）均为不佞所赞同；（一）、（四）则适与鄙见刺谬。今敢以不佞观察所得，相商榷焉。

（一）"戒杀" 足下持论之要点有二：（甲）暗杀为残忍之行为，故凡道德家，不应行暗杀之事；（乙）人人皆有良心，可以道德感化，故吾人所急者，立德而已，不必效强权家之行为也。

余之所欲陈于足下者，（甲）革命之代价果何物乎？彼仁人志士，掷头颅，为一群求幸福者，其手段虽各有不同，其欲置强权家于死地则一。吾人是否认此为不道德，如其非也，则吾人又何丰于此而啬于彼？社会革命与政治革命，革命一也，不过鹄的较远耳。吾人瞻既往，察将来，知社会革命必不能凭口舌书报及个人之感化力，可以达到。其最不得已之一法，则出于暗杀。如为人道而暗杀，可云皆合于正理，不惟无罪，反有功于社会。托氏不主张革命，亦无怪其反对暗杀。若近世著名之无政府党大师克鲁巴特金，其所主张则异夫彼。而吾亦以克氏为切当，托氏近虚渺。

（乙）个人道德之能力是否可以潜移人心，引众生登大同之域，此诚一疑问。邃者深者姑弗具论，即以托氏而谈。托氏世界公认为道德家和平家者也，考其生平，反对战争最烈，而日俄战争终不能因之而停止。由是以观，则道德属于个人自修问题，若欲以之为手段，借以达其

---

* 载实社《自由录》第1集，1917年7月，署名凌霜。原标题无序数，"（二）"为编者所加。

鹄的,靡特事实所无,抑将为强权者所窃笑矣。足下止恶惟以善之论甚当,惟非所论于革命也。革命含有破坏性质,若欲达到吾人理想之"各尽其能,各取所需"之社会,非经几次之扰攘不为功。借曰社会革命,乃平民革命,非独少数贤且智者之事,然其始也,不得不出少数之先觉,牺牲一切,以去人群幸福之障也。

(四)"建立宗教" 科学发明,一切智识问题,皆由科学证明,与宗教无涉。顾足下建立宗教之说,原于托氏(参观托氏答日本友人书)。托氏建立宗教最要之点,则欲以新宗教而增进民德是。其所陈之理由,已略见来书宗教之界说。余以足下所云云,乃属于哲学范围,而不应附会于宗教,尝以尊论及鄙见质诸孑民先生,亦无异议。其解答宗教与道德问题之言曰:"不信宗教之国民,何以有道德心?全恃美术之作用。盖道德属于意志,近世哲学家谓人类不外意志,然心理有三方,而意志不能离智识与情感而单独行动。凡道德之关系功利者,伴乎智识,恃有科学之作用;而道德之超越利者,伴乎情感,恃有美术之作用。美术之作用有二方面:美与高是。"观此则宗教与道德,全无关系可知,而足下建立宗教之说,亦当不复成立矣。质诸高明,以为何如?

附来书

诚哉实社意趣书之言曰:"今之少年生而受不良之教育……"试观今日学校中所授之修身及伦理学教科书,皆所以证明现社会制度为正当者,以忠君爱国纳税当兵为国民义务,以土地私有贫富不均,为万世所不易。更有国家神圣,法律万能种种呓语,使理性未充足之少年,习闻此等邪说,其将来不为正义人道之敌者,亦几希矣。吾人今日之急务,惟有一方面修身养气,厉行个人自治;一方面大声疾呼,揭破恶劣社会之黑幕而已。吾尝谓所以造成今日黑暗社会之原因,强半由于士君子之只求所以治人,而不求所以自治也。"劳心者治人,劳力者治于人。"同是人类耳,何者应劳力,何者应劳心?岂有前定耶?抑劳心者之德,果胜于劳力者耶?然此旧学说也,固不足道。彼新学说之所谓政治学也,法律学也,弱肉强食也,皆治人之学。自欧风东渐,此等学说,充塞国中,士大夫一变其自高自大之心,而为崇拜欧西之狂热,吾东亚固有之精神文明(如佛氏及老庄之学说)已荡然无存,其流毒有甚于洪水猛兽也。试思吾人生于恶劣社会,动辄为罪恶所引诱,自修已属不遑,更何暇以研究治人之学哉。鄙见所及,关于个人自治有为"无政府"党所略者数事，请详而言之可乎。

（一）"戒杀"。"无政府"党有主张暗杀者，此其大缺点也。夫人所以异于禽兽者，以有良心在耳。既有良心，则世界无不可感化之人，所患者吾德薄耳。此非迂腐之说，实有至理存焉。

试思制造恶劣社会之器具，何物乎？军警而已，炮弹而已。一言以蔽之，谋杀而已，强权而已。强权谋杀，为吾人所最痛心疾首，谋去之为恐不速也，奈何竟施诸他人。或曰"无政府"党之行暗杀，非得已也，欲杀一警百，除暴安良而已。恶是何言，此强权者之口吻也。世界强权者多矣，前者仆，后者继，"无政府"党焉能尽杀之乎？若谓以恶止恶，则今日可不复见罪恶之出现矣。止恶惟以善，耶氏所谓爱仇如己，庶几近之。故凡一切关于杀戮之事，如造军械当兵役警察法官陪审员暗杀党等，吾人当誓死不为，此个人自治之第一级工夫也。

（二）"戒色"。（安那其）有主张恋爱自由者，以男女交媾，属生理问题，于道德无关。此似是而非之论也，色欲乃兽欲之一种，为吾人进德之大障碍（托氏言之甚详，可参阅），此道德家所公认者也。吾人倘能戒绝之甚善，不能则以清洁自守，时时禁止欲念之发生。有时不能自制则姑一为之，亦视为不得已之事，仍当以清洁为模范也。盖取法乎上，仅得其中。吾人以绝欲为法，则未必果能绝欲，若纵欲之念一生则不可收拾矣。

（三）"戒奢"。"无政府"党有主张物质文明者，以为经一场社会大革命，则今日富豪所享受之物质幸福，人人皆得而享受之。夫今日物质文明，虽不无有益于人生者，然其多数实为造成今日不自然生活之媒介，其利远不偿其害也。以今日恶劣社会而论，则一切奢侈品皆制自贫民之手，而为富豪所享受。彼贫者迫于饥寒，遂强为之，富者乃得利用其厄而享受之。吾人苟习于此等奢侈生活，则天然抵抗力固为之减少，且亦为构成此恶劣社会之一份子，故吾人当以简朴的生活为目的也。至将来世界大同，则更无人肯造次等奢侈品。盖物质文明每为精神文明之障碍（如医院愈多，医学愈进，而病亦愈繁；工厂愈多，机械愈精，而人寿亦愈短），人类必以躬耕食力为归宿也。

（四）"宗教"。至欲揭破今日社会之黑幕，吾以非宗教不为功。"无政府"有主张废除宗教，以为宗教者，乃昔人之迷信，而今强权家所利用以为愚民之具。此实不明宗教之真相，而以今日非驴非马之伪宗教为宗教者也。夫今日之所谓宗教，其腐败已极，固不足道。然此非真宗教之本色也。宗教之界说为何？曰宗教者也，解释天人之关系，而代表一时代人民最高之良心者也（可参阅托氏学说）。指示吾人立身处世之道者也；以自由平等博爱为宗旨者也，主张个人自治，而反对以人治人者也；牺牲物质快乐，求精神快乐，牺牲个人，普度众生者也；导人磨炼德性，减除兽性者也；以德报怨，以善报恶，合天地人为一身，而行极端之爱者也。此等教理，耶佛二氏言之最详。今日之所谓圣经，其精义微言，被一般无耻教徒僧侣辈，为保存私利计，遂致删除殆尽，几至无可研究之价值。然真理固不能毁灭，吾人今日惟有将世界各宗教所共同之点（人类平等为宗教所共同之点），起而研究之，取其精华，弃其糟粕，斯得之矣。

非是非篇[*]
（1918）

老学究之骂人，辄曰：混乱黑白，淆乱是非。及其立说也，则曰：公是公非，质诸后世。是则彼固非不知是非之当辨，但其所谓是非，未必即是非耳。武王伐纣，伯夷叔齐以"以暴易暴"加之，仲尼则称之曰："武汤革命，顺乎天而应乎人。"之斯二说，其谁是耶？其谁非耶？今得一言以决之曰：有益于人类社会者为善，善，是也；有害于人类社会者为恶，恶，非也。武王革命，所以救民于水火之中，善也，善故是。然伯夷叔齐果非耶？史迁作传，则称之矣，退之为颂，则圣之矣，曰：伯夷叔齐之所持为善者，黄农虞夏不以武力取人之政府，而以己之政府代之。然则彼何尝尽非？是非之分歧如此其难定也，故孔子主张正名。正名者，是己之所是，而非人之所是也。一人一义，十人十义，百人百义。其人数兹众，其所谓义者亦兹众；是以人是其义，而非人之义。墨子恶之，故说尚同，又以为辩论可以定是非，故曰：辩争，彼也，辩胜，当也。然即使其辩胜，其果当耶？吾尝见有以战胜有益无益为题而辩论，其所得之结果，正者胜而反者负矣，若此可谓之真是非耶？墨子曰非之曰："杀一人谓之不义，必有一死罪矣。若以此说往，杀十人，十重不义，必有十死罪矣……当此天下之君子，皆知而非之。今至大为不义而攻国，则弗之非，从而誉之，谓之义……今有人于此，少见黑曰黑，多见黑曰白，则以此人不知黑白之辩矣……今小为非，则知而非之，大为非攻国，则不知而非，从而誉之，谓之义。此可谓知义与不义之辩乎？"请引伸之曰：穷人窃一斗之粟以救夕旦，则曰贼；政

* 载实社《自由录》第2集，1918年5月，署名凌霜。收入葛懋春、蒋俊、李兴芝编：《无政府主义思想资料选》（上），358～361页，北京，北京大学出版社，1984。本篇文字根据《无政府主义思想资料选》（上）所录。

府剥人民之生产以安其逸乐，则曰赋。就字形言之，贼从贝，从戎，赋从贝从武，二者之罪，以后为甚，而天下之待迁之者，则反之。今日之所谓正当之理，几何不见其为非也。十五世纪之间，欧洲教皇之权达于极度，自笛卡儿作《方法论》，于是怀疑之说兴，世俗之所谓是非，有见其未当者，皆进前而摧陷之，廓清之。以故亚里士多德之所传说，耶稣基督之所垂训，乃至古今中外贤哲之同称道，一世人所信据之理，苟返之于吾心而有所未安，则弃之如敝屣。出吾之所有，以与古今中外贤哲挑战。至是上帝万能之说破，而中国三纲五常为天经地义之道灭，是非于是始明。

求诚去妄之学曰逻辑。换言之，逻辑所以定是非，正诚伪也。凡一切之事物，苟不为俗论之所囿，见闻之所局，客气之所中，按之逻辑而表见之，是非之辩思过半矣。印度足目陈那之徒创因明，因明，明因也。因明必先立宗，与演绎法之大前提无异。然宗也，大前提也，果何能知其必不陷于谬误，而准之以得结论？倍根倡归纳法，首重观察实验，而演绎法之大前提始有可言。虽然具体之物可以以是二法而得正当之结果，而据之以推论，如化学上 CHO 之为酒精，数学上二五之为一十与 $(a+b)+(b+c)+(c+a)=0$，物理学上 $PV=K$ 与重物之下坠，虽帝皇之威权，军队之武力，不能易其得数，故直可称之曰：放之四海而皆准，百世以俟圣人而不惑。若夫抽象之物，所重者只为观察，设观察而谬也，其所得之结论不问而知其谬。今以法律为有益于人类者，以政府为可有。法律果有益于人类耶？此之为大前提，尚待研究，而遽断之曰政府可有，岂非欺人自欺、愚人自愚耶？或曰：然则是非诚妄，逻辑之应付，于此不几穷乎？曰：否。请得有以毕吾说。

生物学者之言生物进化，陆谟克则言演习，达尔文则言天择，戴禾利则言骤变，克鲁泡特金则言互助。之斯数子，其所持说果皆是耶？陆谟克言突生，巴斯德则以实验而知其非矣；达尔文言天择，克鲁泡特金则以考察而知互助为进化之一要素矣。由此可知，学说，进化者也，由较不是进而为较是者也；是亦有非，非亦有是者也。质言之，比较的而非绝对的也。诚哉庄生之言乎："物无非彼，物无非是……彼出于是，是亦因彼……是亦彼世，彼亦是也。彼亦一是非，此亦一是非，果且有彼是乎哉？果且无彼是乎哉？……是亦一无穷也，非亦一无穷也。"克智尔亦言人世之真伪是非皆循序而进化，实如有甲以 a 为是，久之有乙以 a 为非，而以 b 代之，又久之，有丙起而非 b，更以 c 代之，如是进化以至无穷。列式如下：

  （一）甲以 a 为真理，

    乙以 a 非真理；

  （二）乙以 b 为，

    丙以 b 非；

  （三）丙以 c 为；

  循是说也，则吾人之论是非，庶不至以古人为标准，——非先王之法服不敢服，非先王之法言不敢言——吾人之言是非，乃由较不是而进于较是，世间一切事物，或地，或人，或风俗习惯，以及思想，无有不随时势而变者，吾辈之所见，无非一过渡状态，而终当更易。吾人标揭无政府主义，以排斥有政府之非公理，亦不过循是非进化之公例，而求人类之较为幸乐而已。吾人既以情感迎合之，概念把握之，于是吾人所注定之鹄的，较近于最后鹄的之作用，而吾人所当合全世界而经营之，以图达吾人之所信以有是之主义。千万年后，有起而非之者乎？是则非吾人之所问也。吾人之责任，循进化之线而趋，如斯而已矣。今之学者，多拘虚于现象，局束于见闻，而妄言是非，妄信是非，与真是非相去愈违，因作是非篇。

《进化》杂志宣言*

（1919）

　　"进化"这两个字，现在社会上、报纸上，常常有人说的。但是进化的定义究竟是怎么样呢？我们既然用这两个字来标示这本杂志，"开宗明义"，也应该将他的定义和道理说个明白，给大家晓得进化的趋势才是呀。

　　如今的进化论和从前的创造论是相反的。大学教授苏里曾为进化论下一个定义说："进化是宇宙和有机体的机械的进行程序，而用物理来说明他的自然历史。"这个宇宙的系统，始初是由很小的物质一步一步自然发生来的。现在我们所见的现象，就是这种物理进程的结果，进化论不外将他的始原和历史，说得明白些就是了。[1]

　　就"进化史"来看，从前倡进化的人物是很多的。[2]我们不必一一去理会他，但说影响于二十世纪最大的，就算达尔文的《原种论》了（一八九五年出版在达尔文之前，法国有必丰、陆谟克都说物类由环境如何，以为变化）。又与达尔文同时证明人类与猿猴同出一原的人，有华拉士，这种学说出世的时候，那教会用死力来反对，但是空想的东西，无论怎么样总不能够敌得实验的学理，所以后来猾头的教徒，就用《默示录》来调和进化论了。

　　达尔文的学说，不但可以说明那物理和人类的现象，就那社会制度，我们也可以应用"顺应性"来将他完全改变咧。但是我们第一要声明的就是：斯宾塞、赫胥黎诸人所说达尔文"生存竞争"的道理都是误

---

　　* 载《进化》第1期，1919年1月20日，署名凌霜。原标题为《本志宣言》。收入葛懋春、蒋俊、李兴芝编：《无政府主义思想资料选》（上），379～382页。本篇文字根据《无政府主义思想资料选》（上）所录。

　　① 参阅《英国百科全书》第11版内《进化》一文。

　　② 请参阅《进化之马前卒》一书。

会的多。斯宾塞以为不独是动物的种别互相凌竞以求生存（例如豺狼之捕食野兔，飞鸟之以昆虫为食料等），就一种内的各个生物也有猛烈的竞争。其实这种现象没有如此的甚。据达尔文的意思，不过想用这种道理证明新种的发生以"天择"为最重要就是了。后来他作《人种由来论》，说物理中的单位"同情性"越深，越有生存的机会，而后裔也越多。由此可见，他已将"物竞天择，适者生存"的观念完全改变了。①

一八七九年，动物学家嘉司黎搜集许多事料，证明物种的向上进化，"互助公例"比那"互竞公例"还较重要些。有一位克鲁泡特金是地理学家，也是著名的无政府党，因此搜集许多动物上的事料和历史上互助的证据，作了一本《互助论》（一九〇七年出版），证明互助在生物社会的利益是很大的。他说："动物团结而成社会，最弱的虫鸟和哺乳类都可借社会的保护，抵拒强权。生产养育，不须过劳，并可托庇社会，随时安居。故互助不但为反抗天然界的敌力和他种侵害的利器，也可算是向上进化的好工具。"

巴黎大学生物学教授戴拉尔著《进化论》就用这种学说来做结论。斯宾塞说：社会进化和生物进化是一样道理。我们如今要将"互助"的公理传播到社会上去，使人人晓得他、实行他。这就是我们《进化》杂志的志愿了。

人类知识的进步，是由神学迷信时期进到玄学幻想时期，又由玄学幻想时期进到科学实验时期。② 这二十世纪的世界，果属那一个时期呢？我们看见自然科学的发达，就不能不说这个世界已经进步到第三个时期了。所以康德解释道德，用些什么"必然命令"的玄谈；黑智儿的论理学，说些什么"由相对以至绝对"的"三演法"和那形而上学家的"辩证法"，我们"一概谢绝"。我们研究"道德"、"政治"、"经济"、"宗教"和"社会"，都用着自然学的"归纳的演绎"法。与那自然学家研究"天文"、"生物"的问题，取同一的态度。我们所得的断案，若是他人不用这种方法来批评，而只说些"笼统"、"不合逻辑"的鬼话（如说无政府主义是"邪说"，说社会主义是"洪水猛兽"，或用些艰涩词句自饰浅陋之类），来辱骂我们，我们就"厉兵秣马"，与他们宣战，看那个得最后的胜利，这就是我们《进化》杂志的态度了。

---

① 这是克鲁泡特金在"近世科学与无政府主义"所说的话。
② 孔德的《实验哲学》所分的。

社会是机体的总称。各种机体，各尽所能，各取所需，求便于他的类，（人）要费较少的工夫，造成较多的幸福。由此可定人类社会发展的标准，由较不高尚而至于较高尚。这是为全世界人类造幸福的目的。所以社会进化，要讨论的问题，就是那一种制度最适合于某种情形的社会，怎么样才能增进人类幸福的总数和发展他的质量呢？① 近世无政府主义就是昌明这个公理。公理既明，我们更要实行革命，才能达到公理的目的。什么叫做革命呢？革命这个名词，西方叫做 Revolution，Re 就是"更"的意思，Evolution 就是"进化"的意思，合起来看，革命"更进化"的意思就罢了。虽然，我们所主张的革命，和那不关痛痒的革命，大不相同，譬如说：协约国战胜德奥，社会上何尝不说公理战胜强权呢？但是我们意中的强权，不惟是德奥的军国主义，和尼采的"超人"主义，现在社会的政治、宗教、法律、资本家，阻止人类全体的自由的幸乐，使他不能实现，都是强权的，我们应该"百尺竿头，更进一步"，从根本上将他们扫除。（全世界革命）由平民自己去行那"互助"的生活（各尽所能，各取所需），这才算进化的公理（无政府，无私产），完全战胜强权啊！这就是我们《进化》杂志的主张了。

赫胥黎说得好："若是现在知识的进步，不能够将多数人类堕落的情形，从根本上求个改变，我就敢大胆说一句：快请那慈悲的彗星，将这地球用尽力一扫，使我们同归于尽罢了！"② 这一段话，我也十分赞成，不晓得守旧派的心理是怎么样呢？虽然，阅者不要误会，我们并不是叔本华厌世主义的人物，我们也不是"乌托邦"的梦想家。我们所主张的公理，是实验的，快要实行的。我们试分析那世界思潮的趋势，是否与我们的倾向相吻合呢？英国有一位社会学家叫做奇的著了一部《社会进化论》，他的引言就说：社会主义现在渐渐变了人类的信仰，这种信仰，也渐渐到了实现的地步，不是从前的空想了。又有那法国学者鹿华利做了一篇《共产主义》③，也说道：从前你们是贵族和专制人物的奴隶，现在你们快要自由了，独立了。所以我们《进化》杂志"慨然以促进此种景况自任"，诸君啊！你们既晓得"互助"是进化的要素，岂不应该和我们分担这个责任么？

---

① 前一段是巴黎《新世纪》周报记者真民君翻译克鲁泡特金的学说，后一半是作者翻译的。

② 见《十九世纪杂志》。

③ 1890 年《同世杂志》3 月号。

世界语问题 *

（1919）

世界交通，地球越缩越小，科学文物，渐趋大同；但是各国的言语，不下数百种；虽极聪明的言语学家，最多也不过懂得数十种。如今在大学或高等的毕业生，于本国语之外，也仅能懂得三四种。这三四种中，未必能一一说得通，写得通。其他未受过高等教育的人，更不消说了。所以识拉丁文，英文，西班牙文的博士，到了俄国，便须一个通法文的人来做他的翻译。

这不过举一条简单的例；若是说起理由来，世界言语不通，对于人类情感上、智识上的阻碍，说几天也说不完；因为这个缘故，所以从十九世纪的下半期直到了二十世纪我作这篇文章的现在，天天有许多学者在那里讨论统一世界言语的问题；但是这个问题，很难解决的。有许多人想用现在最通行的言语来当世界语。拉丁希腊都是死语，不便说话的，不必说了。法文英文在世界上最通行，最有势力，应该任择一种来当世界语。反对派就驳道："你们主张采用强国的言语来当世界语，别的国未必肯从，那么看来，这种办法，不免弄成国际上的争辩了，究不如采取一最小国的言语，如 Norwegian，他本国的人口很少，自不会闹起风潮。还有一层，这种文字的构造，比那法英的简单得多，我们应该照这样行才是啊。"

这种办法也不行的。为什么呢？据我说来，那威人所以容易学 Norwegian 的缘故，因为他们从小的时候，已经懂得许多土语，才学他的文字，可见得 Norwegian 本身，并非易学的，——中国的方言，各地不能相通；但广东人到北京仅六个月，便能说"官话"。若欧洲人学中

* 载《新青年》第 6 卷第 2 号，1919 年 2 月 15 日，署名凌霜。

国"官话"，非有三年的工夫，恐怕不能说得清楚。但是欧洲人以为中国语的构造，还比那 Norwegian 简单一点——况且 Norwegian 的字母，参差得很，有许多不发音的；他的文学，有许多是由作文的人，任意砌成，并不依着文法去做的。这样看来，无论那一国那一种的"天然语"（Natural Language），都不能用作世界语的。（详见 H. Sweet, *Practical Study of Languages* 六六页）

天然语难学的缘故，因为他的文字，有许多无理的变化，所以我们想用他来表示思想，就有不完全之弊。他的单字的语根，许多是从习惯上武断得来，与那声音意义一点也没有关系；虽每种言语里头，都有一部分依着文法去做；但是文法也有许多例外的，——有种种的歧语成语，——和字性无谓的分别，所以我们学一句话，他的文法是这样，到了学别一句话的时候，又要变化了。

我们见得以上种种的困难，所以想统一万国的言语。假使人人公认英文或法文来当世界语，这些文字不发音的缀字，不但要废掉，他的文法上的困难，如英文的 Shall 和 will，法文的 avoir 和 être，也应该去掉。字根的数目，也应有一定他的意义，不可有歧异和混乱的弊病。他的字根，更当用单音，将一切拼音困难的地方去掉才是。（参观 H. Sweel, *Universal Languages*）

应用这几种原理，所以有人造的世界语出现。一八八〇年，德国南方有一位教徒，叫做 J. M. Schleyer，创了一种言语，叫做 Volapük，这是世界语的起原。（考一六六一年有 Dalgarno 造 Arssignorum，一六六八年又有 Wilkins 造 Real Characters，均未成功。）他的字根，许多是从英文改变成的，拉丁罗马的字也不少。作者采取的时候，完全用个人的意思，将旧字改了单音。如 Volapük 一字，就从英文的 World（世界），Speak（语）两字集合而成的。他的文法上的附属位（genitiv），牵动位（Dativ），被动位（Akkusativ），都用三个正音 a e i 来做表示。至主动位（Nominativ）就依原字不变。复数加 s。形容词语尾为-ik。动词之位次（persons），就于语尾加代名词 ob（我）、ol（你）、om（他）、复数加 obs（我们）等文，来做分别。至于时候（tenses）和反格（passive），就用语头（prefix）来做表示，语气（mood）就随位置的次序，用语尾当表示。他的文法的构造，大半是德国式，我且抄几句供大家看看：

Lofob kemenis valik vola lolik，patiko etis peknlivöl，kels konfi doms Volapük，as bale med as gletkün netasfetana.

（译）我爱世界的人类，而尤爱他们信 Volapük 能联络各国的文明人类。

Volapük 的构造虽不的当，他的历史倒很有趣味。他初出世的时候，只在德国南方传播，过了四五年，渐渐侵入到法国，又四五年，欧洲各国学他的人，一天比一天多起来。当 Volapük 第三次大会于巴黎的时候，各地方的会所，总计有二百八十三处。学他的人，有一万万人。会中的差役，也能说 Volapük。这种世界语，人人以为一定有成功的希望了，那知他分裂的时间，比那传播的时间还要快十倍呢！他为什么缘故会分裂呢？原来学这种言语的学者，要把他完全为商场之用，又主张他的文法和单音的字，要改成简单些，创始家反对此举，于是一般学者和他的意见一天比一天深了。一八八七年，Volapük 第二大会组织的学院的院长，也要将文法从根本上改变，各人的意见，不能一致，直到了一八九三年，俄国有一位叫做 M. Rosenberger，被举为该院院长，才将他改造一种新的言语，叫做 Iidom neutral（中立语），那 Volapük 就算完全消灭了。

Idiom neutral 是 M. Rosenberger 所改造；但是集合这功劳，还当归于环球语万国学院（Akademi international de lingu universal）。这个学院，系由一八八七年和一八八九年的 Volapük 大会造成的，如今又变了提倡 Idiom neutral 的机关了，Idiom neutral 的字根，多从英法德俄西班牙意大利拉丁采来的。他的文法，完全用罗马文做基础。他的字，许多是法文，如问话用 eske，是由法文 est ce que 等字集合做成的。又如"最高级比较"（Superlative）的 leplu，实由法文 le plus 两字做成的。他的文中没有"有定冠词"（bestimte Artikel）。又有音同而义不同的字，如 kar 为"车"（名词），又可作"可爱"（形容词）解。有歧义的字，如"哲学"为 filosofi，用作抽象名词，又可当作复数具体的名词。这是 Idiom neutral 最缺点的地方。若是从结构上看起来，比那 Volapük 又容易得多。我们将下列的话，和上列的 Volapük 互相比较，便知道了。

Idiom Neutral es usabl no sole pro skreibasion, me et pro perlasion.

（译）"中立语"不特便于书写，也便于说话。

以上两种世界语既是这样。我更要将现在最通行的 Esperanto 的构造说一说。

Esperanto（原意为"希望者"，日本人译为"世界语"）初发现于一八八七年，这时 Volapük 恰在衰落的时代。始创家为波兰医生 Dro. L. L. Zamenhof，一八五九年，生于 Bielostok。这城里的居民，有波兰的，日耳曼的，犹太的，俄罗斯的，各人操着本国的口音，所以语言一有误会，就闹个不了。Zamenhof 是一位慈悲的人，见了这个样子，就立志要造成一种言语，使大家的意见可以相通。他在大学的时候，懂得德法英俄拉丁希腊的文字，所以 Esperanto 的字根，也是从这几种文字采来。他的字根的数目，据《Esperanto 字典》（Universala Uortaro）所载，不过二千六百四十二个。至于各国通用的字，如 poezio、telefono 还不在内；因为这种字根，学者自己可以容易认识的。每一字根加以"语头"或"语尾"，便能变出许多字来。如"友"的语根为 amik，末加一 o 字，就成为名词 amiko；再就他的前头加一 mal，就成"仇敌"；再加语尾 in，即成"女仇敌"。这是 Esperanto 不需许多字根的缘故。

他的拼音，是很容易的，我不必说了。他的文法，用一天工夫，就能完全学会；因为他是很有规则的言语，所以如此容易。如名词语尾为 o，形容词为 a，复数加 j，受事格加 n，一说就明白了，举例如下：

		单数	复数
主格	nom.	la bona patro	la bonay patroy
受格	Akk.	la bonan patron	la bonajn patrojn

他的冠词，无论单数，复数，男类，女类，什么格，都是用一 a 字。动词不定式（infinitive）的语尾为-i，现时用-as，过去用-is，将来用-os，假定用-us，命令用-u，他的兼词（Participle）的变化如下：

	主动	被动
现在	——anta	——ata
过去	——inta	——ita
将来	——onta	——ota

他的相关代名词（correlative pronoun），共有四十五个，似乎很难记忆；但因为整齐的缘故，也没什么大困难，举例如下：

	不定	e 个别	K 疑问关系	NEN 否定	T 指定
品质	ia 某种	eia 每种	kia 何种	nenia 无种	tia 彼种
缘故	ial 某故	eial 每故	kial 何故	nenial 无故	tial 彼故

他的章法，也不算难，兹举托尔斯泰致中国人书首节，便知道了：

> Letero de Leono Tolstoj laĥino. Estimata Sinjoro：La vivo de ĥina popolo ĉiam tre interesis min... precipe la ĥinan religian saĝon-librojn de Konfucio, Mentze, Laotze kajiliajn komentariojn.

（译）可敬的先生：中国人民的生活，我常常见狠得有趣味。中国圣人的书，如孔子的、孟子的、老子的，我更喜欢的了不得。

以上三种人造的世界语，Volapük 早已衰落了，我们不必去理会他。就 Idiom Neutral 和 Esperanto 二种中，我们应该承认那一种当做世界语呢？这个问题，很难回答。但我们将他们的构造互相比较，觉得 Esperanto 的优点，多过 Idiom Neutral。况且 Idiom Neutral 的字根，天天有改变；Esperanto 是有一定的。这是 Esperanto 胜过 Idiom Neutral 的第一层。我们试将学这两种言语的人的数目来比较，究竟那一边占多数，就中国来看，学 Esperanto 的人，最少有一万，学 Idiom Neutral 的人，我没有听见过。我们又看那一种的成绩多一点呢？试将各大书店的图书目录拿来一看，我们看见 Esperanto 的书不少，Idiom Neutral 就绝无仅有。这是第二层。我因为 Esperanto 有这两层优点，所以主张世界语当用 Esperanto。如今欧战完了，什么"国际联盟""万国国会""永久和平"的声浪，震动我的耳鼓，我以为世界语的重要问题，也应提出来讨论讨论才是啊。

现在反对 Esperanto 的人狠多，他们最大的理由，大约有两种：

（一）Esperanto 的构造，完全是依欧洲的语根造成，与亚剌伯中国日本的言语无关。Esperanto 怎么能当作世界语呢？

（二）现在的言语学已经很发达，各种言语的文法，比较得狠清楚，故无论何人，不懂得言语学的，就不配创造一种新言语。

照第一条说，若能有一种言语，既合欧洲的，又合东方的象形文字，我是中国人，自然也狠赞成。可惜如今中国的先觉，要将汉文废去，或主张改成 Romanized Chinese，这个问题，自然没有什么价值了。

第二条问题，倒不能难 Dro. Zamenhof，因为他虽非言语学专家，但研究言语是狠精的。P. Kropotkin 说得好：Men of Science invent no more, or very little.... the attorneys, clerk Smeaton, the instrument-maker Watt... were as Mr. Smiles justly says, "the real makers of modern civilization...." It was not the theory of electricity which gave us the telegraph... even the empirical knowledge of the laws of electrical currents was in its infancy when a few bold men laid a cable at the bolt-om of the Atlantic Ocean，despite of the warnings of the autholized men of science。（see P. Kropotkin：*Fields*，*Factories and Workshops*，pp. 398~402）

作者对于世界语的意见，虽然如此；但恐怕不确当的论点不少，极望当世的学者细心去讨论下一下子；给我们好走一条平平正正的道路，这是作者最大的希望！

Esperanto 与现代思潮*

（1919）

玄同先生：

读《新青年》第五卷第五号，吴稚晖先生的文章里说，Esperanto 可以加入学校课程之中，这话我以为狠对。中国若要将汉文改用拼音，还不如简直采用 Esperanto，较为利便，省了许多方音的困难；但是现在反对 Esperanto 的人，仍是狠多。那些大人先生们说汉文是万不可毁灭的，把我们提倡 Esperanto 的人狗血喷头的骂上一顿，这是时代思潮的谬误，我们就可以不必再去理会他。就说那些赞成改良汉文的朋友，他们反对 Esperanto，不从根本上去说 Esperanto 的构造，是否可当世界语，而单说 Esperanto 文学书少，便是这种言语无用的铁证。那么，我们也可以说用白话做的书少，便是新文学无用的铁证吗？恐怕有些不对罢！

近来用 Esperanto 来做杂志的，做诗歌的，已一天比一天多起来，我所见的如瑞士 Dro. R. de Saussure 所发刊的《科学杂志》（*La Teknika Revuo*），有许多大学教授，都用 Esperanto 来做文章。我敢大胆说一句，Esperanto 是朝上的日光，并不是西山的暮色。

贵志同号中姚寄人先生将十年前巴黎《新世纪》周报醒先生所做的《万国新语》（亦名《世界语》）之进步的，末段钞出来。据我的鄙见，这篇文章起头所说的"万国新语有五大特色，为各国文字所不能及"，都是很好的。这篇文章，可算是中国人说 Esperanto 的先导。我记得民国元年的时候，我的朋友师复先生，创立晦鸣学社于广州，曾将他付印数万册，拿来分赠看见的人，一定不少，我现在不必再去钞他了。

---

* 载《新青年》第 6 卷第 2 号，1919 年 2 月 15 日，署名凌霜。

日本《新东洋》杂志去年十二月号中，有一位英国人 Bernanl Long 做了一篇文章，叫做 *Esperanto, as an Englo-Japannese Language*。我如今将他翻译起来，给先生和《新青年》的读者看看罢。

欧洲的大战完了！各国也一天比一天接近了！要是各国能采择一种浅易的，合论理的，又能表情的补助语，那宝贵的光阴就可以不至失掉；烦扰的事情，就可以不再生了。国际间的事情，也可以更加顺当，更加兴盛，不是现在的样子了。

日本同英国若是采用这样的一种言语，利益更多咧。为什么呢？因为我们二国的"国音"相差得利害；况且英人能说日本语；和日本人能说英语的，比较起来，都是有限，且非人人马上可以做到的。

我并不是说那想到英伦留学的学生，和想直接读他的文学的学者，不要学英文，我的意思，以为大多数的平民，若是没有许多时候学一种外国语，又想上外国游历，同那实业上科学上商业上的人民来往，那么，懂得 Esperanto，就较为容易罢了。

要是想达到这个目的，我以为日本人学英文的，虽是多得狠；但总未达到完满的地步。照这样看来，学一种万国所用的言语，又能够吸受西方的思潮，于人道上也有狠大的关系，岂不比那学一国的言语好吗？

老实说：我们现在最需要的，就是一种适当的言语，用来做万国接合的媒介，不但是英日二国等着的。日人学英文的，虽然狠多；有许多有思想的英人都说，日本人学一种外国语，想来消受紧要的学问，于功利主义上来说，狠不相宜。不但这样，就日本文的本身，也不免有这种弊病的。

Dr. Zamenhof 将 Esperanto 贡献于世界，已经三十年了。这三十年中，经过了种种实习的结果，这种人造语，早已变成了万国交际的媒介。据现在看来，简直没有一国没有许多主张 Esperanto 的朋友。他的文学，也一天比一天增加起来。就是那最好学的学者，也不怕不够用了。

如今各种职业上的人，有能说 Esperanto，说得很好的。也有用他来做文章，做得很好的。我们看见 Esperanto 的杂志，最能够联络世界人类们感情。又看那一九〇五年至一九一三年间，每年的大会，各国的男女来宾，到的很多，难道这不是 Esperanto 能够算是中立语的好证据么？Esperanto 第十次大会，本定一九一四年八月在巴黎开会，预先购券的人数，不下三千六百人，这里头的人，有三十五国以上的会员，后来因为战争开了，这个年会，就没有举办。

有一位英国人曾到过一个 Esperanto 的大会，他说得狠好，我且将他抄几句下来给大家看看罢。

世界各国的人，聚集一堂，天天在那里讨论演说和辩论，真是令我生无限的感触了。会中无论什么事情，都用 Esperanto，而未尝有一点误会，和不明白的地方，也没有因言语而不能表情的难点。言语不通的艰难，这才算灭尽了？

我们照这样看来，可见得 Esperanto 是很能表情，和很流利的一种言语。他的语根，虽是由欧洲古代和近世的言语取来，日本和东方各国的学者，也很容易学的。

欧洲大战，正在兴高采烈的时候，日本的 Esperanto 杂志，Japana Esperantisto 还能继续出版。我虽是英国人，读这一种杂志，也能够明白日本有名著作家的思想，总不觉困难了。

Esperanto 可以实行，而又容易学习，我最好举几条实例，来做证据。从前有一位日本的盲目 Esperantisto 用 Esperanto 写一封信给我，说 Esperanto 在东京盲目院中怎样活动，和各机关采用他的益处。这几封信所写的言语，是完全（Perfect）Esperanto，这位朋友学习的时候，除了用书来做先生外，并没有求过别人的帮助。他有一次寄给我一封信，里头夹了俄国盲人 Mr. V. Eroshenko 寄给他的信，这位俄国人用 Esperanto 的助力，游过欧洲。又用他一半的助力，跑到日本去，住了二年。后来又上 Siam 和 Burma 去，调查那边盲人院的情形。

照这样看来，要是学 Esperanto 没有益处，恐怕不能够令盲目的人不怕艰难都来学他，然而各国盲人学他的多得很；不但是这种文字的文法，都用教盲人的法子写上来，如今已有许多有趣味的书，也照这样写起来了。

Esperanto 于商场中通行的证据，也有许多。读者要是想知道详细，可问伦敦的 Common Commercial Language Committee，由 Thos Cook & Co 转交，便得了。

英国的邮务局，承认国内来往的电报可用 Esperanto。教育部又批准半夜学校，和实业学校可以加入 Esperanto。因为这样的缘故，英国各学校加入的已经有了许多，日校也渐渐有加入的了。

千万的学生，每周学一二时，学上几周，便能说得很流利，且和各国的人士通信，有许多学生没有机会学一种外国语，而能学了 Esperanto，难道是不好吗？所以我很盼望各文明国的政府，将他加入学校的必修科。那么，世界联合，就成了真事实，不是从前的梦想了。

至于 Esperanto 教员的问题，简直没有什么多大的困难。因为受过教育的人，只要费几个月的工夫，——快的几周的工夫——现在的教员，就可以教授他的学生了。

大战争的时候，各交战国军队里头，也有许多 Esperantistoj，他们说：用这种言语和那被获的外国囚虏谈话，很有趣味。囚虏里头的军民，也设种种的进行，来传播 Esperanto。红十字会和医院一类的事情，要是能够采用这种言语，更为利便了。

这篇文章，将 Esperanto 有用的地方说得很透彻。但是反对的人，恐怕又有加上"卖药夸药灵"的罪名了。我翻译这篇文章的意思，不过想证明欧洲五百人中，至少总有几个人赞成 Esperanto。

我讲 Esperanto 之外，还有一个问题，想请大家注意。现在社会的不自然生活，可算达到了极点。法律一面褒奖贞节，一面又特准卖淫。伦理上天天讲什么人道，而军队天天在那里杀人。我有一个朋友从山西来，告诉我说：乡间有一位妇人，犯了奸案，那个男人毫没有吃苦，独将那个妇人钉上了十字架！还有那官场，现在仍是把他个所杀的人头悬在城上！这是什么世界！北京后门常常有戴红顶子的大官，坐着马车，在那里跑；下雪的时候，有许多赤着脚的穷人，在那里叫苦。这又是什么世界！香港同广州不过差几百里路，而香港十年中总没有将人枪毙的事情，广州的东郊场差不多天天有死人的惨声。龙济光督粤时，稍有革命党嫌疑的人，马上就将他打死。我有几位同学，也在这时期中死了，令我们真是"敢怒而不敢言"。这又是什么世界！

人类的历史，不过数千年，与那地球相比较真是"不可以道里计"。但此数千年中的进化，我终觉得太慢了。若是要促进世界的进化，脱离了现在的矛盾生活，使那什么复辟，什么拳匪，永远不能复发，我以为最好是大家坐着摩托车往前跑，这一架摩托车是什么？现代思潮就是了。现代思潮，在文学上，发而为托尔斯泰的小说，发而为易卜生的戏剧，在科学上发而为克鲁泡特金的互助论；在事实上发而为俄德的革命。俄德的革命，上海的大报纸，都大惊小怪。其实不过要人人做工，回复正常的生活罢了。"劳动神圣"，已为经济学上重要的格言，那十人中有九个不做工得食的人类，要快醒了！贵志第五卷五号，有蔡子民先生的《劳工神圣》，李守常先生的《Bolshevism 的胜利》，我以为狠能代表现代的思潮。我所以狠望《新青年》的读者，注意注意。这架摩托车，虽不是我们自己造的，又何妨坐上去，向进化线上赶快跑呢？我的鄙见是这样，不知先生以为对不对？

凌　霜　二月七日

附钱玄同复函

凌霜先生：

先生所讲的话，我句句都赞成。将 Esperanto 加入学校课程之中，我是和先生，吴先生的意见一样。《新青年》第三卷第四号里，我有给陈独秀先生的一封信，就讲过这话；陈先生也很以为然。不料此议甫出，就遭陶孟和先生的反对，于是四卷五卷之中，为了 Esperanto 的问题，彼此辨论的话愈说愈多；陈先生说是"诸君讨论世界语，每每出于问题自身以外，不于 Esperanto 内容价值上下评刊，而说闲话，闹闲气"，实在是有这样的情形。我现在也不愿意再来和反对党闹那些无谓的辨难驳诘。但我自己是信人类该有公共语言的；这公共语言，是已有许多人制造过许多种的；这许多种之中，在今日比较上最优良者，是 Esperanto，所以我现在便承认 Esperanto 为人类的公共语言；中国人也是人类之一，自然就该提倡人类的公共语言。还有一层欧洲各国的国语，和 Esperanto 相差不甚远，就是慢慢的提倡，还不妨事。若中国则自己的语言文字太艰深了，太陈旧了，决决不合于新世界之用，所以中国人更该竭力提倡 Esperanto。拿一近似的事来做比例：现在中国该用国语来做文章，用国音来讲国语。那北方的声音语言，本来较为普通，和国音国语相差不甚远，到慢慢的提倡国音国语，还不妨事。若江浙和闽广，则土音方言，至为奇特，不能行远便用，那就非赶紧提倡国音国语不可了。

我的意思：以为我们主张 Esperanto 的人，应该自己赶紧学 Esperanto，劝人赶紧学 Esperanto，自己学好了，该去教别人；学的人渐渐的多起来，则中国知道 Esperanto 的好处的人也渐渐的多起来了。到那时候，提议要把 Esperanto 加入学校课程之中，想来也不是什么难事了。——请看，三年前中国人对于白话文学的观念是怎样，现在又是怎样，这就可以做个比例。——但一面介绍 Esperanto 的书籍杂志，也是很要紧的事；若单说了"学了可以和各国人交换明信片"的话，那是不中用的。至于有人说这是"假文学"，"这是私造的符号"，等之于"参茸戒烟丸"，或"戒烟梅花参片"，我们可以不必和他辨论，照着刘半农先生的"作揖主义"去对付他，就是最经济的办法。

钱玄同　一九一九，二，十〇

评《新潮》杂志所谓今日世界之新潮[*]

（1919）

近接友人从北京寄来《新潮》第一卷第一号，其中持论颇为新颖，记者极为钦佩。内有《今日世界之新潮》一篇，似有可研究之处，亟本所知，略为批评如次：

原文第一二段好像没有什么要紧的话，然而却有几句很要紧很精确的，就是：

> 以前法国式的革命是政治革命，以后俄国式的革命是社会革命。

第三段说：

> 革命以后（按此指社会革命），民主主义同社会政策必定相辅而行。其大概的趋向，大约可以分为经济、政治、社会三方面。经济方面的趋向，将来都偏重保护政策，以一切的实业全受社会主义的支配，使最大多数的人民都有可以享受的幸福。威尔博士说："以后民主主义想达到他的目的，必定要将一切的实业收归政府所有，为政府所管；税制必须改革；经济上不完备不正当的组织必须改良纠正。"但是实行这大的改革，如何可以没有流弊呢？威尔博士又说："以后凡一切处治遗财私产同订立契约等事，必须取决于法律；法律生于立法、行政、司法三机关；立法、行政、司法三机关又产生于地方选举。所以正本清源的法门，我们当先从选举方面着手。民主主义若是要统一政治，必定要有五个条件……"看威尔

---

* 载《进化》第 1 卷第 2 期，1919 年 2 月 20 日，署名凌霜。收入葛懋春、蒋俊、李兴芝编：《无政府主义思想资料选》（上），382～388 页。本篇文字根据《无政府主义思想资料选》（上）所录。

博士这番话同近来路透社的专电，欧洲现在的潮流向着这方跑是确切无疑的了。

我们想明白这一段文章是不是确当，第一：要说明民主主义是什么；社会政策是什么；社会主义又是什么。第二：要说明法国式的革命所主张的是什么；俄国式的革命所主张的又是什么。

"民主主义"（Democracy） 在政治学上说，系一种政府，其国民或直接自治，或被治于代表。今日各国盛行的制度就是民主主义。法国式的政治革命也是主张这个民主主义。民主主义国家不承认社会革命，即法国式的革命。

"社会政策"（Social Political） 社会政策不主张从根本上推翻现在社会的组织，但想借政府的力施行各种政策，来补救现在社会的不平。如限制资本家，保护劳动家，行累进税和单一税，设立公共教养机关，这都是社会政策。这种种的政策，欧洲各文明国已有实行的了。所以我们常说，社会政策系民主主义制度下较良的政策，却非社会革命所主张的。

"社会主义"（Socialism） 社会主义反对私有财产，主张以生产机关（土地、机器等）归之社会共有，这是各种社会主义根本的出发点。但是对于生产物的分配方法有好几种，所以分为种种派别；然而粗枝大叶分别起来，不外"共产社会主义"和"集产社会主义"两种。（世称"国家社会主义"（Socialisme d'État）、"科学社会主义"（Socialisme Scientifique）和那"社会民主主义"（Démocratie Sociale）都是"集产社会主义"。德国马克思算做他的创造人。）共产主义主张生产机关及生产的物属诸社会，人人"各尽所能，各取所需"。集产社会主义主张生产机关属之公有，他的生产物由国家或社会分配。两派虽有不同，但想实行他的主义，必定推翻现社会组织，由资本家手里取回生产机关，两派却没有分别。社会主义的首创家如圣西门（St. Simon）、福烈（Fourier）、蒲鲁东（Proudhon）都不敢主张"社会革命"（Révolution Sociale）。到了一八六四年，万国劳动会（Association Internationale des Travailleurs）成立，形成"近世社会主义"（Socialisme moderne），始敢大声宣言"社会革命"。现在俄、德的革命就是社会革命的表见。然而民主主义的国家和主张社会政策的人却不大赞成的。

以上草草将民主主义、社会政策和社会主义已经分别清楚了；我们又知道法国式的革命主张的是什么，俄国式的革命主张的又是什么；那原文说"革命以后，民主主义同社会政策必定相辅而行"，自然没有存在的价值了。原文又说："将来都偏重保护政策，以一切的实业全受社会主义的支配。"保护政策系资本主义对劳动家所说的，社会政策就是主张这个。若一切的实业全受社会主义的支配，那里还有保护政策呢？说到这里，作者忽引入威尔博士的言来做根据。威尔的言是主张民主主义而又夹些社会政策的意味的。据我的鄙见推测起来，威尔博士必不主张社会革命，而社会党也没有这种拉杂的主张。照这样说来，社会革命以后的组织决不是这样。以下虽说什么五个条件，岂不是削足适履么？然而欧洲现在的新潮究竟是什么样？这也一言难尽。日本人布施胜治著有《露国革命记》，说得很详细，请读者自己去参看罢。但有一件可以相告的，就是：马克思的集产主义现在已不为多数社会党所信仰。近来万国社会党所取决的，实为共产主义。（马克思派的不当，下文略为说之。）

原文接着说道：

> 但是我还有几句话要申明：就是民主主义同社会主义固无大区别，就是社会主义同个人主义也是相关的，而不是反对的，此后的社会主义并不是要以雷厉风行的手腕来摧残一切的个性。……

民主主义，经济上许可自由竞争，所以有资本家劳动家的分别。社会主义主张一切生产机关都归社会所有，人人都是劳动家，没有现在的"托辣司"。这是民主主义和社会主义的大区别，作者乃一勾抹杀，说这两个主义没有大区别，恐怕有点不对罢！

社会主义同个人主义也有很大的分别，克仑瑞①所分的就是：

（一）个人主义　主张私的生产、私的消费。

（二）社会主义　主张共同生产、共同消费。

以上两条解说，已经将个人主义同社会主义不相同的点分别清楚，但是集产社会主义还有与个人主义不相容的，因为集产社会主义以国家为万能，所以蔑视个人，故变成极端干涉主义。由此可见，集产社会主义为个人主义的敌人，作者乃谓"社会主义同个人主义也是相关的，而不是反对的"，岂不是囫囵吞过么？但是"近代社会主义"却渐趋于"无政府主义"（Anarchisme）②，无政府主义以个人为万能，因而为极

---

① Klein Wachter：Lehrbuch der Nationalokonomic，S. 159.

② James Bonar：Socialism（See Encyclopaedia Britannica. Ⅱ th Ed. Vol. 25. p. 301）.

端自由主义，所以无政府主义乃个人主义的好朋友。若是作者从这一方面说"社会主义同个人主义也是相关的，而不是反对的"，也未尝不可①；但是无政府主义主张废除政府，和原文说些什么立法、行政、司法的话，根本上已有不对，所以我认作者的主张为集产社会主义，说他和个人主义是相反的呢。

原文第四段说：

> 这个潮流涌入德、奥国内，尚无十分危险；因为德、奥人民大都受过教育，兵工两界也都是有常识的。若是传到中国来，恐怕就可虑得很；因为中国的普通人民一点知识没有，兵士更多土匪、流氓，一旦莫名其妙的照他人榜模做起来，中国岂不成了生番的世界吗？

普通人民对于社会革命每每怀着这样的疑虑，其实智识问题不成重要的问题，我们试看十年前中国保皇党和革命党的争论可知。庚戌年我还听说满清预备十年以后才开国会，那里知道，不到三年，革命起了，国会也开了几次。所以我不信智识问题足为社会革命的阻碍。德、奥平民的智识恐怕也不是很高深罢。况社会革命的真理没有什么深妙玄微的地方，叫他们知固然容易，叫他们行也不算难；但是传播这种真理给人人都晓得，这是先觉的责任了。至于"兵士更多土匪、流氓，一旦莫名其妙的照他人榜模做起来，中国岂不成了生番的世界吗"？不知道社会主义正为兵士、流氓、土匪太多，所以倡改造社会的论调来救济他们，给他们复回"人"的本位，不要做杀人放火的兵士，做劫掠的土匪，做随街叫化的流民；而要人人尽力去取回生产的机关，从事劳动。纵使一时有不安的现状，这是资本家和劳动家的战争，有什么希奇？我们要晓得社会革命和科学革命不同，社会革命是将全社会的恶制度从根本上推翻，拿新的来替代了他；若是畏首畏尾，这简直是基督教的改良主义，还能算做社会革命么？而作者所说的"我们何妨架起帆桨，做一个世界的'弄潮儿'"，也算多事了。

原文第五段又说：

> 我们将来所希望的成功，是平民伟人的成功，不是贵族伟人的成功。所以我们与其崇拜大彼得，不如崇拜华盛顿；与其崇拜俾士

---

① 详见马凌甫译津村松秀著《国民经济学原论》八一二页。

麦，不如崇拜佛兰克林；与其崇拜雷奴（Richelieu）的理财，不如崇拜马克思（Karl Marx）的经济；与其崇拜克虏伯的制造，不如崇拜爱狄生的发明。……

平民伟人是什么？崇拜又是什么？科学家发明真理，我们就应该崇拜他做平民伟人么？社会革命的时代大彼得固然不要崇拜，华盛顿恐怕也受不起社会革命党的崇拜呢。还有那马克思，虽然现在还有很多人崇拜他的玄想的经济学（Metaphysical Economics），我们却是反对的很。马克思的《共产党宣言》（*Communist Manifesto*）是主张集产的。其中关于学理与经济两部分，实由一八四三年 Considerant's Principles of Socialism：Manifesto of the XIXth Century Democracy 而来。至于实行的一部分，又抄自巴布夫（Babeuf）和班那洛奚（Buonarroti）秘密共产党的唾余。①更进一步来说，社会是对个人而说的，所以既称为社会主义，则凡社会的物，概当属之公有，却不能为个人所私有。现在集产主义，以衣食房屋之类可以私有，是明明尚有个人财产，根本上已背乎社会主义的定义；况且同一房屋，牛马的圈厩既为公有，人居的房舍则为私有，于理论上也说不上去。还有一层，集产者主张按个人的劳动多寡来给他报酬，那么强有力的将享最高的幸福，能力微弱的将至不能生活。能力薄弱的缘故，或关乎生理，却非其人懒惰的罪，而结果不幸如此，还说什么幸福呢？②所以我们极端反对马克思的集产社会主义，作者说得好："近来中国学问界异常寂寞，对于世界上的新学理几乎一无知闻，就是对于一切不合真理、早经世界上大学问家驳倒了的学说，还是'奉如瑰宝'、'视若家珍'，你说可怜不可怜呢？"我很望大家不要奉集产主义为瑰宝，为家珍。

---

① Kropotkin：Modern Science and Anarchism，p. 57.
② 师复著《伏虎集》第十三页。

马克思学说的批评 *

（1919）

　　马克思的学说大约可分为三大要点：（一）经济论，（二）唯物史观，（三）政策论。世人对于这些学说的批评多得很。那攻击社会主义的人，不必说了。（例如 W. H. Mallock 所著的 *A Critical Examination of Socialism* 第十八页说：马氏的经济学"在现在的科学界"正如古人分元素为四种。或如 Thales 万物皆出于水的理论之在现今的化学。）社会党，不满意于这种学说的人，也是不少。无政府党对于他的政策论，绝对的不赞成，早已成为历史上有名的争论，更不必说了。作者批评马氏的学说，对于他的经济论和唯物史观，以德人 E. Bernstein 的批评为根据。对于政策论的批评，以俄人 Z. Kropotkin 的批评为根据。现在且把马氏学说的缺点和他的好处写出来：

　　（一）经济论

　　马氏的经济论大约见他所著的《资本论》*Das Kapital*，他的演绎的经济学，以余值说 Theory of surplus value 为根据。他所发明最重要的社会学原理，就是唯物的历史观。*Materialist conception of history* 这本书第二三两卷，是他的遗稿。后来他的朋友 Engels 才将他印出来。有许多人说马氏始初的观念：——一个时代的社会组织，必与生产方法相应；不然社会革命就不免了。自从古代的共产或半共产的部落解散，国家制度成立之后，新旧战争最烈的，就是阶级战争；所以社会阶级一日没有消灭，这种战争一日不能停止，到了资本家的社会，就是无产或者劳动的平民，和资本主决战，而最后的胜利，却在劳动家，——不对。我以为不然。为什么呢？这种现象，征诸历史事实，是的确无可疑

---

　　* 载《新青年》第 6 卷第 5 号，1919 年 5 月，署名凌霜。

的。马氏经济论最缺点的地方，还在他的记载，有不尽不确的地方。他所根据来做演绎的统计，有许多没有证明他所要证明的东西。他的价值说，与唯物历史观，在经济学上，最为重要，他的学说，所以卓然成一家言的，也不外乎这两要点。不知这两种观念，在他前头的社会党，和社会学者，早已说过了。马氏不过说得较着明白罢。（即如强夺说 ausbeutungs theorie 令人信以为创自马氏。其实蒲鲁东 Proudhon 在他所著①的《什么是产业？》Qu'est ce que la propriété? 第一章已屡言"财产是赃物"、"财产所有主是盗贼"。）又马氏所引以为演绎根据的统计证明，有许多地方不特不够，也有不着边际的。此外有一极危险的论调，就是他屡次指出关于某问题的现象，后来却忘记了这些现象的存在，而犹申论不已。却不自知他后来的论点，和先前的，已有不对呢。例如《资本论》第一卷记载资本家增加的历史的趋势，到了最后的一部分，却说资本家减少，是一种已经成立的事实，而他的统计，又证明资本家没有减少，但有增加。至在他处，还要极力说这种事实的确当！

马氏所用的方法，还不出黑格尔 Hegel 的辩证法之外。他虽然说过若是要这个方法合于理性，必要将他转过来，搁在一个唯物的根据之上；但是他自己却不能处处依着这个范围立论。难道马氏不知严格的唯物方法的断案，不能离事实太远的么？他的著作，本来要以科学为根据，不从预存的观念，和从表面观察所谓现社会的进化律，推演下来，以为断案；然而他最后的断案，却是一个预存的观念！简单说：马氏不过把辩证的事业，代了前人辩证的观念罢了。空想会弄坏了科学，马氏恐怕不能自辞其咎罢。

以上将马氏《资本论》的经济学不当的地方，说出来。但是他的"余值论""工值说"，就现在看起来，他的价值，是不可磨灭的。那些劳动家所生产的东西，他们自己所得些少之外，还有许多盈余，为他人所掠夺，这是无论何人不能否认的。他的工值说，是社会主义的根据。他的信徒 Gronlünd 以此为他的"思想之母""idée mère"，说得倒是不错。那反对马氏主义最烈的无政府党，对于马氏这些重要的证明，也无异辞，他的价值，就可想而知了。

（二）唯物史观

马氏历史哲学的方法和原理的发明，可算是他最大的创造。为学问

---

① "著"，原作"者"，误，校改。——编者注

界开一新纪元。他所说的生产者在历史进化上的重要，可谓发前人之所没发。况且他能证明他们在社会机体的形式和意义的影响，所以姑无论他有时出自假托，到底可算是他著作中最重要的一部分。有人将马氏这种发明，和达尔文的发明相比较。马氏的《政治经济学的批评》*Zur Kritikder politischen Oeknomie* 出世，恰和达氏的《种原论》同时。马氏在他的历史的哲学序中，说明社会机体进化的原理，和达氏所发明的生物机体进化的论据，很是相近。

（三）政策论

马氏的政策论详见他和 Engels 合著的《共产党宣言书》（*Manifest der Kommunistichen Partei，The Communist manifesto*）。（马氏所谓共产主义即今日的集产主义，和他同时在万国劳动会相对抗的无政府党巴枯宁 Bakunin，自称为集产主义，实即今日的共产主义。）这宣言书中有十条件，可算是社会民主主义的政策。这些政策，是什么样呢？其大意如下：

（一）废除产业。

（二）一切交通机关，收归国家管理。

（三）一切工厂及生产的机器，并为国有。

（四）设立工兵，而犹注重农兵。

批评这种主张的人，以无政府党为最多。这是因为他们的共产方法，与马氏的集产方法，有根本不对的缘故。无政府党人以为国家的组织，从历史上观之，无非建立私权，保护少数特殊幸福的机关。现在教育，国教，和保护领土种种大权，都在政府掌握之中。若更举土地，矿山，铁路，银行，保险，等等给了他，谁保国家的专制，不较现在还要厉害（这是克鲁泡特金 Kropotkine 的话，见《英国百科全书》他所著的 Anarchism 一条）。我们的首领，谁保他们不变了拿破仑袁世凯呢；且社会主义，不应当压制个人的自由。社会民主党的政府，又要设立什么工兵农兵，这不是压制个人的表征吗？此外还有他们所主张的分配问题，也有可批评之点。社会是对个人而言。既称为社会主义，那么，社会的物，概当属诸公有，不要为个人所私有，这才对的。马氏的集产说，以衣食房屋之类，可以私有，是明明尚有个人财产，根本上已和社会主义的定义不对。况且同一房屋，牛马的圈厩，既为公有，人居的房舍，则为私有，在理论上也说不过去。还有一层，他们主张按各人劳动的多寡，来给酬报。那么强有力的，将享最高的幸福，能力微弱的，将至不能生活；能力微弱的缘故，或关乎生理，非其人懒惰的罪，而结果如此，还说什么幸福呢？无政府共产党想将国家的组织改变。由平民自己建立各种团体会社，如办教育就有教育会，办农业就有农业会等等，由单纯以趋于复杂，以办理社会所应需的事，去除一切强权，而以各个人能享平等幸福为主。他们所主张的劳动原则，就是"各尽所能"四个大字 To each according to his capacity。他们所主张的分配原则，就是"各取所需"四个大字 To each according to his needs。无政府党和马克思派争论的焦点，就在这个了。

马氏的学说，在今日科学界上，占重要的位置。我这种批评，究竟对不对，我可不敢武断。今更引马氏致友人书数语，做这篇的结论。他说："我们绝不学那些空论家，想以自己的主义，征服世界。说道：'这就是真理，跪下来罢！'我们由世界自己的原理中，抽出新的原理来，我们不叫人：'你的奋斗，是不好的，你离了他罢。你听我的话，跟着我来战斗就够了。'我们不过说明奋斗的真目的，就使他不赞成，也要自己找出一个必要达到的目的来。"作者很愿传播新思想新学说的人，都有这种态度。

克鲁泡特金的道德观[*]

（1919）

　　人生在世，应该如何行为？这是伦理学所要解答的问题。可是行为的标准，要随着一个时代一个地方的环境而生变化。比方民国以前以忠于宣统为道德，如今却以是为迷信了；这是一个现成的好例。道德既随着环境而为变化，所以绝对的标准是没有的。近世学者多以治生物学的方法，来治道德；以为道德亦有可征验有可计量。克鲁泡特金 Kropotkine 也拿这种方法来说明道德，并且将动物的道德，同人的相比较。他所著的那本 *Anarchist Morality*，就是解答"我们的行为应该怎样？"的问题。兹篇之作，是想介绍他的意见到中国来。

　　道德是什么？我们为什么要服从道德的信条？所谓道德的，为什么一定要迫人服从呢？克氏说：

　　　　平民虽然想解答道德情操的问题，但是他们用那时代的科学来解释，把人类看做万物之灵，不想同那动植矿的道德相比较，所以总不能得到完满的答案。

　　十八世纪的平民，对于道德问题，已经起了怀疑。一七二三年有匿名著作家 Mendeville 做了一篇《蜜蜂的故事》，痛骂英伦的社会。他又添上些注解，大胆攻击社会上戴着道德假面具的左道说："什么道德信条，不过虚伪的假面具罢！有许多平民，想做些好事，却因为这些左道的权力太大，所以卒至变了一个坏人。"可惜这位作者生在那个时候，不懂得动物的道德，所以把谄媚父母和官吏的行为，来解释道德观念的始原。

　　到了苏格兰的哲学家和法国百科全书的编纂者，他们评论道德

* 载《解放与改造》第 1 卷第 6 号，1919 年 11 月 15 日，署名兼生。

观念，还要利害。这是我们所知道的。

"我们为什么要道德呢？"这就是十二世纪的唯理派，十六世纪的哲学家和革命党所要解答的问题。后来有英国的乐利派（如边沁 Bentham 和穆勒 John Mill），德国的唯物派如布希纳 Buchner，一八六〇—七〇年俄国的虚无党和那无政府党的人生哲学少年创造家居友 Guyau——可惜他不久死了，——都要解答这个问题。我们现在又不能不解答他了。

这是克氏研究道德的发端。他以为我们遵依道德而行，不是因为康德说的什么"必然的命令"；不是因为服从边沁"乐利"的道理；也不是因为教育要我如此，父母要我如此，我便当如此。我们的行为都由于一个单纯的动机——趋乐避苦的念头生出来的。

比方有一个人，抢了小孩子将食的面包，拿来自己食，人人一定说他是利己派了。比方又有一个人，这位人人都称他为贤德的，他分了自己的面包，给那饥者同食，解了自己的衣裳，给那赤身的人有得穿；要是一个宗教家——满脑子宗教话头——立刻就会说他"爱邻如己"了。但是我们想一想，他们两位行为的结果，在人道上虽然有很大的分别，而他们行为的动机，却是一样的。动机是什么？那就是求快乐的念头了。那个人脱了自己的衣裳，给别人穿，要是不觉得快乐，他一定不干。那抢了小孩的面包，拿来自己食，因为他觉得这样快乐，所以他就干了。我们为利便而不使这个意思混乱起见，可以说这两人的事情，都出自利己主义的冲动。所以克氏接着说：

> 一枝花在白天中转了他的花儿，向着日光，到了晚上，又将花儿闭了。这也是求乐避苦乃需要所使然的。那杀生成仁舍身取义的志士，视自己的生命，为不足惜，本来都出于一样的动机。

> 总而言之：趋乐避苦，是有机界的一般道路。要是没有这个，生命就不能有了，有机体就破坏了，生命也就停止了。

> 所以无论一个人的行为和品格是怎么样，他所做的事，不过遵依他的性质的欲望生出来罢了。

> 易言之：他的行为，是由个性的需要产生出来的。这是已经成立的事实，又是什么"利己说"的结晶。

照这样说，人类的行为，无论如何，都没有差别的了。世界还有什么善和恶可说呢？一个为着自由而上断头台的烈士，和一个鸡鸣狗盗的鼠窃，都是求满足自己的快乐，试问这两人行为的价值，究竟有没有分别呢。克氏道：

> 我们只问 Assa Foetida（一种发臭的植物）臭不臭；那条蛇咬我不咬；那说谎的人骗我不骗。那些植物鳞介和人类都是依着他们本性的需要做出这样的事情来吗？我可以不管；但是我为自己计，也要依着我的本性需要，不高兴那发臭的植物，害人的鳞介，和那些比动物还要利害的人。所以我们做事，不必问那天使如何；那比蛇还毒的官吏如何；我们觉得那一条道理对了，我们就遵依本性的需要去做。我们照这样研究，见得那圣贤一类的人物，虽不能将善恶分别清楚，然而一般动物，由昆虫以至人类，完全知道什么是善，什么是恶。他们不用那基督教的圣书，也不用同哲学商量，却能够做到这样的缘故，因为他们为着保全自己的种类，和求每个体的最大可能量的幸福，——这也是本性的需要所致呢。

社会的动物，能分别善恶，与人无异，是一件很惊人的事实。且看克氏所举出的证据：

（一）蚂蚁　一只蚂蚁贮满蜜糖在他的嗉袋中，遇着没有东西食的小朋友，这个朋友立刻就会问他拿一点东西来食，在这种小昆虫之中，那个食饱蚂蚁，分他的食料给那肚空的朋友，也得一饱，是他的责任。要是问那些蚁子自己饱食了之后，遇着同山的朋友问他取东西食，辞而不与，对不对呢？他们就会答道：这是很不对的；因为我们的行为，是不会弄错的。要是有一个蚁子敢于自私，那同群的蚁子，就当他是敌人了。这种事实，曾经许多证明，已经的确无疑了。

（二）麻雀　当一个人掉了些面包屑在地上，被一只麻雀瞧见，他不回去告诉他的朋友们，却自己私自食了。或比方他们同巢的朋友，自己不肯去收集禾草，却飞到邻家巢里偷些回去，要是这些行为，被他的朋友瞧见，就要飞到这两位的身旁用嘴啄他们了。

（三）龈鼠　龈鼠分食和蚂蚁相同。

（四）还没开化的 Tchoukche 人　比方一个 Tchoukche 人，当他帐里的同伴偶然外出，静悄悄的偷了他的食物是对的吗？他就答道：要是那个人能自己去取食，这是不对的。要是他倦的很，或是找不到东西食，那就应该随便取食。但是他总要留下他的帽子或是刀子，最少也要一点绳索，如此那位猎者回来，知道来过的是朋友，不是敌人，他就不打紧了。

像这样的事实，要是详细记下来，可以做成一本书。

这些昆虫龈鼠和野人之类，没有读过康德的书，没有看过教会牧师或是魔西的训诫，然而他们却有同一的善恶观念。你回想一会，你就可以知道蚁子龈鼠和那耶教徒或是无神论的道德家所谓善的，就是那些有利于保全他们族类的，所谓恶的，就是那些有害于种族的，——他们并不是好像边沁穆勒一样，当他是有益于个体而止。

动物既能分别善恶，然则我们所得的教训是什么呢？看他说：

耶教徒说："你不施诸人家的那种事情，你也别要人家施诸你。"（这二句是将他们的训诫改成正面的 Positive，原意是"你望人家施给你的，你也要施给人家"。——《马太》第七章第十三节）他们又说："要是不然，你就被人送到地狱里去了。"

我们在动物界观察所得的道德，比这种好得多了。总起来可以说："你要施给人家的那些，你想别人于同一事情中也照样施给你的。"

还可以说道："你们要注意这不过是一点劝告。"这种劝告，是动物在社会许久经验的结果。要是没有这一点，社会就不能够存在了；无论那一种类也不能打胜自然界的阻碍了。

善恶观念的始原如何呢？克氏对于（一）宗教家的解释：——以为一个人能分别善恶的缘故，就因为上帝能用这个观念来鼓励他的功效。（二）法律家的解释：——例如霍布士以为，人类所以有公道和不公道、真和误的感觉，为法律发展的功效。（三）乐利派的解释：——以为人类所以有行善的，由于自利，他们却忘了爱他的一面；都不满意。而独有取于亚丹斯密 Adam Smith 之说，所以说：

亚氏做了一本好书（*The Theory of Moral Sentiment v. Works and Life of Adam Smith* vols 4 & 5）用同情的感情，说明道德情操起原的真相。

亚氏说：比方你看见一个人挞打一个小孩，你的想象力，或者那个小孩的哭声，令你觉得那小孩的苦痛。如果你不是一个胆小的汉子，你必定救了那个小孩，免被他人挞打了。

克氏以为这就是"休戚相关"Solidarity 的感情。这种感情，不特人类习惯中有之，一切动物都同有的。他说：

> 崇拜达尔文的，不知道他除了从 Malthus 得来的观念外，他自己却相信"休戚相关"是社会上所有动物最著的性质。那鹰固然捕那麻雀；那豺狼固然噬那鼹鼠。但是那鹰和那豺狼出猎的时候，却互相帮助。那麻雀和鼹鼠也合起来，反对他的敌人。所以要不是顶愚笨的，都不怕敌人捕了去的。由此看来，在动物社会之中，"休戚相关"，是一条自然律，这条律比那"生存竞争"，还重要些的。

> 我们研究动物界知道休戚相关的原理，在他的社会愈发展，愈有保存的机会；并且于竞争场中，反抗困难和敌人，可望得最后之胜利。

> 人类社会中"休戚相关"的程度，比别的动物大些，这是显而易见的事实。猴子的社会，为动物最高的一级，已经显出许多这种行为。人比他们又进一步，所以同情的心，比他们较高。——单独有了这个，人类才能在自然界的艰险中保存他的弱种，发展他的智能。

> 这是动物界进化的全体告诉我们的。这种进化，已经久了，极久了，几百万年了。一个人想将他的道德情操去了，比那要学以两手两脚行路的人，还难一点。所以道德的感觉，是我们自然的功能，和味觉触觉无异。

克氏说明休戚相关的感情，为一切动物所同具。但是他以为法律宗教和强权反将这些感情利用了，叫一般平民个个有奴隶的服从性。要是我们因谓这些东西，弄坏了道德原理，就不承认道德，是何异于因为《可兰经》教人每日洗澡，我们就索性永远不洗。或因为魔西禁止希伯来人吃猪肉，我们就索性吃猪肉么？所以克氏以为道德是万不可少的。无政府主义的根本原理，就是平等，这条原理与"待人如己"和"望他人待我好像他待自己一样"相仿佛。克氏以为不能实行这个原理，就不配称做一个无政府党。看他说：

> 我们不要被人所治，所以宣言我们自己决不治人。我们不要被他人所骗，所以我们要永远除了真话之外不说。因此之故，我们宣言无论何人决不骗他，我们立愿说真话，说完全的真话，真话之外不说。我们不要自己的劳动的结果被他人所掠夺，所以同时宣言尊

重他人的劳动结果。

或以为无政府党想达他的目的，便主张暗杀手段，是很不合道德的。克氏以为不然，他引一个例证来说：

> Perovskaya 和他的同志杀了俄国的皇帝，世人虽不高兴流血的惨剧，虽然表同情于放农奴的人。（皇帝）但仍是承认他们杀他的权利。为什么呢？这不过是因为他们想除去世界上的暴虐罢。人类想将特权打倒，而用武力从事，无论他是开仗，或是暗杀，我们都不反对他的。要是他所行的事，能发生一种印象，深入人心，这种权利，更加可以使得。不然，我们所做的事，无论有用没用，不过是一种野蛮的事实罢了。那理能够增进世界的进步呢？我们平民只见他是"以暴易暴"罢。

克氏更进一步，以为有意识的生活之外，又有无意识的生活。无意识生活，在一百桩事情之中，占了九十九件。这九十九件大概都由习惯依着道德做去，间有遇着例外的事情，——复杂的或是猛烈之情欲冲动，——他就疑惑起来，脑子各部互相冲突，当这个时候，那个人愈能设身处地所想反对那个人的地位，愈能决定自己的道德。

现在叫人遵依道德的，大概用强迫的手段，或言语来恐吓他，如宗教家用地狱轮回诸说，法官则用刑罚之类。克氏以为这是顶不对的。他说：

> 我们相信人类依着他们文明的程度，廓清现在的束缚，恢复了自由，他所做的必定向着有益于社会一面做去，正如我们是由父母所生，属于"人"Homo 的类，自然会站起来，用两只脚走，决不会用四只的。

> 我们对于他人的行为，只有劝告可以使得。当我们劝告他人的时候，我们还要说："要是你的经验和观察，以为不必这样做的，我的劝告，就用不着了。"

> 比方我们看见一个少年垂着头，缩着胸，我们就要劝他直立起来，扩张胸部，又劝他行深呼吸，因为这样可以免了肺痨病。同时又可以教他学一点生理学，使他明白肺的机能。他自己自然会知道他的姿态应该怎样最好了。

但是设使有黠杰的人，有过分的行为，我们对于他应该怎样？克氏以为我们日常的人生，常常生出同情和厌恶的两种感情。试问我们那一个不爱道德能力丰富的人。那一个不反对道德有缺点——卑怯奸骗——的人？

可是现代的虚伪教育造成许多虚伪的道德，等到恶制度去了，善恶观念就可以达到某种的水平线，决不至有出轨的行动了。

> 但是那杀人的奸淫的，我们应该怎样对待他呢？据我看来，那为快意而杀人的很少很少。要是有的，就要救正他，或是避了他。至于那奸淫的，我们先要考察社会有没有弄坏那被奸淫者的感情，如此，我们就不怕有纵欲的事情了。

克氏极力称道那为人类牺牲的人，——如真理的发明家，热心的革命家，——此种人之中，有没名的，有在决斗场中的。我们人类的进步，都靠住他们的创造。我们平常人所最缺乏的，就是胆量，美，善，情爱，真挚，而他们都一一有之。所以克氏赞他们道：

> 像这样的人，所做的才是真道德。——不愧了道德二字的价值。其余的不过我们相与之间的平等关系罢了。要是没有他们的胆量，诚挚，恐怕人道还在泥涂之中。惟有这样的人，预备着我们将来的道德，久而久之，我们的后人，履行这些善德，成了习惯，而道德观念，就一天比一天进步了。

所以克氏非常注意一个人所持的主义。一个人的主义，是不能今天这样，明天又是那样的。看他说：

> 生命是活泼的，丰富的，有感觉的，这都是答应理想的感情的条件。要是反抗这种感情而行，你就觉得你的生命退缩了，不成一个人了，失却精神了。你不信你的主义，你就破坏了你的意志和你的主动能力。你再不能回复你的活泼了，你就失却你从前所认识的定见了，总而言之，你变了一个残缺不完的人了。

克氏于没结论之先，又将英国派道德家所分别利他主义 Altruism 和利己主义 Egoism 的界限，加以严重的批评。他说：

> 比方我们说："我们待别人应该好像别人待我们一样。"试问这样的主张，利他主义么？还是利己主义呢？我们再进一层说："个人的幸福，和人群的幸福有密切之关系，虽然在社会上，有他人不平等而自己却得着数年中比较多一点的幸福。可是这样的幸福，是建于沙上，风雨一至，就倾倒了；况且他的幸福，和社会一律平等

可能有的相比较，不过一个可怜虫么？假使你以最大多数的幸福为目的，你将来自然做得好了。"当我们谈到这个，试问我们究竟是传播利他主义，还是利己主义呢？

　　总之那些道德家用假设的利他利己两种反对情绪，建立他的系统，已经走错了路了。如果这种反对，是的确不移的。如果个体的利益，真是同社会相对，人类还能保存么？动物的种类，还能发展到现在的地步吗？恐怕不能够进步，还要退步罢。……

克氏最后有极诚恳极忠挚的话，来劝我们竞争，真是我们少年人的一副兴奋剂！我且将他写出来，做这一篇的结论。他说：

　　你要散布生命于你的四周。你要小心不要欺骗作奸，因为这种行为，足以降低你的人格。有些人以为自己不及主人的高明，就低心下气做人家的奴隶和姬妾。如果你自己高兴去做，也未尝不可；但是你要知道人道就当你是一个微末的柔弱的可憎的人；并且要这样待你了。如果你不为社会出力或做工，证明你的能力，人道就当你是一个可怜的人了。要是你无做事的能力，你不要看低了人道。大胆些罢！如果你见有不合正义的，认为人生不平等的，在科学上成为棍骗的，或使他人受苦的，你应该反对他，革他的命。

　　竞争罢！竞争就是生存了（To Struggle is to Live）。竞争愈猛，人生愈有趣味，如此你就生存了，做过人了。数小时这样的人生，比那虚度岁月于腐败之中，如蔓草一般的，有价值得多了。

　　竞争罢！这样的竞争，你将来便知道你的快乐无可比伦了。况且用你竞争的代价，将来人人可以有丰富余裕的生命吗？

批评朱谦之君无政府共产主义的批评[*]

（1920）

同学朱谦之君以所著《现代思潮批评》（新中国杂志社出版）见赠，诵读一过，不胜喜慰。孔子说得好："不得中行而与之，必也狂狷乎，狂者进取，狷者有所不为也。"狂狷之言，虽不合中道，要其言足以厉风俗，异夫□茸习热媚世以取容者，则固余之所倾倒也。原书分七章，第一为批评方法论，朱君自言他所主张的批评，是主观的批评，全□的批评，绝对的批评，与哲学的批评，又极推崇黑智儿的"三分辩证法"（Trilogy）。这种方法，同我的批评方法，恰立于相反的地位，这是我先要声明的。朱君批评新庶民主义和广义派主义（这个名词，还要斟酌的），多以无政府主义者如克鲁泡特金和巴烈 George Barett 的话为根据，再看他批评无政府共产主义，则又无的放矢，完全不懂得这个主义是什么。真理既以批评而愈明，记者负笈大学，平常研究经济学，颇沃闻无政府主义者之言（如 Charles Gide et Charles Rist，最有名的经济学史 Histoier des doctrines économiques 说得最详），敢出其所学所得，质诸朱君，并以求是于读者。然余涉笔草此文，不能无感焉。举世滔滔，指鹿为马，偶有研究经济学上已有之学派及思想者，乃目为过激，夫过激对和平而生，今试执一学术思想史而读之，试问何者为和平，何者为过激？以经济科学研究所得之思想而目为过激，实为不辞。昔在先秦，"无为无治"，兼爱非攻，"白马非马"，各还其词，学术思想，比美希腊，延至一禹既定，神州学术，因以不振者垂二千年，今稍知振拔矣，而不察者犹欲追踪汉武，此余期期以为未可者一也。文化之所以发达，由于思想自由，言论自由，出版自由，微是三者，则社会几何而不

* 载《北京大学学生周刊》第 7 号，1920 年，署名兼胜。

见其为枯朽无生人气，乃今之执政者，明知世界思潮之不可以长城抵当，见有稍似者，复掩耳却步，蜀洀梁畏影，绝尘而奔，不至气断仆死不止，此余期期为未可者二①也。程伊川先生有言，吾人则更进一步曰："天下事要大家为"，若揽权自恣，以少数为国家，阻碍社会之发展，其罪过岂无公论？吾闻之哲学家矣，社会之事，当由哲学家开会决定之，科学家亦如其说，进而考克鲁泡特金之论，亦不过谓各地方之事，由各地方之个人，自由联合，以为各种职业学术之团体，自由处置各地方的事务，不许有强权肆于其间，此其说，至为平易，英国数理名学家哲学家罗素 Russel 有言"克鲁泡特金所主张之制度，去最良者不远，这是我不思疑的……"（I have no doubt that the best system would be one not far removed from that advocated by Kropotkin. 见 *Roads to Freedom：Socialism，Anarchism，and Syndicalism.* July 1919 London. p. 192）乃今之达人，知斥孟子排杨墨之非，而不知斥自己排非己者之非，其专权自恢者无论矣，此余期期以未可者三也。呜呼！天下本无乱事，庸人自引之，而蔽塞为其总因，各安得起荀子而解之！"辟四门，明四目，达四聪"，此言虽古，可以起今。涉笔所感，率焉书之，不复辨文体之新旧，读者祈谅焉。

朱君说："克鲁泡特金之言曰：'无政府者无强权也'，今强权之大者莫如天地，是安可恕者，而竟恕之矣，故不至虚空破碎，大地平沉，以言无政府，实有所未至；何则强权所在，无解脱可言，而离跂自以为得，是得者困可以为得乎？'别鸠鹄之在于笼也，亦可以为得矣……'（《庄子·天地》）。"

朱君此言，已承认强权之不当存在了。不过更进一步，否认天然强权之应该存在而已。无政府主义者所反对的强权，并不是指政府而止，法国有名的无政府主义者格拉佛 J. Grave 说"Ni Dieu ni maître，chacun n'obéit qu'á sa propre volonté"，可见上帝，主人都为他们所反对，质言之，凡有阻碍人的生活之东西或学说，都为他们所不悦。那么天然界的暴风疾雨，此固天地之所以"刍狗万物"，当然为他们所反对，岂特他们，近世科学家，日夜思想，都想减缩自然界的强权了。举例言之，从前舟子航海，一遇暴风，每至全船覆没？现在则有天文台，预测风雨的变化，又借无线电以报告于航海者，预为之避，所以天地的强

---

① "二"，原作"三"，误，校改。——编者注

权，也渐失却他的权力，不过自然界的范围较广，非立可以把他摧灭或避了罢，他们何尝"竟恕之"呢？若必以大地平沉，空虚破碎，然后可算是无强权，其思想则高矣妙矣绝对矣，但我们要知道"绝对，可形诸思维，在事实上，那里有所谓绝对？"

物理学家说摄氏零度以下的冰窟，还有微热；古代哲学家 Parmenides 说："凡物由甲点动至乙点，必定经过两点距离之一半、之一半、之一半，如此以至无穷"；又如庄周《天下篇》"一尺之棰，日取其半，万世不竭"；此可为事物无绝对之证，朱君乃以一不可达到的"空"为"至"，安知"空"仍有未空，——离心缘相——也不能算是空。所引庄子之言，犹不能证实其言，为什么？生物处于笼中，失了自由，谁不知道是苦，若"以天地为屋庐"，还其固有的自由，则返乎"自然"了。

朱君接着说："且所谓国家者，不过毁瓦画墁于天地之中，而政府者又不过内包于国家，故天地其政府之蓬芦乎？其所由以生乎？天地不毁，政府不可得无，则何如进而从事于宇宙之革命也。"

这种"类推法"Analogy 犯了一个很大的谬误，我试照样设一援例，便显就明白了。……故天地其屋宇之蓬芦乎？其所由以生乎？天地不毁屋宇不可得无，试问这种类推，究有几许的真理？这间屋子旧了，不能蔽风雨了，把他拆毁，乃当然可能之事，然至此犹能谓住所为人类所必需，若不良的组织，其存在徒足以阻碍社会进化，则人类安肯长此迷信国家是上帝造的呢？姑退一步说，政府既不可得无，宇宙革命，当然是无政府，便可得有么？原文结论说："余固认无政府革命为虚无革命之过程"，何以一拒一迎，反覆至此！试问是矛盾不是？就朱君的话来论，亦可谓不知国家与政府的始原了。据近世科学的历史家研究的结果，国家的发端，不过千余年间事，人类生在地球，据生物学地质学之所考见，已不知几百万年了。

朱君接着说："身由地水风火合成，犹之人民集合体而构成国家……请地水风火及单体分子原子电子皆为国家可也，如是则无适无莫无非国家用偏咸三者（？）异名同实……"这些话完全昧于生物学的原理，同玄学家康德说的道德上"绝对命令"Categorical imperative "普遍律"universal law 的拙象玄谈差不多，用不着我去驳他了。最奇怪的就是朱君一方面反对国家（参阅广义派主义派评），一方面却要说国家无乎不在！试问 Tchoukche 原人社会中，国家也存在吗？同原子电子一样存在吗？朱君请为"异名同实"，吾则谓"名异实亦异"。

朱君说："总而言之，有'有'即有政府，无'有'，方无有政府，果能举乾坤而毁之，此真大彻悟之事……恐非今日之无政府主义者所能言所敢言也。"

这话尤为笼统。推朱君的意思，有这个"有"等于政府，试问这个"等"（Equal）有什么算式可以推算出来？不然则凭空断说"政府＝有"，玄学家也许信他，奈我们的头脑，却不轻易信这种笼统的观念呵！又"举乾坤而毁之"是绝对的思维，上边已经说过，不赘。

以上已把朱君的总论批评竟，再看他批评无政府主义。朱君的批评分为五类：（一）有组织即非真实（二）有产即差（三）性善说不可能（四）劳动非人生归宿（五）教育与学说之迷梦。总观朱君这五类批评，都是采用绝对的怀疑主义——什么东西，学说，都要打倒——要知道绝端的怀疑论，自己的论断，也应在怀疑之列，若递据以为是，以之为立脚点，得非独断？今姑舍此不论，还到本题。

（一）朱君说："……今所取于无政府主义者，为其无'有政府'之组织也，所不取于政府者，为其由个人组合，假有非实有也（参观章太炎《国家论》）；所不取于个人在为其犹无有自性也：即凡有组织在皆非真实……今无政府学在固常反对政府之组织矣，然反对今日之旧组织复向一新社会之组织进行，不知因组织而有者，分之即还为个体，举无真实之可言，岂独所谓'新社会之组织而独不可分析乎'？"

朱君此言，大抵根据章太炎君的《国家论》而来这种论调，根本反对有组织，细味其所以反对之之理由，则以组织为可分析，——分之则为个人——这种理由完全不能为否定组织之根据；因为社会是由单独的个人组织而成，各个要保全各个的个性，循着"自由合作"free-cooperation、"自由契约"free agreement而进行，"各个为全体，全体为各个"，each for all，all for each，组织之所以形成不外为朱君谓组织可以分析，即非真实（本朱①氏之言）。是所谓真实有如哲学家之论实体，夫哲学家之论，这体，本没有一定的成说，乃取以驳组织其无当必矣，且实体对于人生有什么价值，既无价值可言，发遑幽出渺，都成废话！但人无政府主义（如现在美国的 Tucker 尤为著名），反对组织，有"各人自扫门前雪，莫管他人瓦上霜"的主张，在今日文明发达，万事错集

---

① "朱"，原作"军"，误，校改。——编者注

的社会，这种主张，违反了一般的趋势，简直是"乌托邦"而已！

朱君接着说："且强权非他，即在组织之中，组织之有，'力'为之维系也，舍'力'即无所谓组织，舍组织亦无所谓'力'，'力'即强权，故我之主义乃根本废弃组织，即欲根本废弃强权……"

无政府主义者既主张自由组织，自由联合，根本废去强权，则组织中不容许有强权之存在可知，那么朱君所谓"且强权非他，即在组织之中"，何所见何云然？朱君答道："组织之有，'力'为之维系也，舍'力'即无所谓组织，舍组织亦无所谓'力'，'力'即强权。"这话甚辩；但细按之，一无是处，夫组织之成，由于契约 agreement，克鲁泡特金说，"我们要知契约有两种。有自由的，是由自由允诺而结合，在这个结合之中，各个都是平等，自由选择各种不同的道路。有强迫的，是由一部分把持，横施于他部分，他部分所以承受的，全由于必要（necessity）；其实并没有允合（agreement）；他部分不过单纯受一部分所限制罢。不幸现在所谓契约的，大多属于后一个范畴（category）。当一个工人卖了他的工作与一个雇主，他总知道他的生产价值之某部分，被雇主制夺了去。……这叫做自由契约，难道不是一个悲惨的笑话？……当人类四分之三，一日还没有脱离那样子的契约，强力自然是不可逃免的，第一因为他们用以施行那所谓契约；第二他们用以维持这样的一个环境。强力——和许多的强力——是压止那劳动者，使他们不得取回那少数人据为私有的必要物……斯宾塞派的'不用强力会'No-force Society 完全明白这个；但他们一方面既主张不用强力去变更现在的环境，他方面却还主张多一点强力去维持他。至于无政府与全力政治（plutocracy），如冰炭的不相容，正与别的政体无异，这是显然的。"

"我们不见得自由结合的契约，必要借强力去施行他。我们从来没有听闻过那救生艇的船员，要以刑罚加诸同伴……我们也没有闻过，那投寄论文给巫利先生的字典 Mr. Muray's Dictionary 的人，因为延迟了，就要受罚；也未闻过加里疲的底义勇队，要用警察队驱赶他，才肯上战场去。自由契约，是用不着以强力催迫的。"（见一八八七年，八月号《英国十九世纪杂志》克氏著的 Anarchist Communism：Its Basis and Principles，末段。）由此可见朱君舍"力"无所谓组织的谬，还有他说舍组织亦无所谓"力"，我们从物理学上所见何尝是这样？我们走路，吃饭，也要用"力"，我们思想也何尝不用力，这种"力"是自然的"力"，正与地心之有吸力同，如无这种力，自然就没有秩序了，就自然力 natural force 并不是强权 authority，朱君说"力"即强权，殆忘了"力"和"强权"的定义之分别了。

朱君接着说："……无政府学者非不言组织，特所谓组织的，以自由为据耳。虽然自由组织云者，其可信乎哉？Hobles，Rousseau 均以邦国之立，为由于众人所欲，Rousseau 之民约论，曷尝不云邦国之组织，以自由为依据，各以意愿之乐从，而为自由之团体乎？如以组织为然，则国家原同此理，何事而必遮拨之乎？"

无政府学者非皆言组织者，如德之 Stirner，美之 Tucker 的个人派都反对组织，这是朱君忽略了的。复次霍布士卢骚所谓国家起原于民约，不过学者的假设，在历史上并没有什么民约，早已经为一般学者所证明，据克鲁泡特金的研究，人类自有社会以来，即有两种思想和行为的对抗，在里头对抗并进。一方面那大多数的平民，自己找寻人生的道路，建设应该要有的组织，以维持和平，调停战争使社会的生存，不要弄糟了；和在那些要协力来做的事情之下，可以实行互助。他方面又有术士沙门，巫觋祈雨师，圣人，祭师之类……惨淡经营，结为秘密的社会，有时他们自相攻击起来，不久也就订立盟约，相好如初了。（见 *Modern Science and Anarchism*，Ch. I. 和 *The State：Its Historical Role*）。国家之始原，就是由后一方面的人，结立秘密会社，发布命令，以压制前一方面的平民，要他们替代自己做工，不然则诛！由此说来，国家的起原，何尝自于民约？卢骚自己说"约以意不以力，屈于力者乃势之事，非意之事"（Céder à la force est un acte de nécessité, non de volonté）。朱君据是以批评自由组织之不可能，好像是没有仔细研究的结果。

朱君继续说："且可得而自由组织者，即可得而不自由组织之，今由不自由组织之国家而求可得自由组织之社会，是则不自由组织乃有自由组织之可能性，而自由组织亦有不自由组织之可能性明矣。又况绝对自由，固不能存在于团体之中，因公同之利益，而有多少之牺牲，谓之自由，实为不辞。"

社会趋势由专制而自由，乃必然的程序，我们只见社会畏专制政体（不自由的组织）进而为共和政体（较自由的组织），从来闻有由共和变为专制，是站得住的。十九世纪以来世界有两种趋势：（一）为政治的自由，（二）为经济的自由，故斯宾塞关于政治组织所得到的论断是："我们向着前进的那个社会之法式（form），其政府将被减缩至最小的可能之总数，而自由增进至最大的可有之总数（amount）。"（见 *Essays*，vol. iii）。朱君之论，昧于进化之理，似非通人所宜取，然因此亦可以见立言之不可不慎！绝对自由，非能存在于国体之间，这话很对。试问朱君所最称崇的黑智儿辩证法，亦有可能有绝对的全体吗？进化论告诉我们：世间一切事物，只有比较的，相对的，变迁的，没有所谓绝对的固定的。故自由组织中，不能有绝对的自由，也何足怪？例如巴枯宁说："Nous reconnaissons, l'autorité absolue de la science；vis-à-vis des lois naturelles, il n'est pour l'homme qu'une seule liberté possible, c'est de les reconnaître et de les appliquer toujours davantage."（见 Bakounine, *Œuvres* t Ⅲ. p. 51）夫科学的绝对强权，无政府主义者，为什么要从服他？就是因为科学的应用有益于人类。所以朱君若离人类而说绝对的自由则可，既为团体之一员，那里有所谓绝对的自由？

（二）朱君说："……盖无政府党之主张，在社会主义中为共产主义，与集产主义独产主义各殊。"

此为朱君不懂社会主义学派之铁证。试问无政府还不有主张集产的，不有主张独产的吗？我们只能说无政府党大多数是主张共产的，而不能如朱君以上所云云。

朱君又谓只见共产集产独产之同，而不见其异，朱君既不见他的异，我可以把他写出来：

集产……凡物不得为某人所有（Proudhon）
独产……凡物皆我所有（Stirner）
共产……凡物皆社会全体所共有（Kropotkin）

然朱君接着说道"自相对之差别相而由同一律 Law of Identity 则见其绝对无差别"。今共产集产，独集因为分配的方法不同，所以不能相等，那么，以同一律来牵合这三个主义，岂不是削足适履？若以惠施"万物毕同毕异"之说，来相辩难，则何如更引一元论之论调，非难一切差别相，可是在科学上，"四"不能等于"五"呵！差之毫厘，谬以千里呵！

（三）朱君所引克鲁泡特金《社会进化与无政府主义之位置》一书想即指克氏在巴里演说的"The Place of Anarchism in Socialistic Evolution"而言，若然则译名已经错了。闲话少谈罢，朱君引克氏小孩陷河一个比喻，以证无政府学者主张性善，今请先把克氏的学说译出来，然后仔细为之讨论。克氏说："道德学说，虽有种种变化，然而都可以三个大范围概括他 1. 宗教的道德，2. 乐利派的道德，3. 道德习惯的学说 theory of moral habits——是由生活在社会的真心需要之结果。……姑无论他的变化如何，最后有第三个道德系统，见得道德的行为——在那些最有力量去令人在社会最适合于他的生活之行为——是单纯个人乐他的兄弟之乐，忧他的兄弟之忧的一个必要；这一个习惯是一个第二的天性，在社会以生活而慢慢完成。这是人类的道德；这也是无政府的道德。……比方一个小孩掉下河里，有三个人立在河岸，这三个人，第一个是宗教的道德家，第二个是乐利派，第三个是清白的平民。譬如第一个首先对自己说，以为救那个小孩，今生或来世，总有幸福的报应，于是去救他；但是他这样做，纯是一个计算家，再也没有了。至于那乐利派呢，比方他这样想'人生的快乐，有高尚和卑下之不同，救那个小孩，将给我以高尚的快乐。那么，任我跳下河里罢'。但是假使有人是照这样推想，他也不过一个计算家，社会能够进步，也不十分依靠他……这里还有第三个人。他不计算那么多。但是他有一个习惯，常常觉得他周围的人之快乐，和觉得人家快乐，自己也快乐，人家苦痛，自己更加苦痛。他照这样做事，是他的第二天性。他能见那做母亲的之喊声，他看见那小孩的生命，危存顷刻，他就如同一只小狗一样，跳下河里救回那个小孩……而当那做母亲的谢他，他答道：'为什么！我是不能不这样做的。'这是真正的道德。这是大多数平民的道德！这是成为习惯的道德，姑无论那哲学家做出来的伦理学说是怎么样，这个习惯，将必存在，且将慢慢的随我们社会生活的环境进步而进步。这样的一个道德，用不着法律去维持他。他的自然长成，是由于公共的同情心之帮助，同情心在所有人类之中向着一个发润的和高尚的道德，都找寻出来的。"（见 Ant. Com. p. 36）克氏之意不过谓道德感觉出于同情的本能，这个本能固心理学家之所承认，克氏亦当从动物的行为，说明这种同情本能的重要："我们研究动物界，想解释各个体，因为生存竞争，维持自己，反对不好的事情和敌人，我知道休戚相关，与平等原理，在动物社会越发展和习惯了他越有保存的机会，并且于竞争场中，反抗那困难和敌人可望得着胜利。社会中的分子越和别的有休戚相关之心，越能发展。进步大元素的两种性质，——一方面是胆量——他方面是自由个体的创造——要是动物的社会……失了休戚相关的感情，——这种感情，有时特别希少，有时特别丰富，——那两种进步的元素，愈加减少，以至消失，这社会受了枯末就□敌人所灭了。"（*Anarchist Morality*,

Ch. 5.）以上所引克氏的话可以看见他的真意了，那么，朱君推论到："由是观之，克氏立人性本善之前提矣……性之善恶，本为哲学上之重要问题，而未能解决者，今既无充实之证明，而遽以性为善，恐未免独断之口吻，而非科学家之所宜也。"同克氏之说，简直毫无关系；因为克氏只言这是动物的本能，并未说性善与否。朱君更进一步，谓"即如克氏所倡之互助论，亦未必便善"，转语说"今谓互助为善，则罗马神圣同盟非善之尤者乎"？朱君把互助的真义，完全埋没了！克氏对于互助，并没有说他是善，不过纯从动物社会，和人类历史的事实，证明互助为进化的一因子（faelhe）。凡读过互助论的，想无不知道这个意思，今朱君以"莫须有"之名，加于克氏，克氏未必肯受吧。

（四）朱君说劳动非人生归宿，因说道："劳动主义"之起因实由于重视财产之思想，其根本已不足取。

据我的意思劳动主义之起因，实由生活的需要，古者凿井而饮，耕田而食，何莫非生活使之然？苟人类无生活之需要，则决无劳动主义，换言之，劳动主义乃因有需要而起，财产不过为满足生活需要的手段，并不是为劳动的目的，朱君乃说劳动主义之起因，实由于重视财产，误矣！

朱君说："吾等自想，果为劳动而生乎？至苦莫如劳动，而倡之者何心，虽然吾乃大愚，而谓劳动主义之好劳动也，特欲利用他人之劳动，而减却自己之劳动耳！故其言曰：每日每人劳动时间，大约由二小时最多至四小时为准，是劳动主义实不欲劳动之表征，虽不欲劳动而不可不以劳动责人者也。诸君不信乎？请观劳动主义昌明之日，即罢工运动极盛之时，罢工为何？非欲减缩工作之时间乎？非欲求加工金乎？以前言之，即不欲劳动之自觉，以后言之，即重视财产之思想……"

我们为什么而生？这个问题，古今东西的哲学家都没有能给他一个圆满的答复。然人生为什么要劳动？我们却能给他一个圆满的答案：就是为生活而劳动。朱君又说"至苦莫若劳动，而倡之者何心"。克鲁泡特金说："现在做一个手工的工人，不啻被迫做一世的苦工，每天做十小时或十小时以上，所做的只限于某件东西的某部——比方一个针鼻；不啻说他所得的工钱，以之供给一家，只有极端限制所有一切需要，才能生活；也不啻说做一个工人，时时刻刻害怕雇主把自己辞退——我们又知道那工业的危机，时时降临，和他包含怎还未到老如果不死于工厂，便死于穷人的病院；做一个劳力的工人，就一世被那劳心的人看做没有人格；科学与美术给人类一切的那些高尚些的快乐，他们都不能享——这无怪乎人人……只有一个梦：想升到使别人替自己做工的地位。当我看见有些著作家，夸说他们是著作工劳动家，看那手工的劳动者是偷懒的……我一定问他们道：那么你四周的东西，你住的屋子，以至椅子，地席，你走的街道，你穿的衣服，是谁做的？谁建筑那大学让你求学，你在校里求学的时候，谁供给东西给你吃？……所以我能断说，智能之士，如未转过来，想一想那欧洲的劳动阶级，甚至在这样的恶劣条件之下，还且甘心做工，是不会彻底明白他们的生活。"（见 *A. C* p. 36）那么，朱君所说："劳动主义倡明之日，即罢工运动极盛之时，罢工为何？非欲减少工作乎？"直把偷懒的大部分人，轻轻放过，把这个罪恶，为到工人身上，试问"利用他人之劳动，而减少却自己之劳动"的人，是治人阶级，还是被治者阶级？今劳动者觉悟了，始有减缩工作时间之要求，不想把自己劳动的结果，尽为资本家的私囊，乃至平等至公道的举动，朱君却要说"即不欲劳动之自觉，即重视财产之思想"，这真可算是资本经济学之逻辑了！

朱君说："无政府主义以人人均从事于劳动为理想，假令一人不服劳，则将有以迫之乎？如有强迫，则劳动为法律之诱因；如无强迫，则趋逸避劳，谁不如我，然则留此劳动，即不啻自责其主义，何如无动之尤愈乎！"

这个答案，无政府主义者已经屡次说过了。克氏说："我们在美洲黑奴和俄国农奴未解放以前已经听惯这种话了；幸亏现在有机会欢迎这话的公正价值。至于那些推想——他们应该知道——如果有某部分最低级的人民真是这样，可是我们所知道他的是什么？——或者有些细小的社会，或分立的个人是这样，但是为同不良的环境竞争，必不能成功，或至完全失败，那大多数文化国是不如此的。至于我们呢，做工是一个习惯，偷懒是人力所养成的 As for us, to work is a habit, lazy is an artificial growth（*An. Cm.* p. 34）。"

抑朱君尤有说"夫使民……治体涂足，暴其发肤，尽其四肢，以疾从事于田野，此何曾有爱心可言！"克氏也说过："背乎人类天性的不是工作，是过度工作（overwork），为供给少数奢侈，有过度的工作不是为全体的幸福而工作。工作 work 劳动 labour 是生理的必要，这个必要，所以使费身体贮蓄的能力，这个必要是康健的和生命的。"（*An. Cm.* p. 34）

（五）朱君竭力反对教育与学说，谓为迷梦；余意无政府学者在所主张的教育学说，或许与现今的有差异之点，然要之教育与学说乃普遍的问题，而非无政府主义自己的主张，所以朱君反对教育，科学，与批评无政府共产主义，漠不相关，故余亦不复为之批评。

最后朱君说"概括一句，予不满意于无政府共产主义者，为其有所蔽塞，而不能一径向虚无而去，然余固认无政府革命为虚无革命之过程……若其根本意义，则予深表同情，而无非相非（?）者也"。

朱君此意，似与上述①不相一贯，今姑不论，即朱君所谓虚无主义，犹待探究，——未来社会的趋势如何，虚无主义果能适合未来的社会吗？——今乃以黑智儿辩证法演绎而来的玄谈选定为无政府以后必达之境，朱君为什么不怀疑自己的论断？我固非极端反对朱君之说者，即其所为之思想论，余亦深表同情，不过极端的怀疑主义，在消极方面，阻碍社会的进步不少，故不自顾其不学，与勇猛精进的朱君，有所辨难，幸朱君出其所见，为继续之讨论，这是不佞的厚望。

兼　胜　二月十三日

---

① "述"，原作"这"，误，校改。——编者注

两面的道德[*]

（1920）

孔子说："四海之内皆兄[①]弟。"

耶稣说："爱你的邻人如同你自己。"

"慎思之，明辨之，笃行之"，

这是东海圣人，西海圣人，教我们的道理；

他包含博爱互助的本能，

不管康德怎么样说，杜威怎么样讲，

再好也比不上这两句。

孔教徒见了西方人，说他们是洋鬼子！

打北京跑到巴黎，打伦敦跑到三藩市，

耶教徒还不少呀，更有许多牧师，

穷人饿得快要死了，

向他们要点面包吃，

"滚蛋！你是什么东西！"

十几年来印着我的脑筋，刷也不去的道德教训，

到此起了一个根本怀疑。

《论语》早已背熟了，《新约》也考过两回试。

任凭嘴里说得怎么样好，

为什么总不能当真待西方人，印度人，是我们的兄弟；更何须说，

"爱邻如己"？

我心里只想着："试问这是两面的矛盾的道德不是？"呵！我觉

_____

[*] 载《北京大学学生周刊》第 9 号，1920 年，署名兼胜。

① "兄"，原作"实"，误，校改。——编者注

悟了!

出了青年会，再也不进孔教堂。

他们那里懂得孔子的教训，那里懂得耶稣的教训？

孔耶的教训，我觉得只是"一贯"没有两面！

良心道："你既然觉得如此，你便该做孔耶真正的解释者，实行者啊！"

我想："我该从司①里做起？"

答案是："打破旧环境，创造新生命。"

对了！原来这才是实际。

勇猛精进，再不退却，再不向后，

向后了！退却了！

良心的天使不许！还要记着：——

鞠躬尽瘁，死而后已。

兼　胜　二月十三日

---

① 疑为"那"。——编者注

批评朱谦之君的无政府共产主义批评
（答朱君的再评无政府共产主义）*

（1920）

　　我做了一篇《批评朱谦之君的无政府共产主义批评》，登在本刊第七号，引出朱君答我的一篇很长的文章，并在末了说"兼胜君既肯定人类生活的意义和价值，那末双方的辩论，都成废话了"，我以为这话说的极对，因此我很不想再作无谓的答辩，——况且朱君要讨论的，差不多都是属于言学的推想范围，与实际生活，没有多大关系，他既然承认无政府是进化必至的境界，那末，如今所研究的并不是无政府共产可能不可能的问题，却是无政府共产实现后人类将从何处去的问题，据我个人从各方面的观察——历史的社会的——由今日以达到无政府共产（无政府主义当然是一种具体的计划，不是玄之又玄的设想，其最简单的观念，就是在一个社会里，不用什么首领头目法律强权刑罚利用等等，由个人的意愿，和允合，组织生产和消费以及学术交通的种种有利于人生的机关，不以少数人强制多数人的意志，也不以多数人强制少数人的意志，使个人的天才，在各方面自由尽量发展，以求社会的向上进步。这就是美国一派近来叫做建设的无政府主义 Constructive Anarchism 的根本观念，至于那暗杀暴动等与无政府主义，无丝毫的关系，世人多不明此点，故有许多无意识的笑话，哲学家罗素 Russell 已再三为之辩白，我不过顺便说几句罢）尚须若干时日，由无政府共产以达到他种新基础的社会，必不是在较近的将来所敢望可知，因此我们在今日说那时的社会心理是怎么样，不特流于设想，而且也太不顾社会的环境了；我们须知一种主义，并不是这个那个人可以劈空造出来的，有许多人以为科学的社会主义，是马克思创的，近世无政府主义是克鲁泡特金造的，那是

* 载《北京大学学生周刊》第 12 号，1920 年，署名兼胜。

错了。克鲁泡特金自己何尝以首领创造者自居？他说："We did not pretend to evolute an ideal commonwealth out of our theoretical views as to what a society ought to be，but we invited the workers to investigate the causes of the present evils and in their discussion and congress to consider the practical aspects of a better social organization than the one we live in."（这话见他的自传卷二，第二一一页，这本书原名 *Memoirs of a Revolutionist*，曾登一八九八年九月至一八九九年九月英国很著名《大西洋月刊》，去年《国民公报》由日本译本转译登载，因受封禁！）所以我虽不欲与朱君再为名言上的争辩，但区区之意，以为朱君以由因推果的方法，妄想推立一种主义，恐怕是不行的；我想朱君的谬误，第一由于所采用的方法不对，第二由于观察上的错乖。如今可以分析他一下，看究竟我的话对不对。虽然我前次说过对于朱君的思想论，有表同情之处，我的意思以为朱君此论是对杜威的《我们怎样思想》而发的，我对于杜威先生一派的思想取其实验的态度，而不赞同他那一味求适应环境的主义，因为在物学上环境可以改变有机体，至于在社会学上是社会①可以改变环境，前者是生理学的效果，后者是社会学的效果，所以我敢大胆宣言赞同朱君那大无畏的革命主义。闲话休提，今请回到本题。第一我为什么说他的方法不对？我以为近世的智识所以有长足的进步，科学所以有无限的发明，都是由于采取科学的方法所致，至于那采辩证法的，不特不能发见真智识，就使他所得到的以为"玄之又玄，众妙之门"的近似之概括也去真理远甚，黑智儿"无物不然，无物不可用"（庄子生齐物语论）的谬误可为殷鉴，岂时黑智儿，就是马克思，柏格森（看 Mc-Cabe's *The Principles of Evolution*，pp. 249 - 53 驳柏格森创造进化的话）一半采用这种方法，都为科学界所不承认，况研究经济学社会学的问题，而用辩证法，无一是处，更不待详证而自明。现在科学的一般趋势，生物学社会学已为数学所能及，虽然社会的现象是最复杂的，尚非可以简单的数理，一一为之推算，然而我们最少也不要把实察的具体的事料，置之九霄云外。辩证法就正坐此弊。我前次说"朱君喜用黑智儿的三分辩证法，因为看见他说哲学是根本的学问，而也是全般的学问，与批评家的性质恰合，所以应用哲学做学理的根据，直是方便已极，何况哲学的特别方法，如黑智儿的辩证法，本是批评家

---

① "会"，原作"类"，误，校改。——编者注

所喜欢操用的么？由着种种理由，所以我个人是要主张哲学的批评，却不取于科学的批评了"（见《现代思潮批评》二七页），后来他申辩他是反对黑智儿的辩证法的，但他却说"虚无学者另有他们的辩证法"，那末我也可以不辩了。还有，近世哲学差不多都取基于科学——如斯宾塞的综合哲学，赫克尔的一元哲学等——所以我以为言哲学而离了科学方法，都是很容易陷于谬误。这么看来，朱君若不想发展一种学说则已，如其不然，则舍弃了辩证法，完全采用的科学方法，以最公正的心，——不要以预存的观念为研究之目的外，恐怕没有第二条康庄的大道。复次，我为什么说他观察谬误？（1）因为他说近世人类自杀、烦闷的增加，由于物质文明所致，我以为这是一般庸俗的见解，与反对自然科学的同一谬见，其实近代社会所以呈此种悲惨沉郁的状态，底子实由于社会组织之窳坏，理智之乖谬，经济之压迫所至，若把这种种原因，一扫而清之，则社会的内状，必然改观。（2）因为他以为近日工人罢工怠工之举，是不欲劳动的趋势，这更是大错，工人之所以甘于罢工的缘故，原为反对资本家的不劳动而夺他人的劳动，结果所致，这是一种觉悟，一种手段，安能以此为不欲劳动之趋势？我前次早已说过，可以不再详说了。（3）因为他只见破坏之必要，而不知建设亦有同样的必要，据社会心理学者研究之结果，建设是人类的本能，据社会改革家之说，破坏是革命的手段，建设是革命的目的，若只有破坏，而无相当之建设以随其后，简直是无意识的破坏。（4）因为朱君把力（force）、能（energy）和强权（authority）三者混合，通通名之为强权，无政府学者反对的强权，只是政治上宗教上道德上的强权，至于物质的力和能，既不是强权，——不会压制人，自然无反对之必要，在反面，我们现代的文明，差不多是这强力和能做成的，社会学者说得好："Civilization in the product of act have social energy. It impels mankind to explore, to immigrate, to invent to explore, to wealth, to seek knowledge, to discover truth, to create objects, both of use and beauty in a word to achieve."（□lealy and Word Sociology, p. 24. ）可见朱君把力和能误作强权是错的，阿屯的力难道会监禁人？地心的吸力难道能令人没有饭吃？无政府学者既以人类幸福为着眼点，所以不把人类灭尽去求自由解脱，设使没有人类，则自由有没有都不要紧，我们现在最要紧的只是自身问题，你说把天地毁灭然后有自由可言，那简直违背了生物"自存"Self preservation 的通性，我敢决其做不来，且宇宙是迁流不息的质力所造成，除了宗教家假造的上帝之外，恐怕无论何人都不能把宇宙扑灭，朱君以为"从无至有，从有至无"是进化的道路，这种也是玄谈，和物质与物力有恒的说不符；然朱君由这种谬误的前提，便生出反对自由组织的种种结论，我现在束装待发，还有五分钟就要走，我不必——细说了。综观以上数者之谬误，固然由于观察，然也由方法不对所致；庄生有言，争气者勿与辩，请朱君平心静气，再一探究何如？

兼　胜　三月十七日　六时

实际的劳动运动*

（1920）

　　世界上最可贵者，莫理想若；但只有理想而无事实，则理想为多事，为空谈，为乌托邦、华胥国，为黄农虞夏。经济学派之所谓社会主义、无政府主义、劳工组合主义，虽不能各自成为独立完善之理想，而同为今后社时进化必经之途径，此固吾人研究社会趋势不囿成见不囿方分者所同得之结论。此较善之理想为对岸，吾人今方徘徊踟蹰于彼岸之对岸；然则诞登彼岸，舍舟楫桥梁莫济矣。劳动运动为理想社会之舟楫之桥梁。何以言之？盖将生之社会，从经济上说，不外生产自由、消费自由；从政治上说，不外个人自治、工业自治。凡此种种，远西各邦已有彰明较著之趋向。理想与事实，虽不能一致，然其根本原理固毫无变易。其所以能此者，虽曰工业社会进步之过程，亦何尝不是先觉者之劳动运动有以致之？

　　今有一个问题，请为读者解之：吾人先求工业发达，工人知识增高，而后讲劳动运动耶？抑反之耶？从前者之说，是见患肺痨病者，而不肯医，唯朝夕培以自来血补脑丸，而冀其强壮；虽或有万死一生之希望，其希望盖鲜。从后者之说，是见有患肺痨病者，先洁其居室，清其室气，静其心神；痼疾既去，而后随之以培养。

　　此非拟于不伦也。凡稍熟悉欧洲工业革命后所养成之痼痹，以待今日之事倍功半，固知今后中土所应采取之方向，在此不在彼也。故吾敢断言曰：现在之工业如何不发达，工人知识如何不高深，我们可以不问；我们现在所急者，在于把吾人经济政治之理想，从实际上一点一

---

　　* 载《劳动者》第 1 号，1920 年 10 月 3 日，署名兼生。收入葛懋春、蒋俊、李兴芝编：《无政府主义思想资料选》（上），489～490 页。本篇文字根据《无政府主义思想资料选》（上）所录。

滴、一勺一合、一两一斤灌溉到工人的脑子里去，教他们明白私产之当废、新组织之当兴。则一旦有成，孔先生曰不患寡而患不均，不患贫而患不安之言验矣！语曰："十里之行，起于足下；百丈之台，必有基础。"吾人愿从今日起，即以广州为出发点，从事于实际的劳动运动。

然而积个人而成社会，积个人之情意知而成社会之现象，其复杂之度，迥非社会学者所尽知，所以改造云云，革命云云，自然不是东方曼倩之谐谈，丘八先生之勾当。社会改革家有一共同之信仰，以为若无组织、无系统、无步骤而犹漫漫然号于众曰传播，曰革命，曰炸弹，是不啻缘木求鱼，筑梯登天，岂特鱼不可获，天不可攀，抑将坠于深渊，随彭咸屈子之所居，永无转轮之日矣！

吾言至此，离题甚远——请更端言之。

吾人今后劳动运动之进行，应该持"科学实验室的态度"，洗除"空想的乌托邦态度"。斯言何解？科学家整天只在实验里过来过去，不是嘴吹玻璃、手配器具，就是眼看温度、笔记压力，今日世界之文明，于斯是赖。若空想家之态度，则适与是背道而驰，曰："小国寡民"，"不知秦汉，安辨晋魏？"是皆非吾人之所欲言也。吾人详细之组织计划，固不能宣布于此，然劳动运动之步骤，不外（一）在劳动界内组织行会；（二）由行会组织工业联合会；（三）集合行会组织全省联合会；（四）由各省联合会组织全国工业总会；（五）谋东亚劳动会之成立，进而与万国劳动会携手。

以上为大概之意见。至将来新社会之改造，利用强权乎？抑自由组合、自己管理乎？则视吾人劳动之效力与能率而定。

草于广州东山

关于无产阶级专政致陈独秀函[*]

（1922）

仲甫先生如晤：

申江别后，忽已易序，抵俄后，以邮使不通，遂鲜音候，南望天末，我劳何如？在俄经过情形，想先归诸人早已奉知，不必再叙；但其中委曲非见面不能详白。生等于十三日离满洲里，翌晨即安抵哈尔滨，是晚趁车南下，顺道往北京一行，逗留数天，即返沪上，重领教益。生此次去国，对于政治经济方面之观察，略有管见，将来拟提为论之，贡献诸国人。生未去国以前，对于"无产阶级专政"尚未表示可否，现在已确信此种方法，乃今日社会革命唯一之手段，此后惟有随先生之后，为人道尽力而已。书不尽意，奉此致候。

凌霜草于京奉车上十六日

附陈独秀复函

凌霜兄：

精研笃信安那其，在中国当推兄为第一人。今觉翻然有所觉悟，真算是社会改造之大幸；捧读来信，很喜，且极钦佩吾兄有自由思想变迁之决心与之勇气。本来国家这个制度，克鲁巴特金并没有主张即时就可以废去，马克思也没有主张永远不能废去，这道理列宁在《国家与革命》里说得极明白透彻，所以法国无政府党读此书后加入共产党的很多很多。至于"各尽所能各取所需"这两句格言，不但共产党不反对，我想除了昏狂的人，没有人愿意反对；现在共产党所争持的所努力的乃是怎样使我们由强制而习惯的作工，使人人真能各尽所能；乃是怎样通力

---

* 载《新青年》第9卷第6号，1922年7月1日，原无标题，信末署名凌霜。

合作，怎样使生产□业集中成为社会化，怎样使生产力大增生产品充裕，使人人真能各取所需。想努力实行这些理想，都非经过无产阶级专政不可，这道理吾兄一定是明白了，尚请向旧日真的安那其诸同志详细解释，以免误会才好。我们要知道"无产阶级专政"这句话说很容易，做起来着实是一件艰难的大事业，千头万绪，不是容易可以实现的，尤其在中国更不容易实现；因为我们的天性生来不喜欢什么首领什么指导者，然而实行无产阶级革命与专政，无产阶级非有强大的组织力和战斗力不可，要造成这样强大的组织力和战斗力，都非有一个强大的共产党做无产阶级底先锋队与指导者不可。所以要想无产阶级底革命与专政实现，非去掉我们厌恶首领厌恶指导者的心理不可。尊兄以为如何？

独　秀

凌霜致某君函*
（1924）

某某足下：

往者同学京师，朝夕与共，扪膝谭道，译著互证。回环明德，佩感何极？其后足下发愤西去，留学巴黎，分散至今，遂成独学。燕居远念，未常不叹人生之无常，盛会之难再也。足下去后一年，余亦南归，隐迹东山，筑庐珠海，以钓游为乐。间复有事乎旧学，金石残碑，观摩不已，方谓长此远蹈，坐待委化。不料是时美国有华会之招集，俄罗斯亦随其后，发起远东会议，谋与抗衡，留沪之俄国代表，密派私人，阴召各地团体，使派代表与会。此种政治行动，余早已厌恶痛绝，不欲过问。乃广东机器工人维持会会长马超俊君，以余素与俄人交游，对于俄事，夙所注意，遂欲乘此机会，请余远行，观察马克斯主义试验之结果，归国报告，使人知所取舍。初余峻拒甚力，乃马君不惮烦劳，屡催余行，情义所感，慨然远征。归国以后，虽私人谈话间，对于劳农政府，多所批评，而未常发行所见，公诸当世。途中独有致陈独秀一函，寥寥数语，不具理由，有似扬雄，剧奏美新，颇引起同学故旧之注目。足下前书谓"相处日久，相知甚深，不信以多年社会运动之中坚人物，一旦弃其素守，归心为布尔扎维克之信徒"。声白兄且谓以我考察之结果，报告当世，必有影响，不料《新青年》竟发现我之奇怪通讯，深感不怪。数月以来，接到此种类似之质问，不一而足，即有所答，答而弗尽，弗尽则滋疑益甚。若长此不喻，费时耗辞，甚无谓也。今且图穷匕见，白云在天；清霜满地，谨为知己者陈其梗概可耳，若夫仁人君子之

* 原载《工余》第 16 期，1923 年 4 月；《春雷月刊》第 1 期，约 1924 年。本篇文字根据《春雷月刊》第 1 期。原文标题及信末均署名凌霜。

谅解与否，固不足以少撄鄙怀也。

游霜经过，时阅数月，事极错综，欲纪载无遗，非巨帙不能罄，兹分三端，次而述之：一行程，二会议，三访闻。

一九二一年秋末，余自广州北上，经上海北京奉天长春哈尔滨，复西北行，至满州里。满州里为中俄交界之小镇，落车时，中国兵丁，盘查甚严，余伪为商人，安然出关，同行之凌钺君，以出语太大，疑为过激派，立被拘留。满州里地本僻小，加以严寒，风尘飞舞，街上只见蒙古土著，骑马四溢，到此精神上已令人生不快之感，遑论西行！入旅馆后，秘密告知俄党机关，晚上由党人以马车偷载吾等出中国境界，此最为危险，半途若遇中国兵，则鲜有幸免者。吾等乘此夜沉沉之际，越尽许多雪山，始达俄国火车，车停荒野，四顾苍茫，留车数日，绝不能下车散步，每日只有食黑面包，间或少尝牛肉汤而已。由此西行，三日至赤塔，所谓远东共和国者在焉。由此复西行，约两日，道经贝嘉尔湖，湖水至为清冽，相传苏子卿牧羊于此；复西行，约一日抵伊尔库次克，此地为西伯利亚重镇，忆昔读克鲁泡特金之《俄法狱中述闻》，谓三百年来，俄国青年，因思想新颖而远谪者，莫不以此地为外府，从莫斯科步行至此，为时约二年半，或死或残，其有生还希望者，百无一二。克鲁泡特金少时，常以改良监狱至此，至今回想，不禁悚然。余居伊城约三日，以一九二二年一月一日复乘车西行入欧，道经乌拉山，山为欧亚分线，其上有碑，东向刻亚西亚，西向刻欧罗巴。车行二十余日，方抵莫斯科，居此约两月，再北行，至俄旧部彼得格列，逗留不及一星期，本欲由此南下，道出德法，与诸兄畅谈，然后横海东归，卒以不得共产党之许可，遂废然循故道折回。中途稽滞，延至春阑，始达中国界境，其怅怅为何如也。过满州里时，余与高丽金女士，伪饰夫妇，以黄璧魂女士为大姊，登车后被军警截回，过一昼夜，卒以金女士用俄语为之辩护，始得回复自由。及抵哈尔滨，揽镜自照，才知头颅尚在，不啻死而复生之人。半年之内经过人生之患难忧虑，非可以平常笔墨曲述，即述之，亦以非亲历其境者，不能尽喻也。

远东会议，本为政客之虚文，无聊之勾当，然而与吾之此行，不无多少之关系。强吾赴俄之动机，固不若是其卑鄙，但行动之背影，若置不述，则图穷匕见之时，终无由白，而此耗时费辞之专函，于吾为悬痈，示人则徒供吠狗已耳。无已，则一并及之，以质足下。社会之集合，其中感情行动，复杂万端，变动靡常，若欲一一形之笔端，不特回

忆之力有所未周，摹写之才，固难兼备，足下之于此函，以同一之观念
而把握之，虽不中不远矣。

伊尔库次克城，僻小鄙野，无文化之可言，然而却为俄国控制远
东，兼揽蒙古之重镇，远东共产党，即设此。其部长俄人某，本属武
人，素有西伯利亚王之称，中国高丽日本数方面之共产主义宣传，皆由
彼总其成，最近蒙古之独立，彼实左右其间，而远东会议之召集，说者
谓彼实主之。其意：外固欲借此以恫吓资本主义国家之侵略，内亦思借
此以表扬其勋劳。既贡媚于巍巍之列宁，又标示于离心之群众，自彼言
之，是一举而数利兼备，安得乐而不为乎？第考此会召集之动机，实出
于其秘书某之献策，所谓某君者，即前在上海俄文报之编辑，而与吾人
在北京天津上海广州都曾共事者也。到会代表，中国约三十，高丽同
之，蒙古约十余人，日本则七八人而已，初至伊城时，各代表团每星期
均在共产党部内开会，由各代表将所代表之团体内容，作文报告。俄人
方面，则举行宣传之演说，妇女方面，则由女子主之，余对于此会，除
作过敷衍之文章，及替共产党部长翻译过几次演说外，绝无贡献，谓之
尸位素餐可也，谓之无所表见供人傀儡可也。孰知世事变迁，固有出乎
主观之外者，余固欲以傀儡自居者也，而中国共产党张某，本属同窗，
且曾共事，彼以中国共产党之长老自居，利用二三工人为其爪牙，各事
均由其把持，真有指鹿为马之势，俄人亦遂信之，于是代表中对于张某
有敢怒而不敢言者矣。远东会议，后以第三国际之名，改为远东共产党
会议。有人以此次会议，因亦有国民党与无政府党在焉，安得以此律
之？后改为远东共产党与革命党会议。迁至莫斯科开会，实隐寓监督之
意耳。去年一月一日自伊城出发，火车客位，分头二三等，代表团团
长，特许坐头等车，所说某则中国团之所谓团长也，遂得坐头等。头等
与三等，床位颇相悬殊，既上车，有一部分之中国代表（多属学生）以
处置之失当，大为鼓噪，团长不得已，乘夜迁还三等，与平民为伍。兹
事之起，乃群众心理之偶然表现，谁为魁首，信难言之，乃张某神经过
敏，迁怒于余，彼意以为反对首领者，乃无政府党故也。自此事发生，
中国代表团中，隐然分为两派，积不相能。抵莫斯科后，余因身任委员
会职务，尤出而辨，乃张派恨余入骨，加以罪名，密控余于共产党，于
是会议之第二日，该会取消余之发言权。中国代表团三十人中，二十人
签名反对此事，而高丽日本代表，更表同情于余，竭力争辩，江亢虎优
林诸君助之，张某阴谋，遂遭最后之失败。该会除由各代表团国内劳动

状况，及由俄人作千篇一律之"马克斯方式"之演说外，别无可行，今亦不复陈矣。散会后，谣言甚盛，有谓张某之手下，欲置余于死地，当时亦毫无所惧，抵彼得格勒时，曾因此事，访共产党之秘书，求其对于生命上完全之保证，彼谓使足下归国，不表示反对共产党，则一切闲言，都不足信，余佯诺而退。车返西伯利亚，两方感情，益趋极端，而谋余与黄璧魂女士之阴谋，竟亲入吾之耳鼓矣。余因此事，复于车上访远东共产党之部长，叩其对于此事之处置，彼谓足下能表示赞成共产党主义，则吾人当与以安全之保证，余佯应之曰：此易事耳。有此前因，而《新青年》之"奇怪通信"，竟为后果矣。呜呼！以强权临人者，虽能屈于一时，实难服人之心志，吾生有难言之恫，此为最甚，自念当时，沉吟不语，偷生苟活，使知我者反而疑我，真一文不值也。

陈君独秀对于国内青年，本有某时某度的贡献，吾素佩服其敢为之气。惜近为利禄功名之心所中，凡百所为，一无是处。其近来转运式之文章，真不堪读。此固非余一人之私言，哥伦比亚大学院某君，谓陈君近来之文章，都可以入"什么话"栏内，吾友陈挺秀君近致余书，言"国内有名之杂志如《新青年》，《改造》等，反不似从前之可观，才尽之叹，匪独江郎！"其或然欤？初陈独秀本不审吾函之所以然，当吾返沪时，彼数遇余于黄克强夫人之住宅，余对于在俄事，以既过去，亦不复置喙。其后在广州（去年五月）彼遣其左右梁君绍文，约余谈话，余辄辞焉，且表示吾坚决之意志，与对于俄党之批评，梁君以告，于是彼等皆知吾之意趣终不可以威武易矣。后以冰纹兄意，复一度访陈君于新青年社，彼只谓"无政府主义者与共产主义者，都是今日改造社会之健将，只可联合并进，不可分离排挤"。此次谈话之后，虽曾遇之于璧魂女士住宅，却未多谈。七月，余与日本同志由鹿过申，陈君当时虽亦在沪，都未谋面，独日本老革命党片山潜自莫斯科致余一函，嘱陈君转交，陈君之夫人，亲携与余而已。余将离吴江之前一日，伯时敦祜诸位过访，出示陈君《新青年》之复函，余不禁废书而笑曰："余读俄国革命史，已洞烛列宁之智术矣。其未得志也，则联合社会革命党左派与无政府主义者以推倒克洛斯基政府；其既得志也，则'狡兔死，走狗烹，飞鸟尽，良弓藏'，仆窃欲与无能为者为伍，浮海而东，力学待时而已。"

复次，请略言俄国民间之生活，想亦足下所乐闻也。俄罗斯之生活，与民间之感情，虽不能表现共产党革命之成绩，但总可以显见国家社会主义实验之一种重要结果。凡研究社会改造学的人，固不可以稍稍放过者也。一种主义，不过人类对于环境的反应，其能超国情与民性而能施行无碍与否，实为疑问。一种主义不过人类对于改造环境之或然的献议——人类与社会都是"相互作用"者也。苟某部分对于其所献议，不能如量以纳，尤能假强力以施行其献议而不受同样强力之反抗与否，更属疑问。社会总为有机体，如斯宾塞诸贤之所陈，亦必非物理的有机体，而必为心理的有机体，其集合也，非以物质为绳系，唯以了解，同情，兴趣为关联，以物理为基础。今以强力施行主义之故，缺乏民间了解，同情，兴趣，而不由其最兴盛之点，日以衰落，亦属疑问。凡此种种问题，年来颇往来于胸际，吾观俄国政府之背景，吾之疑问遂得否定之答案矣。吾相信无论何人，苟能对此种问题，平心静气，从客观上审察一番，不特于学理上，辟新境域，即于实际上，亦示人以通行与不通行之路，其为功盖非浅鲜也。顾此类观察呈功，至为不易，社会学今始进于科学之研究幼稚已极。今谓以一人一时之审查，而能偶和科学真理，缜密无间，精确绝疑，欺亦未敢深信，然而科学之职志，非在于绝对的完全，乃由于不完全而进于较完全，从相对线以进行而已。明乎此，则吾于俄国革命，虽然表示十分的同情，而于其试验之结果，则不能稍事假借，使人盲从以自焚也。若夫投鼠忌器，则为一般人说法，非可以语于高明也。

余初至西伯利亚时，每日只食黑面包与腊肠，初视此生活，本极难堪，同行之黄女士，因以致病者数日，其食品之恶劣，可想见矣。日常食料，以黑面包为大宗，其他白面包糖果鸡鱼之类，市上亦有出售，（此时俄国政府已改行新经济政策，亦谓之国家资本主义，即一切大企业仍归国有，其他小商店小产业都归私有。）但价奇贵，每磅白糖几乎须卢布三十万约合大洋一元。其他日常必需品，虽有金钱，亦无处可购。吾人旅居外国日常所不可少之白领，在俄国便找不出来，所以彼等罕用白领。推原其所以致此之故，第一由于货品之不能进口；第二则因俄自革命以后，天灾人祸，相继并至，原料缺乏，工厂停闭，卢布日以跌落，物价日以飞涨，工人日以失业，于是社会之组织崩坏矣。吾尝诣一自然科学之老教授，彼谓每月所得之薪金，远不足以供生活之消费。一家数口，真有嗷嗷待哺之势，故常使其子（大学学生）携家中衣物，往市上待善价而估，此种现象，在市场上最为普遍，多数城市居民，既无业可就，故男女老幼，携带什物鹄立市场，由朝至夕，以待购者，几乎触目皆是。吾尝与张君秋白，往购一狐皮外衣，只须卢布九百余万，其实合当时现洋三十元而已。余旅居伊城时，得友人介绍一女大学生，日来吾寓授余俄语，彼对于平民生活之苦痛，言之甚详。后来共产党以防止侦探为名，禁阻其进代表宿所，余力与交涉无效，而学俄语之机会，亦遂中止。

余在俄半年，除共产党外，相与接近之平民，百分之十九，都表示不赞成劳农政府，而劳农政府犹毅然存在，益以武力为后盾，偶语者弃世而已矣。故新至俄国者，无论何人，多不敢自由发表意见，其平民无论矣，报纸除共产党所办之几种外，绝不多见，外国书报，几乎绝迹。有某大学教授，尝语余谓四年以来，未尝得外国科学报矣。犹忆西行入欧，中途遇见之赤贫妇女孩子，遁迹车上，坚不肯行者，不知凡几，后以兵士之强迫下车，吾等赠以少许之黑面包，乃含泪而去。呜呼！吾安得郑侠为绘此流民图也乎?！自西伯利亚东返时，又遇一中年之女美术家，余询以生活状况，彼一似有重忧者，问以对于劳农政府意见，坚不肯答，只曰："余若抵哈尔滨，则当为先生尽情言之。今则非其时与地也。"余颔之，惜至赤塔，彼不能同车再行，遂不复遇，良可叹也。

凡此种种事实，不过杂记一二，若详细缕举，则累日不能尽。俄国僻处北陲，邮使检查甚严，吾等寄往国内之信，皆为彼束诸高阁，故真实情形，鲜能外播。即其国人之欲移居他邦者，亦多不得政府之许可，余遇此类之人，已不少矣。当吾抵莫斯科时，高特曼女士已先十余日密赴芬兰，故仅及见其友人与克鲁泡特金夫人。克翁夫人，年已六十，精神矍铄，能操英法德意诸种语言。本在乡中居住，以余之约，特来莫斯科相会。余询夫人对于劳农政府意见，夫人谓其意见与其夫大略相同，以为真正的社会主义，固非强权集中主义也。余复问劳农政府将托尔斯泰博物院之街名，改为克鲁泡特金街，聊示不忘，然则劳农政府对于克翁之感想，或不大恶。况克翁撰著，尚公然出售于市上乎？夫人谓克翁死后，劳农政府将克翁从前出世之房屋，送作克翁博物院，现在克翁之图书及遗物，尚在伦敦，将来拟运回置之博物院中云。夫人所谈之话尚多，今不复赘。临别时出片为余介绍于纽约某经济学院校长某君，某君与克翁交情甚厚，又复同志者也。余在莫斯科时，虽曾与无政府主义者往还数次，但共产党侦查甚密，交际极不自由。彼等约余到彼得格勒时，开谈话会，交换意见，但抵彼数月，除赴共党会议外，绝不能自由行动，只有惆怅而已。

溯自稍知世界潮流以来，受俄国急进派影响甚深。昔在京校，当俄国革命之初，忧国人对于俄国之误会，为译一九一九年旅俄六周见闻记（《北京晨报》出版），足下曾为余读稿，想尚能忆之。其后与李君大钊会俄人于天津，余复携俄人某君南至广州，设立通讯社，遂开俄党在中国活动之局。要之余对于俄国诚实平民之感情，始终如一。然而对于把持的共①产党，借无产阶级的金字招牌，本身既为智识阶级，而又囚禁智识阶级之犹太人，则深恶而痛绝之。

俄国今已恢复资本主义，市上熙往攘来，唯利是夺之现象，渐与各国相近，所谓革命者，已为人类僵迹之展览，而非活态之再现矣。当余旅居伊城时，搜集参考资料颇多，乃归至满洲里，以兵士检查甚严，悉行弃去。归至京师，李石曾先生过访，询余以俄国失败，乃程度之不合，抑性质之不合？余谓俄国乃西方最晚近之国家，工业极不发达，其以农立国，几乎与中国相类。夫农人生活，本与国家无关，其不爱好强力之政府，乃其环境造成之逼性。俄国革命，工业出产品既不可靠；一切消费，悉取求于农，农人竭力反抗，政府加以高压②，于是政府与民间，遂形成一种界限，互为竞斗，竞斗之日，既日以增长，消费之恐慌，亦随之而日甚。反革命之行为，愈演愈烈，列宁不得不提出改变政策。由此观察，俄国工业程度，太过幼稚，分配颇难，此程度不足之说，似亦可信。若工业发达之国如北美，则实行共产，当然较易，此则自马克斯之说，固应如此。即俄国党人，亦深以为然，故彼辈日望英美革命之发生有如大旱之望沛霖。自性质言之，余觉政治家假强力以施行政策，固非马派之所独创，自有社会以来，此种试验，已屡见而不一见。马派不察，以为此乃独得之秘，四处③宣传，以专政为无上妙乘，一似非此不足以普度众生入安乐国者，此已大谬。彼执政诸公，更以知识阶级之人物，假劳农之名以统治，名不副实，已难为政。更有甚于此者，则迷信武力是也。曾不思人类思想，感情行动，非如世间物质，可以任意压④迫，改变，此则马派偏于唯物之过。当世学者，已多异辞，不容复赘。

吾尝谓武力独裁，苟可以统一，则秦政可以万世不废，陈涉吴广之

---

① "共"，原作"同"，误，校改。——编者注
② "压"，原作"庄"，误，校改。——编者注
③ "处"，原作"出"，误，校改。——编者注
④ "压"，原作"庄"，误，校改。——编者注

徒，不思发难，而吾人对于社会统治科之专门研究，可以扫地矣。

昔斯宾塞尔论治，谓社会生活，可以从两种根本上相反对之原理而组织，即强迫的协合与愿意的协合是也。前者为强权组织，后者为自由组织。而强权的国家之为祸于社会，正与武人之活动为比例。证诸俄国，斯言益信。当马克斯之像遍悬于全国之时，即自由自发怀疑创造之文化的因子推残殆尽之日，自由思想家遭其监禁，报纸被其封闭，异党任其诛夷，学校由其停止。而革命之精神，亦随以俱亡。此则性质上似亦有所未可，吾固不欲从理论上，对于俄国革命多加批评，只从事实上归纳而论断之而已。俄国革命，缺点甚多，不能为题亦不必为题。若病入膏肓，犹忌医者之施药，则扁鹊见之，亦当却步。此则列宁亦有感乎此，且屡言之，吾人对于其勇于改变之诚，当深致敬意。且大战未终，而社会革命之旗，遽扬于北欧，亦足以表见时代之精神，扬新世纪之光华，开新生活之道路，事虽未就，其功有足多者矣。窃尝论之，共产党人作事之成功，由于专横与武断；其失败亦即坐是。夫鸩能愈病，多用则毒质永留身体，其病未愈，其人已死。世事多类于斯，岂不信哉。然共产党人自信之笃，任事之勇，条理之精，造诣超迈前辈，此则凡有事于革命之役者，所应平心静气，归其长而去其短。孟子曰："取人为善，与人为善。"吾非有以与人也，取诸人而已矣。

余自俄国革命实地考察一番归来后，深多感触。乃投鼠忌器，始终默然。昔在默斯科时，与江亢虎君约，归国后，各当本其不满意于俄国之处，尽量发表。去年颇见江君已践前言，独余碌碌无所表见。去国时，屡晤江君于京中，江君以此为问，愧无以答。与江君同行之黄君士龙，亦乘兴而往，失意而返。彼亦欲有所发表，频征材料于余，去国之后，光阴苦短，遥望故人，唯呼负负而已。（中略）

余尝清夜自思，有生以来，所作之事，所为之文，所译之书，今无一不为忏悔之材料。比达新大陆以后，睹哥伦比，华盛顿之遗泽，欲深自振拔，恢复人生价值于一二，常以曾涤生"从前种种，譬如昨日死；以后种种，譬如今日生"之言自期。前路茫茫，不知有所造就否也？吾校有"自由社"，主张无政府主义者颇多，以此引起社会之注目。同学辄在校中月刊辩护，以为此种自由思想，乃学者应有之自由。抑有欲为足下陈者，吾校教授彼洛博士，任数学教授垂三十年，今年八十，通三十种语言，近习华文，朗然贯通。终身不婚，近亦不食肉，衣服褴褛，有如乞丐，家无长物，而书籍满架，白发过颈，而精神矍铄，思想新颖，超绝群伦。作文则数国文字，而不求人知，此真所谓直证心源，得其当心者矣。余从先生游，肆习欧洲各种语言文字，尝谓先生德业，过乎托尔斯泰，先生笑而不答。（中略）

近复于通讯中，得见延年兄致 T. W. 兄书，已悉其思想之变迁。延年兄前两月曾有书来，言其入少年共产党事，弟以课忙，搁置未答。今因来书，请述鄙怀。延年兄与弟相处甚久，情同兄弟，今一旦因思想上之分歧，演为行事之异径，实人生之至痛。足下谓其对于无政府主义之信仰，建在浮沙之上，弟固未敢以此待延年兄。但延年兄最近所发表之言论，弟愚昧，实不得其理解之所在。其致某兄书有谓："做革命事业，在乎……力求理解社会生活的实际关系……马克斯很有先见之明，一生精力，全用在研究之上。"此所谓实际社会生活关系，不知何指。我想曹锟张作霖一班人，都是实际之人，了解社会实际生活关系者。难怪彼等反对吾人之经济理想，政治理想。"马克斯一生精力，全用在这个研究上"就有价值，然则别人如何？吾恐研究之结果，不在何人之一生与半生，而在乎其断案与过程之正确而已。马克斯学说，在美国大学中，已批评净尽，吾只欲从事实上以观察马克斯主义之结果，决不欲为空论以相难也。其时间与实际者，主义之试金石也。马克斯主义之试验，幸吾犹及见之。（中国之国情，民性，社会遗传，时代思想与俄国完全不同。依另篇言之。）至于对于中国之革命，吾人有一分力尽一分力，宋儒所谓天下事非一家事，延年兄谓吾人之"无望"，是其见识在宋儒下矣。夫"道不同不相为谋"，古有明训。而社会之发展，在乎异者各守其异之范围，对抗对进，延年兄致 T. W. 兄书，乃多所劝诱，吾不知官僚派将持何种主义，与革命党联络也。若恐革命势力之分散，则延年兄大可主张政治革命携手。若吾辈，则羞与为伍也。此非感情架空之论，任读何种革命史，当能了解吾之意趣，不为已甚。弟最近之人生观，以为无论何种社会运动，都是失败。吾人不必因其永远失败，遂不去做，因为积累许多失败，而人类生活因以改善。是则失败者，革命党所要求者也。若夫希慕成功，手握大权，富贵故乡，则预为安排之官僚耳。楚骚曰："鸷鸟之不群兮，自前世而固然；何方圆之能周兮，孰异道而相安。屈心而抑志兮，忍尤而攘诟；使清白以死直兮，固前圣之所厚。"此吾心之消极态度也。"君能兴楚，吾能覆之。"此吾心之积极态度也。吾故不欲求异于吾者之同我乎，所谓"士各有志，不能相强"。延年兄何去何从，惟听其自择可耳。

　　去年过津时，姜更生告余谓子冈归国，至印度洋蹈海而死，当时曾为诗以恸之，今奉来书，知其未然，甚慰。前译之书，倘有错漏，如承指正，则一言之锡，皆吾师也。《自由报》要求之文，当觅暇为之，以上所陈，拉杂书感，不复成文，有以教之，幸甚。

凌　霜　三月十日于克乐大学院

社会进化论与社会轮化论[*]
——其理论及批评
（1929）

一、一般的观察

社会历程是纵线的推进，抑或轮形的循环；这是人类思想史上的两种重要思想，同时也是两种重要问题。希腊哲学家赫力克列杜斯 Heraclitus 535—475 B. C. 以变为宇宙生命之本体，恒为宇宙的幻象，故有"前水非后水"之喻。庄子《至乐篇》说："种有几……万物皆出于机，皆入于机。"《寓言篇》说："万物皆种也，以不同形相禅，始卒若环，莫得其伦，是谓天均。"这样，可见我们由古代的思想里，都能找出进化论与轮化论的迹象。

近代"社会进化主义"Social Evolutionism，严格地说来，实始自斯宾塞 Herbart Spencer。斯宾塞受了马尔萨斯 Malthus 的人口定则之影响，立耶尔 Lyell 的进化地质学及芬巴尔 Von Baer 的胚胎学的概括之鼓导，与达尔文的生物进化论之载刺，首以进化论应用于社会学说，而其持论则始终以群体 Social Aggregates 为单位，至于群体中之个体，则略而不论。严复说得好："斯宾塞尔者，英之耆宿也，殚年力于天演之奥窔，而大阐其理于民群，盖所著之《会通哲学》成，其年已七八十矣。"（见《译群学肄言序》）

十九世纪后半期的社会思想之最大标志，是一种社会及历史的变迁之纵线的进化概念。在社会科学领域中无数的社会学家，经济学家，史学家，人类学家，政治学家，道德学家，都要异口同声地形成"历史进化的法则"，找寻"历史的趋势与倾向"。这种情状，一方固然由斯宾塞的进化论所引起，一方也可以说是孔德 Comte 的三阶段的法则之纵线进化概念所造成。孔德把人类知识的进化分作三大时期，第一期是神学的，在这期人类一切的知识均以宗教观念来解释，以为一切现象皆神明所创造；第二期是玄学的，在这期则以玄学观念为本体，能力，相信宇宙人生皆从此出；第三期是实证的或科学的，在这期便是用科学方法，自然律的观念来解释了。这种纵线进化的概念即为当时多数学者所承认，因而社会与历史的过程，遂染着未来论的解释之色彩。

自前世纪下半期以后，这些概念，为学术界所公认，凡属有系统的知识，几无不受进化法则之支配：泰洛 Tylor，佛里沙 Frazer，耶方斯 Jevons，以之创进化的宗教学；摩根 Morgan，郭乌利威斯基 Kowalevski，穆利黎夷 Müller-Lyer 以之创进化的社会和政治学说；哈顿 Haddon，巴尔科 Bolfour，汉尼 Hirn 以之创进化的美学；冯德 Wundt，苏杜伦 Sutherland，伟士杜麦 Westermarck，霍蒲士 Hobhouse，以之创进化的道德学，立杜奴 Letourneau，卜哈 Bücher，哈尼 Hahn，以之创进化的经济学，鳞鳞相按，浪浪相随，见其进未见其止[①]，结果他们便忽视了社会变迁与历史过程的第二种概念——轮化 Cycle，或循环概念。

西方当代的社会思想，似乎又到了转折的时候，要把过去的价值，重新估定一番了。过去数十年的社会生活之变迁；历史的未来论概念 Eschatological Conception of History 与迹寻"历史趋势"的企图之失败；邃古的卓越的湮没文明之发见；社会现象与初民文化之较明析的研究，都是促使当代社会思想家逐渐注意社会与历史过程中的"轮化"，"节奏"Rhy-thm"反复"Repetition 之重要因子。至若柏格森 Bergson 的无目的底创造进化观念在近代哲学上之大告成功；社会学与人类学上以"社会变迁"Social Change 的名词为"社会进化"Social Evolution 之替代；经济学对于"商情轮回"与"摇摆"的现象之注意与研究；斯宾格拉 O. Spengler 的《西方之衰落》（*Der Untergang des Abendlandes*）一书及其历史的轮化观念之特殊影响，尤其是当代社会思想转折之朕兆。

---

① W. F. Ogburn, and A. Goldenweizer, (ed.). *The Social Sciences and Their Interrelations*, 1927, pp. 3 - 4.

二、社会进化论之根据及其错误

一八五九年德国人类学者巴斯丁 Bastian 刊行他的赅博的《人类史》的时候，达尔文的《物种由来论》也同时出世，罗索尔 Ratzel 的《人类史》，摩根的《古代社会》在这个时期，也恰值名动一时，斯宾塞就在这种学问环境中，企画他的《综合哲学》（*Synthetic Philosophy*）即严译之《会通哲学》，企图对于进化学说，加以详尽之阐释。他根据稀薄的材料，在生物学与心理学上，作进化论的说明，到了社会的领域，便感着无限困难，所以派了许多助手——传教师及其他——搜集人类社会各时代各地域的风俗和信仰之材料，以实其预造之段阶。这便是人类学上的"比较法" Comparative Method 之始基。

斯宾塞在《社会学原理》一书中，有时相信文明进化，在各地曾经同样段阶，有时则把社会现象，析分为几种领域，如政治制度，工业制度，礼仪制度等等，迹寻每种领域的进化段阶。

他论工业制度和军政制度的两种政治组织，断定前者由后者逐渐发展而来，其社会问题和态度亦与后者绝异。斯宾塞总算是最赅博的社会进化论者，对于宗教，社会和政治组织之进化段阶，均有精审之解说，独对于物质文化和艺术领域，则又语焉不详。

进化人类学的始祖，除斯宾塞外，当推英儒泰洛 Tylor。泰洛著《初民文化》（*Primitive Culture*），对于进化方法论，同样的有重要之贡献，然而前者的思想是演绎的，后者的思想是批评的，故其晚出诸书，如人类学，《人类早期历史之研究》（*Researches into the Early History of Mankind*），深知此问题不容易解答，转而对于文化分播说，多所贡献。他们引用的社会进化论，本非定论，乃后起的思想家，却推波助澜，以为"天不变，道不变，社会进化论亦不变"。于是数十年来的社会科学的著作，莫不经其洗礼。他们的根本观念，便是以为人类无论在什么时候，什么地方，心理是相同的，故在相同的物理环境之下，必然产生相似的文化，而文化的进展是一步一步的渐进，不是突飞冲上，一往无前的奔腾。极端的进化论者便以为文化的全般之进展是划一的，进步的，持论稍涉和平者，则只迹寻宗教，社会组织，艺术领域之进化而止。他们既深信世间有固定的历史法则和纵线的进展，所以便以每方的发展，不只是历史的事变，且是命定的贯连。文化的分播现象，本来非常昭著，进化论者并非不知道，不过他们总觉文化独立发展是常则的特性，分播的历程，是适然的特性，所以置后者于不论之列。①

古典进化论者根据澳洲的初民资料，证实其假说，美国的文化人类学者和人种学者泰半是搜集美洲的初民资料，高揭反进化论 Anti-Evo-lutionism 之旗帜。在这种学术革命当中，最足以代表此派之主张而且为之先导的，当然推哥伦比亚大学的老教授鲍亚士 Franz Boas。②著者尝数从先生游，对于其学问之深广，难得其津涯，惟对于其导学之诚与殷，则未尝不叹观止，鲍亚士教授本来是深研物理科学与数学的，所以他进到人类学的领域，便能以"大处着手，小处着眼"的态度，为人类学人种学奠定新基础，为社会科学倡导新革命。在他领袖之下的历史人种学派的指导原理，兹简述如下：

（一）对于初民文化的研究，注重特定的地理的历史的区域，由纵线的年代，研究其历史上之过程，由横线的地理，研究其地域上之发展与部落间之接触。③

（二）应用客观的和统计的方法，迹寻文化特性，或特性的结合之分播；应用心理学方法，研究特性之联合，互结与类化。

（三）应用"款式"Style 与"模型"Pattern 的概念，叙述部落或文化区的文化——尤其关于它们吸收外来的新特性的时候。

（四）扩大差别的方法 Differential Method 研究部落间文化之异同。

（五）采取言语学方法 Linguistic Method，厘正事物之意义。

（六）区辨文化复结 Culture Complexes 之历史的和心理的体素。

（七）排除肤浅的古典式之进化论与环境论的解释。

（八）应用"分播"Diffusion，"独立发展"Independent Development，"平行"Parallelism，"辏合"Convergence 的概念，为探讨的工

---

① 看 A. A. Goldenweiser, "Cultural Anthropology", in *The History and Prospects of the Social Sciences*, edited by H. E. Barnes。

② 关于美国人种学派的观念和方法，可参看 Boas, *The Mind of the Primitive Man*; Goldenweiser, *Early Civilization*; R. H. Lowie, *Primitive Society*; A. L. Kroeber, *Anthropology*; A. M. Tozzer, *Social Origins and Social Continuities*; C. Wissler, *The American Indian*; *Man and Culture*; *The Relation of Nature to Man in Aboriginal America*; W. F. Ogburn, *Social Change*; Barnes, *The New History and Social Studies*, Chap. IV, 孙本文《社会学上之文化论》。

③ 鲍亚士教授因此创造"文化区"（Culture-area）的概念，此概念现在已成学术上之通信语。看 R. G. Smith, *The Concept of the Culture Area*, in the *Journal of Social Forces*, March, 1929。

具，排除武断的显证。

我们试就此派应用这些方法研究的结果，说明社会进化论之错误。

第一，社会进化论者采取的"比较法"是错误的。比较法的原理，可由下图见之：

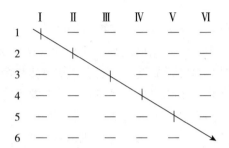

假如Ⅰ、Ⅱ……代表世界各部分的部落，1、2……代表一种制度或一种社会或宗教的形式发展之段阶；垂直线表示某种部落的段阶，平线表示无段阶。又假如7段阶用Ⅰ部落的例子表证，2段阶用Ⅱ部落的例子表证，及其他。古典进化论者的方法，就是把1、2、3……6的段阶连续起来，每段阶由六种部落之一种举例为证，构成年代式的连续段阶。这样他们以为进化说已经证明了。进一步看，我们才知每种段阶的材料都隶属原有的部落的历史范围，不能随便互用，但进化论者却以为六种部落进化的段阶是相同的，可以互相交换的。原来这就是进化论的一种根本原理！人种学者以为这样由比较法得到的结果，不能算是证明，只可以说是预拟的进化说之若干显证而已。

第二，社会进化论者对于社会组织及文化的进化之观察是错误的。进化论者以为社会组织，经过以下诸种进化段阶：（A）杂交Promiscuity——此时期的社会状态是混乱的，绝无结构的，其特性为无限制的性交；（B）群婚Group Marriage——此时期的男女关系之特性，为一群女子做一群男子的妻子；（C）母系族Clan——此时期社会组织有了清晰的形式，各部落分为各种遗传的社会单位，其单位是根据母系族原理而组织的；（D）父系族Gens——此时单位的组织，根据父系族的原理；（E）——最后个人家庭与村落变成社会的基本组织。进化论者把这种式样普遍地应用到社会发展上去。以为一切部落，不免经过这些段阶。不幸近代人类学者经精密研究的结果，对于这些概括，完全不予赞同。第一，杂交的段阶似乎绝不曾有这么一回事；第二，群婚的状态，并不是普遍地在个人婚姻的前段发生出来，如果这种事情是有的，也是由个人婚姻的先存的状态产生的。原始时代，家庭和地方团体都是社会组织的普遍的形式。第三，有些部落永不曾经过母系族的段阶，也有些部落，其母系族是由家庭村落发展而来。第四，我们知道家庭和村落的团结，在一切别的组织形式中都是很显著的。

在艺术的范围，进化论者主张实物画是最早的艺术，几何画却经过许多的转变，才产生出来，相信这种进化段阶，可以放诸四海而皆准，百世俟圣人而不易！自晚近的发见，我们才知道实物画与几何画，同是根本的创作，而实物画由几何画发展而来的，并非没有。

在物质文化方面，进化论者的结论，是根据先史的古物学的再造而来，定下三种段阶：（一）石器；（二）铜器；（三）铁器。但非洲黑人的文化区，只有铁器的使用，而铁器的段阶，也直接由石器发展而来，不曾经过铜器时代的段阶。

在经济研究的领域，进化论者也创造了著名的三段阶：狩猎，畜牧，耕作，但我们现在知道狩猎固然是最早的经济企图，惟后来的一切段阶，也有这种作业的存在；有些部落简直不曾经过畜牧段阶，除了狗之外，一切家畜，都不曾养过，然而他们从事养作却无二致，至于非洲黑人，农作和畜牧是同样普及的。

第三，社会进化论者以严格的生物学法则应用到历史的进化是错误的。他们根据生物学的诏示，以为历史的转变都是渐进的，一点一滴的变迁积累而成的，但人类的文化史政治史告诉我们，态度，知识或机械的创作，进步固然很慢，惟骤然的变迁，往往也可以由政治和社会革命，大战，重要的发明造成。近代艺术，科学，哲学和文化史也很明显地告诉我们，伟大的人物或理想，可以促成社会的急进，急进之后，便有相对固守，模仿，停顿，或退步的时期继之而起。

第四，社会进化论者的第三种原理，承认进步为文化变迁的恒性，同样是错误的。其实，我们只可以把进步当作历史过程中变迁特性的几种法则之一种，且进步的概念，不能同样地应用到文明的各方面而毫无缺憾的。

第五，社会进化论者还有一种缺点，就是他们对于各部落间的历史接触之文化分播历程的真假，绝不注意。由近代或初民文化史看来，谁也不能否认，采借 Borrowing 他种文化的质素，从而融化贯通，以构成自己的文化，不比独立创造的文化多些。他们并非绝不知道这方面的历史过程，然而他们却种种放过，以为内在生长的现象，是有机的，常则的，至于采借或分播是反常则的，适然的，纷乱杂呈的！

由以上的批评来看，文化发展，有没有统一性，我们便不难断定了。我们对于先史的文化，与其说是有段阶的发展，毋宁说是像蛛网一般，其变迁的状态，还要人们继续去研究。[①]

三、轮化论之主张者及其批评

进化观念是十九和二十世纪的主要信仰，到了欧洲大战以后，才有人出来对于这种信仰之价值，重新估定。一九一八年德国学生斯宾格拉 Oswald Spengler 著《西方之衰落》（*Der Untergang des Abendlandes*）一书[②]，把世界历史，重新观察一番，以为文化的进展，不特无绵延 Continuity 可言，即任何的"数学递升"Arithmetic Progresion 亦是空论，由这种前提，作者对于西方人士所抱持的历史的态度，不惜竭力攻击。当代著名史家米耶 Eduard Meyer 公认这书的根本原理，没有什么错误，故此书一出，欧洲思想界有斯宾格拉派与反斯宾格拉派之分，说者以为自达尔文的《物种由来论》出版以来，没有他书在欧洲思想上发生这样重大之影响的。[③]

斯宾格拉以为文明是复杂的现象不是单简的现象，通常的历史排列法，把文明分为若干进步段阶，暗示人类由野蛮进为文明，说历史向着一种目的前进，这种纵线的历史观念，是一种莫大的错误。世界上已有过九种文化，如希腊文化，亚剌伯文化，中国文化，米夷 Maya 文化，西方文化（当代的）等等，这些文化每种都自组成单位，形式是有机的，至其变迁，则受历史上的"文明定则"Law of Civilization 所支配。文明的生命，由人类的活动和思想表现出来，其历程必然经过少壮老死的段阶，至生命在时间上的延长，约略相同，姑无论廿世纪西方文明有许多科学上的创造，但这不是世界进步的顶点，不过是西方文明历程中的一阶段，其与西方文明之前的文化段阶是平行的，不是独异的。我们人类完全受时代精神所支配，绝无自由可言，廿世纪不过像以前的六十世纪一样，在文化的发展中，是宿命的段阶，将来免不了衰老和死灭，

① 参看 Goldenweiser，*Early Civilization*，Introduction。

② 美国译本 *The Decline of the West*（by C. F. Atkinson），英国译本名同。

③ 参看 E. H. Goddard, and P. A. Gibbon, *Civilization and Civilizations*，1927；及 Andre Fauconnet，*Un Philosophe Allemande Contemporain*，Oswald Spengler，Paris，1925。

正如树叶到了秋天必然凋零，是树木的生命之不免的境遇毫无二致。根据斯宾格拉的定则说，世界上已有八种文明，早经死亡，第九种的西方文明，现在已达到衰老时期，将来也不免于死亡。西方古典文明是在纪元前一千二百左右由亚真海 Agean 的人种混合产生出来，西方当代文明是由纪元后八百年左右当欧洲扰攘时代产生出来。这两种文化之发展，是平行的，不是连续的；它们的根本符式，无论艺术上思想上都不相同。现代西欧的数学，是立尼芝 Leibniz 的无限空间之数学，希腊的数学是耶加立 Euclid 的分体数学；现代西方人以上帝是无限的，希腊人以神是自我扩大；罗马到了末年，变成帝国，西方文明的末期，将造成大欧洲帝国，大美洲帝国，到了那时，什么民族主义，宪政理想，绝对自由都没有了。未来的第十种文明，也许在极北的露西亚孕育出来。

斯宾格拉的预言，出乎我们的考量之外，自可置诸不论，其文明的定则，现在也不易证明①，不过其历史的平行与轮②化之观念是值得注意的。

当代学者与斯宾格拉一样的主张历史是轮化，或循环的，不在少数，我们只能归纳其主张，列表如左③：

周期循环（或轮化）

循环的时限	社会历程的特性，其变迁假定为循环的		主张者及其著作
廿四小时	死和自杀	在二十四小时内，死与自杀的个案之数目，由上午6—7，下午7—10为最高；下午12—2为最低。	Gnerry, Durkheim Millard.
七日	劳动与休息	来复一至来复日。	

---

① 关于批评方面，看 F. H. Hankins, "The Latest in the Philosophy of History", *Social Forces*，Vol. 6，1927，pp. 213 – 216。

② "轮"，原作"论"，今据上下文校改。——编者注

③ Sorokin, "A Survey of the Cyclical Conception of Social and Historical Process", *Social Forces*，Sept. 1927，also Sorokin, *Contemporary Sociological Theories*，pp. 30 – 741，N. Y. 1927。

续前表

循环的时限	社会历程的特性，其变迁假定为循环的		主张者及其著作
一年（季的变迁）	生育	欧洲许多国里，生育最高数，为由一月至四月；最少数为十一，十二，六，七，八诸月。	Villermè Quetelet, Oettingen, G. von Mayr. Levasseur 及其他。
	死	许多欧洲国里，最大多数由一月至四月发生，最少数在冬夏发生，在热带的国家，夏天死率增高。	许多作者
	自杀	最多数为五月，六月，七月，最少数为十一月及一月。（欧洲诸国）	Wagner, Morselli, Bodio, Masaryk, Krose 及其他。
	犯罪	欧洲民事犯以夏季为最高率，冬季为最低率，产业犯以冬季为最高率，夏季为最低率。热带的国家，循环适相反。 一般研究诸种现象，如依赖，劳动要求，失业，各种疾病，商业，劳动暴动的学者，都感觉季的波动是有的。 最著的现象如经济活动的主要形式，尤其是农业国内，其季的波动是显然的，每季的物件之需求，均有不同，故卖买亦有波动。 教书与假期的季的年年回复，及其他同样的现象，证明在一年之内，有常规的周期循环。	Guerry, Quetelet, Oettingen, Ferr, Levasseur, Lombroso, Kurella, E. G. Dexter 及其他。

续前表

循环的 时限	社会历程的特性，其变迁假定为循环的		主张者及其著作
三年半 至四年	商情轮回	增进与跌落之时期的波动。	Jugler, Kitchin, Lescure.
	生育	法国自 1815 至 1887 每四年间有变态的低的生率。自 1875 以至 1905 循环继续存在，不过形式略为变更。	Col. Millard
		伟人的生平之勋业（亚历山大，凯萨，拿破仑一世，毕士麦，克林威尔，及其他）每四年有一显著的转折。至于大革命与社会暴动的途程，也是一样。	A. Odin
五年	法国著名文学家的产生之数目	自 1475 以后，文学家的产生，每五年一次，有 42 次（70 回中）。著名文学家中，这样的循环，在 69 回的期限中，有五十一次。	A. Odin
七、八与十一年	商情循环。		Tugan-Baranovsky, Sombart, Persom, Aftalion, Moore, Mitchell 及其他。
	现象之与商情循环对立者：失业，离婚，救贫，结婚，生育，死亡，自杀，犯罪，宗教的复活。		Tugan-Baranovsky, Ogburn, Thomas, Hexter 及其他。
15—16 年	政治的生命	每十六年中，政治的意见与政制均有变迁。	Justin, Dromel, Rice.

续前表

循环的时限	社会历程的特性，其变迁假定为循环的		主张者及其著作
30—33 年	生育	法国的生育的趋向，三十三年循环一次。	Millard
	传染病	霍乱	
	死	芬兰，瑞典，挪威，诸邦之趋向。	
	商情循环		Moore
	主要的文学运动和学派	在 30 年或 33 年中，文学的运动和学派，均有变迁，相代而起。	Millard
	主要的政党和政策	许多差异的社会现象，有 30—33 年的循环，这种期限是历史时期的一种自然单位。	Ferrari, Loreng, Joël.
48—60 年	商情循环	许多社会现象与伟大的商情循环关联；商情循环的首次拥挤时期，跟着便有社会不安，战争，革命，及社会与政治变迁。	Kondratieff, Spiethoff, Moore.
100 年		历史过程，以百年循环一次的很多。伟大的社会运动，如法国革命，拿破仑战争，世界战争，现在的革命，文艺复兴，宗教改革，都是差不多隔一百年发生的。	Lorenz, Joël, Bartels, Kummer.
200 年		生育与死率之波动。	
300 年	大变迁	朝代与社会的宗教的政治的制度之以三百年为起讫者所在多有，文学的观念的系统之发现，发展与衰落。	Lorenz, Joël, Scherer.

续前表

循环的 时限	社会历程的特性，其变迁假定为循环的	主张者及其著作
500 年	有些文化与国家（波斯，希腊）之生长和衰落之几近时期，或标示国史上的整个时代（罗马，法国，英国）	Millard
600，1200 与 1800 年	根本的历史过程，有以 600 年，1200 年或 1800 年为起讫者，每次之末，必有伟大的事变随之发生。	Lorenz, Joël, Scherr.
1330 年	文明变迁中的大革命时期。	Petrie

以上举例，都以历史和社会历程，都有周期的轮化或循环。此外，有许多学者指出无特定的周期的轮化或循环与摇摆，举例如下：

非周期的循环（或轮化）

循环的种类	状态	主张者
发明的循环	递升，顶点与衰退。	Mikhailovsky, Tarde, Bogardus, Chapin, Ogburn 及其他。
社会历程的循环	1. 模仿，2. 反对——为两种不同的模仿波浪之冲突。3. 适应，发明。	Tarde 及其他。
经济昌盛中的增减之循环	经济的，政治的与职业的层阶；垂直的移动或循环。	Pareto, Mitchell, Sorokin.
社会制度的循环	显现，生长与分散。	Chapin, Ogburn.
观念学，信仰，宗教，政治意见，风尚及其他领域内的循环	升腾，顶点与衰退。	Pareto, Guignebert.
精神的与物质的文明之节奏	转换	Weber

续前表

循环的种类	状态	主张者
人口生长中的节奏	人口速捷增进的时期，继以缓慢的增进，及其反面。	Verhulst, Schmoller, Peore, Yule.
国家收入分配的节奏	财富集中及财富平等的分配之时期的转换。	Schmoller, Parete, Sorokin.
国家生命的昌盛与贫困时期之节奏	昌盛与贫困之转换	D'Avenel, Porets, Sorokin 及其他。
民族或文化的生命中的循环	显现，生长，衰落。	K. Leontieff, Danilevsky, V. de Lapouge, Gini, Ammon, Spengler.
国家干涉的扩张与减退之节奏	转换	Hansen, Spencer, Sorokin 及其他。
世界精神或逻格斯（Logos）的历史的本身实现之循环	正题，反题，综题。	Hegel
物质与储能的转化之永远的节奏	转化	Le Bon
历史上紧涨和动力时期与"有机"或寿力时期之节奏	革命时期与常态时期之起伏。	St. Simon, Pareto, Ross, Lavrov.
革命过程的循环	"自由"时期与"束缚"时期之起伏	Jacoby，及其他。
世界史的一些循环	同样循环之永远的回复	Nietzsche

　　以上的举例，足见学者对于轮化、节奏和循环的观念之大概。历史的和社会的变迁的轮化的概念之各种式样，可以综合如下表：

```
                                                              ┌ 进步的
                                                    ┌ 周期的 ┤
                                                    │         └ 退步的
                        ┌ 直线说或螺形轮化说——向着特定目的进行 ┤         ┌ 进步的
                        │                           └ 非周期的┤
  历史与社会变           │                                     └ 退步的
  迁的轮化或循  ────────┤ 永远回复相同的轮化说
  环概念之学说           │
                        │ 轮化说与节奏说——其        ┌ 周期的
                        └ 循环与节奏不相同的亦不   ┤
                          是向着特定底目的进行的     └ 非周期的
```

周期与非周期轮化或循环的许多概念，我们在此不能一一分析，只可概括地批评如下：

（一）永远回复的轮化或循环，是否存在，无论在整个世界的进化，抑或在人类历史中，都不曾切实地证明过，所以以上主张轮化或循环的学说，科学上似乎是错误的。

（二）历史与社会变迁，有没有特定的永远的趋势之存在，这点也不曾证明过。我们若把学者已形成的许多趋势，小心分析一下，便知道它们的科学的确度是可疑的。世事的暂时的倾向或趋势，也许是有，但是有些倾向只是长期轮化或循环之一部分，而且没有人保证一切这些势趋，都有同样的命运，就是表面上似出乎可疑之外的趋势，如地球上的人口之增进，在长久时间，也许是一种不易解决的谜，最少，自然科学预言太阳的未来冰冷，似乎暗示这样的断案，因为太阳如果日渐冰冷，地球上的生命也要渐渐减少，结果人口也要退减了。达德 G. Tarde 在所著的《乌托邦》（*Utopia*）中，已经显明地说过这种历程；拉普地 V. de Lapouge 对于这方面，也有所论列。[①]一切"纵线的""未来的"进化学说，似乎只是学者的推测，并非科学的概念。进步或退步的理论，都是"估价的评判"，主观的解释，所以不能算作科学的陈说。潘卡雷 H. Poincare 说得好："科学常以指示的态度说话，不是以命令的态度说话，如伦理的陈述与估价的评判一样。"进步的学说，注重什么是善，什么是恶，什么是进步，什么是退步的估价，只是表示作者的主观嗜好。如果社会学是要成为科学的，这种估价的评判，当然是要排除的。

（三）在各种社会历程的循环当中，有没有周期的存在，这仍是一

[①]　*Les Selections Sociales*. Chap. XV.

个问题，要经过相当的考验，方能断定。

（四）由上说来，我们只可以说"暂时"与相对的倾向或趋势，也许是有的，不过它们占的时间长短，有时为反面的倾向推翻，所以最后也便成为长时间的轮化或循环之一部分。

（五）历史或社会变迁，也许有相似的轮化或循环之存在，如果相似是有的，这种相似也是相对的。

（六）由社会学的相对论之立场来说，研究社会现象的轮化或循环，节奏与反复，为今日社会学上最重要的工作，我们应该想种种方法去促进它，因为：

（A）只有社会现象的轮化或循环或节奏的复述之存在，人们才可以明了它的因果或涵能的相互关系，与形成社会学上的法则。没有反复的现象，我们断不能创立任何适当的概括，没有概括，社会学为概括的科学之存在的理由便消灭了。

（B）在轮化，反复或节奏的领域，容易研究其关联的依倚，及与各种社会历程的相互依倚。世间最有价值的科学结论，都是这样得来的。

（C）反复，轮化或循环的社会现象之领域，最便于数量的研究，而数量表达是任何概括的科学之最后目标。我们现在对于繁复的历史的和社会的事变之知识，非常幼稚，所以这样如能得到任何或然的真心知识，都很有价值。一切希望在社会生命中，找出轮化或循环的现象概括之企图，虽然大部分不免幼稚之讥，然而有些也是社会科学上适当的概括。我们越研究各种反复的现象，越会解答这些问题：（一）在历史的绵延之过程中，什么是相对普遍的，什么是纯粹地方的；（二）什么是相反有恒的，什么是暂时的；（三）两种或以上之关系中，那是适然的，那是原因的。我们如果能够解决这些问题，社会学便成为维①高 Vico 梦想要建立的新科学 Scienza Nouva、柏烈图 Pareto 要建立的逻辑的实验科学 Logico Experimental Science 了。

下列诸书，可与上列两表参看：

Durkheim, E. *Le Suicide*, Paris, 1912.

Millard, "Essai de physique, social et de Construction historique", *Reuve Internationale de Sociologle*, Feb. 1917.

----

① "维"，原作"最"，误，校改。——编者注

Villermé, "de la distribution par mois des conceptions", etc. , *Annales d' hygiène*, Vol. V, 1831.

Quetelet, *Physique Social* , Vol. 1, 1869, p. 104.

Oettingen, *Morelstatistik*, 1882.

Von Mayr, *Statistik und Gesellschaftslehre*, Vol. 11, 1897, pp. 169 –.

Levasseur, *La population fransaise*, Vol. 11. 1891, pp. 20 –.

Wagner, *Die Gesetzmassigkeit in den Scheinbar Willkurlichen Handlungen etc.* , Teil I, 1864, pp. 128 – .

Morselli, *Der Selbstmord* , 1881, pp. 72 – .

Masaryk, *Der Selbstmord* , 1887, pp. 7 – .

Dexter, *Weather Influences* , N. Y. 1904.

Ferri, *Das Verbrechen in seiner Abhangikeit* v. d. Temperatur-wechsel, 1882.

Kitchen, "Cycles and Trends in Economic Factors", *Review of Econ*. Statistics, Jan. 1923.

Leacure, *Les crises générales et périodiques des surproductions* , Paris, 1907.

Odin, *Genèse des Grands Hommes*, Vol. 1, pp. 424 – 426, Paris, 1895.

Tugan-Baranovsky, *Les crises industrielles en Angleterre.*

Aftalion, *Les crises périodiques de surproduotion*, Paris, 1913.

Moore, *Economic Cycles*, 1913.

Generating Economic Cycles, 1923.

Mitchell, *Business Cycles.*

Robertson, *A Study of Industrial Fluctuation.*

Ogburn, "The Influence of Business Cycle on Certain Social Conditions", *Jour-of-Am*, *Statistical Assn*, 1922.

Hexter, *Social Consequences of Business Cycles*, 1925.

Thomas, *Social Aspects of the Business Cycles*, 1925.

Bonger, *Criminality and Economic Conditions*, 1916.

Von Kan, *Les Causes Économiques de la Criminalité*, Paris, 1903.

Dromel, *La loi des révolutions.*

Rice, *Quantitative Methods in Polities*, N. Y. 1928.

Lorenz, *Die Geschichtwissenschaft in Hauptrichtungen und Aufgaben*, Berlin, 1886.

Leopold von Rankef 1891, pp. 143 – 276.

Joel, "Der seculare Rhythmus der Geschichte", *Jahrbuch Für Soziologie*, B I, pp. 137 – 165.

Ferrari, *Teoria die periodici politici*, Milans, 1874.

Kondratieff, *Great Cycles of Conjuncture* (*Russian*), Vol. I. part 1. pp. 28 – 79, 1925.

Spiethoff A. , "Krisen", Handworterbuch der Staatwiss, 4th, ed.

Brownlee, *The History of the Birth and Death Rates in England and Wales*, Public Health, 1916.

Scherer, *Geschichte der Deutschen Literature*, Introd. and Chaps 1 and Ⅱ.

Petrie, *The Revolutions of Civilizations*, 1911, pp. 84 –.

Mikhailovsky, *Heroes and Mob* (*Russ*).

Tarde, *The Laws of Imitation*.

Bogardus, *Fundamentals of Social Psychology*, pp. 401 – 402.

Chapin, "A Theory of Synchownous Culture Cycles", *Jour. of Soc.*, *Forces*, 1925, p. 599.

Ogburn, *Cultural Change*.

Sorokin, *Social Mobility*.

Pareto, *Trattatodi Sociologia Generale*, Vols. Ⅰ, Ⅱ. , 1916.

Guignebert, *L'évolution des dogmes*, 1910.

Weber, *Le Rhythme du Progrès*, Paris, 1913.

Sobmoller, "Du Einkvmmensverteilung in alter und never Zeit", Bull, de l'Inst Int. de Statist. Vol. IX.

D'Avenel, *Le paysan et l'ouvrier*.

Danilevsky, *Russia and Europe* (*Russian*) .

De Sapouge, *Les Sélections Sociales*.

Ammon, *Die Geneleschattsordnung und ihre naturlichen Grundlagen*, 1895.

Hensen, *Die drei Bevolkerungstufen*, 1889.

Spencer, *Principles of Sociology*, Vol. Ⅱ, Chap. XⅧ

Sorokin, "Influence of Inanition on Social Organization and Ideology, Ekonmist" (Russ) . 1922.

Le Bon, *L'evolution de la matière*.

St. Simon, *Letters of an Inhabitant of Geneva to His Contemporaries*.

Ross, *Principles of Sociology*.

Sorokin, *The Sociology of Revolution*.

Jacoby, *Etudes sur la Sélection chez l'homme*, 1904.

Nietzsche, *also Sprach Zarathustra*.

Vierkandt, *Die Stetigkeit in Kulturwandel*, Leipzig, 1908.

史则研究发端*
（1930）

"史通之为书也，盖伤当时载笔之士，其义不纯，思欲辨其指归，殚其体统，其书虽以史为主，而余波所及，上穷王道，下掞人伦……盖谈经者恶闻服杜之嗤，论史者憎言班马之失，而此书多讥往哲，喜述前非，获罪于时，固其宜矣。"（刘知幾，《史通自序》）

"夫学术超诣，本乎心识，如人入海，一入一深，臣之十二略，皆臣自有所能，不用旧史之文。"（郑樵，《通志总序》）

"郑樵有史识而未有史学，曾巩辈具史学而不具史法，刘知幾得史法而不得史意，此予《文史通义》所为作也。"（章学诚，《志隅自序》）

一、科学与史学

近代知识观点的最大特性，从一方看固然可说是科学的，然而从他方看，也可说是史学的。现在一般人习惯了以科学是近代思潮的主要功绩，当然视科学观点为现代精神与前代绝异的所在。但我们所主张的历史观点，并非与科学观点有若何之冲突，不特毫无冲突，而且是相互依倚又不可分离的。

史学的任务，从新史的观点看，可分三种：（一）把过去的文化，整理一番，还它一个本来的面目；（二）迹寻当代文化与社会制度之由来与生长；（三）对于社会变迁，作概括的研究和说明，如果可能，更

---

* 载《社会学刊》第 1 卷第 3 期，1930 年 5 月，署名黄文山。

① 看 H. E. Barnes, *Living in the Twentieth Century*, 1929, Chap XII, New History.

要形成社会的因果法则。班思先生说："史学不是艺术，也不是文学，而是科学。史学所积聚的知识之价值，正与一切科学知识平等，无高下先后之别。"[1]故知识的某部分重要与否，全视我们的态度来断定：我们如果要知道地面某处爆发的真状，就要问地质学家，要知道星辰罗列的现象，就要问天文学家，若乎人类功绩的真状，文化发展的阶段，则非问史学家或人类学家不可。

历史究竟是什么？这个问题引起的答案，虽然非常之多，但问题的中心不在历史观念之多少，而在我们能否把各种观念联合起来，找出其中相连的关系之所在。当代史家，立场各异，或以为史是宇宙的综帐，或以为史是政治的叙述，或以为史是人类文化的纪载，然而要知道现在的结果由什么因子造成，将来在相同的情况之下，可以凭借这种知识来控制环境，这种目标大抵是一般史家所同认的。中国先哲言史之要旨亦在于阐释实理，寻绎公例，如《易经》，"知变化之道者，其知神之所为乎"；《老子》，"执古之道以御今之有"；《管子》，"疑今者察之古，不知来者视之往"；《太史公自序》，"原始察终，见盛观衰"；《报任安书》，"究天人之际，通古今之变"。故我们可以断定，研究社会变迁的公例和历程，是史学的最高目的；史学的最高目的，也是社会科学的共同目的。[1]

二、史学上之"偶然"问题

民国十六年春天，胡适之先生自欧洲到纽约，我和几位同学到中央公园旁边的一个旅馆去访问。谈次，我问胡先生对于唯物史观的意见，胡先生答一切历史事件，都是偶然（Accident）造成，唯物史观是值不得相信的。[2]这段简单的谈话，经过两年的时间，我早已忘记了。十七年秋天，胡先生到暨南大学演讲《治学方法》，我不自觉地又谈起唯物史观来了。胡先生提起我们在纽约的谈话，谓偶然加上模仿（Accident＋Imitation＝History），便是历史的公式。他并且举自己提倡文学革命，由于为《留美学生季刊》做稿子而起的偶然故事作证。这是胡先生的史观。

梁启超在《中国历史研究法》里，关于因果法则在历史研究上应用限度之规定，在中国近年名学的历史观或历史哲学之演进上，不无关系，他说：

---

① 参看 A. E. Rowse, *Science and History*, 1928, p. 8。
② 关于胡先生对于唯物史观的见解，可参看《胡适文存》二集页四一至四四。

史者何？记述人类社会赓续活动之体相，校其总成绩，求得其因果关系，以为现代一般人活动之资鉴者也。（《中国文化史稿》第一编第一页）

据此则史迹的因果关系，当然有推求之必要，但梁氏又说：

说明事实之原因结果……未易言也。宇宙之因果关系，往往为复的而非单的，为曲的而非直的，为隔的伏的而非连的显的，故得其直也甚难。自然界之现象且有然，而历史现象其尤甚也。严格论之，若欲以因果律绝对的适用于历史，或竟为不可能而且有害的，亦未可知。何则？历史为人心力所造成，以人类心力之动，乃极自由而不可方物，心力既非物理的或数理的因果律所能完全支配，则其所产生之历史，自然与之同一性质。今必强悬此律，以驭历史，将有时而穷，故曰，不可能。不可能而强应用之，将反失历史之真相，故曰，有害也。（原书一百页）

然则吾侪竟不谈因果可乎？曰：断断不可。不谈因果，则无量数繁赜变幻之史迹，不能寻出一系统，而整理之术穷。不谈因果，则无以为鉴往知来之资，而史学之目的消灭，故吾侪常须以炯眼观察因果关系，不过其所适用之因果律，与自然科学之因果律，不能同视耳。（原书一百七十六页）

梁氏又说：

人生为自由意志之领土，求"必然"于人生，盖不可得，得之则戕人生亦甚矣。（《先秦政治思想史》二五五页）

以上的话，可以说是代表梁启超的史观。

十八年一月一日，我接到暨南大学曹聚仁君寄来《适然史观试探》一篇，是用红纸印的。我把他的"引子"及"基理"抄在下面：

一 引子

"对于学术界，我坚决自信地提出一个主张：这个主张，便是在我心头酝酿了三年，渐渐成熟的适然史观。

"一个思想的产生，一个学说的构成，那真是适然的[①]；然而适然

———————

[①] 按胡适之先生的偶然模仿史观，当然与曹君之意见不同。胡先生对于这点却说："大凡一种学说，决不是劈空从天掉下来的，我们如果能仔细研究，定可寻出那种学说有许多前因，有许多后果……"（《中国哲学史大纲》卷上三五页）。

产生的思想，正是一只孵化的小鸡，它能长出极美丽的羽毛，吐出悠扬的啼声来。民国十五年的秋天，我陷入极苦闷的心境，陈列在眼前一切错综的现状，什么学说都不能使我得到满意的信托，因为他们不曾替我将现象解释过什么。一天晚上，午夜已过，我还是辗转着不能入睡；这时，蓦然闯然一个见解，以为世间万事万物，都是凑泊而成，并没有什么因果律；所谓因果律，不过对于凑泊已成的事物加以说明。凑泊是纵的时间线和横的空间线的交点，有交点乃有现象，然而时间和空间在那里相交，谁能知道呢？因果律对于这个有什么用处呢？第二天早晨，把这个见解整理一番，觉得唯物史观精神史观所不能解决的，我完全解决了。即取庄周'时势适然'之义，定名为'适然史观'。"

二　基理

（A）宇宙间一切（具有空间性与时间性的一切），它的本身是一个因子，织在纵的时间线和横的空间线①里面。因子与因子，在相交的时候，乃成现象，乃显价值。

（B）宇宙是一个椭圆形的无穷大，时间线与空间线随处可以相交，在同一轨迹上的有因果律可以推寻。

（C）存在就是意义，现象不问是大是小，只要经过时间的堆积，不断的和其他因子相交，而能相和谐的，便包含无上的意义。

（D）现象是永存的，它的波澜推广到无穷大。根据以上四个定则，对于史迹作下列的解释：

甲、凡是史迹，它的起源都是适然而生，既非人力所能决定，亦非物质环境所能支配。

乙、一切史迹，都是时间的堆积，思想制度英雄都是时间的产儿。

丙、史迹是连续无可分割的，从一个波澜到其他一个波澜，只是观念上的偶划，波澜与波澜之间，其过渡亦是适然造成的，自有宇宙以来，从没有两个相同的波澜，任便是精神的力量或物质的力量，决不能造成同一的史迹。

丁、一切史迹，价值平等。

以上的几段文章，可以说是代表曹聚仁君的史观。

历史的一切果是偶然或适然产生的吗？人生真是变化无端，莫得其朕的吗？自然科学的因果律果与社会科学的因果律不同及不能说明历史

① "线"，原作"性"，今根据上下文校改。——编者注

的变迁吗？这些都是社会科学尤其是史学上的根本问题。如果胡适之先生与梁曹两君的见解是对的，则史学永远不会成为科学；如果胡先生与梁曹两君的见解是玄学的而非科学的，则我们研究社会科学的似不能不加以辩正。

胡先生的见解，当然与梁曹二人的主张，有很大的差异。胡先生主张的"偶然模仿说"（Accident-imitation Theory），在社会学方面，始见于达德（Tarde）的《模仿法则》（*Laws of Imitation* 1890），其后人类学者亦有采取此说，以阐明文化之起源，例如以火之发明，原于偶然击石而起，其结果是有利的，经各个份子模仿之后，遂成文化的质素。相信此说者，以为人类文化的质素都是一件一件的由偶然造成，造成之后才由模仿历程分播出去。

德国人种学者格里纳（Graebner）及英国的斯密夫（G. Elliot Smith）都坚持这种分播论（Diffusionism）。这种学说的最大缺点，便是以人心是一个相对被动的而不是自动的适应机官，故必俟"偶然"而后发生调节的作用。不知"动力的因子"（Dynamic Factors）都不是偶然的。初民时代，就是创造一件最简单的石斧也必由创造者心中有特殊的模型，然后制造出来，断断不会从天掉下来。①

梁启超以为社会科学的因果律与自然科学的因果律不同，这点，我们到末了讨论史则的时候再加以否认。不过，在以上具引的三种见解中，最为玄虚的，还是曹君聚仁的适然史观。我们要说明适然主义或偶然主义在历史上的地位，请分析一下"偶然"的概念。

根据科学方法的逻辑之立场来说，偶然的根本观念有二：第一，为纯粹的偶然；第二，为数学的偶然。现在分别说明如次：

（一）纯粹偶然的概念，以为世间万事万物，毫无因果，来去适然。这种概念，显然是神秘的。如果我们能够存想一个毫无"因果"，毫无"齐一"，毫无"常则"的世界，那么，今日能够滋养我的食料，明天亦可毒毙我，今日我相信的几何原则，明日亦可完全推翻。在这样的一个纯粹偶然的世界，一切秩序既无可言，人类理性亦绝对无用。我们的思想，既不能找出自然的法则，则科学知识根本就不能存在。这种概念显然与一切人类的经验都是违反的。②

---

① 参看 Ch. E. Ellwood, *Cultural Evolution*, p. 64 的批评。
② 参看 Hankins, *An Introduction to the Study of Society*, Chap. I。

　　然则"偶然"或"适然"的事情，我们究竟应当怎样解释呢？我们在日常生活中，遇着偶然的事情不少，例如说："某人偶然在中山路为汽车碰死"；"一块砖头，偶然由屋顶掉下来，杀死一个人"；"我偶然买到了一件价值连城的古董"；"我偶然在首都碰着一个二十多年不曾见面的朋友"。这些"偶然"或"适然"，我们怎样用自然法则为之说明，换言之，这些事情的因果关系在哪里？我们试研究这些例子的一种，便可以知道了。"我偶然在首都碰着一个二十多年来不曾见面的朋友"，这件事情，骤从表面看去好像完全没有原因，没有理由似的。其实不然。这种会面是有原因的。为什么？在我的方面，我为着某种原因在某个时候起行，经由某条马路，走的时候有某种速度，在朋友方面，他也为某些原因推动，由某时起行，经过某条街道，走的某种速率，得到这些原因联合起来，自然致令我们的会合，此是容易明白的。但我为什么觉得这个会合是偶然或适然的？我为什么以为此事未有"因果的必然"呈现出来？这是因为我不知道支配朋友行动的原因，所以不能预知这种不期而会，所以不能计算由原因发生的结果，所以以人生为自由意志之领土，所以对于此种史迹名之为偶然！严格来说，世界上决不会有偶然或适然的事情，换言之，世界上没有无原因的现象。相交的动作之二种或以上的原因，我们只知道一种的时候，便名其现象为偶然，实际上这种现象仍受因果法则之支配。斯宾挪沙（Spinoza）说："一件叫做偶然的东西，只是因为我们缺乏对于内部的了解……不知道它的原因。"（*Ethics*，tr. by Baensch, Leipzig；1919，p. 30）穆勒约翰说："我们说任何现象，由偶然决定，都是不对的……"（*System of Logic Book* iii，Chap ⅩⅦ，p. 2)[1] 我们对于上引曹君聚仁的所谓"基理"，实在不易了解。曹君不是说，世间万事万物，都是凑泊而成，并没有什么因果律吗，而"基理"（B）反谓"宇宙是一个椭圆形的无穷大，时间线与空间线随处可以相交，在同一轨迹上的有因果律可以推寻"。这不是矛盾是什么？（C）条所谓"存在就是意义"与（A）条所谓"……乃显价值"，似是同样的断定；不知自然本无所谓意义与价值，意义与价值是人们的估价罢了。（D）条所谓现象永存的话，我们也只能给与或然的回答，在悠久的将来，谁也不敢作这样的断定。曹君根据这种玄妙的"定则"，谓："凡是史迹的起源都是适然而生……"这点与我们所谓因果律根本相反，

---

①　H. Poincaré, *Science et Methode*，Chap. Ⅵ, Le hasard，亦有同样论调。

上面已经说过，不必重赘了。曹君说："……思想制度英雄都是时间的产儿。"然则时间就是思想制度的因子，但有文字史以前的悠久的时间，为什么不会产生思想制度英雄，原来曹君承认这种东西"非人力所能决定，亦非物质环境所能决定"，只有时间才能决定的，这真所谓"玄之又玄，众妙之门"的了！

由以上反复的推证，可知"历史的偶然"（historical accident）的问题非常简单。综合来说，世间万事万物，在最后的分析，都不能离乎法则；心理现象不能离却物理的基础，故意志自由是不会有的。每种历史的事变表面虽是偶然，实际上没有不受某种原因所支配，所谓史的偶然主义，不过是说许多原因相交的时候，我们只知道一些原因而已。欧洲大战何以发生，罗马何以衰落，三月二九的革命何以爆发，胡适之先生何以提倡文学革命，梁启超何以做《中国历史研究法》，曹聚仁君何以做《适然史观试探》——一切史迹，由至微以至至巨，由至隐以至至显，都不是偶然的，都由种种原因所支配，而为原因之必然的结果。社会的迁变，受自然法则之支配，正如宇宙一切东西一样，故社会科学如果要脱离玄学的段阶，必先打破偶然或适然的观念。

进一步说：宇宙如若不受因果律支配，则其存在与演进，必以特殊原因为根据，所以承认偶然主义为事实的，便为超自然或上帝的信仰之媒介。因为偶然主义（accidentalism）是上帝存在"宇宙的证据"（Cosmological proof）之基础，我们在亚里士多德，西思鲁（Cicero），立尼芝（Leibnitz），胡尔弗（Wolf）的著作中，都可发见同样的推理来，在西方资本主义的社会里，此说非常普遍，法国哲学家柏格森（Bergson），波多鲁（Boutrowx）便是这些好代表。[①]

（二）反之数学的偶然，是一种极有用的概念。例如：我们投掷骰子，自然不能预知它的向背，但这种投掷有没有一定的逻辑可以推寻，投掷的结果，有没有"齐一性"可以发见。我们的答案：当然是有的。我们对于这种事件，名之为偶然。不过因为它的原因复杂隐约，不易加以详尽之观察，并不是说其结果是无原因的。这是数学的偶然或"或然说"（theory of probabilities）之根据。我虽然不知道我投掷一个骰子的向背如何，但我同时投掷一百个骰子，那就可以知道它们的向背之或然数，如果继续投掷到一千回，则其常则之或然性，便可发见了。所以从

---

① 这点 Buskharin, *Historical Materialism*, 1928, pp. 42 - 48, 论之甚详, 可资参考。

数量看来，偶然的事情，都有统计的常则可寻，逻辑家名此为大数的法则（law of large numbers）。社会科学家研究繁赜的社会现象，不是像自然科学家那么容易得到种种断定，由是以推断将来，所以这种或然说的概念对于社会科学家有绝大之贡献。我们虽然不能预料一个人何时死亡，但人口学家日精密的计算可以发见一年之内，每千人中性别或年龄别死的多少，由是以得到死亡的法则，使我们预知每年死亡的数目，约略相同，所以叫做"犯罪的预算案"，并且承认这种统计的常数为"社会法则"，进一步寻求这种法则对于个人的意志，有无影响，后来才知道人生各种的事情，如结婚、生产、离婚、自杀都有相像的常则。如果我们对于这些事件，加以小心的分析和比较，总可以发见较大的心理学和社会学原因来，例如近日生理学与卫生学之知识渐渐增加，死亡率因而渐渐减少；将来战争的现象，政治的现象，未尝不可以因了解而加以统驭。

我们明白了"偶然"或"适然"的概念，则其他一切枝叶之辞，不攻自倒了。

三、史观鸟瞰

美国新史家萧威尔（Shatwell）教授曾作一文，论①史学解释之变迁，其繁复不下于史学范围之改变。②萧威尔在这篇文中，述史学发达之层次，首自古代东方之记事与希腊时代之神话及哲学的解释，次及服尔泰（Voltaire）、休谟、康德以后批评哲学之兴起，又及费希特（Fichte）以至黑智儿浪漫派之唯心的解释，更说明十九世纪史家政治的解释之继起，最后指出福尔巴（Feuerbach）、孔德、巴奎尔（Buckle）诸人根据科学之解释，而以近代新史学之从事于综合史观运动，为史学发展之最高点。吾友杨鸿烈教授说："十九世纪以来的历史学家打着'科学的历史'的大招牌，要客观的最可靠最真实的方法和材料，去研究人类过去的情形，就中有一部分人就大唱其生理学的史观，心理学的史观，人种地理学的史观，经济学的史观，天文学和地质学的史观……五花八门，数也数不清的史观，他们总是用一个'一以贯之'的根本原理把荒渺的复杂的全部历史都说明出来。他们既带上了一着色的眼镜去看

---

① "论"，原作"伦"，误，校改。——编者注
② 看 *American Historical Review*，July 1913，或 *Introduction to the History of History*，last chap.

历史，所以有的只看见人类从有史以来，只为个衣、食、住忙个不了，又忙出些不同的花样来，有的只是看见人总是不断的坐着想，手里不断的做，就做出不同的花样来。又有的只看见常人为'食物'为'女人'而争斗，得势的得势，倒霉的只落得一'死'！又有的人只看见天地在那点一阴一阳，一寒一暑，仿佛化学的试验变出些异样的人物情境来。这些样的说法，好不干脆啊！把数千万年人类活动的情形，仿佛像放电影一样跳着吃着一帖一帖的过去，在严密的科学上恐怕没有这么便宜的事罢。在他们却以为这是以赛恩斯先生那里要来的宝贝，是无往而不能的，决没有错误的，殊不知全都是'空嘴说空话'。人类的活动，千差万别，原因的复杂，真非人所可思议，决不能以一概余，像他们这种客观而实主观的历史研究法，是我所最不信任的。"① 吉廷史（Giddings）教授以为史学学说之繁夥，正如史家之繁夥，毫无异致，但就史学说之式样来论，则由柏拉图以至孔德，由孔德以至亚丹斯（Adams）兄弟，共有五类：第一类，包含玄学家、神学家及其他的前定的哲学。第二类，包含社会自决的哲学。柏拉图的见解是混杂的，因为他一方以人事出于神之安排，一方又以人类的计及画设施，纯是自由的。第三类为地理论或环境论的解释，此派以孟德斯鸠为圭臬，晚近森柏尔（Semple）女士与汉廷顿（Huntington）之研究，更加昌明。第四类以"遗产"（Heritage）（不是遗传）的名词，解释历史。"遗产"是我们所享受的人类活动之总成绩——包含我们获得的习惯（与原始的本能不同）技能，知识与产业。孔德，巴奎尔，与马克思，解释历史之途径虽或不同，但其用"遗产"的名词以解释历史则无二致。孔德以为人类由神学的知识习惯演进到玄学，由玄学演进到实证或科学。巴奎尔纠正地理与气候的历史的简朴说，以次要的文化环境，对于历史亦有影响。马克思派的"唯物史观"，姑不论其过激的错误的主张，但它能称为物的，也只是从此种词语的道德的意义而言。这是要用财产的积合与技能而解释人类社会的过去及未来之事变的一种企图。第五类的解释可以算是近代的历史哲学，其解释人类经验正如解释太阳系统一样。例如斯宾塞与亚丹斯（Brooks Adams）打倒一切的空想，视人类经验为物理能力的表现便是最近鲜明的代表。个人的生物学家与生物人类学家承认此种前提，以历史为遗传及自然淘汰的历程。至于吉廷史教授既不否认物理学

① 《史地新论》页五五—五六。

与生物学的见解，独以人类历史可以用心理学解释，谓"历史是一种冒险（Adventure），冒险的冀求是历史的原因"①。吉廷史而外，班思（H. E. Barnes）教授以为近代史家对于历史的解释，可分八派：（一）伟人史观；（二）经济或唯物史观；（三）地理或环境史观；（四）精神或唯心史观；（五）科学史观；（六）人类学史观；（七）社会学史观；（八）综合或"群众心理"史观。② 兹就八派之要点，分述如次：

A　我们就这八派的史观来论，当代政治史家最相信的就是伟人史观。梁启超史界因果之劈头一大问题，则英雄造时势耶？时势造英雄耶？换言之，则"历史为少数人物之产儿"，"英雄传即历史"者，其说然耶否耶？罗素曾言"一部世界史，试将其中十余人抽去，恐局面或将全变"，此论吾侪不能不认为确含一部分真理。③ 此派在西方以卡莱尔（Carlyle），及其高足法莱德（Froude）为代表。他们视历史上的伟大英雄，为历史发展的主要因子，这种观点当然与十八世纪唯理派的"灾异史观"（Catastrophe interpretation）有密切之关系。当代之主张此说者，在法有法古（Emile Fagoet）教授，在英有马乐（W. H. Mallock），在美有泰耶（Thayer）、邓宁（W. A. Dunning），在中国则有梁启超。

B　经济史观或唯物史观创自福尔巴与马克思，后来经济学者如罗耶司（Rogers）、亚司利（Ashley）、思摩拉（Schmoller）、森柏（Sombart）、罗利亚（Loria）、维伯伦（Veblen）、西门斯（Simons）、巴尔德（Beard）、波歌（Bagart）与森高维治（Simkhovitch）对于其说，多所阐发。

简单的说，唯物史观承认一切经济的因子可以决定人类生存所有的因子，就是说一切的思想制度行为都跟着生产方法、分配形式而变异的。

C　地理史观以为人类的差别，文明的升降，都是不同的地理环境所产生的结果：此派学说的来源，开端极早。古代希普加力斯（Hippocrates）、士多拉保（Strabo）、维多路威（Viltrius），已详哉言之，近代孟德斯鸠在《法意》（严幾道译④）一书上，根据气候及地理，用以解释风俗制度，英人巴奎尔著《英国文明史》，美人汉廷顿著《气候

---

①　Giddings, *Studies in the Theory of Human Society*, Ch. V.

②　Barnes, *New History and Social Studies*, pp. 31 - 35.

③　见《中国历史研究法》第一七九页。

④　"译"，原作"泽"，误，校改。——编者注

与文明》，推断气候与人活动的关系，其他如罗索尔（Rotzel）、邵可侣（Reclus）、密芝尼哥夫（Mitchnipoff）、杜梦林（Domolins）及森柏尔女士等均为此派之健将。

D 精神史观为费希特、黑智儿的观念论之产品，与经济史观地理史观之由客观原因以解释历史者，绝不相同。此派之倡导者在德有倭铿（Eucken），在意有克劳士（Croze），美有泰落（Taylor）、马修士（Matthews）。马修士著《精神史观》（*The Spiritual Interpretation of History*），对于此种史观，曾下一定义说："精神史观，在于找寻与地理及经济力量协助而产生的真正个人所造成的情况之精神力量。这些情况不在玄学实体的概括，而在于价值的人物于社会关系中，替人类谋幸福，征服物理的性质之活动自己表见出来。"由这种说法，此种史观与"伟人说"有密切之关系，且思与批评的综合的解释相调和。亚丹斯教授对于美国史之发展，以为源于伟大的民族理想，至此种理想之始原如何，则未尝为之说明，似与此种史观密合。

E 科学史观企图说明人类进步与自然科学之进展有直接之关系。首创此说者为法之孔多塞，后来孔德、巴奎尔承继其绪，至亚丹斯而益彰。除了科学史家如丹尼曼（Dannemann）、沙顿（Sarton）、都含（Duhem）、丹那里（Tannery）、皮耳逊（Pearson）、诗皮□（Shipley）、维沁（Whethan）、里贝（Libby）与矢域（Sedgwick）注意此种解释外，史家对□□方面，非常忽视，近有文化史家马文（Marvin）、桑戴克（L. Thorndike）、哈斯金（Haskins）说明此种解释之潜隐性，以为极有希望。林柏勒（Lamprecht）、矢诺保斯（Seignobos）、萧威尔、鲁滨逊（Robinson），在他们的综合史观，偶尔注重科学的解释，但就大体论，这种史观还是没有开发的一个宝藏。主张此说的，以为科学知识及技能的一般情形，决定经济生活□的存在状态，实比经济史观为进一步之探讨。

F 近代人类学对于历史的解释，极有贡献。就人类学史来看，除了早先的学者之外，人类学之所以有长足之进展的，实为英之泰洛（Tylor），德之巴士丁（Bastian），美之鲍亚士（Boas），经多年精研的结果。鲍亚士教授以为人类学的目的，"在于改造人类早先的历史，并且如果可能的，就把历史上事件之反复的状态，用法则的形式表达出来"。人类学与史学接解的第一点，就在于前者要把文化演进的法则找出及型成。纵线进化说的学者，以斯宾塞、阿维布里（Avebury）、摩根（Morgan）、费里沙（Frazer）为代表，近来反对□□的纵线进化说，从事"分播说"之倡导的，有格里纳（Graebner）、李化时（Rivers）、斯密夫（Smith），至于，鲍亚士、陆维（Lowie）、高丹怀素（Golden-weiser）、克鲁伯（Kroeber），则对于文化史料加以综合。美国加拉福尼亚省立大学教授达葛（Taggart）的新著，意欲把文化人类学与动力史学连结起来。高丹怀素为新进之人类学家，目光如炬，一往直前，近来著论亦要把科学的史学与批评的人类学形成许多畴范及系统的方法。

G　社会学史观可以说是起源于卡尔端（Khaldun），到了近代，维高（Vico）、都谷（Turgot）、福高逊（Ferguson）、孔多赛、孔德、斯宾塞复多所贡献，当代社会学者中，在英有霍浩斯（Hobhouse），在美有吉廷史为此派代表。吉廷史以为"社会学是研究在进化历史程中因物理的，生命的和心理的原因的联合运用而成的社会，有始原，生长，结构，与活动的□□"。社会学是一种发生的社会科学，其努力以求说明历史发展之反复与划一，及形成历史因果的定则，与文化人类学所企图的，本无二致。

H　最后，史观之最广博而可以说是兼容并包的，由推新史家主张的综合史观或群众心理史观。这种史观以为从前各种史观，都是不赅不博，或"得一察焉以自存"，因为世界上决没一种"原因"的畴范，足以说明历史发展的各方面及各时代的。任何时代的历史发展，都由那个时代的群众心理所造成，史家的任务在于把那创造与形成生活的群众观点之主要因子找寻出来加以评论，及决定人群为生存及改进的争斗之性质。这派的史家观点不是绝对一致的，但大体说来，可以以下列诸人为代表，立施（Leipzig）之林柏列（Lamprecht），台多尔鲁（Heidellery）之维巴（Weber），意大利之布利鲁（Liey-Brühl），巴黎之达德（Tarde），伦敦之马文，施门（Zimmern）和哥大之鲁滨逊、萧威尔、班思（Barnes），康奈尔大学之巴尔（Burr）、史密（P. Smith）。社会心理学在法国发展最早，故综合史观，在法国传播最为普遍。

以上各种的史观都是"言之有故"，"持之成理"的，我们在此不能一一加以批评，现在只好把唯物史观评量一下，以例其余罢了。

四、唯物史观之新批评

唯物史观是诸种史观最重要的一种：其意义，简单的说来，就是以经济为社会变动的唯一因子之历史观。这种学说，发源甚古，到了近代，卢摩（Raumer）在一八三七年和一八五一年间对于唯物史观的见地，已有澈底的了解，他说：

> 一切经济的变迁，都是生产情形及商务情形的变迁之结果……政治的变迁，在最后的分析，只是它们的变迁之结果。自然，我们不否认精神运动的重要，但这些运动，如不是由经济变迁所引起，便是跟随着发生的。

我们把他的学说综合起来，可以说，生产状况和特性是最重要的因子，这种因子支配一切的社会现象。生产状况改变，财富与财富之分配也随之而改变。这些变迁引起阶级的分化，阶级结构，与阶级的相互关系，及家庭组织之变更。此种变更决定社会关系和法律制度，同时一切习惯、风俗、信仰、社会心理都随之而改变。

这种学说在马克思之前发生，而与马克思的观念相同。我们试看马克思自己的话。他说：

> 人类因为以社会的生产，生产其生活资料时，造成种种必然的虽自己意志而独立的关系。这个关系，是适应于其社会物质的生产力发展程度之生产关系，这生产关系的总和，为社会上经济的构造，是法律上政治经济的构造，是法律上政治上建筑的真实基础，又是相应于社会的意识形态的真实基础。物质的生活之生产方法，可以决定社会的，政治的及精神的一切生活过程。不是人的意识，决定人的生活，倒是人的社会生活决定人的意识。

> 社会之物质生产力发展到某一定阶级，就与他从来在那里面活动的财产之关系，及那不过是法制上所表现的生产之现在情况，发生冲突。这个关系本是生产力发展的形式，这时候变作他的障碍物，于是乎社会革命的时代来了，经济的基础就起变化，所以在这基础上面的巨大建筑物，便要极慢或极快的推翻。[①]

这段文章，是马克思唯物史观的纲领，马克思自称是多年研究的结论，后来的学问，都以这个为线索，在批评唯物史观之先，暂把马克思的观点之大意，陈述于下：

（一）生产的方法变迁到一定程度，社会生活自然要改变。

（二）法律政治伦理的制度是社会的上层建筑，经济的构造是社会

---

① 见于《经济学批评序文》中的，译文照胡汉民著《唯物史观与伦理之研究》，第十页。

的真正根基，根基变迁的时候，一切上层的建筑物都随着变迁。

（三）人类意义不能改变生活情形，生活情形倒可以改变人类意识。

（四）社会生产方法发达到一定程度便要打破旧有的生产方法，代以新发展的生产方法。

马克思这种观点，是把福尔巴的唯物论和黑智儿的辩证法结合而成的。他以为这是历史变迁的不易之法则，新的历史解剖之武器。这种法则，再没有别的史观能够如像它一样掀起思想的大波，引起后人热烈的崇拜和无情的非难。

就非难方面说：胡汉民先生在《唯物史观批评之批评》一文中（见上引之书），已举出欧美学者对于唯物史观的七种重要非难，一一加以批评；塞利格曼（Seligmann）的《经济史观》（陈石孚译），亦列举对于唯物史观的五种批评。孙中山先生底民生史观认定民生为社会进化底重心，社会进化底重心，归结到历史底重心是民生，不是物质，所以孙先生说："古今一切人类之所以努力，就是为求生存，人类求生存，所以社会才有不停的进化。所以社会进化底定律，是人类求生存，人类求生存，才是社会进化底原因。阶级斗争，不是社会进化底原因……是社会当进步化的时候，所发生的一种病症。……马克思研究社会问题所有的心得，只见到社会进化底毛病，没有见到社会进化底原因，所以马克思只可说是个社会病理家，不能说是一个社会生理家。"美国威廉也说："不是经济进化产生社会进化，而是社会进化指挥经济进化。社会进化，在解决生存问题的目的中间。发生了社会生产的方法……马克思底唯物史观，是解决社会进化底果，并没有解释到社会进化底因，所以他有的理论都一切颠倒。"又"马克思是一个社会病理学家，他把他所研究的病理，误以为是他所考察的社会底定律。阶级争斗是社会病理底象征，好像人身上的痛热、红肿底病征一样。前者不是社会底定律，正犹如后者不是生理底定律。马克思主义，显见得不是根据对于社会进化的了解，所以是非科学的，是'乌托邦'的"[①]。我们对于这些及其他的批评，姑不具论，但是我们以为根本批评马克思的观点，须从方法上入手，我们想批评他的方法，不能不先介绍柏烈图（Pareto）的社会学之

---

① 见威廉著：《马克思主义与社会史观》，刘庐隐、郎醒石合译，第七十九至八十页。近人高承元著《孙文主义之唯物的基础》力辟威廉的社会史观以为犯着同言断案的毛病，结论以民生史观，是新唯物史观，我以为高先生未免太看重唯物史观了。

新方法。柏烈图是意国著名的社会学家①，其社会学的方法，对于社会科学极有贡献，略志于下：

（一）应用数量法去量度齐一性，替代性质上之摹述。

（二）以现象相互依赖倚之关系，代替片面依倚②的关系，并批评因果说之简朴化和电影化。

（三）恒素的研究代替了偶然性之搜讨，以便找出历史变迁的"常则"。

（四）以科学的结论，"只是几近的"，"而非绝对的"，故社会科学的结论，当然是几近的不是绝对的。

根据这种方法论来批评马克思的唯物史观，我们首先声明我们不否视唯物史观在各种史观所占的重要位置。它确能给史学以一种新革命，使史学家打破了"历史乃伟人之传记"的偏狭的主观见解，以客观的唯物的态度去分析历史，我们更不能否认经济势力在历史上政治上的影响："衣食足而礼义兴"（管子），"富岁子弟多赖，凶岁子弟多暴，非天之降才尔殊也，其所以陷溺其心者然也"（孟子《告子篇》）。"是故明君，制民之产，必使仰足以事父母，俯足以畜妻子，乐岁终身饱，凶年免于死亡，然后驱而之善，故民之从之也轻。今也制民之产，仰不足以事父母，俯不足以畜妻子，乐岁终身苦，凶年不免于死亡。此惟救死而恐不赡，奚暇治礼义哉；王欲行之，则盍反其本矣。五亩之宅，树之以桑，五十者可以衣帛矣；鸡豚狗彘之畜，无失其时，七十者可以食肉矣。百亩之田，勿夺其时，八口之家可以无饥矣。谨庠序之教，申之以孝悌之义，颁白者不负载于道路矣。老者衣帛食肉，黎民不饥不寒，然而不王者，未之有也。"（孟子《梁惠王篇》）很足以说明一个社会的文明，都以经济为基础，但我们所要问的，不是经济因子之重要与不重要，而是唯物史观是否能成为历史的法则。

我们由柏烈图的方法论看，唯物史观的最大缺点，便是它的片面的因果概念，相信"生产状态支配人生，社会的，政治的，精神的历程之一般特性"。我们要晓得当代自然科学的方法，早已用涵能关系（functional relationship）替代了片面的玄学的定命论。比方 A 因子能影响于 B 因子，同时 B 因子也能影响于 A 因子。我们在社会现象中，固然可

---

① 参看日人岩崎卯一著《社会学者之文献》，第五五三页至五八九页。

② "倚"，原作"绮"，根据上下文校改。——编者注

以拿"经济因子"为"异致"（Variable），研究它与宗教的"关联"，我们也可以拿宗教现象为"异致"，研究它们的涵能。所以在社会现象中，我们几乎常是研究相互依倚的关系，不是片面的关系，马克思的唯物史观应用片面的因果关系到社会相互依倚的现象上去，便是他的学说之逻辑的事实的错误之所在，而也是许多矛盾的解释的渊源。这话是容易明白的，假如全般的社会生活战争、和平、兴盛、贫苦、奴隶、自由、革命、反动，都是经济因子的结果，其公式便为：

$$A \text{ 与非 } A = F\ (E)$$

由这种方式来看，一种现象与相反的视象都是同样的原因之结果，这是与科学的根本原理——因果的一致相连——矛盾，故逻辑上是绝对不能成立的。并且它承认同样的原因，也许有极不同与相反的结果，在这种情形之下，恒度与因果或涵能关系的概念，就破坏了，因为 A 与非 A 都是同样的 E 原因之结果，那就再不能希望找寻任何的恒度或因果关系。世间恐怕没有数学家或逻辑学家肯承认这样的概念罢！

自马克思这种经济史观发生之后，许多学者对于社会制度，都加以"经济的解释"。英格斯（Engels）、格劳士（Grosse）、居诺（Crunow）及载格里夫（De Greef）说明生产形式与经济关系决定家庭、产业，与政制的法式。罗利亚（Loria）、高士奇（Kautsky）、格鲁保里（Groppali）、托罗斯基，则进一步以为经济因子决定政治、法律、宗教信仰、道德、风尚、观念、文学和艺术，不啻把人类的历史，变成简单化文式化。他们所用的方法就是"举例"（illustration），这种方法得到的确度，固然等于零度，即其科学的价值也是没有。过去数十年间，社会科学家知道这种著作的缺点，乃作进一步之探讨，发见经济情形与各种复杂的社会现象之关联，并不是像马克思派所拟议的那么简单。

在这种著作中最重要的就是哈浩斯（Hobhouse）、威拉（C. C. Wheeler）、根保（Ginsbery）合著的《初民之物质文化和社会制度》。此著作之主要目的在于决定经济情形与社会制度有没有关联，如果有的话，其关联是什么。作者避免"举例"的方法，很小心地把所研究的四百种以上的初民，依照他们的物质文化或生产的方法，或获得生活的方法，加以分类。结果他们发见有同样经济制度的，政治、法律、道德，至不相同，而经济制度不同的，家庭、思想，反为近似。由此看来唯物史观注重经济因子，固然有理，但说唯物史观是历史变迁的法则，则未免与事实不符罢。

五、史则之探讨

科学方法是世界的共业，不是物理学、天文学、生物学的专利品，也不是某种学者专有的工具。然而科学不只是方法。自然科学家的工作之基础是自然法则的概念，他们研究自然的最大目标就是找寻自然法则，例如奈端的万有引律，民达尔（Mendal）的遗传律。近代技术与能力的上层结构，都是建筑在人类对于自然法则的了解之上。

一切自然的东西，由人类以至电子，阿米巴（Amoeba），都是自然法则的领域。根据这种前提，我们的结论能不能说自然法则包括人类及人类的行为，换言之，史学、心理学、伦理学，及其他社会研究之最大目标，不该像天文学、物理学、生物学一样，找寻自然的法则吗？近来物理学化学研究元子的结果，发见元子之中还有电子和"布鲁顿"（proton）。科学家对于物质能力（matter-energy）的结构，差不多可以说是有一致的假设。元子和分子之结合，就其静的方面言，名之为物质，就其动的方面言，名之为能力；物质与能力是连续的不是二元的。精神活动，是脑经能力的表现。心是能力的特殊形式，正如脑经的机械是物质的特殊形式一样。著名的化学家奥士华（Otswald）说："心理和机械间的运用，其差异和类似，正如电学之与化学一样。"[1] 权威比奥士华更高的鲁埃（Loeb）也说："心理现象在最后的分析，可以说是物理化学的表现。"[2] 他并且用许多实验，证明在低等有机体，我们平常以为是出乎意志的，其实只是机械的吸引。新史家班思先生也说："人类行为的历程，受严格的定命论所支配，其遵依科学的法则，正如遵依万有引律一样。"[3] 我们的三段论所以是，自然是法则的领域。人类，无论是物理的、心理的、个人的、集合的，乃自然的一部分。故人类的活动之产生，无论是历史的、当代的、个人的、集合的，都不能离开自然的法则。[4]

人类方面正如自然方面一样，法则是实体存在底现象的表现。人类与自然之间是连续的。自然法则是自然之秩序的表现，人是自然的一部分，也秩序地由法则之式式自己表现出来。我们要了解这些法则，必要经过找寻及形成自然法则的同样历程才行。但我们应该知道，实质上这

---

[1] Otswald, *L' Energie*, Paris, 1910, p. 210.

[2] Loeb, *La Reuve des Idées*, Oct. 15, 1909.

[3] Barnes, *Living in the Twentieth Century*, p. 51.

[4] 参看 W. Bowden, *Are Social Studies Sciences*? In *Journ. of Soc. For.* March, 1929。

里有两个问题：第一，这些法则是存在的吗？第二，我们假定它们存在，就不能不利用假设与思辨为之发见。知识的好奇心，虽根据于不确当的知识，却往往为发见之先导。奈端因苹果坠地而悟吸力原理。瓦特见水蒸气冲动而发明汽机。如果我们以为人类活动不会依照什么法则，或竟直怀疑它们的存在那就完了，就使它们是存在的，否认的态度和怀疑主义，都足为这种企图之致命伤。在他方面，如果法则是存在的，了解它们的性质，当然至为重要。就事实论，这些法则的找寻和形成，已经不断地进行着。从物理上说，万有引律是把人类包藏在内的，从心理上和有机上说，人类是不能违背进化法则的，姑不论这种法则的某方面仍是假设而未经证明。

一九二三年庄尼（E. P. Cheyney）教授在美国史学会讲演"历史上的法则"[1]，很坚决地说："史是人类事迹的大途径，不是偶然的结果，故史迹是受不变的，自存底法则之支配。"又说："人类只是法则支配的世界之一部分。学者的急务在于由繁颐的历史事变之中，求出简单的根本法则来。"这些自然法则无论我们要不要，但其动作是不容否认的。庄尼教授以为历史的法则有六：

（一）绵延——一切事情，制度都是绵延的，历史的绵延不只是一种事实，而是一种法则。

（二）变易——帝国之灭亡，人类文化的兴衰，都是法则的结果，不是偶然的连续。

（三）依倚——人类似乎根本是一个有机体。个人与个人，阶级与阶级，部落与部落，民族与民族，都是互相依倚的。历史上没有一部分人类底进步，可以毁伤他部分而能成立。

（四）民主——一切政治都趋向受人民支配的一个途径来。

（五）自由扩大——人与人的关系是自由的，压逼只是暂时，决不能永远继续下去。

（六）人道进步——残酷的事情，一天一天的减少。

庄尼教授的这些法则，严格说来，不过是过去二百五十多年西方人士对于进步所下的定义，鲁滨逊教授谓前三种法则在人道上永远是对的，后三种则为过去两三世纪的特性，但对于最后一种，则不免多所怀疑。[2]

---

① "Law in History", in *America Historical Review*, 29 (1924), pp. 231 - 243.

② 鲁滨逊教授亦加上六种有趣的法则，如反新、守旧、爱情等等，参阅 *Some of the Fruits of Historical Studies in Proceedings of the Association of History Teachers of the Middle States and Maryland*, No. 23, 1925, pp. 74 - 78。

法国新史家巴尔（Henri Berr）著《历史的综合》（*Synthese en histoire*）① 以为我们现在最大的要求，就是把历史综合或建设拦在科学的基础之上。他极反对过古史家完全倚靠个人动机和个人品格之直觉的估计，去研究历史的因果。我们分析因果，必要决定科学方法与历史之关系，概念地分析历史上动作的原因之性质，供给人类以科学综合的一个基础。② 但我们要知道，巴尔的研究不是从历史事实着手，由归纳的途径得到必然的断案，不过把一般理论家的意见，加以批评的考验及理整罢了。他得到的结论，以为人类进化有三种因果关系：（一）连续的关系，例如一种事实受他种之支配；（二）永恒的关系，例如一种事实与他种有必然的贯连；（三）内部相连的关系，例如一种事实与他种有理性的相连。这三种关系与遗说的史学，社会学，进步或进化的哲学所研究的各个领域相符合，故要建设科学的世界史，必须包括史学家、社会学家和进化哲学家研究的结果。

巴尔始终是一个理论家，不曾担起历史建设的任务，所以得到这种断案便算满足了。

德国哲学家斯宾格拉（Spengler）著《西方文明之衰落》（原名 *Undergang des Abendlandes*，英译 *The Decline of the West*）以为文明是有法则的——这里所谓法则，当然与文化人类学者的文化法则不同——他把人类的史迹，分为九类，每类组织成一种单独的文明，每种文明经过同样的时期，由少至壮，由壮至老，到了最后的段阶，便不能再有所建树。故斯宾格拉以为历史的秩序正如化学元素的循环表（Periodic Table）一样，民德利夷夫（Mendeleyeff）根据这表，可以预言还没有知道的元素之存在，且把它们相互比较，而能预言其特性。由斯宾格拉的文明法则说，我们对于历史如有同样的了解，便可以有历史的预见力，能够鉴往知来。他这种推论，没有确实的科学的根据，故我们对于他的文明法则，只可以存疑的态度处之。③

历史的法则自然不易发见，其主要理由大约可以说是：

（一）以本身为中心的人类对于自己的经验，很难得到客观的理性的研究。

---

① 巴尔是法国《人道丛书》（*L'Evolution de l'humanité*）的编辑者，本丛书之大部分已译成英文，取名《文明史丛书》（*History of Civilization*）为 Ogden 及 Barnes 所编辑。

② 原书 48—53 页。

③ 其详，看拙著《进化论与轮化论其原理及批评》（《社会学刊》，第一期）。

（二）人类有相对的复杂性、变易性、适应性，不易加以实验的测量。

（三）人生在个人与社会进化的不同段阶，变动不居，难于捉摸。

我们想打破这种困难，所以：

（一）必须承认人是自然的一部分，消除人类中心的见解。

（二）对于人类的研究，必要加以改组，扩大和调节。

（三）史学（广义说：是研究过去有机的，心理的和社会的活动之科学），生物学，心理学，与社会学（包括经济学、政治学、法律学及其他连带的科学）都是殊途同归的研究人类现象之科学，我们要形成人类现象的法则，必先把这些科学研究的结果，综合起来，才有发见的希望。

自然是变动不居的，迁流不息的，由元子电子能力以至世界之变动，本质是动力的。变易的最后原因，我们也许永不知道，我们只希望观察人类和自然的历程，加以法则之说明。达葛（Teggart）教授纂述"历程"的科学理想说得好：

> 严格地说，一种科学的"法则"，就是一种方式，用言语或符号表现出来，叙述一团甄择的现象的。至于科学的研究，在乎找出"事物如何动作"。其根本兴趣，却在于事物之关系。一切科学的研究之含义，不外是假如事物的动作，有恒度可寻的，我们就应该叙述出来。我们为说话利便起见，叫这种恒度的状态为"历程"……①

当一八五九年的时候，西方人文学者研究"事物怎样成为现在的情形"，有三种方法：

（一）孔德受了进步的观念之影响，以为科学研究的目标，在于形成进步的法则，其意就是企图对于人类的一致发展上之连续步骤，给予一种概况的叙述。

（二）达尔文受了"进化"的观念之激荡，以为科学研究的目标在于发见生命形式上表现的慢进的，绵延的，变迁之"历程"。

（三）休谟和杜高（Turgot）感觉现代的人类状况与前代极不相同，目的在于决定有恒和缓变的"历程"，并研究急变在什么情形之下发生，说明在这种情况之下显现的"历程"。

---

① *Theory of History*, p. 158.

　　"历程"是近代社会科学中最重要的概念。社会学者用社会历程的概念，站在"非时间"（timeless）的观点，渐渐了解社会互相动作的形式。斯宾格拉曾在这方面批评哲学与当代科学的倾向，谓科学用"非时间"的力量和历程说明或叙述时间上的事情，这是它对于社会和历史哲学的途径发生最大的影响之所在。[①]

　　我们要打破历史的偶然主义，廓清人生为意志自由领域之肤说，排除假科学的适然史观，造成真正的历史科学，必要综合各种社会研究的结果，找出历史自然历程的法则始。

　　这篇文章并不提出历史的任何法则，这篇文章的目的，在于说明历史之自然历程，是有"非时间"的法则，这种法则经过相当的研究是可以发见的。最后请引亚丹士（Henry Adams）《史学趋势》（*The Tendency of History*）的一段文章，做本文的结论：

　　　　我们使史学成为科学的企图，也许到底失败，但我们不应该中途停止不进，除非同样的理由，令一切科学的研究，也从而中止，然而这是出乎经验之外的。人类是科学最重要的材料，如果我们承认人类不受科学的支配，科学也应该承认是失败。[②]

十八年六月脱稿，七月廿八日修正
上　海

---

　①　参阅 House，*The Range of Social Theory*，p. 553。
　②　Henry Adams，*The Tendency of History*，1928，p. 174.

中国革命与文化改造 [*]
（1932）

（一）今日中国革命的意义与文化形态之剖视

"革命是破坏的事业，好比拆房子一样，因为想造新房子，不得不把旧房子破坏，想建设新国家，不得不把旧国家破坏。"（总理民十对桂林各团体演说）"甚么是三民主义呢，用最简单的定义说，三民主义就是救国主义。"（民族主义第一讲）中国的旧国家旧文化是应该破坏的，破坏之后是应该重新建设的，三民主义就是救治中国现时病态的方法。中国社会现时的病态不特是遗传的，而且是循环的，往者固不必说，就民国二十年的短期历史来看，差不多每年或两年总有一次恶病，换句话说，就是我们中国的人民，每到一定的时候，便受一次相当的恐慌，纳一次相当的代价和牺牲。这种病态，虽然复杂万端，而病源却不外两方面，第一是"死去的世代的遗业，好像高山一重，压在生者的脑顶"，这即是传统的文化结构，第二是外来的疫菌，和所谓机器文化，重重把我们围住，传统的文化因而失□，以致险象丛生。故救治中国今日的病态，一方面在于破坏传统的没落的文化结构，他方面在于甄择和采借外来的文化质素，创造簇新的文化系统，完成第三种文化结构，今日中国革命的最大意义，如是而已。

我们试先说明所谓文化结构是什么？人类社会生活进化到若何程度，视文化之进展到若何程度以为断。文化是人类社会独有的质素，也是与人类生活共存的质素。英国人类学者泰洛（Tylor）曾事[②]注重精

---

* 载《中央导报》第 23 期，1932 年 1 月 1 日，署名黄凌霜。
② 疑有误，原文如此。——编者注

神文化方面，为文化下一著名的定义说："文化包括知识、信仰、艺术、道德、法律、风俗，以及任何人在社会上所可获得的才干和习惯。"由此看来，社会进化的范围差不多与文化进展相一致。美国社会学家爱尔乌德（C. A. Ellwood）说得更加明了："文化进化是社会进化的产品，且为宇宙进化的显著状态，变易、遗传、甄择只是它的始基。"所以他以为文化一方面既包括泰洛所指的非物质或精神文明，如言语、文学、艺术、宗教、礼制、道德、法律与政府，他方面也包括人类全体的物质文明，工具、枪械、衣服、住宅、机器，甚至工业制度。

国内学者之以谭东西文化著者莫若梁漱冥①先生，梁先生说文化是民族生活的三方面：（一）精神生活——宗教、哲学、科学、情感、理智；（二）社会生活——我们对于周围的人间的生活方法，如社会组织、伦理习惯、经济关系；（三）物质生活。张东荪近著《道德哲学》则又说："文化者自有人类所有对于生活扩大之努力由共同而堆积之结果也：文化有种种，对于物质需要则有经济，对于合群之维系则有政治，对于学理之审知则有学术。"要之文化为今日之流行语，史学家、社会学家、人类学家对于文化之定义以及文化之单元的或多元的分法虽取舍不同，但其根本观念则殆属一致，所谓文化者即指"生活样式"是已，各地的客观的物质条件不同，生活样式殊不一致，而文化遂呈庞杂发生之巨观，若解剖其形态，可归纳为以下诸种结论：

（一）每种文化是独特的唯一的——这不单是各种部落的文化区有这种情形，就是每个组合的部落文化也有同样的状态。一个部落或一个国家的文化质素，虽因历史接触或采借的关系，与其他部落或国家有相同的所在，但求双方的文化质素若合符节，则世间绝没有这一回事，所以德国哲学家斯宾格拉（Spengler）看每种文化为有机的形态（Organic Morphology），殆不外表明文化之一致性和个性罢了。

（二）一种文化不会整个地输入别的文化区，通常我们把旧的文化质素，输进到一个新地区，原有同出于一硎的文化质素，也跟着环境而改变——譬如旧世界的文化移植到新世界，或满洲的文化移植到汉族文化区以内，或中国之采取西方文化，结果经过类化作用，就成了新型的"文化丛"了。

（三）每种文化虽是独特的，唯一的，然而世间从没有一个部落或

---

① "冥"，原文如此。后同。——编者注

民族，在文化上是自足的自完的单位，不受邻家的影响的！例如希腊之建筑与雕刻受埃及之影响，中国之宗教思想受印度和犹太之影响是，这种影响有以数千年或数百年为起讫者，其迹每度之发生，恒在有意识若无意识之间，并不见其有何等公共一贯之目的，及综合若干年之波澜起伏来看，则俨然若激水然，一波才动万波随，三藩市金门之午潮，与上海吴淞口之夜汐，鳞鳞相接，如环无端。

（四）一种文化虽不能整个地移植，但许多文化质素是有移植的趋势——今日世界的陶器、艺术、礼制、养生送死的方法、风俗、谚语、万有有灵的见解虽不能一一证其同源，但最少可以说大部分是同源的。在通则上，一种文化不会取他种绝对消灭从而为之替代，它只能传至邻近，根株既固，或将比本地较为茂盛，如耶教由近东传至西欧，佛教由印度传至中国，便是好例。自唐以后，印度无佛教，其传皆在中国，基督生于犹太，而犹太二千年来无景教，景教乃盛于欧西诸国，释尊生于印度，而印度千余年来无佛教，佛教乃盛于亚东诸国。（梁著《中国学术思想变迁之大势》）

（五）一种文化是函能的动力单位，其组成的各种质素，都知有相互的关系——文化质素不会孤立地发生作用，不会离开文化的各种质素而独立存在，它受每种文化的任何方面之变迁所影响：中国五行之说与中国的宇宙论有密切的关系，密特（Magaret Mead）说："对于任何特殊个人的行为想加以确当的评论，必先懂得其周遭的文化才行"（*The Coming Age in Samon*，1928），人类学家马林努威斯基（Malinowski）对于托罗必利安岛（Trobriand）的母系制也说："这整个的制度以本地的神话、生育说，以及魔术、宗教信仰为根据，这些信念浸淫于该部落的一切制度和风俗"（*Crime and Custom in Savage Society*，pp. 125，126）。

（六）构成文化的质素，既是互相关系的，所以一种质素的革命，往往影响到整部的文化。经济或技术的变动，影响尤大，近百年来欧洲变化的急剧的转变，是机器文化的结果，绝不是某个人某学说某政治主张所促使，所转移。

中国文化进展的阶级，因特殊环境和时间关系，与各地文化容有不同，惟其构成的条件和法则与他种文化没有根本的差异。我们今日革命的唯一目的，在于破坏传统的因袭的文化，再从旧材料中择取其一部分与新材料混合，建设新的文化系统。于此我们感觉一六四二年的英国革命，一七一九年及一八四八年的法国革命，一九一七年俄国革命，一九一九年的土耳其革命，皆足予中国革命以最有价值之资鉴，他们的革命为什么会成功，我们的革命为什么变成甲打倒乙，丙又打倒甲，翻来覆去，正如庄子所谓"螳螂捕蝉，黄雀在后，挟弹公子又在其后"，一幕一幕地重演，一年不如一年，为什么许多军阀官僚在青天白日万目昭彰之下演出无穷的丑戏，循至"国家纪纲"、"社会制裁"，荡然无存？这都不是人的问题而是整个传统文化到了没落期而新文化系统还没有建设起来的问题。

（二）文化变动的因子概观

文化的历程在某一个时期，虽呈现静止的延滞的状态，但就几千年的历史看来，却是变动的。就中国经济文化来说，"在二千四百年以前①，原始封建制度已转变为商人资本与土地的封建剥削交互影响而成的经济结构。二千四百年以来，又经过几次的变迁。一千年前，自然经济优越于货币经济，一千年来，货币经济渐趋优越，商业金融资本主义逐渐形成。在这变迁中，封建地主转变为依于士族身份的地主，再转变为纯契约的地主；物物交易转变为商业经济，商业经济转变为金融资本主义。目前金融资本商人资本支配下的小规模生产制度，不是一朝一夕成功的"（陶著《中国社会与中国革命》绪言）。这种变动，依旧史家看来，几是个伟大人物造成的，所以代表这一派的人说："史界因果之劈头一大问题，则英雄造时势耶，时势造英雄耶？"换言之，则所谓"历史为少数伟大人物之产儿"、"英雄传即历史"者，其说然耶否耶？罗素曾言："一部世界史，试将其中十余人抽出，恐局面或将全变。"此论吾侪不能不认为确含有一部分真理。试思中国全部历史如失一孔子，失一秦始皇，失一汉武帝……其局面将何如？……此等人得名之曰"历史的人格者"，何以谓之"历史的人格者"？则以当时此地所演生之一群史实，此等人实为主动！"最少亦一部分主动——而其人面影之扩大，几于卷覆其社会也"（梁著《中国历史研究法》，页一七九——一八〇）。新派史家对于此种论调，则又大不谓然，因为大人物是社会的创造物，大人物之所以大，是由于他所绾领所代表的社会势力之大，孔子支配着二千年的社会意识，这是不错的。但是孔子之所以有支配力，是由某种社

---

① "年以前"，原作"以年"，今据上下文校改。——编者注

会势力的拥戴及援引（参观上引陶著）。归根的几句话，我们相信文化变迁是有客观的动因的，这些动因说可枚举分论如次：

（一）地理环境说：此说以文化变迁，受地理环境之支配。我们试观动植物界，某种地理区域及气候，必产生某种之动物与植物，人类文化的演进，所以必要适应地理环境。此说起源甚古，近来人文地理学家倡导此说者亦多。自生物学者倡自然淘汰之意义后，此说的基础，已经动摇，故法国地学家华路（Vallaux）不相信地理有相对支配文化变迁的势力，他说："地理因子的势力是消极的不是积极的；它们常可以阻止一种现象，但不会决定将然的事情。"（*De Sol et l'état*，p. 106）文化人类学者高丹怀素（Goldenveiger）以文化是动的，环境是静的，故以静的环境支配动的文化是不对的。

（二）种族生物说：此说以文化的演进，与种族有因果之关系。文化之兴盛，由于种族血统之纯粹，文化之没落，由于血统的混合。推其说，血统、种族遗传的差异，乃文化差异的主要原因，结果常误认白种为天之骄子，能创造近代伟大的文明。法人高宾诺（Gobineau）、德人臧百令（Chamberlain）、美人格兰（Grant）等倡导此说最烈。其实这种理论，毫无根据。就文化人类学最近研究的结果所昭示，文化变迁，并未曾与种族遗传与变迁相关联，有时一种族的文化发生极大的变化，而遗传依然如旧。种族和遗传是静的，文化是动的，故种族实非决定文化变动的因子。

（三）心理偶然模仿说：此说以一切发明，由于环境因子与神经状态之偶然的关联而起，及其既成，一般人遂起而模仿。例如火之发明，由于偶然击石，后来经一般人之模仿，便成文化的质素。法之达德（Tarde）著《模仿法则》（*Laws of Imitation*），始倡此说，人类学者继之，以为各种文化质素，均由偶然发生，发生之后始由模仿历程分播出去。其极端论者，更以一种文化质素，只有一个始原的区域，或甚至承认初民文化只有一个中心，德国人类学家格里纳（Graebner）、英国之爱利阿斯密（Elliot-Smith）都是最著名的代表。此说之最大缺点，在于假定人类思想是相对被动的，不是适应的自动机关。偶然元素与发明历程，自然有多少关系，但只此偶然断断不能说明全般历程，因为它蔑视发明者的自动的有目的底行为。历史的唯物论者连偶然的存在，都不承认，那更不用说了。

（四）习惯环境说：此说以人是习惯的动物，且常改变习惯，以适应其复杂之新环境。新的物质文化元素，增进环境复杂的度数，个人的反应也越要复杂，所以能够适应经济或技术的新环境，乃有文化的发展。此种理论承认环境给予的刺激，及由反应刺激而成立的习惯，为解释文化演进的两种重要东西。进一步看，这种文化演进说，在经济学者方面，其形式便是"经济决定论"，以经济支配一切文化的发展，在人类学者方面，其形式便是"文化决定论"或"文化主义"，以文化发展纯为先前的文化状态所支配，亦即是"文化产生文化或发明"。对于地理环境说的批判，同样可以应用到这里。技术环境或物质文化，不过是地理环境之替代。技术环境和经济状况为文化演进不能缺乏的东西，但所谓环境，所谓状况都是静的，不是动的，其支配的能力，所以只是相对的，不是绝对的。

（五）本能习惯环境说：此说以人类行为或文化的分化因子，就是本能，例如工作、好奇和博爱。此说不过是前说的变名，以为除环境习惯之外，还应加上人类的本能而已。威斯拉（Wissler）承认人类有产生文化之固有冲动。本能的倾向，也许影响文化的进展，但本能是条件而非原因。动物也有本能，而他们未尝创造文化，所以文化为本能的结果，其说亦不可通。

（六）心理社会说：此说以文化是群集学习的历程，一方既承认文化与人类心理的差异有密切之关系，他方亦以文化为群体生活之产品，换句话说，文化是有机进化和社会进化之共同结果：有机进化供给能力，社会进化从而发展其能力。爱你乌德即主张此说之一人。他以此说的特点，在有机的综合以前各种理论，一方既不否认物理环境、物质状况、"心理偶然"、模仿、习惯对于文化演进的影响，一方却以文化演进是群集的学习历程。此说之优点在于以综合的态度，包罗各种因子，其劣点，在于重视心理差异为文化差异之源。

综上所述，文化变迁的因子是不容易决定的。就观察所及，我们相信支配文化变迁或社会变迁的历程，最少有四种因子：（一）发明，（二）累积，（三）甄择，（四）分播，（五）革命，兹略陈其梗概。

一、发明可以增高文化的分量，改变文化的途程。机械的发明，改变了人类的一切生活，大量的经济生产，增加了物质文化的新元素。

二、文化永远是累积的，石器之外，加以用骨，铜器之外，加以用铁，由简单的言语以至哲学科学术语之使用，由单纯家庭制度分化而为国家、教会、工商业的机关，都是一点一滴地由时间上累积起来。

三、文化变迁不只是累积，而且是甄择的。一切发明的元素，未必都在文化结构中，占着永远的位置。有些被采取的终久采取了，有些被摒弃的永远被摒弃了，所以文化变迁是甄择的。

四、文化变迁的最重要之支配者，可以用"分播"或"民族接触"来说明。希腊文化之采自埃及，罗马文化之采自希腊，日本文化之采自中国及西欧，均是现例。分播现象，在文化变迁中的重要，证明文化的发展，决不依据任何内在的原则进行。

五、人类的风俗、习惯、制度既形成了之后，往往发生惰性，保存旧有的模型，阻碍新兴的变革。阻碍文化变迁的第一个中心，就是个人，因为个人的脑筋模型一旦形成之后，革新便不容易，所以反新的态度，多起于此；第二个中心就是社会历程中由相互影响而使反抗、敌视、畏新的态度，成为习惯化，所以已成的风俗，便难于更易；第三个中心是文化因子，例如固定的形式之实用性；文化质素保存在社会结构内之象征价值，都是。孙总理考察人类进化的历史，看出三个时期：

第一，由草昧进文明，为不知而行之时期。

第二，由文明再进文明，为行而后知之时期。

第三，自科学发明后，为知而后行之时期。

他又分人的性质为三系：

其一，先知先觉者，为创造发明。

其二，后知后觉者，为仿效进行。

其三，不知不觉者，为竭力乐成。

由此可知只有到了第三个时期，人类才知找寻良好的风俗、制度和信仰的标准，亦唯有先知先觉然后能创造发明。申言之，先知先觉到了不满意原有社会状态时，便要起来革命，革命是文化转向的唯一因子。有了革命然后可以（一）提高文化的水准——在政治社会革命后，文化革命或改造尤为重要；（二）文化革命的重大使命，在于涤荡旧染，把旧日的良善风俗、习惯……与新社会新文化调和；（三）文化革命的最终目的在物质方面为改革生产方法，提高物质生产，在学术方面，为创造新的文化系统。

中国今日的民主革命是拼命的飞跃，社会生产诸力的进展，文明的演进，都系于这个飞跃的能否成功。

（三）中国文化现阶段之论战

一个时期有一个时期的文化，在西方，古代，希腊，罗马，中古，近世各时期均有它们的文化象征。

中国革命是改造中国文化构造的运动（参看王昆仑著《三民主义与文化运动》，本报第一卷各期）。中国文化现在究竟达到哪一个阶段，换句话说，中国文化的现在形态或结构是什么，这是一般革命的理论家亟待解决的问题。

兹先述时人的论断来看：

（一）主张中国文化构造是封建制度。陶君希圣以这个主张的便利，在因袭一八四八年法兰西革命时代社会主义者的理论：市民阶级革命向于无产阶级革命之转化。其缺点在误解中国土地制度及都民与农村的关系。封建制度固然是一种大土地所有制度（A＝Some B），大土地所有制度却不一定是封建制度（B□①A）。

（二）主张中国文化已经到达资本主义的阶段。陶君以这个主张用意又复两歧。其一派以为中国社会既是资本主义社会，所需要者是继续其自然的发展，故革命的主要工作唯在于脱离外国金融资本的羁绊。其他派则适相反。以为中国社会既是资本主义社会，则即时可行无产阶级独裁的社会革命。其缺点在误认中国资本的性质，因此更误认中国资产阶级及无产阶级的性质。资本主义当然有资本的蓄积（A＝Some B），有资本的蓄积却不一定是资本主义生产制（B□②A）。

（三）主张中国文化是半封建的结构。陶君谓此所谓"半"，只不过推论时一个便利的形容词。中国社会的封建成分，果否居全成分十分之五六，实为一个问题。故所谓"半"者，在研究社会构造时殆不宜适用以启疑团，且至多亦不过予人以模糊不清的观念。

（四）末了，陶君依社会史观察，作以下的论断："中国封建制度的崩坏，实开始于公元前五世纪，而直至今日，中国的主要生产方法还是资本主义。此二十四世纪长久期间中，前十八个世纪则自然经济优越于货币经济，后六世纪则货币经济始显著抬头。虽自然经济与货币经济有所交替于其间，而社会构造的本质仍没有根本的差异。此二千五百年的中国，由封建制度言，是后封建制度时期；由资本主义言，是前资本主义社会。"

我们对于最后的论断，发生③几种感想：

---

① 疑为"＞"或"≠"符号。——编者注
② 疑为"＞"或"≠"符号。——编者注
③ "生"，原作"主"，校改。——编者注

（一）文化进化的严格段阶论是靠不住的。十九世纪地质学家、古生物学家制造许多的段阶说，以为有机生命由最早的地质时代以至现在是必然经过的。因为这种影响，便引起社会发展的段阶之比论。这种计划到美人毛光之著《古代社会》已达到"观止"的地步。当代人种学家对于古典进化派的理论，便不敢赞同。他们不采用广博的迹先的概括，而专注重特殊团体与文化质素之研究，结果否认各种民族一致经过的社会或文化段阶论。基于上述理由，强认中国现在文化结构为封建制，或半封建制就不甚妥当。

（二）经济情形不足以代表整个文化结构。经济情形虽然复杂，但"文化丛"不特包括经济，而且包括心理和社会的因子。这些因子常可以改变社会的经济元素之性质和功能，所以相同的经济和技术情状，未必产生同样的文化；经济生活自然大半决定文化，不过改变一切社会元素就恐未必。复次经济的变象正如历史的变象一样，有强固的绵延系统，想在中间强为截分是不容易的。陶君根据社会史断言中国现社会为后封建时期——前资本主义时期，至于这个时期究竟叫做什么时期，就举不出确当的名称来了。

（三）中国是一个伟大的"文化丛"，在这种丛体中，使我们感觉为封建制度之遗留的现象固多，使我们感觉为资本主义社会的现象亦夥。西藏、蒙古以及穷乡僻壤至今甚且还有大部分未脱离原民的生活样式。上海、广州、天津则已是具体而微的现代社会。所以用一个全称的名词，包括整个文化结构的主要样式，不免挂一漏万之讥。我们对于中国现文化段阶只可说："中国是一个伟大的文化区，各区都有它的特殊的文化质素，但全国的生产方法以旧式的农业为主体，机器文化，或资本主义的社会亦已开始发芽。"

（四）由历史上所见的东西文化之差异和新兴文化之创造

十余年来国内学者对于东西文化的根本差异，造成许多玄学或伪客观的臆说。梁漱冥先生认中国文化以意欲自为调和、持中为其根本精神；西洋文化以意欲向前要求为其根本精神。这个臆说的错谬，在误以西洋百数十年机器时代的历史来代表整部的西洋文化，试问西洋中古时代的寺院思想，还不是如印度文化之反身向后要求？或谓西洋文明主动，东洋文明主静，前者是人为的、战争的、积极的、独立的、突进的、创造的、进步的、理智的、不知足的，后者是自然的、安息的、消极的、依赖的、苟安的、因袭的、保守的、直觉的、知足的。这种见解，完全抹煞历史的事实，犯着"以分代全"的错误。为要改正旧日的成见，我们试分析现代西洋文化的起源及其与中国文化差异的所在。

我们现在所看见的，几乎全世界都是西方文化的世界；现代的西方文化，究竟从什么时候起来的呢？有些史学家告诉我们，现代文化起源于十六世纪如哥白哥（Copernicus）、李文浩（Leeuwenhoek）、牛顿（Newton）、加利里奥（Galileo）、卡拍拉（Kepler）所创造的物理科学，但据我们看来，西方现代文化实在起源于十八世纪下半期和十九世纪上半期，因为一直到了十八世纪中叶，欧洲社会的全般基础，还建筑在农业之上，那时全欧洲没有几个工商业的大城市，从知识生活看，恐怕没有超过希腊后期（Hellenistic）的希腊人。至于物质文化，在大体上，自有史以至那时，亦没有很大的转变，当时的物质技术，也许与一万年前的瑞士之湖上居民有多少相似。到了十八世纪下半期，尤其是十九世纪初叶，欧洲的整个文化生活就有了急剧的转变，所以严格地说来，只有由那时以至现在，才可以说是现代文化的时代。现代文化生活的主要基础，大约有五：

（一）新史学的基础——进化论——进化（Evolution）这个名词，本来孔德已经用过，到了达尔文、斯宾塞、赫克尔一班人才实地以进化的态度，去研究哲学、自然科学、社会科学，打破古代"人类中心"的信仰，于是一般新兴科学如人类学等，采取比较的方法，历史的方法，发生学的方法为探讨之工具，鳞鳞相接，浪浪相随，见其进未见其止。

（二）新技术学的基础——即近世的应用科学——由瓦特（Watt）之发明蒸汽机，以至摩斯（More）之创造电报及其他无数的新发明，已经改变了我们经济需要的供给之方法，完成今日迅速的交通。

（三）新经济的基础——工业革命——由单简的工具的使用，一进而为机器的使用，物质文明，发生长足的进步。同时因为资本主义发达的结果，引起各国内部劳资的对抗，和国际帝国主义的向弱小民族的进攻。

（四）新政治的基础——民族主义。民族的意识，在欧洲发源极早，但有组织的宣传民族主义，掀起民族独立运动的大潮流的，实在起自法国大革命。

（五）新社会的基础——民主政治——这种政制的近代形式，亦始自美法革命，如提倡万民平等、自由、博爱、教育普及均是明显的趋势。由以上种种基础构造而成的现代文化，其本质是动的，并且内涵异常丰富，外表非常灿烂，而又以海洋为根据，经各种文化的交流与吸引，实有陶冶全世界文化的可能性和必然性。

中国在三百年前明朝末叶早就有天主教如利玛窦之类，由西欧东来，当时徐光启之翻译《几何原本》，李之藻译《谈天》，西方文化方才输到中土，但跟着以后的一百多年间，因环境与社会的关系，这些西洋学问不特不曾发生什么实际影响，抑且不能继续下去，以至中绝。直至近几十年来我们才懂得西方自然科学的重要，零零碎碎的本末倒置的介绍一些进来。然而中国现在恰似十八纪上半期以前的欧洲社会，还以单调的农业为基础，残余的封建势力仍是保存着，因物质文化的低落，一切为文为代表的伦理、艺术、信仰、知识都随时代过去而没落。旧的过去了，不能再来了，新的还未形成，我们所看见的中国，是一个处在惊涛骇浪中的中国，唯心的主张极端的保存国粹论，唯物的主张中国应直截地超出资本主义的阶段之革命论。复古固不可能，蕲新亦非容易。文化学者告诉我们一条确实的法则，凡两种文化相接，优者胜、劣者败，或类化优者而创成另一种新兴文化。这个法则，我们没有法子抵抗，所以我们对于传统文化只有改造，对于现代文化只有分别采纳、适应和选择，以创成第三种新兴文化而已。

然而现代文化果然尽善尽美了吗？这又殊未尽然。过去百余年间，西方因为自然科学发展得太快，社会科学发展太慢，前者产生的结果，没有法子调剂，所以成了文化失调的畸形现象。科学家制造飞机，目的并非拿来掷炸弹，但帝国主义者却用来作战争的利器，压逼弱小民族；科学家制造机器，目的在乎供广大民众的享受，而资本家却据为扩大个人私利的"货财"。所以现代文化的大部分实在是阶级的、杂乱的、矛盾的、没有目的底组织的，这一种状态恐怕是新兴文化开展的基础吧。

具有时间、感觉的动物，只有人类，人类永远是不断地瞻前顾后的，因为顾后，我们所以能在客观的历史条件上，指出西方现代文化和中国文化的差异之渊源，与玄学家的内在的迹先的臆说异撰，因为瞻前，所以指出中国文化今后的出路，赤条条地承认自己的弱点，热烈烈地希望将来的新生。

（五）中国文化改造之蕲向

总理说："革命为非常之破坏，故不可无非常之建设以继之，积十三年痛苦之经验，当知所谓人民权利与人民幸福，当务其实，不当徒袭其名。"（《制定①建国大纲宣言》）文化是人类求幸福的工具。我们因为不要永远做自己所创造文化之奴隶，觉得文化存在是为自己，不是自己为文化，所以要提倡文化改造。文化改造的目的是要提高文化的水准，增进人生的幸福——满足较高的非主要的制约反射——后者也就是人生底鹄的。西洋社会因为知道贫穷是一种苦痛，所以要开发富源、奖励生产、改良制造、扩张商业。因为衰病是一种苦痛，所以要研究医药、提倡卫生、讲求体育、防止传染病、改良人种。因为人生的鹄的是求幸福，所以要经营安适的起居、便利的交通、清洁的城市、优美的艺术、安宁的社会、清明的政治。在今日想确定一种人民幸福的测量表是不容易的，但我们可以提议测量表至少包含以下的元素：

A. 生理上的幸福：

一、寿命之指数——由生育率、死亡率，及保险统计来决定。

二、健康和卫生的指数——由疾病、失事、残废体格检验等统计决定。

B. 精神上的幸福：

一、精神调适或精神健康的指数——由犯罪、自杀、疯狂、贫穷、失业，及社会保险的统计来决定。

二、闲暇时间的指数——由劳动时间的统计来决定。

三、每人对奢侈品的消费之指数——由商品生产、出入口和消费所得到的统计决定。

四、娱乐的式样之指数——由娱乐、书报、杂志、旅行、社会宴会及其他所得到的统计决定。

五、个人自由的指数——由对人民的法律、风俗，及其他的统计决定。

根据这表看，所以我们以为：

一、文化改造的第一种努力应该是防止灾难——身体的，精神的。

二、文化改造的第二种努力应该增加生产，减少耗费的势动。

三、文化改造的第三种努力应该是扩大最大多数人享乐的机会和种类。

四、文化改造的第四种努力应该是增加个人的自由。

---

① "定"，原作"造"，误，校改。——编者注

任何社会的文化变迁，其质素都有有函数的关系。为要到达幸福的高量，所以我们要同时注意：

（一）物质文化上之改造与建设。

（二）经济组织上之改造与建设。

（三）其他社会结构之改造与建设。

（四）民型，特别是观念形态之改造与建设。

在目前军事结束，清明的政治运动开始的时候，改造和建设方面已涌现了许多问题，期待着专家的调查、讨论、探究、设计和建白。在非常破坏之后，一切文化和社会组织，必须重新改建，因为要改建所以必须专家作周全的考量，方才得到完满的结果。具体改建的方案在这里是不必提出的。

但我们对于物质文化与观念形态上的改建是要特别注意的。建国大纲中明白的标出"建设之首要在民生"的主张；而按诸中国实际的情形，经济问题之解决和物质文化之改建，实在是急不容缓的企图。孙哲生先生著的《建国大纲草案及其说明》，有这样的一段话是很重要的：

> 最重要的有两点：第一根据总理的三民主义，建国方略，实业计划及建国大纲的昭示，把我国今后应做的物质建设工作是什么，和应该怎样做的重要原则，用最简单明了的方法标示出来，俾我们因可以晓得，我们新努力的方向。

> 第二是根据现在的经济情形，把总理建国方略、实业计划中所昭示我们的种种建设，究竟需若干资金，若干时间，才能完成这一个预算，用最低限度的数目，计算出来，俾我们晓中华民国经济建设工程的伟大。

我们对于这个说明绝对赞同，我们希望政治上了轨道以后，经济建设的计划不日见诸实际。

其次是观念形态。所谓观念形态是指伦理、美术、文学、法律等等而言。十九世纪的法兰西革命，二十世纪的俄国革命都创造了许多新的观念形态。近代之所谓国歌、国旗、国庆和一切民族主义上的产物不是法国革命的结果吗？所谓辩证法的社会科学和自然科学，究有几何之价值，诚是疑问，但这终是俄国革命以后创生的文化系统。中国革命以三民主义为基本理的理论体系，我们不应该急速创成三民主义的观念形态和文化系统吗？这也是有待于全党同志来计划及建设。

中国民主革命是非常的事业，中国新兴文化的创造尤其是非常的事业，肩负这种历史使命的人们责任之重大，实非平常语言所能形容。请诵英儒赫胥黎之言，以终是篇：

> 居今之日，借真学实理之日优，而思有以施于济世之业者，亦惟去畏难苟安之心，而勿以宴安娱乐为的者，乃能得耳……吾辈生当今日，固不当如鄂谟斯侠少之轻剽，亦不学瞿昙黄面，哀生悼世，脱屣人寰，徒用示弱，而无益来叶也。固将沉毅用壮，见丈夫之锋颖，强立不反，可争可取而不可降，所遇善，固得宝而维之，所遇不善，亦无怯焉。早夜孜孜，合同志之力，谋所以转祸为福，因害为利而已。丁尼孙之诗曰，挂飘沧海，风波茫茫，或沦无底，或达仙乡，二者何择，将然未然，时乎时乎，吾奋吾力，不竦不愳，丈夫之必，吾愿与普天下有心人，共矢斯志也。（严译《天演论》）①

---

① 原文引文与严复《天演论》原文有出入。——编者注

文化学的建筑线*

(1934)

一、发端

十几年来，我不断地注意文化的研究，最初对于文化发生哲学的兴趣，可说是始于"五四"运动的前后，那时我曾感受过罗素，及胡，梁，李诸先生的影响。到了民国十年，为好奇心所驱使，有苏俄的旅行，在经过西伯利亚的乌拉山时，目击欧罗巴和亚细亚分线的碑记，对于东西文化的根本区别，究竟何在的问题，在心影上便留着一个不可磨灭的印痕，即至今日还活跃如昨。十一年春归国，准备作新大陆之游，记得在平津车上，遇着梁先生（漱冥），对于这个问题，似曾有所请益，其后在纽约得读其大著《东西文化及其哲学》，尤感兴味。但不久以后，当代文化人类学权威鲍亚士（Franz Boas）的治学精神和方法，实使我对于文化的研究，由玄学的臆测，转到科学的探究，以后对于梁先生的根本观点及结论，就深致怀疑。①

文化与人类的关系实在太大了，人类为着满足营养的要求，乃征服自然，支配环境，并产生初民时代的公共聚餐、图腾宴会，这种宴会便是社会的、艺术的、宗教的价值之渊源；又为满足性的需求，方创立家庭组织，恋爱的风俗，氏族，族外婚姻，及道德的一部分，所以人类是绝对不能离开文化的，离开文化便不能生存。我们对于东西文化究应如何评价，对于西方文②化应如何采择与接受，对于中国旧型的文化应如何"消留"，对于新型文化怎样为之创造和计划，凡此种种问题的解决，

---

* 载《新社会科学季刊》第 1 卷第 2 期，1934 年 8 月，署名黄文山。

① 对于梁先生的观点，自非此处所能谈及，容另篇讨论之。

② "文"字原脱，校补。——编者注

皆有赖于一种客观的科学——文化学——的建立，才能给予适当的解答，所以数年来，我觉得综合文化人类学，文化社会学，文化史学的科学来创立"文化学"，用以窥探文化现象的发生、历程、机构、形态、变象和法则，在学术界上似有急迫的要求。

假使观察不错，我信社会学的建立，也是由实际的情形唤起的。孔德（Auguste Comte）在其名著《实证哲学》（*Course de Philosophie Positive*）第三板，卷四，第一八五页（作于一八三八年）开始采用社会学（Sociologie）这个名词，并决定它在科学分类中的位置。美国社会学家司马尔（Small）著《社会学之始源》，谓这种科学的发生，系因十九世纪上半期一般思想家提出许多社会改革的方案及纲领，当时圣西门（St. Simon）为要衡量它们的优劣，所以主张要创造一种新的客观的科学，后来他的弟子孔德，以及英之斯宾塞，才真正把这种科学的基础奠立起来。然而欧西许多著名的史学家对于社会学向来还采取敌视或不信任的态度。费立民（Freeman）曾讥之为"社会胡说"（The social stuff），哈佛大学的爱美顿（Emerton）教授，竟然说社会学即旧日的历史哲学，同时也就是史学的"老对头"。卡华（Carver）也曾说过："社会学不特不能成为一种主要科学，而且几乎变成'被遗弃'（leftovers）的科学了。倘使道德学仍占据亚里士多德所划定的范围，则分立的科学如政治学，经济学就永不会发生，可是道德学在实际的发展上所占的领域，却比较狭窄。又照霍布士（Hobbes）和洛克（Lockc）所发展的政治学论，经济学和社会学本无需乎设立。到了政治学只以政府为研究对象时，经济学便占据其余的领域，又因经济学的领域缩小了，社会学遂乘机而起；向使经济学者还占据着亚丹斯密（Adam Smith）所划定的领域，则社会学者便无机可乘，所以我想给社会学下一个定义，说是经济学的扩大。它所研究的乃人类幸福的因子和条件，包括许多为通常经济学者所忽视的因子如淘汰，遗传等。"① 我们可以说，文化学的创生，也由于现社会的客观的需求所唤起，这种情形，与一百年前社会学的建立，如出一辙。倘使社会学可以说是经济学的扩大，文化学也许就是社会学的再扩大。就范围论，今日社会学大抵公认影响社会的势力，或因子，有地理的、生物的、心理的、经济的、

---

① T. N. Carver, *American Journal of Sociology*，Ⅷ（No. 3）393. 94. 转引 K. D. Har.，*Social Laws*，Chap. I。

文化的五种，而这五种的研究，现在已有四种早就成了特殊的科学，社会学者为要了解整个人类社会现象，方才从各个特殊的领域找材料。文化的研究，在学术演进的途程上，所以必然地会成为一种独立的科学，不过这种科学将来究竟成为一种特殊的科学呢，还是由社会学扩大，成为综合的科学，这点我们留待下面再讨论吧。

几年来，我对于这种学问体系，经过回环的思索，颇思就管见所及，搜集所得，写成一书，公诸当世，但始终因为这个发端牵涉到的方面太复杂，以学力幼稚，不敢自信，直至去年始写成《文化法则论》①，今年写成《文化学方法论》②、《文化分类论》③，以后要写的还有《文化始源论》，《文化动力论》，《文化阶段论》，《文化评价论》，《文化统制论》等篇。人生有涯，而知识无涯，在一个匆促的时间里，起端如此之大，层次的不分明，见解的不成熟，材料的不充分，何待陈说？然而椎轮为大辂之始，点线乃建筑之基，"张皇未发之幽潜，开辟无前之涂术，蚊负之身，知非所任，鸿硕之士，幸共图成"！

二、文化研究的展开

人类对于文化的观察，起源甚古，《易系辞传》："古者庖牺氏之王天下也，仰则观象于天，俯则观法于地，观鸟兽之文与地之宜，近取诸身，远取诸物，于是始作八卦，以通神明之德，以类万物之情，作结绳而为网罟……"这一段观象制器论，就是古人对于文化始源的一种臆说。章实斋说："人之初生至于什伍千百，以及作君作师，分州画夜，盖必有所需，然后从而给救之，羲农轩颛之制作，初意不过如是耳。"④这话也能洞见文化是起源于人类需求的。西方古代希腊史家希罗多德（Herodotus）记载希腊与波斯之战，亦侧重东西文化冲突的描写，波利比（Polybius）著《罗马史》更说明为什么古代世界文化会受罗马的统治。

然而文化的研究，自文化人类学与文化社会学兴，始划然标出有系统的主张，成为一种崭新的科学，前此的研究，多半是零碎的、片段的、哲理的。十九世纪中期，一般学者对于初民文化发生无限之兴趣，于是鸿著名论，络绎不绝，泰洛（Taylor）的《初民文化》

---

① 此文拟在《社会学刊》发表。
② 此文已在《中央大学社会科学丛刊》，第一卷第一期发表。
③ 见《大陆杂志》，第二卷第八期。
④ 《文史通义·原道篇》。

（*Primitive Culture*）便是这种研究的最有权威的产品，继此而行世的如陆勃克（Lubbock）的《文明之始源》（*Origin of Civilization*），巴可风（Bachofen）的《母权论》（*Das Mutterrecht*），摩尔根（Morgan）的《古代社会》（*Ancient Society*），曼尼（Maine）的《古代法律》（*Ancient Law*），对于社会科学确曾发生过革命的影响。当时社会学适当其冲，所以斯宾塞为要证实其社会进化的假设，便要借助于全世界的初民文化资料①；魏斯特马克（Westermarck）找寻人类婚姻的基础，分析道德观念的始源，同样以文化报告者的资料做根据②；美国自孙末南（Sumner）的《民俗学》（*Folkways*），汤马斯（Thomas）的《社会始源资料》（*Source Book for Social Origins*）行世后，文化的研究，极盛一时，至今日而登峰造极，其中如鲍亚士、高丹怀素（Goldenweizer）、克鲁伯（Kroeber）、沙比士（Sapis）、魏斯拉（Wissler）、赫斯高维斯（Herskovits）、维里（Willey）等，皆卓然有所树立，形成独立的学派。③

本来社会科学或文化科学都同是以文化为研究的对象，但文化本身的分析究属于哪一门科学，则学者之间，至今尚无定论。文化人类学（或民族学），与文化社会学都是以文化为研究题材的，但我们想对于这两种簇新的科学之范围与方法，作严格的区定，决非容易。学者对于这个问题的态度，我以为最少可以分为三派：

（一）主张文化人类学专门研究幼稚民族的文化，文化社会学则单独注重高等文明者。

（二）谓这两门科学，在范围和方法上，全然无别者。

（三）谓文化乃"自成一类"（Sui generis）现象，本身不但具有特独的历程，变动的机构，特质上也有相互关系，故主张这种现象，要由文化学者（Culturalists）来研究者。

第一派为最普通的主张，今日之文化人类学者或社会人类学者，大抵以研究幼稚文化为唯一的业务，不过鲍亚士近来的倾向，却把这种划分推翻，以人类学为研究"人的科学"，故现亦注意现代生活之探讨，可见第一派所主张的区别，已不能成立。④第二派为社会心理学家杨格

① *Principles of Sociology*，Vol. I-Ⅲ.
② *The History of Human Marriage* 及其他。
③ 看林惠译，《文化人类学》，或拙著《社会进化》（世界书局）。
④ Franz Boas, *Anthropology and Modern Life*，1928.

（Kimball Young）之主张，依他所说，实际上不啻把两门科学混为一气，而证诸今日双方的著作，亦与事实相去太远，非不磨之论。①我们盱衡事实，相信第三派的态度，最为恰当，因自文化人类学与社会学接殖后，文化的研究，已骎骎然由附庸蔚为大国，所以飞尔康特（Vierkandt）主张在社会学之外，另立"文化学"（Kulturlehre）以资区别②，这很可以代表今日学术界上最鲜明的趋势。不过文化学（Science of Culture，Culturology）的名词，在国内尚属创见，我年前在北平师范大学、广州中山大学始用此为讲题。我们对于二十世纪学术界这个新生的婴孩，将如何提携抚养，使它渐渐成立，这似乎是社会科学家的责任了。③

三、文化的特征、定义和分类

我们在未曾说明文化学的研究范围及其在社会科学中的位置以前，最好对于文化学所研究的对象——文化——的特征、定义，及其分类，予以说明。

甲、文化的特征

文化的特征，可析言如次：

（一）文化的周遍性。一个部落或一个民族的文化，自一方看，实在组成整个的单位，俨然"有机的形态"（Organic morphology）④，但从他方看，因单独发明或历史接触的关系，各种文化的内容，大致相同，所以美国人类学者魏斯拉（Wissler），有"普遍文化模型"之说⑤，而法国民族学家摩斯（Mauss）亦谓文化是"超国际"的⑥，可见文化在空际上不是孤立而是周遍的。

（二）文化的堆积性。一斧一凿的发明，一器一皿的创造，一种艺术和一种言语的增进，不断地把文化的基础形成和扩大。文化基础构成新环境，由新环境发生新刺激，新刺激便造成了新习惯。文化堆积的路线，由简单到复杂，由自发到机械，由同质性到异质性，或又由复杂到

---

① Kimball Young, *Source Book for Social Psychology*.

② *Gesellschaft sleher*, 1923.

③ "文化学"不是社会科学上唯一的（以下字迹不清。——编者注）等等正多着呢!

④ 德国文化史家斯宾格拉（Spengler）之说。

⑤ Clark Wissler, *Man and Culture*, 1940.

⑥ 看 Henri Berr 编辑的 Civillization（以下字迹不清。——编者注）。

简单（如语言），其演进之方式虽不从同，但其一点一滴地增进，一缕一黍地扩大，本质是堆积的。①

（三）文化的庚续性。文化是人类全体或大多数之共业所构成，故其性质非单独的，而是社会的或"超个人的"（Super-individual）。②个人的生命极短，社会的生命极长，一时代人的进行，譬犹涉途万里者之仅□一步，前代之人往往以未完的事业，遗给后代，后代承袭其遗产，继长增高，永无达到目的底一日，所以文化在空际既有周遍性，在时间便有赓续性。古代希腊罗马的文化模型，虽然消失，但其文化质素已为西欧文化所吸收，构成现代文化的精蕴，中国汉唐的丰功伟业，虽已消逝，不可复睹，但汉唐文化的创绩，早已参杂于现代生活里面，构成了我们文化环境的一部。

（四）文化的移动性。文化有强固的移动性：无论哪个部落或民族，在文化上决不会邻国相望，鸡犬之声相闻，而老死不相影响的。从事实上看，文化移植之后，根株既固，有时常比本地茂盛者，例如："自唐以后，印度无佛教，其传皆在中国，基督生于犹太，而犹太二千年来无景教，景教乃盛行于欧西诸国，释尊生于印度，而印度千余年来无佛教，佛教乃盛于亚东诸国。"③这是明证。在今日交通便利的世界，文化的孤立状态，事实上已几无存在之可能了。

（五）文化的类化性。文化虽有移动性，但文化不会整个地移动，在通则上：文化质素输入新区域后，原有同出于硎的质素，也就跟着环境改变。今日世界的艺术，礼制，风俗，德型，二元宇宙观，以至养生送死的方法，虽然不易证明它们是同出于一硎，如文化播化论者（Diffusionists）之所云，但我们从世界文化的移动性看来，现代文化的复杂度，乃文化"类化"的结果，这是不容否认的事实。

（六）文化的功用性。文化是一个"功用的动力的单位"（a functioning dynamic unit），其构成的各部分，都是相互依倚的。每种文化不会孤立地发生作用，尤其不会离开各种质素而可以单独存在。一个部落或民族的民俗和神话，没有不与它的宇宙论投合的。中国五行之说，固然与中国传统的宇宙论发生密切之关系，而密德（Margaret Mead）研究

① 孙本文，《文化与社会》，页六。
② 社会学派如 De Roberty、Izoulet、Dreghiceaco、Durkhoim、Simmel 及文化学者如 Willey、Herskovits 均采此说。
③ 梁启超，《中国学术思想变迁大势》，页十。

沙巫（Samoon）族的行为，亦谓："对于任何特殊个人的行为想给与确当的评价，非先深察其周遭的文化不可"①。英国人类学家马凌诺维斯基（Malinowski）对于托罗必利安岛（Trobriand Island）族的母系制也说："这整个的制度，以神话，土人的生育说，和某种魔术及宗教的信仰为根据，这个制度尤其影响到该部落的一切制度和风俗。"②姑勿论其间各部分也有冲突和失调的所在，然而这些多少是互相依倚，或最少是局部的统一的，否则其整个生活，必落于支离破碎，受自然的淘汰。③

（七）文化的物观性。文化的质素既有功用的关系，所以某种质素的变动，往往引起他部质素的变动。人类为着生存而创造生产的技术，生产技术变迁，自然引起物质生活的变迁，物质生活的变迁，又引起其他文化质素的变迁。近百五十年来西方文化的急剧的转向——由封建的社会蜕化而成资本主义的社会，谁也知道不是一个卢骚（Rousseau），一个服尔泰（Voltaire），或一个亚丹斯密（Adam Smith）所能为力，它是约翰葵（John Kay），哈古列夫（Hargreave），亚黎特（Akwright），瓦特（James Watt）等等的创造和发明之结果。④

乙、文化的定义

古今学者对文化的定义，正如墨翟所谓"一人一义，十人十义"，议论纷纭，莫衷一是，然而为利便说明起见，从来的定义，可分成两派：（一）唯心派，此派以"文化包括知识，信仰，艺术，道德，法律，风俗，以及任何人在社会上所可获得的才干和习惯"⑤；或直截了当地承认文化就是心能创造出来的共业⑥；（二）唯物派，此派以文化是人类劳动所创造的一切事物之总和，与无须人劳动，由自然给予我们的一切对立⑦，或简直相信物质文化是精神文化的基础⑧。这两派的定义乃至其他种种说法，可谓"词各有当，犹如抚环，各循其端，未尝要于其中"。我们从文化的科学的立场，却以为：

---

① Mead, M, *Coming Age in Samoon*, 1938.
② Malinowski, Bronialaw, *Crime and Custom in Savage Society*, p. 75, N. Y., 1926.
③ Wilson D. Wallis, *Culture and Progress*, pp. 11 - 12, N. Y., 1910.
④ 拙编《西泽知识发展史纲要》，页五二六—五二八。
⑤ E. B. Taylor, *Primitive Culture*, p. 1.
⑥ 梁启超，《文化是什么》，见上引演讲集。
⑦ 波克罗夫斯基，《俄国文化史概论》，绪论。
⑧ Deborin 之说，这当然是以唯物史观的公式为理论的根据的。

"文化是人类为生存的要求，在交互作用中，根据某种物质环境，由动作、思想和创造产生出来的伟大的社会丛体。"

现在应该把这个定义分析说明如下：

（一）生存要求。人类为生存而活动，也因活动而生存，生存之方式为互助合作，互助合作所依靠的工具就是文化。人类非活动的事项，例如天象、地质等，属于自然界的现象，都不是文化系的领域，反之，凡活动的事项——人类由动作情感理智的产品，都是文化系的领域。文化系领域内的一切事物，无一不是人类为着生存的需求而产生的，孙中山先生说人类在历史上一切的努力都是为着求生存，正是此意。①

（二）交互作用。集团不是一个生物有机体，而是社会的交互作用之形式，换句话说，集团是人类的相互关联的行动（interconnected action）或个人际的行为（inter individual behavior）之结晶。文化就是集团存在的一个"函数"，向使没有这种交互作用，不特一切文化发展，绝无可能，就是各个人的存在也毁灭了——不是生理的毁灭，而是"个己"、"人格"，以及在集团中一切其他人类特征之毁灭——水是不能离开氢氧的生元（H 和 O atoms）而存在的。②孙本文先生说得好："文化不是个人的产物，而是团体的产物。文化的保存继续，决不是个人的事，总是一团体共同的事。在某团体中，具有某团体的文化基础，而后产生某种文化。一个人的发明，必由于利用他所居团体的现存文化材料。他决不会毫无依傍而独自创造的。"③

（三）物质环境。社会是由人民集合而成，人民的集合，达到相当的密度，便依着环境的情形，分居于陆上，或集聚于城内，或星散于乡间。某个社会占据相当的领域，其土地之大小和外形（物质环境）为文化生活中的重要条件④，所以一切文化如没有相当的环境的根据，是断然不会凭空产生的。

（四）动作思想和创造。文化一面是人类动作所产生的总体，一面又是思想，创造的结晶，所以把文化看作单是心能所开辟出来的共业，

---

① 参阅三民主义及孙文学说。

② 集团行为的法则，见 Durkheim, Sumner, Cooley, Thomas, Park, Burgoes, Simmel, Ross, Ellwood, Ogburn 诸人的著作。

③ 孙本文，《文化与社会》，页五。

④ 杨堃，《社会形态学是什么》，见《鞭策》，第二卷，第十三、四期。

或只是人类集体劳动所创造的环境，未免"得一察焉以自好"。德国文化史家佛莱德尔（Friedell）对于人类文化，曾作以下的表达[1]：

$$
人\begin{cases}
创造\begin{cases}
之见于艺术， \\
哲学宗教者。
\end{cases} \\
思想\begin{cases}
之见于发明和发见， \\
科学和技术学者。
\end{cases} \\
动作\begin{cases}
之见于经济、社会、国家、法律、教会 \\
与风俗者。
\end{cases}
\end{cases}
$$

根据上表，我们最少可以感觉到文化就是人类过去和现在由动作，思想，和创造所产生的总绩。[2]

（五）伟大的社会丛体。任何部族，种族，民族都有一种共同的或普遍的文化结构——他们具有交通和运输的模型、家庭和住宅的模型、衣食的模型、产业的模型、政府和战争的模型、艺术模型、神话和知识模型、宗教模型、娱乐和游戏的模型——一切这些模型，便构成了伟大的社会丛体。[3]

丙、文化的分类

文化现象，至为繁琐，我们想对于文化加以适当的分析，必须从分类入手。德国社会学者穆拉利耶（Müller Lyer）说："文化的范围非常广大，我们要能支配文化，必须按着以先罗马人与科学家给我们的教训（罗马人故谚有'分开再统治'Divide et impera），要将文化分出类别才行"[4]，这话是不错的。社会学者向来多把文化分成物质与非物质两种，譬如美国社会学家厄尔乌德（Ellwood）提出的文化定义，一方包括泰洛所胪列的物质或精神文化如言语、文学、艺术、宗教、礼制、道德、法律与政府；他方亦包括人类全体的物质文明，如工具、枪械、衣服、住宅、机器以至工业制度，便是好例[5]；兹就下表

---

① Egon Friedell, *Kullurgeachichte der Nouzeit*, Erster Band, 1928, p. 24, or *A Culture History of the Modern Age*, tr. by C. F. Atkinson, p. 21, N. Y. 1931.

② Emory S. Bogardus 说："Culture is the sum total of the ways of doing and thinking, hast and hreasent, of a social group."（见 "Tools in Sociology", *Sociology and Social Research*, Vol. XIV. No. 4, p. 366。）

③ 魏斯拉（Wissler）最近也说："文化人类发明的伟大的社会丛体"（"Culture is a vast complex of human inventions"），in *Recent Developments in the Social Sciences*, p. 87。

④ 看陶孟和沈怡译，《社会进化史》，页四十一——四一。

⑤ *Culture Evolution*, p. 8.

观之尤为明显：

文化 {
物质文化——如衣服，宫室，舟车，桥梁，机器，器具等。
非物质文化 {
对于自然环境而产生的——如宗教，哲学，科学，艺术等。
对于物质文化而产生的——如使用机器的方法等。
对于社会环境而产生的——如言语，道德，风俗，法律等。①
}
}

这是一种最普通而同时亦是最古的分类。当二元论的哲学流行时，神学家和玄学家动辄以为物质与非物质的现象，完全相反，所以对文化采取二元的看法。国内一部分的学者向来也有西方文化是物质文化，东方文化是精神文化之说。可是我们现在观察世界所根据的哲理，已经不是二元论，而是"一元的多元论"（Monistic-Pluralism）了。"自然"与"文化"本来是整个的，不是对立的；原始时代，一条棍子的制造，不外人手的引伸，文字的发明，创始于图画，而图画也是摹仿自然的。②这种一元论的真理，已把玄学的二元论对于智识的强有力的障碍打破了。

学术上的分类，乃人类极可宝贵的发明。人们建立种种的分类，纯因为希望由自己的观点，对于所研究的现象，得到较有效的展望，较确当的分析。我们试把已往的文化分类，先加检阅，才进而提出新的分类，作为研究文化的资助。

（一）斯宾塞最先采用一种文化的分类，为社会学研究的基础。他的社会学原理，除第一第二两部分，研究社会学的资料与归纳外，其余的几部分，将文化分成六种主要的类别如下：

一、家族制度
二、礼仪制度
三、政治制度
四、宗教制度
五、职业制度
六、工业制度

（二）美国古典派的人类学者摩尔根在《古代社会》（*Ancient Society*）一书中，则将文化现象分作（一）政府，（二）家庭，（三）财产，而对每项详论其观念的发生与长成。

（三）泰洛著的《初民文化》，其中心的研究，已由制度转到信仰和习为。他的文化搜讨之集中点如下：

---

① 见孙本文，《文化与社会》，页三。
② Bernard, *Culture and Enviro*, Somentociol Forces, Seht, li 30.

一、神话学

二、哲学

三、宗教

四、言语

五、艺术

六、风俗

（四）自从这种分类以后，社会学者如魏斯特马克（Wester-marck），霍浩斯（Hobhouse）便弃却以"制度"或"组织"为分析的指向，转取"文化质素"（Cultural Traits）或"文化模型"（Cultural Patterns）做分类的基础。汤马斯（Thomas）站在社会学的观点主编的《社会始源资料》（*Source Book for Social Origins*），在内容上，采取如下的文化分类：

一、精神生活与教育

二、发明和技术学

三、性和婚姻

四、艺术、妆饰、装潢

五、魔术、宗教、神话

六、社会组织、道德、国家

（五）陆勃克的《文化始源》（*Origins of Civilization*）所采取的分类，约略相同，其详如下：

一、艺术与妆饰

二、婚姻和亲属关系

三、亲属关系

四、宗教

五、品格和道德

六、言语

七、法律

（六）瓦拉士（Wilson D. Wallis）在《人类学概论》（*An Introduction to Anthropology*）一书，则把文化分成三类来研究：

一、经济与工业活动

二、科学、魔术与宗教

三、社会形态与文化

（七）梁漱冥先生著的《东西文化及其哲学》虽未曾根据文化的分

类来分析文化，但他以文化是民族生活的种种方面，并且把这些方面分别为：

一、精神生活——宗教、哲学、科学

二、社会生活——如社会组织、伦理习惯、经济关系

三、物质生活——如衣、食、住等

（八）这种多元的分类，其错误与二元的分类同样，自无详细批评之必要。当代文化学者致力于文化模型之研究，而具有超著之成绩，当推魏斯拉（Clark Wissler）。他以为人类心理既有其普遍的模型，则文化当然相同。他说："文化内容虽在细节上微有不同，但就基本结构言，却可以发现一种共同性。这种能适合于一切文化内容的共同的基本结构，便是'普遍的文化模型'（Universal Cultural Pattern）。"这种模型共有九项：

一、言语，包括语言、姿态、文化制度等；

二、实物的特质，如衣、食、住、行、用具、武器、职业与产业；

三、艺术，如雕刻、绘画、音乐等；

四、神话与科学知识；

五、宗教，包括仪式、病人的看护，以及死亡的处理；

六、家庭与社会制度，包括婚姻形式、计亲属法、遗产、社会制裁、游戏与运动；

七、财产，包括动产、不动产、价值与兑换的标准，以及贸易；

八、政府，包括政治形式与司法手续；

九、战争。①

（九）美国生物学派的社会者汉根斯（Hankins）侧重文化的"主要元素"，所以把前一种分类，稍为修改，另建新的分类如次：

一、言语与交感：

　　甲　姿势与象征

　　乙　言语

　　丙　文字

二、实际知识和工业艺术：

　　甲　食物

　　乙　衣服

---

① *Man and Culture*，p. 74.

　　　　丙　屋宇

　　　　丁　工具与技术

　　　　戊　财产

　　　　己　个人的服役、职业

　　　　庚　贸易

　　　　辛　运输

　　三、生殖的集团和德型：

　　　　甲　恋爱

　　　　乙　婚姻

　　　　丙　家庭

　　　　丁　血缘关系，他们的权利与义务

　　四、关于世界和人类的性质之观念和习为：

　　　　甲　神话

　　　　乙　魔术

　　　　丙　神学和宗教习为

　　　　丁　医学信仰和习为

　　　　戊　科学知识和实验方法

　　五、支配诸个人的私的关系之观念和习为：

　　　　甲　仪态和礼制

　　　　乙　私的道德

　　　　丙　自愿的结合

　　　　丁　游戏与运动

　　六、支配诸个人的公的关系的观念和习为：

　　　　甲　道德的风俗和制度

　　　　乙　法律的形式和制度

　　　　丙　政治组织和制度

　　七、美术和妆饰：

　　　　甲　个人的妆饰

　　　　乙　绘画、雕刻

　　　　丙　音乐

　　　　丁　建筑

八、战争和外交。①

（十）福尔逊（Folsom）在《文化与社会进步》（*Culture and Social Progress*）一书（页二二至二五），把文化节约为六种主要的元素：

一、物质的元素：工具、用器、建筑及其他，用以统治环境者。物质文化包括人类对于物质与空间关系之排列。

二、社会结构的元素（亦即人类关系之形式），例如财产法、政治结构、家庭中的关系等，这些元素，盖属于社会关系而非空间关系者。

三、情感的元素或社会价值，包括一切德型：如我们对于个人清洁的赞许，裸体的嫌恶等。这些情感的元素，就是某民族在一定的文化水准上对于各种事物的情绪的态度。

四、活动的元素或技巧：包括人体运动的特殊形式，如：舞蹈、踢球等，代代相传，为文化之一部分。这些元素通常与物质或构造的元素有密切的相连，单就本身论，是不很重要的。

五、象征的元素：言语、姿态、绘画文字、电报符号，以及其他足以代表，或象征或能量度外界的方法，象征的目的在于使我们对于真实世界得到更有效的洞见，更有恒的统计。这些都是非物质的工具。

六、信仰，知识或智慧的元素，如疾病原于微菌的学说，水力工程的科学，进化论，法西主义，共产主义等。象征与知识之间也许无严格的分别。我们如要懂得一件事物的话，实际上就是要象征它，统治它。但信仰不过是象征化的第一步，本质仍是一种因果的学说。

（十一）芬尼（Finney）对于文化或社会遗业作二重的分类：第一是关于人类的知识的渊源，即人类社会从而不断抽取的"精神资本"。第二这些知识的渊源，又表现而为客观的结构，制度，人类便借此来满足自己的需要，从而改善或提出更远的活动的程序：

一、社会生活的知识的渊源：

　　一　交通方法

　　二　工业技术

　　三　游戏技术

　　四　科学

　　五　美术

---

① Hankins, *Introduction to the Study of Society*，pp. 392 - 393. 作者以为这种赅博的分类，一方固可以包括一切民族，由最低等以至最高等的文化，他方亦可以满足我们逻辑的和社会的重要性之感情。

六　公共信仰

七　流行的观念

八　民俗

九　德型

二、社会的制度

一　家庭

二　地方团体

三　国家

四　工业

五　教会

六　学校

七　报纸

八　生活程度

九　常规的娱乐

十　康乐保存的活动

十一　杂项。①

（十二）宇宾克（Eubank）在新近出版的《社会学概念》（*The Concepts of Sociology*）上，除引述上列的大部分分类外，最后自己又提出新的拟议如次：

一、集团的行为：民俗和德型，集团中的习惯的明显的作法，和行动的样式。

二、集团的感情：情感、情绪、信仰、态度、趋势、性向和行动的精神的"配合"（与明显的行为不同），这是集团的习惯，且从而规定它们的生活与活动。

三、集团的创造：

（甲）手工造品：一切由人造的物质东西，或由人类对于任何物理性质的改变。

（乙）精神造品：一切非物质的精神创品，如语言、道德、法律思想、系统等——这些都是结晶体，既不能客观地与创造者分离，也不能离开创造者而作一种单个实体而为之叙述。

---

① *A Sociological Philosophy of Education.*

四、第一、二、三的联合。①

（十三）相信唯物史观的人，大都喜欢把文化分成基础与上层结构，德国社会学者穆拉利耶（Müller Lyer）的《社会进化史》（原名 *Phasen Der Kultur*，英译 *The History of Social Development*，translated by Lakes，今名从陶、沈、梁等译）便多少从这种观点，把文化的整个范域，分成几种"社会学的职能"（Sociological Function）：

一 社会经济（或物质的职能）
二 生殖（或生殖的职能）⎫ 文化的基础
三 社会组织（或政治职能）⎭

四 语言
五 科学
六 宗教与哲学的信仰 ⎬ 文化的上层结构。②
七 道德
八 法律
九 美术

（十四）行为派的心理学者班纳（Bernard）觉得人类学者、文化社会学者与文化哲学家从前对于文化的分类，太过简单，不足应科学叙述的需求，所以由"文化产品"和"文化行为"的二重观点，根据行为主义派和功用主义派的态度，对于文化提议以下的分类：

一、文化物象（Cultural Objects）：

一 物质的物象：包括一切把自然转变而成的工具和机械，其功能盖靠外部的某些力量和指向才能运用者。

二 象征的文化物象：其主要的表号为物质的物象所包含的"象征"或"意义"，而非物象本身含有的显明和简单的性质。

二、文化行为（Cultural Behavior）：

一 显现的行为：包括曾受过训练的动物和人类的神经肌肉反应，其作用由直接或间接的顺应的情况发生出来者。

二 象征的行为或言语反应：包括一切延缓的和互易的象征反应，这些反应构成顺应的反应之"神经心理技术"（Neuro-Psychic

---

① *The Concept of Sociology*，p. 258.
② 英译本，页六二。

Technique），其发生在主观和模式上为显现的行动的预备思想，在客观上为交感的语言，而在双方都是象征的或节缩的，预备的或即是互易的和补偿行为。

班纳以为这些文化范畴，可以包括文化质素之一切基础，不过前二种范畴与二元论的分类有很大的类似，而后二种亦非懂得心理学、社会心理学和社会学的最近发展者，不易了解，因此他对于这些范畴更予与发生学的排列，结果便成如下的分类：

一、文化——牵涉对于环境的相对底直接的反应，例如在高等动物和低等文化的水准上占着优显地位者是。

　　一　一种学得的基型（显现的习惯）之显现行为，反应——包括上表第二项第二范畴所揭示的已训练的神经肌肉反应。当然这样的行为，见诸一切文化水准，但除却在这里所标示的阶段外，通常不是均能占着优显的地位的。

　　二　物质的文化物象（上表第一项第一种范畴）——乃上面所说的历程中的显现的行为反应之直接结果。这些物质文化的物象渐渐成为象征的行为或言语反应之间接结果，例如由偶然的经验以至由种种设计创成的发明历程，或如制造的技术，也是由平行的途程引出来的。

二、文化——牵涉对于环境的相对的延缓的间接的和象征的反应，这些在较高的人类水准上占着优显的位置。

　　一　象征的行为或言语反应，通常把顺应的范围扩大，并把确度增进，虽然有时牺牲速度为之代价。

　　二　象征的文化物象或堆积的意义之传达者，此为构成人人与社会的象征的顺应模型之渊源，而且在范围上逐渐扩大，功用上逐渐增高：譬如社会组织和统治计划，就是好例。①

这种分类，极其精细，周密，且能表示文化的各部分之互相关系，自然比前人的企图，较为进步。然而文化是人类应付环境的产品，为要顺应环境，所以常常把文化改变。文化在时间上动作着，正如佛法所谓"念念迁谢，新新不住，不惟年变，亦兼月化，兼又日迁"，但文化在人类

---

① L. L. Bernard, "Classification of Culture", *Journal of Sociology and Social Research*, Vol. XV. No. 3, 1931.

（或动物）史的某阶段上，终久是一种顺应的历程，因此我们不妨根据行为主义的观点，和文化功用派的理论，把文化看作一种客观的动的历程，提出如下的分类：

一、构成"物质社会环境"（Physical Social Environment）的一切"物质文化物象"（Materia Cultural Objects）。例如斧头、工具、器械、陶器、衣服、住宅、舟车、道路、金钱、工厂以至其他物质工具——这是由顺应的历程产生出来，而且是这种历程的一部分。

二、构成"生物社会环境"（Bio-Social Environment）的"显现的文化行为"（Overt Cultural Behavior）。早先的物质文化物象，就是由文化行为创造出来，所以对于新文化产品的每种顺应与文化物象与历程中的每种新发明，必有新数列的神经肌肉的运动跟着起来——并且这些行为本身也就是文化的。例如一个人变成了一个猎者、农夫、工人、艺术家，固然属于文化行为的范围，即低等动物之饲养，政治工作之训练，工钱制度之创造，也何尝不属于文化行为的领域。

三、构成"心理社会环境"（Psycho-Social Environment）的象征行为，或言语反应——如言语文字。象征行为或言语反应之发展，由象征化的显现形式以至象征化的内部结构，或思想形式，乃人类最伟大的文化造诣。

四、"象征的文化物象"（Symbolic Cultural Objects）——例如偶像，庙宇及艺术品之含有特殊意义者。

这种分类的范畴之排列，虽不敢说是没有缺点，但最少总能点出文化历程增进的复杂性。从前哲学家对于文化的物质与非物质之二元的看法，固然犯着根本的谬误，然而人类学者与社会学者，除少数如摩尔根、泰洛、斯宾塞、立吐奴（Letourneau）、孙末楠（Sumner）外，多数均受古物学家的"层位学的观念"（Stratigraphic Idea）之影响，似亦未曾看见这个动的时代的根本含义，所以不思根据顺应的历程，给予功用的动力的解释，结果惟有把文化看作博物院里一格一格装置起来的老古董。我们相信只有如上的分类，方能表出文化不是静的"遗产"，而是由活动的顺应的历程创生出来的"共业"。

生活的习惯本来非常复杂，我们通常所以由许多的观点，来给这种共业加以摹述，第一，因人类对于周遭的自然之顺应，所以利用自然原料供营养的需要，与衣食住行的获得。第二，因社会成员的相互关系，所以有性的生活和社会操作的形式之创生。第三，因人类的有主观的行为，所以有艺术、宗教、道德与科学之表现。这些文化生活的诸方面都是互相关系的，然而这种关系并非一成不变，所以我们现在对于文化的观察，侧重其动的历程，注重其历程之顺应的作用。我们相信任何的文化分类，如能满足今日社会科学的需要，必要把静止的观念取消，转过来由新的观点去抉发爬梳，才能得到相当的结果。社会学者和新心理学者已看见这种原则的义谛，故渐渐根据行为派的展望和范畴，来建筑他们的文化分类。人类学家和古物学家，似还不曾进到这个阶段。制度派的经济学者和政治的心理学者，亦向这方进行，而文化人类学者，因采取社会学的观点，对于这种新的看法，自有相当的认识。

最后，我们还应该附说一句，上述的分类，均可应用到任何民族的文化生活而无遗漏。我们不曾知道任何低等的初民集团没有上列的文化质素，当然文字和文学的表现，是主要的例外。初民文化与高等文化的不同，只是程序上和内部的关节上的不同，并非根本的范畴有什么差别。

四、文化学的观点与对象

什么是文化学？文化学是以文化为其研究的对象，而企图发见其产生的原因，说明其演进的历程，求得其变动的因子，形成一般的法则，据以预测和统制其将来的趋势与变迁之科学。今欲说明这个定义的意义，须先注意两个论点：

（一）文化学的对象，未经任何社会科学或文化科学，作系统的研究，换言之，文化学研究文化现象所采取的观点，与任何社会科学或文化科学绝不相同。

（二）文化学所研究的文化现象和研究所采取的观点，不特在逻辑上为一致，而在科学上也很重要。

现在先说文化学的观点，次及文化学的对象。

（甲）科学家观察任何类的现象，必先注意该类现象特具的质素和关系，或注意几类其他现象同具的质素和关系。他所研究的现象，无论是物理的、化学的、生物的、社会的、经济的，抑或心理的：第一，要标示该类现象单独具有的特征；假如其特征非其他现象所同具，则其在时间上或空间上当然是唯一的，非重演的。第二，他也可以把所研究的现象与其他现象共通的质素加以标志，其质素假如是多类现象所同具的，那么，它们在时间上或空间上或在二者上都是重演的了。前者的观点是个体化（Individualizing），后者是概括化（Generalizing）。根据第一种观点出发的研究，叫做个体科学（例如一切历史科学），根据第二种的叫做概括科学（例如物理学，化学，普通生物）。第一类科学的注意点，在把唯一的，非重演的现象和关系具体地摹述出来；第二类科学则对于在时间连续上，或空间上，或二者上重演的现象和关系之"齐一性"加以摹述，且从而注意"法则"的形成。这两类基型的科学之内部结构，范围和方法，依照库诺（Cournot）、温德尔班（Windelband）、黎卡特（H. Rickert）的说明，是绝对相反的。因为如此，文化学者（Culturalists）第一件任务就是要规定文化学的性质，看文化学究竟是个体的科学抑是概括的科学？我们如果不先把这个问题解决了，文化学的一个清晰的一致的概念，就没有达到的可能。并且，这种决定，实际上也就支配着文化学的一切主要质素。①

　　社会科学家对于这个问题的态度，殊不一致。文化人类学者和文化社会学者大抵主张文化的研究，属于概括科学的领域，前者采用文化的术语，标示研究社会现象的特殊方法，名为"文化搜讨"（Cultural approach）。美国鲍亚士（Boas）所领导的人类学派之重要著作，为之首倡，后来此派便以此种"搜讨"和概念，为研究社会生活之唯一路线，结果所以形成"文化社会学"（Cultural Sociology）的概念。文化人类学者瓦拉士（Wallis）说：

　　　　当代社会是一种文化的现象；社会生活的"搜讨"，本来有许多种：我们可以从心理学的立场，研究社会现象，求知其心理学的意义，因每种社会的状况，离不了心理学的条件。我们可从史学的立场，摹述社会现象，因每种社会的现象均有历史的背景，而时间也使任何社会现象成为历史的资料。我们对于地理学如有特别兴趣，自然可以从空间的分播，摹述社会现象，不单在某时间发生，也在某地方表现。一切现在、未来和过去发生的事象，都有其地境的根据。又我们当然可以从经济学的立场，研究社会的现象，如马克思（Marx）的主张。最后，我们亦可从文化的立场，来探究社会现象。文化是一种民族的生活，其表见者为接触、制度、设备，其包括者为特征的概念和行为、风俗和传说，以及物质生活……我们从这种观点出发，则社会学上的相关的现象可以得到一个"指

---

　　① 参阅 P. Sorokin, *Contemporary Sociological Theories*, Last Chap, and "Sociology as a Science", in the *Journal of Social Force*, Vol. X, No. 1, Oct. 1931。

向”（Orientation），而其意义，亦可阐发无遗。①

这话当然是承认文化的搜讨，是研究社会现象的适当的方法，同时也表见文化学是一种概括的科学，有如心理学，经济学一样。

（乙）照依我们上述的定义，文化学的研究对象，既然就是文化，但近来有许多社会学者，总以为社会学才是研究文化的科学。例如文化社会学者维里（Willey）不赞成把社会学当做综合科学，因为他觉得一种科学，讨论到地理、心理、经济，及其他因子，这样的概念，终落于社会哲学的窠臼，所以他以为十年以来，社会学者辄欲从新的方向进行，开展一种新概念，以为社会学是“研究文化及人类适应这种历程的科学”。他又根据泰洛（Tylor）的文化定义，以“文化的始源、生长、分播、继续的历程”，构成了社会学的研究范域。②他和赫斯高维斯（Herskovits）更简单地断言“文化的研究即是社会学的研究”③。格雷（Gary）也说：“人类文明和文化不独是社会学的合法的部门，也许是最重要的部门。”④ 在德国方面，冯魏塞（Von Weise）谓文化社会学或称文化类型学（Kulturtypologie），这种科学是按社会学的规定去理解文化的学问，文化不是唯一的，文化的形态是复杂的，例如从民族、阶级、时代等等不同的类型文化，先承认这些事实的存在，再按此等类型以研究文化的工作，就是“文化类型学”。⑤穆拉利耶（Muller Lyer）在其名著《社会进化史》，亦视社会学为“文化的科学”（Science of culture）。⑥所以社会学者颇有倾向承认文化的研究，构成社会学的对象之趋势。

假使依照这样的看法，则社会学仍是综合的科学而不能成为特殊的社会科学。阿伯尔（Abel）批评地说：

> 因为“文化”包括人类行为模式的综体，而“文化质素”（Cultural Traits）和“文化丛体”（Cultural Complete），也就是各

---

① Wilson D. Wallis, *Culture and Progress*, pp. 15 - 19, 1930.

② Malcolm M. Willey, “The Validity of the Cultural Concept”, the Amer, *Jour. of Sociology*, Vol. □No. pp. □

③ Willey and M. J. Herskovits, “The Cultural Approach to Sociology”, The Amer, *Jour. of Sociology*, 1926, Vol. XXIV, pp. 189 - 199.

④ Dorothy P. Gary, “The Developing Study of Culture”, in *American Sociology*, ed. by Geo A. Lundberg, 1929, p. 173.

⑤ 见关荣吉，《文化社会学》，页四所引，东京。

⑥ F. Muller Lyer, *Phasen der Kultur* 英译 *The History of Social Development*, tr. by E. C. Lake and H. A. Lake, Chap. 1, 1923（陶孟和等译为《社会进化史》，商务〈印〉书馆）。

种经济的、政治的、技术的、宗教的及其他的相应的产品，所以文化的研究，不是脱离其他的社会研究，实际上恰好构成一种"综合的搜讨"（Synthetic approach）。文化的某方面构成特殊科学的探究，所以文化的领域，便区分为各种文化科学或社会科学。除了各种科学所研究的领域外，本来没有构成文化探究的对象之特殊现象。宗教学，政治学或经济学已经把文化质素、文化丛体，及其堆积（Cumulation）、绵延（Continuity）和动性（Mobility）加以研究了。此外的唯一的可能性，就是"抽象的搜讨"（Abstract approach）——例如概括文化的形相所呈现的不同之文化历程，企图达到文化起源、文化绵延、文化发明及其他的一般学说，以便发见文化所根据的基本原理，解答哲学所常讨论的社会问题——这种概括，以文化的特殊科学所供给的材料为根据，虽然这样的抽象的搜讨，有超时代的嫌疑，但却有存在的可能性，因为它底目的在乎获得适当的文化理论或文化法则，表现社会发展的组织的系统的形相及其所牵涉的历程之真谛。由此看来，文化研究只有"抽象的搜讨"是可能的，所以文化学者本质是一个综合家。高丹怀素（Goldenweiser）、魏斯拉（Wissler）、乌格邦（Ogburn）的著作之大部分，如关于"文化发展的阶段论"、"文化分播与单独发明论"、"伟人之职能论"、"物质和非物质文化之关系"，又如孙末楠（Sumner）之《民俗论》（*Folkways*），乌格邦的《社会变迁论》（*Social Change*），都不能出乎综合的范畴以外。文化学者在这方面有适当的概念，有实验的材料，所以他们在这方面是有贡献的。[①]

我以为亚［阿］伯尔这段话是不错的，社会学如要成功一种特殊的社会科学，它决不能采取综合的观点，兼收并蓄，无所不究，至于研探文化理论与文化法则的科学，当然要让给新兴的文化学去担负才对了。

五、文化学与社会学

以上所论，请作进一步的说明：

上述的许多学者认社会学即是文化学，大抵由于误认社会与文化这两个概念，没有分别而来。厄尔乌德（Ellwood）著《文化进化》（*Cul-*

---

① Theodore Abel, "Is a Cultural Sociology Possible?", *The Amer. Journal of Sociology*, Vol. □No. □

tural Evolution），谓文化进化亦即社会进化，故认文化行为与社会行为同义，但据现在的探究，我们方始明白文化与社会两个概念，不特全然不同，其意义亦有很大的区别，试析言之：

（一）社会生活与文化生活截然不同，前者发生在先，后者发生较晚。旧日的见解，认低等动物，特别是社会昆虫中，也有文化行为，据威拉（Wheeler）教授对于保存在波罗的琥珀内之蚂蚁的观察，发见这种生物在几百万年前已发展了等级制度，与今日无异。他们的社会生活，如互助、争斗、调适、统制、寄生乃至其他状态均与人类相同，可见社会行为的一切机构，在没有文化的社会昆虫及其他次人类的种类当中是存在的。人类的社会行为，所以并非由文化现象造成，反过来看，社会生活却为文化发展与传递的必要条件。文化的特质一旦成立，便有其独自的历史和因果关系，与创造和传续文化的个人或集团分离。文化特质并且可以结成各种文化模型，改变个人的机构之原始作用，以至集团间的相互关系。①

（二）特殊的文化质素，并不是永远与同样的社会行为相关。我们对于一切文化质素，不能看作静的标准化的产品，而要视为变异的形式。当一种质素分播以后，其外形虽或保存，及其一旦成为不同的社会行为之刺激时，其原来的意义就变了。文化模型会使某种社会行为变成标准化，而标准化的社会行为旋即成为新文化元素的淘汰或选择的因子。社会行为并非由种族或集团的心理的变数所支配，而是由时代最流行的文化模型所决定。试从文化史上作一简单的观察，便知一切种族和集团在不同的文化刺激之下，有极度的变化性，这是一个确切的证据。

（三）文化社会学者常假定人类的生理的赋予，如"基本的需求"，"基本的本能、冲动"，"倾向"等为文化的始因，魏斯拉的《普遍文化模型说》（*Theory of Universal Cultural Pattern*），便以此为根据。②然而"需要"或"冲动"的存在，不曾包含需要的满足而言，故生理的冲动，不能算是文化始源的适当的说明。同理，巴斯铠（Bastian）以"人类心理，根本是一致的，所以社会行为，只要不为文化刺激所改变，则到处相同"，这个假设，如不看作是"普遍文化模型"的唯一原因，自然包含若干的真理成分。我们相信邃古的人类，如"立猿人"或"北京人"等，老早就有文化的创造，可见人类行为，在那时已受到文化的

---

① William Morton Wheeler, "Social Life of Insects", *Scientific Monthly*, XIV, 47-54.
② Franz Boas, "America and the Old World", *XXI Congress International des Americanist*, pp. 22-28.

决定了。

基于以上的观察，文化的客观性或文化的真体之存在，是不能否认的。文化学因此与研究社会行为、社会历程、社会关系、社会组织的社会学截然不同。[①] 文化学照我们上面给予的定义，是研究文化的始源，文化的演进，文化动力及法则的科学。

再从社会学史看，过去二十年社会学的发展，表现出两种显明的特征，与十九世纪的传说异趋：

（一）现在社会学采用归纳方法与数量分析，根据详细与专门的搜讨，不断地侧重社会生活的特殊方面之彻底的专论的研究。

（二）现在社会学者企图把社会学的领域缩小，注重同质性的题材，使社会学成为一种自治的和专门的科学。依这种趋势讲，社会学当然不是调节各种社会科学的结果，对于整个社会生活给与一贯的解释之一般的科学。社会学也不是从史学和民族学采吸材料，从事综合的一种理论的训练，换言之，不是历史哲学或文化学说，反之，社会学却是从事于与任何其他科学领域不同的特殊领域之研究。

这两种趋势非常重要。近年来德国社会学思想的显著的特性，就是要把社会学建立成一种独立科学。辛麦尔（Simmel）、飞尔康特（Vier-kandt）、冯魏塞（Von Weise）、韦柏（Weber）之流都曾向此方面努力，且有不朽之贡献，为举世学者所注目。[②]

在最近的趋势看来，社会学既要成为一种特殊科学，或渐成为一种特殊科学，所以我主张新兴的文化学应该是研究文化的一般的科学。我的理由如下：

（一）固然社会学者中，除上述诸人及其他主张社会学应为特殊科学外，还有些学者如奥盆亥麦（Oppenheimer）[③]，素罗坚（Sorokin）[④]等继续孔德（Comte），斯宾塞（Spencer）原始定立的传说的工作，主

[①] 什么是社会？社会就是由某些个人根据共同利益，联合起来，且有若干组织的集团。社会学最简单的定义，就是"社会学是研究社会的组织，现象及其发展的科学"。关于社会学定义，还可参看 Comte, Spencer, Ward, Sumner, Giddings, Small, Durkheim, Pareto, Simmel, Freyer 诸人的说法。Small' *General Sociology*（1905）pp. 23 ff. 曾将许多定的加以比较，Small 亦以社会学是注重社会历程与关系的研究的。

[②] Theodore Abel, *Systematic Sociology in Germany*, 1929.（参阅拙译《德国系统社会学》，华通书局。）形式学派主张社会学研究社会的形式，不研究社会的内容，是一个好例。

[③] *System der Soziologic*, Tena, 1922.

[④] *System of Sociology*, Lengrand, 2229（俄文）。

张社会为一般的科学。但我觉得双方的论战，没有什么用处，现在最好遵照学术进化的通则，把社会学的地位提高，完成其特殊科学的地位，至于"综合社会学"所侧重的文化进化的一般问题，文化生活的根本方向与法则的研究，今后应该让给文化学去探讨。

（二）我觉得文化人类学和文化社会学的界线，非常混淆，现在既有自称为"文化学者"（Culturists）的，以研究"文化的科学"（the Science of Culture）为己任，则我们又何妨进一步，把这类的研究，叫做"文化学"（Culturology）①。张申甫教授说得好："如得取已往各种文化之尘迹而研究之，或设立一种'文化学'，定不会白费功夫。这也是今日照嘱宏远的社会学者一桩特别的责任。"② 这话真可说是一语中的了。

（三）斯宾塞在《群学肄言》创造了一个"超机"（Super organic）的名词，谓社会现象的地位，超越生理学之上。③ 但他对于社会和文化的解释不甚清楚。美人类学家克鲁伯（Kroeber）曾在美国《人类学杂志》发表一文题为《超机界》，说明生理转化与社会进化之大不同，该氏后又在美国《社会学杂志》作一文题为《社会心理学之可能性》，申明四界现象之义。兹将现象四界，科学四级列表如下。④

最上级	文化现象	文化科学（社会科学）
上 级	心理现象	心理科学
中 级	初级有机象	生理科学 ⎫自然科学
下 级	无机现象	物理科学 ⎭

克鲁伯采用"超机"的说法，把人与其他动物，有机的进化与"超机个"（即是文化的）进化作严格的区分，而且采用染着玄学和人类中心观的浓厚的色彩的"超机"一名，来标示"文化现象"，我们自不敢赞同，但他把文化现象视为最高的现象，则未可厚非。梁启超亦尝定人

① 文化人类学与民族学的界线，亦难划分，而学者对于这两门科学的范围，意见亦不一致。（参阅杨堃，《民族学与社会学》，《社会学刊》第四卷第三期。）据英人类学家 Malinowski 之说，十九世纪中期，学者相信种族（Races）的研究，可以形成一种新的科学，所以采用 Ethnology 之名，现在已知旧日的见解是不对的了（参见《社会科学百科全书文化条》）。我以为这两门科学大抵同以初民社会，初民宗教，初民经济组织及两性关系等为研究范围，其实没有什么显著的区别。杨堃先生甚至承认民族学与社会学之间也没有什么显著之区别，并且认双方的关系是平等的不是从属的。（见上引）
② 见所著《文明与文化》，《东方杂志》，三十三卷，二十四号（民国十五年）。
③ *The Study of Sociology*, pp. B-16.
④ 见许仕廉，《文化与政治》，页十二—十三所引。

类活动之方式如次①：

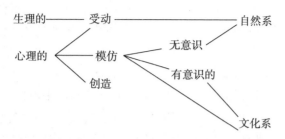

梁氏这个方式表示自然系与文化系之分别，虽不无缺点（例如生理与心理，并非平行，心理学是要与生物学为基础的，自然与文化亦非严格地对立，这点我们在文化分类上已经说过了），但亦有其相当的便利。② 文化现象或文化系统为独立之领域，则研究这种领域的科学，当然以一般的文化学为最适宜，这是一个自明的命题。总而言之，文化是"自成一类"（Sui generis）的现象，近因文化人类学与文化社会学之接殖，文化的研究已骎骎然由附庸的科学，蔚成独立的科学，这是学术界一件确切不可掩的事实，这并不是文化学有篡夺社会学的阴谋，反之，社会学亦无拒绝文化的研究，不许它成为独立科学的权利。本来一切社会研究，均有密切的相互关系，我们想把它们的研究领域，一一划分，就不是一桩容易的事情。所以一方面，固然有人主张社会学，心理学乃至其他的社会研究，同是以人类行为做探索的对象，他方面也有人主张社会学，人类学，民族学，乃至整部社会科学都同是研究文化的。我们深信学院的部门之区别，绝无神圣可言，科学的分类，自孔德以迄今日，亦无一致的说法，观点不同，所见自异，假使两种或以上的搜讨，在两种或以上的名目之下，而有同样的重要贡献，则分途并进，分工合作，对于科学固然有损无益，对于人类文化前途，抑且有重大的助力。

六、文化学与社会科学的关系

通常所谓历史科学，均注重文化现象的单独的不覆演的状态之研究，如研究法国革命与俄国革命，而侧重每种革命的特独性、唯一性者是，通常所谓社会科学或文化科学则反是，它们对于同样的现象，要找

---

① 梁启超，《文化是什么》，见《学术演讲集》，第三集，百十五页。
② 梁氏以为自然系是因果法则支配之领土，文化系是自由意志支配之领土，这是二元的唯心论的看法，参看拙著《史则研究发展》对于梁说的批评（《社会学刊》，第一卷第三期）。

出其关系之在时间上，或空间上，或时空二者上的重演，表见若干的
"齐一性"（Uniformity）、"恒常性"（Constancy），或"基型性"（Typ-
icality），如研究法俄革命，而侧重二者的革命现象之共通性是。由此，
我们可以断定，历史科学研究现象，其最终之目的，在于描写单个事件
的体相（某一英雄，某一制度）①，他方，社会科学或文化科学如不是：
（一）提供一种抽象的方式（法则），由数量或性质来叙述一种重演的齐
一性（或变异性的度数），与两种或以上的文化变异性之关系，或就是：
（二）陈述一种基型，做某类重演的社会现象之一种复合的写真，这是
社会科学与一切历史科学的分线。

　　这个基本点建立以后，文化学与特殊的社会科学或文化学的关系，
便容易明白了。根据我们上面的推释，文化学的范围当然包括一切文化
现象的共通质素和关系之一种研究，至于每种文化科学（或社会科学）
则只能顾及文化现象的某一个特殊方面，作窄而深的探讨，如经济学是
专门研究经济生活的，社会学是专研究人类关系、社会形式、社会历
程，或社会的交互作用的，政治学是专研究政治的"变率"的。就文化
现象的整个实体来看，经济现象与政治现象并非各各孤立，而是相互关
联，互相影响的。经济条件固然影响政治组织和历程的形式，反之亦
然。经济学倘使是适于研究经济现象，政治学适于研究政治现象的话，
但二者在逻辑上都不适于研究两个领域上的"学际问题"，例如"经济
条件与文化之关系"，"气候与文化的演进"，"环境与文明之交互影响"，
这些都是所谓"学际"问题——此种问题，从前本属于社会学的领域，
现在因为社会学已经变成特殊的独立的科学，那末，这些现象，逻辑上
自然落在文化学的领域。为图表示其关系如下②：

七、文化学研究的模式

　　文化学研究的模式，最难划分，但约而言之，大概有下列数端③：
　　第一，是文化"类型关系"（Type-relations）之研究。文化现象如
民型，德型之类，从表面看来，本没有特殊的时地限制。关于这类现象
的研究，要清晰地确定其一般的状态，摹述其类型的关系，然后可使先

---

　　①　近今西洋新史家如 Berr, Shotwell, Marwin, Barnes 等主张要把史学变成一种研究
"社会变迁"的科学（Science of Social Change），这又当别论。
　　②　参阅 P. Sorokin, Sociology as a Science, Journal of Social Forces, 1931, Vol. X, No. 1.
　　③　参阅拙著《文化学方法论》，《中央大学社会科学丛刊》第一卷第一期。

(1) A 是一般文化学的领域，(2) 用＋＋＋＋表示特殊社会科学或文化科学的学际领域。

附言：这里对于整个文化现象领域的区分是举例的。

前认为不相关的事实，作比较的探讨。孙末南的《民俗学》，便是这种研究的好例。

第二，是"文化叙列"（Cultural Sequences）之找寻。这种研究在于推论文化演进的时间的叙列，审知其发展的情形。文化学者通常采取两种方法：（一）先史古物学的；（二）形态比较学的，来建立先史文化的时间的叙列，如纳尔逊（N. C. Nelson）对于美洲先史文化叙列之决定，奥柏米尔（Hapo Obermaier）对于欧洲先史文化区之史的相互关系的认识，皆是现例。[①]

第三，是文化变动的探讨。文化的系统的叙述，固可以表现文化的特征，然而文化的静的类型之分析，决不足以说明其动的状态之发展，故文化变动的研究，殆属文化上最重要的部分。文化变动，盖指物象经过一叙列的阶段而言。向来学者对于这种阶段有两方面的看法：（一）以文化变动为世界史的历程之一行相，经过非覆演的叙列者，如摩尔根研究婚姻制度，谓最初的两性关系为"乱交"（Promiscuity），第二为"血族结婚"（The Consanguine Family），第三为"亚血结婚"（群婚）（The Punaluan Family），第四为"数家同居"（The Syndyamian Family），第五为"父权家庭"（The Patriarchal Family），最后才是现代社

---

① Nelson, "Chronology of the Tans Ruins", American Anthropologist, N. S. XVⅢ (1916), 159 - 80. Obermaier, "Des Paiaoithiknm und Epipalaolithikum Spaniens", Anthropos, XIV - XV (1919 - 20) .

会的"偶婚制"（The Monogamian Family）。[1] 又如《礼运》之由"小康"进至"大同"，康有为《大同书》以春秋三世之义说《礼运》，谓"升平世"为"小康"，"太平世"为"大同"，今日则仍为"据乱世"，皆属这种看法。（二）以文化变动为世界史的历程之一行相，但同时许多种"文化都经过"相类的阶段者，如斯宾格勒（Spengler）的《西方之没落》（*Der Untergang des Abendlandes*）把文化史当作继续的轮化的纪载看待——相信许多文化，也许同时并存，可是每种文化必然地经过比较的阶段，如有机体的形态，由"生"到"住"，由"住"到"灭"然。

第四，以文化变动当作相互关系的变动之一种函数来研究者。所谓关系的观念，并非单指过去与未来（时间叙列）而言，也指事象与事象的关系来说。文化变动盖由许多因子造成，如心理的、地理的、生物的、经济的等等皆是。向来社会科学家对于这种因果关系的研究之方法，有注重非实验非数学的研究者，例如从理论上研究文化与种族、文化与环境的关系是；有注重非实验而是数学的研究者，如达莱发（H. E. Driver）与克鲁伯著的《文化关系之数量的表达》（*Quantitative Expression of Cultural Relationships*，University of California，1932），最后还有注重实验的数学的研究者，如朱宾（Stuart A. Chapin）的研究文化变动是[2]。

要之，文化学研究的模式，不只数种，以上不过荦荦大端，宋人张载说："学贵心悟，守旧无功。"尚望当代社会科学家，商量旧学，培养新知，对于刍荛之献，有以进之。

---

[1]　Morgan，H. L. *Ancient Society*.

[2]　S. A. Chapin, *Cultural Change*.

民生史观论究[*]
（1934）

一、史相与史观

人类庚续的活动，构成社会在空间和时间的发展，而这种发展的形相，历程，与变象，同时也就是史家摹述和说明的对象。什么是史的形相，历程与变象？取譬明之，史之为相，如激水然，一波才起万波随，金门之夜汐与吴淞之午潮，鳞鳞相接，浪浪相应，其始固为一无始，其终亦是一无穷。史的历程，万古不息，孔子临川，所以浩叹："逝者如斯夫，不舍昼夜。"赫拉颉利图（Heraclitus）说，"濯足长流，抽足复入，已非前水"。史的变象正如《大易》所谓"变动不居，周流六虚"，庄周所谓："若骤若驰，无动而不变，无迁而不移。"[①]王船山亦说："长空一丝烟霭，任翩翩蝶翅泠泠花外，笑万岁顷刻成虚，将鸠莺鲲鹏随机支配……"[②]这种集团活动，由一种状态推移到他种状态，由一个阶段进步到更高的阶段，如由军事而法律，由法律而产业，如是展转递增，而世运乃日进而无极，这就是通常所谓历史进化。

古今史家，因时势不同，观点各异，或以为史是宇宙的总账，或以为史是人类活动的资鉴，或以为"历史是过去的政治，政治是现在的历史"，或以为史是人类文化的客观的纪录，或更谓史是"叙述人类在知识线上的进化现象，使我们明白自己同人类的现在和将来的一种科

---

[*] 载《中山文化教育馆季刊》创刊号，1934年，署名黄凌霜。

[①] 《庄子·山木篇》。

[②] 王船山词："生缘何在？被无情造化，推移万态。纵尽力难与分疏，更有何闲心，为之俅保。百计思量，且交付天风吹籁。到鸿沟割后，楚汉局终，谁为疆界？长空一丝烟霭，任翩翩蝶翅，泠泠花外。笑万岁顷刻成虚，将鸠莺鲲鹏，随机支配。回首江南，看浪漫春光如海。向人间，到处逍遥，沧桑不改。"（《玉连环·述庄蒙大旨答问者》，见《鼓棹初集》）

学"①。然而我们相信历史不单是一种叙述的科学，同时也是一种说明的科学。人类的思想发展，为什么会由神学进为玄学，由玄学进为科学？图腾文化，为什么也见诸中国古代的社会？② 封建制度，在中国起源于周初，为什么到春秋战国便会没落，其在西欧则起源于公元后二三世纪而能苟延到十八世纪？法国革命的原因何在？拿破仑为什么会失败？民族资本主义为什么在欧美会勃兴，在中国则至今仍不发展？中华民族的社会组织，分治合作，交迭推移之因果如何？总括地说：历史进化有没有因果法则和最后的动因，社会现象是不是只函数关系而没有一个中心？过去三百年间，物理科学家发见许多自然法则，我们对于史象的毗连和关系，史程的变动和路向，能不能找出同样的实证法则，用以"上穷王道，下挟人伦"③？假如史象的动因是有的，它是一元的，还是多元的，是心理的，还是特质的，是有机的还是超机的？凡此种种的追求，殆莫不欲以研讨现在的结果，由什么因子造成，将来在相似的情况下，能不能凭借已得到的知识，来控制新事象，新环境，为共同的目标。这样的目标，大抵为古今高瞻远瞩的史家所同认。温伯威格（Unberweg）说："从客观的意义讲，史乃自然和精神所由发展的历程，从主观的意义讲，史是对客观的发展之探讨和陈述。"④ 佛林得（Flint）则谓历史乃人道生存的整个，社会运动的全部。回忆和摹述其过去，属于艺术，表见其与宇宙一般体系的关系，原于哲学，分析其元素，迹寻其法则，属于科学。⑤ 中国先哲言史之要旨，亦在于阐释实理，寻绎公例，如《易经》"知变化之道在，其知神之所为乎"；《老子》"执古之道以御今之有"；《管子》"疑今在察之古，不知来在视之往"；《鬼谷子》"知存亡之门户，筹策万类之终始，达人心之理，见变化之朕焉"；《太史公自序》"原始察终，见盛观衰"；《报任安书》"究天人之际，通古今之变"。故我们可以断言，解释历史，进究其变迁的法则，历程，因子，是史学的最高目的；史学最高的目的也是社会科学共同底目的。⑥

① 朱谦之，《历史哲学大纲》，页四一。
② 参阅拙著《中国古代社会的图腾文化》，《新社会科学季刊》，创刊号。
③ 刘知几，《史通自序谱》。
④ *History of Philosophy*，Vol. 1，p. 5.
⑤ *Philosophy of History*，1894，p. 2.
⑥ A E. Rowse, *Science and History*，1928，p. 8.

二、史观之史的发展

一切的学说，都有其社会的背景，受着时空的条件之支配。历史的解释——史观——无疑地，从史学史看来，免不了文化环境及时势主要趋向的影响。

小亚细亚岸之伊安尼亚（Ionia）为古代东西文化接触的中心区域，因环境异常复杂，刺激非常频繁，所以历史的批评精神，很早就在此地诞生出来。[①] 我国司马迁生当商业发达的汉代，要"通古今之变，成一家之言"，其成绩如何，姑置勿论，但其贡献，盖可与西洋史学之父的希罗多德（Herodotus）媲美，毫无愧色，继起者如郑樵，曾巩，刘知几，章学成之流，虽各擅专长，然其对于历史哲学的探究，可谓绝无成就。[②]

欧洲到了中古时代，与外间不相往来，学者生活，以农村为背景，故多趋于静穆，因袭，与保守，在意识形态上，自然相信奥古斯丁（Augustine）的历史之神学观为不祧之宗。迄乎十四五世纪，东西交通，另辟新页，当时佛罗稜萨（Florence），威尼士（Venice），艮诺亚（Genoa）的商人，经营商业于地中海岸，因经济发达，遂产生马其雅弗利（Machiavelli）的政治学说，其思想偏于势利，侧重霸术，与我国法家纵横家之说为近似。美国当代史家萧威尔（Shotwell）以为这种学说为时势之反映，正如笛卡尔（Descartes），培根（Bacon），休谟（Hume），服尔泰（Voltaire）的理性主义反映着伽利略（Galileo）之发见，与航海家赴中国之航程，没有两样，这话可谓知言。

十八世纪下半期以后，欧西发生了技术革命与产业革命，一切因袭的文化，为之顿易旧观，而新兴的文化，取材既宏，内容亦复艳异，于是新的历史解释，遂跟着这种文化环境与时代精神而诞生。本来十八世纪批评派和理性派的思想，与群众的知识水平，相去甚远，所以十九世纪初叶，唯心论乘机勃兴。康德，黑格尔生于理想主义和浪漫主义的时代，其理论遂乘法国革命后之反动，阐扬尽致。同时民族主义，又跟着法国革命的史潮而崛起，其波澜之壮阔，为有史以来所仅见，于是史家对于社会的转形[型]，以政治解释著称者，触目皆是。然而有达尔文时代的科学的倾向，

[①] Shotwell, *Introduction to the History of History*, Conclusion. 参阅何译，《西洋史学史》，商务。

[②] 章学诚《志隅自序》说："郑樵有史识而未有史学，曾巩辈具史学而不具史法，刘知几得史法而不得史意，此予文史通义所为作也。"

乃有巴克尔（Buckle）对文化变动之环境的解释，有汽机的发明，乃有马克思的《唯物史观》，开产业革命解释之先路①，自是以后，一切肤浅的见解，便如秋风之遇落叶，无复当年万卉争荣之景象了。

如果十九世纪是一个科学的世纪，二十世纪可以称为一个综合的世纪，中国在这种东西文化交流之会，一切文化莫不受欧风美雨之震荡，在学术方面，必有能吸取西方思想之精华而遗其糟粕，领受贯通，发挥之，光大之，从而放万丈光焰于简册者，特新思想与新精神之代兴，渐而非骤，从整个上看，固俨然若一有机体之发达，至今日而葱葱郁郁，有方春之气，其起而集东西思想之大成，对于人道生存的整体，社会思想运动的全部，作综合的解释者是为中山先生的民生史观。

从史学史看，史学解释之变迁，本来不下于史学范围之改变。依照柏哈姆（Bernheim）的分类，史观可分为下列种种：（一）二元的神学史观；（二）唯物论的史观；（甲）生物学的唯物论；（乙）经济学的唯物论；（三）实证论的史观；（四）康德派历史哲学；（五）人生论哲学。② 美国新史学家班思（H. E. Barnes）以为近代史家对于史象的解释，最少有八种实型，这就是伟人史观；经济或唯物史观；地理或环境史观；精神或唯心史观；科学或技术史观；人类学史观；社会学史观；最后为综合或集团心理史观。③ 兹将八种史观的代表者及其所主张的历史的动因，列表如下④：

史观的派别	代表者	历史发展的动因
1. 伟人史	Carlyle Froud Faguet Thayer	伟大的人格
2. 精神或唯心史观	Fichte Hegel Euchken Mathrews	观念，精神

① Shotwell 前书，何译，页一。
② 《史学者何》，第一章，第二节。
③ H. E. Barnes, *History, Its Rise and Development*, Conclusion.
④ 参阅拙著《史则研究发端》（《社会科学刊》第一卷第三期）。

续前表

史观的派别	代表者	历史发展的动因
3. 地理或环境史观	Bodin Montesquieu Buckle Ritter Reclus Semple Metchmikoff Demolins Huntington	地理或环境的因子，气候，太阳黑质及其他
4. 经济或唯物史观	Feurbach Marx Plehkanov Lenin Buharin	经济或生产方法
5. 科学或技术史观	Condorcet Comte Buckle Sarton Tannery Libby Sedgwick Marvin Thorndike	科学知识或技术的一般情形
6. 人类学史观	Boas Goldenweizer Lowie Kroeber	文化
7. 社会学史观	Vico Ferguson Turgot Comte Spencer	物质的，生物的，心理的原因之联合运用

续前表

史观的派别	代表者	历史发展的动因
8. 综合或集团心理史观	Lamprecht Lévy-Bruhl Fouillée Seignobos Durkheim Robinson Shotwell Veblen Barnes	一时代的集团心理

　　拉波播尔（Charles Rappoporte）把一切历史哲学的进化，从纵的方面分为三个时代，即神智说时代，观念说时代，实际说时代①，这是依照孔德的三阶段法则来分的，朱谦之对于历史哲学亦有三个主要分类：（一）宗教的历史观即神学史观；（二）自我的历史观即形而上学史观；（三）社会的经济史观即科学史观；而这三种史观又形成了历史哲学史的三个主要阶段，即从宗教的历史观到自我的历史观，从自我的历史观到社会的或经济的历史观，这三种史观，在现在则为综合的表现，即（四）综合的生命的历史哲学即艺术史观。其实，据我看来，以上二者的区分，没有什么根本不同，所异者朱君加上艺术史观这一个阶段而已，我以为史观的演进乃由神学的或作意的（Volitional），进至玄学的或是抽象的（abstractional），由抽象的进至科学的，今日则把科学与人生打成一片，更进到唯生论的历史观，或是民生史观来了。兹将朱表略为改造，演成下表：

	历史阶段	发展时代	代表思想作家	集大成人物	代表著作	根本观念
第一阶段	神学的或作意的历史时期	中世纪至宗教改革时代	Euselius Augustine Orosius Bousset Luther	Augustine	上帝之城 *City of God*	以基督救世为中心的神学史观

---

① 《历史哲学》，青锐译，页八五。

续前表

	历史阶段	发展时代	代表思想作家	集大成人物	代表著作	根本观念
第二阶段	玄学的或抽象的历史时期	十八世纪至十九世纪	Voltaire Rousseou Herder Kant, Fichte Hegel, Schelling Rank	Hegel	历史哲学 *Geschichts-Philosophie*	以伟人或时代天才为中心的个人史观或精神史观
第三阶段	科学的历史时期	十九世纪至二十世纪	Marx Comte Engels Buckle Dietzgen Lamprecht Kautsky Breysig Plechanov Barth	Marx Comte	经济学批判序文 实证哲学讲义	以社会学或经济学为中心的社会史观或经济史观
第四阶段	民生的历史时期	二十世纪及以后	孙中山 Lippert William 高因保马	孙中山	孙文学说 民生主义演讲录	以民生为历史之中心的民生史观

对于这些史观，要说明的有下列几点：

（一）因于现代自然科学的长足的进步，与乎知识的复杂性之增进，现在想努力造就成美轮美奂的系统的历史哲学，来表现历史的发展，有如奥古斯丁和黑格尔的企图，已属不可能之数。现代史观与旧日古色古香的历史哲学所以不同的在乎减少目的论的质素，排除演绎的方法，而以探究历史变动的主因为鹄的，所以实际上就采取了科学方法，这恰似自然科学的法则之形成，构成实验室中由观察和实验所搜集的资料之逻辑的完成一样。

（二）由第一个阶段以至第三个阶段的史观，只看见历史的一面，不足以说明历史的整体。詹姆士（William James）说："若宇宙之一方面，引起一哲学家之特别注意，彼即执此一端以概其全。"（*Pluralistic University*）这是一点也不错的。神学家蔽于天而不知人，玄学家蔽于文而不知用，唯物论者蔽于物而不知生。庄子说："天下大乱，贤圣不明，道德不一，天下多得一察焉以自好，譬如耳目鼻口，皆有所明，不能相通。"可为这些史观写照，唯物论与经济学，正如萧威尔教授说的，虽较近人事，然亦限于一隅，未曾分析到生活的本身上去（Life itself escapes their analysis）。

（三）一部人类社会进化史，从头到尾，不外是一部人类满足"生"之要求的历史。中山先生说：

> ……人类初生之时，亦与禽兽无异，再经几许万年之进化，而始长成人性，而人类之进化，于是乎起源。此期之进化原则，与物种之进化原则不同，物种以竞争为原则，人类则以互助为原则。社会国家者互助之体也，道德仁义者互助之用也。人类顺此原则则昌，不顺此原则则亡，此原则行之于人类，当已数十万年，然人类今日犹未尽守此原则者，则以人类本从物种而来，其入于第三期之进化为时尚浅，而一切物种遗传之性，尚未能悉行化除也。然而人类自入文明之后，则天性所趋，已莫之为而为，莫之致而致，向于互助之法则，以求达人类进化之目的矣。人类进化之目的为何，即孔子所谓大道之行也，天下为公，耶稣所谓尔旨得成，在地若天，此人类所希望化现在之痛苦世界而为极乐之天堂者是也。

只有第四个阶段的唯生论的历史观——民生史观——才能说明整部的人类进化史。然则什么是民生史观，请进一步论之。

三、民生史观的发见及其公式

生机主义者杜里舒（Driech），柏格森（Bergson）诸人，受了唯物论机械论的反动，努力唯生哲学的探究，颇多创获，而尤以柏格森之创化论为能耸动一时。柏格森认生物之生都有一种冲动之力叫做"生的冲动"（Elan Vital）。生物有了这动力，方能传种，方能突变，方能进化，史家鲁滨逊（J. H. Robinson）在其有名之《新史学》（*New History*）一书中有一段说："这种重要的冲动，可以代表天然的维新精神，这种产生变化的精神，就是广义的冒险精神，已经不是诗家或梦想家的观念了。我们研究历史的人同研究科学的人也不能不注意了。"① 柏格森的概念，恰似摩尔根（L. Morgan）的层创进化（Emergent Evolution）说，对于自十八世纪以来支配历史观念的绵延说（Continuity）给予有力的救正，然而他们的唯生的说法，对于历史的现象，尚未有十分确切的说明。

被称为与孔德，斯宾塞，巴斯锴（Bastian）同为社会学的创造者的之李博德（Julius Lippert）② 曾宣称文化发展的一致和绵延，乃单个基本的冲动——生命的保养——之结果。他用"生命的保养"（Lebensfürsorge）的原则，说明整部文化进化史，谓："社会进化不外由于生命保养在时空上的扩大，换言之，即是增进预见和社会化而来。"③ 美之孙末南（Sumner）祖述其说，著《民俗学》（Folkways）一书，亦谓"生命的第一种业务就是求生存"（The first task of life is to live）④。其弟子毛尔铎（Murdock）说："求生存的概念，是一个确切的概念，无论持何种思想的人，都不能否认。求生的冲动和求对生活条件的适应，是一种明显的不可抗争的事实，因为它是一切生存有机体的特征。"⑤ 迄乎威廉（William）著《社会史观》，更适切地说明社会问题为历史的中心，而社会问题中盖以生存问题为中心，他说："社会进化是带着强烈的实行性的，他的中心问题是要解决生存问题，要解决面包问题。"⑥

中山先生在民生主义讲演中说：

近来美国有一位马克斯的信徒威廉氏，深信马克斯主义，见得自家同门互相争斗，一定说，马克斯学说，还有不充分的地方，所以他便发表意见，说马克斯以物质为历史的重心是不对的，社会问题才是历史的重心，而社会问题中，又以生存为重心，那绝对是合理的。民生问题才是生存问题的重心。这位美国学者的最近发明，适与吾党主张若合符节。这种发明，就是民生为社会进化的重心，社会进化为历史的重心，归结到历史的重心，是民生不是物质。

① 原书，页二六。何炳松译，《新史学》，页二六七。

② Gumplowiez 有此语，见 Outline of Sociology，p. 59。又 Julius Lippert 传，见 Deutache Arbeit Jahrgang V（1905－6）。英译见 The American Journal of Sociology，Vol, XIX Sept, 1913。

③ Lippert, Kulturgeschichte der Menschheit in ihrem organis ohen Aufbau （1886—87）. Evolution of Culture, tr. and el. by G. P. Murdock. 1931. p . XIX.

④ Sumner, Folkways, p . 2.

⑤ Evolution of Culture, p . XIX.

⑥ Mauricl William, The Social Interpretation of History，p. 180. 刘芦隐译本，页一七二。

欧美学者对于唯生论的历史观，虽已有了不少的创获，而集其大成者，厥惟中山先生，兹将民生史观的公式，引述如下：

> 生是宇宙的中心，民生是社会的中心。
>
> 民生为社会进化的重心，社会进化又为历史的重心，归纳到历史的重心是民生不是物质。①
>
> 民生就是政治的中心，就是经济的中心和种种历史活动的中心。
>
> 再不可说物质问题是历史的中心，要把历史上的政治和社会经济种种的中心都归之于民生问题，以民生为社会历史的中心。②
>
> 社会的文明发达，经济组织的改良和道德进步，都是以什么为重心呢？就是以民生为重心，民生就是社会一切活动的原动力……所以社会各种变态都是果，民生问题才是因。
>
> 古今人类的努力，都是求解决自己的生存问题，人类求解决生存问题，才是社会进化的定律，才是历史的重心。③

以上诸段，不外反复说明历史的中心是民生，不是物质。什么是民生，中山先生说："民生是人民的生活，社会的生存，国民的生计，群众的生命。"

依据上述诸义，我们以为民生史观说明人类历史之发展，社会进化之原因，概括起来，有下列诸点：

（一）人类求生存是社会进化的原因，一切文化的展开，经济组织的改良，道德的进步不外由人类求生存的努力造成。

（二）民生是历史的中心，即求人类生存是历史的动因。中山先生说求生存有两件大事，一是"保"，一是"养"，他根据保养两个条件分析历史为人同兽争，人同天争，人同人争三个时期。

（三）阶级争斗是因人类不能生存而得的病症，所以阶级争斗不是社会进化的原因。"社会之所以有进化，是由于大多数的经济利益相调和，不是由于社会上大多数的经济利益相冲突。"民生史观以社会利益调协说补充马克思阶级争斗之病理的说明，正如克鲁泡特金（Prince Peter Kropotkin）以"互助论"修正达尔文派，特别是社会达尔文派的

---

① 《民生主义》，民智初版，第一讲，页二十。
② 同上，页四三—四四。
③ 同上，第二讲，页六三。

生存竞争说，而以生存互助为社会进化之一要因一样。

（四）人类即常欲其生之成遂，所以需要乎"保"和"养"。一切生存技术以至生产关系、消费关系均因于这两个条件而发生。一切家族关系，社会组织的创造，都是人民生存的工具。说者谓："民生不同于物，社会生活不同于经济生活。民生所包括者二，一曰饮食，二曰男女。唯物之物仅包括饮食，但人生即有二欲，饮食男女，缺一不可。人固知要钱，人也要恋爱，此为最浅而亦最真实之义。此二者将为社会之动力，故巴拉虏斯基以为古之社会动力以性为主以食为辅，今之社会动力以食为主以性为辅，此为不可否认之确论。"① 所以我们深以为弗罗乙德（Freudians）派所倡导的唯性史观②，与马克思派的唯物史观，仅见真理之一面，惟民生史观乃能洞见其整体。

（五）人类进化的历史，有三个时期："第一，由草昧进文明，为不知而行之时期；第二，由文明再进文明，为行而后知之时期；第三，自科学发明后，为知而后行之时期。"人的性质，分为三系："其一先知先觉者，为创造发明；其二，后知后觉者，为仿效进行；其三，不知不觉者，为竭力乐成。"由此可知人类只到了第三个时期才知找寻良好的风俗，制度和信仰的标准，并有意识地有计划地采用社会工程学（Social Engineering）或人类工程学（Human Engineering），去改进社会，亦惟有先知先觉然后能创造和发明。由是言之，人类文化或制度的兴替，全视其能否适应人生的周遭（Circumstances of Life）以为断，人类生存到了发生障碍时，先知先觉不满意其时的社会现状，便起来革命，而革命实是文化转向的因素。③

四、唯生论的历史观之科学的基础

由上所说，我们可以明白民生史观的意义了。

中山先生所谓"生为宇宙之中心"，"生"非唯心，亦非唯物，何以见得呢？他说：

> 总括宇宙的现象，要不外物质与精神二者，精神虽为物质之对，然实相辅为用，考从前科学未发达时代，往往以精神与物质为

① 胡一贯，《社会科学概论》，页一四二。又参考作者译巴拉虏斯基著《唯物史观之改造》。
② 参看拙译素罗坚，《当代社会学学说》，上卷。
③ 参看拙著《社会进化》，世界书局。

绝对分离，而不知二者本合为一。①

由此可见唯生论的主张，即非唯心亦非唯物，但也不排斥心和物的存在，生是统摄心和物的，生之本体的一方现象谓为物，他方现象即可谓之为心，分开来说，就是"体"和"用"，心和物即为生之不可分的两面，所以唯生是一元的不是二元的。

陈立夫先生对于生命，提出几项方程式，说的更为明了，兹引述如下：

    （一）物质＋精神＝生之体
    （二）空间＋时间＝生之用
    （三）生之体＋生之用＝生命②

生所以绝不是一个玄学的实体，而是一个科学的概念。中山先生说得好：

> 我们要研究宇宙的道理，须先要靠事实，不可靠学者的言论，因为宇宙间的道理，都是先有事实，然后才发生言论，并不是先有言论，然后才发生事实。

征诸史实，这是绝对正确的。约在百五十年前，屠哥（Turgot）明晰地形成了历史形相底法则，其方式即以尉勒德（Willard），季布兹（Gibbs）的物理家化学家的形相的数学方式为根据。孔德于一八三〇年左右，宣布人类思想进展的三阶段法则，也以物理的动学的法则做基础。③ 人类思想的现在和未来，从科学史上看，泰半握在物理科学家的手上。民生史观所由出发的唯生论，当然也以科学的事实为基础，试就最近物理科学上之发明证明之。

（一）三百年来的物质科学，受宇宙之机械说所支配。这种学说假定"力"（Force）和"能"（Energy）是一致和不灭的，运动的综和永远是一个常数，因而创设"能量不灭的法则"。十九世纪中叶，新派物理学家相继出现，如汤逊（William Thomson），克尔文（Lord Kelvin）之在英，克劳孙（Clausin），赫尔姆霍斯（Helmholz）之在德，创设动力的第二法则，即"能量散逸法则"，以宇宙之热，恒变为热量而散失，

---

① 《军人精神教育演讲》。
② 《生命之原理演讲》，又看《唯生论》第一篇。
③ Henry Adams, *The Tendency of History*, p. 62.

如煤炭所具之化学能力，即经燃烧则直接化为热而散逸。人类的一切行动，不过是"群能"（Social Energy）之表现，而群能就是"生能"（Vital Energy）。刻涅（Kerner）说：

> 从前学者以为世间有一种特殊力量，即是生命的力量。近日科学家已把植物生命的许多现象继续地还原到简单的化学和机械历程，于是生力遂为学者所怀疑，然而生力与任何其他自然力量不同，它在自然上即不是电力也不是磁力，它表现为一数列的特征的结果，与其他一切能力的形式均不相同，所以我们毫不怀疑地标视之为"生力"，其直接的工具为原形质，其特殊的效果，叫做生命。元形质的元子和分子，只完成那构成生命的作用，而生命则受生力所支配。①

（二）复次，六七十年来的科学进步，只坚决地说明"生能"受热能的法则之支配。汤逊于一八五二年发表其《自然界能力散逸之普通之倾向》一文，后七年，达尔文发表他的《进化法则》，这与热力学的两种法则刺谬。本来物理学家数学家的汤逊只想到供给那推动这个世界的"能"，达尔文既非物理学家也不是数学家，对于"能"则一任自然，他只从广义说："世界上的人民，在历史的每个继续时期，在生存竞争上已战胜前人，而在程阶上亦比前人较为进步。"因此，我们有三种关于能的矛盾法则，同时流行于科学界，且同样是有用的。这些法则就是：（一）不灭的法则——能在综体上，无增加，无损失；（二）散逸的法则——能是无增加的，但强度常会消散；（三）进化法则——以生能可以增加，且在"位"（Potential）上，可以无限地升高。

物理学家虽不曾为"生能"的名词，下一明晰的定义，更不肯大胆地研究"群能"，但他们肯定地把"内转势力的法则"（Law of Entropy）应用到一切生的历程，甚至比应用到机械的历程还要严格。巴黎大学物理学教授达士提（Dastrie）说："动物界耗费植物界所积贮的能力，植物界由太阳吸收能力，而动物结局则把它还原，其形式为将散逸能力，送回到空间。"②

史学是"生能"与"时间"发生关系的科学，生既为力，则其遵依力的法则，殆为必然。

---

① Anton Kerner, *The Natural History of Plants*, p. 72.
② Dastrie, *La Vie et la Mort*, p. 109.

（三）美国社会学家吉廷史（Giddings）以为在社会的因果论中，通常有两种解释：（甲）自亚里士多德的《政治学》起，以至于波丹（Bodin），孟德斯鸠（Montesquieu），重农学派，都是利用"种族"，"土壤"，"气候"，"遗传"和"历史条件"的名词对社会作客观的解释；（乙）他方则有哥律多（Grotius），霍布士（Hobbes），洛克（Locke），休谟（Hume），边沁（Bentham），卜克雷（Berkely），康德（Kant），黑格尔（Hegel）用"人性"，"功利"，"伦理的必然"，"理想"等作主观的解释。[①] 这两派思想离不了心和物：唯心派思想的路线，极力想把事物纳于心中，"大地山河，端由心造"；唯物派主张恰恰相反，论调是说一切心的动作，心理作用，都不过是物质的反射，所以要极力把心纳于物中。唯物论得到科学的根据是始于元子说，及物质法则之发现，唯心（力）论得到的根据，是始于能力法则之发现以及电子说之成立，但是爱因斯坦（Einstein）之预言证实后，质力合体论于是勃兴，而唯物唯心（力）以及二元论根本被推翻。近今科学进步，我们始知"生"才是宇宙的中心，生命是宇宙之总表象，质力不过是生之两种形相。[②]

再就今日最流行的唯物论来论，所谓物者究竟是什么？希腊的德谟颉利图（Democritus）承认物是极微的原子构成，现今物理学家证明原子不但可以剖分，而且原子的构造与太阳系一样的繁复。原子中间是一个原子核，原子核周围有电子环围着它旋转，每一个原子核周围，有一个至九十个电子环绕。近代的电子论承认质量是动的表现，不是最后的物质，而蒲兰克（Max Planck）的量子论（Quantum Theory）更说量子是由"能"和"时"构成的，现在科学界承认量子是最小的单位，只有力量未有物质。[③] 爱因斯坦的解释，更进一步，以为前此所认为"能"的，它本身只是"动作"，宇宙一切的物体，无论其为大地山河，抑或"文化形式"，殆不外电子所具之"能"的错综循环变化之表象。归根到底，有能便有动，有动便有生，其实一切都是生的表现，正如佛家所谓"一切有为法"，都不免经过生，住，异，灭的阶段，所以生是不断地转化的，进展的，变易的。陈立夫先生所讲的科学的唯生的一元相对论，所已得到的重要结论之第五端谓：

---

① Giddings, *Principles of Sociology*, p. 400.

② 参阅任觉天，《唯生论与民生史观》，页一一二。

③ Whitehead, *The Nature of The Physical World*, p. 185 见上引。

宇宙间无永久不变的组织，其生命的久暂，全视其有无不断的新刺激以唤发其新的生机而持续并光大其生命（即创造新生命），所以无创（造）进（化）力的组织，或无革命现象，必不能持续光大其生命。

其第七端谓：

动的文明才是精神文明，不动的文明乃是物质文明，动得太过则均衡局势失其均，人重视物，人以物杀人；其结果只剩下了物，此即西方文明之所以终为物质。过于不动，则其均衡局势易为其他均衡局势所摧破，人博爱人，人不知造物，其结果只剩下了人，此即东方文明之所以终为精神。有物质而无精神，或有精神而乏物质之文明，都是"死的文明"，有精神兼有物质的文明，才是"生的文明"。

其第九端更综合唯生论之意义，而为概括的说明：

唯生的一元的相对论，认定整个宇宙为一生命之巨流，万物皆有生命，所以是"生的哲学"，认定整个宇宙为一不灭的精神与物质，空间与时间之一切相对的配合，而一切宇宙现象又无非一和谐的矛盾（如一元与万象，大同与各异），所以是"相对的哲学"；认定宇宙一切质，能，动，静，都是源于元子之一物，所以是"一元哲学"；认定宇宙即生命，生命皆循环无端，川流不息，所以是"动的哲学"；认定整个宇宙为一"力的互竞与均衡"之存在，而一切组织皆恒在挣扎奋斗竞争之中，所以是"力的哲学"；认定一切生命现象却是"破坏"与"创造"与"进化"的连环演递，所以是"革命哲学"，"创化哲学"；认定凡同类相残者是违反宇宙之生的本意，而必趋灭亡，因主张全人类应当互助相爱，所以是"爱的哲学"；认定发挥创造能力是人类共存共进的大道，也是人类征服自然，统制宇宙的途径，所以是"人的哲学"。①

中山先生所谓"生为宇宙的中心，民生为历史的中心"的公式，循上所述，自可不繁言而解了，我们固不必如近三百年来的社会机械学派一样，把物理科学的法则削足适履地应用到历史，应用到文化与社会，但唯生论的科学的根据，却不容我们轻轻放过。

---

① 见陈立夫《唯生论》第一篇，页五五—五七。

五、由史的唯生论的立场所见到的文化演进

我们要了解历史的形相，须先对于它的过程给予表达才行，因为它的过程，与自然是同样的。自从摩尔根（Morgon）的《古代社会》行世以后，一般学者都觉得他的文化阶段论，有相当的便利①；我们如果把文化史像自然史一样，分为许多连续的阶段，自然也有学术上的价值，不过事实上，我们不能不承认一切这些体系，本质与叙述自然科学之武断的分类相同。

依照社会进化论者的见解，文化发展的途径，在各地大致不会有什么差异，其所以然者，因为一切人民的原始的冲动与精神法则是相契合的，所以我们根据文化演进中的基本因子，为之分类，在实用与理论的文化史上，也许有相当的功用。文化发展的一致性和连续性，是由文化的展开，遵照着单个的基本冲动使然，这是我们已知的假定。文化史的单个的，优越的，基本的因素，就是"生存"，这在初民社会，例证尤夥。我们从文化人类学上看，便知在初民社会，每个人除却与自己的生存有直接关系的事情外，其他一切哲理问题，并非他们的想象所能企及。民族学者贝葛德（Baegart）曾询诸加利福尼亚（California）的印第安人说："太阳和月亮的创造和保存，究竟谁为之主宰，你们可曾想到这个问题？"他们答道："没有。"② 派克（Park）一次问黑人说："太阳到了夜里会变成什么东西，清早起来所看见的太阳是同一的或不同一的？"黑人以为这样的问题，超乎人类的探究所能达到以外。③格林兰（Greenland）的依士企模族（Eskimo）知识虽然比前二族长进，可是他们对于生活以外的问题，也觉不着兴味。克兰施（Cranz）问他们："天地万物是谁创造的？"他们说"不晓得"，或则答道："它们常是如此，将来也是如此。"④斯宾塞在其名著《社会学原理》上⑤，搜集许多资料，说明野蛮人除了对于一切与生之成遂有直接关系的事件，会引起他们的注意外，虽使遇着特殊的现象，亦绝不会令他们发生好奇的心理，丹比亚（Dampier）说，当澳洲土人看见欧洲船只抵岸时，他们绝不恐慌，

---

① *Ancient Society*, Chap. 1. or Engels, *Ursprung der Familie*.
② *California Peninsula*, p. 390.
③ *Travels in Aferica*, 1, p. 265.
④ Grönland, p. 233.
⑤ *Principles of Sociology*, 1. 87. 9.

他们跑到船上，除却注意食物外，什么都不管。① 斯宾塞对于这种现象的说明，大意谓初民不懂得自然的因果关系，由小孩以至成人，他们一向以周遭的现象，是从古如斯的，不可避免的，又因缺乏自然法则之运用的观念，所以便相信一切都是自然的，无足惊奇的了。

初民社会没有历史，不注意过去与未来的时间观念，他们的思想，完全注意日常生存的需要，这与动物的生活，全然相似。他们每天看见的即是生存事实，由这种事实所绅绎出来的结论，就是怎样才能够维持生命。生命的维持，本来用不着高深的臆测，在动物中，它们完全依赖本能，人类当然也有这样的天性。有生之物，都受这种冲动的驱逼，作适宜的活动，使自己的种族，得以保存，到了这种原始的要求被摧毁了，或不能以有效的方法来表现时，这种生命的枯枝便与本干分离了，所以无论在什么地方，只要发见生命，而保养生命乃其一切表情与行为之主要的冲动。在生命保养时不同之阶段中，基本的冲动有二，在低等的阶段中，一种生物能够保存，除以食料为滋养外，还要生殖他的同类，所以性也是动物共有的基本的冲动。人类社会进步以后，次要的冲动，如礼义，廉耻，就附加在主要的冲动之上；一种民族或一个人在某一时空上，究竟受原始的冲动支配呢，还是受次要的冲动所约束，完全靠当时存在的生命保养之状况为断，而这种状况也就是文化发展的尺度。

原始的或主要的冲动，可说是自然的，次要的冲动，如果没有社会关系的影响，断不会发生，因为只有在社会之内，它们才是一种有价值的适应。一个民族，所以发展礼，义，廉，耻的行为，也因为它已演进到相当的阶段，对于生命的保养，有所预见，才成为可能，诚以次要的冲动在于把主要的冲动，加以暂时的限制和压逼，在最低等的蒙昧人当中，这种行为是不会存在的。人类的冲动之表现，虽有种种，但这些现象都可以归原于一种根本的原则，即是民生的成遂。在低等的文化阶段中，生命的保养，受着时空上种种的限制，自然的冲动得到满足以后，便蠢然不动，所以首次对于时间上的预见之扩大，必然是很困难的。我们想对于这种发展，加以分析，实非容易，不过其中有几种重要的步骤，似乎不能完全忽视。由原始的石器与棍子的使用，进到工具与器械的制造，就是这样的步骤之一种。工具的利用，使人的整部精神活动，

---

① Howitt, *History of Discovery*, 1. 69.

得到新的动向，而它们的制造，尤其能提示一种预见的机缘，所以人们遇着季候的变迁，在衣食上自能有备无患了。

文明的阶段越进步，生存的预见便越增长，始初不过由短时期发端，后来乃扩展至极长的时期。农业最初的实验，大抵试诸短时间内能够生长的植物，至于果树的栽植需时数年，自非有较长久的预见，不肯努力。希腊人以他们能栽植橄榄，为文明之一大造诣，这不是没有道理的。时间上的预见之发展既如上述，空间上的平行的发展，亦值得注意。人类远胜原始的祖先，由于三个步骤，第一，是上面所说的工具之发明，第二，为火的使用，第三，为言语的发展。火之使用，使生存的预见因而扩大，超出自我以外；至于言语，则为社会生活不可缺少的交通工具。文化进步，到了科学发明的今日，已渐渐把人类旧有的障碍打破，最少也承认人人不独"亲其亲，子其子"的大同社会，成为未来的最高理想。

人类这种伟大的理想，由大公无私的情意所养成。似与生命的保养，毫无关系，然而它们的根荄，最初也由同样的田土滋养而成。法律与道德的发生，乃生存预见的极重要之二阶段，它们不特在空间上，有无限的扩展，在时间上，也引伸到距离很远的未来。前者固然是人类集团组织的属性，后者也终归成为人道最有价值的产业，宗教偏于出世，一若与人类生存无关，然而孙末南给宗教下的定义，谓为要在人世以适当的行动，获得未来世的幸福[①]，其弟子克洛（Keller）谓宗教的行动，为"设计论"（Projectivism）或来世论（Other world liness），所以一切宗教，简直要把生的范围扩大，生的绵续延长了。[②]

总而言之，历史的事实，建基于生的成遂的单个冲动之上，这种冲动为人类与低等生物所同具，但"人类为欲繁衍生命，保障生存，发展生计而表现之一切行为，因时代与环境之递嬗变迁，而呈现不同之形式，演化不同之方法"。扩而观之，人类对于智力的寻求，艺术的羡慕，对于一切动物的好意，莫不与生活相联系。质而言之，人类生活的中心，不外乎民生，而民生不外"食""性"二事，由食的方面，演生一切的经济制度与经济关系，其进化的阶段，最初为自然经济，其次为金融经济，今日则为信用经济，或分为五种阶段：（一）渔猎，（二）游

---

① Sumner, *War*, p. 143.
② 又参阅 Lippert, *Evolution of Culture*, Introduction。

牧，（三）农业，（四）手工业，（五）工业①，在性的方面，演生一切血缘关系与婚姻制度，如摩尔根谓两性关系，最初为"乱交"（Promiscuity），第二为"血族结婚"（The Consanguine Family），第三为"亚血族结婚"（群婚）（The Punaluan Family），第四为"数家同居"（The Syndyasmian Family），第五为"父权家庭"（The Patriarchal Family），最后才是现代社会的"偶婚制"（The Monogamian Family）②，由经济关系与血缘关系的综和，遂产生政治的组织，其演进的阶段为（一）游群，（二）家庭的各种形态，（三）部族，（四）种族国家，（五）由争斗和兼并组成的国家，（六）国际关系，（七）世界联合。

最后，史的唯生论所独见的文化形态，是以血缘关系及经济关系为基础，而产生相应的政治组织。每种文化质素，文化丛体，文化模型的成立，统由于人类求生的冲动所造成，其目的则在：（一）维持生存，（二）充实生存，（三）延续生存，（四）保护生存。③

六、关于民生史观的几种解释之新评价

向来解释民生史观的学者，多半不明唯生是一元的，与民生为历史的动因的真义，至对于"本体"和"史观"的阐释，一人一义，十人十义，其人滋众，其所谓义者亦滋众，所以闹来闹去，还没结论。站上唯心论的立场者，辄喜以个人的见地，援彼入此，强为附会，戴季陶先生著的《孙文主义之哲学的基础》说："民生是历史的中心，仁爱是民生的基础。"④这便等于说：仁爱这个伦理观念是全部人类社会生活的基础。此与麦独孤（McDougall）以"本能"为社会变动的原因，及亚丹斯密，克鲁泡特金以同情心为道德的起源，没有什么差别。⑤

周佛海先生继起，著《三民主义之理论的体系》，谓"民生是社会进化的重心，生存技术又为民生的重心"，这样一变，便把民生史观变成了技术史观或唯物史观，而与戴先生的结论恰恰相反了。我们知道马克思说过："手推的磨子，是封建时代的生产工具，蒸汽机的磨子，是

---

① 经济阶段的分类，学者之说不一，此处所举者，前者为 Hidlebrand 与 Engels 的见解，后者为 Ely 的划分，参阅拙著《文化学》。

② 见所著 *Ancient Society*，对于这些阶段分类的批评，看拙著《社会进化》。

③ 参阅鲁直《中国社会性质与政治任务的新估定》，《新中国》第一卷，第二期。

④ 原书，民智三版，页三四。

⑤ 见所著 Mc Dougall，*Introduction to Social Psychology*，及 Kropotkin，*Ethics* 等著。

资本主义时代的生产工具。"因此刻力士客搂茨（Kelles，Krauz）遂解释经济是一种技术，技术便可以决定一切历史，而德之孙巴特（Sombart），美之罕森（Hansen）对于此说，尤多所抉发，蔚成技术史观的学派。①周氏想把民生史观变成技术史观，不知技术史观本身已有许多的缺点，安能援彼入此，许为胜义者哉？兹推论之：

（一）经济生活之构成，原由于人类有求生存的欲望，人类为应付生存的需求，乃创造种种生存技术，例如为运输而作舟车，为渔猎而作纲罟，为耕嫁而作锄犁，为增进动作的速率与效能而发明机器。这些生存技术能够说是历史的最后决定因子吗？我们须知马克思主义者的拉布立阿拉（Labriola）对于马克思的技术与社会现象相关的方式，亦不赞成，并说："假如照这种办法，就是天下之最愚，亦可把整部历史，还原为商业的数学！"②

俄国的波格达诺夫亦以为生产技术并非属于物的范畴，而照涂尔干（Durkheim），哀宾纳（Espinas），杜华尔德（Thurwald），马思威巴（Max Weber）的提示，在原始时代，生产技术与魔术，宗教的现象，不能分离，盖技术本身都是由心理上的恒常因子，空间上发生差别的地理因子，及因时间而有不同的因子，如发明，发见等等所决定。达德（Tarde）说："工业与技术本身的进步，乃许多爱好真理的思想家所造成的结果。火药和汽机皆梦想家的发明。"③可见技术的发明，是要靠社会的某种经验和知识才能成功，马克思把技术与科学分为两事，谓技术多半要依靠科学的条件，才能产生，然则技术不是一个全智全能的主宰，有决定一切的能力，更昭然若揭了。④

（二）马克思分历史为四个时期，即古代的，"亚细亚的"，封建的，和近代资本主义的社会，谓四个时期都有相应的生产方法，即是氏族的，奴隶的，封建的，和资本主义的经济。依照这个方式，每种特殊的经济基础，必有一定的上层结构和观念形态与之相应，但实际上，照波巴（Bober）所考见的，建筑在奴隶基础上的希腊和罗马社会，他们的

---

① W. Sombart, "Technik und Kulture", *Archiv für Sozialwiss-enschaft*, Bd. 33, 1911, p. 315. A. Hansen, "The Techno Logical Interpretation of History", *Quarterly Journal of Economics*, Vol. XXXVL.

② Labriola, *Essays on the Materialistic Conception of History*, tr. by Kerr, pp. 204 - 205.

③ Tarde, *Annales of Institute International de Sociologie*, Vol. Ⅷ L.

④ Sorokin, *Contemporary Sociological Theories*. Chap. on Sociological School.

政体殊不相同，雅典政制之变迁，由世袭的君主制，而贵族政治，而民主共和，而暴君专政，罗马最先的政制为选举元首，继而贵族政治，又继而民主共和，最后为凯萨之绝对王权。如果说一种经济的或生产技术的基础，可以适应各种政制，则唯物史观上下层结构相应之说，适足以自暴其矛盾而已。①俄国社会学家高华利威斯基（Kovalevsky）在其著名之《当代社会学者》一书中，亦指出英国由第六至十六世纪，农业技术以及生产的工具和方法，实际上没有什么变更，但经济关系的领域上，由社会和政治的制度，乃至精神和道德的生活，则发生许多重要的变更。②由此可见技术或经济基础的变迁不必是社会的，政治的，知识的现象之许多变迁的绝对的必要条件。

（三）根据上述两点理由看来，我们以为把生存技术做民生史观的中心之理论，恐怕一无是处。陈君志行对于周先生的理论，有一段极有精彩的批评，摘录如下：

> 周氏理论上的毛病，全由于没有分清民生史观的原因论和条件论。中山先生告诉我们，求生存有两大事，一是保，一是养。求生存是原因，两件大事是条件。需要是求生存的定律，供给是两件大事的"保"和"养"。原因和条件是互相限制，但条件是寄附原因而存在，我们必要把握这个理论，才能认识民生史观和唯物史观根本的分野，才能知道唯物史观拿历史的一个条件——经济——当做历史原因的错误，才能了解中山先生所说"民生就是政治的中心，经济的中心，和种种历史运动的中心，好像天空以内的重心一样"的正确。③

赞同周氏的理论而作进一步之附会者为高君承元。高氏著《孙文主义之唯物的哲学基础》，一方把中山先生认为与本党之主张若合符节的威廉氏社会史观攻击得体无完肤，并使与民生史观分离，一方又把民生指为经济，进一步，便大胆断定民生史观就是唯物史观的一派，更名之为新唯物史观。高氏在自序中说：

> ……中外学者间历史观有四种，民生史观系站在唯物史观唯心史观社会史观三种之外的一种。这是很不逻辑的。后来我大胆地断

---

① Bober，Karl Marx's *Interpretation of History*，p. 266.
② Kovalevsky，*Contemporary Sociologists*，（俄文本）pp. 244ff.
③ 见所著《中山先生思想系统》，《政治评论》第二十四号。

定民生史观不过是唯物史观之一派别。

他对于唯物史观各派之差别，作表说明如下：

唯物史观之派别——代表学者——关于历史原动力之见解

一 狭义派———客列士客楼茨———生产技术（物质的）

二 广义派———{马克思 昂格斯 古奴 列德勒}{生产技术（工具） 生产方法 阶级关系}}生产关系

三 最广义派
（民生史观派）———孙中山———{生产关系 消费关系

　　我们不明白为什么民生史观站在唯物史观唯心史观之外，便很不逻辑？这种逻辑不知何所据而云然？高氏说我们研究学问，最忌为感情所扰乱，这不是感情是什么？我们研究高氏所以硬要把民生史观纳入唯物史观的原因实由高氏认："孙文主义是一个革命主义，是一个为中国四万万人求解放更进一步为全世界十二万万五千万人求解放的主义，照上述的原则推论，自然要有一个唯物的哲学基础，不应是一个唯理的哲学基础呵。"依照这段话看，可见高氏完全站在主观的见解上，要把民生史观赋予一个唯物的哲学基础；这种企图的价值，我们当然不能轻轻一笔抹煞。从西方整部思想看，我们知道自然的生物观派或唯心论者，将自然比作动植物的生长，在政治上常赞成贵族主义保守主义，反之自然的机械观派或唯物论者，将自然比作工人制造货品的历程，在政治上所以常赞成平民主义，革命主义。[①] 然而我们已说过，中山先生的民生史观即非唯理史观或精神史观亦非唯物史观或经济史观，他的主张澈头澈尾是一个唯生论的，所谓唯生论者当然比那所谓"丧尽心灵只余了骨头"的唯物史观进一步，因为"社会变迁后面的原动力，是求解决生存问题，人因怕死亡的痛苦，不得不尽力求生，所有已往的历史，不过是人类努力求生存的试验与失败的记载，求生意志是普遍的经济问题"。我们深以为只有站在民生的立场上，才能自觉地去要求社会的改进，计画文化的整理。民生史观是中山先生的革命哲学和行动哲学，是先生数十年革命行动中获得的一个革命学说，它可以做我们研究历史的锁钥，为我们实际行动的南针，它是二十世纪最高的新综合，我们用得着回到

---

① John Dewey, *Types of Philosophical Thought*, Syllahus, pp. 24 - 25.

古色斑然的而以物质为历史中心的十九世纪的产物之唯物史观，要它做革命的向导吗？高先生的理论，打着革命的大招牌，说来娓娓动听，仿佛是物观可靠的，但一经分析，就觉得它是"弥近理而乱真"物观的面子，骨子里纯是主观的罢了。

再就高氏对于唯物史观的派别之区分来论，亦不能说是毫无瑕疵。原来马克思生平所用的术语，每多歧义，所以后来学者的诠释，众说纭弦，莫衷一是。列宁和考次基终生研究马克思主义，但他们对于他的《国家论》和《阶段斗争论》之解释，便不一致。① 因为这种情形，所以主张唯物史观的学者对于历史动力的因子，有取一元的观点与取多元的观点之别。站在前一方面的，如马克思主义者柏里罕诺夫（Plekhanov）与非马克思主义者的爱尔乌德（Ellwood），均以经济因子为一切历史和社会历程的动因。站在后一方面的，如塞利格曼（Seligman），拉布立阿拉（Labriola），除了以经济因子为主要外，同时却还承认许多次要因子，也有决定力量；和马克思恩格斯的后期著作，亦表现此种倾向。这里所谓经济因子，考次基（Kautsky），孙巴特（Sombart），罕孙（Hansen）则指生产技术而言；恩格斯，马沙克（Masaryk），塞利格曼，古奴（Cunow）则指一般的生产情形来说，一般生产情形，自然包括地理环境，自然原料，运输，商业，分配的机构等。依照第一派的解释，则历史的因果叙列便成下式：（一）生产技术的变迁决定，（二）社会的经济结构——"生产关系"和"财产关系"上的变迁，旋又决定，（三）一个社会之政治的，社会的，知识的生活之变迁。依照第二派的解释，其公式如下：（一）生产与交换的一般条件之变迁，决定（二）一个社会的阶级结构之变迁，这旋又引起（三）阶级敌对之变更，结果成为（四）一个社会之政治的知识的上层结构之变迁。②

依高氏的看法，民生史观便应该成为这样的公式：（一）生产关系和消费关系之变迁，决定（二）一个社会的政治的社会的知识的结构之变迁。高氏为什么敢断言民生史观就是以生产关系和消费关系为历史的原动力？其根据究竟何在？他的唯一论据便是拿《民生主义》第一讲关于汉冶萍公司的事实来做证明。中山先生说：

实业的中心，是在什么地方呢，就是在消费的社会，不是专靠

---

① Lenin, *Staat und Revolution*.

② Sorokin, op. cit, p. 538.

生产的资本。汉冶萍虽然有大资本，但是生产的铁钢，在中国没有消费的社会，所以不能发展，总是不能赚钱，因为实业的中心，要靠消费社会，所以近来世界上的大工业，都是照消费者的需要，来制造物品，近来有智识的工人，也是帮助消费者，消费是什么问题，就是解决众人的生存问题，也就是民生问题。

这段话并没有表见高氏所谓"中山先生则以消费关系与生产关系同为社会的中心"之二元的历史动力论，高氏如此胆大，谬为附会，无怪梁漱冥先生说"自十三年后，国民党人之小有聪明者，都由此开窍，莫不以援彼入此为能事，明偷暗窃，花样繁多"① 了。

七、综结

我们在以上的几个项目下，已指出唯生论的历史观——民生史观——在史学上的位置及其真正的意义。在这种简单的估量中，我们感觉着中山先生的意见，以宇宙一切现象的变动，虽各有其一定的法则，然其变动的原因与倾向，却完全统于一个总的法则之下，——"生的法则"——包含绝大的真义。人类乃自然最高的产物，其一切历史上文化上的创造和努力，更处处表现"生"的倾向，受着民生法则之支配。老子谓"天地之大德曰生"，《大易》亦谓"生生之谓易"，我们在世界整部的文化史，社会史随处都可以找出充分的凭据，证明民生是社会进化的铁则。人类求生存，并非单是为着物质，也不单是为着精神，而是为着心和物合一的生命或生活。人类社会的发展，即是互助求生的过程——（向外竞争，也不离乎对内的互助）——人类社会或文化的转变，当然以民生为其动因。

摩尔根著《古代社会》把文化演进分为蒙昧，野蛮，文明三个阶段，穆勒利耶（Muller-Lyer）在其有名之《文化形相》（*Phasen der Kultur*）② 中，又加上第四个阶段，即未来的"新社会秩序"。如果我们的观察不错，我们相信人类的确已渐渐发展到一个新的文化阶段。这种新阶段与文明之不同，正如文明之于野蛮，野蛮之于蒙昧，在民生状况中，有莫大的差别。文明的阶段，产生了自然科学，新社会秩序的阶段，无疑地会发展社会科学，文化科学，并且应用人类工程学或社会工

---

① 见所著《中国民族自救运动之最后觉悟》，页二六。
② 即陶孟和等由英译之《社会进化史》（商务）。

程学正如前一阶段之利用物理化学的工程一样。民生史观的学者，所以就在这个时期，要如化学家似的，创造一种新的综合，使"社会自觉地改进社会"①。他们也与社会史观派一样，以社会改进产生经济改进，以生存为历史的重心，不是以物质为历史的重心，进一步，民生史观的学者认文化是人类为生存的需求，在交互作用中，根据某种物质和经济环境，由劳作和思想产生出来的伟大的"社会丛体"（Social Complex），若乎唯心派认文化是心能创造出来的共业，唯物派相信物质文化为精神文化的基础，只可以说"词各有当，犹如抚环，各循其端，而未尝要于其中"。

---

① Ward："Conscious Improvement of Society by Society"（Applied Sociology）.

文化法则论究*
(1935)

一、文化与研究文化的科学

人种的差别，缘于两种形相：其一是体质的不同，二是"社会遗业"或"文化"的各异。研究人类体质的科学，叫做"体质人类学"，研究人类文化的科学，叫作"文化人类学"，或则"文化社会学"，"文化哲学"；最近著者则拟称之为"文化学"（Science of culture or culturology）。然则文化是甚么？文化就是人类为着生存的要求，在交互作用中，根据社会经济的基础，由动作和思想产生出来的"丛体"（Complex）或"实有"（Reality）。[1]文化"丛体"或"实有"包括人类一切的活动，及其活动的结果；而所谓活动的结果，依马凌诺威斯基（B. Malinowski）所枚举的，就是"价格和商业轮化，言语和文字，机器和工具，法律和风俗，信仰和哲学，政府和共同社会的组织，社会关系和集团，艺术的物象和文学，社会制度和方法"[2]。人类在调适和自表的历程中所创建的成绩，不外由这些结果构成，所以近代社会科学或文化科学均以它们的变动历程之性质为研究的对象，企图由此发见其起源，及其表现的法则，经历的变迁，支配人类行为的方法。文化的各个特殊领域，构成社会科学或文化科学的论究；至于"文化人类学"，"文化社会学"，或"文化学"本质是研究文化的历程，类型，法则，和集团生活的产品的科学，其观点和方法，据社会心理学家杨格（Kimball

---

* 载《社会学刊》，第 4 卷第 4 期，1935 年，署名黄文山。

① 著者对于"文化学"和"文化定义"的说明，别详《文化学体系》一书，在预备中。

② 见 B. Malinowski，"Culture" art，in Ency. of Social Sciences。

③ Young，*Source Book in Social Psychology*，有此见解，兹据 *Sociology and Social Research*，Vol. Ⅶ. No. 3. 1933，p. 228 转引。

Young）所说，是没有甚么差别的。③

二、文化法则的意义

研究文化法则，为文化学的主要任务之一，这是上面说过的。为要说明文化的科学的法则是甚么，我们须先解释科学法则或自然法则的意义。①

科学是根据我们的感觉，用论理和实验的方法，精密的想象力，把宇宙间森罗万象的复杂状态，整理出他们的因果的和必然关系，找寻得真实性的法则之学问。自纯理论上讲，法则是不问在甚么时间和空间，而有必然的妥当性的；其在事象上的表现在过去既然如此，在现象重演时，当然也是一样。这样的法则，对于现象既可以提供确实的说明，则在某种条件下，当然可据以预料未来的事件之发生，所以自然法则的主要属性，为有效的"说明"和"预料"。②

这种科学法则的意义，在中国原有的知识文化上，颇难得到相应的表达。《老子》："致虚极，守静笃，万物并作，吾以观其复，夫物芸芸，各归其根，归根曰静，静曰复命，复命曰常，知常曰明，不知常，妄作凶。"他似乎以为宇宙万象，尽管在那里变化，却自有其不变者在，无常之中，自有个"常"，常字颇有法则的意味。荀子说："以道观尽，古今一度也，类不悖，虽久同理。"（《非相》）杨倞注虽说"类，种类，谓若牛马"；但以愚意度之，荀子所谓类，盖指法则言，所以说"学苟知类，则是是非非，若辨黑白，若数一二"。《淮南子要略》说："观天地之象，通古今之变，权事而立制，度形而施宜……玄眇之中，精摇靡览，弃其畛挈，斟其淑静，以统天下，理万物，应变化，通殊类……故置之寻常而不塞，布之天下而不窕"（《论诸子学之所由生》）。亦颇能点出法则的神似。

法则的意义，我们可以明白了。麦夷法（Maciver）说的好："无法则，就没有实在，没有世界；无法则的知识，就没有经验，没有对世界

---

① 朱谦之，《历史哲学大纲》对于历史科学法则与自然科学法则，论之颇详。

② 哈维（K. D. Har）给科学的社会法则下过这样的定义，可供参考：A Scientific social law is a description of an invariant patterns of social phenomena, if there be any such invariant patterns, explicable by means of a generally accepted theory of social causation which in turn must be explicable by means of a plausible hypothesis concerning human nature and social relations, thus making the conceptual unification of social phenomena complete.（Har, *Social Laws*, p. 20）

的了解。世界原没有所谓'混沌',因法则的形式,无论在那里都是互相缭绕着。我们的知识越进步,便窥见一切事象都有相互关系,知道整个世界布满着'同一性'(Identities)和'交互性'(Reciprocities),每个'殊相'(Particular)遵依一种适合其他殊相的各方面之原则。然而不同类的实体,有不同类的法则,我们在社会科学上,必不要找求——好些人却如此——数学或理化科学所能发见的一类法则,因为这样的企图,结果只会重新发见数学,理化科学的法则,与社会的知识之搜求的目的,必致越去越远。"① 所以"文化学者"(Culturists)必须清晰地了解法则的性质和种类,然后能说明文化法则是甚么,兹列表如次:

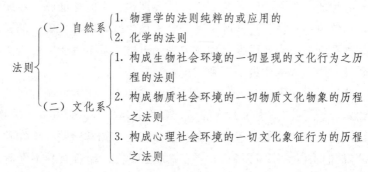

（一）每种"实有"具有本身的法则,法则的第一步分类,当然从"实有"的第一步分类始。梁启超曾把宇宙分为自然系和文化系②,我们就依照他的分类,也把法则分为两大类。自然系的法则是"不变共在的法则或阶段"(Law of invariable concomitance or stages),亦即物质的永恒的秩序。它本身存在于无生物界当中,所以是永恒的,非时间的,无例外的。反之,文化系的法则,表见于生命界,或说是超机界,故往往是相对的,变动的,不完全的。

（二）根据这原则做出发点,我们可按照渐进的数列,把各类法则排列起来。死的物件,既不是有机体,便成为物理化学的事实,具有自己的法则;文化的现象,有主张属于有机界的,有主张属于超机界的,它的法则,一方固不能替代但亦不能脱离自然法则,他方在另一种意义

---

① R. M. Maciver, *Community*, 1928, pp. 10-11, 又德人 Bernhard Bavink 著之 *The Anatomy of Modern Science*（tr. by H. Stafford Hatfield）,谓文化有自己的发展之法则,这在科学的发展上,尤其显然,譬如物理学,其兴起与前进,均受本身的问题所引起,世上无所谓德国或法国的物理学（英译本页五四八）。

② 梁启超,《什么是文化》,见《梁氏演讲集》。

上，却又以自然法则为基础。文化是人类应付环境的产品，为调适环境和把调适扩大，所以常常把文化改变。

文化在时间和空间上不断地动作着，但文化在人类史的某阶段上，终久是一种调适的历程，因此我们可以根据行为主义的观点，和文化功用主义（Cultural functionalism）的理论，把文化看作客观的历程，再把它分成三类：（一）构成生物社会环境的显现的文化行为（例如农夫之耕耘，政治家对于政略的训练）；（二）构成物质社会环境的文化物象（例如工具及其创制）；（三）心理社会环境的象征行为（例如思想在各时代的转变，民族的兴衰，非政治和政治的联合）。凡在三类历程内的法则，都是文化系的法则。

三、文化法则与自然法则之比观

近代科学以自然法则为对于"继起的事象"之无目的的，超时间的，绝对齐一和不变的关系之描写，征诸数学方式，$Xs = Ys$ 如果是事实的话，则当中一有例外，便不能通。[①] 照宇宙引力的法则讲，一切物体都是下坠的；黄鸟之高飞，汽球之升腾，假如可以说是例外，那末，这个法则便毫无价值了。然而我们知道物体是相互吸引的，某种物体之所以不坠者，乃与地心引力相反的力量使之然也。我们可以分别地量度相反的力量，说明双方都未尝违背同样的法则。复次，物理法则均能表达而为相对单简的"函数"——包括少数的"变数"，倘使"变数"太多，或"函数"太杂，则物理法则的实际效用，便不明显。试举一例为证，水之结冰，其所靠的因子，只是温度和压力，倘在这个条件而外，还有其他不可知的因子存在，则我们的断定，便无意义可说了。我们研究文化现象，很难找得量度文化力的正确单位，用于表示文化力的相互关系。不但如此，文化现象的变动，受许多因子所支配，而这些因子往往出乎人们所能计算以外，所以普遍的"决定论"，未必能保证一种文化法则，真能够把文化生活的特殊形相，概括起来。文化的因果关系，复杂万分，难得端倪：现代妇女运动，究竟是妇女的经济机会扩大为之原因，抑是它的结果？贫穷的现象造成较高的生育率呢，抑较高的生育

[①] 著名物理学家蒲零克（Mar Planck）对于因果关系这样说："The assumption of causality admitting no exception, of a complete determinism, forms the presupposition and the condition of scientific knowledge." CL. Henry Maronan, *Causality and Modern Physics*, The Monist, Vol. Ⅶ, No. Ⅰ, Jan. 1931。

率引起贫穷的现象？在这些个案中，因果关系所牵涉的不只是单个的事象关系，而是许多事象的关系。所谓社会制度也者，原来就是一堆的"事象"（Events），但我们对于这些事象始终未曾得到可供量度的单位，所以对因果的数量的测量，遂即束手无措。逼进一步看，在文化的因果关系中，因产生果时，因不会消灭，且继续把果改变；又我们所谓文化力或社会力是心理的，不是物理的，故文化的因果关系显然与自然的因果关系也有差别的所在。①

约言之，社会学者通常承认文化法则与自然法则之显著的差异，约有数端：第一，文化科学的对象，常常不能离开价值的关系，反之，自然科学却不愿甚么评价问题，故能得到不问时空如何而有普遍妥当之因果法则，文化科学则不能。第二，文化法则与社会法则一样，往往含有"心理质素"，自然法则却绝对不含心理成分，所以文化法则多少离不了心理法则的意味，心理法则不能达到普遍妥当的因果法则，则其所求者，也许是倾向法则，或叫做"客观的可能之盖然法则"。第三，在文化科学上，原因结果间不必一致，继起关系，a 必有 a`，可变为 a 必有 b`，或 a 必有 c。统计学家称为"复数结果"或"复数作用"，故 A 必有 B 之法则，在文化科学上也许有 C 或 D 的可能性。第四，自然法则，不问时空，不加条件而有必然的妥当性，至文化法则必以一定历史的背景为其限制之条件，如商业轮回的经济法则只能应用于资本主义型的社会，而不能应用于社会主义型的领土，所以文化法则不是必然的，而是盖然的。不过这种说法，只是相对的不是绝对的，因自然法则所包含之自然概念，同为进化的产品，而属于广义的历史范畴，譬如遗传法则，也只是到了生物演进，两性发生区别时，才能适用，可见自然法则，不管是生物学的或化学的，不免限于历史的阶段，所以两种法则之差异，毕竟是程度之差异，决非性质有截然的不同。②

四、文化法则与文化历程之分别

美国新史家试格特（Teggart）主张在社会科学上，应以"历程"的概念，替代"法则"的概念，他分别这两个名词的意义说：

---

① 关于法则的意义之来源，参看 Ogburn, Goldenweizer（ed），*Social Science，and Their Interrelations*，Conclusion.

② 参照高田保马，《社会学综论》。

　　严格地讲，一条科学法则，就是用言语或符号来表达或摹述一堆现象的行为之一种方式。科学的基本兴趣，在于"事物关系"，所以科学的研究，不外要发见事物如何动作，并且把它们动作的规律性摹述出来而已。为利便起见，我们可以称这些"规律性"或通常所谓"动作的模式"为"历程"。"法则"是用言语来摹述的名词；"历程"是把已被摹述的现象之动作加以描写的名词。由此我们觉得采用"历程"来替代"法则"一名，显然是对的。①

他把已观察过的历程分述如次：

　　我们把各科学的创作比较一下，便知道所谓"历程"者，不只是一种类型。牛顿（Newton）的宇宙引力法则和达尔文（Darwin）的淘汰说，同是摹述事物怎样动作，但它们所指的现象，却并非同等的。试验物体下坠的运动之资料，与任何历史背景或外缘毫无关系，至于自然淘汰说，则要表明新的东西，怎样会在时间的途程，层创了出来。②

这种分别当然是极有意义的。我们承认达尔文的学说，无疑地是要解决新种如何层创出来的问题，不过同时也要知道达尔文的贡献，就在说明当某些条件存在时，某种结果便会发生出来：如"最适者生存"，便是好例。假使这种观察不错，我们相信自然淘汰说，也与牛顿法则一样，可以脱离时间及空间而独立。

当代社会学者，颇喜用"历程"一名，来表现社会的变动；关于此类学说，最值得注意的有两种：第一是与自然淘汰说同型的，其形式系用两种或以上的因子，如态度，斗争，调适之交互关系，来说明社会的变动和新境地之创造。第二，可以用涂尔干（Durkheim）的"集合表象说"，即社会成员之获得观念，公共目的，和主义的历程为之代表。③

文化人类学者把文化看作一种生活现象，而以文化为不断地生长和分播的历程。魏斯拉（Clark Wissler）谓："从动的方面看，文化历程就是'播化'（Diffusion）'采借'（Borrowing）及其他。"④ 文化历程的范围，可见实比法则大，马凌诺威斯基（Malinowski）也说："人类

---

① Teggart, *Theory of History*, p. 158.

② 同书，页一六三。

③ F. N. House, *The Range of Social Theory*, pp. 550 – 553.

④ Clark Wissler, *An Introduction to Social Anthropology*, Chap. XX, Cultural Proces.

学者觉得最重要的任务就是研究由采借和发明所共同构成的文化历程，以及探究它的机构和一般法则。"① 据此，我们以为文化历程和文化法则两个术语，各有各的逻辑范围，各有各的特殊意义，不能随便或勉强谬为取舍的。

五、文化法则寻索之史的回顾

我们在最初的历史哲学上，看见人类对宇宙的观察，有生物的自然观和机械的自然观之差异。第一派将自然比作动植物的生长，因此推想到一切生物和植物均有自动自长的能力，变化是其进化之表现；第二派将自然比作工作制造货品的历程，因此推论到原始的材料是元素，最初为几种质地不同的元素，后来只有外部的，空间的数量的差别，变化历程是元素混合的历程，知识即是求得元素混合的方案，和公式。② 机械派的学者对于文化现象，所以也就看作物理现象的变相，并且根据宇宙一元论的概念，相信一切自然法则可以普遍地应用到整个宇宙。我们打开科学史一看，便知道西方到了数学和物理学有长足进步的十七世纪，机械派的社会物理学，成为解释社会现象的主要类型，所以那世纪对于人类文化的探讨，有如次的倾向：

"（一）十七世纪的社会理论家（霍布士 Hobbes，斯宾挪莎 Spinoza，笛卡儿 Descartes，费格尔 Weigel，立尼芝 Leibnitz，及其他）研究人类的性质，精神，行为和社会现象，屏弃以前的思想家之'神人同形论'（Anthropomorphism），'目的论'（Teleologism），'唯德伦'（Moralism），'等级论'（Hierarchism）——这是人类思想上的一个大转变。

（二）他们研究社会和心理现象，正如物理家研究物理现象，采取纯客观而且极合理的态度——把人当作一种物体，一种机器，或物理的自动机。

（三）他们创作一种'道德的和社会空间'的概念。社会和政治的领域，势力和权威的现象都解作社会'原子'（个人）和社会'分子'（集团）的压迫之结果。"③

---

① Bronislaw Malinowski, "The Diffusion of Culture", *in Culture, the Diffusion Controversy*, 1927, p. 42.

② John Dewey, *Types of Philosophic Thought*, Syllabus, pp. 24 – 25.

③ Pitrim Sorokin, *Contemporary Sociological Theories*, Chap. I. （参看素罗坚：《当代社会学学说》上册，第一章。）

十八世纪社会机械派的学说，只是前世纪同样学说之继续，到了麦齐（Merz）所谓"科学世纪"的十九世纪，才有人出来确实地估量文化移动的路向，并系统地说明其意义。① 所以在康德（Kant）还未说"我们需要一个刻卜勒（Kepler）或一个牛顿（Newton）来找出文明运动的法则"之前，法国思想家福烈（Fourier），圣西门（St. Simon）已踌躇满志地相信自己已把社会进展的秘密发见出来，然而时间证明他们并没有解决了问题，他们不过奠立一种新科学——社会学——的基础而已。②

兹略迹寻这种企图在十九世纪的史的发展，以为我们研究文化法则的借镜：

一、福烈的"情欲吸引法则"。福烈因受牛顿的发见之影响，所以起意在道德界里，找寻万有引力的原理，用以调剂人生的事变，正如物理学家根据自然法则，控制自然现象一样。他在一八〇八年发表《情欲吸引法则》，据说，他以为人类情欲，向来是社会上一切悲惨的渊源，如要救济这个世界，必先明了这种法则，才能控制社会，使他由不幸乐的境地渐进到幸乐的境地。

二、圣西门的"历史转变法则"。福烈的对策，当然把大题小做了，圣西门继起，精研史实，因而推论历史的变动，不外由组织或建设时代，进到批评或革命时代，又由批评或革命时代，转到组织或建设时代，如此辗转互嬗，正反无穷。中古是组织时期，跟着便发生革命时期，革命时期到了穷则变之际，第二个组织时代又承之而起。圣西门这种富有原始辩证意味的法则，不免失之宽泛，在实际的应用上，也得不着甚么效果。

三、孔德的"知识发展之三阶段法则"。孔德承圣西门之业，受屠哥（Turgot）的影响，形成"知识发展之三阶段法则"，说明知识演变的层次，谓为由神学的进至玄学的，再由玄学的进至实证的或科学的。初时人类的思想是发明的，其次是抽象的，到第三阶段，才受实证事实所支配，承认不变的自然法则之存在。孔德相信整个的社会机构，最后以"意见"为根据；事实上，文化法则倘真要达到万有引力法则的确度，"意见"能否当作一个基本的因子，诚有问题。孔德的法则，有如

---

① J. T. Merz, *History of European Thought in the Nineteenth Century*, Vol. I, p. 86.

② J. B. Bury, *The Idea of Progress*, 1920, pp. 216 - 312.

黑格尔的玄学范畴一样，同是以浅层的历史事实为基础，所以不久便崩溃下去，不复为学者所置信。① 但孔德奠立社会学——研究社会法则的科学——的基石，使百余年来的学者，确知文明史受一般的法则之支配，这种贡献，在学术史上，却是永远不朽的。他说："我们观察社会组织，必要知道它与文明的各阶段有密切的关系，而且受文明的阶段所决定，文明的进步，也要看作受事物的性质之不变的法则所统驭。"② 这确是一种卓越的见解，在今日，我们相信历万劫而不磨者恰是他这种精神和方法赐给我们的向导。

四、穆勒对于进步的法则之概念。穆勒于一八四三年发表《逻辑体系》（*System of Logic* 严复译《穆勒名学》）时，英伦人士对于孔德的思想，还不甚措意。殆穆勒书出，始公然接受孔德的主张，承认人类进步的法则之寻索，乃研究社会现象的新涂术；并且相信社会现象就是环境与人性的交互作用之结果，不过他们在时间的历程上，不免发生一种"轮化"（Cycle）或"弹道"（Trajectory）罢了。本来韦哥（Vico）在《新科学》（*Science Nouva*）上，早就提出社会轮化的概念，可是后起者，大抵普遍地相信进步或"弹道"的观念，企图发见它的根本法则。因而学者以为只要能在继起的事象中，发见齐一的法则，便可藏往知来，但穆勒却说：这样的法则不过是一种"经验法则"（Empirical law），而非所谓"因果法则"（Causal law），或"究竟法则"（Ultimate law），所以无论它怎样地严正，怎样地齐一，都不能应用到它所从而抽绎出来的现象以外。其次，这种法则本身，亦必要依靠心理和性格的法则（心理学和生态学 Ethology），所以我们如要把经验法则提到科学法则的水平，须在前项法则所根据的性质，已经有了正确的说明，以及那构成进步的一切变动之决定的因子，经过澈底了解之后。③

五、巴克尔所谓知识进步为文明的原动力之法则。巴克尔（Buckle）著《英国文明史》，以文化现象与自然现象一样地表见同度的规律性；只要对某一文化区域，作精密的研究，自然可以形成历史的某种法则。他的论调，多半受统计学家奎特雷（Queteler）之影响。从统计学的证据看，

① 看前书，页三〇一。
② Comto, *Early Essays on Social Philosophy*, tr. by H. D. Hutton, London, 1911, p. 143. 孟德斯鸠的说法，我们也应注意，他说："法则是由事物的性质发生出来的必然的关系。"（见《法意》，页一）这个观念，对于孔德当然有绝大的影响。
③ Bury, op. cit, p. 307.

文化发展确受知识的一般法则所支配，而非为各个人的行动所决定。"人类行动的总量，无论在那个时期，都为知识的综数及其分播的广袤所左右"，所以文明的原动力，据巴克尔的说法，是知识的进步，不是道德的进步。[①] 这与斯宾塞的结论，断定一个社会的最显著的活动（军事或工业），决定其社会的军事的或工业的类型，法律的原则，乃至宗教的，道德的，理想的精神，和弱者的地位——相似。[②] 复次，巴克尔观察历史过程，往往根据主观的预存观念为取舍的标准，结果，他获得的所谓法则，并非是由事象的叙列中抽绎出来，其企图所以也是失败的。

六、十九世纪下半期以后，许多社会学家对于社会现象与文化现象的解释，与十七世纪的社会物理学家多不谋而合。社会机械派的最近之代表为卡雷（H. C. Carey），华罗诺夫（Veronoff），苏拉威（E. Salvoy），韦尼亚斯基（L. Winiarsky），巴思鲁（A. P. Barcelo），哈利特（Haret），呵斯华德（Otswald），毕治杜罗夫（W. Bechteroff），卡利（Carli），边斯雷（Benthly），卡华（T. N. Carver），洛特卡（A. L. Lotka），柏列图（Pareto）等。我们想把这些学者提出的法则，枚举出来，实为篇幅所不许。兹举美人卡雷为例。卡雷于一八五八年著《社会科学原理》，彻头彻尾浸染着浓厚的一元论的色彩，所以说"那些支配一切物质形式——不论为煤，为土，为铁，为石，为树，为牛，为马，为人——的法则，都是一样"。在《原理》第二册，他曾把这些法则，加以综合，兹为节录如次：

基本的法则	这些法则的相应的社会形式
一、一切物质的微点，相互吸引；吸引与物量有直接比例，与距离成反比例。	一、人类受分子吸引的法则所支配，与物量有直接比例，与距离成反比例。（人口结合与集中的现象）
二、一切物质点受向心力与离心力的动作所支配，其一产生动作的地方中心，其他则倾向中心的破坏，另创伟大的中央力量。	二、地方中心吸引人类，使趋于一个方向，至全世界中心的大城市，又吸引人类，使趋向别个方向。

① Buckle，*History of Civilization in England*，Vol. Ⅰ. Chap. Ⅵ.
② Spencer，*Principle of Sociology*，Vol. Ⅱ，Part Ⅴ. Chap. ⅩⅦ.

续前表

基本的法则	这些法则的相应的社会形式
三、这些对当力量越均衡，各种物体的运动越一致，及坚定；而包括它们的体系之动作也越调和。	三、这些对当的力量越均衡，地方个性发展的趋势越大，社会内部的联合越扩大，生产力量常常增加——其价值在个人自由的增进；资本之生长；分配之平均；并发生和平和调协的倾向。
四、这些力量的动作越强，运动越速，势力越大。 热力是运动，力量的原因，运动又是热力和力量的原因。 热力与运动产生越多，运动与力量的速率倾向越大……物量倾向分解，分子倾向个体分。 个体化的倾向越大，集合越快，获得的力量越大。 运动越快，物质成为形体的倾向越大。（由无机界至有机界，最后，以至人类）	四、运动与力量越大，人类越受引力法则所支配。（联合） 热力越强，社会的运动越快，发生的力量越大。 个性发展与职业状态之差异相比例，故对于人力生产的要求，也有差异。 差异越大，人类支配和驾驭自然力量的能力越大，人类能由任何空间得到助力的数量越多，地与人的潜力之发展越加完善。

　　卡雷的格言有所谓，"一切科学是一致的，分不开的"；"物理科学的法则与社会科学的法则同等"，这话现在已不能成立了。[①]

　　七、斯宾塞的社会进化法则。黑格尔对于历史的辩证见解，孔德对于社会发展的阶段之心理的解释，虽可说是已把进化的概念包括在内，但在社会政治的领域，进化社会学的真正基础，却由斯宾塞建立起来，在社会经济的领域，则由马克思为之奠定。[②] 他们的思想体系，很受当时人类学上的臆测之影响，因而对于进化论的探讨，建立了两种社会进化论的法则；前者叫做"正宗派的进化论"，后者名为"历史唯物论"，请分论如次：

　　正宗派的社会进化法则，本质上包涵三种假定：

---

① 看 Sorokin, op. cit, pp. 15 – 20。

② A. Goldenweizer, "Cultural Anthropology" in Barnes（ed）, *The History and Prospects of Sciences*, pp. 240 – 254.

（一）一切文化进化是齐一的，所以无论在甚么地方，迟早总经过同样的阶段。

（二）一切现象中的每个特殊的文化范畴，有它的单独的始源。

（三）文化发展的方向，在一般方面和特殊方面，是绵延的，广继的。

第一，文化进化的齐一性的概念，所以为许多学人所承认者，无疑地是由斯宾塞的进化哲学之热烈的拥护所造成。斯氏的论据，第一，以为人类具有某种基本的特征（存在于生殖质而与体质或文化无关的），所以它们无论在甚么地方，皆有共同的性向和需要。第二，各个社会具有许多共同和基本的文化因子，其所产生的结果，都是相同的；譬如人口密度增加，无论在甚么地方，必然按照它自己的法则，往前展开，所以在各个地方，必然地呈现类似的结果。极端的进化论派，更相信一切的文化样式，无论如何特殊，只要有些社会，在时间进程上曾经经历过的，其他社会，或迟或早，终须经过同样的途径。[①] 不过我们从事实上看来，这种说法未必是确实的，譬如家庭的某种形式，有时只见诸少数的部族，但探究者却往往误认它是文化演进所必经的阶段，这种看法，诚有类于荀卿"欲知亿万，则审一二，欲知上世，则审周道"之谬误。我们知道，"古今未必同度，类型未必虽久不悖"，因为地理环境，种族，经济乃至一切其他原始的或习得的因子，不但影响到每种独立文化演进的速度，而且也决定各种文化的进化的路向。斯宾塞所谓进化乃由"纯而杂，由流而凝，由浑而画"的断案，鲍亚士（Boas）派的人类学家已证明其不尽然[②]；生物学家也说，有机生命的发展，不是循着一条路线，而是依循多数的路线，这在动植物界的各种类中都可以窥见的。

第二，所谓每种特殊的文化范畴有单独始源的论据，也是很肤泛的。孔德观察宗教现象，谓无论甚么时候和地方，都由庶物崇拜开始，

---

① 斯宾塞应用于社会进化的法则，实由许多命题构成：如（一）社会有如分子，其运动依照最少抵抗的路线进行；（二）社会有如一切其他团结，由协合进至更协合（统整的法则）；（三）社会有如宇宙，有单纯进到复杂（分化法则）；（四）在社会有如他处一样，一种原因产生许多不相类的结果（复数结果的法则）；（五）偶然的力量倾向合集相类和分开不相类的力量（分离法则）；（六）社会进化倾向较完全的均衡（均衡法则）。看 Spencer, *First Principles*，其批评参阅 E. A. Boas, *Foundations of Sociology*, 1926, Chap. Ⅲ, pp. 41–70, "Social Laws"。

② 看所著 *Mind of the Primitive Man*。

斯宾塞则归诸祖宗崇拜或"鬼说"（Theory of Ghost）。在经济的文化范畴上，孔德相信庶物崇拜激发游牧和农业生活，多神教引起物质的工业转变。马克思则承认生产力为一切文化现象发生的唯一因子。这种特殊文化范畴的单独起源说，对于一种发明所以产生的诸原因，往往不甚措意。意国社会学者雷那诺（Eugino Rignano）尝言发明的原因，有时也许因各个发明，在各时期上而有不同，其显著者为："（一）某时期中，支配着研究和探讨的精神动作之方向的科学状态；（二）某时期中，对于存在的技术，予以有效率的运用，使原有的技术，有长足的改进和发展，并引起新的科学法则和新的技术历程之发见；（三）某个社会，在当时的紧逼需要，致使一般科学家的精神活动，侧重于一个重心，结果便产生伟大的新发明。"① 据此，可见以上称引的第二个假定，亦如庄子所谓"天下之人，各为所欲焉，以自为方"之类，其不见天地之纯，真实之客体，宜矣。

第三，最后的假定，以为未来的文化演进，在一般上和特殊上，有必然的赓续。假使这个假定，没有错误，那末，我们根据过去文化演进的方向，应该可以对于未来文化的途径，能够予以预断，方才合理，然而依照这些方式，例如孔德的知识进化的三阶段论，或圣西门和斯宾塞由军事进到工业社会结构的理论，以至经济学家由奴隶进到农奴，由农奴进到工钱制度，由工钱制度进到自由劳工制度的说法，对未来的发展，只能作一个粗枝大叶的预断，如想把这种预断，形成科学的正确的断案，恐怕不是一件容易达到的事。

八、马克思的辩证法则。辩证法是马克思的社会哲学底根本之根本，全部马克思主义，建筑在辩证法之上，所谓辩证的历史观与辩证的唯物论，只是这个基础上的附加物而已。② 辩证法，依照马克思和恩格斯所说，也就是进化的法则。"对于宇宙全体，宇宙的发展和人类的发展，以及这一发展映在人类头脑中的肖像，从事精密的叙述的这件事，只有用辩证法……才能实现出来。"③ 在马克思派看来，一切现象在矛盾的基础上，不断地生长，进步，反覆地演变，造成正，反，合的历程。

---

① Eugeno Rignano, *Sociology*, *Its Methods and Laws*, Part two, Of Laws, tran. by Howard Beeker, Univ. of Chicago.

② 陈范子：《辩证法与自然科学》，见《大陆月刊》，第一卷，第十一期，对于辩证法有很好批评。

③ 《反杜林格论》，恩格斯著，页三二，中译本，昆仑书店。

"四时之运，功成者退"，世上没有永远存在的东西，有甲必有非甲，有非甲必有非非甲。万事万物，在对立中诞生，由不调协中孕育，从矛盾里产出，以否定而异而灭。恩格斯说："辩证的法则是从自然史与人类社会史抽引出来的。然而它们并不是别的东西，不过是这两种发展及思想发展之最普泛的法则，老实说来，他们应总结为下面三个法则。

> 从数量到性质，与从性质到数量的数量法则。
>
> 对立互相溶调之法则。
>
> 否定之否定的法则。"①

我们对于这三个法则，无须乎详细加以解说，单就否定之否定或综合的历程论，恩格斯以为这是每人每日必获得的经验，任何小孩子都能够了解。数学上，否定一个数量 A 得 -A，再否定这个否定，成为 $-A \times -A = A^2$；回到原来的正数，即是一个较高的综合。在力学上：作用与反作用；在物理上：阳电与阴电；在化学上：原子的化合与分解；在社会科学上：阶级争斗，都属此类。思想不能脱离辩证的演进：古代哲学肇端于唯物论，唯物论后来被唯心论否定了，二千年后，又由近代唯物论创生一个综合。历史和经济现象，据说，也受法则之支配。从史的唯物论看，文化现象的动的形相之基础和原因，乃是物质元素。社会的生产制度之成立，与当时的生产力相适应，生产力继续发展，生产的式样及其相应的关系，也自然地跟着生长和变动。生产力从来是不会僵化的，它们在赓续的扩大和改进的历程中进行着，他方，生产制度及其相应的社会关系，因缺乏弹性，所以容易僵化，到了僵化时，双方便发生裂痕，形成"不能调和的矛盾"。最后，解决到临，旧的生产系统受了破坏，新的生产系统，包涵着新发展的生产力，成立。在新的基础上，建立相应的制度和观念形态的上层结构，一个新的综合，于是乎发生了。这是马克思所谓文化进化的必然法则。辩证的开展是无止境的，生产力的生长，社会关系的破坏，观念的形成，有继起的运动，不断的变迁，所以新综合成了均衡后，正，反，合又转化地从新开始。然而这只能应用于社会主义实现以前或马克思所谓"史前"的社会，到了理想的制度涌现后，最完全的境地，经已达到，矛盾无从发生，辩证法的作用也就中止了。

---

① 《自然辩证法》，恩格斯著，页一〇九，神州国光社译本。

马克思的史的唯物论，前人已论之甚详①，此处自无再作赅博的评论之必要。列宁和考茨基，世所称为有名的马克思学者，但两人对于阶级争斗及国家的解释，还是一人一义，由此推之，十人十义，其人愈众，其所谓义者亦愈众，可概见矣。② 经济学者罗沙（Roscher），谓：马克思并没有把复杂的现象，还原为简单的元素之能力，即素对马克思深致其景慕的孙巴特（Sombart），也承认这个批评，是确切不移的。③

生产样式，对于文明的其他形相的关系，究竟如何，马克思和恩格斯，均没有一致的意见。他们大抵认生产样式及由之而发生的阶级关系，构成一切人类制度的基础，又由此基础而放射一切的观念。④ 假使这里所谓基础，即指"产地"（Habitat）或"载乘者"（Container）而言，则信如鲍巴尔（Bober）说的，这种说法，就够不上说是对社会生活和社会变动之一种解释。"历史哲学所找求的是支配的势力，统制的原因，而非产地或载乘者。"⑤ 所谓"在最后的事实上"和"结局上"，经济生产力乃文化演进的主要动力之说法，假如等于说：文明的一切形相，原于生产样式，而认生产为原始事实，为文明形相之距离始源，这样的论断，也不见得有任何的价值。为甚么？因为我们说某类现象是"先行者"，这原不必包涵着它有支配继起的现象的力量之意义。⑥ 管子说"仓廪实而后知礼仪，衣食足而后知荣辱"，恩格斯说"人必先有衣食，然后能从事政治，潜思宗教"，这话我们并不反对，不过这样的说法，并没有证实先前的动作，会支配后起的事变。"先前"（Priority）岂能说就是"因果关系"？

霍浩斯（Hobhouse），威拉（Wheeler），靳斯伯（Ginsberg）用统计法研究初民的经济生活与其他文化形相的相关，已证明马克思的说

---

① 例如：Seligman, *Economic Interpretation of History*；Henri Sèe, *Matérialiame Historique et Interprotation économique de l'Historie*（The Econ. Interp. Of Hist. tr. by M. M. Knight, 1929）；Williams, *Social Interpretation of History* 及其他。又 Bernstein 说："因为马克思与恩格斯不能分辨社会法则与自然法则的不同，所以将目的的关系，与因果的关系看做一样，这就是全马克思主义的一切矛盾的根源。"（朱谦之前书，页一六一，所引）

② Lenin, *Staat und Revolution*.

③ *Archiv für Sozialwissenschaft und Sozialpolitik*, Vol. XXV（1908），444.

④ *Communist Manifesto*, Engel's Preface of 1883, Marx, *Critique of Political Economy*, p. 11, Captial, Vol. I. 200n.

⑤ M. M. Bober, *Karl Marx's Interpretation of History*, Harvard Univ. , 1927, Chap. III.

⑥ V. Pareto, *Traité de Sociologie Générale*, Vol. I , pp. 343, 344.

法，不但偏于臆测，且多与事实违离。[①] 再就文化变迁和进步的动力而论，据马克思的看法，辩证在每种生产样式内，产生与它对立的元素，培养后来社会的种子；但据历史的诏示，辩证是一种没有规律的，非齐一的，不确定的，易变的，无常的"力"，有时动作极速，有时极慢，而在某期间，却又完全终止，不生作用。（例如在社会主义完全达到期）在甲地辩证力虽然引起进步的变动，而在乙地却会致令同型事变的周期轮化。（例如恩格斯说，回教革命不会产生进步，不会推翻旧制度，不会建立较高的制度；它们只是经济发展的同一水平之周期的轮回，所以他以为这与西方耶教国度的革命不同。）[②] 在不同的时间，不同的空间，其动作的途径既然不同，其速率与结果自然也有差别。由此观之，辩证的历程并不像自然的历程，有固定的规律性，不会因特殊的历史时间而发生差别相，不会对特殊的地理空间而发生异样的动作。

以上所举的社会学家，经济学家，哲学家，史学家，对于文化法则的知识，自然多所推进，不过他们采用的方法，太过幼稚，因而这种幼稚的科学——社会学——也就几乎被埋葬了。他们的方法之缺点：其一，便是对人类联合的行为，辄喜以主观的解释，替代客观的陈述；其二，是太过依赖社会事实与其他事实的肤浅比论。因为这些错误，早先的文化法则之形成，多半系由较进步的临近科学绅引出来，而非以文化资料之搜集和分析做根据，所以文化法则或社会法则，往往就是由物理学，生物学，心理学，经济学引伸出来的法则。

六、最近文化学者对于文化法则的研究之态度

最近研究文化的学者，对于建立文化法则的态度，约分两派，一是批评的，一是肯定的：

一、批评派。这派当以鲍亚士（Boas）为代表。鲍亚士的意见，以为文化发展，非常复杂，而支配史象的条件，逻辑上又多不相联系，所以我们对于任何社会的生物型，言语，和文化，想给予确切的"说明"，似乎没有甚么希望。当然在适宜的条件之下，我们也许可以发见某种特殊的阶段，找出人类史的若干基本事实，例如关于人类原始的发源地；人类在

---

① *The Social Institutions and Material Cultures of the Simpler Peoples*，Univ. of London，1915.

② *Neue Zeit*，Vol. XXVI，No. I （1894，1895），p. 5n. 关于唯物论辩证法的批评，请参阅拙著《辩证法与社会法则》，《新社会科学季刊》一卷四期，此处想未详论。

世界上的散播；世界各部的发明之阶段；文化发展的特殊路线等。他说：

> 依我人一般的经验来说，文化法则的寻索之企图，不会得到重
> 要的结果。我们也许以为宗教和艺术，有密切的关系，但经过比较
> 研究后，只发见艺术形式，可以用来表示某种宗教观念。这样的结
> 果，没有特殊的价值。我们对于社会组织与工业活动的关系也可作
> 同样的观察，不过结果也不会得到明显的法则，把它们的关系表现
> 出来。①

鲍亚士对于文化法则的寻索，虽然采取这样的批评的观点，但他对
于特殊的法则，却并非谓绝无发见之可能。天文学家所注意的，乃是星
体的分布，运动，及其构成，而非一般物理的和科学的法则；地质学家
所注意的，乃是地壳之层位与变动，也许这样的研究，可以发见某种在
形式上相类似的覆演法则。我们在“精神科学”（Geistes-wissen-
schaften）上看，一切探讨的中心，必须集中单独的个案，盖非由此先
把一切独立的事象之共同特征，表现出来，我们也许不会知道一般的妥
当的法则，有没有存在。事实上不特精神科学如此，即任何研究特殊形
式的科学，都是如此。这样看来，鲍亚士对于文化法则寻索的企图，不
是完全否定的。②

功用学派的人类学者马凌诺威斯基（Malinowski）批评进化派的文
化演进观念，其意见与鲍亚士约略相同，他说：

> 我们固然相信某种工具的变迁，要经过阶段的叙列，且多少是
> 要遵依确定的法则，往前进行，不过家庭，结婚，或宗教信仰的变
> 迁，却不会是很简单的，更不会有喜剧式的“变态”（Metamor-
> phoses）。人类文化的基本制度之变迁所经过的途程，常是依照
> “功用”的增进，形式上逐渐发生分化使然，所以绝不会有出人意

---

① Frans, "Some Problems on Methodology," in *The New Social Sciences*, ed. by
L. D. White, 1930, pp. 94 - 97.

② 哈尔（Har）著的《社会法则》（*Social Laws*, 1930）从社会科学的文献上，搜求出
一百三十六种称为"实证法则"的，一一加以考验。他把这些法则，分为五大类：一是方法
论上的假设；二是目的论的法则；三是统计学的法则；四是近因果法则；五是辩证法则。他
研究的结论有二：（一）像物理学或化学法则一样地确实和精密的社会法则，现在仍然没有发
见。（二）著者认科学乃是概念的统一，这种统一越圆满，其科学越精密。社会科学如要达到
统一化，必须把流行上称做社会法则的各色各样纷然杂陈的概推，归纳在确当的社会心理学
的法则的基础之上，才有希望。过去社会科学的历史，就是各个学者，随性之所近，学之所
专，或由生物学，或由人类学，经济学，历史哲学，企图完成这样统一之不曾成功的历史。

表，悚人听闻的转变。我们在没有把各种文化现象的性质，功用，形式，作澈底的了解，圆满的摹述以前，一切关于文化的可能的始源和阶段之臆测，当然是半生不熟的企图。文化发展的起源，阶段和法则的概念，直至今日，仍是笼统的，且本质是非经验的。……文化进化的探究所以必先之以功用的分析才行。①

马凌诺威斯基对进化派的理论，虽作如上的批判，可是他并不完全否认文化法则的找寻之重要性；这点，我们在前面已经说过了。

此外，霍浩斯（Hobhouse）的主张，颇偏于"自由意志说"，但他也并非绝对否认社会科学上的法则之存在，我们看他说：

> 科学是研究法则的，物理界是法则的领域，所以它本来就是科学的适当的领域；心理界是不同的，其中，意志是一个决定的因子，而意志则为自由的，不可方物的，我们不能预料社会的未来，正如不能预料个人的未来一样，因为所他依靠的"选择"，不但是看不见的，抑亦不能看见的。在因果的连系中，每种意志行为，构成了一种裂罅，所谓先见之明，因此便不容易做到，所以我们如把社会的和心理的因果关系，认作普遍的，这是一种蠢笨的说法。②

然而在结论上，霍浩斯却承认意志的力量，在社会学里，不会影响我们建立因果法则的可能性。"我们所知的条件越多，则定立的法则，越近确实。每个民族，每个社会团体，固然有它自己的历史，但这不会使它不遵依那应用于一切民族的一般法则。"③

二、肯定派。文化学者当中，能排除众议，卓然成家的，在美有朱宾（Chapin），克鲁伯（Krober）等。他们深信文化乃是自然界的一部分，且必然遵照某种确定的法则，往前展开；我们如要找寻这些法则，自然要采取自然科学家所使用的方法。他们并且假定这个问题，只是如何创造量度文化的单位和获得资料的样本之问题。

朱宾在《文化变迁》（*Cultural Change*）上，谓社会科学对于变迁的预料，所以落在物理学之后者，纯因前者能由"象征的问错"，

---

① B. Malinowski, "Culture", article in Ency. of Soc. Sciences.
② L. T. Hobhouse, *Social Development, Its Nature and Condition*, Chap. XIII, *Social Law and Social Science*, pp. 317 - 324.
③ 同上。关于意志自由论的批评，参阅拙著《史则研究发端》，《社会学刊》，第一卷，第三号。

(Symbolic trial and error)（原则之使用）达到"设计发明"的水平，后者仅能由"明显的问错"（Overt trial and error），不曾超过"经验发明"的水平所致。[①]

克鲁伯则相信文化现象受"程序"（Order）的原则所支配，我们只要对于文化变动，作归纳的探究，便可把它们发见出来，做预料的根据。他的"文化决定论"之主张，大抵以他的有名的"十八种条例"为根据。其条目如次：

（一）历史目的在说明社会事实对于文化全体的关系。

（二）历史所研究的材料，不是人类，而是人类的事业或成绩。

（三）文明由人类而支持，经过人类而存在，但是他的本身存在，和人类生活为种类不同的实体。

（四）历史家必须假定人类某种的心理构造，但也许不用作社会现象的一种决定。

（五）真实的本能，存在于社会现象的基础及其源始，但史家不能考察他或研究他。

（六）个人的事象，除作例解之外，全无历史的价值。

（七）地理的或物质的环境为文明利用的原料，而非形成或说明文明之因子。

（八）史家须先假定文明载运者的全人类之绝对平等性和同一性。

（九）遗传不得认为对于历史有何等作用。

（一〇）所谓获得的遗传，在生物学方面和历史方面，为同样不可相信的怪论。

（一一）淘汰和其他有机进化的诸因子，不能影响文明。

（一二）所谓野蛮人者，并非动物受过科学教育的人之间的过渡物。

（一三）没有可称为"社会种"，或标准的文化模型或阶段之存在。

（一四）世界没有民族心理，只有文明。

（一五）在史学上，没有和理化科学法则相同的法则之存在。

（一六）史学是研究必需的条件，不是研究原因。

（一七）历史的因果性是属于目的论的。

（一八）最后，生物学，心理学，或自然科学的决定和方法，在史

---

① 朱宾在原著上，提出文化的循环的法则，其批评，看 Allporb and Zimmerman, The Prediction of Cultural Change, A Problem Illustrated in the Studies by F. S. Chapin and A. L. Kroeber, See S. A. Rico（ed）*Methods in Social Sciences*, pp. 307 - 350。

学上不能存在，正如史家的探究之态度和结果，不为严格的生物学的实习所采用一样。①

克鲁伯的观念，以文化的变动或人类团体行为的变化，常由固定的文化条件所决定，无须诉诸个人心理条件。他注重文化的超有机的，超个人的，超心理的性质，且侧重文化自治论和历史事变之决定论，把个人在历史上的位置，完全给予否定。我们对于他的"十八条例"虽然不尽赞同，但戈登怀素（Goldenweizer）说他的思想，"是由进化论经过批评论，进化到客观论和建设论"，最少具有一部分的真理。②

七、科学的文化法则之检讨

孔德尝把一切科学分做抽象和具体两类，前者的领域，在建立一般的自然法则，后者在把法则应用到特殊的事实。文化法则的应用，属于文化的科学之具体部分，文化法则的建立，所以便属于文化的科学之抽象部分。可是，麦夷法（Maciver）说："找寻人类相关的法则，是社会科学上重要而困难的工作。"③ 我们试对于现存的文化法则（包括社会法则），作以下的检讨。

一、静力法则

依照孔德理论说，"整合"是许多元素或成分构成的一个体系，在这些元素中，有必然的理性的连系。所谓"静力法则"（Static law），即在把"整合"的成分间之不变的关系，表现出来。达德（Tarde）的《社会逻辑》，提出许多这样的法则，譬如："思想的日常接触之结果，经过许多斗争和讨论，在信仰上，建立一种几近的均衡，这与海水的均衡，不能避免波涛和潮流的汹涌相类"，便是一例。

据我们看来：法则这个名词，本来很难应用于一种体系的元素间之永恒的关系，因为这样的关系，只是我们在思想中所定立的理想的相连，至于科学法则，实指那独立在人们思想之外的真实的相连。科学法则，表现的真实的相连，有由自己而实现自己的一种力量，例如，"因"

---

① "Eighteen Professions", *American Anthropology*, N. S. Vol. XVII, 1915, pp. 283 - 288. 最近 Goldenweizer 提出的"社会科学的范畴论"亦极可注意，见所著 *Psychology*, *History and Culture*。

② Goldenweizer, "Cultural Anthropology", in Barnes (ed), *The Hist*, *and Prospects of The Social Sciences*, p. 245.

③ Maciver, *Community*, p. 27. Tarde, *La Logique Sociale*, Alcan, p. 74.

在时，"果"也必然跟着发生，这不只是事实，而且是必然，所以理想的相连，不是一种法则。

然而从另一方面看，静力法则所表现的，也许不只是一种理想"逮属"，而是指一个体系的成分间之交互的依倚。一个动作着的机器之机械的均衡；一个有机体的生命官能之交互依靠，就是这型的相互依倚之实例。照这种意义来看，静力法则，在近代科学上，便转变而为动力法则，亦即是变动的法则。所谓机械的均衡，意指两种赓续的历程间之严正的交互的函数的依倚，其中每种历程，都是互为因果的。所谓事象的函数的关系，即是一种历程对他种历程的相互影响之关系。上举达德的概推，在形式上，虽是静力的，而最后却也以动力法则为根据。由此说来，文化学上实在没有所谓静力法则。每种历程都受动的法则之支配，所以每种的文化法则，必然是一种动力法则——一种文化变动的法则。[①]

二、动力法则

文化学上所谓"动力法则"（Dynamic law），皆属于通常称为"经验法则"（Empirical law）的类型。爱尔乌德（Ellwood）以为社会法则，便属于这型之内，他说："在社会科学上，我们只能用法则的名词，来指示事物表现的相对齐一和规律的路线。……一种社会法则，就是多数个人或个人所造成的集团动作之一种习惯的样式之陈述。"[②] 这样的陈述，在社会科学上，指不胜屈，如说"人是政治的动物"；达德对于模仿定立的法则说"低级社会模仿高级社会"[③] 便是此类。社会学者对于社会的动力法则之建立，成绩还算不错，如甘蒲维斯（Gumplowiez）和罗仙和夫（Ratzenhofer）定立这样的法则："两个社会，由征服和压迫，方才发生接触的，其结构亦必跟着有迅速的进步。"[④] 又巴克尔和达德曾提过的文化接触法则，提亚列（Tiele）这样形成出来："一切知识的发展，除以民族的自然为根据外，其他都是由各种不同阶段的文化发展，无论高低，在接触上所给予的自觉的刺激造成。"[⑤] 斯宾塞提出："社会体积越增长，则随之而起者为分化之较多，组织之较高。"涂尔干

---

① 参照 Znanieski, *Laws of Social Psychology*, Ch. Ⅰ 的理论。
② Ellwood, *Psychosociologie*, pp. 57 - 58, retranslated by Znanieski, op. cit., pp. 18 - 17.
③ *Psychologies des Foules*, 1921, p. 24.
④ Rassenknmpf, §34. 35, *Sociologische Erkenntnis*, Chap. 13 and 14.
⑤ *The Science of Religion*, Vol. Ⅰ, p. 239.

(Durkheim) 后来加以修正，谓："分工的变化，与社会体积和密度，有直接的关系，如果它（分工）在社会发展的途程上，赓续在前进步，这是因为社会在规律上比较从前精密，一般地比较从前广大所造成。"①佩端（Petten）谓："一种种族由局部环境发展到一般环境，苦痛经济制度便由快乐经济制度为之替代。"② 这些方式，大抵要表现文化变迁的主要动力，与它所引起的开展的历程，有若何的关系。此外，华德（Ward）承认知识为文化变动的作因，所以说："当自发的进步转变到导进底进步时，个人底目的观，便跟着相对地转变到集团底目的观。"这个法则，建筑在社会统制的明显的趋势之上，从比较上看来，实在比孔德的著名的三阶段方式优越，物理科学的法则，在方法学上，颇足供社会科学的参考，这是文化的科学家所承认的；我们把上述的许多法则，与物理科学的法则相比较，究竟其间有没有区别？我们不要为法则的名目所眩惑，而要注意法则所要表达的事物之客观的叙列。上述的经验的齐一性的法则（包括心理法则，社会法则），有些只是对某种的事实，提出定义（如说人是政治的动物），有些还能对于事实间的某种关系，给予定义（如涂尔干，华德的法则）。我们如果把继起的事象，当作一种历程来看，我们便可断定：第一类只把历程当作一个整合，从而为之定义；第二类却能对于一种历程的部分间之相连，予以说明。物理学上运动的法则所说明的是这样：倘使把某种力量，应用到一个在运动中的物体，则其速度和方向，必然会发生变换。万有引力的法则，不过简单地摹述引力的一切变动，是依照物体间的体积和距离之一定的变更而发生的一种方式。所以从逻辑上看，第一类的法则，乃是对事实的类别之叙述，换言之，它们对于事实，不曾给予科学的说明，不过提出科学的分类而已；第二类才是事实的法则，相对地与物理的法则接近。

复次，法则的相对的妥当性，靠依其所摹述的事实之一般性，因为一般性为物理法则的必具的特征。事实间的某种关系，既然成立，则无论其表现者为几千万次，或在实验室中表现过一二次，在科学家看来，初无重要可言。科学家假定如 B "事实" 在因果上为 A "事实" 所决定，则 A 每次表现时，结果必然引起 B 的表现。在实验室中，有些个案 A 的发生，实际上没有 B 跟着起来，则科学家便预料也许有原因 X

① Durkheim, *De La division du travail social*, p. 289.
② Patten, *The Development of English Thought*, pp. 5 – 10.

发生，结果则为 Y，Y 与 B 联合，产生真实的果 C。他于是进而要找出 Y 和 X，并且要发见 X 和 Y 间的关系之法则，以及 B 和 Y 联合的形式。这种意外的联合，不管发生过多少次，但它们不会影响 A 和 B 间的关系之法则的确度。在 A 事实发生，不曾有 B 继起，而另有 C，D，或 E 的显著"例外"，这在实际的经验上，往往比规则的经验的表现，较为通常，较为明显。反之，在文化齐一的法则上，每种经验的例外，都会影响其妥当性。试就达德的法则来论，如果下层社会，模仿上层社会的法则，有许多的例外，我们就不肯承认这里所概推的事实之类别，不是在某限度以内所发见的事实之唯一的类别，所以当下层社会，不模仿上层时，便有不同的事实，表现了出来。这里，除非我们能把在文化行为的整个领域内所发见的事实之一切"变数"，加以真实的综察——这当然是不可能的——否则我们没有法子知道这型的法则，在甚么时候和在那个地方，才可应用。波易耳和马利俄特法则（Boyle-Mariotte Law），不问甚么时间，甚么空间，只要有气体被压的现象，则其应用的确实性，确然无疑，可是达德的模仿法则，在异型的平等的互助的社会，就不能断言其能包含同样的妥当性。

我们如希望这类的法则，有应用的普遍性，似乎对于它们的外延，有区定之必要。假如叫"模仿"为一种历程，说它包含达德所说的一切特性，则一切模仿作用，应该都依照这种法则，其有特殊形相者，便为例外。然而从逻辑看，这样的一种"重言的方法"（Tautological Method），只能帮助我们把经验上已知的事实，包括在一种概念之内，而非能应用这些概念，到一切其他新类的事实之上。最后，我们深信文化学者或社会学者所形成的事实之经验齐一性的法则，虽不能看作文化科学上的概推之满意的类型，但它们却提示出，在文化的领域确实有变动的阶段存在；而且"事实的齐一性"，尤能指出这些事实底下，确有其不变的决定性，所以这类的法则，自然不是毫无用处。

三、阶段法则

注重发生学的文化学者，辄喜建立文化现象的每部门之"阶段法则"（Law of Stage or Sequence）。摩根（Morgan）发见家庭有五种赓续型，其叙列或阶段到处相同。[①] 甘蒲维斯谓由庶物崇拜到神人同形

---

① Morgan, *Ancient Society*, Part Ⅲ. Chap. Ⅰ. 即乱交，血族结婚，亚血族结婚（重婚），数家同居，父权家庭，一夫一妻（偶婚）。

教，多神教，一神教，自由思想家的无神教，有严格的规律的发展。①
列杜奴（Letourneau）宣称在政治上，"人类社会，规律地演变成相连
的阶段，最初是无政府，次共产的氏族，部族（其初为共和，然后贵
族），君主政治（其初为选举，后为世袭），最后则为共和制度"②。戴
格里夫（De Greef）所建立的美学发展之法则，谓"先有建筑然后有雕
刻，有雕刻然后有绘事"③。

本来甘蒲维斯早就说明：现象是依照阶段而进行，同时阶段又是遵
照法则而开展。④ 现代学者对于文化生活的各个部门，所以均有阶段的
建立。⑤ 不过自形式上看来，这些方式，有时不但与历史的事实，背道
而驰，即从关系上看，它们也以文化的因果性之错误观念为根据。文化
形式的实际的系列，有时并不如一般人想象的那么整齐；如果我们找寻
家庭由"细小的，不调协的，不固定的"进至"伟大的，调协的，固定
的，复杂的"齐一的进化，往往废然失望。至于家庭形态的转变，是否
与经济变动有密切的关系，这也是一个堪研究的问题。格劳斯
（Grosse）说，"在男子支配食物供给时，便有多妻制发生，到了女子有
获得经济能力时，则又转而为偶婚制。在游牧民族中，严格的父权家
庭，屹然存在，到了女子能够控制着自己的经济来源时，便发生了母权
制度"⑥，又如马克思说："用手推的磨子，产生了封建主义的社会，用
蒸汽机推的磨子，则产生了工业资本主义的社会。"⑦信如斯言，则文化
发展的阶段，实在受生产技术所支配，而非自为因果的了。

四、数量法则

文化学者，对于物理科学家所采用的数学的工具，向来都是表示景
仰和羡慕的热忱。这种风气，自十七世纪已开其端，迄今日遂有登峰造
极之势。笛卡儿以数量的形式，乃是科学确度所必需的条件，此处，世
上便没有甚么真正的质量科学。这话在今日说来，还是一样的动听。现
在经济学、人口学、人类学、实验心理学都采用数学的图表和曲线来研
究；这种倾向，对于文化学者，自然也发生很大的影响。达德所提出的

---

① Gumplowiez, *Outlines of Sociology*，p. 108.

② Letourneau, *L'Évolution politique dans les diverses races humaines*，p. Ⅶ.

③ De Greef, *Les lois sociologiques*，p. 120.

④ Op. cit.，Part Ⅱ，Sec. 2.

⑤ 看 Blackman, *History of Human Society*，pp. 50 - 52。

⑥ *Die Formen der Families and die Formen der Wineshaft*，Chap. Ⅰ.

⑦ 杜竹君译《哲学之贫困》，页一〇三。

法则，谓"模仿如不受到阻力时，是依照等比级数而散播"①；吉廷史（Giddings）把它应用到冲动的社会行动，并说"冲动的社会行动，其扩大与紧张，是按照等比级数的"，这些都是对经验齐一的历程之数量法则，不过这些还比不上那些数量地表现两种历程间的因果的关系——所谓函数依倚的法则——之重要。按哈尔称，达德、吉廷史的心理法则为近因果法则（Near Causal Law）。

这类的法则，还有一种是专究广袤和数量的——它们研究一个社会的某些事实之相对的"频率"，企图表见属于某个范畴的事实在数字上的增减，每每有属于其他范畴的事实之相应的增减，随伴而起。例如：犯罪学者研究自杀的多寡与犯罪的频率之增减的关系，便是一例。然而在文化的行为之领域上，最普遍的却为"强度"间的函数的交互依倚的法则，例如达德对于"遗说"所建立的法则，谓："遗说之权威和逼力，与其故旧的程度为比例。"② 关于社会组织，吉廷史也说："社会的强逼力与其人口之异质性为比例。"③ 布格雷（Bougle）要推证："人类平等的观念之进步，与社会之扩大，密度，活动，复杂，一致为比例。"④ 罗斯（Ross）相信："社会秩序之安定，与每个人抵抗的力量，超过压逼他人的力量；抵抗的意志，超过压迫他人的意志为比例。"⑤

我们对这些由内包以至外延的函数的依倚法则的抗议有二：第一，它们只指出问题的存在，而未曾把存在的问题解决。简言之，这些函数的依倚法则，只论到症象，未尝爬着原因。第二，这方面的定量的概念，不曾把事实的客观的特性加以表达，我们进一步观察，知道它们所摹述的，也只是事实的特征而已。所以定量的法则，在文化学上，固足羡慕，但最少在现在，决不会有物理科学法则那样高度的客观性。

八、关于文化历程的法则

根据以上种种的研究，我们可得到三种观点：

（一）各时期，各社会或各地方的文化质素和丛体，在类似的情形下，有类似的所在，这是进化论者承认文化现象中有一致的法则存在之

---

① 见 Blackmar and Gillin, *Outlines of Sociology*, p. 320 所引。
② 据 Blackmar and Gillin, op. cit., 所引。
③ Giddings, *Inductive Sociology*, pp. 226 - 228.
④ 据 Ross, *Foundations of Sociology*, p. 67 所引。
⑤ 前书。

证明。不过我们知道风俗和信仰的类似，往往是肤泛的，即或不然，观察者每以预存的观念，作皮相的比论，结果亦不能称之为法则。自然人类的体质的，生物的，心理的质素，大抵相同，文化形相的表现应该有多少类似，这是一般人不期然而然的臆测；但文化学者却主张文化现象是自治的（Autonomy），文化的变动，应以文化的历史本身，为之说明。根据这种主张而论，所谓文化现象者，当然不是纷然杂陈，毫无秩序的。若我们对人类文化质素的量数，有适当的了解，则戈登怀素（Goldenwerizer）所提出的文化发展之"有限可能的原理"（Principles of Limited Possibilities），未尝不可供我们发见文化生活的法则之线索。世界的思想变化无穷，不可方物，但从哲学史看，数千年来思想的演变，还不是一元论，二元论，多元论，观念论，唯物论，自然论，机械论及其他方式的转换？住宅和衣服的款式，在各时期，各地方，自然有不同的发展，但几曾有住宅而无房间，有衣服而不能穿着者？推而至家庭的制度，政治的结构，经济的基型，未尝无有限可能性的转变的方式之存在。

（二）社会学家把机械学的，生物学的，心理学的法则，应用到文化领域，不曾获得良好的结果，不过他们在这些领域所发见的规律，用来应用到文化资料的搜讨，未始不可以帮助我们，给文化的事实，整理出一个条贯来。在最后的分析，没有一种独立的科学，单纯是由其他知识的部门，把法则采借过去的①，所以文化学的法则，不能外铄，而要由文化事实的分析，比较，才能表现。

（三）文化发展的历程，变动不居，诚如庄生所谓："物之生也，若骤若驰，无动而不变，无时而不移。"② 文化既然是变动的，则一切新的文化形相之产生，必然招致旧形相的破坏，老子说："天地不仁，以万物为刍狗，圣人不仁，以百姓为刍狗。"刍狗者已陈则去之谓，四时代序，功成者退，宇宙万象都在生灭的过程中，要去的不可留，要来的不可止。文化形相，既常变更，所以因果的连环，前后没有绝对相同

---

① 究竟那种法则应属心理学、经济学，那种文化应属文化学，这个问题似乎应该解答的。戴格里夫（De Greef）曾把法则分为简单和复杂两种，前者表现同类现象间的关系，后者反之。我们联合两种经济事实，如说"投资的变迁与利息率有直接关系"，这是经济法则，又把政治事实与经济事实连合："经济机会越平等，阶级间的争斗，越萎缩。"这是社会法则。本篇所用文化一词的范围，与自然对称，当然比所谓社会的范围大；但文化法则是包括简单和复杂两种法则的。

② 《秋水篇》。

的，不过在变动和发展上，总不会没有一定的方向罢了。"如果我们能知道文化的动向，便能预测未来的事象，即是文化的第二种形相。"①文化发展假如向一定或可界定的方向前进，那末它的前进必清晰地表现若干的法则，这是"百世以俟圣人而不惑"的了。

（四）就以上的观点推论，我们以为文化历程，表见这样的法则：

一、发展的法则

"发明和采借乃是文化发展的历程之两方面"：

（说明）文化不是静的，而是动的。文化变动在任何时期或地方，如非发明便是采借（或接触）的结果。一切新文化质素的兴起，物质的或非物质的均由发明而来，发明以后，乃有采借。文化历程的演进，受这两个因素所决定，这正如"个人化"和"社会化"乃社会历程的两方面一样。

二、接触的法则

"两种文化相接触，当发生交互的采借时，优者强者胜利，劣者弱者被淘汰，否则类化优者而创成新型的文化。"

（说明）文化变动，也是接触的结果，这在文化史上，例子很多，不必枚举。当两种民族相互接触时，文化发展有几种可能性：第一，旧的质素会被新的替代或兼并；第二，强者优者方面，如利用政治或军事力量，施行高压，则弱者劣者的文化，除却一部分文化质素加入战胜者的文化基础而外，其他也许完全崩溃或被淘汰；第三，有时弱者劣者在特殊情形之下，会翻身起来，吸收新质素，创立新型的文化。

三、复度增进的法则

"文化基础的复度增进，与所吸收的文化质素之多寡为比例。"

（说明）新质素的发明，必然加进已存的文化里面；这已存在的文化，叫做"文化基础"。当新质素加进时，如不是取旧而代之，便与旧者合并或并存。所以文化有复度增进的倾向，而其复度之增进，又与所吸收之新质素为比例。

九、结论

我们对于哲学家，社会学家，史学家，经济学家想把文化事实归纳而为科学的法则之许多企图，经过一审测量，虽然得到否定的结果，然而前人造诣的重要性，却不应轻轻一笔抹煞。由十七世纪以至现在，学

---

① Muller Lyer: *The History of Social Development*, 1923, p. 255.

者的不断的努力，自一方看，固然不曾形成文化事象间的必然的、普遍的关系，自他方看，则总算已由各种观点，指出文化现象之某种规律性了。当世聪明特达之士，对于这个问题，本来已经经过长期的研精覃思，但是迄今仍然未有相当的成就，其故何在？据我们夙昔所苦索，相信这种研究，迟迟无定论，即我们自己所提出的法则，亦不敢谓为与自然法则相逼近，这殆由于几种显著的困难造成，请分论之：

（一）文化现象，异常繁赜，一切重要的"变数"，既不易加以控制或隔离，故希望归纳地建立妥当的科学的文化法则，自然发生不少的困难。今日学者对于最简单的情况，卑之无甚高论，亦仅能作初步的解析而已。

（二）经学者多年的择究，而迄无结论者，是为对于隔离的变数之"变子"（Variates）的定量的量度的问题。西方文化学者如朱宾（Chapin），乌格邦（Ogbrun）一派大抵相信文化资料的定量的研究，不但可能，而且成绩已斐然可观。他方，顾理（Gooley），麦夷法（Maciver），亚尔钵（Alport）一派却以为"量度"只能应用于外表，而外表所构成的社会关系之皮相，与文化内涵无关：文化的内涵，据他们说，亦非自然科学的搜讨所能探究。

（三）文化事实，如革命，制度，群集，思想，都是不断地变动着，所谓"逝者如斯乎，不舍昼夜"，庶几近之；因此自然科学家对于同样的现象，可以在实验室中，作种种覆演的实验，而文化科学家对于法国革命，俄国革命便不能用"控制集团"的原则，使之覆演，从而加以审慎的回复的观察，所以自然科学家所用的实验方法之最大实效，在文化科学方面是不容易得到的，当然不是绝对。

（四）文化学者总须根据某种"观念体系"（Ideational System），来解释文化的结构和形式，故研究者预存的观念，每每支配着他所要形成的问题。站在西方现代文化的立场，来评量母权社会的文化"丛结"，固然会像萉罗乙德（Freudian）派一样，发生严重的错误，即站在纯东方化的观点，观察西方的社会，也未必能有透澈的了解。岂但如此，人类思想的基型，跟着时代而转折，资本主义社会的思想原理，不能应于社会主义的社会。当托勒密（Ptolemy）的天文学盛行时，人们不会去找寻火星，达尔文的生物进化说还未出世以前，文化人类学家亦不会发见文化的进化阶段论。马克思用经济因子解释文化的变动，卡莱尔（Carlyle）侧重伟人人格对政治转变之重要，假使二人生当今日，受统计学之影响，我们相信前者所用的方法，当接近经济统计法，后者也许不能发展统计法，但反而观之，却未尝无发明智力测验的可能性。由此可见所谓纯客观大客观的自然法则，在文化现象中之不易形成，亦有其自身之特殊的困难在焉。

研究文化现象的困难，自然不只四种，但以上所列，总算是荦荦大端。霍浩斯（Hobhouse）说："人类解决自己的困难问题，在第一阶段用本能，第二用'问错'（Trial and error），第三用应用知识。"① 近年来研究文化现象的学者，已由第二个阶段渐渐进到第三个阶段，把文化现象看作自然现象即是：第一步给予摹述，第二步才从事评量及说明。美国芝高古学派（Chicago School）根据地境学的观点对城市的研究②；素罗坚（Sorokin）对社会变动性的解析③；朱宾（Chapin）对文化轮化的法则之统计的探究；马凌诺威斯基（Malinowski）研究母权社会文化与家庭情感之关系④；都足代表这类研究的鲜明的倾向。如果科学演变的历史给我们的教训，不会错误，我们相信文化法则的寻索运动之将来，将必然地由间错的阶段进到应用知识的阶段，亦即由经验的阶段到达控制的实验的阶段。

---

① Hobhouse，*Social Development*，*Its Nature and Conditions*，p. 217.

② F. M. Thrasher，*The Gang*；Park and Burgens，*The City*；etc.

③ P. Sorokin，*Social Mobility*.

④ B. Malinowski，*Sex and Repression in Savage Society*，London，1927.

民族学与中国民族研究[*]

（1936）

一、民族学之意义及其主要趋势

我国民族，夙以喜治史学闻于天下——二十五史，两通鉴，九通，五纪事本末乃至其他别史，杂史，省志，府志，县志，家谱，都计不下数千万卷，是皆吾祖宗闭户自精，辛勤积累而仅得之文化史料，其为研究我国民族文化最有价值之宝藏，殆非过言。我国史家往昔治学之原则，曰先通古后通今，史书之价值尚矣；然邃古文化起源，渺不可考，即凭文献，而文献足征之程度，亦属疑问，是以最近若干年来，人类学者或民族学者提出一新原则，曰先通今后通古。中国学人现已开始根据此种新原则，用近代人类科学之眼光与方法，重读古史，发掘古物，探究一切现存的原始文化，数十年间之发见，迥非旧日史家之所能悬想，而吾族演进之迹，亦于是庶几可辨。① 此种运动，其对世界知识之总影响如何，虽难预知，然而其成功一种"时代运动"使吾国文化，从物质上精神上皆起一种革命，非直我民族史上一大事，实人类文化史上一大事，可断言也。

人类学亦即是"人的科学"（the Science of Man），其企图，盖一方从现代观点，由人类邃古遗迹，追寻种族之发展，一方则又从文明民族之价值标准，估量各民族之文化贡献，探讨文化际之相互影响，并求知一种族或一民族之文化特殊类型及其所以发生之因子。前一方面研究之对象，为人类集团之体质类型——"种族"（race），后一方面则为种族之心理产品——"文化"（culture）。种族之研究，通常称曰"体质人类

　＊　载《民族学研究集刊》第 1 期，1936 年 5 月，署名黄文山。
　①　参阅江绍源，《中国古代旅行之研究，序》（商务，二十四年）。又例如李则纲著《始祖诞生与图腾》，即采用原始社会中之图腾遗迹，解释中国古史中许多荒诞之故事。

学"（Physical Anthropology），而文化之研究，则称为"文化人类学"
（Culture Anthropology）。英美学者所谓文化人类学，亦有时称为"社
会人类学"（Social Anthropology），在法则又称为"比较社会学"（So-
ciologie Comparée）或"文化民族学"（Ethnologie Culturelle），但在大
陆上，普通多采用"民族学"一名。此种术语之不同，纯由各国历史习
惯所引起，姑不论表面如何参差与分歧，然其为研究人类文化之科学，
则殆无二致。①

我国学者向来采用"文化人类学"一名，殆至晚近，则又有采用
"民族学"之趋势。② 何谓民族学？马克史美德（Max Schmidt）为下定
义，谓为是研究亚欧文明带以外的人类生活之自然表象的科学。③ 民族
学究竟为研究无文字的民族之科学，抑为研究全人类的科学，则学者间
之解答，至不一致，但大别之，约有两说：

（一）巴斯锉（Bastian），罗索尔（Ratzel）之说。——此派以民族
学系研究土人或半开化的种族之科学。博物馆收藏，即此种民族之档
案，故此说认一切无文字的土人或民族，方是民族学的中心对象。至于
历史上的民族，如埃及，叙利亚，巴比仑，希腊，罗马，日耳曼等之邃
古遗迹，其与初民文化平行者，亦可以归入民族学范围以内，为之
研究。

（二）史美德（P. W. Schmidt），文达尼斯（Winternitz），叔耳次
（Schurtz）等之说。——此派为后起之民族学家，其眼光较为远大，大

---

① 著者年来主张采用"文化学"（Culturology, the Science of Culture）一名概括一切关于文化的研究。说详拙著《文化学方法论》（中央大学《社会科学丛刊》第一卷第一期），《文化学的建筑线》（《新社会科学季刊》，第一卷第二期）。新名词之创造，并非由好奇心所驱使，而是因为实际上有此需要造成。法国民族学者蒙多丹（George Montandon）近以"种族学"（Raciologie）名其科学，奥国民族学者史美德（W. Schmidt）亦谈到宗教学，有称为 Religiology，或 Religionology 之疑义，皆属好例。看所著 *The Origin and Growth of Religion*，London, 1931, p. 7.

② 杨堃《民族学与人类学》，页七云："自一九二八年，国立中央研究院社会科学研究所成立之后，该所共分为四组。内有一组，即名民族学组。从此后，民族学一名称，始渐为国人所认识。自一九三〇年二月间中国社会学社在上海开成立大会，蔡孑民先生的大会演讲，即标题为《社会学与民族学》。自此后，民族学一名称在中国社会学界，始渐通行。至最近乃有中国民族学会之发起，并已于一九三四年十二月十六日在南京举行成立大会。是民族学之名在资格上虽较人种学为晚，然而后来居上，已大有压倒前辈，而为 ethnologies 一字专有译名之趋势矣。"

③ Max Schmidt, *The Primitive Races of Mankind*, translated by A. K. Dallas, London, 1926.

抵共认民族学为研究人类整个范域之科学。① 其他如美之陆维（Low-ie），则认民族学为研究文化之唯一科学，谓："民族学以文化为专门之题材，正如心理学以意识或行为为题材，生物学以生命为题材，物理学的某支系以电气为题材相类。"②

要而论之，民族学虽以研究文化为题材，但此种题材究以初民社会为限。对于各种不同的原始民族及其文化之各方面，作种种比较与综合的研究，企图发现民族文化之一般的类型与共通的法则，并能推寻其因果关系，说明其性质与功用，此为民族学之主要任务，而近代民族学之意义，亦即在此。③

从民族学与人类学之发展史看，民族学名词之起源，本较人类学为早，但在范围上，欧美学者向以人类学包括民族学。例如美国早期民族学家柏林顿（D. G. Brinton）对于人类学之分类，便是如此：

人类学的分类

人类学的科学

一、人体学（Somatology）——体质与实验人类学

二、民族学（Ethnology）——历史与分析人类学

三、民族志（Ethnography）——地理与叙述人类学

四、古物学（Archaeology）——先史与再造人类学

一、人体学

（一）内部人体学（Internal Somatology）——骸骨学（Osteology），头盖学（Craniology），筋肉解剖学（Myology），人相学（Prosopology），内脏学（Splanchnology）。

（二）外部人体学（External Somatology）——人体测量学（Anthropometry），皮色，头发，身体比例之规律，体质美。

（三）心理学——实验的与应用的，感觉，神经冲动的定率，脑与神经作用。

---

① 功能派社会人类学家马凌诺斯基（Malinowski）与拉得克里夫·布朗（Redelife-Brown）主张采用"比较社会学"或"社会人类学"等名称，谓民族学所采用者，乃旧日之历史法，本身实为陈旧之科学，此可另备一说。

② R. H. Lowie, *Ethnology and Culture*, p. 5. 关于各种不同的意见之列举参看 P. W. Schmidt, "Die moderne Ethnologie" in *Anthropos* Vol. 1 (1906), p. 982, M. Winternitz, "Völkerkunde and Philologie" in *Globus*, Vol. 78, p. 34. 3 ff.

③ 译文见杨堃《民族学与人类学》，《国立北平大学学报》文理专刊单行本，页二六。近今海内外讨论民族学与人类学之关系以此文为最精审详尽。

（四）发展的与比较的体质学——胚胎学，遗传学，畸形学（Tera-tology），人类生物学，进化，解剖学，人猿，民族解剖与生理学，比较病理学（Comparative Nosology），种族病理学（Racial pathology），犯罪人类学，生命统计学，种族之解剖的分类。

二、民族学

（一）社会学——政治制度与社会契约，法律与民族标准，婚姻关系与血族及传统的规则，社会阶级与制度，国际关系（战争，商务，殖民）。

（二）方物学（Technology）——实用艺术，如工具制造，窑器，建筑，农业，运输方法，衣服，量衡，货币交换，美学艺术，音乐，绘画，雕刻，装饰，娱乐品，厨房用具，香水等。

（三）宗教学——心理之起源与发展；个人的，家族的，部族的，与世界的宗教，灵物二元论，庶物崇拜，一神论，无神论，神话学与神话发生学，象征主义与宗教艺术；神圣地区与物象；礼俗与丧礼；宗教领袖；阶级与教理；神治制度；特殊宗教之分析；宗教之哲学与自然史。

（四）语言学——姿势与符号语言；白话；字部；文典的逻辑，语言之起源，生长与分类，及其与民族学之关系；象形，象征，符号标音与语音的文字；字母之演进；语音体系；诗体的（音律，韵律）；戏剧与散文的形式表达。

三、民族志

（一）一般民族志——种族与民族之起源，特征，与分系，"地理区域"，或特征之区域，人类地理，迁徙路线与国民交际。

（二）特殊民族志——欧非种（Eurafrican）或白种（北地中海与南地中海支系）；澳非种（Austrafrican）或黑种；亚细亚种（闪密种与西比利种 Semitic and Siberia）；美洲种（American Race），海岛与滨海民族"尼格烈族（Nigritic）马来族（Malayic）与澳大利亚族（Australic）"。

四、古物学

（一）一般的古物学——人类时代的地质学，水河现象，洪水与沙滩淤积，第四纪的自然地质学，先史植物学与动物学，先史时代，石器时代（古石器时代，新石器时代）；铜器时代；铁器时代；先史商务，古生物学；原史时代。

（二）特殊古物学——埃及的，叙利亚的，腓尼基的，古典的，中古的与美洲的古物学。

"人类学的科学"之分类，本非容易，上述分类，粗疏简陋，自所不免，但在三四十年前，而能有此种创见，不得不谓独到之作。英国人类学家哈顿（Alfred C. Haddon）近著《人类学史》（*History of Anthropology*，1934）；对于人类学之范围，则又有如左之劈分：

人类生物学

体质人类学（或只称人类学）；对于人的解剖，其目的在寻求（一）人猿之异同；（二）现存与已消灭的人种之区别。研究人之进化，因而对于动物学与古生物学方面，亦予相当注意。

身体功能（比较生理学，包括"刺戟素"（hormones）与"血团"（blood-groups））以及精神历程（比较心理学）之比较研究。

人类种族及其分布

种族混合。环境对于体格之影响。人类遗传与发生学，优生学。

文化人类学（民族学）

语言学　语言之比较研究。

方物学与古物学　艺术与手工艺（方物学）及其在空间与时间上之分布与播化（古物学）。工具之类集，及分为种种丛体与此种丛体之分播。

民族之比较研究与分类（以物质的与社会的文化为根据）环境对于文化之影响。社会心理学。文化之迁徙与播化。早期情况在晚近的遗形（民俗学）。

社会文化中的个体与集团元素之结构及其功能乃至文化自身的摹写；文化之分类；在诸文化中发生的社会变迁，及其心理学的意义（比较社会学）。社会与宗教的结合。政府与法律。道德观念。魔术，宗教的观念及习为。

民族志

在某集团或区域中，对于上述诸端，作精密之研究与叙述。

哈顿关于人类学范围之如上划分，与近顷伦敦大学人类学研究室为研究与教授之便利所发表之分类表，约略相同。① 以上诸种分类，各有得失，至其视人类学乃研究人的科学，民族学则为研究人类种族及其特

---

① 译文见斯石鹿：《人类学要旨》，《艺风》，第二卷，第十二期。

性，历史，风俗，与制度之科学，则莫不相同。[①] 吾人若就民族学及其与他种相关之科学而论，则可用下表为之说明：

（甲）民族学

（一）一般的：方法学及其他。

（二）系统的：经济学，方物学，社会生活，法律，宗教，艺术及其他。

（三）特殊的民族学（Völkerkunde）：分区或分洲的排列。

（乙）相关的科学：民族心理学，社会学，比较精神科学，语言学，体质人类学，先史古物学（种族问题及体质上与心理上的质素之遗传），文化史，民族志及其他。

其中，"民族学"与"民族志"之关系，最为密切。从二者之发展过程而论，"民族志"一名，出现较早，十八世纪荷兰学者尼布尔（Niebur）所著之《民族志》（*Beschreibung der Völker*）已为此名之发端，至"民族学"一名，则直至 1889 年巴黎民族学会（Société d'Ethnologie）成立以后，方才开始流行。关于二名之意义，学者不一其说，罗索尔（Batzel）认前者为"搜讨的科学"，后者为"比较民族学"。其他如叔耳次（Heinrich Schurtz），歧因（A. H. Keane）则认民族学为"比较的"，民族志为"叙述的"。惠芝（Waitz）所著之《自然民族的人类学》（*Die Anthropologie der Naturvölker*），意见亦复相同，惟续成其大著之作者革兰（Gerland），则谓民族学乃研究民族性质之科学，民族志则为研究人类现今之分布，及其分布之方法，乃至其盖然的数量之科学，此民族学与民族志关系之大概也。此外民族学与人类学，文化史，民族志，古物学，体质人类学等等科学之关系，未易一一为之说明，兹依马罕（Adoli Mohu）之作，列图如次[②]：

民族学之意义，及其与各种社会科学或历史科学之关系，已如右图。然一种科学之成立，大非易易，其产生之因缘如何，其演变之次序如何，此种迹象，复杂万端，不易爬梳，兹姑陈其崖略。

西方现代文化之发端，今世文化史家，咸认与马可孛罗（Marco Polo）东游，有密切之关系。马氏在元代来华，归而述其可见，由狱吏录成《马可孛罗游记》（有张星烺译本）一书，西方人读之，态度与观

---

① C. Munstch, *Cultural Anthropology*，p. 1.

② 参看 *Man*，June，1931。

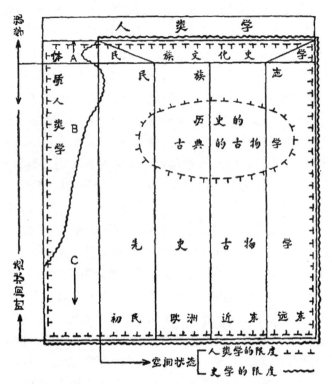

点，为之骤变，其彰明较著者，约有三端：

第一，西方人对于人生及其问题之观察与批评，由中古之宗教的观点，转而采取文明的或世俗的观点。

第二，西方人之哲学的与科学的研究精神，从此发扬光大。

第三，西方人之哲学与文学的想象力，由是而展进，而增高。

近世社会科学，卑之无甚高论，殆不外乎此种精神下之副产品。向使欧洲自马可孛罗以后，不曾积极向外扩展，则当时自不会与许多异样的民族，发生接触，不会获得无限的新资料，不会开辟学术界的新天地，而后此之"人类学"，"民族学"，"比较文字学"，"比较宗教学"，"比较法学"，"叙述社会学"，"进化政治学"，"历史经济学"，自无从产生，而西方今日学术的情状，自无从超出中国学术之上。①然民族学研究之起源，固可远溯诸数百年以前，但从事实上观之，此种探究，殆至十九世纪下半期与本世纪初稔，方逐渐结晶，成为科学的审量。一切人

---

① Barnes, H. E., *World Polities in Modern Civilization*, pp. 285 - 286；*History of Western in Civilization*, Vol. 2. 又参看拙编《西洋知识发展史纲要》。

类文化的历程，社会组织的形式，初民风俗与信仰之丛结，亦惟有到达此时，才如影片然，一幕一幕地引起文化学家之注目。

其始则有达尔文著《物种起源论》，出版于一八五九年，文化学者乃随着进化论的巨潮，采取进化的方法，创建一时认为簇新的学问。泰洛（Edward Burnett Tylor）之《初民文化》（*Primitive Culture*），发刊于一八七一年。① 其后佛雷沙（Sir James Frazer），斯密（W. Robert Smith），克劳雷（E. Crawley），魏士杜马克（E. A. Westermarck），哈德伦（E. Sidney Hartland）等继起，英伦遂成为文化人类学或社会人类学之重镇。同时，欧洲大陆之科学运动，在同样的巨潮之下，亦有长足之进展。法国学者在涂尔干（E. Durkheim）领导之下，有社会学，先史学，民族学之建造，成绩至为客观。德国有罗索尔（Ratzel），李博德（Lippert），冯德（Wundt）等大师崛起，其"人地学"，"民族心理学"，"比较语言学"，"文化史"等科，乃由附庸蔚为大国。在美则摩尔根（Lewis Henry Morgan），有"美国人类学的始祖"之称，所著《古代社会》（一八七七）一书，顿成社会科学上不朽之杰作。②

民物学之发展过程，自非本篇所能加以圆满之讨论；据哈顿之观察，过去四十年间关于民族学之出版物，可分作三大类：（一）民族志之记载，此乃真正野外工作之结果；（二）学者在图书馆或博物院研究所获得之产品；（三）野外工作家，由其他邻近领域抽绎所得的材料，作比较研究之种种结果。③

作者不敏，略师其意，窃以为民族学近今之趋势，亦有三种动向，试陈如下：

（一）对于原始民族之野外研究的伟大的扩展。英国当十九世纪中

---

① 泰洛以一八三二年生于伦敦。曾游历美国和墨西哥，其处女作以墨西哥为题材（*Anahnac, or Mexico and the Mexicans, Ancient and Modern*）。但其获得科学家之令誉，则以著《人类早期历史之研究》（*Researches into the Early History of Mankind*）开其端。后著《初民文化》，成为文化人类学上之标准作品。氏以一八九六年，任牛津大学第一任人类学教授。终于一九一七年。

② 摩尔根以一八一八年生于纽约之奥路拉（Anrora）。生平以律师为职业，但一生兴趣，则集中于人类学的研究。渠对于美洲印埃安族之研究及发见，先后由斯密逊研究院（Smithsonian Institution）印行。所著《人类家族之血缘与亲属制度》（*Systems of Consanginity and Affinity of the Human Family*, 1869）与《古代社会》（*Ancient Society*, 1877）二书，在十九世纪确曾发生过一种革命的影响。氏终于一八八一年，生平著作之评价，略见拙著《阶级逻辑与文化民族学》（《新社会科学季刊》，第一卷，第四期）。

③ Haddon, *History of Anthropology*, p. 124.

叶,经济发达,雄视一世,其在印度,澳洲,非洲诸殖民地的官吏,莫不从事于原始民族及其文化的资料之搜罗,因而人的科学之研究,自然以英为最前进,而其作家亦不期而然地成为研究原始民族及其文化之权威者。此种由野外工作而产生之民族志,其最著名者当推豪易特(A. W. Howitt)之《澳洲中部之本土部族》(*Native Tribes of Central Australia*);洛特(H. Ling Roths)之《塔斯马尼亚的原始居民》(*Aborigines of Tasmania*);汤生(B. H. Thomson)之《非支人》(*The Figians*);塞利格曼等(C. G. and B. L. Seligmann)之《吠达人》(*The Veddas*);图伦(E. im Thurm)之《基阿那的印埃安人》(*Among the Indians of Guiana*);萌(E. H. Man)之《安达曼岛的原始居民》(*On the Aboriginal Inhabitants of the Andaman Islands*);拉克里夫・布朗(A. Radcliffe-Brown)之《安达曼岛人》(*The Andaman Islanders*);庄士敦(H. H. Johnston)之《乌干达保护国与来比利亚》(*The Uganda Protectorate and Liberia*);雷化士(W. R. H. Rivers)之《托达斯人》(*The Todas*)与《美拉尼西亚社会史》(*The History of Melanesian Society*);韦克(John H. Week)之《刚果的食人族》(*Among Congo Cannibals*);伟尔纳(A. Werner)之《英属中非的土人》(*The Natives of British Central Africa*);特里米安尔(A. J. W. Tremearne)之《尼日内》(*The Niger*)与《西苏丹》(*West Soudan*);洛斯科(John Roscoe)之《中非洲民族》(*The Soul of C. Africa*);福克思(C. E. Fox)之《太平洋的门户》(*The Threshold of the Pacific*);爱利斯(A. B. Ellis)之《羊语的民族》(*The Ewe Speaking Peoples*);斯托(A. W. Stow)之《南非土人》(*The Native Races of South Africa*);伊文(H. N. Evan)之《英属北婆罗州与马来半岛之宗教民俗与风俗之研究》(*Studies in Religion, Folklore, Customs, in British North Borneo and the Malay Peninsula*);穆勒(J. P. Mill)之《阿古斯人》(*The Ao-Nogos*)等。以上种种皆从实地研究得来之第一流著作。

抑犹有进者,欧美各国由十九世纪末叶起,对于民族学之研究,即不遗余力,且由大学或学术团体,遣派探险队,分赴各地,探访各地之种族与文化,藉作施政及经济与文化侵略之指针。此种探险队,往往为国内第一流科学家之合作的组织,故其收效,远在个人直接观察之上。其最著者,有英国人类学宿将哈顿(A. C. Haddon)所组织之剑桥探险队,曾在托勒斯海峡作短期之研究,当时(一八九八年四月至八月)参加工作者，语言学家有累角（Sidney H. Ray），心理学家有雷化士（W. R. H. Rivers），米耶士（C. S. Myers），麦独孤（W. McDougall），古物学家有威尔根（Anthony Wilkin），民族学家有塞利格曼（C. S. Seligman）。① 其报告已于一九〇一至一九一二年间先后发表，一九〇一至一九〇三年出版者为生理学与心理学之部，一九〇七年出版者为语言学之部，一九〇四年与一九〇八年出版者为社会学，法术与宗教之部，一九一二年出版者为艺术与手工艺之部，其首卷则为《一般的民族志》（General Ethnography）（一九三五年新版），各成厚册，蔚为巨制，此后探险队继起者尚多，如皮西斯拉丁信托探险队（Percy Sladen Trust Expedition to Soloman Islands），即其著者，然而成绩盖不及前者之斐然也。②

在新大陆方面，美国于一八七九年在华盛顿的斯密逊研究院监督下，曾组织美国民族学局（Bureau of American Ethnology），对于民族学的进展，给予不少的推动力。该局现已发刊四十八种年刊与一百多种专刊，其中如《墨西哥北部美洲印埃安人指南》（Handbook of American Indians North of Mexico），《美洲印埃安人语言指南》（Handbook of American Languages），《加州印埃安人指南》（Handbook of American Indians of California）等，皆实地考查之结果，在科学上自有其不可磨灭之价值。

美国近三四十年来，民族学有长足之进展，其功不能不推鲍亚士（Franz Boas）；氏为美国历史学派之领袖，在近代人类学家中，学问最成渊博，对于种族，文化，语言三方面之研究，能融会贯通，俯瞰一代。渠曾得纽约自然博物馆朱苏（Morris K. Jesup）之经济帮助，企图对于太平洋北岸之初民部族，作实地研究，用以解答亚美二洲在太古时代的种族，语言与文化相连之大问题，所以发起组织有名之朱苏北太平洋探险队，□时参加者多民族学专家，而以波格拉斯（Bogaras），耶克利逊（Jachelson）为尤著，其报告已于一九〇〇至一九〇九年间陆续发

---

① Reports of the Cambridge Anthropological Expedition to Torres Straits, Volume, General Ethnography, Cambridge University Press, 1935, Introduction.
② 此探险队之工作，分为两部分，在西梭罗门岛（West Soloman Islands）工作者为霍卡特（A. M. Hocart）与雷化士（W. H. R. Rivers），在波干威海峡诸岛（Islands of Bougainvillo Straits）工作者为威拉（G. C. Wheeler），雷化士的名作，《美拉尼西亚社会史》（The History of Melancsian Society），即此行之产品。

表，内容之精博详尽，世所罕见，谓为民族志之典型，殆非过誉。[①]

此外，近十余年来德，奥，瑞典，挪威，苏俄，日本等国均有民族学探险队之组织，成绩亦佳，此不详述。

（二）理论与方法之新展开。当一九〇〇年之顷，门得尔主义（Mendelism）在生物学上突兴，成为研究学问的新观点，于是科学上的一切，乃由建设的态度转向批评的态度，文化人类学或民族学之理论与方法，遂随此种新潮发生极大之变动，其最显著者，约有数端：

第一，从前单型进化论者如泰洛（Tylor），斯宾塞（Spencer），岷尼（Maine），陆勃克（Lubbock），兰克（Lang），佛雷沙（Frazer），赫德伦（Hartland），麦楞南（McLennan），摩尔根（Morgan），米耶士（Myers），马烈特（Marett），涂尔干（Durkheim）等之论据，渐失其重要的地位，历史学派如德之葛里纳（Graelner），奥之史美德（Schmidt），美之鲍亚士（Boas），见解虽然不尽从同，但因此派学者之倡导，历史观点，在欧美民族学上，已占一个极重要之位置，骎骎然大有夺取进化论派之宝座而据之之倾向。[②]

第二，比论方法，亦因文化演进论之倾堕，而日渐没落。一部分民族学家乃认"采借"（borrowing）为研究文化之重要方法，德之罗索尔倡导于前，英国播化学派巨子斯密（Elliot Smith）、柏里（Perry）等宣扬于后，其说类多偏激，不能尽信，但亦足以补进化学说之不逮。

第三，年来因历史学派之兴起，文化人类学者颇倾向于特殊文化区域之探究，例如鲍亚士研究文化，提出几种指导原理，即是（一）对于初民文化之研究，注重限定的史地区域，由纵的年代，研究其历史的过程，由横的地理，研究其他区域上之发展与部族间之接触。（二）应用客观与统计的方法，迹寻文化特质，或特质结合之分布，应用心理学的方法，研究特质之联合，互结与同化。（三）应用"款式"（style）与

---

① *The Jesup North Pacific Expedition*, edited by Franz Boas, *Memoir of the American Museum of Natural History*, N. Y. and Leiden. 例如看 Waldemar Bogoras, *The Chukchee*, 1, *Material Culture*, *The Jesup North Pacific Expedition*, Vol. III, Leyden, E. J. Brill, 1904。关于哈顿与鲍亚士之人类学调查，吴文藻谓："这两次所举行的民族调查，实为后来一切民族调查的张本。……当代英美两国最闻名的人类学家大都是在那两次远征队里训练出来的。他们对于野外工作的眼光和技术，较之摩尔根，泰洛的时代，大有进步，他们实地视察部落社区时，不但注意该文化区域内的民风礼俗，典章制度，以及民族的精神和理想，而尤重视这一切和社区全体间的有机的关系，或交感历程。"（见所著《社区的意义与社区研究的近代趋势》，《社会学刊》五卷一期。）

② 参看拙著《社会进化》，世界书局。

"模型"（pattern）的概念，叙述部族或文化区的文化，尤其是吸收外来的新质素的时候。（四）扩大求异的方法（Differential Method），研究部族间文化之异同。（五）采用语言学的方法，厘正事物之意义。（六）辨别文化丛（Cultural Complex）之历史的和心理的体素。（七）排斥肤浅的古典式的进化论与环境的解释。（八）应用"分播"，"独立发展"，"并行"，"辐合"诸概念为探讨的工具，排斥武断式的显证。[1] 此派学者如高丹怀素（Goldenweizer），陆维（Lowie），克鲁巴（Krocber），魏士拉（Wissler）等应用此种方法，研究印埃安文化，已有相当之收获。[2]

第四，最近功能学派崛起，采用"功能方法"（Functional Method），研究文化，一方注意组成民族生活的一切因子，他方又侧重文化性质与功用之阐明，其最后之目的则在文化类型与文化法则之发见。此派代表以英之马凌诺斯基（Malinowski），拉得克里夫·布朗（Radcliffe-Brown），美之密德（Magaret Mead）为最著，而其学理，在未来社会人类学进展上之希望亦最大。[3]

总而言之，人类学与民族学之研究，据马烈特（R. R. Marett）近顷之宣扬，在今日已成一种综合的学问，其前途之进步自无限量也。[4]

（三）应用民族学之倡导。民族学不只为一种文化理论的科学，而亦是一种应用的科学，其与实际政治与近代思潮之关系，最为深切，吾人稍涉人类学史，当无不知之者。当普法战争之际，巴黎自然史博物馆为德人所轰毁，其馆长卡忒法日（de Quatrafages）旋著《普鲁士种族》（*La Race Prussienne*，1871）一书，推证普鲁士人并非条顿族，而是芬人（Finns）之遗裔，所谓芬人者，盖与腊柏人（Lapps）同类，同属蒙古种，从外面闯入欧陆者。柏林大学教授菲戈（Virchow）即起而辩论，德国政府卒从氏之请，于一八七六年举行全国儿童皮色与头发之调查，于是引起所谓"体量术"（Anthropometry）之研究，此一事也。[5]

---

① 参阅拙著《文化学方法论》，中央大学《社会科学丛书》创刊号。又看 Radin, *Method and Theory of Ethnology* 对各派理论与方法之批评。

② 例如看 Goldenweizer, A., *History Psychology and Culture* 一书。

③ A. B. Radcliffe—Brown, *On the Concept of Function in Social Science*, *American Anthropologist*, Vol. 37.

④ *The Growth and Tendency of Anthropological and Ethnological Studies*, Summary of an Address Delivered by R. R. Marett.

⑤ 看 Haddon, *History of Anthropology*, p. 27.

近代欧洲民族主义崛兴，成为世界政治上诸大因子之一种，但其理论的基础，则莫不与民族学息息相关。高宾奴（Arthur de Gobineau）之《人种不平等论》（*Essai sur l'inégalité des races humaines*，Paris，1853，1855），张伯伦（H. S. Chamberlain）之《十九世纪之基础》（*Grundlagen des Neunzehnten Jahrhundert*，1899），对于世界大战，有直接间接之影响，此二事也。①自摩尔根《古代社会》发表以后，社会主义者如马克思，恩格斯之流，莫不祖师其学说，以为社会演进之历程与法则，不外尔尔，而马克思亦俨然以社会科学的伽利略（Galilio）自居，影响所至，遂使近代民族学学说，分为两个对抗之壁垒，有所谓中产阶级与无产阶级之分野，此三事也。②迄乎近日，各国因领土上之扩展，乃亟思对于所谓"殖民地社会学"或民族学等科目，竭力提倡，例如法国巴黎大学则设立民族学院（Institut d'Ethnologie），专授民族学各门课程，注意实际调查方法之训练，摩斯（Mauss），蒙多丹（Montandon）及其著作，可为代表。荷兰来顿（Leyden）及乌德特希的（Utrecht）二大学，则设立民族学特科，专授荷兰东印度之民情风俗。奥国维也纳附近之圣加不黎（St. Gabriel near Vienna）有教会大学专注重各种语言及民族情形之授受，历史学派的领袖史美德（P. Schmidt），高柏士（Koppers）即为该校之导师。英国殖民部（British Colonial Office）亦特别注重民族文化之科学，使殖民地公务人员有到牛津剑桥伦敦各大学受人类学训练之机会。至在野学者，尤其注重民族学之应用，如邓普爵士（Sir Richard Ternple）之演讲《人类学为应用科学》（*Anthropology as an Applied Science*），哈顿博士（A. C. Haddon）之演讲《民族学及其应用》（*Ethnology and Its Application*），塞利格曼（C. G. Seligman）于《英国百科全书》第十四版人类学条下，特撰应用人类学一目，极论人类学各门，如民族学，语言学，民族心理学等用途之广大。年前在伦敦举行之国际人类学与民族学会议，会长昂士罗伯爵（Earl of Onslow）之演说辞，亦以《行政上之人类学》（*Anthropology in Administration*）为题，详论人类学于外交上，行政上，均有大用。近代民族学不只是一种文化理论之研究，而同时对于边疆之治理，民族之文化水准之提高，具有莫大之功用，盖可

---

① 看拙译素罗金《当代社会学说》，第五章。（商务）
② 看 Calverton，*Manking of Man*，Introduction。

知矣。①

二、中国民族学研究之开展

（一）中国民族志之回溯。民族学本为西方晚近新创之科学，我国无与焉，然我国二千年来各正史，杂史，别史中关于民族志之材料，最为丰富，梁启超尝谓："中国于各种学问中，惟史学为最发达，史学在世界各国中，惟中国为最发达（二百年前，可云如此）。"吾国民族志材料蕴蓄之丰富，盖有由也。例如《史记·西南夷列传》云：

"西南夷君长以什数，夜郎最大，其西靡莫之属以什数，滇最大。自滇以北君长以什数，卬都最大，此皆魋结耕田，有邑聚。

其外：西自同师以东，北至楪榆，名为嶲昆明，皆编发随畜迁徙，毋常处，毋君长，地方可数千里。自嶲以东北，君长以什数，徙筰都最大。自筰以东北，君长以什数，冉駹最大。其俗或土著或移徙，在蜀之西，自冉駹以东北，君长以什数，白马最大，皆氐类也。

此皆巴蜀西南外蛮夷也。"

此为吾国最早而又最有价值之民族志记载，"对于极复杂之西南民族，就当时所有之智识范围内，以极简单之笔法，将其脉络提清，表示其位置所在，与夫社会组织之大别，及其形势之强弱，以下方杂叙各部落之服叛等事，故不复以凌乱为病"②。

我国史书中类此之文献，本不胜枚举，其关于西南民族文化研究，最有价值者，在汉有《汉书》（班固）之《西南夷传》，《后汉书》（范晔）之《南蛮传》，晋有《华阳国志》（常璩）之《南中志》，唐有樊绰之《蛮书》（武英殿聚珍版原本），宋有《新唐书》（欧阳修）之《四夷附录》，《太平寰宇记》（乐史）之《四夷徼外南蛮》，《桂海虞衡志》（范成大）之《志蛮》，元有张道宗之《记古滇记》（《云南丛书》本），托克托等之《蛮夷列传》（见《宋史》），周达观之《真腊风土记》（《图书集成》方舆篇），明有朱孟震之《西南夷风土记》（学海类编本），杨慎之《南诏野史》（《云南丛书》），钱古训之《百夷传》（国学图书馆影印本），邢慈静之《黔土徐略》（《黔南丛书》），费信之《星槎胜览》（中大语言历史研究所重印本），清有乾隆朝敕绘之《皇清职工图》（清乾隆间殿本

---

① 参看刘咸：《国防建设与比那将民族》，《东方》，三二卷，九号。
② 梁启超：《中国历史研究法》，页一百八十。

十册），日本鸟居龙藏谓可与近代民族志比美，其他如陈鼎之《滇黔土司风土记》（《知不足斋丛书》本），方亨咸之《苗俗纪闻》，檀萃之《说蛮》（《昭明丛书》本），龚柴之《苗文考》（《中外地舆图说集成》），诸匡鼎之《猺獞传》（同上），田雯之《黔苗蛮记》，李来章之《八排风土记》，严如煜之《苗疆风土记》，吴大勋之《滇南见闻录》，俞庆远之《惟西见闻录》（《云南丛书》本），陆作番之《粤西偶记》，陆次云之《峒溪织记》（《说铃》本），曹树翘之《滇南杂志》等。[1]此皆研究西南民族绝好之资料，其他各省，尚不遑详述也。[2]

（二）西洋民族学学说之输入。社会学在西方与民族学有密切之关系，或谓前者以后者为根据，或竟认二者为互相契合之学问，要之社会学的成年，多半受民族学之滋养，则早已为学术界公认的事实。巴可风（Bachofen）之母权说（*Das Mutterrecht*，1861）；摩尔根之亲属分类说（*Systems of Consangunity and Affinity of Human Family*，1869）；麦楞南（J. F. McLennan）关于外婚制之发见（*Primitive Marriage*，London，1861；2nd issue with Additions under the title Studies in Ancient History，London，1876）；佛雷沙（J. G. Frazer）对于图腾文化的材料之首先搜集（*Totemism*，1877；*Totemism, and Exogamy*，London，4vols，1910），皆为当代归纳社会学之基础。社会学思想之输入我国，以严复译斯宾塞《群学肄言》（*Study of Sociology*）为最早，译者于书中之说，与中国古代社会可相比较者，往往附注其中，是为以西洋民族学说解释古书之开端，郭沫若以摩尔根之学说，解释中国古代社会，不过拾其余绪而已。郑师许记当时的情形，细妙入微，其言曰："同时刘师培编《中国历史教科书》，也往往喜欢引用西洋学说以广传我国经传，如《礼》言，阳侯杀穆侯，劫其夫人，刘氏即谓为是古代掠夺婚姻之遗迹。一时读者咸视为新奇之论，大加赞赏……民国初元，梁任公先生主办《大中华杂志》，其中有所谓《国人语原解》者，即从《说文解字》一书搜求其字之合于解说我国古代社会的，逐字为之引申，如又耳为取，昏时为婚，说古人嫁娶之礼，所以必以昏时者，为源出上世男子掠夺女子的习俗，引《易经》'匪寇昏媾'为证，并时引甄克思之说。于是'图腾''答布''么匿'等译音字，遂时时出现于我国学人文

① 看亦琴，《历代研究西南民族之谬误》，《新亚细亚》，九卷，六期。
② 关于此种书目，中央研究院民族学组已有较详尽之搜集。中山文化教育馆民族问题研究室近主编《民族学书目》亦拟将各种中西书目列入。

笔之中。"① 我国学者受西洋民族学学说之影响，可见已有数十年之历史。近年以来，国内学术界对于民族学之研究，虽未曾予以深切之注意，如吾辈之所期望，但译作则亦已有长足之进步。西洋著名的文献，如摩尔根之《古代社会》，梅因之《古代法》，魏士杜马克之《人类婚姻史》，陆维之《初民社会》，马烈特之《人类学》，穆拉利耶之《社会进化史》，魏士拉之《社会人类学序论》，素罗金之《当代社会学学说》，英国皇家人类学会主编之《人类学方法指南》(*Notes and Queries on Anthropology*, 14th edition)，般尼（Charlotte Sophia Burne）之《民俗学问题格》等已先后译入中文。其他作品如林惠祥之《文化人类学》、《世界人种志》，吴文藻之《文化人类学》（载孙寒冰主编《社会科学大纲》内），江绍源之《中国古代旅行之研究》，以及近年来民俗学会，禹贡学会等机关所刊行之期刊与小册，真如雨后春笋，美不胜收；中国民族学会，中山文化教育馆，民族问题研究室近亦有种种研究计划，正在进行中，倘假以时日，则民族学将由介绍的阶段演进而至创造的阶段，当可预卜矣。

（三）"我群"与"他群"之同化过程，以及最近民族学研究的动力。美国社会学者孙末楠（Sumner）谓初民社会之基本概念，乃是"我群"（We-Group）与"他群"（Others-Group）②，李济之作《中国民族之构成》亦以"我群"与"你群"，说明中国民族与边疆民族之历史及关系。③ 中国民族之"我群"，即为汉族，此为最初组织中国国家之民族，其文化地理，自成一个单位，一脉相承，至今不替。"他群"则为边疆及内地之浅化民族，其语言，习尚，乃至一切文化，尚须经若干年之涵化作用，始能与"我群"成为一体者，然而从历史观之，"我群"与"他群"之融合，几成为近五千年来文化演进之主流：第一，"我群"对于"他群"者之匈奴，自黄帝伐獯鬻，殷高宗伐鬼方，周宣王伐猃狁以来，中间经春秋之晋，战国之秦赵，力与相持，直至汉武帝和帝两度之大膺惩，前后经三千年，此"他群"乃渐渐为"我群"所吸收。第二，"我群"对于"他群"之东胡，自春秋山戎侵燕以来，中经五胡之诸鲜卑，以至近世之契丹，女真，满洲，前后三千年，直至辛亥革命，清廷退位，此"他群"者已失其文化上之特征，而与"我群"为

① 郑师许：《我国民族学发达史》，《申报月刊》，四卷，二号。
② W. G. Sumner, *Folkways*, Gin and Co. 1911, p. 12.
③ Chi Li, *The Formation of the Chinese People*, Harvard University Press, 1928, p. 5.

一体。第三，"我群"对于"他群"之苗蛮，自黄帝战胜蚩尤，尧舜分背三苗以来，中间经楚庄蹻之开夜郎，汉武帝通西南夷，马援诸葛亮南征，唐之于六诏，宋之于侬智高……直至清雍乾间之改土归流，咸同间之再平苗讨杜文秀，前后凡五千年，此"他群"者已一部分汉化，其他一部分则仍在受化之过程中。第四，"我群"对于"他群"之羌回族，自成汤氏羌来享，武王征师羌髳以来，中间经历晋之五凉，宋之西夏……直至清乾隆间荡平准回，光绪间设置新疆行省，前后凡四五千年，此"他群"者，今日仍在"我群"的陶冶中。第五，西藏自唐吐蕃时代直至明清，以迄今日，亦无日不在"我群"的同化过程中，不断地往前开展。①然而"我群"之涵盖力，姑不论如何伟大，但以前之同化，多为自然的，渐进的，而非计划的，统制的，延至今日，国内与边疆民族，至为复杂，又因所处地理环境之不同，历史遭遇之各别，于是一切文化生活，千差万别，凡此种种，苟非经大规模之民族学调查与专家合作之考察，则其所蕴蓄之宝藏，终成千古不启之秘奥，而对于我国民族主义之实现，政治经济之设施，文化之熏陶与启发，乃仍为前途莫大之障碍。

年来我国学者已渐知民族学之重要，因而民族调查之风亦日盛，此其故，殆由两种影响造成：海禁即开以后，西洋传教士旅行家政府官吏之来华者日众，彼等对于我国民族文化之研究，努力最勤而收获亦丰。②顾彼等之所以努力研究者，除一部分为真理而求真理外，其他则尚有国内政治力量，为之推动，如日俄之于东北，俄国之于蒙古新疆，英国之于新疆西藏，法之于云南广西，升堂入室，搜索尽至，此其一。吾国留学生在欧美习人类学民族学等科之人数，年来已逐渐增加，如凌纯声，杨成志，徐益棠，杨堃，卫惠林等在法受巴黎民族学院摩斯（Mauss），瑞伟（Rivet）等之严格的科学训练，刘咸，何联奎等在英受伦敦大学马凌诺斯基（Malinowski），魏士杜马克（Westermarck）等之熏陶，吴文藻，孙本文，黄文山等在美哥伦比亚大学受鲍亚士（Boas）直接之指导，最近则德奥历史派领袖史美德（P. W. Schmidt），英国功能学派巨子拉得克里夫·布朗（Radcliffe-Brown）之来华讲演，凡

---

① 梁启超：《历史上中华民国事业上成败及今后革进之机运》，又《中国历史上之民族》，见《梁任公近著第一辑》。

② 例如斯宾塞主编之《叙述社会学》，其中关于《中国社会学》之部，即由华纳（Wernar）所搜集之礼俗、制度等资料，排比而成。

此种种对于我国民族学之研究，多所推进，此其二。此种研究，在理论上与实际上，苟能蔚成风气，则其对于中国社会科学之前途，必能放一异彩，可预断也。

（四）吾国近年来关于边疆与浅化民族之调查，颇为繁复，欲作一系统之叙述，殊非易易，兹仅依民族分布之情形，分为东北，西北，东南，西南四区，略为说明如次：

第一，东北区。此区亦可称满洲区，古来居于此区之民族，可分为三大族：（一）古亚洲族；（二）东胡族；（三）通古斯族，赫哲族则为通古斯族之一种；惟此种源流，向不易分辨，满洲人自修之《满洲源流考》，亦无正确之说明。史禄国（S. M. Shirokogoroff）教授于一九二三年发表《中国北部之人类学》（*Anthropology of Modern China*）论文，据其研究之结果，则为"中国北部的人约可分四种体型，A 型代表汉人；△型，蒙古人及满洲人；ㄱ 型，通古斯人；B 型，高丽人"。又谓："黑龙江流域在很早已有古亚洲民族居住。……其余的古亚洲族散布西比利亚及中国，所以有很少的部落，现在还居于满洲朝鲜之外。吉利雅克（Gilyak）人，楚克欺（Chukchee）人，于卡吉尔（Yukaghirs）人，及在叶尼塞西（Enissy）河畔的小部落，是古亚洲族的后裔……在古代的满洲及现在的山东直隶两省以内的或者都是这种 B 型的民族"。他又谓："中国的历史，对于古亚洲人与通古斯没有分别，都以为他们属于同源的许多种鞑子。"凌纯声认此种断论，完全是事实。①大抵从现在东北区民族分布之情形言，通古斯族分布为南北两支，在满洲境内者为南通古斯，唯黑龙江兴安岭区域之鄂伦春属于北通古斯。松花江下游之赫哲族为南通古斯族之一种。满洲人亦属于南通古斯，但多已汉化，纯满洲族，不易发见，此外则尚有东蒙人，布利雅特散布于黑龙江之兴安岭地带。

吾国学者对于东北民族，自少系统研究。自乾隆钦定之《满洲源流考》，《盛京通志》，《热河通志》，乃至《吉林外纪》，《吉林通志》等书之后，至今并无相当进步。近数千年间，惟俄日两国人士对于东北民族学，语言学，民俗学，考古学等之研究，不遗余力，成绩最著。俄人研究东北者，在十九世纪末叶，有柏拉戴斯（Palladius），瓦斯立夫（Vasiliev），赫耶新夫（Hyacinth），巴拉士尼达（Bretschneider），拉得庐夫（Radloff）等，其所译著，为世人所称道。近年来则有清华大学教

---

① 此处所引史禄国译文，以凌纯声，《松花江下游的赫哲族》上册，页三三。

授史禄国氏，久居中土，著书最富，蜚声国际。查史氏凡三次探查东部西比利亚及黑省等地；第一次一九一二至一九一三，随中亚东亚探察队，得圣彼得堡皇家科学院之助，东来举行民族志的考察；一九一七年擢为队长，遍游东部亚细亚及我东三省。考察结果，用英文发表两部专刊：一为《满洲之社会组织》(*Social Organization of the Manchus*，*A Study of the Manchu Clan Organization*，Shanghai，Royal Asiatic Society，Extra Vol. Ⅲ，1924)，一为《北通古斯族之社会组织》(*Social Organization of Northern Tungus*，*The Commercial Press*，Shanghai，1929)。[①]吴文藻谓："这两种专门报告，对于中国边疆部落社区的实地考察，有极大贡献。史氏的长处，乃在其严守民族志家应有的格律，即是择定了一地方一民族社区生活的某一方面（史氏所选者为社会组织），然后慎密观察，详尽分析，终而编成一种民族志专刊。"[②]斯言极中肯綮。日人方面，则八木奘三郎，滨田耕作，原田淑人，鸟居龙藏等人在人类学方面之努力，亦为学术界辟一先路。鸟居龙藏之《人类学及人种学上所见到之东北亚细亚》一书，早已脍炙人口。最近（一九三一）则满铁会社成立满洲学会，刊行《满洲年报》；满铁调查课则刊行东三省地方民族物产报告，详而且尽，是亦可见谋人国者之深谋远虑，固不必两军相接，方为侵略也。[③]

我国学者对东北民族之专门调查，当以民国十九年，中央研究院社会科学研究所凌纯声，商承祖等调查赫哲族为最早。[④]凌氏将考察之结果，著成《松花江下游的赫哲族》（二十三年出版）一书。著者在法时，曾在巴黎民族学院研究民族学多年，而又能以美国鲍亚士在北太平洋的民族调查报告为范型，复加以自己个人勤勉的搜讨，锐敏的判断，所以此次发表之民族学专刊，不特为中央研究院继《广西凌云猺人调查报》，《台湾蛮族之原始文化》，《猓猓标本图说》以后最重要之著作，抑亦国

---

① 史禄国的著作，此外尚有 *Ethnical Unit and Milien*，*A Summary of the Ethnos*，Shanghai，Edward Evans and Sons，Ltd.，1924；*Nothern Tungus Migrations in the Far East* (*Goldi and Their Ethnical Affinities*) (from the Journal of the North China Branch of the Royal Asiatic Society，Vol. LVII—1926) 及《通古斯语的比较字典》等。作者喜用英文著书，但其英文不佳，文法，体裁，时有错误之处。

② 见上引《社会学刊》，五卷，一期，页一六。

③ 参看冯家昇，《东北史地研究之已有成绩》，《禹贡》，二卷，十期。

④ 凌自序云："著者于民国十九年夏间与商章孙先生同赴东北调查赫哲族。在松花江下游，自依兰以至抚远一带，实地考察该民族生活状况与社会情形，历时三月，所得材料及标本颇多，携归后研究整理，两经寒暑，始成此书。"

人所作之第一部略具规模而堪与世界民族志名著媲美的民族学专刊。徐益棠氏尝应不佞之请求，对此书作一番检讨，提出若干意见，简括起来：第一，他以为"著者在导言里，关于该族的历史的考证很丰富，而对于该族的地理的分布仅一小段，仅仅占了三页。我觉得似乎不够……"。第二，"关于该族文化的分类方面，著者是采用 J. Deniker 的方法的。Deniker 的方法太老了，太牵强了。虽然著者为自己的编著便利起见，初学者研究便利起见，但是在学术本身看来，实在是不应当的"。第三，"材料方面很充分，尤其是亲身搜集得来的材料和插图上的说明。但是应用到旧籍中的材料时，虽然也有相当的丰富，然而尚不免有写漏略……"。但徐氏亦认"我对于凌君这书，可说是全分都很满意的，而且对于他个人对于民族学的努力，应致极端的敬佩"①。总之，凌君此次所发表之专刊，内容翔实，观察周密，分析详尽，极足供我国民族学家以后研究之借镜，我辈固无间言也。

第二，西北区。我国西北民族，散处黄河上游，及天山南北各地，其种族与文化，最为复杂，西方学者亦难得一系统之观念。② 大概论之，此区除少数汉族及前清驻防之满族后裔外，西北土著民族，约有九种：（一）额鲁特（Eleuts）蒙古族，居宁夏阿拉善额鲁特族；（二）土尔扈特（Torgot）蒙古族，散居塔城之东，天山南北麓，伊犁附近等处；（三）和硕特（Choschot）蒙古族，散处阿尔泰山及天山南北麓，以上均属蒙古之西蒙古支；（四）东干回族（Dungans）即汉回，散处于宁夏之东南及新疆之东北；（五）布鲁特族（Polus），散居于昆仑山之北麓疏勒，英吉沙尔，蒲犁，叶城，乌什诸边境，以上属突厥族之东支；（六）萨拉尔回族（Salars）即缠回，散居于甘肃之导河，青海之西宁，天山南北路之疏勒，于阗等处；（七）哈萨克族（Kazak 西籍称之为 Kirghiz-Kazaks），其西迁入俄境者曰哥萨克（Cossack），皆与中亚之吉尔思汗（Kirkirs）游牧族为同称，散居于阿尔泰山南麓及塔城伊犁一带，以上属突厥族之中支；（八）唐古特族（Tunguts），散居于甘肃西南部，及青海周围之草地；（九）帕米尔族（Pameri）为高加索族，散居于新疆西部之打克勒马干沙漠（Takla Makan Desert）一带。以上九种，为西北民族之荦荦大者，每族之内，复可分为若干支系，但太繁

---

① 徐氏书评系为《新社会科学季刊》而作，今尚未发表。
② 例如 L. H. D. Buxton, *The People of Asia*, 1925 关于中国民族之研究。

琐，不复细述。①

在西北方面，国人尚未作过专门民族调查，四年前政府曾有组织西陲学术考察团之决议，分地理，地质，生物，人类，考古五组，考察期限四年，但"九一八"事变而后，考察团事遂无形停顿。② 此外只有小部分专家如古生物学家，人地学家，考古学家以及语言学家等，曾经参加中瑞合办而由斯文赫定（Sven Hedin）领导之西北科学考察团（一九二七——一九三二），斯氏之著名游记如《长征记》，《霭佛勒斯峰》，《探险生涯》（又名《亚洲腹地旅行记》），均已由李述礼译成中文，但考查后所作之科学专著以及《外喜马拉亚山》，《南藏》等十余册巨著，则尚未见译本。中美合办而由安得思（Andrews）主持之中亚调查团，亦有我国学者参加。此次调查，其主要目的不在民族学之发见，故无足叙述，但彼等亦曾附带作过蒙回民族的风俗调查，为民族博物院采集不少有价值之标本。此外法国斯蓝（Schram）神父关于甘肃西宁土人的婚俗之法文报告（上海徐家汇，一九三二年出版），颇足注意，至于其他非系统之陈述，恕不具录。③

第三，东南区。此区包括浙江福建等省，为畲民之中心区域，畲民散布于浙江丽水以下之西南山地，延至浙闽边境之山中，而以浙之处州为最多。畲民亦即《后汉书·南蛮传》所述以槃瓠为祖先之蛮夷。中国方志（《广东通志》，《福建通志》）所载，多认畲民为猺民之一支族，沈作乾《畲民调查记》，张其昀《中国民族志》，凌纯声《亚洲西南猺族之民族学的研究》（Johnson Ling：*Recherches Ethnographique sur la race Yao dans l'Asie du Sud-Est*，1929，Paris），均沿用其说，而据史图博（A. Stubel），李化民二氏实地研究之结果，亦以是说为可信。

国人对于畲民之文化，向乏系统的研究，先前比较可靠之记载，仅有方志，方志所载，或节录《后汉书·南蛮传》，或为"畲"字之考据，或转录唐宋诗人如李商隐，刘禹锡，范成大，陆游等对畲民所咏之诗，既少民族学上之价值，而畲民居住之县，其县志亦有绝不予记载者，故畲民文化之民族学的研究，实不容忽视。据徐益棠之考证："国人用科

---

① 具见凌纯声：《四北民族研究计划刍议》，《方志月刊》六卷，四期；刘咸：《国防建设与边疆民族》，《东方》，三二卷，九号。

② 二十年四月三十日政府明令蔡元培，戴传贤，吴敬恒，李煜瀛等为理事会理事，指定蔡先生为理事长，并由凌纯声草拟人类学组考察计划书。

③ 问天：《最近新疆迪化调查纪略》，《东方》，二六卷，二三号。杨大振：《新疆回族杂谈》，《东方》，二一卷，二一号，吴文藻，前文。

学方法以研究畲民族，实始自最近之十二三年。以余所见，为胡先骕氏《浙江温州处州间土民畲客述略》一文（《科学》七卷，三期）为最早。氏于民国十一年在温、处间采集植物时曾数遇之，因据浮云所著之《畲客风俗》（光绪三十二年出版，上海会文堂发行），参酌当时所目击耳闻之事实，以成斯篇……胡氏而后，就余所知者为沈作乾氏（著《畲民调查记》，见《东方》二十一卷，七号）。沈氏之乳母为畲妇，两家仍互通庆吊，则其所记，当较可信。其后一年，Henreitte A-Woods 发表一短文于《中国科学艺术杂志》，并插图二（'The San Tak of Fukien Provinee'，*The China Journal of Science and Arts*，p. 2，IV，1925）；C. R. Kellog 又于同一杂志发表二文：首篇发表于一九二六年，附畲妇头饰略图；次篇发表于一九二七年，与江鼎伊合著，附福建建设厅之畲民分布图。国民政府成立以后，对于畲民之研究，稍行停顿，直至去年（一九三三年），始同时有二著作发表，一为同济大学教授史图博及学生李化民合著之刺木山《畲民调查记》（由中央研究院用德文出版，其汉文稿本，尚存院中），一为何子星（联奎）氏之《畲民问题》（《东方》，三十卷，十三号）。"[1] 徐氏以为方志所载及近人所研究，已有不少宝贵之发明，然谬误尚多；而人体之测量，语言之比较研究，方物之收集等等，则注意者尤少，所以徐氏对于畲民之研究，拟有计划，注意下列诸点：一、来原及迁徙；二、地理的分布；三、人口统计；四、人体测量；五、方物的研究与搜集；六、艺术；七、经济；八、法律，政治；九、家族及婚姻；十、宗教及迷信；十一、言语。如此种系统调查，早日实现，则吾人对于畲民之种族与文化之知识，当较今日为完备。不佞尝继何子星氏之后，对于畲民之图腾文化，亦尝有所论列[2]，今则何氏更摄取畲民图腾崇拜之实迹，布诸简册，其对于民族学之贡献，愈益孟晋矣。[3]

此外，则民国十九年中央研究院社会科学研究所曾派林惠祥赴台湾作民族学调查，林氏所著之《台湾番族之原始文化》，搜讨既广，观察亦密，不亚于日人作品也。

第四，西南区。西南区民族，系包括粤，桂，湘，黔，滇，川，康，藏，及印度支那（安南，暹罗，缅甸）各地所分布之半开化与未开

---

① 徐著，《浙江畲民研究导言》，《金陵大学学报》，三卷，二期。
② 《中国古代社会的图腾文化》，《新社会科学季刊》，创刊号。
③ 见本刊何联奎，《畲民图腾崇拜之实迹》。

化民族之总称。此种民族，现占据西南高原，或南岭山脉一带，其所分布之境域，几占全国境土三分之一，人口总数，几占全国百分之八。①旧日记载，因作者多半缺乏民族学知识，故辄将一个民族分为百数十种，细考之，实不过部族之名称而已。据杨成志之研究，计，"广东有猺人，黎人；广西有猺人，土老，僮人和俍人；贵州有仲家，花苗，黑苗和夷人；湖南有苗，猺；四川有罗罗，西番；云南有罗罗，苗，猺及摆夷；康藏有西番，波人；印度支那有掸人，歹人……"②。关于此种民族，向无科学的分类，有之，则自英人达维斯（Davies）《云南》一书始。③达维斯的分类，以比较语言方法为根据，其后丁文江略加修正④，丁骕则用种族作基本，再附语言所属的系统，另立分类⑤，最近马长寿对于各人的分类，均有批评。⑥丁文江于一九一三至一九三四年间在云南作地质调查，附带曾作云南民族调查，但其调查结果，迄至去冬丁氏客死湖南时，尚无专门报告发表，据《猺山调查专号》载其致友人一信，谓西南人种，可分为三大类：

一、苗，猺，黎为一类（或可与安南人之懅克同为一类）。

二、獐狪，摆夷，掸人，及暹罗人，同为一类（在广西为獐，在黔为狪，在云南为摆夷，在安南为太（Thai），在缅甸为掸（Shan）），猡猡（摩梭，黎素等皆与猡猡近），缅甸同为一类。

三、此外尚有小类，则非印度来之 Indonesian 即小黑人（Negritto）之杂种。

丁氏此种分类，究竟正确与否，以作者并非体质人类学者，不敢悬断，姑以俟专家之讨论焉可也。

我国史志对于西南民族，多所论列，已见前面所述，兹不复及。外人方面，则乘各国政府及学术机关之命，由官吏，教士，军官，学者，旅行家多方面调查，书籍之刊布者，无虑数百种⑦，其中如达维斯（H. P. Davies），立达德（P. Lietard），格拉布夷（P. Grabouillet），巴

---

①② 杨成志，《我对于西南罗罗族研究的计划》，《禹贡》，一卷，四期。

③ Davies：*Yunnan：The Link between India and the Yangtze*. 按氏分为（一）懅克语族；（二）掸语族；（三）汉语族；（四）西藏语族四系。

④ Ting, V. K., *China Medical Journal*，March，1921.

⑤ 丁骕，《云南的民族》，《新亚西亚》杂志，九卷，六期。

⑥ 马长寿，《中国西南民族分类》，见本专刊。

⑦ 是看丁骕，《西文云南论文书目选录》，《禹贡》，四卷，八期，已有百数十种，而杨成志，*L'Écriture et Les Manuscrits Lolos* 关于书目一类，所选录者亦不少。

斯顿（H. D. Buxton），克拉克（S. R. Clarke），维瓦拉（Paul Vial），哈黎第（R. Halliday），克拉（W. Clark），沙文尼（F. M. Savina），巴尔（Sir Charles Bell）之著作，早已为专家所周知，无俟赘陈。兹仅略述最近民族学之调查于此，其他非专家之记载，汗牛充栋，未遑一一称引矣。

（甲）云南 民国十七年七月中央研究院历史语言研究所与中山大学语言历史研究所两机关合组云南民族调查团，特派史禄国夫妇，容肇祖，杨成志四人赴云南考察罗罗族。前三人逗留昆明月余即返校，独杨成志留滇一年零八月，其调查区域为滇南迤东，川滇交界之巴布凉山，昆明及安南。杨氏只身，深入外人称为独立罗罗（Independent Lolo）的领地，考察其社会制度，风俗，宗教，文字和语言，收集民俗品大小数百件，尤注意其宝贵之经典，为最有成绩。杨氏著作甚富，计已出版及在印刷中者，已有（一）《云南民族调查报告》（中山大学语言历史学研究所版），（二）《云南罗罗族的巫师及其经典》（中山大学文史研究所版），（三）《从西南民族说到独立罗罗》（广州黄花考古学院版），（四）《西南民族研究》（中山大学西南研究会版），（五）《罗罗说略》（《广州岭南大学学报》），（六）《云南罗罗族论丛》，（七）《西南民族》，（八）《安南风土志》（以上三种在印刷中），此外杨氏尚希望写成《独立罗罗社会组织》，《罗罗字典》，《罗罗歌谣集》等书。国内研究罗罗族专家，以杨氏为巨子，当无问题，惟杨氏出国以前之著作，如《云南民族调查报告》（一九三○）等，仅属大辂之椎轮，已于去秋归国，此后当必有较系统之专著行世，以慰国人之望。杨氏在法时，亦曾用法文著 *L'Écriture et Les Manuscrits Lolos*，1935，Genève，论文，有法国史家马斯比鲁（H. Maspero）序——略述外国学者对于罗罗族之研究，与中国人士一向对于此族的知识之缺乏——实为研究罗罗文字与经典之重要著作，在国际民族学上，自当占一席位。

二十三年秋中央研究院与云南省政府合作，派历史语言研究所民族组研究员凌纯声，陶云达赴云南边徼作苗族之调查，翌年夏返京，旋于秋间又作第二次之远征，有芮逸夫等加入，此殆为近年对于云南民族比较有系统有计划之调查。

（乙）四川 四川大凉山附近之雷波，马边，峨边，屏山等县，乃是罗罗民族之中心，亦为研究该族文化中未受汉化之最好地带，中国西部科学院于二十三年春组织雷马峨屏考查团赴大凉山工作，其专门报告有《四川省雷马峨屏调查记》（二十四年出版），其第三章猓猡，第四章夷务，皆有关民族志与民族问题之研究，惟著者似缺乏民族学训练，故除若干情报外，尚无特殊价值可言。

（丙）广西　猺民以广西为最著，所谓"猺山"者，即在该省中部之平南，修仁，象县，桂平，蒙山，昭平，武官七县山中。近来关于此种民族之调查，已日渐增加，国立中山大学生物采集队于十七年第一次入广西猺山采集动植物标本，队员任国荣，著有《广西猺山观察记》行世，其后作有《猺山调查专号》。二十年该校庞新民教授随生物系采集队第四次入猺山调查，著有《广西猺山调查记》，最近庞更取其已出版之《广东北江猺山杂记》及《广西猺山调查杂记》二种，合印成书，颜曰：《两广猺山调查》（二十四年，中华版）。在此以前，中央研究院社会科学研究所亦曾派颜复礼、商承祖至凌云调查，著有《广西凌云猺人调查报告》一册，于巫风之盛，结绳刻木之原始文化，记述甚详，为研究原始社会之好资料。此外则金陵大学徐益棠，燕京大学费孝通等亦于二十四年相继前往调查，将来想更有系统之报告发表。

苗族分布甚广，今日尚居留在湖南，广西，贵州，云南等省，旧日关于该族之分类，多至九十余种，国人对于该族，至今尚无系统之调查发表，惟外人对于该族已有相当研究，例如日人鸟居龙藏之《苗族调查报告》（东京帝国大学人类学教室，一九〇七年）关于该族之文献，列举甚多，而对于体质与文化之测量，不无微绩可见也。

（丁）广东　广东北江亦有所谓"猺山"者，德教士李斯纳（F. W. Leuschner）于一九〇一——一九一一年住乐昌，前后三次入山考察，著有《中国南方之猺子》（*Die Yautze in Sued-China*），但内容甚为简略。中山大学语言历史研究所曾派容肇祖、商承祚至黄茶坑调查一次，庞新民亦于十九年前往调查，著有《广东北江猺山杂记》，内容比较详细，其他如刘锡蕃之《岭表纪蛮》（二十三年，商务）搜集历史材料，极为丰富，氏提出汉蛮同族之十大证据，则仅属文化上之相互影响，在种族上尚不足以证其同源，然吾人亦非谓汉蛮在种族之类型上，有若何差别。

海南岛之黎民，大抵为中国最古之民族，被逼南迁者。关于该族已有彭程万之《黎情调查报告》，黄强之《五指山问黎记》等书出版。二十三年中国科学社海南生物科学采集团，就中有民族学组专门调查该岛黎人之状况，刘咸氏在此役中，已有不少之收获，观其对于黎人文身之研究，足见一斑矣。[①]

此外则岭南大学社会研究所曾发表《沙南蛋民调查报告》（一九三四）。蛋民以广州珠江为生活之大本营，人口十万至十五万，占广州市人口十分之一，有特殊的文化。本报告对于该族之民族组织，职业，家庭等作个案统计，而对社会状况，如宗教，娱乐，民俗等则作科学分析，绘图亦甚精审。

对于客家民族，近来从事研究者不少，如美人汉廷顿（Hungtinton）之《种性》，俄人史禄国之《中国东部及广东的人种》，皆其著者，罗香林作《客家研究导论》（一九三三），对于客家问题研究的经过，客家的源流及其分布，语言，文教，特性，人才，言之甚详，实是民族史的佳构，惟由调查所得的材料，则仅有小部分而已。

以上关于各区的民族调查之叙述，简单之至，其中挂一漏万之处，在所不免，惟详细备载，非本篇所能及，后有著中国民族学史者，当有以补余之不逮也。

三、中国民族学研究之展望

近代民族学演变之趋势，与中国民族学者对于民族调查之开展，由上所述，已见梗概。我国历代人士，对于浅化民族，皆视为蛮夷，为虫蛇，为鸟兽，其文化之起源如何，性质如何，功用如何，进展之阶段又如何，自然鲜所注意；直至近代，少数学者，受西洋人类科学之鼓荡，方起而从事民族调查之伟大的运动。然我国学校，对民族学既缺乏相当之培养，而研究机关，除中央研究院外，类皆视此为无足轻重之学，故年来各方之民族调查，各自为政，不失诸断烂，即失诸零碎。其卓然有所成就者，如凌纯声，杨成志，何联奎，徐益棠，林惠祥等，亦皆限于民族志之作，至能比较综合，探求各民族生活之类型，形成文化演变之法则者，盖罕其俦。今后中国民族学进展之策动，一方固赖民族学者自身之不断的努力，而他方尤赖社会对于民族学研究的需要，有深刻之了解。民族学在我国之需要，可从双方为之观察：

第一，自理论上言：我国社会演进之阶段，古代文化之原型，民族

---

① 看本刊刘著论文。

迁移之路线，皆为民族学者研究之主要对象，而一切社会科学如社会学，经济学，史学，考古学之进展，亦皆有赖于此种问题之解答，及其解答之程度如何以为断。举例明之：我国考古学，经迩来学者之努力，已有相当成就①，但据文化史家孟恩（O. Menguin）之说，先史学上之"文化阶层"（Cultural Strata）与民族学上的"文化圈"（Kulturkreis），二者实为平行。民族学上之所谓"原始文化"（Primitive Culture）与"初级文化"（Primary Culture）约略与先史学之所谓早期与后期古石器时代平行；民族学之所谓"次级文化"（Secondary Culture）与"第三级文化"（Tertiary Culture）又与先史之古石器与新石器时期相应，可见考古学之研究，有待于民族学之进展，彰彰明甚。② 又如我国地质学家，在周口店有"北京人"（Homo Pekinese）之发现，曾引起全世界学者之注目，但其时代之文化水平，究竟发达到若何程度，则辄因方物之不足，遂无从考证。然而民族学者却能在另一方面，对于"先石器"（Prelithic）时代之木器或贝壳文化——例如现今非洲之矮人（Pygmies）文化——有所说明，足补考古学之不逮。③ 吾人虽不敢断定民族学者对于我国浅化民族之研究，可以补证一百万年前"北京人"时代之文化背景，然而此种摹述，对于新旧石器文化之情形，以及其时之社会组织，信仰，艺术，多所说明，则事实俱在，可以覆按。④ 中国社会科学或历史科学——如社会学，经济学，考古学，文化史，社会史，经济史等之研究——倘仍固步自封，或以抄袭西洋学说自满，则亦已矣，否则对于民族学或文化学之促进，其不容一刻缓，盖已彰明较著，莫能否认者矣。

　　第二，自事实上言之：我国民族，因各地处境之不同，文化因以攸分，今后吾人对于民族主义，如何方可以促其实现，实为当前最大之问题。总理孙先生之民族主义，本有两条大原则：对外求中华民族在民族上之平等，对内求中国境内各民族一律平等。总理尝言："吾人既欲实行民族主义，当以美为模范，以汉人之文明，另造一五族混合之新民族，如惧满蒙等怀疑及于并吞，则必以平等待遇加之。平等待遇之先，

---

① C. L., *Archeology*, in Sophia H. Chen Zen（ed.），*Symposium on Chinese Culture*，1931.

② O. Menguin, *Weltgeschichte der Steinzeit*（Vienna），1931.

③ W. Schmidt, *Primitive Man*, in Eyer（ed.），*European Civilization*, Vol. I, p. 35.

④ 例如看林惠祥对于台湾文化、何子星对于畬民图腾文化之研究。

须先之以调和，则须放弃汉族之名称，另造一民族名称，如美国然，曰中华民族。则吾人可以建立一民族的国家，而其人亦皆为国家的民族矣。"① 十八年三月，第三次全国代表大会，对于蒙藏新疆政治报告之决议案云：

> 本党致力国民革命，既以三民主义为唯一目的，则吾人对于蒙古西藏及新疆边省，舍实行三民主义外，实无第二要求。虽此数地人民之方言，习俗与他省不同，在国家行政上，稍呈特殊之形式；然在历史上，地理上，及国民经济上，则固同为中华民族之一部，而皆处于受帝国主义压迫之地位者也。……中国境内之民族，应以互相亲爱，一致团结于三民主义之下，为达到完全排除外来帝国主义目的之惟一途径。……本党敢郑重述明：吾人今后必力矫满清军阀两时代愚弄蒙古西藏及漠视新疆人民利益之恶政，诚心扶植各民族经济政治教育之发达，务期同进于文明进步之域，以造成自由统一之中华民国，必如此，庶足以保持中国永久之和平，而促进世界之大同。②

凡此所说，所谓至理名言，中华民族在数千年间已经抟揉主要的民族——汉族，匈奴，鲜卑，丁令，貉族，肃慎，羌族，藏族，苗族，越族，濮族，白种诸族——以成为全世界第一大民族③，今后吾人之任务，不外继续历史上之使命，根据上述之基本原则，实行下举数端：

（一）要使各区之民族，如——懵克语族，掸语族，突厥语族等——在"同文"及平等的条件之下，形成一不可分裂之整个的伟大的中华民族，如此则已往之史迹，如洪杨革命后西南地方之苗乱，不致重演。

（二）要使各区之浅化民族，与比较先进之汉族，加速同化，所谓同化者，即以各民族文化为基础，使之吸收汉化及西化，与汉族并进，如此则整个中华民族，可以于最短期间，孕育更善更美之新型文化。

（三）要提高各区民族之经济水准，改良其政治情形，促进其教育之设施，如此方可以引起其爱国爱种之观念，奠立民族向心运动之基础。

---

① 中山先生《三民主义提要》。
② 第三次全国代表大会对于政治报告之决议案。
③ 吕思勉：《中国民族史》（世界书局）。

此特就一方面立言而已，若就整个中华民族而论，吾人今日最困难之问题，约有两端：吾国民族文化，受西洋文化之急剧的侵袭，整个社会组织与文化体系，为之崩溃与解体，吾人将何以使固有之文化与西来之异型文化，调适而交流，此其一。边疆与浅化民族，受西化之影响或帝国主义之诱惑，已不断向离心运动推进，吾人将何以恢复其对于中华民族之信仰心，使中心力量得以建立，此其二。前者之解决，即是"中国本位文化之建设"，后者之解决，即是"民族的国家"之建立。吾人欲达到双方之目的，必须以民族学家之文化理论为根据，而文化理论之产生，则又要以事实为根据，所以中国民族学者当前最重要之工作，在对于全国民族，作有计划之实地调查，而对于各文化区之实地材料，尤须作有系统及详尽之搜集。抑吾人默察世界民族学之趋势，与中国民族学探讨之需要，吾人之职志，不徒在文化事象之摹述，而犹在文化变动之说明。要以学术公开之态度，存比较推求之虚心：在方法上，撷取西洋近数十年来进化派，历史派，功用派方法学之菁英，而去其糟粕；在资料上，参考欧美日本无数民族调查之成绩与先例，以为解释及整理我国民族文化之张本；在综合上，自应对于中国民族文化之性质，功用，法则，全盘加以说明，民族学之职志，如斯而已。

循斯以谈，民族学之研究，不但有理论上之价值，抑亦有其实用的价值在。由前一方面言，民族学之纯理研究，可以供给社会科学以无数之可靠的假定，由后一方面言，民族学之实地调查，尤其可以供给民族改造之妥善的计划以及达到三民主义之切实的根据。

民国二十五年二月一日南京中央大学

民族复兴之心理基础*

(1937)

日月不居，岁聿云暮，时间的过去，正如金刚经所谓"如梦幻泡影，如露亦如电"，往者不可谏，来着犹可追，中国年来之处境，内忧外患，相逼相煎，生死存亡，千钧一发，现在民族精神高涨，举国已有复苏之象，我们对于国家之独立与生存，民族之更生与复兴，应从什么地方着手，这是今日急待解答的问题，在我则坚决地相信：民族复兴，应该先把民族复兴的心理基础，在最短期间建筑起来，才是上策，谨写此文，以为民国二十六年元旦的献词。

我国民族与西洋民族比较，在在落后，大家早已经知道了。东北四省沦于夷狄以后，我们尤其觉悟到我国政治与经济的不健全，幸而经过领袖最近五年的努力，整个民族已呈现一种更生的气象，加以过去半年间两广问题解决，统一经已完成，百灵庙克服，民族抗敌战线，日见巩固，张学良①犯上作乱，败不旋踵，全国民族精神，团结一致，此种良好的表现，实为最近数十年所未见。然而默察国内一部分智识分子，在思想上，还是飘摇不定，这种错误心理影响到民族开展前途者甚巨。此其主因，实由民族中心的观念，仍然没有确立，而国民的民族性，则未曾养成所致。

两年以来，国内一部分学者曾致力于"民族自信心"的讨论。当时胡适之先生很反对民族夸大的心理，曾有过这样的批评：

> 可靠的民族信心，必须建筑在一个坚固的基础之上，祖宗的光荣自是祖宗之光荣，不能救我们的痛苦羞辱。何况祖宗所建的基业

---

* 载《时代动向》第 1 卷第 1 期，1937 年 1 月 1 日，署名黄文山。
① "良"字原脱，校补。——编者注

不是光荣呢？我们要指出，我们民族自信心必须站在"反省"的唯一基础之上。(《独立评论》一○三期)

所谓"反省"，据胡先生说：就是知耻。本来"知耻不辱"，这话没有人否认，然而单是"知耻"，我们以为还不足以建立民族复兴的心理的基础。

最近看见上海《大公报》星期论文发表张纯明先生一篇《民族自信心的复兴》，他承认民族自信心是可宝贵的，而民族自信心怎样才能培养起来，换句话说，民族复兴的心理基础，应从什么地方建筑起；我们有什么方法去唤起民族意识，确立民族本位或民族中心的文化？据周君的设想，略谓：

"培养民族自信心的方法不外对内修明政治，精诚团结，对外有一贯的政策，有保守国土之决心。然后国民在政府之领导下，可以不自馁的不灰心的向前走去。"

这话当然包含大部分的真理，不过民族自信心的培养，还不是这样子简单。我们要培养民族的自信心，先要把民族性培养起来才行，所谓民族性就是一国国民知道他自己是那国人，中国人应该知道自己是中国人，这道理本来是极浅极浅，但汉奸国贼就不知道自己是中国人，如果郑孝胥张学良辈都知道自己是中国人，他们宁肯干出乱臣贼子的勾当；如果他们有一毫民族意识，宁肯破坏自己的民族阵线？是知民族自信心的建立，须从民族性培养起，非可骤然而致，期月可成的。

民族主义从十九世纪末年才传到中国，其时欧洲民族主义建国的工作，已将完成，而我则还留恋在中古式的世界观念当中，大倡四海皆兄弟的天下主义，直到总理标示三民主义为救国的大路以后，国人方才觉悟到民族主义建国之重要。但是据我所见，国内许多智识分子，到了今日国家危亡的时候，似还不知道怎样唤起民族的意识，怎样培养民族的自信心，怎样使民族主义见之实际。

"不知来者视诸往"。试看民族主义在欧美发展的过程，及欧美智识分子如何把他们的民族精神发扬起来，我们就应该知道怎样仿效了。我们要指出："民族性"只是近代的"文化丛结"(Cultural complex)，决不是西方民族所固有的。

民族主义在欧洲的发展，大约经过以下几个阶段：

第一阶段——作为民族情感的民族性之培养。

这个阶段大约由法国革命起，直到十九世纪二十五年止。在这时期内，民族主义并不曾包涵什么特殊的政治意义，它本身只是一种富于传染性的民族情感而已。

第二阶段——民族性，作为政治自决的观念之确定。

这个阶段发端于一八一五年，约略经过五十年的时间，但在中欧和东西欧各国中，其延续的时间，则比较长些。在这时期中，欧洲人已进而把民族性当作国家的正当基础。举凡一切被压迫与被灭亡了的民族，实行解放，他们也有要求民族自由与平等的权利，故对于民族的界线，往往视作与政治集团的界线，若合符节。

第三阶段——"完整的民族主义"时代。

这个阶段，大约占着"世界大战"以前的一个"世代"。此时欧人视尽忠于"族国"（Nation-state）为人类最高的义务。举凡一切宗教，教育，文化的设施与建立，必要以民族为本位，关于政策之形成，尤其不能离开民族主义或民族中心的最高原则。

第四阶段——"经济的民族主义"时代。

这个阶段，可以说是从"世界大战"以前开始，到了一九一八年以后，其发展的路线，极为显著。一般民族主义者，主张国民的经济生活，必要受政治的力量所支配；而所谓民族者，不只是一个政治的单位，而同时也成一个经济的单位，其最后的目标，有些则主张国家社会主义，还有些又主张资本主义，但后者如今在特质上已逐渐变成法西斯蒂化了。

以上所举的诸种阶段，从严格的年代学的意义说，当然是大有出入之处，然而大体上不特没有什么错误，而且对于近代民族主义的演进，似可以得着正确的叙述。

民族主义在近代西洋所以能够成为时代的动向，自然是由政治的力量——法国革命——和经济的力量——产业革命——所造成。不过除却这两种力量而外——我们相信最大动力，还是心理的原因——民族主义运动的心理基础——没有这种原因，欧美近代的意识形态与实际利害的冲突，决与今日所见者异型，然则心理的原因，是怎样造成的呢？兹析言如次：

（一）语言学与人类学的理论。——十九世纪社会科学初兴，学者辄借语言学与人类学的理论，为提倡民族意识之工具。在德有费希纳（Fichte）《对日耳曼民族的演讲》（*Lectures to the German Nation* 1807‐8），在法有高宝诺（Arthur de Gobneau）著《人种不平等论》

(*Essay on the Inequalities of the Human Race* 1853 - 55），在英有马思巫勒（Max Müller）著《语言学演讲》(*Lecture on the Science of Language* 1861 - 64)。这些著作，从今日科学的观点看来，本来不值一驳，然而作者实是民族主义者而非纯粹的社会科学家，故其所言，辄能鼓动风潮，造成风气，成为一种"时代运动"，沛乎莫之能御。

（二）片面的达尔文主义的社会学。——这派学者提倡所谓"战争社会学"，以战争为社会进步的最高原则，战争在社会的力量，正如生存竞争，在生物演进中的力量相同。奥国学者甘浦罗维（Gumplowiez）就是站在这种观点，独立发挥，妙辩无碍，而军国主义者与爱国主义者，亦即以这种理论，为促进民族主张之张本。

（三）民族的史学，文学，和哲学。——这些学问的兴起，目的在于颂扬自己民族的过去光荣，与盛称民族前途的伟大，同时却又蔑视敌方过去的贡献与将来的大业。此外浪漫主义在当时颇为流行，史家对于中古文化的起源，推崇备至，于是民族史的研究，盛极一时，欧洲各民族为发扬祖宗过去的光荣，所以竞相把民族史的广博的资料，加以搜集和编纂，如德之《日耳曼大历史》(*monumenta German iae histolia*)，法之《档案丛辑》(*Documents Series*)，英之《公文丛编》(*Rolis Series*) 皆其著者，民族史家如德之德莱孙（Droysen），托莱斯克（Treitschke），司百尔（□），法之密苏（Michand），雷诺（Raynouard），居素（Guizot），密思利（Miche'et），英之费立民（Freeman），思托斯（Stubbs），费劳得（Froude），喀莱尔（Carlyle），麦可利（MacLay），美之班克劳夫（Bancroft），柏利法利（Palfrey），费思克（Fiske），何思特（Horst）类皆以民族主义的思想，渲染自己的国史，颇能影响民众，深入社会。其在文学上，民族主义的色彩，尤为明显，德之张伯伦（H. S. Chanberlain）把高宾诺（Gobineau），普实（Posche），宾克（P□ka）的虚伪的人类学理论做根据，断定自耶稣纪元以降，历史上一切重要的人物，都是日耳曼人，他甚至把圣保罗（S. Paul），丹德（Dante），居阿吐（Giott），密史兰居罗（Michelangelo），拉菲尔（Raphael）都说是"我们同种同族的条顿族"！在法国方面，巴里（Mauricc Parre's）则说：法国文化乃克里特（Celti）的血液所流露出来的异草奇花。此种高尚的文化，迥非罗马民族或条顿民族所能贡献其毫末。杜狄（Doudet）更断言法国以外的民族，已毫无疑义地表现精神与道德的衰老。其在英国，英帝国主义诗人克必零（Kipling）对非欧洲民族，蔑视一切，谓支配其种族与文化，系"白种人的责任"（White man's burden）。意国方面，则有卡杜思（Carducci）者，以统一意大利的民族英雄，做歌咏的中心题材，得到不少的颂扬。美国民族文学家如阿尔文（Irving），郎非卢（Longfellow）等之作品，亦为全国人民所歌诵，几于家喻而户晓。

（四）民族中心的教育。——推行民族主义与养成民族自信心之伟大的力量，当以民族中心教育为最重要，所谓民族中心教育，卑之无甚高论，不外把尽忠国家当作道德行为的最高动向。此外更有以民族展览会来激发民族之统一者，则莫如美国历次举行之芝高古世界展览会（一八九三年），圣路易展览会（一九〇四年），进步世纪展览会（一九三三—三四年）。今日国际上之意识形态，隐然造成两种壁垒，法西斯国家之教育，以崇拜国家和军备为最高目的，苏俄教育，则以崇拜无产阶级的国家为极轨，然其不脱民族主义之色彩，则无二致。

由上所述，可见西方民族近百年来之民族意识，民族精神，民族自信心，乃无限的哲学家，文学家，史学家，人类学家，社会学家，教育学家的心血之结晶。种豆者得豆，种瓜者得瓜，有由然矣。

我国自提倡民族主义以来，匆匆数十年，我们检视这数十年的文学，史学，教育学，社会学的产品，其能以民族中心为题材者盖寡。国语文学运动，在初期颇有民族主义之倾向，但结果，我们何尝产生一个蒲柏（Poe），一个爱马逊（Emerron），一个淮德替（Whitman），而反民族主义的普罗文学，却风行海上。从史学方面来说，我国民族，夙以喜治史学闻于天下——二十四史，两通鉴，九通，五纪事本末乃至其他别史，杂史，省志，府志，县志，家谱，总计不下数千万卷，这都是祖宗闭户自精，辛勤积累而仅得之文化史料，其为我国民族精神所寄托，殆非过言。然而大家廿年来谈校勘，谈整理国故，谈新史学，几曾产生一部伟大的中国民族文化史，足与西洋民族史家的作品比美者？至于其他社会科学如人类学，语言学，民族学，教育学本非吾所素习，而大部皆为翻译改编者，更无论矣！数年以来，只有陈立夫先生所著之唯生论，能在哲学上独开新途径，指示出中国民族复兴之路，其次则十教授之中国本位文化建设宣言，亦能提挈起中国民族中心的思想，然其在全体民众方面所收获之效果，仍属甚微甚微。

我们坚决地相信，我们中国革命之最后目的，在求世界之大同，不过今日社会演进，仍然徘徊在民族主义的最后阶段。在这个阶段当中，凡一个民族，无论政治思想文学教育，均要有自己的路线，对任何主义或思想，亦应以民族生存，民族中心为最高基点，否则弱肉强食，天演淘汰，自难生存于今日大地之上。

所以我们根据欧美以往的史实，与对目前事势之客观的观察，坚信欲谋国家民族之独立与生存，完成民族之复兴，自应集合全国国民心思才力，在一个方针之下，为最大之努力：

（一）在消极方面：我们应该反帝国主义，反封建主义，反个人主义。

（二）在积极方面：我们应该培养民族自信心，发扬民族优点，建立中国本位的思想与文化。

历史科学与民生史观[*]

（1937）

一、科学底目的，据我们所知，是要找寻现象的法则；法则找到以后，便可以拿它们作根据，对于现象加以种种预测和控制。什么叫做法则？法则就是对于现象的不变的类型之一种叙述。根据这点常识来推论，我们相信历史科学底目的，自然是希冀发见历史演变的因果法则，如果这种法则可以发见的话，则我们对于未来的事象，就可以预断或支配了。我们试读科学史，便知过去一百多年间，物理科学因为朝着这个方向进行，已经收获了不少的成果，但在社会科学方面，文化现象，太过繁颐，所以历史的理论家，尽管提出过不少的"史观"或历史解释，然而截至现今，其中堪称做真确的历史法则的，还是凤毛麟角。

二、历史的思辨，一向叫做历史哲学。[①]今日我们所谓理论社会学，文化人类学，文化学等种种新兴科学，名目虽然不同，实际却还是侧重历史法则或社会法则的发现或建立。[②]大凡历史的臆测，总离不开一个时代的观念的体系之影响。十九世纪是一个进化论与唯物论的世纪，当时的学者之一切思维，多半为这两种主要的思潮所范畴而莫能外。现在伟大的生命哲学潮流，已经在廿世纪的三四十年代，奔腾澎湃着。在德国继狄尔泰而起的哈德加、耶士柏士等生命哲学家的思想，已渐渐成为时代思想的主流。[③]在我们的国度里，根据"生的原则"，来解释宇宙，文化，社会的新企图，现在虽然正在开始萌芽着，但这种努力，实在可

---

　* 载《更生评论》第 1 卷第 2 期，1937 年 2 月 15 日，署名黄文山。原文一些外国人名、书名附有西文，但因误植太多及难以辨认，收入本集时从略。

　① 看朱谦之，《历史哲学大纲》（民智）。

　② 看拙译哈尔著《社会法则》一书。

　③ 看室伏高信，《中国今日的思想界》，《文化建设》，一卷，十二期，一〇三——一〇五页。

以说是继进化论唯物论而起的一支生力军。① 在历史科学中，唯生论的历史观或民生史观亦可算是历史的一种新综合。我们在没有解释由"生的原则"演变出来的民生史观以前，请先把史学学说，追溯一过，好让大家知道民生史观与历史科学的关系。②

三、十九世纪的历史科学之研究与发展，大部分受"发生的观念"所决定。"自然"之"发生的"或"历史的"概念，在自然的研究中，曾创生了太阳系的历史，地球的故事，有机体的谱系，并且把整个的自然科学成了革命化。同时，把人类的历史看作是一种延续的，发生的，因果的历程的概念，本来也属于同一系序的思想，当然也引起史学界的转型，使历史由哲学的研究变成科学的研究。由此可见发生的概念，在那个时期不独应用于自然领域的许多研究，抑且也应用于思想范围的许多探讨。

四、十九世纪的三十年，学者对于发生的历史之意义，早就明了无碍了。我们所谓"发生"者，一方面既不是指纯粹的进化论，他方面也不是偏于目的论的假说，有如"进步"一名所包含的意义一样。在历史方面，其意义不外是说，人类的现在状况，乃是因果的数列（或一系的因果的数列）之结果——所谓因果的数列，即是指变动的绵延的连续，其中每种状态必然由先前的状态所引起，因此史家的任务即在于迹寻每种发生的历程，阐释每种的变动，最后才把握着人类生活的整个的展开。在这个阶段中，促进这种研究的划时代的领袖，有三位是值得注意的。（一）德国科学的史家兰克，早在一八二四年已经坚决地排斥古代史家以史学的职务在给人生以种种的教训之"实际观"，同时他也不赞成启蒙时代的史家以史学的功能在于评判过去的说法。他对于历史只求个"本然"。（二）由同样的精神出发，尼布尔建立起一种原则，谓历史的巨变必与其时代之观念和条件发生关系。这在当时实在可算是一个新见解。（三）沙焚宜同时也创始了法学上的历史派，表明法律并非由特殊意志所创造，而是从风俗中发展出来，经过无限的适应和修正，然后结晶成为今日的形式。这已经是无形地应用演进的概念，研究文化或历史的先导的理论，此外他还以为一个社会或民族的制度，互相连系，息息相通，宛如一个活的有机体，这又是社会有机体说之先河。

———————

① 看陈立夫：《唯生论》（正中）；蒋静一：《唯生论的政治学体系》；及拙著《唯生论的历史观》（正中）。

② 参照 ……（以下字迹不清。——编者注）

五、把人类史看做是由因果发展所构成，与偶然的事变无涉，这样的一种概念，已将史学由哲学的地位递升到科学的地位了。因为我们如果从实际的观点来估量人类社会的历史价值，这样的研究，不会成为纯粹的科学探索之对象，正如我们研究蜜蜂一样，如果学者的目的，只在于如何获得蜂蜜，如何从他们的劳动的生活中抽绎出道德的训条来，这种研究永远不会变成科学的，曾无二致。由此说来，学者一旦把历史当作一种因果的历程看待，以为由原始民族一直到文明民族，其文化的发展，并非偶然的事情，这样的历程必然地成为科学探究的对象，而其研究上的兴趣，也就是我们所谓"科学的好奇心"。

六、此外还有一个牵涉价值评判的概念，叫做"进步"，不独与发生的概念无涉，而且与演进的概念，亦截然殊科，然而它却与十九世纪初期把史学科学化的若干观念，有密切关系，它帮助学者使他们深切地知道历史乃是一种绵延的历程，以及侧重时间的意义，这是值得我们加以叙述的。法国思想家塔哥早在一七五〇年已经指出历史乃是人类的群体继续向前进行的历程，虽然这种进行，有时需要很长的时期，才能进到完美的境界。塔哥的朋友康多塞在一七九五年发表的《人类思想进化进步的历史的描写草图》更确认群众乃是构成史的历程的最重要的元素。他虽然还没有看出演进的概念之重要，但这他的假定，已使演进的原则，可以应用到历史之上，毫无阻碍，同时也使他自己相信文化史是受一般法则所决定的一种展开。

七、在德国方面：沙焚宜领导下历史学派之法律学者，把社会有机体的意念与进步的概念，结集起来，于是产生有机发展的观念，这个观念后来竟成了史学家与社会学家的中心原则。法国史家托克维尔在其已著《美洲之民族政治》书中已采取名平等的渐进的与进步的发展就是人类过去与未来的历史的观念，做全书一贯的理论，而英国大哲斯宾塞又把这两种原则联合起来，断定社会演进乃是由武力主义转到工业主义的进步的变动。[1] 这些观念对于历史的研究，当然发生无限的影响。

八、在德国唯心论的思辨当中，发展的观念，还有另外的形式，足资叙述。黑格尔的《历史哲学讲演》（一八三七年）在他死后方才行世。

---

① 斯宾塞一方认社会宛如一个有机体，但他方也□到社会是一种"超机的结合"。当代社会学者现在已不大采取社会有机体说，因为这种对比，确实有很大的错误。社会与机体的异同，马扎卫斯基著的《文化学》颇详哉言之。

他心目中认历史的连续的时期与递进的状态相应，或即所谓概念在绝对的实体一之自我演进。他对于历史现象的处理，如与兰克，尼布尔等比较，无疑地是肤浅的，不科学的，但他的历史发展之观念——正、反、合的对理的发展——直接间接对于史家之研究历史确曾发生过极大的影响，这是他对于史学的不朽的贡献。黑格尔当然是唯心派的最伟大的领袖。他用迹先的逻辑，决定他的观念，所以认历史的阶段，乃是观念的化身，有时甚至很背谬地相信观念是具备手足的独立势力，我们对于黑氏的概念的盘证论，此处自无暇作较尽之批评，但黑氏以运动乃是趋向完善的进步，这种学说，实在仍不免包含着一种价值的评判。

九、其在法国，孔德从不同方向，研究同样的论题。他的学说之影响，除在德国外，实在超出黑格尔以上。所著《实证哲学讲义》，刊行于一八三九年，此书出世，一方固然创建了一种簇新的科学——社会学，他方又把史学当做这种新科学的一部分——即所谓"社会动力学"。作者找寻开启历史发展的锁钥，而以社会心理学的观点，为发展历史法则所当采取的途径。同时，他又把康多塞所提出的两个观点，加以确定的推演，以为第一，史家今后的注意点，不应如从前一样，完全集中在英雄豪杰的身上，而应该注意群众的集团行为，因为这是史程的最重要元素；第二，在历史上有如在自然界，一样地有支配着其发展的必然与永恒的一般法则。这两点本来有密切关系，因为只有群众抬头，那所谓规则性，齐一性，法则性才有应用的可能，所以依照孔德的见解，建立那控制史的发展的社会心理法则乃是社会学者与史学者的任务。这种说法，自今日看来，仍然是正确不易的。

十、二十年后，巴克尔著《英国文明史》，把历史的法则的观念，推进一步，在欧洲发生很大的影响，这种影响，平心论之，实在超出它的内在的价值以外，作者无疑得是受过孔德的刺激，认智力为支配人类发展的最重要之因子，所以说进步乃是知识超越道德律的胜利。①

---

① 历史法则的追求，从统计学的研究所贡献的材料里，获得不少刺激与鼓励。自从比人奎特雷在一八三五年发表《人论》后，统计学的探究，表见社会现象有许多齐一性，因为此学者便相信要预断某个社会集团在某种特殊的事件之下怎样动作，只是一个搜集充分的统计材料之问题。这派的学者波铎以为史学将来会成为数量的科学。伟人的行动，本来不易施以统计的计算，或用一般的法则为之说明，所以巴克尔等看轻了它们的重要性，或□直不用它们来做说明的材料。近人如梁任公、丁文江等亦主张用统计法研究历史，不过他们似乎还没有进到历史法则的概念。梁主张自由意志说，此种玄学问题，我们实在不必讨论了。看卫聚贤：《历史统计学》（商务）。

十一、由上所述，可见十九世纪的前半期解释史的新努力，确实受那些支配着自然科学的领域之概念所决定，结果便产生出所谓进化的理论。上面所谓"发生的原则"，"进步的发展"，"时间的意义"，"一般的法则"，"社会乃是有机体的结集"之概念，以"历史为精神之自我的演进"的玄学学说——一切这些概念都足以表见史学的研究与自然科学之探究，平行并进。巴克尔的大著出版后两年，乃有达尔文的《物种起源论》行世。达尔文以为决定种族或文化发达的因子，不是自然环境或心理条件，而是"适应"，"生存竞争"，"自然淘汰"，"最适应者生存"。其人类起源说，亦侧重绵延的观念，因此便把史学在研究动物发展的科学上之位置，建立起来；史学的透视，乃与发展的进一步的透视融合。人类学是研究人及其文化的科学，本来与动物学毗连，现在也与史学发生关系了。生物学底主要目的之一，在乎找出人类由低等有机体演进到高等动物的正确的阶段，而史学的范围，便是决定人类由最原始的社会进到今日的高等文明在因果叙列中所经过的阶段。这个概念所包含的历史的探究之意义与孔德所说的并非完全相同，在实证哲学上，史学只是社会学的一部，而社会学底最大企图，在乎社会学的法则之发见。但照我们在上面所述的观点说，史学自有其本身之目的；发生的历程之复订，乃是一种独立的研究。就复订底目的论，凡对于这种企图有所帮助的科学，如社会学，民族学或文化人类学，生物学，心理学等，都是需要的。社会学者与历史学者自然是要携手并进，因为前者的对象在于建立社会法则，而后者底目的在于迹寻文化底因果叙列。最后才确立世界文化演进的形态与通则。

十二、自然科学家用一般的原则解释有机进化之初步成功，使社会科学家得着不少的激刺，以为文化演进亦可同样地用一般原则为之说明。这种企图，自康多塞、孔德等发其端，至十九世纪之六十年代，英之泰洛著《初民文化》，德之巴斯镋著《人类历史》，于是乎建立了文化人类学的新体系，而进化派的原则遂广宽地应用到文化的阐释之上，造成所谓"独立发明"，"逐渐进步"，"一线进化"的种种原则，以及建立文化的特殊领域如家族，宗教，艺术等之进化阶段，到了一九○○年后，曼得尔的原则出世，进化派的这种理论，已失却确切不移的根据，于是在美有历史派的民族学家如鲍亚士之兴起，在英德有播化派如斯密，柏里，格里纳，斯密德等之亢进。他们的论战，一正一反，一纵一横，虽然还没有得到最后的结论，但我们相信新进化论也许是今后较正确的综合。①

十三、用一般的综合来包括历史的途程，其企图之最伟大者，还有德国的兰柏勒德，他以为一般的史学，应以心理学为根据。心理学在心的科学（精神科学）中的位置，正如机械学在自然科学中的位置一样，历史的事变与运动，离不开心理的特性，而所谓"文化相"者，不外是支配其时代的"集体的心理条件"，这些条件结成一种"调协"，同时又渗进于一切心理现象以及其时代的一切历史事变当中。② 他在《德国史》中，便要建立一数列的"文化相"——变动的心理的"调协"的年代，其目的在指出每个时代的一切，感情和行动，都可以用这个"调协"为之说明，此外又企图说明这些"调协"也在其他的社会发展中表露出来，因此便断定它们不是单独的而是类型的。他更以为这些时代，系按照确定的次序连续地表现，其基本的原则就是——集体的心理发展，系由一个社会的一切分子之同质性发其端，迄乎经过较高的心理活动以后，其形式乃趋向诸个人的连续的递升的分化。这与斯宾塞提议的方式接近。这种历程由心理的抱束性进展而为心理的自由性，从此表现出一数列的心理现象，这种现象便规定文化的连续的时代。这个历程以两种简单的原则为根据：（一）无论何种观念，不会没有一点结果或影响，而径自消灭的；（二）一切心理的生命，无论是个人的或者社会的，不外乎变动——新的精神内容之获得。由此更产生新旧调和，调和之后，便成综合，这种综合便决定着一个新时代的性质，因此他对于文化的时代，说是："包括人类社会的发展之一切心理现象，亦即是一切历史事变之最高概念，而无例外。"（前书，页廿八，廿九）兰氏根据以上的研究，推绎出一种特殊的科学，名之曰"历史民族学"。这种科学与叙述或摹写的史学之关系，正如民族学与民族志之关系，正复相同。这样的一种科学，显然与孔德的社会动力学相应，而孔德所侧重的方法，也就是兰柏勒德治史的主要工具。历史科学到了兰氏，已经踏进一个新纪元了。

十四、因了经济史的研究之日渐重要，人们都感着历史可以用一般概念或类型为之说明。马克思及其学派的学说，以为人类社会的发展，

① 看拙著《文化法则论究》（《社会学刊》四卷四期），又《文化民族学与阶级逻辑》（《新社会科学》一卷四期）；林惠祥：《民族学说的新综合——新进化论》（《民族学刊》，中山文化教育馆）。

② *Die Kuldurhietorische Methode*，Berlin，1900，p. 26.

受生产条件所支配，一切社会运动与历史变迁不外乎是经济变动的结果，便是这型学说的代表。马克思从一八四三年起已渐渐发展各种的结论，用他自己的话说："人类在他们生活之社会的生产上，加入于一定的必然的，非他们的意志所能支配的一种关系里面，就是加入生产关系里面；这生产关系是和他们物质生产力的一定发展阶段相适应的。这些生产关系的总和，构成社会之经济的结构；这经济的构造是法制上，政治上的上部建筑物所借以存立的真实的基础；而且一定的社会的意识形态，也是和这基础相适应的。物质生活的生产方法，一般为限制社会上，政治上，及精神的生活过程的条件。并非人类的意识决定他们的存在，倒是他们的社会的存在，决定他们的意识……"马克思这种唯物史观的公式，后来引起许多论战，其中如杜尼斯，巴特，汉玛查，柏烈汗诺夫，恩格斯，塞利格曼，狄思真，考茨基，般斯坦因，斯坦拉，戴波林，波格杜纳夫，列宁，布哈林等各有各的解释，这里自无论列之必要。社会之所以有进化，依马克思的说法，完全由于物质变迁的原因，但依中山先生的批评，这种"丧尽心灵只余了骨头"的历史学说，实在只解释了社会进化底果，并没有解释到社会进化底因。"他不知道一部人类的进化史，从头到底，不外是一部人类满足'生'之要求（生活生存生计生命）的历史，所以他们的历史观念，只看见物质不看见'生命'，只看见经济不看见'生存'，在经济当中，也只看及人类中的一个阶级（无产阶级），不看见人民'生活'的全体，只看见生产者的福利，不看见消费者地位的大多数国民的'生计'，凡此种种，都和孙先生的经济思想，根本不合。"①

十五、被称为与孔德，斯宾塞，巴斯镗同为社会学的创造者的李博德，曾宣称文化发展的一致和绵延，乃单个基本的冲动——生命的保养——之结果。他用"生命保养"的原则，说明整部文化进化史，谓"社会进化不外由生命保养在时空上的扩大，换言之，即是增进预见和社会化而来"。② 美之孙末南祖述其说，著《民俗论》一书，亦谓"生命的第一种业务就是求生存"，其弟子毛尔铎说："求生存的概念是一个确切的概念，无论持何种思想的人，都不能否认，求生的冲动和求对生活条件的适应，是一种明显的不可抗争的事实，因为他是一切生存有机

① 朱谦之：《历史哲学大纲》，民智本，二七〇页。
② 看拙著《唯物论的历史观》（正中），二六—二八。

体的特征。"迄乎威廉著《社会史观》，更适切地说明社会问题为历史的中心，而社会问题中盖以生存问题为中心，他说："社会进化是带着强烈的实行性的，他的中心问题是要解决生存问题，要解决面包问题。"中山先生在民生主义演讲中说："……近来美国有一位马克思的信徒威廉氏，深信马克思主义……说马克思以物质为历史的重心是不对的，社会问题才是历史的重心，而社会问题中，又以生存为重心，那绝对是合理的。民生问题才是生存问题的重心，这位美国学者的最近发明，这与吾党主张若合符节。这种发明，就是民生为社会进化的重心，归结到历史的重心，是民生不是物质。"以上所引，就是民生史观或唯生论的历史观在历史科学中的昂头。

十六、中山先生对于十九世纪的进化观点唯物观点，有深刻之研究，但他又不为十九世纪的片面见解所束缚，所以对于历史科学的研究，比孔德、达尔文、巴克尔、兰柏勒德、马克思等更为精微博大。试看《孙文学说》中论进化一段，便知道了。

> 夫进化者自然之道也，而物竞天择，适者生存，不适者淘汰，此物种进化之原则也……进化者时间之作用也，故自达尔文氏发明物种进化之理，而学者多称之为时间之大发明，与奈端氏之摄氏为空间之大发明相媲美。而作者则以为进化之时期有三，其一为物质进化之时期，其二为物种进化之时期，其三则为人类进化之时期。元始之时，太极动而生电子，电子凝而成元素，元素合而成物质，物质聚而成地球，此世界进化之第一时期也。今太空诸天体，多尚在此期进化之中，而物质之进化，以成地球为目的。吾人之地球，其进化几何年代而始成，不可得而知也；地球成后以至于今，按科学家据地质之变动而推算，已有二千万年矣。由生元之始生而至于成人，则为第二期之进化。物种由微而显，由简而繁，本物竞天择之原则，经几许优胜劣败新陈代谢千百万年而人类乃成。人类初生之时，亦与禽兽无异，再经几许万年之进化，而始长成人性，而人类之进化，于是乎起源。此期之进化原则，则与物种之进化原则不同，物种以竞争为原则，人类则以互助为原则。社会国家者互助之体也，道德仁义者互助之用也，人类顺此原则则昌，不顺此原则则亡；此原则行之于人类，当已数十万年。然而人类今日犹未能尽守此原则者，则以人类本从物理而来，其入于第三期之进化为期尚浅，而一切物种遗传之性，尚未能悉行化除也。然而人类自入文明

之后，则天性所趋，已莫之为而为，莫之致而致，尚于互助之法则，以求人类进化之目的矣。人类进化之目的为何，即孔子所谓大道之行也，天下为公；耶稣所谓尔旨得成，在地若天，此人类希望化现在之痛苦世界，而为极乐之天堂者是也。（第四章）

这种从发生的观点进化的观点得到的一元的历史的见解，实在是历史科学的最正确的基础。孙先生更从民族心理学方面，分人类文化之演进为三个时期：

夫以今人之眼光，以考世界人类之进化，当分为三时期。第一由草昧进文明，为不知而行之时期；第二由文明再进文明，为行而后知之时期；第三自科学发明以后，为知而后行之时期[①]……科学发明之后，人类始能有具以求其知，故能进于知而后行之第三时期之进化也。（五章五九—六○页）

中山先生对于人类文化演进的看法，有两种特点，第一他把互助看做人类进化之重要因素，这与克鲁泡特金的见解相同，而比达尔文却迈进了第一步，第二他把人类的心理划分为三个阶段，本与孔德的神学，玄学，科学的三阶段法则接近，而其看重知识进化的生元动力中与巴克尔之说亦相仿佛，但他说到“民生”为社会进化的中心，却又比二氏超越，并且凌驾马克思的唯物史观，而与李博德，孙末南，威廉齐驱了。

十七、孙中山先生以“民生为社会进化的中心”。民生是什么？依照《民生主义》第一页下的界说：“民生就是人民的生活，社会的生存，国民的生计，群众的生命。”由此可见民生史观实际就是人类社会“生之要求”的进化心。

中山先生说得好：“……古今一切人类之所以要努力，就是因为要求生存，所以人类因为要有不间断的生存，所以社会才有不停止的进化，所以社会进化的定律，是人类求生存，人类求生存才是社会进化的原因。”我们由此可以知道民生史观非他，就是把生存的要求，看作历史的法则，更把这个法则来说明整部的文化史在过去未来的进展而已。在今日的世界里，自然科学已经有了相当的进步，但在社会方面，全体人类仍然为愚昧，贪污，恐惧嫉忌，争斗所支配，历史或社会科学

———————

[①] “期”，原文为“间”，校改。——编者注

家，如要打破现在世界的凌乱的局面，使文化得以继续生存，我们对于人生所需要的是一种新批评，对于价值所需要的是一种新标准，而对于历史所需要的当然是一种新的解释，历史上之唯生的解释或民生史观了。

文化史上的广东与广东文化建设[*]

（1937）

一、楔子

自去年七月全国统一后，各方人士都很注意广东的文化现状和将来的改进，诚以广东在过去为国民革命的策源地，在今日又为民族复兴的根据地，大家对于它的注意是应该的，记得去年八月二十四日我们的领袖蒋委员长在中山纪念堂扩大纪念周讲演《建设广东为三民主义之模范省》，演词中有谓："最要紧的急务，在千头万绪之中，莫过于建设新省社会秩序，造成新的社会风气，就是转移风气，振作人心。"这确是建设广东文化的最重要的第一步工作。后来中央航空学校蒋坚忍先生莅粤。返杭州后，在《空军》一二八期发表了一篇《游粤感想》，认广东文化这几年来实在太过落后，并对广东社会病态予以不客气的指摘和批评。随后便引起丁纪徐先生的《告广东人书》，一面对蒋先生的批评表示不满，一面又勖勉粤人自新，努力从事文化建设。侨务委员会李朴生先生不久也在香港《工商日报》发表《广东精神与广东病态》，企图具体地说明广东文化在历史上的伟大和今后改进的方向。最近吴主席铁城对于广东文化建设尤其特别注意，在各大学的讲演，大都是侧重这方面。综合看来，各方面的主张，俱有相当的贡献，而最正确、最重要、最可宝贵的当推蒋委员长的"转移风气，振作人心"的教训。总理曾在知的观点上把人类分为三等：（一）先知先觉者：这比如建屋时绘制图则的工程师；（二）后知后觉者：这比如购置工料，指派工作的工头；（三）不知不觉者——这比如听工头指派去做工作的泥水木匠。我们领袖所讲的，等于工程师绘给我们建房子的图则，我们做工头或做工人

---

* 载《新粤周刊》第 1 卷第 1 期，1937 年 7 月 1 日，署名黄文山。

的，只要能依此计划做去，自能达到建设一个文化灿烂的新广东的希望。

二、历史上的广东文化鸟瞰

年前行营曾命令各省区编述历代乡贤事略，作青年的模范，振作民族精神，这是值得大家注意的一件工作。我们为要建设广东文化，自应把过去的文化，回溯一下。广东是中华民国的一部分，政治上、文化上，绝对不能与其他各部分分离。不过从地理的观点上看，北有五岭的屏障和中原相隔绝，东南濒海，易与西洋交通，因为前者的地理环境关系，几千年来，广东遂形成半独立的状态，文化也随着有独特的模型，特殊的特征，所以说者谓"广东一地，在百年以前，未尝产出一非常人物，可以为一国轻重，未尝有人焉以其地为主动，使全国发生绝大影响"（梁启超语），这是很自然的，然它又以后者的关系，对外洋易发生接触，于文化建立上也容易受到西洋的启示和促进。东西交通本来有海陆二孔道。北方陆路是由小亚细亚，经帕米尔高原，以入新疆甘肃。南方海路是由波斯湾、亚剌伯海、印度洋，从广东以入中原。汉代以还，海道日占重要，第三世纪至第五世纪时，粤人握东西之海运权者，垂五百余年（由晋苻坚至唐天宝安史乱后）。到了黄巢乱时，流寓广州之波斯人、大食人，共十二万余，元以后，东西交通益盛，广东因接受西化比较容易，其开风气之先，也是势所必然的。

再，广东的民系，从民族学的观点看，本甚复杂，其详细情形，非此处所能讲。但大体言之，建立广东文化的民系，大约有下列四种：（一）土著或浅化民系——苗、瑶、黎等；（二）从福建来的民系，多居潮汕一带，讲潮州话；（三）客人——从中原如安徽等地南来的，讲客话；（四）大部分在宋末受蒙古人的压迫，经南雄珠玑巷移来的，今之广府人大部分属之。广东民系这样复杂，成分至不一致，迁入时也不一致，于相接触、相传递间，除土著文化外，便融化而成现有的文化的一部分，又接受西洋文化的洗礼，又形成现有文化的另一部分，由此看来，广东文化的构成，是经过（一）广东民系独立创造；（二）与外边接触而融会形成的两个历程。这整个历程可分四个阶段来说：

（一）浅化阶段——由史前直至周初，为广东土著在没有汉族移入时独行创造文化一个时期，其时华夏文化的基本要素（如殷周之铜器），尚不曾输进南服。广东原有之文化，为浅化民系之文化，古人所谓"南蛮"一语，即指浅化民系而言。南方浅化民系，大约可分为苗瑶系、罗罗缅甸系、焚掸系，而在广东者，以苗、瑶、黎为主要。据德、奥历史学派的民族学家如史密德之研究，他们迁移的踪迹，是由海洋洲而南洋群岛，而广东，又由广东而至长江一带，因受汉族压迫，复渐渐南退，于湖南山间留下一小部分，于广东广西等地留下一部分，退至极南者，便聚居于今之海南岛五指山。这些就是广东最古的民系，其文化也即是广东最古的文化，他们的文化质素，有（一）文身；（二）干兰（《魏书》：依树积木，以居其上，名曰干兰）；（三）图腾的信仰；（四）椎髻（《洞溪织志》：苗人椎髻当前）；（五）氏族组织等（详见拙编《民族学研究集刊》第一期，中山文化教育馆出版，商务印书馆印行）。最近广东南部出①土之雷斧及弧线底之土斧，为新石器时代遗物，而也是他们日常应用的石器，为生活工具之一种（参看谢英伯《华国考古学院创立第五周年纪念辞》，《更生评论》第六期）。以上是广东文化在浅化阶段的大概情形。

（二）汉化阶段——在秦汉间，广东土著文化已受到中原文化的渲染，相传周赧王时，公师禺曾建筑"南武城"，这说未知是否可靠。秦时，确曾将犯人及鳏夫寡妇流徙到岭南，这时中原民族已开始移粤，中原文化当然也由他们输入了（参看法人鄂庐棱著《秦代初平南粤考》）。这时期有一个很重要的人物，由中原南来的，就是赵佗，佗系秦真定人，为南海龙川令，南海尉任嚣死，佗行南海尉事，秦灭，自立为南越王，后又复自尊为南越武帝。到了汉文帝时，曾遣派富有积极政治思想的陆贾来说他，要他臣服汉室，佗上书谢称"蛮夷大长，老夫臣佗"。屈大均曾说："南越文章，以尉佗为始，所上汉文帝书，辞甚醇雅，其中国人代为之耶，抑出于南越人之手也。"（见《广东新语》）故所撰《广东文选》以佗始。这时，我想汉族的精神文化，如思想、学术，就从此输入广东了。最可注意的，就是汉议郎陈元，生封川，以《春秋》《易》名家，曾自谓立左氏学宫，与请勿督察三公二疏而外有承诏，与苑升辩难者十余道，《通志》谓元有《左氏训诂》及集若干卷，屈大均又说："《春秋》者圣人心志之所存，其微言奥旨，通之者自丘明公穀而外，鲜有其人，粤处炎荒，去古帝王都会最远，固声教所不能先及者也，乃士君子向学之初，即知诵法孔子，服习《春秋》，始则高固发其

---

① "出"，原文为"虫"，校改。——编者注

源，继则元父子疏其委，其家法教授，流风余泽之所遗，犹能使乡间后进，若王范黄恭诸人，笃好著书，属辞比事，多以《春秋》为名，其继往开来之功，诚吾粤人文之大宗所宜俎豆之勿衰者也。"元以粤人，在那时能揭起《春秋》国学化运动的大旗，可见广东文化，因汉化的结果，在汉时已蔚为大观（参看罗香林《中国学术史上广东的地位》，《书林》第一卷第一期）。这种史潮，当然是绵延下去，而不是划然中止的，我们为利便起见，才假这时期为第二个阶段。

（三）佛化及蕃化阶段——汉族文化在邃古虽受西来物质文化之影响，但尚比较单纯，到了六七世纪时与印度波斯接触，商务乃大盛。佛教本来早已至中国，然自广东海运开，往还特便，高僧接踵至，助其发达者不少，及达摩到粤，栖于今之西来初地南华寺，再从粤北上，南北朝时，梁武迎至金陵，为禅宗第一祖，即时佛教传播之广，真有一日千里之势。到了唐高宗时，五祖宏忍传衣钵于六祖，而六祖却是寺内的一个广东（新州人）春米工人卢慧能呢。慧能以能通顿悟之理——即心即佛，即佛即理——提倡法"一切万法不离自性"的心教，不特后来宋儒的学说，整个受其影响，就是陈白沙、王阳明等也间接受其熏陶。最奇者，他的影响，不只是纵线的绵延，而且是横线的开拓。这是因为当元明清之际，天主教传入中国，信者不多，而传者却把这种回复理性的思想，输入欧洲。当十七八世纪，欧人以饱受中古思想禁闭的压迫，听到这种唯理的学说，大大感动，因而法国百科全书派——启蒙哲学，形成了唯理主义的学派。其后卢梭复返自然的主张，狄岱禄打倒宗教束缚的运动，乃至整个法国革命的掀起，未始不受到这样思想的相当鼓动。我们都知道法国革命引起了近代民族主义的思潮与运动，我们总理在十九世纪末即受了这种思潮的影响，因加上自己的创造，乃孕育出三民主义的伟大的思想结晶。一个广东春米工人的思想，而影响所及，广及欧亚二洲，远及千年以后，贡献是多么大呀！

佛教以外，尚有回教，其入中国，也始自广东。摩罕默德的父行苏哈巴初至广东，现在广州流花桥畔的回坟最伟大的那座建筑，就是他的遗迹。据近人的考证，宋儒东西铭："民吾同胞，物吾与也"的思想，这个是受了《可兰经》的影响的。

再其次为景教。现在存留的《大秦景教流行中国碑》，属尼士特拉派（Nestorians），系耶教之别宗，当时流行于波斯。梁任公以六朝唐间，广东波斯交通最盛，此派必由广东输入无疑。年前在河南发现了已经完全汉化了的犹太人，他们就是最初的传教者，惟此派对于广东文化有怎样的影响，却不易臆断。

（四）欧化阶段——由元末以至现在，一共六七百年，东西交通频繁，举凡葡萄牙、荷兰、西班牙，以及英吉利人士之初到中国者，皆先在广东登陆，故这时粤人受西洋物质文化与精神文化之影响最大，而到了后来能建立思想系统，卓然有所表见，为中国现代文化之主动力者，亦在这个时期，外人在这时期到中国做官的，最著者为马哥孛罗，他的"游记"，在欧洲发生划时代的影响，以不大直接与我粤文化有关，不详说。其在学术上，对中国文化有特殊贡献者，当推利玛窦，他于明万历年间到澳门，后来居肇庆十多年，研究中国语言文字，甚有心得，随后到了北方，便和徐光启译《几何原本》六卷，着手于万历三十三年（一六〇五），刻成于三十五年，这是中国译印科学书籍的第一部，阮元《畴人传》推崇之为"弁冕西术"，其价值之巨，可想而见。自此以后，西籍之遂入中土语言者日多，可惜当清雍正年间，忽然来了一个皇室与宗教主权的争论，把天主教徒放逐到澳门，西学输入，遂中绝者几百年。说到语学方面，米伦（Milen）编的《英华字典》，成于道光三年（一八二三），这是欧亚字书的嚆矢，考米伦旅粤二十五年，所译都是粤音。据说日人之研究英语，初时亦是以此种著述为凭借。其次在医学及其他科学方面，最初传入也在广东，博济医院，就是西医传入中国之始基，又道光间广州出版之《博物新编》等五种，也是近世科学最初的译本。最近十年间，欧西之思想技术，先后输入中国，其发起及传播，广东人实占重要地位，如詹天佑之办平绥铁路，容闳倡办兵工厂、招商局、唐山煤矿，都是彰彰在人耳目的。

从宗教方面看，元代意大利教士奥代理谷（Odario）始至广东，为罗马旧教入中国之始，当时信奉者不少，但不久中绝。新教则由英人摩利逊（R. Morrison）输入。他在嘉庆十二年（一八〇七）初到广东，留二十五年，译《新旧约全书》。新教为近世资本主义精神的孕育者，为近代西方机器文化的倡导者，他到中国以后所发生的影响，甚为迂缓，这也许是中国文化的功用性太强使然罢！

其次说到岭学的成立。陈白沙（明成化弘治间，新会人）受禅宗理学的影响，自立哲学体系，其要义以"自得"为主，有"鸢飞鱼跃，其机在我"之说，实是唯心论的表见。王阳明"知行合一"之教，后来影响到日本的维新运动，追溯始源，也是受陈氏思想的熏陶造成。清代学者，本来多跑到汉学的路上去，阮文达（元）于嘉庆二十五年总督两广，在今之越秀山麓，即市立第一中学现址，立学海堂。学海堂的主旨是以考证经史为宗，而又兼及天算推步之学，这已是受了西洋文化的影响了。按学海堂建于道光元年，直至光绪末年，凡九十年，出版《学海堂文集》，系辑编士子课艺而成。又辑有清一代经师注疏，出版《学海堂经解》，为书一百八十种，一千四百卷，这部大丛书，于岭南文化贡献甚大。期间讲学者，以陈兰甫（澧）先生垂五十年为最久。陈先生治汉宋之学，所谓汉学就是文字学、音韵学、训诂学……宋学就是哲学、理学、玄学……这两方面的学者，素来分立，互相水火，而他却主张融汇贯通，舍短取长，著有《东塾读书记》，其卓识于此约略可见。光绪初张之洞立广雅书院于西村，兼开广雅书局，并刊印丛书，如《皇清经解》等，影响于广东学术者亦大，但时间太短，贡献不及学海堂远甚。清末康有为讲学广州长兴里万木草堂，宗西汉公羊家说，兼采西学之所长，创孔子托古改制论，著①《大同书》，虽为当时人士所指摘，然实为近年疑古运动的先声，今日胡适之、钱玄同、顾颉刚诸先生之新史运动，可说是由康氏开其端，其子弟梁启超虽与乃师一样，反对民族革命，为识者所非，但其对于新文化运动的贡献，功绩不在胡适之先生下。

末了，请谈谈广东的民族精神和中山先生学说的产生。广东民族自南宋君臣亡命以后，动受民族精神之陶冶，循至明末，则有东莞袁崇焕抵抗满洲之举，到了满人入粤，陈文忠（子壮）、张文烈（家玉）、陈忠愍（邦彦）举义抗贼，其壮烈之气，百世之下闻之，可以顽廉懦立。约八十年前，花县洪秀全纠合革命同志，起义广西金田，于短期间竟光复天下之半，建立太平天国，结果虽失败，而所采的制度，如禁止妇女缠足，主张田地均分，使得耕者有其田等，实有可取。我们总理中山先生早年的民族革命思想，受这次运动的启发不少。总理手创同盟会、国民党、中华革命党、中国国民党，建立中华民国，丰功伟绩，求诸往古，盖罕其伟。总理之革命学说，自成系统，语其根据，则有（一）中国固有的政治哲学，如《大学》"格物、致知、诚意、正心、修身、齐家、治国平天下"之说。（二）由欧西学说采取而来者，则有民主政治、民族思想、国家社会主义等。（三）再加上总理自己的伟大的创造，乃完成三民主义的体系。三民主义乃中华民国建国的最高基本原则，至所著②《孙

文学说》、《实业计划》、《民权初步》、《建国大纲》则为实现三民主义的具体说明与计划。三民主义的原理全部包在民生主义之内,全部可总名之曰民生哲学。总理以"生是宇宙的中心,民生是社会的中心",社会的演进,历史的变动,纯由于人类求生存而引起。我们要求民族生存,人民生活安全,进而建立大同国家,就要联合国内各民族和国外弱小民族共同奋斗——为生存而奋斗。今日世界的现势,是受三种伟大的历史潮流所决定,第一种潮流是资本主义,现在大部分的现代国家如英、美、日等都站在高度资本主义的阶段;第二种潮流是马克思主义,在苏联,其政治、经济、社会的建设,正朝着这个方面开展;第三种潮流就是三民主义了。我们中华民族在中国国民党的领导下,一切设施,以三民主义为最高原则,由此看来,总理的创造,可见是伟大极了。

以上是约略地把广东文化的历程,作一个简短的瞥视。关于物质文化之部,因为时间的限制,此处只好从略。

三、建设广东文化的几个原则

广东为革命策源地,文化水准,本来甚高,可是过去七八年间,在陈济棠的支配之下,文化上一切的一切,显然是落后了。现在我们为广东计,非急起直追,建设新文化,无以保过去的光荣,那末,建设广东文化,正是我们大家的责任,对于广东的文化建设,在原则上,我们主张:

第一,建设南方的文化中心——就现在情形讲,南京是政治中心,上海是经济中心,杭州是娱乐中心,北平是文化中心。北平成为文化中心,自有其历史的条件——经过元明清数百年的建设——所以学术研究机关都很完备,不过,以中国之大,不该只有一个文化中心,而该有许多个中心。广东本来得风气之先,受西化的洗礼最早,然就广州现况而论,一切文化设备,均失之简陋。一个专门学者来到广州,差不多像到沙漠一样!我们相信一个国家不可仅有一个文化中心,尤其在中国的南方,实在须要一个光华灿烂,设备周到的文化中心,所以我们主张应该集中一切物力财力人力,造成广州为南方的文化中心。

第二,建设完备的学术研究机关。——文化基础在学术,学术的基础在高深研究。研究高深学术必须有完善之机关,然后可以促进学术之进步,培养学术人才,故建立完善之国立大学、省立图书馆、博物馆、美术馆等等,实为当今之急务。

第三，应用政治经济的力量来推动文化建设。——我们遵照领袖蒋委员长的指示，要把广东建设成为三民主义的模范省，使它担负起复兴民族的使命，那就必要开拓党的新生命，欲开拓党的新生命，必要建设政治的中心思想，统一人民的意志，同时又须要造就无数的专门技术人材，来担负经济建设的使命，方可以达到预期的鹄的。所以我们以为一切政治和经济的力量，都应该用以促进文化的发展和文化建设，等到文化建设成功，人材蔚起的时候，文化的力量又可以推进政治和经济的进步，这是互为因果的。

以上所说的三点，我们应该认识其重要性，同时更应该努力做去。广东在过去已有无限的光荣历史，我们检讨过去，尤其应该把握现在，创造未来。

文化上的中国统一观[*]

（1937）

中国是一个文化先进的民族，具有悠久的历史和优秀的文化，其全部的遗产，不但异常丰富，且有一种奇特的抵抗力，即不被任何民族所同化或征服。在过去的历史上，虽然曾受过异族武力的蹂躏，但此种具有卓越性的文化，屹然不可动摇，反而吸收他人学术思想之所长，以改造原来的文化型式，为局部面的转变或扩大之后，其固有文化的基本要素，终是创造性多于因袭性的。因此，中国的民族文化，在外表形态上虽迭受外力的刺激，而有递遭蜕化，但其内心的生命力却能保持永久的平衡性，而同化力尤为伟大。从文化上观之："我群"（汉族）[①]与"他群"（异族）[②]文化之融合，几成为近五千年来文化演进之主流，兹分述于后：

第一，"我群"对于"他群"文化之匈奴，自黄帝伐獯鬻，殷高宗伐鬼方，周宣王伐猃狁以来，中间经春秋之晋，战国之秦、赵，力与相持，直至汉武帝、和帝两度之大膺惩，前后经三千年，此"他群"之文化乃渐渐为"我群"文化所吸收。

第二，"我群"对于"他群"文化之东胡，自春秋山戎侵燕以来，中经五胡之诸鲜卑，以至近世之契丹，女真，满洲，前后三千年，直至辛亥革命，清廷退位，此"他群"文化已失其文化之特征，而与"我群"为一体。

---

[*] 载《时代动向》第 2 卷第 1 期，1937 年 7 月 15 日，署名黄文山。

[①] 中国民族之"我群"（We Group）即为汉民族，此为最初组织中国国家之民族，其文化地理，自成一个单位，一脉相承，至今不替。

[②] "他群"（Others Group）为边疆及内地之浅化民族，其语言，习尚，乃至一切文化尚须经若干年之涵化作用，始能与"我群"成为一体者。

第三，"我群"对于"他群"文化之苗蛮，自黄帝战胜蚩尤，尧、舜分背三苗以来，中间经楚庄跻之开夜郎，汉武帝通西南夷，马援、诸葛亮南征，唐之于六诏，宋之于侬智高……直至清雍乾间之改土归流，咸同间之再平苗讨杜文秀，前后凡五千年，此"他群"文化已一部分汉化，其他一部分则仍在受化之过程中。

第四，"我群"对于"他群"文化之羌回族，自成汤氏羌来享，武王征师羌髳以来，中间经晋之五凉，宋之西夏……直至清乾隆间荡平准回，光绪间设置新疆行省，前后凡四五年来，此"他群"文化，今日仍在"我群"的陶冶中。

第五，西藏自唐吐蕃时代直至明清，以迄今日，亦无日不在"我群"文化的同化过程中不断的往前开展。①

基上所述可见中国以基本文化势力较强之故，"我群"文化对于"他群"文化之涵盖力统一力至为伟大。故就文化上加以视察，中国民族之统一运动，有一个最显著的特征，就是"保卫宗邦"的精神，换言之，就是保障"我群生存"。且以其对于文化创造能力的跃进，"我群"机构的扩展，虽屡与异族文化互相摩擦，终能维持其优越的特质，同化各种族为整个民族，并合各部落为整个国家，以整个民族建设整个国家，是数千年来迄未停止的工作。照德国社会学者立柏特（Lippert）的说法，一切文化都以"生的成遂"（Lebensfürsorge）为其原则；总理亦以求生存为社会进化的定律。故从文化上观察中国的统一运动，也可以说是根基于"求生存"的努力所促成，这是毫无疑义的事吧。

根据过去的历史看来，我们已经明白中国的文化有一贯的民族特征，就是"保卫宗邦"的精神，亦即是儒家之所谓"攘夷"思想。在国难严重的今日，保障"我群之生存"，实为统一国家，复兴民族的根本动力；为保障"我群之生存"，对于强横的日本帝国主义者，无限止的压迫侵略，只有振起"保卫宗邦"的精神，澈底加以抵抗，争取民族的独立生存。其须要继续历史未完成的使命，加速强化内部的大团结：

第一，要使各区之民族，如懵克语族，掸语族，突厥语族等，——在"同文"及平等的条件之下，形成一不可分裂之整个的伟大的中华民族，如此则已往之史迹，如洪杨革命后西南地方之苗乱，不致重演。

① 梁启超：《历史上中华民国事业上之成败及今后革新之机运》，又《中国历史上之民族》，见《梁任公近著》第一辑。

第二，要使各区之浅化民族，与比较先进之汉族，加速同化；所谓同化者，即以各族文化为基础，使之吸收汉化及西化，与汉族并进，如此则整个中华民族可于最短期间，孕育更善更美之新型文化。

第三，要提高各区民族之经济水准，改良其政治情形，促进其教育之设施，如此方可以引起其爱国爱种之观念，奠立民族向心运动的基础。

此特就一方面立言而已。若就整个民族而论，吾人今日最困难的问题，约有两端：吾国民族文化受西洋文化之急剧的侵袭，整个社会组织与文化体系为之崩溃与解体，无人将何以使固有之文化与西来之异型文化，调适而交流，此其一。边疆与浅化民族，受西化之影响，或帝国主义之诱惑，已不断向离心运动推进，吾人将何以恢复其对于中华民族之信仰心，使中心力量得以建立，此其二。前者之解决，即是"中国本位文化之建设"；后者之解决，即是"民族的国家"之建立。于此，我们对于统一国家，复兴民族，应有两个基本概念：

第一，文化的统一为中国文化的必然趋势，在今日所以要建立"中国本位文化"奠定学术思想之重心，向世界文化迎头赶上去。

第二，政治的统一为中国历史的一贯的趋势，在目前尤其要建立"统一的民族国家"，巩固国家之统治权及领土之完整，把中国从根救起来。

抗战进展中教育界的任务 *

（1937）

一

现在对日抗战的开展，在全国将士继续获得伟大的胜利中，加以全国民族革命情绪的热烈和高涨，我们已到与暴日军阀作殊死战时的阶段。我们在这阶段当中，所有一切的最大努力，都已趋向共同的最后目标，就是在推动党务、政治、军事、教育，以完成全国的总动员。因为我们与敌人的决死斗，我不杀敌，敌必杀我，我们所以必须全国各界，结集成整个有机体，对外作战，方能获得最后五分钟的胜利。教育界在抗战中，其任务究竟是什么？有许多人以为他们在这时，除却从事军队生活和看护之外，实在没什么用处。这种观点，我们相信是错误的。蒋委员长说："教育差不多是一切事业的根本，而与经济武力的连环关系，尤为密切。必须互相联络，彼此贯通，亦可以说教育是经济与武力相联系的总枢纽。所以更须以发达经济增强武力为教育的主要方针：实施军国民的教育，才算是真正救国教育。"（见庐山训练集一二集合刊）所以我们为要达到战争的最后胜利，经济、军事、教育等等联合并进，共同发展是必需的。

二

现在全国抗战已经展开，教育界以及一般智识分子，如何贡献其聪

---

* 载《时代动向》第 2 卷第 4 期，1937 年 8 月 31 日，署名黄文山。

明才力于民族国家，为国家而牺牲一切，这是值得注意的问题。最近听见许多教育家说："我们有志投笔，可是请缨乏路。"这种观点，我们相信一样是错误的。在今日国家总动员当中，如果单凭物质的统制，实在是片面的，我们必须全神把握着精神方面，因为心理的态度，比其他一切尤其重要。国民精神之坚定与民族自信力之充足，实可以支配各种物质上一切动员之全局。如精神之动员不强固，则一切物质上之动员，均可因此而动摇涣散，乃至崩溃没落。现在出来领导这种精神动员的巨大的责任，恰好是教育界的天然的历史使命。

三

老实说，我们教育界所负的使命，在今日比平常不知大了若干倍。在这个民族生死存亡的关头，生平所学所志，究竟何事，这时正是大家尽忠报国，而同时也应有意义有计划地来干共同有效的工作的时候。我们应该站在教育界的立场，发扬我们伟大的能力，来担当以下几种任务才对呢：

第一，继续教育和训练第二代的青年。建国和救国是一桩永续的工作，有其历史的绵延性。前线勇敢的斗士，固应前仆后继，而后方对于第二代的青年之训练和教育，尤其不应一刻停顿。青年的时间，永远要给他们把握着，不应有所荒废。当欧洲大战时，法比战区中小学生，每日都在地窖里上课，可见人家对于教育如何的重视。我们在这个敌机来临的时候，在政府方面，自应对于专门教育，乃至中等以下的学校教育，尽其职守，设法维护，或迁至比较安全的地区，继续上课，免至影响青年的学业。文化与教育的价值，本来与社会生活其他任何方面，有同等地位。敌人在战争当中，即轰炸我们的学校，毁灭我们文化机关所养成的青年，他们的思想，技能和他们抗敌的勇气。在教育界方面，自应有计划地，在中央领导之下，保存我们的文化，保存文化机关所养育的青年，继续训练他们，教育他们，使他们做民族战斗中坚分子。这是今日教育界的主要任务。

第二，参加攻防的宣传战。在抗战的进展中，我们打倒敌人的方法，据世界大战列国的经验之昭示，不外下列三种：

（一）武力上之方法；

（二）经济上之方法；

（三）宣传上之方法；

详言之，武力上之方法，即是用武力将敌方军队击败，以破坏敌军及其国民精神。经济上之方法，即是对于敌国实行封锁其物质，予敌国民众及军队精神上以极重大之破坏。宣传上之方法则用诱惑，怀柔，威吓等手段，斟酌时宜，分别轻重，与第一第二两种方法，兼施并用，始能发挥最大效力。宣传上之防战，在技术上，分为两方面：第一为攻击宣传，即尽全力以破坏敌国之举国一致，复离间中伤敌方之同盟国。第二为防御宣传，即对于本国及友邦之宣传。友邦方面宜用种种方法，使其同情于我，参加我方。而对本国国民方面，则应当使其确信作战之结果，有十分胜利之把握与自信。我们要知道：国民意志之颓废，士气之沮丧，民族气节之消失，在抗战当中，均足酿成非常危险的局面。教育界的人们，此时应当负着全责，与党、军、政当局采取一致的行动，严加戒备，勿令敌方宣传及汉奸思想，言论，情报，间谍得以乘隙而入。同时更应大规模地激励民众，保持紧张程度，勿令稍有松懈。我们在"国家高于一切"及"尽忠报国，牺牲到底"的信念下，来唤起全民族的自信自决和自力，这又是教育界在抗战进展中应该担负的重要任务。

四

教育界对于民族抗战的贡献，在世界史上，不少先例：

当一八〇六年普鲁士受拿破仑的蹂躏，大败于耶拿，亚伦亚洲，相继失陷。爱国哲人斐希特认为救国要图，从教育入手，发表"对德意志民族演讲"，声情激壮，感动国民，这样使德国民族复兴，创造一个伟大的基础。乃有一八七〇年的大胜利。

当一八一五年滑铁卢战役之后，英国大将威灵顿说"滑铁卢战争，是爱顿公学游戏场上得胜的"。这是历史上民族斗争中，中等学校教师所受到的赞礼。

伟大中华民族教育界的人士们，民族斗争的最后胜利，必然地属于我们，我们努力来担负起历史上的任务呦！

为要扩延抗战的能力率与持久性
请大家尽量购买救国公债[*]

（1937）

（一）楔子

两月以来，我们对日抗战的壮烈和节节胜利，已经使全世界的人士表示深切的同情；然而国际的同情越扩大，敌人亡我的进攻越逼切。沦于半殖民地的我们，到了国家存亡最后关头的今日，还能不知耻，不知惧，不知奋，不打起精神，预备出尽全副筋力替国家民族争垂死之命么？我们数千年的禹域，无论如何焦烂，我们列祖列宗伟大的文化遗业，无论如何焦土化，决不能有一草一木，一矢一石，举以奉诸异族。古人说："非我族类，其心必异。"又说："可禅，可让，可变，可革，而不可以异族间之。"故全国瑰奇绝特与平凡无奇而只须有血性之男女大众，都应该惕然于天下兴亡，匹夫有责，一心一德，协力同心，来拯救国家之危亡。我们要国家不亡，在今日全面抗战的展开中，最少要满足两个条件：第一，要扩大抗战的能力率；第二，尤要延长抗战的持久性。我们惟有如此，方才可以制敌人之死命，收最后五分钟的胜利。但是为要达到以上的目的，只有请大家快快起来，踊跃购买救国公债，兹依次为陈二义：

（二）请大家尽量购买公债来扩大抗战的能力率

我们要救国，决非赤手空拳，空口说话，便可以把敌人打退，把国家救回来。救国如救火，救火尚须拿桶水去救，扑灭夷烧弹，尚须拿沙去扑，故救国必须拿出本钱来，而本钱就是救国之具。本钱越多，力量越大，效果亦愈深。我们如果诚心牺牲一切来救国，当然要把各人的本钱——经济力量——尽量集合起来，使抗战的能力率，得以无限扩大，

---

[*] 载《时代动向》第 4 卷第 6 期，1937 年 9 月 30 日，署名黄文山。

才能操必胜之权。

近代民族战争，完全是经济力量的总较量。据布葛特教授（P. D. Begort, *Direct and Indirect Costs of the Great War*，1919）之精细的估计，世界大战，在四年内之耗费为 33 160 000 000 000 金元。其中（一）军实与机械用去180 000 000 000金元，（二）运输用去68 000 000 000金元；（三）产业之销化119 960 000 000金元；（四）生产上之耗费45 000 000 000金元；这仅是直接的经济耗费，间接的还不在内。美国前任总统古列治谓美国参加世界大战用去1 000 000 000 000金元。①据专家之计算，欧洲大战每日须用二千五百万美金，我国此次抗战，每日最少要用二百五十万元，全年总要用十万万元以上。以这样浩大的军费，自非全国国民同心同德起来做政府的后盾，决不足以收万全之效，而国民对于政府的贡献，最好莫如购买救国公债了，本来公债为财政伸缩之大妙用，无论何国必须有之，特别在国家生死将亡之秋，尤不可缺少。考公债之用，实创自美国。美国当南北战争时，所需兵费甚多，因此创公债之法，而其千余之国家银行，即起于彼时。我们政府此次发行公债，不过五万万元，分发到广东劝募的不过二千万元，我们广东三千五百万民众，只要每人出数角钱，巨款便可立集，巨款既可立集，抗战的能力率，当然跟着扩大了。

所以我们以为人民购买救国公债，便是集中本钱为抗敌之具，集中本钱则抗战的能力率立刻继长增高，能力率增高，则敌人自易摧陷。我们应该记着，能运筹帷幄实胜千里打倒敌人和能贡献一元钱购买十粒子弹杀灭敌人，这两种人所贡献于国家民族者，并无高下之别。

（三）请大家尽量购买公债来延长抗战的持久性

现在全国人民既认定持久抗战为打倒日本帝国主义，复兴中华民族的唯一战略，则此次抗战之最后胜利，因当以经济之持久力如何为决定。我们全面的抗战，既已展开，阵线之延长，实超过欧战的两倍，而当时过长之阵线，苟非协约国雄厚之经济力，实属难于敷衍。此次日本向我侵略，仅两个多月，即困逼不可名状，其经济将沦于破产，全世界莫不知之，我国方面，经济地位，比敌人优越万倍，不过我们的战略，着重持久，现在参加前敌的将士，已有数十万，将来必然一天一天加多，我们为着持久起见，则大量资金之收集，乃为当然应有之义，否则

---

① 以上各数字可能有误植，因无法核对，姑且照录。——编者注

后方给养不继，我们一切努力和牺牲都付东流，而民族便永远无翻身之望了。须知此次战争，胜败结果，全国共之，万世子孙共之，我们只许胜，不许败，大家应该认清楚，这样的民族自卫战，是神圣的，是壮烈的，所以第一，勿误认为某部分人之战，第二，勿误认为一隅一地之战。这样的伟大的抗战，如不得全国人民，泯除私见与派别，为之后援，结果必至失败，后援之法，除了经济总动员外无他道。而经济总动员最好的办法在政府莫如募集公债，在人民莫如尽量购买公债。

（四）断语

扩大抗战的能力率，延长抗战的持久性是我们战胜敌人必须满足的两个条件，这两个条件的满足，并非甚难，只要全国人民起来，把钱财贡献给国家，使有力者能够用力便够了。广东是革命的策源地，又是今日民族复兴的根据地。亲爱的民众们，大家赶快起来，尽量购买救国公债，打倒日本帝国主义！实现民族解放，表现广东卓越的精神①。

---

① "神"字原脱，校补。——编者注

发扬民族气节之根本义蒂[*]

（1937）

　　国于天地，必有以立，我辈检讨过去之文化与历史，深知道中华民族屡经异族之蹂躏，尚能屹立大地之上，不随埃及，巴比伦，犹太，希腊，罗马之忽起忽灭者，实由我族有真正的看家本领在，而此种本领亦即为我族立国之根本法则。我辈此时自应拿起祖宗看家的本领，益以新知，用旋乾转坤之手腕，挽回厄运，复兴民族，方是当今之急务。

　　世界自有历史以来，国家民族之由生而住而灭者，何可胜数，其生灭时间之间隔，今世社会学者如素罗坚（Sorokin），辄思得一正确之概推，而未能焉。然我于其间可以发现一根本之历史法则曰："凡气节极度旺盛之民族，其国虽屡遭异族之侵略与摧残，但必能经种种之折腾，屹然存在，否则灭亡。"埃及、巴比伦，当其盛时，文化非不蔚然可观，惟其民族之气节，不足称述，故虽有伟大之文化创造力，而卒无以自存。我中华民族则异是，一部分之知识分子，向以气节见长，结果乃使我族绵延至今不替。其中历史因果，至易剖析，有非可以偶然论者。

　　我国知识分子素重气节，其原因有二，第一，心理上，知识分子向受孔孟学说之熏陶，孔子严夷夏之防，有微管仲吾其被发左衽之教。孟子主养成至大至刚的"浩然之气"。此种遗训，有几千年不断之历史，故一般读书人头脑中莫不存有"非我族类，其心必异"，"头有断，骨可碎，而志不可夺"，"粉身碎骨都不顾，要留清白在人间"之观念。文天祥自赞曰："孔曰成仁，孟曰取义，惟其义尽，所以仁至。读圣贤书，所学何事？而今而后，庶几无愧。"而总理对于做人之大道，有"不成功，便成仁"之昭示。伟大的民族领袖蒋委员长亦曰："一个人的成败

　　* 载《更生评论》第 1 卷第 12 期，1937 年 11 月 9 日，署名黄文山。

荣辱，决不是在一时的，而是在几百几千年以后的事情，而其根本关键，完全要看有没有气节。"由此可见国人对于气节如何重视。第二，物质上，知识分子多受"知足不辱"的观念所影响，故涉身处世，类能"淡泊明志，宁静致远"，所以当君国危难之时，辄以身殉，大节凛然。

求诸历史，此种事例，层见叠出，其最显著者，当宋之亡，有文天祥撑持其间，出死入生，而恢复之志不少衰，尝谓"服脑子二两不死，绝食八日不死，未知死何日何所"（见《告先太祖师墓文》），后卒为元世祖所杀，恢弘大节，光芒四射，使敌人不敢逼视。当明之亡，北京南京，一年之中为满虏所吞并，而挺然支持危局几十年，替本族保持人格拼命与敌人抵敌，宁死不屈者，不过几十位有气节而无官守无言责之知识分子，如黄石齐（道同），钱忠介，张苍水（煌言），王完勋（翌），瞿文忠（式耜），陈文忠（子壮），张文烈（家玉）辈而已。次则晚明遗老——黄梨洲，顾亭林，朱舜水，王船山，傅青主诸先生于国破家亡之后，不肯随便屈服，宁愿寄身草野，埋头著书，真所谓"百世以俟圣人而不惑者"，影响所至，遂养成士人深长之气节。迄乎晚清，其言论还因时势之推移，将二百多年在昏睡中之民族观念，觉醒过来！

然于此有一根本义，极为明显者，即我国人之注重气节，每局于一部分知识分子，而大多数之民众无与焉。此其故，盖由中国数千年来乃是农业的半封建的家族社会。一般民众之民族意识，非常薄弱，大家不知自己有共同之历史传说，语言风俗与习惯，换言之，即不了解自己民族之"文化丛体"是一个一致的单位，故遇到外族侵凌时，起而捍御宗邦者，非全体之民众而为少数有气节之知识分子，不幸此少数人者之能力，又异常薄弱，结果所以便如李刚主所言："中国嚼笔吮毫之一日，即外夷厉兵之一日，卒之盗贼蜂起，大命遂倾，而天乃以二帝三王相传之天下，授之塞外……"（《恕谷集者明刘户部墓表后》）颜习斋骂一班道学先生，谓"无事袖手谈心性，临危一死报君王"，其行为与民族之实际前途，实无毫丝之补益。梁任公更慨乎其言之："明末一班读书人笔头上口角上吵得乌烟瘴气的时候，张献忠李自成已经把杀人刀磨得飞快，结果只有把千千万万人砍头破肚……"

历史前例，能予国民今日最良好之教课。吾人回顾过去，自应知耻，知惧，知奋，知先人看家本领之长处，亦应知先人守族本领之短处，然后能作进一步之推进，庶几不为时代的动向所淘汰，试广吾说。美国哥林比亚大学史学教授海夷史（Hayes）夙以讲演民族主义蜚声当世，其著作亦称是，余尝从而学焉，海夷史教授谓西方人之民族意识，殆萌芽于十六世纪，而极盛于十九世纪之法国革命，并谓中国向来不曾有像欧洲一样之民族意识，有之则自中山先生提倡民族主义始。余尝疑其言之不确，及今思之，似有至理，何则，盖我国数千年来士君之秉持气节，只限于民族中之极少数，而此之所谓气节，亦不能与现代之所谓"民族精神"，"民族意识"者相比拟，所谓现代之"民族意识"者何，兹引蒋百里先生之言以说明之：

> 当法国大革命时，人民不管自己对于枪会放不会放，但是一听到"祖国危险了的"口号，成千成万的人便自动地拿起枪杆上前线与敌人作战。法国有一张图画，是纪念革命时代人民爱国的心理，其图为一家族，有绝美的太太，有极可爱的小孩，同男人正在一桌吃饭，忽然门口飞进一张纸条，纸上写了"祖国危险了"几个字，于是男人便放下饭碗，夺门而出，踊跃赴战场应战，那时法国四面都是敌人，而且敌人的军队经过长期的训练，论武器亦较法国民军优良得多……（《国防论》，页三）

法国人民既有如此之自尊心，爱国心，所以人人乐于为国牺牲，进一步所以能抵抗全欧洲之敌人，从而建立坚固之民族的国家。此种"民族意识"之养成，其道无他，拿破仑以其发明之"里向外"的教育方法，使法国人民之民族精神，发扬踔厉，有以致之而已。我国人处此自卫战争之时，全体民族之气节，如不一一从此种"里向外"的精神以促成之，则匪独少数智识分子之注重气节，无补时艰，即所有之兵士，皆属浪费，而结果往往有出人意表者。

千言万语，总括言之，不外乎是：知识分子注重气节，在民族史上之伟大的价值，吾无间言。我国之所以历数千万劫而仍能岿然独存，普世莫与伦比者，以有此看家本领在。然而少数知识分子，能秉志忠贞，其对于民族复兴之前途，固然绝对的需要，惟整个民族气节之发扬，在目前阶段中之重要，尤为不可掩遮之事实。所谓"民族的气节"，当然以"民族意识"为其骨干。发扬民族气节之方法，自应学拿破仑之"里向外"的教育方法，着重民族精神之启发与涵养，如是然后能使整个民族发扬踔厉，有优越的气节，并能以其卓越不拔之气节，形成莫能与抗之伟大力量。亦惟如是，然后人人能持必胜之信念，凌驾一切物质之威力，而获摧毁与克服敌人之效果。岳武穆所谓"运用之妙，存乎一心"者，意在斯，意在斯。

　　"殷忧启圣，多难兴邦"。近代民族的国家，其不由民族斗争中建立起来者，求诸历史，未之前闻。法兰西共和国每次之外患，常为其民族解放革命之诱因。苏俄之社会主义联邦，亦由帝国主义者环攻当中，一步一步建造起来。日阀对我族新兴的三民主义国家之横暴的侵略，诚为吾人建立簇新的民族国家千载一时之绝好机会。民族之独立与自由，应从打到日阀中求之。然今日无财不足深忧，无械不足过虑，惟攘利惟恐不先，赴义不肩向前之汉奸与准汉奸盈天下，斯乃民族前途莫大之隐忧。汉奸之所以发生，全在国人缺乏民族气节之涵育，所以今日之急务，在动员文化界，从事民族气节之发扬，使人人牺牲自己以为民族，牺牲现在以为将来，夫能如此，胜利之神，其不降临吾门者，未之有也。

朱执信先生及其革命的人生观[*]
（1937）

今天是纪念朱执信殉国十七周年的日子，我想报告的是朱先生及其革命的人生观。朱先生是一个革命实行家，同时也是一个革命理论家，他将实行与理论打成一片，他的生平造诣，实非平常人所能及。

朱先生所以能成一个革命的理论家，实因为先生有过人的天才造成。胡展堂先生说，先生学无师承，而能通日英俄文。他学英文不满一年便能看书，总理实业计划有大部分是先生译成英文的，学俄文也不过十几小时也居然能用俄文写信，他的数学及许多科学都是自己研究得来的。由此可见先生多才多艺，能成一个革命的理论家，实由先生有过人的聪明造成。

朱先生不只是一个好学深思的人，而且是一个大仁大勇的革命的实行家。他在东京民报时代，已加进革命团体，信仰总理的主张。其后广州新军之役，他是参加过的。三月廿九之役，他随总指挥黄克强先生扑攻督署，胸手都受了伤，后来退出汉民路，才在已死兵士手上把手枪拿过来，和敌人拼命。又当未出发前，他穿着长衫，临时立即抽刀断去下截，先生的革命精神由此已整个地表露了。记得民国九年的时候，陈炯明在漳州提倡文化运动，颇得国人一时之盛誉，当时友朋中如已死之陈秋霖，和现在社会局长刘石心先生，市府参事梁冰弦先生均在那里，兄弟那时在北平读书，正在参加社会运动及劳工运动，曾于是年三四月应

* 载《更生评论》第 1 卷第 12 期，1937 年 11 月 9 日，署名黄文山。文前有编者按语："此文系黄先生在九月十七日省民众教育馆'朱执信先生殉国十七周年纪念大会'之报告，内容阐明朱执信先生的革命人生观，以砥砺气节，牺牲自我，贡献国家，求心安理得之死，为人生最后之归宿，故先生终为殉道而殉国，名垂不朽。此种精神，至足为今日从事抗战救亡者所宜效法！兹特发表于此，以献读者。——编者谨识"

梁先生等之约,到漳州去观光。一夕与梁先生(当时任教育局长)往见陈竞存氏,当时朱先生亦在座,大家谈话的中心就集中于文化运动及俄国革命。那时俄国情形,国人不大明了,北大教授陶孟和先生恰好从欧带来一本英国记者兰森著的《一九一九旅俄六周见闻记》,要兄弟译了登在北平晨报。据朱先生告诉我,他本来也想译这本书的。朱先生当时给我的印象,实在永远不能磨灭。后来陈炯明回粤,驱逐广西军阀,军事计划,出于蒋委员长,而从旁督促最烈的还是朱先生。朱先生当时恐怕陈氏的力量太过薄弱,所以先期到了香港运动虎门炮台反正,不料即此一举,先生便成仁了。其时炮台降军与一部分邓某所辖的军队冲突起来,降军说,非先生不能解决,邓某也这样说。先生就单身独往,毫无保卫的到了那里,正对台下诸兵士演说。不料台兵忽然围攻起来,先生就此殉国了!其后虽逮捕了多人,但究竟谁为之指使,都弄不清楚。先生本来可以不死,但先生富于牺牲精神,却以不怕死的精神去完成他的历史。先生死后,总理在上海接到电报,说先生是"革命中的圣人",吴稚晖先生也说:"得一广州,失一朱执信,太不值得。"这可见先生在革命史上,如何重要了。

朱先生所以能把知行打成一片,与他的特性很有关系。他自信力最坚强,任事最勇敢,进德最猛厉,立品最崇高,操守最廉介,气节凛然,所以能牺牲为国,视死如归。先生对于死的观念,说得最明白,他说"所谓更高级之感情者,果何所求乎……曰:自由活动之生,与心安理得之死……以一死而贯彻其主义,则死之前,死之际,所有活动,皆足以增加其生之价值,以其死而能使他人感动奋发,从其主义益为活动,则即死之一事,亦可视活动之一种。是故为主义而生者,亦为主义而死者,无所恋,无所惜,视死如生,所谓心安理得者也"。朱先生这种观念,伟大极了!"千年艰难唯一死",但革命家的朱先生却能够"心安理得"而死,现在躯体虽死了,其精神总是永远不朽的。

朱先生死后已经十七年,这十七年中,我们北伐虽早成功,国家亦已告统一,但国难却因日本帝国主义者之进攻,一日严重一日,两月以来,敌人对于华北之侵略,对于淞沪之环攻,国家已经到了生死存亡的最后关头了。我们五千年来的禹域,无论如何焦烂,断断不能有寸草寸木,送给敌人。古人说:"非我族类,其心必异。"又说:"可禅,可让,可变,可革,而不可以异族间之。"我们所以应知耻,知惧,知奋,把精神奋发起来,惕然于天下兴亡、匹夫有责之义,去维护国家之安全,从死里来求民族之永生，才是后死者之"责任"。进一步讲我们广东民众对于整个国家和革命所负的责任，在过去和现在都非常重大。这个责任不是随便可以担当得起的，我们必须有先生的特殊学问，有先生的勇气，有先生的精神和道德才可以任重致远，完成责任。然则我们怎样才可以学会先生那样"畏荣好古，薄身厚志，砥节厉行，直道正辞"呢，那就是非深刻地了解先生的革命人生观不可。所谓人生观者，是做人和复兴民族的大道。先生的人生观，是由三方面的观点构合而成的：

（一）从宇宙方面讲——宇宙是无穷大的空间和时间之结构，我们是宇宙之主宰，能创造文化，征服自然，利用万物以增益人生的福利。人与宇宙的关系就是如此。朱先生是主张以"自由活动之一生"来创造文化征服自然的。

（二）就国家民族方面说——国家民族是"大我"，个人是"小我"，我们唯仰赖"大我"，"小我"才有进步和发展，所以惟有将个人的生命贡献给国家民族，国家民族然后才能发扬光大。现在社会的一切设备，是国家的，国家亡了，一切就没有了。我们既做了人，便要依照朱先生所主张的——求"心安理得之死"，牺牲一切，来报国家。具体说，我们要有先生的浓厚的国家观念和民族意识，然后绝对不会做奴隶，不会做洋奴，不会做畜牲不如的汉奸。

（三）就社会讲——人类生存发展和一切进步，由于分工合作与互助而来，个人无论如何聪明，决不能脱离社会而生存，我们所以应为社会服务，以公代私。朱先生做审计长时，完全为公不为私，一毛不苟，这就可见他服务精神，如何伟大。先生主张以唯物论待人，以唯心论待己，也是这种意思。

这三方面的见解和行动，构成先生的革命的人生观，总理称先生为革命中之圣人，实在是很确当的。先生实能"兴灭国，继绝世，为天地立心，为生民立命，为往圣继绝学，为万世开太平"。我们个个要效法先生这种精神，然后可以担当起复兴民族的责任。朱先生尝说："与其纪念死者，不如责备自己为什么不如死者。"今日纪念先生，我们当自己责备为什么不如先生，我们应以先生的人格为范型，以先生的人生观为南针，在最高领袖指导之下，忠于主义，牺牲个人一切的所有，打倒日本帝国主义复兴民族，才不负今日纪念先生的一番意思。

怎样研究民族学！*

（1938）

一、绪言

民族学是什么？在未谈到怎样研究之前，对这个问题应该略说一说。关于这种科学的界说，本来聚讼纷纭，殊不一致①，要其归，不外是研究人类文化的科学，尤其是研究初民文化的科学。这个名词在英文里面是 Ethnology。因其研究的对象是文化，所以英美的学者，常喜欢用"文化人类学"（Cultural Anthropology）一名，有时亦称"社会人类学"（Social Anthropology），在法国本有 Ethnologie 一名，但有时又称"文化民族学"（Ethnologie Culturelle），在德国普通用 Völkerkunde，有时亦用 Ethnologie。中国从前多用日译"人种学"，现在差不多一致用"民族学"了。

民族学既然是研究初民文化的科学，则凡在原始状态中的初民文化，都是在研究之列。关于这一点的理由，亦不难明了，因为对于文明民族文化的研究，已经有了许多专门和特殊的科学，只剩下这种在原始状态中的文化，留待别种专研究人的科学来开发。同时自从新航路与新大陆发现了以后，各种"色目人"接触的机会多了，问题也就发生了。不论为好奇心所驱使，抑或由于实际上的需要，都要有研究这种复杂问题的学问，于是民族学与人类学等就担负起这种责任。②

我们知道，从事于这个新领域的研究，虽然有许多新的事物，会令到研究者发生兴趣，但范围广阔，同时不容易确立客观的标准，结果往

---

* 载于《时代动向》周年纪念学术专刊，1938年1月，署名黄文山。

① 参看《民族学研究集刊》第一期拙著《民族学与中国民族研究》及卫惠林先生之《民族学的对象领域及其关联的问题》。

② 参看 T. K. Penniman：*a Hundred Years of Authropology*，pp. 17 - 18。

往令到研究者不能将各方面一一贯通，而且容易臆测而参以己见，所以一个研究者对于民族学的研究，一方面固然要有一种很精确合乎科学的客观的研究方法。别一方面，研究者的本身，尤应该具备有种种的条件，我在未把具体的研究方法表达之前，对于一个民族学者最低限度所应具备的条件，约略说一说：

1. 要具有各种相关科学之相当的训练。民族学的研究，须借助于各种科学，这是不用说的。例如民物学，考古学，语言学，民族心理学，社会学，史学，民俗学等都是专门的科学，而与民族学有关系的。至于民族学与体质人类学，民族志等的研究，其关系则更为密切。但是各种科学，都各有它的专门的训练，研究民族学的人，虽然想对于每种科学都具专长，有不可能者在，然而各种相关科学的常识和相当的训练，是不可少的。[①]

2. 要有勇气，有毅力，有金钱和闲暇的时间。[②] 民族学的研究，并不是专靠书本上的探究便算满足我们要亲到浅化的民族中，作实地的考察与研究，才可以得着相当结果。书本上的资料，只可作为实地观察之助，却不能视为唯一的资料来源。所以近时的民族学家往往亲到浅化的民族中居住数年，悉心体察，然后一切述作，方能臻于真切而可靠的程度。我们试想想这种工作，是没有勇气和毅力的人可以做得到的吗？即使有勇气，有毅力，没有金钱也不能够成功的。在那未开化的部族中居住数年，更不用说是要闲暇的时间，所以这几件事都是研究者必具的条件。

3. 要有冷静的头脑。一个民族学者纵使具备了上述的条件，然而关于心情修养，仍不能不注意。因为这是一种纯客观的研究，不能有成见的，不能暴躁的，也不能太过热中的。如果不能免除这种种的毛病，就很容易陷于偏见，错误或荒谬。

4. 要有鉴别力。我们到土人部落里面询问和观察的时候，或者因种种关系，不能反复观察穷究底蕴，而仅用一种问题表格来调查，结果往往为被调查者所欺，不能够得到事实的真相，那末解决这种困难，必须具有相当的鉴别能力。

此外还有许多其他条件，我们不能一一具举。总之，研究民族学的

---

① L. L. Bernard：*The Fields and Methods of Sociology*. PL. II. Chap. VIII，Cultural and Folk Sociology，p. 352.

② Penniman：a *Hundred Years of Authropology*，p. 18.

人，能够样样都具备的，虽未尝无可能，恐怕实际上是做不到的。

这样我们便可以知道，研究民族学并不是一件很容易的事，但我们又不能因其不容易而置之弗顾，尤其在我们中国应该特别注意。处在中国现在的环境，民族问题的研究是一件很重要的事。在这个外患孔亟的当儿，外国人环伺四境，想着蚕食我们的国土，而我们边境的居民，大都是未开化的民族，智力薄弱，很容易为外国人所煽惑。如日俄之对于满蒙，英人之对于西藏，都是很明显的例。假使我们对于他们不能根本了解，以及不从文化上着手，提高他们的水准，使之和我们一样，走同一的途径，团为一个庞大的中华民族，则我们想着维持国土的完整，恐怕是一件不容易的事。我们现在对付后进的民族，万不能用高压的手段了。像《灵武记》里所述的残酷，勉强改土归流的策略，不是今日所宜有。现在惟有从学理上求了解种种问题，然后求应付的方法，才是合理的手段，所以民族学的研究，在目前的中国，是一件不可忽略的事。

至于研究的方法应该怎样呢？这是本文所欲解答的主要问题，惟这个题目很大，想着以一篇短短的文章，写得很透彻而没有遗漏，那是不可能。所可能的只是粗具纲领，略述梗概而已。

二、研究民族学的资料

在民族学研究上，实地观察所得到的资料，较之得自那没有方法或随便游览的记载的胜得多，这是一般人都承认的。但是有许多现在已经灭绝了的。或其文化已经因触化而变异了的民族，我们想着寻出它们的本来面目，则对于前人民族志之类的记载，很可以用得着。所以关于资料的性质，大体上可以分做直接和间接两类。前人的记载，可以说是间接的，亲经调查或目所能睹的资料，则可以说是直接的。关于间接资料的真伪鉴别问题，我们当用历史材料的鉴别法，为之处理，像瑟诺博司（Ch. Seignobos）与朗格鲁亚（Ch. V. Langlois）合著的《史学原论》（*Introduction auxitude historiyues*，1897）里面所说的方法，用于鉴别是很好。关于直接的资料来源，我们又可以分为下列几种：

1. 民族　在资料当中，最主要的就是民族（peoples）。研究者应该从民族的活动中去研究它，即是研究民族行为的表现——一方研究其物质文化，研究人类的艺术和工艺，别一方则是属于社会现象的，研究人对于宇宙，对于同类的智力的及精神的调整。所以现存的浅化民族的行为，以及其他文化的形式，都是研究的主要资料。

2. 文学　关于文化造诣（Cultural Achievement），文化形式（Cultural Form），及人对于文化的解释等，都可以从文学上为之了解，因为文学是综合的，明显的记录，同时文学又把人类内在的生活（inner life），如信仰，见解及知识等作充分的分析，所以文学也是研究的资料。例如原始故事、神话、传说、咏史诗、年代记、历史记事图、抒情诗、戏剧、寓言、谚语、歌谣之类，都是属于文学的范畴。我们知道，民族学家研究的浅化民族，有些是没有文字记载的，但也有许多是有文字的，例如罗罗族有他们独立的文字，黎、瑶之类，大多习识汉字，所以文学是研究浅化民族的一种很好的资料。又对于民族的研究，即使没有文字记载，那相传的"口碑"，其作用也可说是相等的。

3. 语言　语言也很重要，因为语言是传递文学的媒介。自维科（Vico）① 以来，语言与文学即视为社会学的重要资料。到了十九世纪，格利姆（Grimm）兄弟②，及马克斯牟勒（Max Müller）③ 辈想根据语言学的研究，做成所谓雅利安人的文化史的解释，更想在亚洲发见出较早的民族和语言，其研究之结果，虽不无缺憾，然而现代语言的分析，对于迹寻文化的传播，对于理解亲属关系与社会组织，对于宗教，社会及其他概念的解释，以及对于了解民族思想的主要形式与方法，都有很大的价值。并且语言的结构，又足以指示一个时代或一个民族之社会的或个人的逻辑，所以语言又是民族学研究上的一种资料。

4. 初民的遗物　在田野中以及在博物馆中的初民遗物，也是民族学研究上很好的资料。民族学家的推想，就从这种东西得来，例如工具，器物，武器，尸瓮（burial urn），殉葬物，葬尸骸的形态和方向，骨的伤残，美丽的文化器物，颜料，香油（pomatum），偶像，房舍，

① Vico 生于一六六八年，卒于一七四四年，是意大利的哲学家，其著作德译本 G. B. Vicos Gumd Giige einer Nenen Eissonschaft ii'er die gemein pchaftliche natur der Volker. Von W. E. Weber，1822。

② Grimm, Jakob Ludwig Karl 生于一七八五年，卒于一八六三年，为德国语言学家，与其弟 Grimm, Wilhelm Karl（1786—1859）同编 *Die Kinder Und Hausmärchen*，1812 - 15，*Die deutschen Sagen*，1816—18，*Das deutsche Wörterbuch*，1852 等书，自著有 *Deutsche Grammatik1819*：*Deutsche Mythologie*，1835。其弟著有 *Altdänische Heldenlieder*，*Balladen und M? rchen*，1811；*Die Deutsche Heldensage*，1819 等书。

③ Max Müller 生于一八二三年，卒于一九〇〇年，为美国的东洋学家，语言学家，宗教学家，曾任牛津大学比较语言学教授，他在皇家学院（Royal Institution）一八六一年与一八六三年演讲之《语言学讲义》（*Lectures on the Science of Language*）颇著称于时，此外他的著作，以关于宗教方面者为多。

堡垒，庙宇，运输方样，人工制品的排列，各种动物骨的同在一起，以及其他可见的考古学上的事实①，都是民族学家推想所从出。这种推想，虽然由类推法（Method of Analogy）得来，而对于民族行为以及过去文化造诣与组织的重造，仍然是非常有价值的。

在这些民族学的资料里面，大概最主要的是第一种，后三种可以说是第一种的补充资料，现存的民族的一切文物制度生活思想等，都是很有价值的研究资料。然而，在民族学上，透视是不可缺少的，所以对于考古学上的遗物，过去的文学和语言，又是不可少的补助材料。②

三、民族学实地研究法

1. 民族学研究一般的趋势与要点。我们在分别讨论实际的研究方法之前，应该把研究的趋势与所注意的要点略为说说：现在民族学研究的趋势，侧重田野工作，使理论与实地工作打成一片。一个理论家即是一个实地工作者。理论大体上可以说是实地工作的结果，并且也要这样才觉得实际，才觉得可贵。所以现在研究民族学，人类学的学者，多亲到浅化民族里面居住，作长期的研究，学习土人的语言，亲听他们谈故事，听他们唱歌，看他们的像式和礼节的导演。有时一个研究者也参加他们的典礼，自视好像为土人之一，同时和土人狎熟。互相忘形，没有界限，没有猜嫌，博得土人的信仰，对于土人的哲学，表示一种同情的态度，观察他们观念的一切表现。还有一点最值得注意的，就是将自己观察所得的东西，记载下来，或者加以解释的时候，要处处记着自己原来不是土人之一，自己有自己的文化背景和立场，如果站在自己的立场去观察和解释，便很容易错误和不正确。所以一个研究者必须站在土人的立场来观察和释解事物，然后能够不失事物的本来面目。我们试想想，如果一个人执着一枝铅笔，匆匆探访土人，询问以形式的问题，不用说是得不到什么，即使有所得也往往是不正确的。况且有许多事情不能纳入问答的一定的形式，所以询问少，观察多，反为有益。最后，我

---

① Childe, V. G.：*The Dawm of Europen Civilization*，1925；Messingham，H. J.：*Downland Man*，1926；MacCurdy, G. G.：*Human Origins*，2 Vol.，1924；Osborn H. F.：*The Old Stonesge*，1915，诸书都是这方面很好的参考书。关于这类的参考书详载作者所编的《民族学书目选》一书中，该书现已脱稿，不久当可付梓。

② 关于资料方面本文大都取于 Bernard. L. L.：*The Fields and Methods of Sociology* 第二部分第八章（The Sources &. Methods of Cultural and Folk Sociology）。

们应该注意，现在对于应付土人，以及种种询问上的事宜，虽然经过了许多专家的研究，不无相当的办法[1]，但是始终未能达到尽善的境界。

现在功能学派（Functional School）的研究精神和方法，在诸派里面是比较真切，而且比较能令人满意。本派的巨子 Radeliffe-Brown 在澳洲指导一班研究专家如 W. L. Warner[2]，Q. P. Elkin，Uicula McConnal，C. N. Hart 等作区域调查，都有很好的方法。其实，功能派的好处，未尝不由于他们居留土人部族里的时间较为长久，所以各方面的观察和解释能够比较精密和正确，像 Malinovsky 的《西太平洋的阿哥远游队》（*Argonaute of the Westen Pacific*，1922）一书，是在土人部族里居住经过四年研究的结果。Warner 的近著《黑人之文明》（*The Black Civilization*）则为居留非洲三年研究的成绩。他们都是想对于社会风俗制度，作极亲切的局内观察，寻求其内在的关系，所以"走马看花"的调查法，当然不能得到美满的结果。

2. 实地工作的基本方法。A 笔记。笔记是一切可信据的工作的基础，这是一般人都承认的，有许多重要事情，在当时我们以为能够牢记在心里，假使当时不把它们笔记下来，很容易转瞬便遗忘消失，所以研究者一遇到某种风俗，习惯，仪式，礼节，制度等，应该即刻把它们详细逐一记载下来。[3] 在写笔记的时候，有一点须要极端注意的，就是名词的应用问题。文化高的民族所有的名词，尤其是涉及亲属制度等，很少和浅化民族所用者恰恰相当，所以用文化高的民族习用的名词来表达另一种浅化民族的事物，很容易陷于不正确和错误。一个民族学家如果在没有得到适当名字时，不妨尽量运用土语，以求记载之正确。

B. 摄影和绘图。用笔来描写，有时对于一件实物，纵使能够写得栩栩如生，在未有见过这种东西的人看来，脑子里终不免惟恍惟惚，最多不过得着一个约略模糊的轮廓而已。譬如澳洲土人的 boomerang，美洲普韦布罗印第安人（Pueblo Indians）的 Kiva[4]，前者假使以"飞去来器"，后者以"地窖"或"地室"等不正确的名字来替代，即使加上

---

[1]　群载 *Notes and Queries on Authropology*，pp. 19 - 29 及拙编《民族学研究集刊》第一期注凌纯声先生《民族学实地调查方法一文》。

[2]　W. L. Warner 研究澳洲 Arnhem Land 的 Murngin 族的结果，最近著有 *Black Civilization* 一书。

[3]　详见皇家人类学研究会出版的 *Notes and Queries on Authropology*，p. 30。

[4]　见 Ruth Penedict：*Patterns of Culture*，Chap. IV The Pueblod of New Mexico，p. 58 为一种房屋下之地室，用作典礼集会或卧室的，有一出入口，沿梯而下的。

许多注释，一个未曾见过这种东西的人，不论如何，心目中都不会有一个正确印象，所以把一件实物摄下一个影像是十分重要。但有时因种种关系，照相机无所施其技，不能不用笔来描绘。这虽不像照相机摄的来得真确，但像法国考古学家 Abbe Henri Breuil 教授①所绘旧石器时代的艺术作品，唯妙唯肖，也未尝无价值的。

这样的摄影和绘图虽然有价值，但有时一件事情经过的程序，不能够连续表现出来，例如一种集会和跳舞，在时间方面，不是顷刻可以完毕。我们想着得到一件事情的动态的表现与连续，非利用活动影机不可。法国当代民族学权威 M. Manss，对于活动电影的利用特别注重②，就是这种理由。

C. 采集标本。凡属不能得到，不能移动和携带的东西，当然要摄影和绘图。至于易得易举的东西，仍以取得标本为宜，因为一件物有时反复观摩，能给予一个研究者很大的利益。

D. 记音。土人所唱的歌谣，如要记载下来，当用记音的方法，现在有收音机很可以利用。

E. 日记。一个实地考察者，从自己第一次与土人接触起，即应写日记，将所见所闻的事情，不论巨细，一一都写出来。这是很重要，因为有些事情，或者在实地考察者初到的时候发生，以后不能够得到再见的机会，所以非记载下来不可，或者有许多事情一时不能明了的，倘若记载下来，也可以作后来的参考，日记仍然是不能忽视的。

实在研究工作之进行

A. 分区研究。在一个大民族里面，我们要同时作整个研究，事实上必不可能。所以为着研究便利起见，不能不分为多少社区，但研究区域随研究的目的，有多少不同。如果对于某个民族作普通的研究，即是各方面都要顾及的，则研究的区域，从任何地方下手，都不成问题。如果专研究某种特殊的文化。如某种制度，风俗，习惯等，则研究的区域，便要就这种特殊文化的分布之不同，从而选定，譬如研究"禁止渎伦"（Prohibition of Incest）问题，Radeliffe Brown 教授对于择区有这种见解："第一，先选择一种文化有严格禁止渎伦之风俗者，第二，此

---

① Breuil, H. 曾于民国二十年来华，参观周口店发掘工作，为现代研究石器时代艺术的名家，著有论文多篇，他所画的旧石器时代的动物，系仿当时的艺术家的作风和笔意，见裴文中《旧石器时代之艺术》，附图。

② 见氏所著《叙述民族学讲稿》（*Instruction D' Ethnographie Descriptive*），未出版。

种文化中之各部落，须有变异情形，而普通文化形式则相同者。"① 因为这种原因，他就认"澳洲为一最适宜之地区"。观此，可知对于地区也要有相当的选择。

上面我已经说过，在实地研究上，功能派的方法，很可以取资。社区的研究法就是他们具体的方法，在这里不妨拿来说一说。Radeliffe Brown 教授来华时，在燕京大学的讲稿《对于中国乡村生活社会学调查的建议》，以及所著《人类学研究之现状》一文②，俱足资借镜。现在我可把他的实地调查法举出，作为研究的指针。

他研究澳洲（Australia），美拉尼西亚（Melanesia）及非洲的土著部落，都是应用社区（Community）研究法。他在《人类学研究之现状》一文里曾说："如研究班图文化，吾人应先将整个地区划分为若干单位地区，在每个单位地区内，研究其变异分子，然后对各区再加以比较研究，如斯对整个班图文化，可发见其普通性质。总之，比较方法乃寻求概论之方法，在不同之制度礼俗中，发现其普通性，藉多数不同形式之文化比较，发现其一致性，更进而发现其普遍律"，他的方法是很具体的。他认为社区的研究，应该包括三种分别而却相关连的研究：

a. 横的或同时的研究（Synchronic or Monochronic Study）。这种研究，即所谓静态研究，系研究某指定期间内文化的本质和社会生活，而不涉及其过去的历史以及正在进行中的变迁的。

b. 社区外部关系的研究。系研究该社区与其他种种社区的外部关系，以及本社区与较大社区的外部关系。

c. 纵的或连绵的研究（Diachronic Study）。这是动态的研究，系研究文化本质与外部关系已经及正在进行中的变迁的。

B. 横的研究之结构方面：作一个社区的横的研究时，首先须发现并记录它的整个的内部结构，即各个人间的各种社会关系。社区中一切分子的血缘关系，必须为社会结构中极重的部分，对于这个重要部分的研究，有一种很好的方法。

系谱研究法（The Genealogical Method）。这个方法，系立化士（W. H. Rivers）所创，在许多民族里面，都保存有系谱（Pedigree）。一个研究者对于这种系谱应该搜集。如果所研究的社区不大，可以将各

---

① 见燕大出版社之《社会学界》第九卷，布朗《人类学研究之现状》一文，七一页。

② 见同前书，是文由吴文藻先生编译。

个分子的系谱都记载下来，为每个分子所属的区分，及他的地位，也应该记录。把这种材料积集起来，可以藉赖详细探究社会组织的性质，可以探究计算亲属关系的方法，婚姻的规定，遗传与承继的方式，以及许多其他题目。这方面研究的价值，是在乎能够用土人处理社会问题同样的工具，可以知道未曾见着过人。倘有机缘见着他们时，谈起话来，告以所知，是会亲切的。土人们对于系谱里述及的人，往往自愿报告其中有趣味的消息。这种消息不是由询问可以发见，也不容易为直接观察所得的。一个比较小的社区，例如一条村落，如果把它的系谱弄清楚了，对于决定社群，对于人口与移植的一般问题，或对于亲属制度与社会结合之性质和作用，想作精确的探询，都是有用的。

关于这种方法的运用，其所应注意之点，在这里因篇幅关系，不能具举了。①

此外一般的组织（如社群氏族组织等）和特殊的组织（如青苗会，庙会，行会等）以至于秘密社会等都是形成社会结构的因素，应该一一加以研究。

在社会结构中，还有一重要方面：就是各样的人任务的划分，以性别与年龄为基础的，以及其他由于经济地位或个人的能力之职业，及社会地位之划分，都应该一一加以探究。

C. 横的研究之生活方面：

1. 个人生活的历程的研究。一个人自呱呱坠地以至于老死，毕生生活的转变，随年龄的增长而变异，对于这方面的研究，颇为重要。一方面研究一般的日常生活，别一方面，则研究其历程。这个历程，即是个人社会化的经过。看一个人自出生，而经过受教育，青年期，成人入会期，结婚，老死，以及对于死者的处置②，都在研究之列。例如哲内波（Gennep A. Van）著的《阅历的仪式》（*Les Rites de Passage*，1909）就是属于这方面的研究。在这方面的研究中，有一点要注意的，即是对于男女两性要双方兼顾，不能顾此失彼。又这个项目很大，其内容小目不能尽举，凡是个人一生所经过的生活，都属于这方面。

2. 经济生活的研究。关于这方面的研究，包括财富的生产与消费之一切活动。所谓活动是指获得食物和衣、住的原料，并将原料制成完善

---

① 详见 *Notes and Queries on Authropology*，pp. 44 - 54 可以参考。
② 同前书八四至一一二页。

的物件而言。在最简单的文化里面，其人以渔猎或采拾果实等物为生的，多已有通力合作的形式存在。换句话说，即是对于各种活动，对于各个人的关系，已经有一种规定的组织。这就是所谓经济组织。对这种组织，应该详加研究。社会，政治，宗教等组织，常与经济组织交错，想着了解种种组织，对此不能不作缜密的研究。①

经济环境也至为重要，所以对于一个地方的特征，动、植、矿等物，尤其是居民的经济知识，有关的，须加以叙述。

生活的方式为地理环境所决定。在特殊地理环境之下，各社区有自己的维持生活方法。同时民族的转徙，人口的多寡等等，都与地理环境有关系。所以地理环境对于经济生活的影响的程度，必须加以研究。

因谋生的方式之不同，普通分为，采集、渔猎、农业、畜牧、工业、商业等生活形态。在研究一个社区时，研究者看它的居民的主要生活形态是属于那一种，或属于那几种，大概对于采集生活，最要注意其受环境的影响。农业生活注意不同栽种方法对于社区的反应，以及关于栽种者，土地、人工、生产诸方面。关于畜牧，则一切人畜之交互关系，都应该详加研究。

此外经济生活与社会结构有密切关联，不能忽视。他如生产分配，财富之拥有分配，贸易与货币，都是经济生活方面，应该研究的。

3. 公共生活之规定的研究。这是对于政治与法律方面的研究。差不多在每个社区中，都有规定威权的某种形式。这种威权是在某种限度内决定分子的彼此关系，维持公共的秩序，实施某种义务的。而执行这种权威的人，便是首领。有时没有首领，而委这种权于议会。关于这方面种种的规定是要研究的。

此外对于赏罚个人的行为，有所谓"社会的裁认"（Social Sanctions），即是对于奉公守法，性行善良的人，大众给与酬报或尊敬等。若行为乖忤，则受大众的制裁，这种制裁又分宗教的，舆论的，司法的等数种，所以单是研究犯罪是没有用的。对于行为的控制方面，须同时研究，而对于这方面的研究又不单是研究社会裁认的形式。对其他所依据的信仰，道德戒律，现行制度都要注意。

4. 宗教与魔术的研究。二者在民族学的研究上很是重要。因为人类对于变异的自然现象不能明了，所以发生种种的解释，结果，就产生

————————

① 前书一二三至一二四页。

了宗教与魔术。宗教的特征是相信有超常态的动作或存在，即冥冥中有主宰，可以降祸福于人的。同时人们可以向他讨情，劝服他，或恐吓他，这就是宗教的由来。魔术则是由礼节，物体或言语等的直接动作以达到希冀之目的的。二者常交互错综不能显著的划分，但二者在初民社会里发生很大的作用。明白了这些作用，对于了解别方面有很大的功效，所以这方面研究很重要。

大概关于这题目，一方面研究它们的举行的情形，种种的仪式，礼节，祭品等。别一方面研究它们的信仰，其他与此有关的图腾主义和禁忌，也很重要，须加以研究。图腾与禁忌又和社会制度有关，不可不注意。

此外庶物崇拜，种种迷信，一切的神话与传说，都是这方面应该研究的题目。

5. 物质文化的研究。这方面包括日常生活的制作，或应用的各种事物，以及与制作有关的种种风俗习惯或仪式的研究。这个项目非常大，内容非常广。例如食物之获得，器具之制作，金石的利用，衣服，装饰，居住，运输，以及一切技术的历程和工具等都是在研究之列的。但是，对于食物之获得，装饰等是含有种种意义的。譬如渔猎耕稼，因为想着得到良好的结果，关于器具的制作和运用，便与仪式有关联，他如人体的装饰（Personal Ornament），形体的毁损与增益，个人与种族的记载，通通都可以列入这方面的范围来研究。

6. 艺术与科学方面的研究。这方面研究的范围也非常之大，凡雕刻，绘画，戏剧，音乐，文学，跳舞，历史，言语，文字，医药等，诸如此类，都是应该研究的。

上面所述的项目，都是荦荦大端。当然还有许多重要方面，如战争，以及初民心理学等方面的研究尚未列入。这里所以没有一一列具举出来，也有相当的理由。在一篇简短的文章里面，想着探讨一个很广大的题目，而求能一一概括靡遗，是一件不可能的事。作者个人的希冀，在这里不过举个例子，庶几可以略略见得研究的眉目，一隅三反，仍在读者。同时关于这方面，已经经过不少的专家研究，有很详尽的参考书①，可以参稽。

---

① 例如上面所举英国皇家人类学研究会的 *Notes and Queries on Authropology*，及 Mauss 的 *Instruction D' Ethologie Descriptive* 都是很好的参考书。

D. 社区外部关系的研究法

功能派看社会生活，看一切文化，都是从整个来看。譬如经济或宗教生活，只可视为整个社会生活中之经济或宗教方面。这点是很对的，既然认为整个，则对于"关系"方面的研究，非常来得重要。

一个研究者在着手研究时，必须从整个来研究这些外部的关系。并且观察他们在内部社会生活中所占的地位。应用这种方法，能够决定所研究的社区之相对的独立程度，或隔离的程度。①

E. 纵的或连绵的研究法

这方面的研究，在乎研究文化变迁的程序，其最准确的方法，就布朗教授的意思，是在若干年限之内，对于一个研究的社区，作反复观察。一方面藉赖前人在同一社区内精密的研究，拿现在和既往比较，文化变迁的痕迹便显然可见，还有老年人对于种种的变迁，他们是亲眼见到的，他们的陈述，如果经过严格的批判方法，判别真伪以后，也未尝不可以应用的。

研究一个社区受外来文化的影响，其所起的变化的程度，可用一个间接的方法来观察，即是选择几个受同样的影响而不同程度的社区加以研究。像勒得飞尔德博士（Dr. R. Redfield）所指导墨西哥地方几个社区的研究，以及理查茨博士（Dr. A. J. Lichard）在北罗谛西亚（Northern Rhodesia）一个非洲部落里，选三个社区研究，都是这方面研究很好的例。

四、余论

这篇文章所研讨的，以人类文化的本质以及社会生活的实际方面为中心，对于理论方面的研究，则搁置勿论，这是因为篇幅所限制，不容许再作更广阔的研究。而且，时人对于理论方面的文章，已经发表了许多，同时作者亦准备于最近的将来，对进化派、播化派、功能派、批评或历史派的方法论写成专书，以那么多的资料，即使提纲挈领，写在这里，也恐怕太占篇幅，与其语焉不详，不如从略。②

本文主要参考书：

英国皇家人类学刊会出版之 *Notes and Queries on Anthropology*，Sthedtiv，1929。

---

① 见《社会学界》第九卷，吴译布朗《对于中国乡村生活社会学调查的建议》，八五页。
② 关于这方面可参考拙著《文化学方法论》，载在市一中年刊。

Bernard，L. L. *The Fields and Methods of Sociology*，1934.

Penniman T. K. *a Hundred Years of Anthropology*，1935.

Mauss，M. *Instruction D' Ethologie Descriptive*.

燕京大学社会系《社会学界》（第九卷）。

中山文化教育馆拙编《民族学研究集刊》第一期。

广州市一中年刊（一九三七）。

《文化学论文集》自序[*]

（1938）

我国自与西方文化接触后，社会现象已发生显著之变动，惟对于西方学术之研究，一方似不曾撷其菁华，弃其糟粕，相与迈进于创造之大道，而他方亦未曾对于现代文化之主流，有正确之认识，从而确定一条建设文化之新路线。就根本上言，西方近代文化之主流，实为科学之发明，由科学之发明，乃引起经济之革命，由经济之革命，乃建立近代文化之新结构与新形态。自然科学发明之过程，非予所欲置论，今就社会科学言，其产生与开展，为时亦不过三数百年。自马哥孛罗东来，入仕元朝，西方人士然后知中国文化之伟大；自哥仑布发现新大陆，西方人士然后开始与异种民族发生接触，由此获得无限之文化资料，然后引起商业革命，然后开辟近二百多年学术界空前未有之新天地。后此之人类学，民族学，比较宗教学，比较法学，叙述社会学，进化政治学，历史经济学，方以次建立。至向来所称为社会科学的综合科学——社会学——则自孔德著《实证哲学》，然后露头角于十九世纪初叶（一八三八年）。社会科学在西方的出现，为期如此其渐，其幼稚肤浅，无可为讳。我国自严几道先生译亚丹斯密、斯宾塞^①诸学者之名著，以迄今日，亦不过三数十年。在此数十年中，国人思想，已渐渐倾向于模仿西洋，而一部分人士，方且在西洋思想之气围中，受十九世纪文化迫力所左右，所支配，莫之知，莫之觉。其下焉者，则有"如群猿得果，跳掷以相攫，如村妪得钱，诟骂以相夺"，殆鲜能总括万殊，包吞千有，冲决网罗，昂首宇外，别开新生面者，学术界之贫乏可怜，盖可知矣！

＊ 载黄文山：《文化学论文集》，广州，中国文化学学会，1938 年 2 月版。
① "塞"，原作"宾"，校改。——编者注

予自少喜从事革命运动，十年前游俄，游美，游欧，亦笃志革命，奔走不遑。然而平生怀抱，辄不自揆，思欲牢笼天地，博极古今，在学术上有所独创，惟以奔走故，学殖遂荒，文质无所底，蹉跎至今，尚无所成，人生白驹过隙，每一反省，不知汗流之浃背也！十九年秋，始执教鞭于中央大学，旋与时忤，又复去职，薄隐西湖茅家埠，从事译述。后应友人之约，在海上创办私立大学，亦行与愿违；乃于二十年秋北上燕都，讲学于北京大学，师范大学，是年始为同学演讲"文化学"。二十一年以后，又在中山大学，中央大学两度开设同样课程。"文化学"一名，非予所杜撰，友人张申甫（崧年）先生，早已提倡及之，而西方比较社会学家，文化人类学家，亦辄以文化学者自居。然而在国内首先以此学名开设学程者，恐以予为嚆矢。

予讲文化学之目的，在乎将整个人生，当作研究之对象。从前一般旧史家，大抵集中精力于故事之记载，档案之搜寻，予则转而注意文化与制度之演进。一部文化史，卑之无甚高论，实不过变动不居之文化类型与模式之纪录。文化本身即是联合的习惯之丛结，或可称之为"心理的构造"。文化之开展，不是内在的，天生的，而是外在的，人为的；其保存与传递，须经过学习或教育之历程，故文化之生命，具有单独之演进史，与生物发展，为纯然异序上之事实。文化演进，所以只能根据逻辑的或心理的名词，为之说明。十九世纪社会科学学家，相信文化系生物遗传之一部分，此种看法，早经文化人类学家，证明其非是。根据文化观之立场，予以为文化学之对象有三：第一，为研究文化起源，展发，变动，而求其法则性，以推断其未来变动。第二，为研究各文化现象存在之相互关系。第三，为研究各民族文化发展之特殊性，类似性，共通性。文化学之基础，建筑于社会科学或文化科学之上，其与各种社会科学之关系，至为密切，因为社会科学要靠文化学来了解本身与各科学之关系，而文化学则又须要各社会科学来提供研究之资料。

予深信此时在国内提倡文化学之研究，有其自然的，自发的需要。自鸦片战争以来，国人在现代文化中赛跑，无处不碰壁，无地不落伍，如今自应对于现代文化之主流，予以重新之认识，确定一条建设文化之路线，若忽左忽右，随便乱闯，缺乏预见与统制，结果往往与预期相舛违。文化乃国力之总体，而民族国家问题之基干，到底在文化。孟子谓"七年之病，求三年之艾"，吾人为民族国家无穷之前途计，自应在文化上做一番澈底之打算与改造，方是根本要图。故吾人应如何从新估量文化之价值，如何建立科学文化之基础，如何开拓民族文化之新生命，质言之，如何在现阶段民族革命的过程中，建立三民主义之文化体系，皆为现存之严重问题，而此种问题之精密的解决，则正有待于系统的文化学为之设计。

自整个世界观察，因为近代科学技术之发明，文化之一般的水准，已有长足之进步。然而今日民族与民族之间，仍旧互相对峙。战争问题，既无法取得合理之解决。我民族和平立国之主旨，亦无从实现，至整个人类则竟陷入科学自杀之一途，如落泥沼，莫克自拔。故今日之世界，文明乎？野蛮乎？前者抑后者？尚属疑问。中山先生以"生为宇宙之中心，生存为民生之中心"，易经曰："天地之大德曰生。"德国社会学者李博德亦以"生之成遂，为文化进化之动因"。由此观之，现代一部分文化之动向，显然与唯生论异趋。百年前孔德创立社会学，其唯一之目的，在于求得社会机械之纯粹理论，应用之以改造残旧之社会，来适应人类之生存。予相信今日提倡文化学，在最原始与最终极底鹄的上，与中山先生唯生论之观念，孔德之社会改造观，曾无二致。文化演进之途径，在思想方面，由神学而至玄学，由玄学而至科学；在制度方面，由游群而氏族，而部族，而国家，而大同，殆为必经及必至之阶段。丁此转形〔型〕时期，一切文化之统制的变易，有赖于理论的文化学与应用文化学，为之指标，实如日月经天，江河行地，无可致〔置〕疑者。

予年来立志写成《文化学体系》或《文化学之原理与法则》一书，人事旷废，久而未成。前年春，与友人刘百闵，萨孟武诸先生在京刊行《政问周刊》，予独深感倭寇为民族之大患，国势日蹙，彷徨不可终日。是年秋，适值广东政局改造，统一告成，自维民族革命与复兴之根据地，仍在岭南，乃匆遽束装南归，欲对于第二期之民族革命，贡献其区区。去年以来，敌势猖獗，北平，上海，南京，不数月而相继沦丧，顾亭林先生诗云："愁看京口三军溃，痛说扬州七日围。"此情此景，不图复见与所谓"文化时代"之今日，其为悲痛，非言可喻。予二十年来积存书籍稿件，庋藏京邸，亦随同首都沦陷，同付浩劫！年前居京，所写关于文化学之文字，约二十万言，在此抗战期中，保存至为不易，乃从友人之劝，重灾梨枣，印成是书，似此戋戋，既无补乎时艰，且亦深违乎素愿。迹予生平，喜以文章自怡，始则"凌轹波涛，穿穴险固，囚锁怪异，破碎敌阵"，今则饱经世变，虽渐归平淡，而结习未除。当此抗战时期，屡拟将旧稿痛加剪裁，而时间亦有所未许。一俟倭寇平定之后，自当裁敛研究之范围，集中精力于一点，期对于思想界，尽其绵薄。世有同好，鉴其一得，进而正之，感且不朽。

文化学方法论[*]

（1938）

一、文化学与文化研究

文化的研究，自文化人类学兴，始划然标出有系统的主张，成为一种崭新的科学，前此则惟有片段的哲理。①社会学与人类学向有密切的关系，到了社会学者应用人类学者的文化搜讨（Cultural Approach）以研究当代社会现象后，文化社会学乃异军突起，影响所至，社会科学或文化科学的整个领域，为之开一新纪元。我们想对于这两种簇新的科学之范围与方法，作严格的区定，殊不容易。现在学者对于这个问题的主张，约分数派：第一派主张前者所研究的为史前文化，后者则单独注意高等文明。但是文化人类学者现亦注意现代生活的研究，可见这种画分，并非确切不移的。②第二派谓这两种科学，由范围和方法看，可谓全然无别③；这种主张不啻把两种科学混为一气，证诸双方的著作，亦嫌与事实相去太远，非不磨之论。第三派谓文化乃"自成一类"（Sui Generis）的现象，本身不但具有特独之历程，变动的机构，而特质上也有相互的关系，故主张这种现象，要由文化学者（Culturalist）来研究。④大抵文化的探讨，因文化人类学与社会学的接殖，已骎骎然由附

　＊　载黄文山：《文化学论文集》，广州，中国文化学学会，1938年2月版，53—104页。

　①　南尼格（Florian Znaniecki）著《文化实体论》（*Cultural Reality*，Chicago，1919），主张文化主义（Culturalism），还以文化哲学的建树相标榜。又看朱谦之著《文化哲学》，商务出版。

　②　例如鲍亚士（Franz Boas）著的《人类学与现代生活》（*Anthropology and Modern Life*，1928）。

　③　心理学家杨格（Kimball Young）著的《社会心理学资料》（*Source Book of Social Psychology*，1928）有此主张。

　④　（Dorothy P. Gary，"The Developing Study of Culture"，in Lundberg ed.，）*Trends in American Sociology*，Chapter IV.

庸蔚为大国，殆为今日学术界上最鲜明之趋势。文化人类学者向来所注
意的，多半涉于文化的始源问题，故集中精力于初民文化的论究；现在
文化学者则进一步，注重文化的性质与动力，因而"文化分析"（Cul-
ture Analysis）的范围，越推越广。德国社会学者米勒利耶（Muller-L-
yer）所以说社会学就是"文化学"（Culturlehre）[1]，而飞尔康特（Vi-
erkandt）则主张在社会学之外，另立文化学，以资区别。[2] 十余年来，
文化学派的思潮，不断地向前奔放，见其进未见其止，于是文化学
（Science of Culture, Culturology）的名词，已不期然而然地为学者所采
用了。

然而今日的文化学说，必有所凭藉然后能发挥光大；我们想明了文
化学的思潮之渊源，非溯至十九世纪的文化人类学不可。十九世纪后半
期，西方学者对于初民文化发生无穷之兴趣，由泰洛（Tylor）的《初
民文化》（*Primitive Culture*）以至洛巴克（Lubbock）的《文明之始
源》（*Origin of Civilization*），巴可凤（Bachofen）的《母权论》（*Das
Mutterrecht*），摩尔根（Morgan）的《古代社会》（*Ancient Society*），
梅因（Maine）的《古代法律》（*Ancient Law*），莫不对于幽阒万年之原
始文化，分道开拓，隐然造成一种潮流，其波澜之壮阔，实学术史上所
罕见，吾国今日之古代社会研究，殆亦受其余波激荡而成。[3] 当时英国
斯宾塞（Spencer）创立之社会进化的原理，卫特斯麦克（Wester-
marck）之找寻人类婚姻的基础[4]，乃至后来在美如孙末南（Sumner）
之著《民型论》（*Folkways*），汤麦史（Thomas）之著《社会始源资
料》（*Source Book for Social Origins*）皆采用文化人类学的方法，以探
究社会的现象。此外，鲍亚士（Boas），高丹怀素（Goldenweizer），克
鲁伯（Kroeber），沙比尔（Sapir），魏斯拉（Wissler），莱飞尔德
（Redfild），赫斯高维斯（Herskovits），卫巴斯达（Webster），韦里

---

① 见 *Phasen der Kultur* 第一章，陶孟和等依英译，改称《社会进化史》。

② 见 *Gesellschaftslehre 1923*, Qaufe, 1917。

③ 梁启超说："国故之学曷为直至今日乃逐复活耶，盖由吾侪受外来学术之影响，采彼
都治学方法以理吾故物，于是乎昔人绝未注意之资料，映吾眼而忽莹，昔人认为不可理之系
统，经吾手而忽整，乃至昔人不甚了解之句语，旋吾脑而忽畅。质言之，即吾侪所恃之利器，
实'洋货'也。坐是之故，吾侪每喜以欧美现代名物训释古书，以欧美现代思想衡量古人。"
（见《先秦政治思想史》）又参阅拙著《中国古代社会的图腾文化》（《新社会科学季刊》，创刊
号）。

④ "础"，原作"楚"，校改。后同。——编者注

(Willey)，华利时（Wallis），朱宾（Chapin），乌格邦（Ogburn）相继揭文化之重要性，文化学说，日以昌明，而文化学的基础，亦由此一步一步地建筑起来。

首先介绍西洋文化学派的社会思想于国内者，当推孙本文先生所著《社会学上之文化论》，《社会之文化的基础》等书，对于文化学者之流派，文化之客观的独立存在，阐发靡遗。① 吴文藻先生著的《文化人类学》一文，与最近林惠祥先生发表的《文化人类学》一书，宏征博洽，尤为详备。② 著者曩年在美，亦曾试用"文化搜讨"，著《中国文化发展蠡测》，后又著《社会进化》，略述文化进化派，播化派，批评派与轮化③派之原则方法④；数年前著者笃信爱尔乌德（Ellwood）社会进化即是文化进化之说，认文化行为与社会行为同义，但据现在的研究，方始明白文化与社会两个概念，不特全然不同，其意义亦有很大的区别，试析言之：

（一）社会生活与文化生活截然不同，前者发生在先，次者发生居后。旧日的见解，认低等动物，特别是社会昆虫中，也有文化行为，据威拉（Wheeler）教授对于保存在波罗的琥珀内之蚂蚁的观察，发现这种生物在几百万年前已发展了等级制度，与今日无异。他们的社会生活，如互助，争斗，调适，统制，寄生乃至其他状态均与人类相同，可见社会行为的一切机构，在没有文化的社会昆虫及其他次人类的种类当中是存在的。人类的社会行为，所以并非由文化现象造成，反过来看，社会生活却为文化发展与传递的必要条件。文化的特质一旦成立，便有其独立的历史和因果关系，与创造和传续文化的个人或集团分离。文化特质并且可以结成各种文化模型，改变个人的机构之原始作用，以至集团间的相互关系。

（二）特殊的文化质素，并不是永远与同样的社会行为相关。我们对于一切文化质素，不能看作静的标准化的产品，而要视为变异的形式。当一种质素分播以后，其外形虽或保存，及其一旦变为不同的社会行为之刺激时，其原来的意义就变了。文化模型会使某种社会行为变成

---

① 参阅孙本文著《三十年来欧美社会学者之几种重要贡献》，《东方杂志》，三十周年纪念刊。

② 吴著见孙寒冰主编，《社会科学大纲》内，林著为商务印书馆大学丛书之一。

③ "化"，原作"文"，校改。——编者注

④ 《中国文化发展蠡测》，系英文写的，名 *A Short Survey of the Cultural Development in China*，将付梓。《社会进化》收入孙本文主编《社会学大纲》内。

标准化，而标准化的社会行为旋即成为新文化元素的淘汰或选择的因子。社会行为并非由种族或集团的心理的变数所支配，而是由时代最流行文化模型所决定。试从文化史上作一简单的观察，更知一切种族和集团在不同的文化刺激之下，有极度的变化性，这是一个确切的证据。

（三）文化社会学者常假定人类的生理的赋予，如"基本的需求"，"基本的本能"，"冲动"，"倾向"等为文化的始因，魏斯拉的"普遍文化模型说"（Theory of Universal Cultural Pattern），便以此为根据。① 然而"需要"或"行动"的存在，不曾包含需要的满足而言，故生理的冲动，不算是文化能始源的适当说明。同理，巴斯镗（Bastian）以"人类的心理，根本是一致的，所以社会行为，只要不为文化刺激所改变，则到处相同"；这个假设，如不看作是"普遍文化模型"的唯一原则，自然包含若干的真理成分。我们相信邃古的人类，如"立猿人"或"北京人"等，老早就有文化的创造，可见人类行为，在那时已受到文化的决定了。②

基于上述的观察，文化的客观性或文化的真体之存在，是不能否认的。文化学因此与研究社会行为，社会历程，社会关系的社会学不同，它是"以文化为其研究的对象，而企图发见其产生的原因，说明其演进的历程，求得其变动的因子，形成一般的法则，据以预断和统制其将来的趋势与变迁之科学"③。

文化研究的模式，最难分类，但约而言之，不出下列诸端：

第一，是文化"类型关系"（Type Relation）之研究。文化现象如民型，德型之类，从表面看来，本没有特殊的时地限制。关于这类对象的研究，要清晰地确定其一般的状态，摹述其类型的关系，然后可使先前认为不相关的事实，作比较的探讨。孙末南的民型论，便是这种研究的好例。

第二，是"文化叙列"（Cultural Sequences）之找寻。这种研究在

---

① Clark Wissler, *Man and Culture*, p. 74.

② Franz Boas, "America and the Old World", XXI Congress Internationale des Americanists, pp. 22-28, also Migrations of Asiatic Races and Cultures to North America, *Scientific Monthly*, XXVIII, 110—117.

③ 这是著者对于文化学所下的定义。张申甫教授曾说："如得取已往各种文化之尘迹而研之，或设立一种文化学，定不会白费功夫，这也是今日嘱照宏远的社会学者一椿特别的责任。"见所著《文明与文化》，东方，二十三、二十四页，惟张先生没有提出具体的主张，我对此问题的说明，另详《文化学》一书，此不能详也。

于推论文化演进的时间的叙列，审知其发展的情形，文化学者通常采取两种方法：（一）先史古物学的；（二）形态比较学的，来建立先史文化的时间的叙列，如纳尔逊（N. C. Nelson）对于美洲先史文化叙列之决定，奥柏米尔（Hago Obermaier）对于欧洲先史文化区之史的相互关系的认识，皆是现例。①

第三，是文化变态的探讨。文化的系统的叙述，固可以表现文化的特征，然而文化的静的类型之分析，决不足以说明其动的状态之发展，故文化变态的研究，殆属文化学上最重要的部分。文化变动，盖指物象经过一叙列的阶段而言。向来学者对于这种阶段有两方面的看法：（一）以文化变动为世界史的历程之一形相，经过非覆演的叙列者，如摩尔根研究婚姻制度，谓最初的两性关系为"乱交"（Promicuity），第二为"血族结婚"（The Consauguine Family），第三为"亚血族结婚"（群婚）（The Punaluan Family），第四为"数家同居"（The Syndyamian Famliy），第五为"父权家庭"（The Patriarchal Family），最后才是现代社会的"偶婚制"（The Monogamian Family）。② 又如《礼运》之由"小康"进至"大同"，康有为《大同书》以春秋三世之义说《礼运》，谓"升平世"为"小康"，"太平世"为"大同"，今日则仍为"据乱世"，皆属这种看法。（二）以文化变动为世界史的历程之一形相，但同时许多种文化都经过相类的阶段者，如斯宾格勒（Spengler）的《西方之没落》（*Die Untergang des Abendlandes*）把文化史当作继续的轮化的记载看待——相信许多文化，也许同时并在，可是每种文化必然地经过比较的阶段，如有机体的形态，由"生"到"住"，由"住"到"灭"然。

第四，以文化变动当做相互关系的变动之一种函数来研究者。所谓关系的观念，并非单指过去与未来（时间叙列）而言，也指事象与事象的关系来说。文化变动盖由许多因子造成，如心理的，地理的，生物的，经济的等等皆是。向来社会科学家对于这种因果关系的研究之方法，有注重非实验非数学的研究者，例如从理论上研究文化与种族，文化与环境的关系是；有注重非实验而是数学的研究者，如达莱发（H. E. Driver）与克鲁伯著的《文化关系之数量的表达》（*Quantitative*

---

① Nelson, "Chronology of the Tans Ruins", American Anthropologist, N. S. XVIII (1916) 159 - 80. Obermaier, "Das Palaolithikum und Epipalaolithkum Spaniens", Anthropos, XIV, XV (1919 - 20).

② Morgan, H. L, *Ancient Society*.

Expression of Cultural Relationships，University of California，1932）；最后还有注重实验与数学的研究者，如朱宾（Stuart A. Chapin）的研究文化变动是。[①]

二、文化研究的方法之演进

文化学的生产，既由文化人类学与文化社会学孕育而来，故在今日而研究文化学的方法论，自不能脱离两者的方法和概念。[②]自历史上看，文化人类学的基本学理，奠自十九世纪初叶，其后的形式，则由三种概念造成。这三种概念，第一为"语言统系"（Linguistic Families）之发见（约于一八〇八年）；第二为达尔文的进化论之创立（一八五二年），第三为"生物测量法则"（Biometric Law）之建设（约一八七〇年），兹分述如后：

（一）当美洲发见后，欧陆学者即群起而注意印第安族的语言之研究；然而初民言语，千头万绪，复杂异常，经过长久的时间，几使人怀疑这种学问之不可析理。最后乃有少数天才，能保持极冷静的头脑，专务忠务地分析各种语言构造之真相，而不以丝毫自己之好恶或教的感情夹宗杂其间；其成绩斐然可观者，当推爱德华（Jonathan Edwards）与朱化生（Thomas Jeferson）：前者的注意点，集中于印第安语言的构造，爬梳抉发，成果可观，后者曾搜集许多语言学的资料，但其图书室于一八〇一年毁于火，积年心血，为之荡然！据一般的传说，语言结构的比较研究，盖始于大喀德邻（Catherine the Great），她定立印度欧罗巴语言之关系，因而发见语言统系的概念。其后欧陆上以洪保德（William Von Humbodt）为领袖的言语学派，亦注意研究印第安族的言语，同时，美国哲学会在这样影响下，搜集不少的新资料，加以分类，因而各部族的语言关系之迹约略可辨。这种发见，本属语言学范围，初与文化人类学毫无关系，然而语言的一致性与文化的一致性似乎是共进的，人类学家利用这种经验的方法，往往可以由语言的关系上，找出初民发

---

① S. A. Chapin, *Cultural Change*.

② 据德人 Christoph Segwart, *Logic*, Vol. II, tran. by Helen Dendy, N. Y.（1895），p. 584，以为方法论有二部分，一是求知相连的事实之确当方法，一是适当的概念之决定。照 D. P. Mukerji, *Basic Concept in Sociology*, pp. XI—XII 所说，概念有三种功用：（一）输进新指向或观点；（二）当做与自己环境发生关系的工具；（三）使演绎推理与新经验之预料成为可能。

生的谱系，故语言统系的概念，遂成文化研究的客观的经验的方法之先导。

（二）西方的进化论，肇端于希腊，至十八世纪，生物学者如巴丰（Buffon），拉马克（Lamarck），伊拉斯谟斯（Erasmus），达尔文（Darwin）等的著作，已含藏浓厚的进化论的色素。到了十九世纪，西方因为工业革命的结果，社会生活忽然由静的变成动的了。在这样一个动的新时代，科学更跟着成为人生的新哲学，变动（Change）和"运动"（Movement）的观念也就成为时代思想的中心。达尔文（Charles Darwin）与华勒斯（Wallace）在这种社会环境内，便同时发明"物竞天择"，"适者生存"的假设。我们可以说，自从一八五九年以后，西方文明的智识延续，已由《圣经》的教义转到进化论来了。斯宾塞更进一步，从生物进化推论到社会进化，谓一切文化都由低等推到高等，由简单进到繁复，由同质发生进到异质发生。当时一般学者，采用这种原则，估量西方的文化，很自然地断定经济上的私产制，家庭上的偶婚制，政治上的民主制，非独是人类史上最进化的类型，亦道德进步的极轨。文化人类学恰巧在此种潮流中降生，所以不期然而然地把它的整个搜讨之基本结构，建立在进化论之上。

（三）达尔文创立的许多原理，戈尔登（Francis Galton）取以应用于淘汰和变态的学说，结果便产生"生物测量学派"，成为学术上的异军。他用生物测量的方法，指出：（一）人类的个体，无论从体格上或心理特征上看，都是不齐一的；（二）在一个社会中，各个人底体格的精神的特征，依照一种常数分布的模式的曲线分播出去；（三）各个人的差异，由于两种因子造成，第一是环境，第二是遗传，在这两个因子中，又以后者为最重要；（四）他应用同样的原理，说明社会的集团与人类的种族，也一样是不平等的。[①] 这是文化之生物的种族的解释的开始，其在数十年来学术界上所引起之波澜，可谓壮阔极了！

上述的三种概念，对与文化人类学的生成与分化，有密切之关系。虽然此尤可说是属于语言学与生物学的范围大，属于人类学的范围小，但到了人类学者集中精力于文化的材料，以求解答文化之时间叙列与空间的分播的问题，则免受生物学的观点之深刻的影响。他们所用的方

[①] 看 *Herediliary Genius*，pp. 325 - 337。又看拙译素罗坚，《当代社会学学说》，页三八二—三八八。Calverton 的文化迫力说，言此三概念亦详。见所著 *The Making of Man*，N. Y. 1931，Introduction。

法，荦荦可数者，有下列几种：

第一，用古物学的方法，确定文化演进的时间的叙列。当达尔文的进化论还未昌明以前，人类学上已有两种重要的概念，为后此一切发展的先导。其一为层位学的概念（Stratigraphic Concept），其二为亲属制度之普遍性的概念，前者发生于古物学，在社会科学上本无重要可言，然而人类学者应用之以推论文化的阶段，则甚可宝贵。八十年前意大利拿波里所发现之邦卑古城，系罗马共和时代火山之焰所淹没者，距今已有二千多年，自此城发现后，而"葬城"（Buried City）的观念以明，但据此观念以创立文化演进之连续的阶段者，则自丹墨汤仙（Thomsen）对于"贝邱"的划时代的研究，把文明进化分为石器，铜器，铁器三时期始。其后英之洛巴克（John Lubbock），精研英法邃古人类的新资料，看出铜器时代前，实有两个阶段，即他所谓旧石器（Paleolithic）与新石器（Neolithic）二期。文化演进流说，自汤仙的发见，已发其端；摩尔根，斯宾塞以后，斯学弥盛。恩格斯之徒，复袭摩尔根之臆说多所阐发，颇能博得一时之盛名。但是汤仙之研究，以经验的工作为根据，非优孟衣冠可比，故其造诣，直至现在，仍有相当的价值。大抵层位学的概念，经长久的改进，已成为文化学者研究文化的重要方法之一种。这种方法，析开来说，不外（一）当我们在某区域中发见文化遗物与人骨兽骨混积在一起时，可根据地层的观念，推断这种遗迹，必然地依照当时发见的秩序，堆积而成；（二）这种堆积的年代，往往可以用遗物及其他物之联合，作可靠的决定；（三）某时期某区域的文化生活状态，按照这种方法来研究，有时也许得到意外的收获。

第二，由部族或集团的亲属关系的制度，说明社会组织的基本结构。层位学的概念产自欧洲，而亲属关系的制度，却由美人摩尔根发见出来。摩氏相信原始民族中现存的社会形式，足以代表社会演进上所经历的种种形态与步骤，而这些形态则仍建筑在家庭及亲属制度的基础之上。一九〔八〕五八年他到密西根州经商，偶然发见阿吉布洼印第安族（Ojibway Indians），与他所熟习的易洛魁印第安族（Iroquois Indians）所沿用的亲属纪载法，极其相类。因此他顿悟这种纪载法，也许是原始民族所同然的。他将当时的制度分成两大类，一是叙述的（Descriptive）如父、子、兄弟、姊妹一类名称，用以表示个人的血统及婚姻关系者是；二是分类的（Classificatory）如用"父"、"祖父"的名称，以概括父，或祖父之平辈的一切男性亲属者是。他相信后一类的古制度表现于一切原始的民族，前一种则惟见诸文化较高的民族。这种见解虽不免陷于错误，但以后研究古代社会的种种企图，莫不以此为出发点，这不能不算是摩尔根对于文化学论的方法论之空前贡献。①

综合地看，摩尔根相信人类社会，有如地质层位，可以按照其相关的条件，排列成连续的阶层，由此便产生他的有名的文化进化，由蒙昧而半开化，由半开化而文明的三阶段论。不过文化演进，既甚复杂，社会形式的进程亦变动不居，他自己固然承认这样的一种放诸四海皆准的进化计画之建立，能不出诸武断，但是他的错误，亦自有其历史的背景——即是他把达尔文的生物进化之原则，应用到文化的观察，误认生物与文化有必然的关系造成。

第三，采用比较法，建立社会进化的普遍法则。斯宾塞于一八七六年著《社会学原理》（*Principles of Sociology*），谓各种文化进展的阶段，虽不必在同一个时代，但异时异地，其演进的程序，固划然未之或爽。原始的社会都是军国主义，而文明的社会必是工业主义。当他建立所谓社会由同质而趋异质，由简单而趋复杂的根本原则时，他藉许多未经科学的训练的助手之力，搜集异时异地异质的文化资料，证实其预定的进化计画，这是采用比较法，以建立文化进化的阶段之开始。这种方法的优劣，将于另节批评之。

第四，根据"灵物二元论"的概念，以说明人类宗教信仰之始源，及其他。英之泰洛（Tylor）与斯宾塞一样，站在进化派的立场，来研究初民的文化。他在方法论上贡献，有三种重要概念：（一）是"灵物二元论"（Animism）。他考察初民信仰的事实，以为人类在信仰上，有一致的态度，即是相信神灵与非物质的精神之存在，他称之为灵物二元论。他假定这种信仰，是一种自然的现象，可以用客观的科学方法为之探讨。这种提议对于宗教始源问题的研究，表示出一条簇新的路线，其结论虽经后人的批评，认为佚荡失真，但其开山之功，却不可没。（二）是遗迹论（Survivals）。依他的观察，今日的文化形式，如魔术，迷信，礼制等多半都是由先前阶段的文化留遗下来，这些质素便是他所谓文化遗迹。文化遗迹，在新的空间下，固然往往含有新的心理意义，并且有时其位置与在原来的文化组织中亦全然异样者。泰洛以为我们若能分析和

---

① 看所著《古代社会》。参阅 Clark Wissler, *An Introduction to Social Anthropology*, p. 168，1926，pp. 122 - 124。

摹述这些遗迹，很可以把先前的文化阶段再造出来。（三）是结合论（Adhesion）。他研究初民文化，常见某类风俗，动辄结成一团，如在某些部族中，有女婿对于岳母不敢平视的风俗，同时必与丈夫寄住妻子家中的习惯相连，此之谓结合论。这样的联合是由偶然造成抑或有必然的相互关系；他对于这个问题的解答，主张采用统计法来决定，但后来因为年老了，终之不能有什么建白。泰氏根据以上诸种概念，构成他的《初民文化》（一八七一年）之体系，然而这些概念，在文化的搜讨上之价值究竟是有限的。

第五，采用播化论的方法，研究文化的视点和方法分播与变动。德国民族学者研究文化的观点和方法，与英国派根本相反。巴斯镗（Adolf Bastian）的"根本思想"（Elementargedanke）的概念，诚然与文化派的观点类似，然而近年来德国的新运动，不特反对巴斯镗的旧见解，即达尔文主义乃至整个的进化观念，亦遭猛烈的打击。[①] 格里勃纳（Graebner）在罗索尔（Ratzel）所倡导的"地理运动"的影响下，主张不问地理上距离的远近，只要发现双方文化有类似的所在，都可当作文化播化或假借的例证。坐是之故，他否认进化说的重要性，而以为解决文化上的类似问题，应以下列两个标准为根据。

（一）质的标准——比较各处各种物体，信仰，制度之特征类似的所在。

（二）量的标准——考察两区域的文化或文化的各方面，以求其类似点的多寡。

格里勃纳就在这些假定的基础之上，建筑他的文化圈及文化层（Kulturkreise und Kulturschichten）的臆说。他的极端的"播化主义"（Diffusionism）的方法论，无疑地是专究物质文化的反映，谁也知道石刀石斧是容易拿来比较的，至于包含复杂的心理或社会因子如观念，信仰，行为的形式等等，便不是那末容易，而类似的观念，在这种场合也就空洞不着边际了。

英国播化论派以立浮士（W. H. R. Rivers）为宗，立氏注意类似的分析，不像格里勃纳那样武断，特别是对于心理因子的评量，是比较公正的。他因受摩尔根的亲属制度发见的影响，进一步创立"系谱学的方

---

① W. H. R. River, "The Ethnological Analysis of Culture", in *Psychology and Ethnology*, 1926, pp. 122 - 124.

法"（Geneological Method），举凡部族的研究，必先调查部族中户口的数目，并在系谱图表上排列他们的亲属关系，藉此以窥见部族生活的真相。此外他在《民族的接触》（*The Contact of Peoples*）一文，详论澳洲的各种葬法，他以为该洲的土人，不会独立地在一个地方发明火葬，香料葬等等的葬法，因此断定这种特质一定是由外面输入的，他的"历史再造说"，盖以此为出发点，更根据二种假定造成：（一）外来侨民所输入的文化，如果比本土的超越，必能发生伟大的影响；（二）文明的元素，虽然是有用，但因式样变迁，有时便消失了，或由外面输进的元素，因与本土的文明不适应亦会丧失了的。立浮士根据这些原则，来解释文化的传播，自然得到不少有价值的结论，但有时亦过于造作，结果只有或然的真理而已。此外英国还有斯密夫（G. Elliot Smith）、碧利（W. J. Perry）二人，主张文化一元论，谓全世界的文化，皆由纪元前二六〇〇年以前，由埃及的"太阳文化"播化的结果。他们所用的方法，全然是非批评的，学者多引为不满，故文化的研究，到了这二人的手上已简直沦为小说寓言了。

第六，采用"历史的方法"，以分析文化的发展，及其相互关系。在文化人类学宗匠的鲍亚士（Frank Boas）领导下的美国文化学者之贡献，与其说是原理，不如说是方法。鲍氏不主张从进化论，播化论，环境论的立场，作种种的假设。他以为研究者要采用最适合事实的概念，从具有特型的文化之地理区域做起，要精密地探究其内部的整部因子，找出其由因缘和合所造成之历史过程，发见其依靠的心理的一致性，这样才能将种种有关系的因子，表现出来。进一步，他还主张要找出各种文化间的关系，把文化的各种状态，以至共同的质素类化之法式，相异的质素之意义，作比较的研究。据他看每种文化模型，都是把由外部输入和由内部发生的一切累积体与新特质并合，才类化而成自己的文化形态，所以他以为我们只有采用这种历史的观点，方能发见文化区之条件与限度，提供每个文化模型之确当观念。这可算是批评派（Critical School）的工作的原则。兹据高丹怀素之说，将这派研究文化的指导原理，综结如下：（一）对于初民文化的研究，注重一定的史地区域，由纵的年代，研究其历史的过程，由横的地理，研究其他区域上之发展与部族间之接触。（二）应用客观与统计的方法，迹寻文化特质，或特质综合之分布，应用心理学的方法，研究特质之联合，互结与同化。（三）应用"款式"（Style）与"模型"（Pattern）的概念，叙述部族或文化区的文化，尤其是吸收外来的新质素的时候。（四）扩大求异的方法（Differential Method），研究部族间文化之异同。（五）采用语言学方法，厘正事物之意义。（六）辨别文化丛（Cultural Complex）之历史的和心理的体素。（七）排斥肤浅的古典式的进化论与环境的解释。（八）应用"分播"，"独立发展"，"并行"，"幅合"诸概念为讨探的工具，排斥武断式的显证。①

美国文化人类学家和文化社会学家相信文化的一般基础，以及其组织和发展的基本原理，在各民族当中，由最幼稚的非洲黑人以至近代的国族，到处相同。文化学者想对文明的元素，获得确切的了解，所以必先分析幼稚民族的比较简单的文化形式，这正如生物学者研究生命的基本事实，须从原始的形式入手相同，文化的分析，最重要者莫如发展许多专门的概念，现在文化学者所常用的概念，可分四类②：

一、关于文化组织与文化内容者。任何文化资料，都可由它们的组织之复杂性的增进点，用以下的概念来研究：

（一）"文化特质"（Cultural Trait）　指文化的最简单的单位而言，与化学家之所谓元素相近，不过文化特质是包含物质与非物质两方的文物言。

（二）"文化丛体"（Cultural Complex）　文化特质的表现常是集合而非单独的，如中国人吃米的风俗，必不能与耕耘，收获，烧饭分离，这些物质的整个集团，谓之文化丛体，或简称"文化丛"。

（三）"文化模型"（Cultural Pattern）　一个社会的思想，习惯，技术，在各方面相互适合，形成一致的体系，谓之"文化模型"。例如初民部族，有以战争为生活者，其文化模型便建立在战争的理想之上：做首领的自然都是英雄与战士，乃至青年的训练，魔术的形式，皆离不开战争的动机。③

（四）"文化基础"（Cultural Base）　一个社会的文化丛体和文化模型之总绩，构成它的整部文明；而在某个限定的区域内的文化总绩，谓之"文化基础"。魏斯拉曾把各种民族的文化基础所有的材料，归纳

---

①　Alexander Goldenweizer："Cultural Anthropology"，in H. E. Barnes（ed），*The History and Prospects of Social Sciences*．又看吴著《文化人类学》，拙著《社会进化》。

②　E E. Eubank，*The Concepts of Sociology*，1932．（页码不清。——编者注）

③　I. M. Reinhardt，and George R. Davis，*Principles and Methods of Sociology*，p. 59；Wissler，*Man and Culture*，p. 426.

成一种"普遍的文化模型"。尉本克（Eubank）则把文化内容分为：

（甲）集团行为——民型，德型，习惯等。

（乙）集团情感——情绪，感情，信仰，态度，倾向，嗜好，民族性等。

（丙）集团创造——（一）物质工具等；（二）非物质的精神产品，如语言，思想系统等。

（丁）前三种的集合。

二、关于文化构成的状态者。文化之为物，自其同者观之，一切文化都有根本的类似：家庭，宗教，政府，民俗，神语，谚语，工业的战争，艺术的器具，衣饰都是一切文化所共有的；自其异者观之，则所谓普遍者又属分歧，如各处均有语言，但据语言专家说，世界上不同的言语，有五千多种，文化构成的最后因子，虽为"自然"，"劳动"，与"技巧"，但我们获得文化，则由诸种途径：第一是由过去的遗业，第二是靠自己的创造，第三是当代其他文化渊源之假借，最后便是文化的改进，与文化的"涵化"（Acculturation）。

（一）文化元素的社会的遗传　文化的总绩，由过去传到现在，谓之社会遗业。这种遗业构成任何民族文化基础之大部分。

（二）文化元素的发明　新文化特质之发生，只能由创造而来，通常谓之发明或发见。

（三）文化元素的假借　文明的构成，还有由假借，采取或模仿而来者。一种特质由一文化区传至他文化区，谓之"播化"。狄克生（Dixon）分播化为二，集团内的相互模仿，谓之"初级播化"，集团间的假借，谓之"次级播化"，其连续者谓之"赓续播化"，反之谓之"非赓续播化"。魏斯拉又称文化之非统制的播化者为无组织或自然的播化，根据一定计画而分播者，认为指导的或组织的播化。[①]

（四）文化元素的改进　文化的变更，可以由两种或两种以上的文化形式之联合兼并，与对于已存的特质之变更而来，前者名为"并合的改进"，通常谓之"文化接殖"，后者叫做"发明的改进"，通常多是"发明的并合的改进"。此外还有文化改进的方法，曰革命。

（五）涵化。文化的构成，并非完全是客观的，机械的，也有主观的方面，谓之"涵化"。新的"生物体"（Biohom），变成一个"文化

[①]　Dixon, *The Building of Culture*, p. 128.

仁"（Cultural Socius），纯由学习历程而来，故教育为个人达到涵化的主要方法。

三、关于文化发展者。文化永远是一种动的历程，"变动不居，周流六虚"，其变像诚如庄周所谓："若骤若驰，无动而不变，无迁而不移。"（《庄子·山木》）文化学者对于文化变动摹述，有下列诸概念：

（一）文化并行论（Culture Parallelism）　文化特质由各地独立发明者，谓之文化并行论，或称"独立发明"。

（二）"文化播化论"（Culture Diffusionism）　文化由一源或多源发生，后来移植各地者，谓之"文化播化论"。

（三）"文化辐合论"（Culture Convergence）　文化不同始而终于类似者，谓之"文化辐合论"。

（四）"文化分歧论"（Culture Divergence）　文化同始而终于发生差别者谓之"文化分歧论"。

（五）"文化延滞"（Culture Lag）　各种文化丛的变动之速率，极不一致，其变动之迟缓或落后者，乌格邦（Ogburn）名之为"文化延滞"。

（六）"文化猛进"（Culture Thrust）　与文化延滞相反。

（七）"文化凋谢"（Culture Lapse）　文化特质或丛体，由变动而至消灭，谓之"文化凋谢"。

四、关于文化的方法或位置者。文化特质，丛体与文化集团是相连系着的，而集团不能遗地域而独立，故从地理分布的观点来讨论文化，至关重要。这方面的概念有五：

（一）"文化区"（Culture Area）　比较上不很进步的原始民族所居住的区域，每因自然之限制，致与其他民族老死不相往来，故文化接触与播化之机缘特少，结果许多小区域便发生单独的同质文化，文化人类学者叫此为"文化区"，文化学者亦把这个概念，应用到现代社会的研究。

（二）"文化境"（Culture Region）　文化区的概念，通常只用于初民社会，至文明社会，因人口变动，接触频繁，文化演进极速，故学者拟以"文化境"一名代之，使可以包括一个以上的民族国家，又区域的概念，隐含着极端的地方主义，境界的概念则涵义较广，盖指地方主义中发生的世界主义言，所以假定凡住在同一境界以内者，其文化都是同缘的。

（三）"文化段"（Culture District）　"文化段"是指在文化区之内而有某种文化特征的分段而言。这个概念采自"地境学"（Ecology），与文化区盖有广狭之分。大抵在近代城市中，因分工及阶层阶级分工的结果，文化段的特征已极为鲜明的了。

（四）与（五）　"文化中心"（Culture Center）与"文化边界"（Culture Margin）　文化在区域，地段与环境内的安排与分布，至不一致；在若干地点中，文化的表现，纯而不驳，在他方却又与其他地区相应的特质互相结合。文化学者所谓文化中心，盖指文化丛体纯而不驳及最少改变的地点言，文化边界则指区际文化特质最易混合的地点言。

文化人类学上的进化派，播化派，批评派的方法论之发展，已略如上述。英国人类学家马凌诺威斯基（B. Malinowski）最近曾将文化的解释者，分为历史学派，社会学派，心理学派与功用学派。[①] 历史学派亦即批评学派，此派以上述的鲍亚士为领袖，其思想与方法，总算能够支配着近三十年来美国文化科学的主潮。社会学派，在十九世纪之末与二十世纪初期，盛行于法国，而以都干（或译涂尔干（E. Durkheim））为代表。都干对于社会的概念，和规则的侧重，乃至他的体系之严格性与武断性，得诸孔德；他对于观念发生和比较法的注意，来自斯宾塞；此外还受到德国民族心理学家如斯坦因哈尔（Steinthal），拉萨斯（Lazarus）与冯德（Wundt）之影响，由此以构成他严密的社会学体系，其明晰正确，实所罕觏。然而此派虽以文化进化为主要的研究对象，惟其所根据的原则，却与英国派异趋，此派反对英国人类学者之心理学的基础，进而谓个人心理学固不能用以研究早期人类的集体行动，尤其不能用以研究长期演进的今日社会。根据他的所谓"集体表象"（Représentation Collectives）说来看，这些概念如"力"，"因果"，"整个"，"空间"，"时间"等都是由社会经验得来，所以文化的发生和形成，巴斯镗归诸心理的必然性，而在都干则归诸混一社会的必然性。[②] 心理学派创始于冯德，后起者如飞尔康德（Vierkandt），汤乌德（Thunwald），以及法国的喀尔朴（V. Van Gannep），美国的高丹怀素，陆维都以心理学方法为可用。高氏谓文化在本质上是心理的，所以尤其

---

① 见英国百科全书第十四版"Social Anthropology"条。

② 对于这派的原理和方法，具见自一八九八年开始出版的 *L' Année Sociologique*；参阅 Durkheim，*Les Règles de la Métohde Sociologique*，Paris；Levy-Bruhl，*Les Fonctions Mentales Dans Les Sociétés Inférieures*，1910；Paul-Radin，*Social Anthropology*，1932，Chap. 1。

注意文化之心理的意义的探讨。末了，还有英国当代社会人类学家马凌诺威斯基，揭橥"功用主义"（Functionalism），构成文化研究上的功用学派。此派一方既不赞同进化派之视文化历程为纯粹生物式的演化，一方又反对播化主义者的文化之机械传殖论，马氏说得好："播化只是一种改进的发明，恰如每种发明是一部分的假借相同。"① 简单地说：本派底目的在乎根据功用的眼光解释一切文化现象；认定每种文化特质，丛体，在整个文化系统，皆有其相当之位置，研究者不应忽视每种特质在系统中的相互关系，尤其不应忽视每种文化系统与物质环境的关系，所以，这派的方法，全在企图了解文化的性质，而非对于文化进化或过去的历史事象徒然作臆测的再造而已。文化的功用的发现，使这派能从"大处着眼，小处着手"，创立所谓社会人类学上的功用相关的法则（Law of Functional Correlation），这不能不算是马凌诺威斯基与毕德立浮士（Pitt-Rivers），白朗恩（A. R. Brown），费尔斯（R. W. Firth），汤乌德（R. Thunwald）诸人的大贡献。

苏俄革命后，其所持的理论武器之"史的唯物论的方法"（The Method of Historical Materialism）颇为当代研究文化变动的学者所注意。例如乌格邦，孙末南，朱宾，班恩（H. E. Barnes）和制度派的经济学者常侧重文化的经济的技术的基础，而文化动力的理论家和魏斯拉，华利时（Wallis），卫斯特麦克（Westermarck），克鲁伯，陆维等对于此种方法，亦部分地采用，皆其著者。就史的唯物论的理论说，文化现象与自然现象一样，是可以找到自然的法则的。文化学者为要明了任何文明的发展与趋势，或找出文化现象的法则，必须分析社会的集体活动，以及注意其函数的交互关系始，每个社会虽有其特殊的形式和内容，但就一切社会看，其基本的动力因子，仍是相同。社会的集体生活，由政治结构以至一切意识形态，宗教形式，家庭制度，艺术创造皆受社会的技术和生产组织所决定。技术力与当时的财产关系一旦发生冲突，生产组织的进展，便发生障碍，到了冲突变为尖锐化的时候，旧型社会便告崩溃，而新的文化系统因新的力量之督促随即代兴。这是史的唯物论所谓社会变动或文化变动的法则。同时这派学者承认每个社会内外的整部社会力，如技术，社会遗业，社会组织，经济地位，及其与世

---

① B. Malinowski, "The Life of Culture", 见 *Culture*, *The Diffusion Controversy*, 1927, N. Y.

界的关系，均足以决定它的文化演进之速率的数度。这种差别的进程，他们名之为文化"开展的不均匀的法则"（The Law of Unequal Development）。史的唯物论者虽然主张社会发展，有一般的法则或叙列，然而他们以为这种法则，不是社会进化的机械的阶段说。坐此之故，文化学者格雷（Gary）谓这派的技术，可以应用来研究任何类型的文化①，不过按诸实际，文化学在整个地接受这种方法的，尚不多见。

每种科学的演进，本身也就是一部方法论的演进史，究竟文化的研究，以那种方法最为确当最为适用，惟有时间是最后的试金石。

三、文化研究的方法之批评

过去百余年间西方学者研究文化所采用的方法，已略如上述。本来科学之所以成立，全恃客观精神，然而文化事象，最易惹起主观的价值评量，一为感情所蔽，成见所中，非惟批评远于正鹄，并且资料的取舍，亦减其确实性。兹概括前旨，略补加苴，以示上述的各种方法之限度。

进化派学者常划出一文化独立发展的区域，为研究的范围，并希望在范围内作精密的研究，以达到某种放诸四海而皆准的文化法则。这种方法，本来倡自巴克尔（Buckle）。巴氏著《英国文明史》（*The History of Civilization in England*），曾说明其主旨谓："我选择英国文明的进步，做专门研究的对象，纯因英伦在历史的进程上，不甚受外来的势力之影响，我于此可比较清晰地认识社会的常态过程，并了解最后支配人类社会的伟大法则之自然的运用。"② 依他的意思，历史法则与自然法则有同样的确度，我们倘能对于英国文明作精密的研究，文化现象的相关和叙列，便如皓月当空，确然大白了。其后马克思·木勒（Max Muller）应用此法以研究印度的宗教进化之现象，亦说："我们假如知道印度古代民族如何获得他们的观念，如何为之发扬光大，又明白这些观念后来怎样改变和没落，便可进一步断定其他民族的宗教思想之起源与变革亦复相同。"③ 纽文许士（Nieuwenhuis）根据同样的方法，研究婆罗洲（Borneo）的巴哈（Bahau）和垦渣（Kenja）部族，西里伯岛（Celebes）的吐拉渣（Toradja）部族，结果推断他们是从来不曾与外界

---

① Dorothy P. Gary, "The Development Study of Culture", Ibid.
② 原著页一七一。
③ *Origin and Growth of Religion*, p. 137.

发生过接触的最幼稚之民族，因此便说到他们的宗教谓为表现出一种理想的独立的发展。[1] 佛雷沙对于图腾文化的始源之解释，亦曾采用这种的方法。据他看，澳洲与其他大陆是绝对隔离的，"科学家在这种与外界绝缘的最孤立之地方中心，也许很有理由地希望能够发见野蛮人最低级的情态，侦出人类在蜕化的阶段之真相，并说明人类种族在得到自由与光明之后的首次集合。我大胆地相信从这种途径来研究中澳的土著部族，不会全然失望"[2]。基于这个观点，他推论"印狄契末"（Intichiuma）的仪式，为阐释中澳部族乃至一般部族的图腾文化之原始意义和目的之锁匙。[3] 都[4]干解释宗教的质性，功用和发展，同样以澳洲现象为根据。他说："民族学者所认得的生活，当以此地为最幼稚最简单，因为他们的文明不但仅具雏形，即组织上也还以民族为基础。"[5]

我们觉得以上诸人的观点和方法，不免犯着两重错误：第一，他们对于文化的演变，只注意其独立发明一面，至于播化的现象，则没有充分的注意。我们从立浮士（W. H. R. Rivers）对于澳洲和美拉尼西亚州（Melanesia）的文化之比较研究来看，便知道这二洲的文化在历史的过程中，曾由三四种以上的文化混合构成，其性质不是单绝的而是庞杂的，所以他主张采用"文化分析法"，把文化丛体的特质之始源，爬梳抉发，分别部居，然后能建立所谓进化的法则。[6] 同理，德国人地学家罗索尔（Ratzel）谓社会科学上"独立发明"的概念，酷似生物学上的"自然发生说"，本质是时代错误的；播化学派如格里勃纳，夫瓦（Foy），安克曼（Ankermann）在此种思潮的影响下，所以转而采用播化的方法论的概念，与进化派对抗，有时虽或矫枉过正，然其客观的价值，自不应轻易抹煞。第二，他们每假定自己所研究的民族，为最幼稚的类型，如萨拉申（Sarasin）兄弟之于锡兰的味达人（Veddahs），斯密特（Schmidt）之于菲［非］洲的矮人（Pygmies），都干等之于澳洲的部族，都不免感情用事，佚荡失真。我们知道现在的幼稚民族，未必经过几千万年，仍依样一贯保存邃古的原始状态，一点也不变更，给文

---

① *Die Wuzehn des Animismus*, *Internationales Archiv für Ethographie*, 1917, Sup. to Band, 24, pp. 2 - 9.

② "The Origin of Totemism", Cited by F. Schleter, *Religion and Culture*, p. 9.

③ 同前，页六六四。

④ "都"，原作"部"，今根据上下文校改。——编者注

⑤ Durkheim D., *The Elementary Forms of Religious Life*, pp. 1 - 2.

⑥ W. H. R. Rivers, *The History of Melanesian Society*, *Social Organization*, etc.

化学者留下一份整然的资料。并且据史家之所昭示，低级文化，有时也许由高级文化退化而来的，如中美之印第安族，近代之埃及族，乃至富芝族（Fuegians），丛莽族（Bushmen），例证俱在，斑斑可考，由此可见进化派根据一个区域的材料来建立文化进化的法则之企图，未免太偏于理想了。

进化派所沿用的方法，除地理区域的方法外，还有比较法。这两种方法，本质上有很大的差别，前者的出发点，在乎向浩瀚无涯的文化界中，找出片段的材料，作发生学的研究；后者则不然，它要把在一切不同时空搜集的文化事实，依照"形态类似性的原则"（Principle of Morphological Similarity），例如"戒忌"（Taboo），"图腾制度"（Totemism）等加以分类，至于材料的异质性，则存而不论。所以人类学者每于文化丛体当中，选择形态类似的特质，作比较的基础，且常假定特质相类者，其丛体亦复相同——如 A 丛之特质 a，与 B 丛之特质 b 相似，则认 A 与 B 类似，依照这规范所定立的比较之经验的可能性，几乎是无限的：魔术既可以科学比较，宗教亦可与偏执狂（Paranoia）并论。譬如斯宾塞在一页文字中，讨论到甘沙达族（Kamschadales），克吉斯族（Kirghiz），贝瑞族（Boduins），培楚亚纳族（Bechnonas），达摩拉族（Damaras），霍屯督族（Hottentots），马来族（Malays），帕品族（Papuans），富芝族（Figians），安大民族（Andamanese）的文化资料，我们相信这样合拢起来的，题材不特毫无有机的联络，并且照顾不到发生学上所应注意的动力主义。又如佛雷沙摹述世界的魔术——分为模仿与感染两大类——亦全然不顾各种事实之文化背景，随便把它撮成一气，使人们感觉这些事实是类似的；还有泰洛采用标示初民文化的许多历程之"灵物二元论"，在方法论上不能谓为无相当贡献，但是进一步观察，知道他所举的例证，是异质而非同质的。原来人类学者，与社会学者，受了生物进化的影响，方才采用比较法，假定人类的精神生活，表现系谱的关系，与动植物演进的状态相同。但我们知道生物学上早已承认形式与构造之类似，不能据为相应的发生类似存在之明证，可是人类学家一向还采取形态的标准，为方法论的不易之论据。直至一八九六年鲍亚士著《人类学中比较法的限度》，才表明各民族文化的单位，虽表现形态的类似或相同，但这些相同也许由不同的心理历程发展而来。譬如从图腾制度，几何图案，面具之使用，父系家庭及来生的观念来观察，便可概见。坐是之故，他明显地指出这种方法有三种缺点："（一）文化类似或相同的程度与意义，不易评量；（二）只从旅行家的游记或传教士的报告中，抽出背景不同，首尾不贯的许多事实，来填入自己的计划系统内，不免有错误的危险；（三）若欲充分明了文化的特征，不能不注意熟考其实在的历史背景。"①

亚稜莱斯（Ehrenreich）于一九〇七年得到的结论，与鲍亚士先后合辙，且进一步应用"辐合的原则"（Principle of Convergence）来解释文化现象，于是"辐合说"遂在"并行论"、"播化论"之外，崭然露头角，为文化研究的第三种重要学说。此派以文化派固失之虚构，播化派也失之机械，因为文化现象常由简单的原理中推绎出来，后来受到某种条件之影响，能自数种异样的特质发展而为相同的元素。简言之，辐合说对于并行论与播化论皆采取其菁华而弃糟粕，其学理是折衷的，综合的，不是极端的。② 一九一〇年高丹怀素常从这种观点，对于图腾现象作批评的研究，指出文化的模型的征象在，各文化区中均有其独特之点，不能看作有机的相互关系。"戒忌"的现象，通常视为简单的，可是各个民族获得这个俗习，却由许多不同的历程而来。同是崇拜动物为神圣，在印度则重蛇，埃及重猫，中国重龙，而南非洲之班吐族③（Bantu）则相信动物为其祖宗的化身。又如在许多以动物为图腾的民族当中，北美印第安人则常视动物为其保护神，亚稜达族（Aranda）则视图腾以外的动物，皆为恶神，依士企模人（Eskimo）则凡遇捕渔的季候，不许对于鹿加以杀害，或抚摩；还有把戒忌应用于民族或家庭的图腾社会者，则又视动物为其先祖。或又视动物为不洁者，如犹太人或回教徒之于猪，有视某种动物为神圣之征象者，如耶教徒之于鸽；佛教信士与现代之道德的素食主义者，则视动物与人类同缘，故主张不杀生，不食肉。可见这些文化物象之兴起，源流甚多，不能以其表面类似便视为同型。④

进一步说，形态的类似，最多只能应用于物质的，工业的，科学的文化，若精神文化的产品，如神灵，魔术，礼节，来世观念，本身既没

---

① F. Boas, "The Limitations of the Comparative Method of Anthropological Science", 1896, Science v. 4, pp. 903 - 905. 兹依吴文藻所引，见所著《文化人类学》，同前。

② Ehrenreich, Zur Frage der Beurtheilung und Bewerthung Ethnographischer Analogien, Conrespondenz Blatt der deutschen Gesellschaft für Anthropologie Ethnologie, 1963, p. 178.

③ "族"，原作"疾"，根据文意校改。——编者注

④ Goldenweizer, Journ. of *Folklore, und Urgeschichte*, 1910, pp. 182 - 183. 参阅拙著《中国古代社会的图腾文化》，见上引。

有任何几何物象的形式，文化学者实在无从审知其情态类似的数度。例如"戒忌"的恒素，无疑地是对某物之禁忌，但各个民族禁忌的规条和理由，以及其发生的历史的心理的背景，则往往不相侔合，因此我们不能不公认两个区域以上的戒忌，也许不能随便拿来比较。又如一个机器制造的艺术品与一个艺术家的创造，其外部形式无疑是完全相同，但在创造中所牵涉的内部思想和感情则大异，可见鲍亚士常侧重这种发生的历程之非比较性，不是无的放矢的了。

当代文化学者对于文化形态类似的说明和决定，直至今日，还没有客观的标准，可用作批评的论据。无论那一派的观点和方法，都免不了若干的错误和偏见。斯宾塞，泰洛，佛雷沙，摩尔根，安德里（Andree），巴斯镗（Bastian），魏塞（Waitz）根据并行发展说以解释类似的现象，几乎全然抹煞历史传播的实际历程，其错误固不必说了，即格里勃纳，斯密夫等对于文化类似，完全归诸播化的历程，亦往往忽视地理区域距离之远近，历史接触的事实之有无，文化的心理学的意义之轻重，其偏见与并行论盖同。还有格里勃纳的类似标准的分类，据批评派看来，亦不适用，因为质的标准实际上永不能完全免去主观见解，纯粹客观地应用。量的标准分析到最后的单位，不过仍是质的标准。所以这派自称为"文化历史派"（Culture Historical School）其实是非历史的。近来后起的文化学者又有转而取用"辐①合的方法"的新倾向，但根据这种观点作成的结构，除魏斯拉的《人与文化》（*Man and Culture*）之外，尚不多觏。

由此可见上述的方法多半是一团主观的原则；每个学派的学者仅由特殊的观点出发，其研究所得的确实性，自有一定之限度。所以就各种观点本身论，绝不会组成一单个调整的逻辑的体系。在最后的分析上，我们以为类似的说明与事象（如图腾）之附从的决定，只是许多未决定或不能决定的变数（Variable）之一种函数。根据这些原则所得到的结论，不固一致，而所获得的分类，亦只是"帮助发见的原则"（Heuristic Principle）之反映，绝不会含有客观的真实性。

然而比较法也不是绝对没有他的贡献。已往的人类学者、社会学者用它来搜集相同的风俗，礼制，观念，一方既为文化解释奠下新基础，一方亦确曾替知识开拓新前路。不过这种方法的效用最多只像瞿惠业

---

① "辐"，原文为"幅"，校改。——编者注

(Cuvire)，巴丰（Buffon），林尼阿（Linnaeus）时代的自然科学所用的方法，把许多资料，加以分类而已。这种方法乃是进化论前期的产品，进化论的发生不是根据分类和形态的原则，而是由批评的观点，把理论重新建筑起来的，所以我们对于文化资料，也要根据批评的原理，重新为之考验，分析，统计，排除不确当的方法，然后文化学的方法论方能建筑在一个安稳的基础之上。

以鲍亚士为领袖的批评派或历史派所发展的"历史方法"盖鉴以上诸种方法的缺点，乃重新侧重每个文化集团之历史的背景和发生学的研究之重要性。他们所采用的技术，无疑地超迈前人，昂首天外，然而当代学者亦曾指出其缺点。其一，雷丁（Radin）谓鲍亚士的"历史再造"（Historical Reconstruction），在质性上是非历史的，其所谓历史方法，全然是一种纯粹逻辑的方法，且素朴地非历史的。[①] 克鲁伯（Kroeber）亦批评说："鲍亚士博士在《原始艺术》及其他著作中，除却一二种例外，显然是不相信历史的。"[②] 其二，格雷（Gray）以这派认定文化的最简单的单位是文化特质，而文化特质的定义为文化的最简单的单位，这型的循环论证，在分析或探讨上，不会得到明晰的决定。文化的概念，自然有相当的效用，然而文化特质团结起来形成复杂的单位，谓之文化丛体，丛体集合起来，构成更复杂的单位，谓之文化模型，文化模型的综数等于一种文明，而依照魏斯拉的看法，想了解一种文明，须先枚举一切文化特质，分别为之观察，高丹怀素早就反对此种办法，认为不可能。进一步他们认文化特质构成文化的基础，文化特质的地理的分布构成文化区域，这样的看法，马凌诺威斯基亦谓太过机械化和构造化，缺少了功用主义的根据，也未免把文明视为有条不紊的四方图案了。格雷基于上述的理由，所以主张采用比较有用的研究单位，如"经济"，"控制"，及其他文化历程如"民型"，"德型"，各种交互作用之形式，社会情况，与社会反应的类型，为之替代。[③] 要之，此派的方法虽不能称为尽善尽美，但其发展社会行为主义的统计法的分析，创造许多概念的工具，以搜集和支配所得的材料，不能谓非文化研究上的一大进步。

---

① Radin, *History of Ethnological Theories*. Amer, *Anthropologist*, 31, 16（1927）. 又 Radin 近著 *The Method and Theory of Ethnology*，1933。第一、二章亦批评鲍氏的方法。作者谓鲍氏的观点本质是物理学家，或数学家的，所以他把文化事实当做物理事实或数学概念为之研究。

② Kroeber, *Review of Boas Primitive Art*, ibid.

③ Gray, ibid.

新兴的功用学派的方法论，侧重集团文化生活的全体及功用的相互关系之研究，对于现在之方法论之实证的方面，自然也发生有力的影响。但是这派的学者往往由生物学的观点，来阐释文化，因而偏重文化与人类的需求之重要性，这种主张，实与文化历程的搜讨分离。换言之，文化是自成一类的现象，不能用生物学或内在的心理的术语，来说明其函数的相互关系的；本派的许多学者，在这方面所用的功用的概念，所以往往落于玄学的窠臼而不自知，就是如此。不过其中亦有例外，马凌诺威斯基说："人类的文化行为，超越他的生物学的设备，所以生物学不足以说明文化。"他又说："人类的最重要的业务，都是由共同的作业而来，故用个人心理学来解释文化，也是不够。"在这种条件之下，我们可以承认"功用"的概念，也有相当的科学的贡献。

最后，史的唯物论的方法之整个批评，非本文的任务。单就文化研究上看，霍浩斯（Hobhouse），京斯伯（Ginsberg），威拉（Wheeler）合著的《幼稚民族的社会制度与物质文化》（*The Social Institutions and Material Culture of the Simpler Peoples*，1915）一书已经采用统计法，表明经济与其他文化状态的关系，并非像此派所设想的那末密切，虽然这书自亦不免有其本身的缺点，但统计法的研究，正能补足史的唯物论的方法之不逮。又如乌格邦分析文化，发见物质文化的进程比精神文化快，倘使我们从这个观点，倾重经济之动力性，则此种方法亦有其相当的效用。①

现在文化学的方法论之问题，乃如何联合各种现存的技术之确当元素，和如何能把由批评和实验得来的元素，综合起来，以造成适当的体系之问题。我们对于这点，将于下节讨论之。

四、综合

我们的世界是变动不居的，每个科学家对于这个变动的世界的观念体系的不同，因而所取以研究共同经验的文化物象之方法有很大的差别。在超机的现象中，我们最少有四种模式的研究法，是值得注意的。这四种方法：第一是自然科学的方法（Natural Science Method），第二是发生说明的方法（Genetic Explanatory Method），第三是期成论的方

---

① 本节所述的各种方法大体以 F. H. Allport and D. A. Hartman, *The Prediction of Cultural Change*：*A Problem Illustrated in Studies* by F. S. Chapin and A. L. Kroeber, in Rice (ed.), *Methods in Social Science*, pp. 307 ff. 为根据，惟我的意见与原作恰恰相反。

法（Telic Method），第四是款式论的方法（Stylistic Method）。兹略述这些方法的特征与效用如次：

第一，自然科学方法的主要特征，在乎分析各种事物间的互相关系，进而加以综合的考量，以求得事变间一致的叙列或法则，做预料的根据。严格地讲，科学方法可以分为这样的步骤：（一）对于研究的范域之画分；这种画分自然多半为实用的兴趣所决定；（二）对于范域内的事变加以直接的观察；（三）研究事实和变象之类似性和一致性，并找出其相关数；（四）根据它们的"基型性"（Typicality），建立适当的"概推"（Generalization）；（五）概念之建立；（六）把概推归纳为数字的形式或公式，为未来事象的统制和预断之始基。① 科学家对于物象的考验，既以求得其结构，发见其法则为目的，在这种考验的过程中，不免牵涉到方法论上不可缺少的两种系论——其一为分析的态度，其二为显明的指示之标准。就前者论：每个科学家对于物象的研究，必先从分析入手，例如行为学者的研究行为，第一步要观察有机体的构造，第二步或借神经学家和生理学家的概推，阐明行为的运用，并且根据他们对于神经和肌肉纤维的动作之摹述，分析其所由构成的细胞，找出有机无机的体素。最后或更进一步采用有机化学和物理学的概推。阐明神经冲动以及肌肉收缩的现象，这就是分析的态度。就后者论：科学家所研究的对象，不只是我们能够见，听，味，触，觉的东西，并且具有数量的性质，可以计，度，量，衡和反复实验的物象，科学用来研究这些明显的物象的工具，约有三类：（一）界尺，天秤等，用以划定或衡量资料者；（二）望远镜，显微镜等用以增加观察力者；（三）寒暑表，气压表等，一方联合上列之两种工具之功用，一方亦能增进观察的能力，及做量度的工具者。②

第二，发生说明的方法，不着重实验的分析，而专注意迹寻现象的历史，表明其发生的原因，故与自然科学搜讨，有很大的差别。由第一种方法说，我们知道自然科学家研究矿物，必择出若干标本，分析其构成的元素，找出各结晶体之构成如何，结合如何，黏合的法则怎样，至其历史是什么，构成的过程须多少时间，则存而不论。发生学者则不然，他要回溯过去，企图用种种的法则，说明其地区的矿物构成之途程

---

① D. P. Mukerji, *Basic Concepts in Sociology*, London, 1932, Preface.

② 看 G. A. Lundberg, *Social Research*, p. 32。

如何，至现象的预断，虽非绝对不可能，但却相对的靠不住。因为：
（一）估量同样的条件在未来的覆演，往往是不可能的；（二）对于非常
事象的预料，除非采取自然科学方法，把事象分析到简单的单位，求出
其根本的法则，不然他怕与预断相去千里而遥。文化学说通常多以发生
学的方法为根据，所以文化学的方法，远不及自然科学的预测力大。

第三，期成论的方法之特征，在乎求出现象对于观察者给予的意
义，而不在乎说明现象本体的性质。一把刀子，只要能说明它与人发生
什么交涉，则其社会的意义自然跃然纸上，至于分析刀子构成的元素，
迹寻刀子的制造史，记载它的始源和演变，这都不是此种方法所欲置问
的。期成（或译目的）论的搜讨，固然也像前二种方法一样，注意事变
的预断，不过这种预断，为的不是证实若干假设，或定立一种法则，而
是希望获得人类行动的实际的根据。在事变的预断上，它当然以自然科
学的法则为基础，可是由自然科学家的领域转到文化现象的领域，预断
的可能性不但有限而且也相对的靠不住。进一步说，发生学的方法，其
说明是向后的，期成的搜讨，其说明是向前的。一切发明都有其实际底
目的在，所以我们想了解发明，必应采用期成论的方法为之讨究。

第四，我们对于文化物象的第四种搜讨，就是从美学上，看某种物
象与我们关于形式，比例，及平衡的统觉之习惯，是否调和。这样的搜
讨，乃是所谓款式论的。譬如我们研究一种建筑或雕刻，看它是汉魏的
抑或印度的，是希腊的抑或罗马的，其形式如何？装饰如何？这样的款
式论的讨究，文化学者也当作是义化研究的一部分。

任何文化物象，都可由上述的四种方法来研究。试举一普通的例
子，来说明这些观点的关系。譬如古物学家研究甲骨文的发展，他可以
采取自然科学的方法，分析河南龟甲的本质，量度他的大小，看他们与
濒海诸省的龟甲是否相同；转过来他也可以采取发生学的方法，迹寻龟
甲文字的始源，说明其流变与影响；复次，他可以把自己暂时置身龟甲
文创作者的地位，思量创作这种文字所要达到底目的，和怎样可以完成
自己底目的；最后，他还可以从美学底观点上，考量这种文字底式样，
看其所用者为方笔抑为圆笔，为像形抑为写实。克鲁伯研究西方女子服
装的演进，希望发见其变迁的法则，也便采用这种方法。①

———————————

① A. L. Kroeber, "On the Principle of Order in Civilization as Exemplified by Changes of Fashion," Amer. Anthro. N. S. XXI, No. 3（1919）.

在文化的论究上，究以那种方法的最适宜，这不是一个容易解答的问题。方法论的自然史告诉我们几件重要的事实：

（一）任何方法之确实性的最后试验，不在方法本身而在所获得的结果。无论什么方法只要能获得良好的结果，实际上便是一种确当的技术。通常一种问题可以采用多种方法来解决，我们对于方法的选择，自然以最直接最确当的方法为最适宜。

（二）一切方法都是尝试的。顾理（Cooley）尝劝人不要变成方法论的武断者，把它当做宗教迷信①，这是对的。尝见许多人相信某种方法论如崇拜偶像然，只讲形式，不求实际，若此者，其人虽存，其形已鬼！我们一方面固然不能一天离开方法，可是永远不会达到一种固定的原则或结论。在高度系统文化的领域如理化科学等，新的方法常常替代或改变旧的方法，乃至旧方法所根据的逻辑。在文化的研究上，又何独不然？

（三）由方法论演进的历程看，人类能了解和统制物质世界，皆由自然科学的方法造成。这种方法曾给人类很大的成果，这是一桩极明显的事实。然而在应用上，这种方法在各领域内的具体过程与运用，殊不一致。物理学采取的工具，概念，材料与生物学两样，惟双方所根据的逻辑，则仍属相同。自然科学方法在物理世界的成功，曾引起百多年来的社会科学家之深切的注意，孔德既有建立社会物理学之企图，而达尔文，斯宾塞，华德（Ward），柏烈图（Pareto），亦皆想利用这种方法，来剖析社会的奥秘，找出社会的法则，影响所至，竟如皓月当空，水银泻地。

文化现象既属于世界的一部分，它的演变与类型，当然可以采取自然科学的方法来研究。美国文化变动论者朱宾说得好："社会科学家对于文化变动的预断，所以比物质科学落后者，盖物质科学根据符号试错的原则之使用，达到'设计发明'的阶段，至于社会科学则由明显的试错，不曾超过'经验变明'的阶段。"克鲁伯亦说，我们归纳地研究文化的变动，总可发见支配其变动之"秩序的原则"（Principle of Order），为预断的根据。准此，文化现象，可以采用自然科学家的方法研究，似乎是很明显的。

————————

① C. H. Cooley, *Sumner and Methodology*, *Sociology and Social Research*, Vol. XII, Mar-Apr, 1918, pp. 303 - 306.

　　然而心理学者如亚尔钵（Allport），哈特曼（Hartman）则以为这个问题，并非如此简单。他们相信社会科学家对于文化的现象的量度和预断，不但技术上比不上自然科学家之于物质现象，即若干根本的方法论问题，亦迥然不同。从性质上看，自然科学家所研究的现象是外部的，或明显的，社会科学家所研究的是内部的或潜隐的。他们根据这种观察，断言文化变动，不能采用量度的方法为之研究，这其中的困难，他们认为是问题本身所具有，而非技术的改进所可变换。[1] 假使这个断定是对的，一切所谓文化法则或社会法则的追求，都成废话，而文化变动的预断，也简直是"缘木求鱼"了。

　　亚尔钵诸人的意见之发出点，在乎误认自然现象与文化现象有本质上的差异，故毅然断定两者的研究的方法，有很大的差别。在我们看来，这种意见却殊无坚稳不拔的基础。第一，一切由知觉界得来的资料，只是本体的证据，并非本体自身。科学家把由知觉获得的材料，给予概念化，因而认定之为真正和确实的本体，其实，方法论的进程，本质是假想的。一个科学家站在某种观点，讨论一团"以太"，或一团文化事象，只要能获得相当的结果，则他的判断，不能谓之无相当价值。第二，照亚尔钵的意思，似以文化现象，其形式是变动不居的，其阶段是转折无常的，故断定此种现象与自然现象之可以反复实验者不同。然而从绝对的意义讲，我们在知觉界上，那里能够找出什么"覆演性"和"同一性"？一个化学家两次继续地把水分为氢和氧，其反复试验的，并非同样的事象而是相类的事象。每次实验所用的水，都是由许多分子构成，其中各个分子都有自己的特征，化学家非但无法量度，即其本性如何，亦完全不知道，可是因为分子太多了，所以一切都可以看作是类似的。皮耳生（Pearson）的意见，一群原子的相同，并不是某原子与某原子之绝对的完全相同，而是一个统计或平均的相同。[2] 我们对于文化也是如此。世间没有两种文化模型是绝对相同的，但当我们研究文化现象时，却不管各个文化模型之差别如何，毫无疑义地把东方文化模型与西方文化模型相比较，认定二者有根本的差别或一致。自然科学家得到的结论之盖然性的度数，固然比社会科学高，然而我们由感觉界得到的资料，性质上均属指数，不过文化科学上资料则常是指数的指数，这虽

---

[1]　见注四十八所引。

[2]　见所著 *The Grammar of Science*，Chap. V。

与真实距离较远，但两者均非代表真实本身，则又无不同。① 所以我们相信双方在分析底目的上，把感觉印象加以概念化的科学方法不会有两样。②

一切文化现象，均有其物的基础，倘使记载文化历程的方法，比较地精密，则这种现象固然可以数量地为之表达，即文化变动的指数，亦未尝不可由工具的计算得来，因为工具是人类应付环境的产品，由石器进至铜器，由铜器进至铁器，乃至一切衣食住行所经过的许多进步阶段，都是极其显明的。③ 由此看来，自然科学家与文化科学家所研究的事象，姑勿论如何纷歧，但双方对于可知觉的世界，均采取统计学的观点来研究，这便使双方在方法论上有一致的倾向。最初应用统计法来研究文化的，当推英之泰洛，他对社会制度的发展之研究，一方表明统计法的效用，他方又指示统计法之限度。④ 最近克鲁伯对于文化关系亦给予数量的表达，不过他的研究与泰洛不同，泰洛的研究以世界为根据，没有限定的地理区域，其目的在于法则的发见，克鲁伯的研究，着重特定的文化区，企图在一定的时空内找出确当的历史关系，其目的则在乎找得"自然的分类"。⑤ 又如霍浩斯、京斯伯等研究初民社会制度与物质文化，把每种有特型文化质素的部族，算是一个单位来研究，一共分析过四〇三个部族的文化资料，并表明文化发展与经济发展的相关数，这是一种统计研究最好的例案。严格的说，统计法与其说是方法，不如说是一种思想的式样或是一种技术。就技术论，他仅是把自己归约为数目单位的资料，给予表达或支配而已。这样的一种技术，自然有他的限度。⑥ 要之，一种数量的文化学，在今日当然还感觉着许多困难，假使文化学者能以坚毅的长期的观察，定义，分类，历程之记载，最后也许可以把今日所遇见的种种困难打破，使这种科学，将由臆测的阶段进到实证的阶段。

----

① Alfred Nicefero, *Les Indices Numériques de la Civilisation et du Progrès*, Paris, 1921.

② S. A. Rice, *Quantitative Methods in Politics*.

③ 这种数量研究，现在已经很发达，譬如看 *Studies in Quantitative and Cultural Sociology*, Vol. XX. IV The American Sociological Society。

④ E. B. Tylor, *On a Method of Investigating the Development of Social Institutions.* J. A. I. Reprinted in Krober, *Source Book in Anthropology*.

⑤ H. E. Driver, A. L. Kroeber, *Quantitative Expression of Cultural Relationships*, 1932, pp. 1 - 2.

⑥ J. M. Reinhardt and G. R. Davies, *Principles and Methods of Sociology*, 1932, p. 377.

上述的诸种方法，为研究文化者所当注意，可写范围太大，挂一漏万，不能多所发挥，以上所陈，要不免为片段的思想。今复概括各种方法，略示研究文化现象之程序：

第一，当划出"文化区"或"年代区"为研究的范围——文化区与年代区的概念，为鲍亚士与魏斯拉所创立，一函空间观念，一函时间观念。严格论之，文化历程是活动的有机的整个，我们只能由集团与集团，文明与文明，集团与地理的，经济的及其他社会的因子，或文明之一部与其他的部交互作用，来爬梳抉发，才能明了。一切文化现象，如工具，民型，德型，态度，科学都在这种客观历程中创造出来和发生交互作用。这样的动的历程，本为不可分，不可断的，但为研究上的方便，又非分之断之不可，此在科学上皆然。我们只要避免进化派的独立发展之错误观念，则"文化区"与"年代区"的注意，盖为学者所不能避免的事实。

第二，"文化区"与"年代区"的真相之把捉——组成文化区与年代区之资料，搜辑宜求备，鉴别宜求真。对于没有日期的先史文化之研究，或用古物学者所常用的（一）档案学方法（Documental Method），（二）类型学方法（Typological Method），（三）分播的方法（Distributional Method），（四）地质学方法（Geological Method），（五）每年淤积法（Annual Deposit Method），（六）层位法（Stratigraphical Method），（七）数列法（Seriational Method）把没有日期的资料，加以时间的叙列和安排。至于文化真象之探讨，或用调查法，或用采访法，摄影法，统计法，分播法，款式法，期成法，发生说明法，实验法，摹述法，必须备极详细，使资料表现而为活动的整个组织体，并求得其函数的相互关系。

第三，当注意区外之关系——文化真象的把握，从纵的方法（Perpendicular Method），固当然注意年代区以前的事实之来历，与以后的文化事象之演变，但从横的方法（Horizontal Method）看，又当求此文化区与彼文化区，此文化境与彼文化境之交互关系，迹寻其文化特质与丛体之交光互影。

第四，当精研文化变动的因子——文化变动皆受人类环境的各种因子之影响和决定。这些因子最为复杂。有物理环境，有生物或有机环境的，有物理社会环境的，有生物社会环境的，有心理社会环境的，有制度化的派生的统制的环境的（一般上如经济的，技术的，宗教的，生物的，政治的，伦理的，教育的。特殊上如革命的，保守的，耶教的，佛教的，或英美的，苏俄的）。我们必要求得这些因子与文化的关系，或审知文化变动之心于物的基件，又照立拍特（Lippert）所说，一切文化都以生的成遂（Lebensfursorgen）为其原则。[①] 中山先生亦以生为宇宙之中心，民生为历史之中心，我们亦可求出"生"与文化的关系。

第五，利用各种文化概念和原则为探讨的工具——文化的研究或求知其类型的关系，或找寻其叙列的真际，最应利用已有的文化概念，原则，技术为探讨的工具。譬如民族学者推论文化的始源，年代和分播，通常根据两个原则：（一）当某种艺术为许多部族所共有，但其始源的证据，无法获得时，我们可以断定其始源必在较进步的集团无疑。倘使两个集团都是同样进步的，则其始源，必在文明最旧的集团。（二）或根拟文化区所包括的副文化区之较少的文化特质来决定。例如有六大文化区于此，其中两副文化区所含的文化特质比其他四区少，则这两个文化区殆代表较古的文化层位无疑。[②] 这些原则，虽不能说是没有例外，但有时用作时间的透视（Time Perspective），往往能节省许多时间，获得较高的效果。由此看来，鲍亚士的研究文化之指导原则，都是相对地可用的。

总之，文化的变象，不可方物，研究文化的方法，不止一端，神而明之，存乎其人而已。

---

① Lippert, *The Evolution of Culture*, Chap. 1.
② Wallis, *Culture and Progress*, Chap. 11.

中国文化建设的理论问题与文化学 *

（1938）

　　中国近百年来的文化变动，乃是东西洋文化接触后所产生的一个结果。这个假设，决不是一个尚待证明的"丐词"，因为整部的文化史，都可以给我们提供无数同样的佐证。当两种异型的文化接触时，必然引起一种新现象，这即是文化理论或学说之产生，理论或学说的功能，一方是用来解释文化演变的因果，他方还可以当作远嘱和统制事变的根据。

　　我国学者近百年来的文化理论，据我的分析，有三个显明的阶段，第一个阶段可说是属于"反抗的"，"反抗"的主要特征，即是对于西洋文化，认为与中国的民型背驰，故不惜目之为异端，拒之于千里之外。八十年前（一八五四），代表西化运动的主力之洪秀全杨秀清，曾反对过妇女缠足，但代表反抗派的曾国藩在讨粤匪檄就说：

　　　　逆贼洪秀全，杨秀清称乱以来……妇女而不肯解脚者，则立斩其足以示众妇。……自唐虞三代以来，历世圣人，扶持名教。……粤匪窃外夷之绪，崇天主之教。……举中国数千年礼义人伦，诗书典则，一旦扫地荡然，此岂独我大清之变，乃开辟以来名教之奇变。……

　　太平天国的民族革命运动，无疑地就给这种似是而非的文化理论所断送。到了这个阶段的末期，士大夫的文化理论，也就发生很大的变化了。差不多四十年前，那时吴稚晖先生刚在北京，他一次跑到米市胡同去看康有为，对康说道："八股，我们可以自动不赴考，小脚可以不缠，鸦片可以相戒不染。"康听到这话，"就用两双手伸了两个大拇指，狂喊

---

　　* 载黄文山：《文化学论文集》，广州，中国文化学学会，1938 年 2 月版，151～158 页。

好极了呀，好极了呀"（见吴著，《回忆蒋竹庄先生之回忆》，东方，三十三卷，一号）。这种情形，在曾涤生时代，是不会遇见的。然而历史上所谓"维新运动"的一个轩然大波，也就由这种理论的变迁所引起。

我们的文化理论之第二个阶段，可说是属于讨论的，这时期的思潮和背景，数八十年前固然不同，即与四十年前亦复大异。缠足文化，除却妄人如辜鸿铭者外，决不会再有人起来拥护，而八股问题，也不成其为问题了。但这时期对于文化理论，有意识地加以检讨的，却自"五四"运动以后，由梁漱溟先生的《东西文化及其哲学》的讲演开其端，其后梁启超丁文江张君劢一班人发起所谓科玄的论战，人生观的论战，都可算是这阶段有声有色的一场拿手好戏。从民十二三年以至去年春初，我们在文化理论上，虽然还没有什么积极的收获，但因为这种种论战的刺戟，已使一般青年学者，不断地潜心体会文化理论的问题，希望能够给中国文化改造找到一条康庄的大路了。我在民国二十三年发表的《文化学建筑线》（见《新社会科学季刊》，第一卷第二期）一文，就有这样的一段回忆：

> 十几年来，我不断地注意文化的研究，最初对于文化发生哲学的兴趣，可说是始于"五四"运动的前后，那时我曾感受过罗素，及胡（适之），梁（漱溟），李（石曾）诸先生的影响。到了民国十年为了好奇心所驱使，有苏俄的旅行，在经过西伯利亚的乌拉山时，目击欧罗巴和亚细亚分线的碑记，对于东西文化的根本区别，究竟何在的问题，在心影上留着一个不可磨灭的印痕，即至今日还活濯如昨。十一年春归国，准备作新大陆之游，记得在平津车上，遇着梁先生（漱溟），对于这个问题，似曾有所请益。其后在纽约得读其大著《东西文化及其哲学》，尤感兴味。但不久以后，当代文化人类学权威鲍亚士（Franz Boas）的治学精神和方法，实使我对于文化的研究，由玄学的臆测，转到科学的研究，以后对于梁先生的根本观点及结论，就深致怀疑。

与我这样同其遭遇，同其感想的人，正不在少数，所以去年"中国本位文化建设宣言"发表以后①，忽然引起几百个有思想有学问的人们，很热烈地来参加我们所提出的论点，加以反复的讨论，这不是一个

---

① 这宣言是由陶希圣、王新命、何炳松、萨孟武、武堉干、陈高傭、黄文山、孙寒冰、章益、樊仲云十人联名发出的，当时简称十教授"一十宣言"。

历史的偶然，而是有其历史的因果性在焉。

各方参加这回文化理论的讨论之将士，不一而足，他们的出发点与透视点，亦各有不同。我虽然没有工夫一个一个去加以分析、比较、归类和评判，但我认为对于这个划时代的"宣言"之解释，大致可分两派，一派是曲解的，一派是了解的。代表所谓全盘西化派的胡适之先生和陈序经君，自然有他们的深刻的见解与独立的精神。但我则始终以为他们认这个"宣言"有"复古"的倾向与主张，对西洋文化应该全盘加以接纳的说法，实在不甚妥当。关于前一点的曲解，本文下段自有说明。至若所谓"全盘西化"之说，在事实上看，却也是可通而不可通。文化人类学者认语言是文化的一个重要方面，全盘西化论者的论调，姑不论如何极端，但我相信他们决不会主张中国人的语言也应该完全西化才好。美国黑人在语言方面，现在已经完全西化了，结果他们除却体质以外，早就失掉了自己的文化特征。一月以前，英国功能派的社会人类学家拉得克里夫布朗（Redcliffe Brown）教授，应中央大学及中国民族学会之请，来京讲演，他对我说："世界上烹调的方法，我认为只有两个国家堪说是文明的，其一是中国，其二是法国。"我不相信全盘西化论者对于世界学者认为最文明的烹饪方法，也要放弃，去模仿"下焉者"而后称快。（按胡先生后来声明所谓"全盘"的概念，并不是指百分之百的数量的说法，这就与我们的主张相差不远了。）此外还有人主张"中国本位"就是"全盘西化"（如黎锦熙先生之说，见北平出版之《文化与教育》），又有人说文化里面找不出"本位"来（如姚宝贤君之说，见《前途》，六卷四期），我认为都是牵强曲解，与中国本位文化建设之义不合，自无细论之必要。第二，是对于这个"宣言"，有深切的了解的。据我所见，这派以丛养材君的《中国文化建设的真意义》说得最为透澈，可作此派的代表，他说：

> ……我以为"本位"是"不忘自己"，"认识自己"，"为着自己"，"不忘自己"去努力干有益于中国的事业的意思。"中国本位文化"便是中国人在中国利益前提下，不忘自己的民族，认识自己的地位，以从事于适宜中国人民生活的活动（即是文化活动）的意义。（《前途》三卷十期）

这也许是"宣言"所要表达而未能充分地表达的意思罢。我们在总答复中也有过这样的一段话：

> 在宣言中……已明白表示我们所主张的中国本位，不是抱残守缺的因袭，不是生吞活剥的模仿，不是中体西用的凑合，而是此时此地整个民族的需要和准备为条件的创造。……我们承认各时各地有各时各地的需要，那就应该肯定此时此地的中国，自有其特殊的需要。……而我们所揭橥的中国本位建设，就应以这种特殊的需要为基础。

自经这种讨论之后，中国文化的建设，应该以中国民族的需要为本位，这样的一个最高原则，恐怕再不会有人反对了。这回讨论，一方面固然可以说是关于文化理论的讨论的阶段之一个暂时结束，而他方面亦可以说是文化理论的研究之新开展。我拟称之为文化理论的建设的或综合的阶段。这个阶段的特征，究竟有那几种，现在虽难预言，但前进的理论家，对于新阶段的动向，已经有明确的指示了。去年大公报社评有《中国文化运动之新开展》一文，有这样的表示：

> 从积极方面而言之，吾人以为从事"中国本位文化"建设运动者，应使文化界人士注意并解决以下六种问题（其实只是一个问题之六种方面）：（一）为文化建设运动之根本意义何在？在文化本身？在以文化外？在民生？在民族的兴亡？甚至于在运动者本人的福利？等等问题：此种问题如有正当的解决，则文化界中人自能景从。（二）为"文化"之意义如何？指生活样式？指意识形态一般？指伦理道德？指科学哲学？指艺术文学？指精神？等等问题：此种问题有确答，则运动重心自能确定。（三）为在现阶段上的（不是现在的）中国所需要的文化是何种文化？是全盘的西洋现代文化？是古代中世的中国文化？是中学为体西学为用的文化？是装门面的文化，是能解决目前的政治、经济、社会乃至依流行事件所表现的男女问题的文化？等等问题：此种问题如能解决，则可免人指"中国本位"的空洞，为抄袭。（四）为文化发展变化的原则如何？系一成不变？系依文化自己之力而变？系依仓廪衣食等经济情状而变？系依外来优等文化之压迫而变？等等问题：此种问题如能有确答，则文化运动之基础便能巩固。（五）为文化与政治之关系如何？文化全部或部分受政治之支配？抑政治一部分受文化之影响？政治上某某主义（例如社会主义）的文化完全可以存在？抑完全不可以存在？抑只一部分可以存在？政治对文化应放任，抑应统制或诱导？等等问题：此种问题之答复如能明白表示，则中国本位文化运

动始能祛自由主义者之惑而解文化界对文化统制之忧。（六）为文
化建设之实际方法如何？以少数负文化责任者之指导？抑依大多数
国民之实践？依常川的努力？抑依一时的冲动？等等问题：此种问
题如能有正确的答解，则对文化运动团体之组织及其活动，当能发
见其与普通团体不同之处，而作合理有效的处置。

这些的确是文化运动者应该努力以求解答的基本问题，这种纯理的
问题之重要性，决不在一切应用问题之下。我在该报社论发表之前一
年，也说过这样的话：

> 文化与人类的关系实在太大了。人类为着满足营养的需求，乃
> 征服自然，支配环境，并产生的初民时代的公共聚餐，图腾宴会；
> 这种宴会便是社会的，艺术的，宗教的价值之渊源；又为满足性的
> 需求，方创立家庭组织，恋爱的风俗，民族，族外婚姻及道德的一
> 部分，所以人类是绝对不能离开文化的，离开文化便不能生存。我
> 们对东西文化究应如何评价，对于西方文化应如何采择与接受，对
> 于中国旧型的文化应如何"消留"，对于新型文化应怎样为之创造
> 和计划，凡此种种问题的解决，皆有赖于一种客观的科学——文化
> 学——的建立，才能够给予适当的解答，所以数年来，我觉得综合
> 文化人类学，文化社会学，文化史学等科学来创立文化学，用以窥
> 探文化现象的发生，历程，机构，形态，变象和法则，在学术界上
> 似有急迫的要求。（见前引论文）

这种说法，在原则上与《大公报》记者所见约略相同。我自从提出
这种主张后，已经得着一部分人的同感与共鸣了。在北方有阎焕文先
生，他居然在一个短期内，写成一部文化学，把稿件寄给我，曾在《新
社会科学季刊》分期发表了出来。上海方面，陈高佣先生在《文化建设
月刊》，曾著论赞成我的主张。吾友朱谦之先生，在广州亦于此时写成
《文化哲学》一书。顷得其来书，谓已交商务印书馆印刷，且行将出版
矣，这不是文化界的空谷足音是什么？

总之，中国文化建设，不只是一个应用的问题，而也是一个纯理的
问题。我们必须对于纯理的问题，得着相当的解答，然后一切文化建
设，方不致进退失据，南辕北辙。然而文化理论之建设的或综合的阶
段，现在刚刚开始，我们对于它的前途如何，实在无从预断，但是我们
可以肯定地指点出一个新方向，这即是我们如要研究中国民族文化，想

建立适当的理论，那就必须打破闭关孤立的态度，要存比较研究的虚心始。所以我们主张：

第一，方法上，西洋近数十年来进化派，历史派，功用派的方法论，已有相当的成绩，而关于文化调查的方法，亦相当完备。吾人必须虚心采取这种新方法，新原则，做我们研究的方针。

第二，材料上，近数十年来，社会科学上，亦已有无数的成绩，可供我们作参考和比较。我们必须采用这些材料，做我们研究文化的张本。

第三，我们须把中国与各国文化相互比较，要发见其类型，说明其功用，寻出其法则，惟有这样，然后中国本位文化建设的理论问题，方能得到进一步的解答。

一月二十六日　中央大学

从文化学立场所见的中国
文化及其改造[*]

（1938）

一、方法论

中国文化的改造，是一个很复杂的问题。在讨论这个问题以前，应该先把我自己的方法论，作一个粗糙的说明。我对于这个问题的探究，主张采下列的观点。

（一）历史观点。文化的整个问题，其实就是一个历史生长的问题。文化的历史的生长，据我观察，一方受民族的社会的地理的环境所决定，他方亦受民族对于文化材料（cultural material）开展所采的途径所决定。文化材料，有的从外输进，有的则由于独自创造。我们在历史的分析上，必要把每种特殊的事件，当做一种单位，找出其形态发展的路线；因为我们所要知道的，不只是它们的情形，而还要知道它们如何发生。国内近来有一部分学者，受了进化论的影响，相信"只要是一个人体，他的发展无论是红黄黑白，大抵相同。由人所组织成的社会也正是一样。中国人有一句口头禅，说是'我们的国情不同'，这种民族的偏见差不多每个民族都有。然而中国人不是神，不是猴子，中国人所组织成的社会不应该有什么不同"[①]。然而根据二十年来人类学上批评派的探究，我们早已知道这样的"相同体"（Homology），不过是进化论派的一种虚构而已。我们无论如何总不能把复杂万分的文化路线，按照递升的格度，排列起来，以为各有各的必然的位置。然而若干以环境的、生理的、心理的、社会的因子做基础的动的条件是存在的。这些条件的存在，才使全世界的各部分发生类似的文化历程，因而若干历史的变

---

[*] 载黄文山：《文化学论文集》，广州，中国文化学学会，1938年2月版，159～184页。

[①] 郭沫若《中国古代社会研究》有此话，吕振羽的《中国古代史》亦采之。

象，自然也可以根据动的历史观点为之观察。

（二）心理的观点。自孔德标揭实证主义以来，社会学者大抵侧重心理因子在文化发展上的重要性。当代社会学者，人类学者如杜逊（Christopher Dawson）、迦施德（Ortega Y. Gasset）、哈尔（D. K. Har）、鲍亚士（Franz Boas）、高丹怀素（Alexander Goldenweizer）、密德（Margareat Mead）等，尤其承认精神历程与文化之关系。诚以特殊思想、感情、偏见、哲学、主义和情绪的观念之复结所构成的个人，其一举一动，对于集团的生活，当然是息息相关的。自德国形式派的社会学者沈尔摩（Georg Simmel 1858—1918）将社会解释做立于心底相互作用的连合关系底众人的集团以来，求社会本质于个人意识的见解，已经广大地流行于社会学者之间。美国社会学者爱尔乌德（Ellwood）在其名著《由心理学的见地所见的社会学》（Sociology in Its Psychological Aspects）更明显地说明这种观点，他说：

> 所谓社会，乃个人间的相互作用，即相互刺激及反应的集团。它的作用并不是偶发的，而是规则的（Regular）被调整与被控制的（Coordinated and Controlled）。大部分向着一定的目的活动而成为真正功能上的统一体。……凡是社会现象都是此种相互刺激及反应制造而成的。社会学者所应特别重视的，不在个人间的相互发生作用之点，而在那作用的规则之点；即不在于偶发的事项，而在于被调整被控制的事项。

> 由这种心的相互作用，所作成的规则性与调整性（Regularity and Coordination），而给集团构成员的活动以统一的目的，便叫做社会调整（Social Coordination）。犹如，一个人将肉体的精神的过程给以统一底目的时，也可以称为调整一样。当然的，个人活动的调整性或相互顺应性（Coadaptation）是可以影响团体的活动的。这就是集团统一性的创造。而这种调整性成为习惯的持续时，便是永久的社会集团发生重要的现象。①

集团乃是人类意识作用所构成的形态，由上所述，是显然的。我想文化也是如此，文化发生于个人心理的创造行为（Creative act）。因为文化——无论是精神的或是物质的，系由经验的原料所构成，没有人类的创造力，决不会造成什么文化。反过来看，个人的心理内容，又由文

---

① C. A. Ellwood, *Sociology in Its Psychological Aspects*, pp. 148 - 190.

化而来。个人或集合的个人，本来不会始创文化，文化是经由教育的历程，方才获得的，所以我们如把文化当作整个的实体看，它是积聚的、历史的、客观的、社会的、超个人的，个人的心理本身，也为文化所决定。文化事实与心理事实，既有密切关系，所以为要了解文化，我们必要注意心理学的观点才行。[1]

（三）功能的观点。近年来思想界上最流行的观点，乃是经济史观或史的物质论的观点。根据这种观点说，"社会生活最基本的势力，可以左右一切的，便是生产力。在某种生产力之下，便发生某种生产关系。生产力与生产关系之和，即是社会的经济基础。这个经济基础，决定上层建筑，如政治、法律、思想等性质"。其实经济基础决定一切的说法，是很难成立的。我且举吴景超先生的理论为例，他说："（一）同样的生产方式，在不同的时间与空间内，与不同的制度及思想并存；（二）文化中别的部分，有变动的情形，而在变动之先，找不到生产方式，有什么变动；（三）在不同的生产方式之下，我们找到相同的制度及思想。"[2] 这话实在有很大的道理，并可找到许多事实为之证明。大抵在社会上，各种"力"的交互作用，都是很密切的。我们如要选择其中的一种，当作唯一的创造力，自然有不可能者在。当代人类学权威鲍亚士也说：

摩尔根（Morgan）想找出社会组织与经济条件的关系之企图，已经证明是错误的了。晚近学者想说明文化的形式，由纯粹经济条件造成，也同样是失败的。经济条件与文化间的相关，无疑地比地理条件与文化之相关较为密切。其中的一个理由，即是经济构成文化生活的一部分，然而它们不是唯一的决定者，它们一方是被决者，而同时又是一个决定者。[3]

所以我主张研究文化，不妨弃去旧日的片面的因果论，进而采取文化现象的功能论（函数论）。依照这种新方法，我们固然可以研究生产力怎样影响文化，但反过来，研究宗教与观念学，看它们怎样影响社会组织或经济制度，在方法学上，也有同样的可能与必要。

我认为研究中国文化及其改造的问题，应得注意或采取这三个观

① A. Goldenweizer, "Psychology and Culture", in *History*, *Psychology and Culture*, A. A. Knopf, 1933.

② 吴景超：《建设问题与东西文化》，《独立评论》，一三九号，页五。

③ Franz Boas, "Some Problems of Methodology in Social Science", in White (ed.), *The New Social Sciences*, p. 94.

点，亦即是我所谓文化学的立场。

二、我们对于中国采取西洋文化的过程之最近的认识

中西文化接触与冲突的问题，不自今日才开始。远者姑不必论，距今七十年前（一八五〇），当十九世纪中叶，欧美的民族主义和民主政治的思想，其发达已到了相当成熟的时期，但中国一向还是闭关自守，除掉几千年传下来的固有文化外，对于外来的思想丝毫不肯接收。曾国藩所领导的湘军和太平军的战争，实在是代表当时的一幕伟大的宗教战争与文化战争。因为当时太平军的代表人物所信奉所标榜的是天主教，是西洋文化的遗产。这在以儒家为正统信仰的曾国藩看来是违反孔孟之道的所谓异端。曾国藩《讨粤匪檄》很可以代表当时士大夫阶级对于西洋精神文化的态度，其大意说：

> 逆贼洪秀全杨秀清称乱以来……妇女而不肯解脚者，则立斩其足以示众妇。……自唐虞三代以来，历世圣人，扶持名教，敦叙人伦，君臣父子，上下尊卑，秩序如冠履之不可倒置，粤匪窃外夷之绪，崇天主之教，自其伪君伪相，下逮兵卒贱役，皆以兄弟称之，谓惟天可称父，此外凡民之父皆兄弟也，凡民之母皆姊妹也。农不能自耕以纳赋，而谓田皆天王之田，商不能自贾以取息，而谓货皆天王之货，士不能诵孔子之经，而别有所谓耶稣之说，新约之书。举中国数千年礼义人伦，诗书典则，一日扫地荡然。此岂我大清之变，乃开辟以来名教之奇变，我孔子孟子之所痛哭于九原，凡读书识字者，又乌可袖手安坐，不思一为之所也？……李自成至曲阜，不犯圣庙；张献忠至梓潼，亦祭文昌。粤匪焚郑州之学官，毁宣圣之木主。十哲两庑，狼藉满地，嗣是所过郡县，先毁庙宇，即忠臣义士，如关帝岳王之凛凛，亦皆污其官室，残其身首。以至佛寺道院，城隍社坛，无庙不焚，无像不灭……①

这不啻是对于西洋文化侵略的一种对抗宣言！然而曾氏虽然在表面反对西洋的宗教，在事实上，他不知不觉地已开始了西洋文化输进中国的大道。他在当时以为欧西各国的富强，只由于船坚炮利，与思想制度

---

① 《曾国藩诗文集》，参阅蒋星德《曾国藩之生平及事业》，商务印书馆。

无关，西学除器械外无他物，所以一面要安设工厂，制造机器轮船①，一面又派遣幼童出洋肄业。② 那里知道前者奠立了中国资本主义的基石，后者开始了近代的"留学制度"，成为西洋文化输进中国的枢纽呢。

自从曾国藩的时代以来，中西文化接殖的问题，早已成为国内学者争辩的中心。由张之洞的"中学为体，西学为用"的主张起，以至现在十教授的《中国本位文化建设宣言》止，一般学者对于西洋文化所采的态度，不外通常所说的三种：第一派主张复返中国固有文化之旧，这派可说是保守派或国粹派。第二派主张全盘接受西方文化，这派可说是西化派。第三派主张分别采取，折衷至当，这派可说是本位派或折衷派。我以为建设现代中国的文化，有几个先决的问题：第一个是西方文化的根本精神，究竟是什么？我们要先了解这种根本精神，才能决定我们对于西方文化应取的态度。第二个是中国文化的根本精神是什么？我们对于双方，经过一番研究，得到相当的认识之后，才可以知道中西文化的异同，才知道中西文化的长短，最后，才可以决定我们改造中国文化及建设本位文化的步骤。

摆在眼前的，有一种极其明显的事实，这就是：西方近几百年来的文化系统，是资本主义的文化系统，而资本主义所以发达，所以维系，所以存在，又因为它有机器的文化为其基础。我们对于现代西洋的文化，自曾国藩以后，即开始仿效，但为什么中国一直到如今还不曾真正的建立起工业资本主义制度，为什么我们始终不停留在中古的文化领域，与西洋文化不只是量的差别而还有质的不同？这个问题，从前已有许多学者解答过。综括起来，大约不外几种说法：第一说以为中国不是海上国家如英国，从其自然地理上，不能有殖民地之扩大，所以资本主

---

① 同治二年（一八六三间），曾国藩驻军安庆，便设局制造洋器。以汉人为主，未用外人，造成"黄鹄"号小轮一艘，因不得法，所以行驶很缓。于是便在同治二年冬派候补同知容闳，到美国去购买机器，有扩充的意思。同治四年五月，曾国藩在上海买到机器一座，派委知府冯俊光、沈保靖等，开铁厂于虹口，容闳输运机器到后，便并为一局，李鸿章继之，在同治四年创江南制造总局于上海。同治六年的夏天，在高昌庙购地十七余亩，作为制造总局的厂址。

② 同治十年（一八七一）七月，曾国藩和李鸿章倡议派幼童出洋肄业。他们计划："拟率员在沪设局，径访各省聪颖幼童，每年以三十名为率，四年计一百二十名，分年搭船出洋，在外国肄业十五年后，按年份起，挨次回华。计回华之日，各幼童不过三十岁上下，年力方强，正可及时报效。通计费用，首尾二十年，需银百十万两，然此款不必一时凑拨，分析计之每年接济六万两，尚不觉其过难。"曾李提倡的留学政策，在当时并不曾深知其意义，后来学成归国，如詹天佑、严复等，对于西洋文化的输入，实有无限之贡献（参阅前书）。

义无法发展。① 第二说以为西洋于经济上不能自足，而中国能自足，无向前发展之必要。② 第三说以为中国无大量资本之积聚与自由出卖劳动力之多数劳动者。③ 第四说以为中国封建制度虽已破坏，而犹有所谓封建思想封建势力，桎梏着资本主义不能作进一步的发展。④ 第五说以为"中国产业革命之不见，工业资本之不成，乃中国文化之早熟……不是幼稚而成熟……循夫自然之常理者，必先完成人类第一期文化，乃开始第二期文化，所谓第一期文化以人对物的问题得解决为度。第二期则为人对人的问题，顾不料数千年前之中国，当农业略有进步，商业资本初见之时，去此界尚远，而已迈进于第二态度第二个问题之途，向内而不向外，勤于作人而淡于逐物。人对物的问题，进展之机以歇，此其中重要可指之点，殆在商业资本虽有而始终不成其为商业资本主义以演进于社会，产业革命乃无由促成，产业革命工业资本之不成，社会组织结构自无由变……中国文化之所以停滞不进，社会之所以历久不变，前面就礼俗制度本身言之，特言其一义，语其真因乃在此"⑤。

以上诸说，大抵以后二说所提出的理由，最为近似。梁漱冥先生是最后一说的主张者，他最近对于中国采取西洋文化的过程之观察，与一般人的乐观见解，全然不同。他竟然承认中国文化与西洋文化永远不能相合，关于政治制度方面，他说：

> 我已不认中国人不能运用西洋政治制度是一时的现象，我疑心中国人之与近代政治制度怕是两个永远不会相联属的东西。

> 我就于旁人不留意的地方，发见了中国民族精神和西洋政治制度间的大谬点，固然西洋近代政治制度在中国不能仿行成功，亦是因许多客观的条件的缺乏或不合。然而那不是根本的窒碍，无可设法的困难。唯独这中国文化之迈越西洋近代文化之处，涵育得中国民族一种较高的精神，则是没办法的所在；中国人不能不别求政治的途径。

梁先生极言中国人模仿西洋文化之失败，以为民主政治的路子既然

① 见拉狄克：《中国革命运动史》。
② 见梁园东：《中国民族问题之回顾与展望》。
③ 见朱新繁：《中国革命与中国社会各阶级》。
④ 顾孟余、陶希圣等主此说，梁漱冥先生《中国民族自救运动之最后觉悟》，曾引述这些说法。
⑤ 梁著：《中国民族自救运动之最后觉悟》。

走不通，共产主义的路子亦属徒然，所以他大声疾呼：

> 对西洋人及其一切把戏的认识到最后一通透点，而后恍然，而后太息，西洋把戏之真不得而用也。
>
> 我们至此方才恍然，我们几十年愈弄愈不对的民族自救运动，都是为西洋把戏所骗，殊不知西洋戏法，中国人是要不上来的。而同时在认识了西洋的地方，亦能认识了自己。

梁先生为我国分析东西文化最前进而同时亦是最深刻的一个学者，他的结论，实在值得我们的注意。梁先生观察的结论，谓中国的民族精神与西洋的精神不合。而其所以不合者，则以中国已比西洋多走一步——即是礼。礼为过去中国社会之路，亦为未来社会之路。中国人径从过去之礼以进于最后之礼，所以中国人已超过西洋人。但据我分析的结果，我也从历史上发见双方的民族精神的确不合，而其所以不合者乃别有在。我觉得中国文化学者、历史学者、社会学者从来还没有对于这个问题加以澈底的说明，而这个问题的说明，似乎是中国文化改造和建设之先决问题。兹拟对于东西文化的精神，分两方面观察，并综述如下：

三、西方文化的根本精神——经济伦理

我这里所谓西方文化，指的是近代的西方文化。近代西方文化究从什么时候开始，学者不一其说。有人说是从君士坦丁的陷落（一四五三年）开始，有人说是自文艺复兴开始，有人说是自宗教革命开始，有人说是自欧洲向外扩展和商业革命的时候开始，更有人说是自工业革命开始。照我看来，近代西洋文化大抵孕育于十世纪，迄乎宗教革命，才具雏形，到了欧洲向外扩张，方进入少年期；及至工业革命已到达壮年期，现在则又由蓬蓬勃勃如火如荼的状态，到了转形〔型〕的时期了。这一千年的西洋文化，不只是文化质素的历史的堆积，而且是一个"功能的机体"（Functional organism）——其宗教，哲学，伦理，科学，艺术，经济，政治，法律，社会，形成了一整个，其中的各种质素，正如佛家所谓"相待如交庐"，而这些相交的水准是心理的或心理社会学的。

近代西洋文化与其他一切原始的，古代的其他文化其最显著的差异点，一言以蔽之，可曰：西洋文化是机器的文化，其他的文化是艺术的

文化而已。由机器的文化，乃创造出资本主义，甚至引出簇新的社会主义。若乎机器文化之所由生，则又由西洋人的生活态度所造成，而此生活态度，即是他们的"经济伦理"。① 经济伦理的理想不外是相信：时间是真实的，故主张宝贵光阴；劳动是真实的，故主张努力工作；金钱是真实的，故主张勤俭生活；空间是真实的，故主张征服自然；物质是真实的，故主张一分一寸地加以量度。我们且看这种中产阶级的哲学如何会产出机器的文化。

普通的历史家，大抵认近代工业的转变，起源于瓦特（Watt）之发明汽机，而所谓工业革命，即指那发端于十八②世纪的系列的工业变迁，但从事实上看，西欧在工业革命以前，机器的文化，已经在过去的七八百年当中，一步一步地向前进展着了。这种机器文化，究竟在那里形成出来的呢，它的起源，显然不止在一个地方。机器文明实质是许多习惯，观念，生活样式和技术的工具之幅合。这种新的秩序，固然初由欧洲社会的一般状态中，表现出来，而"秩序的意志"（Will to Order）则首先表现于寺院，军队，钱庄，而后及于工厂，最后乃到达于一般社会。西洋人的态度早就倾向于机械的。由这种机械的趋向，然后完成复杂的机器，更用他们来表达自己的新倾向和新兴趣。过去一百年的伟大的物质发明之背后，决非单是技术的长期的内部发展而已：这种发展实在有其精神的变迁在焉。所以在新的工业历程还没有大规模地实现以前，人们一切的想望，习惯，观念，乃至目的底新指向之确定，实为新秩序实现绝不能缺少的质素。

举例来说：在过去机器文化存在的七百年当中，西洋人关于时间和空间的观念之范畴，早已经过许多卓越的变迁。他们的生活之在任何方面，都受着这种观念的转变之影响，科学家应用数量的方法研究自然，最初表现于时间的规律之量度，而时间的新的机械概念大部分盖由中古寺院之规律生活演进出来。而亦惟有在西方的寺院里，方能发生秩序的愿望。依据向来的传说，西洋的第一个钟表，系由一个和尚给尔贝

---

① 这里所谓的"经济伦理"相当于德国经济史家或宗教社会学家麦克思·魏伯所谓 Wirtschaftsethik，看 J. Max Weber, *Religiossozioogie Chichte* Qud, 1924；*Gaesmmelte Aufsätze Wissenschaftlich*, chq, 1922。麦克思谓世界宗教如孔教，道教，印度教，佛教，犹太之日常生活伦理，恰好形成了这些氏族的经济的社会组织。他们的"因袭主义"的精神与"近代资本主义的精神"完全不同。这是那些国家的资本主义所以不发达的原因（*Wirschafts-gesch-ichte*, pp. 302 – 315）。

② "八"，原作"公"，校改。——编者注

(Gerbert) 创造出来，给尔贝也即是十世纪末叶的西薇士德二世（Sylvester Ⅱ）教皇。寺院本来是中古有规律的新生活之重镇，至于一个用以指示时间间隔的工具，也许就是那种生活需求的必然的产品。德国经济史家桑巴德（Sombart）谓本泥狄特教派（Benedictine）乃是近代资本主义的最初的创始者。这话也许包含极大的真实性。因为当寺院制度最发达的时期，其皈依本泥狄特教派统治的寺院，有四万之多。在这些寺院里面，集体的活动，当然是规律化的。而钟表在这种生活中，不只是划一时间的方法，抑也是人们行动趋于共步的标准。①

根据确实的纪载，近代式的钟表，最初系由巴黎的芬尉克（Heinrich Von Wyck）在一三七〇年制造出来。不久以后这种新玩艺，遂流行西欧，钟楼上的大钟，遂支配着城市的生活，使它成为规律化。依照中古史家桑戴②克（Thorndike）之说，约在一三四五年，西方人已把一小时分成六十分，一分分成六十秒。这种时间的划分，原属抽象的结构，后来竟成一般人行动与思想之规范。故美国新兴的中产阶级，其理想的代表，当推富兰克令（Franklin）。他的有名的格言说："时间就是金钱"（Time is money）。其时的人物，对于一切劳作，也要像钟表的运行一样，有规矩准绳，毫厘不爽，这就是西方中产阶级的人生态度与理想。

由此说来，现代工业世界的主要机器，不是汽机而是钟表。因为从钟表的发展史看，它的确是机器的类型的象征。

机器对于现代西方文化，影响最大，这种影响，宛如三种连续的潮流：

（一）第一次的潮流，大约起源于十世纪，那时的社会制度，已经逐渐崩溃和解体，但机器则慢慢进步，在人生方面，占着重要的位置。其时的机器如钟表、印刷机、风车、指南针等在早期已表现相当的成绩。而其所以能如此者，一方固然由于它们能帮助人们获得秩序和权力，他方也由于它们能避免许多人生的实际问题——道德的、社会的——不置解答。

（二）第二次的潮流，回旋于中古的长期的消沉时代，进而昂扬于十八世纪。当时对于矿工业，已有重大的改进。社会上对于机器创造的一切观念学，不独乐意接受，而且为之发扬光大，与时俱进。瓦特

① 看 Werner Sombort, *Der Moderne Kapitalismue*, *Sozialismus*, *Die Zukunft des Kapitalismus* 等书。

② "戴"，原作"载"，系误植，校改。——编者注

（Watt），亚来特（Awkwright）的信徒，更企图把它们的观念学，加以大众化，希冀获得种种的实际效果。在这种努力的途程中，从前因为专力机器发展，反被遗忘了的一切道德的、社会的、政治的、哲学的问题，便重新获得绝大的注意。

（三）第三种潮流，今日正在奔腾澎湃，浩浩荡荡，有沛乎莫之能御之势。许多新兴的力量——技术的、文化的——在较早的时期，为机器的发展力所压抑，动弹不得。迨至今日，这些力量，已经在各种人生的活动上，赤裸裸地表现出来。西方现代的文化，在思想上，已经倾向于一种"新综合"（New Synthesis），在行动上，已经倾向于一种"新共能"（New Synergy）。一个簇新的世界，照威尔士（H. C. Wells）的描写和推测，不久便要涌现。然而它们在今日的表现，则仍然是片段的，零碎的。一种新形式生活，也早已在进行的当中。不过直至今日，它们仍然是支离的、不统一的、非调节的。今日的西洋，在能力方面，虽然已继长增高，但在人生方面，其价值，实因种种的压迫，剥丧殆尽。机器文化的创造，其目的本在于求人类生命的持续与人生幸福的增高。返观今日，结果适得其反。所以今日西洋文化当前最大的问题，恐怕是如何重新支配机器，及如何使机器社会化的问题了。①

经济伦理已经产生了机器文化，有如上述。但假如没有同样的经济伦理，资本主义也是不会产生的。资本主义乃是近代西方的一种特殊现象。近代资本主义的类型的精神，为：（一）以确当的科学的原则为根据，而加以合理地组织和管理的经济企业；（二）私产制度之存在；（三）为市场销售的生产；（四）为大众及由大众的生产；（五）为金钱之获得的生产；（六）对于自己的工作，抱着绝大的热诚，而且一切工作要有相当效率，个人要尽忠职务。所谓尽忠者，不特在于把职业自身，当作一种目的，而且也把它当作人生的主要功能。所以近代资本主义的社会，以为工作不是一种偶然的事情，而是人类生存的必要的条件。"职业伦理"，因此也成为近代资本主义精神最显著的质素。此外，资本主义的精神，其在积极方面侧重的，是理性主义，功利主义，及采用各种可能的方法，鼓励一切的创始和发明；在消极方面所绝对排斥的，是"因袭主义"（Traditionalism），是一切缺乏效率，乃至懒惰，迷信，及反理性的特质；或是由较完善和较合理的方法之观点，看做不

---

① 看 Mumford, *Technics and Civilization*。

合理，不完善的质素。这些都是近代资本主义的特征，也即是麦克思·魏伯所谓"理念的类型"（Ideal-type）。

近代资本主义所包含的这些质素，从纵的方面看，与上古中古资本主义的其他形式，既然绝对不同。而从横的方面看，举凡在一切懒惰，迷信，无效率和缺乏合理的行为的民族当中，资本主义的经济组织，也无实现之可能。资本主义的经济组织之能够成立，固然要依靠许多的条件，例如（一）合理的资本计算和商业管理之存在；（二）生产方法之合理的使用；（三）生产之合理的技术；（四）合理的法律；（五）自由劳动；（六）劳动产品之商业化的实现及其他。然而其中最重要的，还是一种合理的精神态度，一种合理的生活状态，一种理性的经济热情。没有这些，资本主义的制度是建立不牢的。

人类的这种行为和心理，究竟是什么力量造成的呢？关于这点，麦克思·魏伯已经给我们说得很明白了。近代的资本主义，一言以蔽之，曰：起源于新教及其"经济伦理"。近代资本主义的精神即是新教的精神，而资本主义的行为之规则与实际的伦理，亦即是新教的行为之规则与实际伦理，二者若合符节。在近代资本主义还没有产生以前，这种精神，早已在新教的领域里头，涵育成功。所以资本主义的精神，在资本制度还未成立以前就已发生了。①

这种主张，在历史上可找到许多的证明：

第一，我们对路德（Luther），卡尔文（Calvin）及其他新教领导者的生平，如稍加以分析，便知新教精神，实与资本主义的精神相契合。新教的主张，第一在乎对于人类的生活，予以合理化；第二在乎对于世间的职业，予以极大的伦理的价值；第三在乎崇拜劳动。总言之，新教以为人类只有脱离禁欲的生活，向着人间底目的进行，过着有秩序有理性的生活，才能拯救自己，因此倡导金钱的赚获，乃是一种毫无罪过的活动。简括一句，资本主义的精神，本质就是新教的精神，而新教的精神，也就是经济伦理。

第二，欧洲自宗教改革以后，凡在经济上站在领袖地位的国家，就是新教国家（荷兰、英国、美国），至于天主教或非新教国家，则完全处于落后的地位。新教的经济伦理之主要功能，在乎把整个民族，施以最新的训练，务使适应资本主义的经济活动，以及养成一切用以建筑近

---

① Werber, *Religionssoziologie*, Vol. 1. pp. 30 - 34, 63ff.

代资本主义的企业所必需的习惯和活动的形式。

第三，这种假设，有统计的资料，可资佐证。就德国而论，新教人口，在经济上比旧教人口，较为优越，较为丰裕。他们的儿女，进入商业或职业学校读书的，亦比非新教徒多。这种情形，在中国的新教徒中，也是有的。例如新教徒所举办的学校，乃至工商企业，其成功的百分率，总比其他各教徒所占的大。而中国的青年会，尤其是经济伦理的一种类型的产品。

第四，在旧教的国度里，天主教徒的富力，本来较大，但自新教徒突起，不久即夺得领导的地位，且在商业上，亦得到较大的成就，如呼格兰派（Hugenots）之在法，新教派（Protestants）之在奥，夸垦派（Quakers）之在英，其在经济的活动上，均占着领导的地位。

由以上的推证，可见西方近代文化之精细与复杂，及其富于组织性与机械性，纯然由"经济伦理"所造成。倘使除掉这种积极的精神，西洋文化，也许立刻转向旧时代的因袭主义的生活状况与文化形式去了。我们只有把握着这种精神，才知道西方文化发展的历程、动力、性质与中国文化发展的历程、动力、性质之差异，究竟何在。

四、中国文化的根本精神——家族伦理

文化是一种超机体，其生命是绵延的，持续不断的。中国民族之所以有今日的结果与情状，全由我们自己几千年的文化使然。这几千年的文化，自有其一贯的根本精神。这种根本精神，自我看来，卑之无甚高论，即是家族伦理。而家族伦理，对于人生与社会的态度，殆无处不与经济伦理相反。所以家族伦理一日不变，我们无论怎样模仿西洋文化，都是模仿不来，都是处处碰壁。换言之，一种文化的体和用是功能的整体，我们在没有把"体"转移以前，"用"自无由发生，即使发生，亦只是皮毛，与根本无涉。梁漱冥先生说："今日之'穷且乱'，正由三十余年间唯尚'利与力'而来，一言可以尽之矣。"我则以为中国三十余年之唯尚"利与力"，乃是徒袭西洋制度的皮毛，而对于西洋人的根本精神与我们的文化之根本精神则向懵然所致。

中国的家族伦理，即所谓"天伦"者，究竟是怎样的伦理。梁先生已经说得很明白了，他说：

> 伦理关系本始于家庭，乃更推广之于社会生活国家生活。君与君，臣与臣，官与民，比于父母与儿女之关系，东家伙计，师傅徒

弟，社会上一切朋友同侪，比于兄弟或父子之关系。伦理上任何一方皆有其应尽之义，伦理关系即表示一种义务关系。一似不为其自己而存在，乃仿佛互为他人而存在者。由伦理，而在中国人与人之间，乃无由萌生相对抗的权利平等观念。由伦理关系的推演，而在中国政府与其人民之间，乃无由形成相对抗衡的形势，从而更不能有拥护权利平等的法律，维持势力均衡的制度。[①]

中国的家族伦理，以孝为其核心，法儒孟德斯鸠说：

……是故支那孝之为义，不自事亲而止也。盖资于事亲而百行作始。惟彼孝敬其所生，而一切有于所生表其年德者，皆将为孝敬之所存；则长年也，主人也，官长也，君上也，且从此而有报施之义焉，以其子之孝也，故其亲不可以不慈，而长年之于幼稚，主人之于奴婢，君上之于臣民，皆对待而起义，凡此谓伦理；凡此谓之礼敬。伦理、礼敬，而支那所以立国者胥在此。[②]

中国本无所谓阶级，无所谓国族，阶级不外家族之扩大，所谓"国之本在家"者是。太虚法师于此理说得最为透澈：

……家族上再套上一个大家族，上层的大家族即皇室亦即国家，国家即"皇家"的家。以中层的家族为臣佐，中层的家族即公卿士大夫，亦即所谓"世家"。以下层的小家族为家仆佃役，下层的小家族即所谓寻常百姓家。国家即皇家，故必曾膺一命以上而受过皇家禄位责任，直到屡亡于异族后的顾亭林，始呕出一句"天下兴亡，匹夫有责"的话，而明清两朝的党会，乃稍有民族精神。在此家族套层的社会中，内无独立的个人，外无合组的团体与国民，所以只有父的子，子的父，夫的妇，妇的夫，兄的弟，弟的兄。朋友为兄弟的引伸，亦即上层与上层，中层与中层，下层与下层各家族相协助的关系。君臣为父子的引伸，亦即上层与中层，中层与下层各家族套属的关系，又此五伦的伦理尤以中层事上层为完备。上层无平等的朋友伦理，而下层缺乏严正的君臣伦理。故五伦的理论道德亦以卿士本位文化的儒家为最重视。此种家族层套，一方易分散大群的合组，一方又易牵制个人的特动。故无敌国异族的外来灾

---

① 前书，页二一八。
② 严复译，《法意》，原本译，十九卷，十九章。

患，则每能长治久安，由此历代帝王无不奖导扶掖之。佛教的僧伽本为平等个人和合群众的集团，到中国亦成中层家族的大寺院与下层家族的小庵堂；只有家族的派传，无复和合的清众。此可见家族化的普及与深入，其弊则各人自扫门前雪，不管他人瓦上霜。十分之八九的下层的家族，只有且只能各存身家的观念，对于乡邑的公共利害，亦复漠不相关，更何能有国家的观念，但以为此唯绅士官府皇帝的事而已。

然而中国这种家族伦理，其弊实不一而足。因为在大家庭制度里，大家是互相依赖的，所以在生活上：养成懒惰，萎靡，不振作，不独立的病态的习惯；在经济上：家庭为消费的经济单位，遗产世袭，养成不喜劳动的心理；在社会上：注重阀阅门第，遂做成一种不平等的意识；在道德上：注重因袭主义，因而个人的行为每偏于笃旧与迷信，缺乏变的意志与动的力量。"今朝有酒今朝醉，明日无钱明日愁"，这种以安闲为乐，变动为苦，得过且过，浪掷光阴的人生观，殊与《易》"天行健，君子以自强不息"之道相乖离，而其质素，则几乎无一不与"经济伦理"刺谬，和背驰。陶孟和先生分析中国家庭对于中国民族特性的影响，亦谓这样的特性，如相忍（Endurance），人格之压迫（Suppression of Personality），依赖（Dependence），缺乏组织的能力（Incapacity for organization），不安定（Instability），系由中国的家庭制度及其家庭生活的条件所造成，实有至理。民族学者摩尔根在《古代社会》书中，更谓中国今日之有氏族，乃整个氏族不进步的原因。我则深信中国的家族伦理，实在使我们停留在农业生产，不能迅速地进入资本主义的生产之唯一关键。

不宁唯是，从中国的观念形态来看，我们也发见一般的社会思想，在在与中国家族伦理相契合，与西洋的经济伦理相违背。中国的社会思想，本来有三个大系，即是道家，儒家，墨家，当中惟独墨家的精神与经济伦理较为接近。墨子本是最重实际生活和合理生活的一个人。他的"兼爱"，"非攻"，"尚同"的主张，不独超过家族本位主义，而且超过国族本位主义，《小取篇》说得好："视人之宝若其宝，谁穷？视人之身若其身，谁贼？视人之家若其家，谁乱？视人之国若其国，谁攻？"他那种注意劳动注意实利之精神，亦与西洋新教徒之精神相仿佛，《节用》中说："各从事其所能。"《尚同》上说："有余力以相劳，有余财以相分。"可惜墨子之道中绝，不能与道儒二家共延并存，此实为中国最大的不幸。道家的基本主张，在于清虚自守，复返自然，但老子的思想对于中国文化影响虽甚大，不幸此种影响乃与西洋新教的精神，全然相反。至于儒家的社会思想，乃士大夫的思想，此种思想，以孔子的主张为中心，孔子是轻视生产的，轻视劳动的，樊迟"请学稼""请学为圃"，孔子说："小人哉樊须也。"大抵孔子所谓"君子上达，小人下达"，"君子喻于义，小人喻于利"，都是非劳动非功利主义的说话。循至孟子之轻视劳作，董仲舒之"正其谊不谋其利，明其道不计其功"，后世儒者之寻求孔颜乐处，最恶相争，莫不是这种一贯的精神之表现。而这种一贯的精神，实支配着二千多年来的中国人生，你看，由这种"安贫乐道""乐在其中"的态度，那里会走上资本主义或机器文化的路？中国文化之根本精神与近代西洋经济伦理之不相侔合，由来久矣！

中国这种以家族伦理为根本精神的文物制度，受着外来文化的动荡，只有两条路摆在目前：如不是由崩解以至于没落，如希腊化，罗马化然，便应换骨脱胎，中道复起，重新造成一新型的文化结构与形态，与近代国家抗衡。

五、结论

根据上面的推论，我们知道东西文化精神既然不同，而双方的生活方式亦全然各异，一则注重经济伦理，一则注重家族伦理。然而中国这家族伦理的精神文化，已不能适合于时代和环境的习性，使国民的生活合理化规律化，由生活革命以促成中国民族文化的复兴。

由是以谈，我们生活革命运动之目的，质言之就是使中国文化形态转变，成一适合于现代世界的文化——经济伦理的文化而已。

我觉得由经济伦理为其背景的近代西方文化，其特征第一为时间的规律性。人生的起居饮食动作，莫不有一定之规律，机械的时间是绝对的。我们中国民族如要踏上近代文化之路，自非脱离旧日的因袭主义之生活，实行人生的规律化不可。

近代西方文化之第二种特征为标准化，齐一化。极端的标准化齐一化当然妨碍一切的创作性和自发性。但我们要增加民族文化的动力，则齐一化与标准化，都是须要的。资本主义之所以成功，自有其作因，如集体的思想，合作的行动，秩序的习惯等等。这些德性，据我看，与资本主义的企业，无必然的关系。我们实行三民主义，当然要养成这种新的生活样式，且必要由旧日的家族伦理，进而为新时代的社会伦理，方有希望。

　　要之，我们过去数百年的文化，所以比不上西洋文化者，因为双方的根本精神不同，生活方式各异（从纯理上看，其价值无上下之别）：一则注重经济伦理，一则注重家庭伦理，因而所走的路程有迟速之不同，双方文化的形态，结果全然异样。我们相信只有生活革命运动才是使我们走上新文化形态的唯一途径。我们既然找出问题的焦点之所在，自应不要妄自菲薄，努力从事文化的根本精神之改造，来建设我们的所谓中国本位的文化，至于逃避现实，决不是文化革命运动者应采的态度。

再论复兴民族的几个基本原则[*]
——本刊立场的再检讨和新估定
（1938）

去年春初，我们数十个文化界的朋友，集合起来，发起一个学术团体——更生评论社——这个小小的团体，纯粹为社会的文化的结合。这样结合来的朋友，相信文化界对国家民族的贡献，在学术思想。我们的国家民族，现正向内求统一而外求独立的大道上迈进，举凡自存兴建设之大任务，实在需要从事学术研究的人们，为之努力。同人因此不自量其能力之绵薄，以平日研习所得，汇而刊行当世，名为《更生评论》，希冀能借这个刊物，与国人在学理上相切磋，在心力上相摩荡，在行动上相策励。

本刊行世，既逾周年，同人检讨过去的工作，觉得以前太过散漫，太过无组织，所以翻然改图，把社的机构，重新改组，把刊的内容，积极革新，使能与抗战时期的社会文化演进相应和。本刊的体例与内容，既与前不同，则本刊的基本原则，自有再检讨和新估定的必要。

本刊初问世时，作者写了一篇《复兴民族的几个基本原则》，劈头便说：

> 历史本来是民族或人类社会在空间与时间的发展，我们要指导史潮，复兴民族，就应得认清楚我们民族所占的空间，所处的时间，根据本民族此时此地的需要，来决定我们一切的主张，一切的对策。世界上原来没有什么绝对的价值与范畴，一切价值与范畴，总是随"民族"，"空间"，"时间"三个基件，而有不同的转换。我们站在中国文化界的岗位，通过时代的透视性，认为复兴民族，最

---

* 载《更生评论》第 3 卷第 1 期，1938 年 4 月 10 日，署名黄文山。

重要的是：

一、阐扬世界学术思想。

二、建立国家中心文化。

三、促进民族自力更生。

这也是本刊同仁所服膺的最高原则。我们一切理论与主张，均以这些原则做根据。

现在时间已经变了，社会与国际关系又与去年不一样，同人因此把这些基本原则，重新确定为：

一、建立三民主义文化。

二、发挥抗战建国精神。

三、贯彻民族自力更生。

四、倡导新科学化运动。

这些原则，表面上虽与上述的三条原则有很大的差别，但是根本的精神，却是前后一贯。兹为明了起见，请进一步分别说明如次：

一

本刊创刊之始，开宗明义，即标出"建立中国本位文化"或"国家中心文化"之说，而以此原则为一切立论的根据。当时作者曾提出数义：

第一，着眼于中国民族：——认定我们采取西化，必须以民族利益为本位，要大家不忘自己，认识自己，批评自己，为着自己，以从事于最适宜于中国人民生活之文化运动。

第二，着眼于此时之需要：——指出今日世界社会的演进，仍然未超过民族主义的阶段，我们在未完成民族建国的使命以前，必不能躐等，更不能揠苗助长。在今日的社会，抱残守缺的因袭，生吞活剥的模仿，中体西用的凑合，都是处处碰壁，路路不通。我们必得根据此时的需要，来建立民族本位的文化，才是民族唯一的出路。

第三，着眼于此地之需要：——指出中国究竟是中国，中国不是西欧，不是苏俄，它有特殊的环境——自然的与文化的。所以我们一切文化的设施与建立，不能抹煞当地文化的历史性与功能性，使他全盘倾覆，然后一点一滴从新移植。

由此推论的结果，认定三民主义为最适合于中国此时此地的需要，现在更深刻地觉着与其像以前那样空泛指出中国文化建设的路向——中国本位，不如逼近一步，直截了当地提出建设中国文化所需要的内容——就是三民主义文化。中国数十年的革命，彻头彻尾都是以建设三民主义文化为主流，这种历史的趋势，有其内在的必然性，决不是任何才智，任何派别，任何国际主义所能随便转折的。

现在我们已经进到一面抗战，一面建国的阶段。抗战与建国的第一义，便是要实现三民主义。这里，我们认定：

第一，在三民主义的民族主义原则下，这回抗战可以争取民族对外的平等，达到国家独立自由的地位，亦可以使国内民族愈加团结，一致对外，共同建设现代的民族国家。

第二，在三民主义的民权主义原则之下，这回抗战可以统一各党各派各阶级各职业各宗教于国民党国民政府领导之下，奠定民主政治的基础。

第三，在三民主义的民生主义原则之下，这回抗战可以集中全国工商农业于国家统一计划之下。私人企业必须在国家银行与重工业及交通网之下，始可存在。私人企业必须受国家有计划的指导与统制。这样，民生主义的经济制度，在抗战期内，便可以开始建立起来。

二

中国现正作数千年历史从来未有的伟大的民族战争，这回战争是中华民族存亡的战争。战如败，则亡国灭种，就在目前；战如胜，就可以把民族复兴起来，一洗次殖民地的耻辱，使国家进而为独立自主的国家。

此次抗战，已经有九个月的时间，敌人凭借其优越的物质条件，固然想用"速战速决"的战略，推翻我们的中心思想，中心组织，打倒全国一致拥护的最高领袖，摧毁我们的文化力量，经济力量，政治力量，军事力量。然而由于数年来国防上的军事建设，经济上的法币制度，社会上的救国教育，文化上的精神配备，已有相当基础，所以经过几个月的抗战，敌人纵能攻陷我们的首都，占据不少的城市，毁灭无数的村镇，杀死几十万的人民，却实证出我们的中心思想中心组织是不可以用暴力粉碎的。文化，政治，经济，军事力量是不能用阴谋摧陷的。……反之，我国军事力量，在第二期抗战进程中，由北战场的功绩的表见，已有惊人的进步。我整个民族受伟大的民族革命时代之陶冶，已养育出坚强的必胜信念。一切经济，政治，文化的力量，因外力的反拨，以致生气勃然。由此可以看出中华民族生在这个危难的时代当中，经过无限的挫折，终能主动而不为所动，能克复环境而不为环境所克复；能使敌人怕我而我不怕敌人，能战胜一切艰难困苦而不为艰难困苦所战胜。

本刊在抗战形势好转的今日，积极改进，与时共鸣，因此提出第二个原则——发挥抗战建国精神，目的是希望把全民族鼓舞起来，使大家把一切的物力心力能够集中，共同争取生存与解放的前途。我们因而坚决地主张两点：

（一）消极方面，戒除反民族反统一的宣传与一切借党派时作分化的行动。

（二）积极方面，要接受抗战过程中之血的教训，把救国建国的大业担当起来。

从第一点讲，每个国民在这回抗战中都应参加心力物力的动员，寻求努力参加心力物力动员的方法。知识分子在中国社会里，向来是文化与历史担当支撑者，此时尤应该把天下兴亡的责任，肩负起来，为建国而抗战，而苦斗。但是一部分知识分子的动员，在现在只表现而为多数零乱和不着边际的刊物，有时甚至作反民族反统一的宣传，企图乘国难的时机，夺取民众，发展各自的党派势力。这种分化和斗争的行动，结果只有两途：如不是摧毁我国知识分子数千年一脉相传的民族气节，便是使宋明两代因党派纷争而覆灭的历史先例，重演出来。须知我们此次抗战的目标，是要内能统一，外能独立，要达到这个目标，则上述的消极的摩擦行为，自然应该避免。

从第二点讲，战争是文化演进的有力的因子，它可以在短时期内涤荡社会的污浊，鼓励国民的朝气，形成组织的活动，开拓时代的新路。我们应当接受抗战所给予的血的教训，从实际上客观上助强军事的进展，政治的改良，文化的推动，社会的革新，经济的发展，国民道德与抗战精神的升扬。唯有如此，我们才可以由抗战而得着新的收获——新中国之诞生。

三

第三种最高原则——贯彻民族自力更生,是我们既定的一贯的国策。我们这个民族,从文化人类学的证据看,在人种上不是低劣的人种,在生命力上是富于生命力的民族。但是数十年来,碰到簇新的西洋文化,自己便失却自信力,忽而主张中学为体,西学为用,忽而提倡全盘欧化,忽而心慕苏俄之马列主义,忽而力追德意之法西斯主义,由老辈以至后辈,如航大海,失却指针,有如病危,医药乱投,日日瞪眼以静待世界大势的变动,因他人之变动而跟着模仿,不知自己既不能自信,不能自立,不能自力更生,即失其所以为自己,为民族。

固然,在目前国际形势里面,中国民族独立,与国际上其他国家有不可分的关系。总理指示出:中国革命之路,是要联合世界上以平等待我之民族,共同奋斗。所谓联合者,是以自己为主动,并非随人转变。我们外交的国策,所以应该根据自力更生的国策做出几点,承认:

第一,凡是帮助中国抗战,或同情中国的抗战,或能守中立的国家,都是我们的友邦。

第二,我们要利用各国的矛盾,但不以别国之间的矛盾为别国与中国之间的矛盾。换句话说,中国只有一个敌人,除了这一个敌人以外,决不任意敌视别个国家,尤其不跟随别个国家仇视另一个别的国家。一元外交政策的幻想,早已给现实主义揭破了。

今后我们如何继往开来,转危为安,转弱为强,转败为胜,恢复民族的独立自由,这个责任完全落在本民族身上,决不能希望别个民族,替我们来负担。古人教人要"兴灭国,继绝世,为天地立心,为生民立命,为往圣继绝学,为万世开太平",我们只有这样以天下为己任,以救国救民,独立不倚为职志,才能挽救垂危之国运,才能使民族独立与自由。所以我们以为救国建国的最要条件,是深信历史之过去,以增进自己的自信力,不忘国际大势之归驱,以谋所以因应。西谚说"天助自助者",这也许是千古不磨的社会因果律罢。

四

说到科学思想方面,我们要乘抗战期间,标揭出一个新原则,这就是："倡导新科学化运动。"

西洋近代文化的主流，如果我们的认识不错，实是科学的发明。有了科学发明，才掀起轩然大波的工业革命，由工业上的革命，方才建立近代社会文化的新结构新形态，而其科学之所以产生，所以进步，又与社会的习惯，组织，风气，生活态度相应和。

我国自明末清初，即与西洋文化开始接触，但国人只看见西洋文化的皮相，以为他的长处，不过是一点形而下的技术。这种认识，一方固能抹煞科学精神和方法的重要，他方也忽略了科学技术是与社会习惯、制度、组织相应，而且是这些生活态度的产品。只采用科学的结果而不根求发明科学的精神和方法，科学永远不能在中土建立其真正的基础；同时，只有一些粗浅的技术，而没有足以运用那些技术的社会组织和训练，也是不够的。我们在这回抗战中觉得科学太重要了，而把科学之力渗透全部的社会与人生，求整个社会与人生的改造，使与科学发明相应，尤其是重要中之最重要者。

在倡导新科学化运动的原则之下，我们主张：

（一）这个运动必须贯通自然与社会。——我们要把整个社会打成一个有组织有力量的系统。人生的活动要技术化，齐一化，标准化。大家要有集体的思想，合作的行动，秩序的习惯，消除一切散漫的摩擦的混乱的社会组织和活动，使得有组织有计划的生活方法，成为永久的习惯，如此然后可以避免战后的社会革命之危机。

（二）这个运动必须贯通战时与平时。——今日抗战，在组织民众上，在供应军需与发明军器上，在维持生产与交通上，均须要自然科学与社会科学在理论与应用发面，发展所长，施诸实际。所以新科学化运动必须把平时与战时的活动贯通起来。我们要以平时的科学知识，辅助战事，要以战时的科学需要，提高战时及战后的科学研究与教育。我们决不可因为战事，把平时的科学研究与教育一切停止，驱青年学生于煽动里面，妨害作战的系统，扰乱战时的社会秩序。

（三）这个运动必须贯通物质与精神。——今日抗战，一方面须要精良的武器，敏捷的交通，有组织的生产、交换和分配；他方面也需要规模的行动，组织的生活，系统的思想，斗争的精神。我们要把双方配合起来，对外作战；这样的作战，方能持久，方能取胜。

（四）这个运动必须贯通感情与理智。——抗战以来，少数知识分子每以幻想为真实，引国民入于幻想的境域，等到幻想成为空想，国民一时的感情冲动，便突然由高度降到零度，陷于悲观与失望。我们主张对于国民的精神与信念，应从感情激动之中，培养理智的观察，这样对于抗战的信念和感情，才不致犯着"一鼓作气，再而衰，三而竭"的毛病。

五

本刊的最高原则，重新检讨和估定，大略如上。凡曾读本刊者，也许知道本刊的根本精神，始终是一贯的。一贯的精神并没有因平时与战时而有大不同。本刊的主张和理论，以后自当陆续露布，求正国人。今谨就我们认为可以确信者，列为十项如次：

（一）我们确信要复兴民族，打倒日本帝国主义，必须全国一致拥护我们民族的中心思想，民族的中心组织，与民族的最高领袖。

（二）我们确信民族至上，国家至上的原则，于抗战中建设现代民族国家，即一面抗战，一面建国。

（三）我们确信抗战的意义，一面为求中华民族的生存，一面为求国际的和平——人类共存。

（四）我们确信达到民族复兴，必须以民族自力更生的国策做根据。

（五）我们确信我们为建国而抗战，不但政治上要维持领土主权的统一，思想上亦要维持民族的主权。

（六）我们确信国际间的交涉，应以本国利害为着眼点，应取独立自主不偏不倚的外交政策。

（七）我们确信建国之第一原则，为国内民族一致对外，并建设平等自由联合统一之国家。

（八）我们确信各民族各阶级各党派之力量，应集中于政府，设立国民参政的机关，在军事第一原则之下，政府对于一切问题，有最后决定权，以应付非常环境。

（九）我们确信在经济上，中国本无剧烈之阶级斗争，在抗战期间，消极不宜有阶级斗争，积极应建设计划的生产交换经济，而在战后,即无须再有阶级斗争,而成功为民生主义的环境社会。

(十)我们确信我民族必须消化外来之文化元素,成为我之所固有,而成为划时代之三民主义文化。但三民主义文化之形成,必须因时制宜,因地制宜,采他人之长,以补自己的未备。其根本义,还是要改造我们的社会与人生,使与科学技术相一致,相融解,相应和,不脱节,不对立。

以上所举,总可以说是本刊同人的公共信条,这里当然不能说是已经综括万殊,包含千有。将来一切主张,还当次第提出讨论,借本社为公开商讨的机关,借本刊为公开发表的机关。诗云:"风雨如晦,鸡鸣不已。"又云:"嘤其鸣矣,求其友声。"希望与我们同感的人们,起来指正,襄助,共进!

太平洋问题的关键 *

（1938）

两个阵线的理论，大家都习熟了，所以本省报纸和刊物的社论，最近仍因而不变。殊不知三个月来，实际情形，已经大变。倡集体安全者唯法俄，而法所谓集体安全者又与和平阵线无关，故唯俄尚持此论，然亦止于空论，对实际毫无影响。我国之外交，不当以空论做前提，而当注意实际。我们相信太平洋问题的关键，在英美合作，而英美合作必须欧洲安定。英国为求欧洲安定，已将所谓两个阵线者打破。今日之势，以英法为中心而取得意大利之妥协，于是俄感孤立而牢骚，德陷孤立，以适可而止，现在已经没有所谓两个阵线了。英意妥协，现在已有成功之表见，将来欧洲安全，英美合作来解决太平洋问题的时机便来临了。我们希望粤中报纸与刊物，改造不符事实的空论，使风气为之一转，这样对于我们的外交方针，一定有很大的裨益。

---

* 载《更生评论》第 3 卷第 1 期，1938 年 4 月 10 日，署名兼生。

我们只有一个敌人[*]

（1938）

我们对于外交政策，主张在各国利害错综之下，树立独立自主之外交政策，即依靠自力，以不存依赖之心为原则。

我们根据这个原则，首先应明白目下的国际情势。这里有几点是应该指出的：

一、阵线外交的理论，根本谈不上。为什么呢？大家都知道此时英意谈判成功，俄德均陷孤立，德意个别向英法妥协，欧洲既无阵线，日本已陷于孤立。

二、最近日本请求英国出头向中国求和，以不告知美为条件，而英则坚拒之，盖英美合作，早已使日本陷于"远距离封锁"之恐怖。

三、德意两国最近均亲近中国，求中德意邦交之再密。德与中国之军火及人材关系，本未改变，今又再加亲密，当为我国所乐受。意访日团到沪，为意国使领所不理，意之改换倾向，实与英之行动，有莫大关系。

根据以上三点观察，我们应该站在自主原则之下，认定我们只有一个敌人——日本。

---

* 载《更生评论》第 3 卷第 2 期，1938 年 4 月 20 日，署名兼生。

双七抗战建国纪念节掇感 *

（1938）

"双七"抗战建国纪念，已经一周年了。

这个纪念节，在国史上看，是中华民族从民族斗争中表现它的新精神和再造文化复兴与民族的开始，在世界史看，是代表爱和平的民主国家以艰苦卓绝，一往无前的精神，来维护世界正义，与侵略者作殊死战的发端。我相信，这的确是中华民族最光荣的纪念日，同时也是世界文化演进的划阶段的纪念日。

经过一年的苦斗，我们在这个最有意义的日子，自然一面回顾，一面也要前瞻。我个人在回顾与前瞻所得到的几种感想，掇拾起来，有如下列。

一者，从时间上看，我们此次对日抗战，是从卢沟桥事变开端，所以说今年"七七"是抗战建国的周年纪念。但实际上，我们对敌的抗争已有四十多年不断的历史了。一八九五年以后，敌人占我台湾，高丽，旅顺，这是我们民族斗争失败的显著的纪念。继着有一九一五年廿一条款之提出，一九二九年济南之冲突，一九三一年（九一八）沈阳事变，满洲被夺。到了一九三二年（一二八）上海之役，不过是一九三七年（七七）卢沟桥事变之序幕，所以"七七"不是偶然发生的，它有历史的前因，才发生今日的后果。然而像过去一年我与敌的伟大的民族争斗——生与死，存与亡——的争斗——却是从前所未有，确是值得我们的纪念。外人观察，我与敌的争斗，是一个"新百年战争"。我们不能说这话一定是对的，但无论如何，我们是死里求生，大家只好准备一切，不贯彻到最后胜利取得的一日，决不中止，决不自馁。

　＊ 载《更生评论》第 3 卷第 9 期，1938 年 6 月 30 日，署名黄文山。

二者，从空间上看，敌人占据我们的领土，已有七八〇、六二五英方里，面积已两倍于日本。这回战线的延长，竟至一千四百英里，比起一九〇四—〇五年的日俄战争，战线只有一四五英里，一九一四—一八年的世界大战，西战场战线只有四九〇英里，在规模上，已经大得多了。今后这种战线的延长，也许还有增加。在敌人的原意，本来想以"速战速决"的战略，三个月便可以解决一切。然而上海失守了，南京被陷了，徐州放弃了，时间足足延长至一年，但敌人却愈战愈失望，愈打愈气短，愈进愈困难，愈久愈不能支持。

三者，从战略上看，敌人速战速决的企图已经绝对的失败了。相反的，我们的战略——持久战与消耗战——使敌人每占一点一线，必须付与绝大的代价，结果因受我游击队的威胁，却毫无所获。最后之胜利，所以我们断然相信，不是敌人的，而是中华民族的。

四者，从人力上看，我敌兵士在战场上的损失，在第一阶段的战争是三与二之比，在第二阶段的战争则为四与三之比，在晋省双方死亡的数量，则几乎相等。这是敌人人力上的消耗。至物力上，敌人的物质和机械，比我们丰富，也因为这样，它们的损失，比我们来得特别重大。在我们方面，愈战愈强，这些其中显著的事实，陈辞修将军指出的，有下列几点：

第一，在兵员数量上，我们由一百多师已达二百多师，而源源不绝的补充生力军，是在不断的大量的增加。

第二，在军用资源上我们有无穷的财富，可以开发。

第三，在军器补充上，我们不仅有大量的接济，而且正在加紧的制造。

第四，在火力上，我们现有的新式武器的质量和性能，甚且超过敌人。

此外经济上比敌人的优裕，还没有计算在内。其实，照我平常的观察，我国几千年的社会，都处于一种静的状态之下，特别是农村，向来是鸡犬之声相闻，而大家还是老死不相往来的。这回经过激烈的普遍的斗争，我们整个社会方才动起来，这样一动，一切文化心理精神乃发生整个转变——由封建的到民族的。这样由外来的刺激所引发的转变，其力量比什么都大。这样的伟大的民族力，也就是我们战胜敌人的最优越的条件，我们的团结与统一，固然以此力量为基础，即建国运动亦以此为原动力。

五者，我们是主张以空间换取时间，以时间达到消耗目的，从长期的消耗战中来争取最后胜利的。敌将土肥原谓侵华如不达目的，即战争十年亦所不惜。我们则抱定主意，驱逐敌人出中国境土，还我主权的完整，即实现新的"百年战争"亦所优为！民族革命的争斗，有如洪流，在历史上看来，是决不会因某种阻力，骤然中止的。然而敌人此次侵华的能力，究竟有限。他的大量消耗之结果，我们相信，时间上再过一年，空间上占领了武汉和截断粤汉路，这就是敌人整个崩溃的开始，同时也是他们民族破产的引端。

六者，抗战与建国是一事的两面，同时并进，并行不息，"抗战为扫除建国之障碍而抗战，建国为充实抗战之力量而建国"，这在抗战建国纲领已有详明的指示了。我们相信抗战必胜，同时也坚信建国必成。总裁说："我们要建设三民主义的新中国，这是我们建国运动的总目标。三民主义是我们总理为中国定下的革命救国的最高原则，要促进中国的国际地位平等，政治地位平等，经济地位平等，使中国永久适存于世界，我们要建国就是要实现民族主义民权主义，和民生主义，将中国建设成三民主义的新国家。"大家明了了建国的目的后，就应注意建国的步骤，入手方法，与建国的原动力，和建设的首要在民生，以达到主义实现，建国完成的总目标，我们惟有把建国的任务完成，抗战才表现它的无上意义。同时我敢断言抗战既胜，建国亦必能完成，这是民族斗争中的一串社会因果律，凡研究过西洋近代史的人，没有不明白的。

抗战建国周年的纪念日，个人脑海浮现的感想，只如所述。

此外尚二有端，一为民族自信，二为民族自励，颇值一谈。

一端，中国人轻视自己的文化，多少年来，已成习惯。所以几年前我们提出中国本位文化建设的时候，有些智识分子，简直不了解其意义之所在。换句话来说，就是他们丧失了民族的自信，所以每每以本位文化为讥笑之词，这点，张申府先生在《我相信中国》中，已慨然言其不当，谓："照这种人这种把本土的一切都蔑弃的办法，中国何用人来亡，中国早已自亡了！"

所以我们在建国运动的进行上，主张先要恢复民族的自信力，使全国国民认识中华民族五千年文化的优美，伟大，进而发扬光大，共同创造光华灿烂的未来。我们既有了自信，自当以一往无前之气以赴之，以百折不挫之耐力以持之，虽千山万岳，一一崩坼，而无所动于中，虽怒海惊涛，蓦然号鸣于脚下，而挺然不改其容。要有此等魄力，此等肩胜，才是自信。整个民族有了这样的自信力，则今日所遇着的人类历史之奇变，未尝不可以我们"至死不渝"的态度，逆转过来。总裁告军民书所以更进一层说明自信必须与行动配合，才可以获得最大的胜利，原文说："我们要求大家坚定最后胜利的自信，乃是要大家积极奋斗去求取胜利，不是要大家怀抱信心而坐待胜利，要知道我们有了决心，必须同时有积极的奋斗来实现这个决心，我们有了自信，也必须有配合着这个自信的行动。"可见自信是应当与行动来配合的。每个人有了民族的自信力，自应尽最大的力量，在行动上去贯彻抗战的胜利，去实现建国的成功。

二端，语云："天之杀物，正以成物，天之困人，正以成人。"我们民族多少年来的贪，愚，弱，皆由自逸造成，今受外力之反拨，这正是自励的绝好机会。这种机会可遇而不可求，今幸遇之，不于此间求得一切实受用处，真辜负历史的赐予！

民族自励之道有二：一曰诚，二曰公。

中国近年最根本的大病就是伪与私，根治这个大病，舍诚与公莫由。

近代西洋文化的道德的精神，亦只是唯诚唯公。

曾国藩说："天地之所以不息，国之所以立，贤人之德业之所以可大可久，皆诚为之也，故曰，诚者，物之始终，不诚无物。"这话已经无所不包。用现代语来说：宇宙的法则，社会的法则，人生的法则，在诚。我们教人以高尚的人生观，教人看破生死关头，人我分别，畛域观念，教人积极，教人奋斗，教人杀身成仁，舍生取义，莫不由诚出发。惟至诚乃能公忠体国，乃能不杂丝毫自私之心，乃能以唯实唯公的态度，负责一切，创造一切。

要抗战胜利，要建国成功，我们要实行民族自励，自励最根本的两件事，就是诚与公。我们要立诚，要有诚实的态度，诚实的行动，要反欺诈，反自私，反垄断，反偏见。

悼钱玄同先生*

（1938）

　　报载钱玄同先生于十五日病殁故都，一代儒宗，又□一个，闻之曷□痛悼！

　　余识钱先生，在于民国五年，其时余与赵畸（太侔）袁振英（震瀛）诸君创实社于故都，适石曾先生由巴黎返国，开会请其讲演，钱先生亦欣然莅止，遂订交焉。五四运动以后，钱先生与适之独秀先生等主持《新青年》，余是时主编北大学生会周刊，与钱先生情谊，在师友之间，函札往还至密。民十后，余去国万里，消息遂隔。民廿一年，余北返故都，与钱先生同事师大北大，相见甚欢，而先生对于故交之零落，似不胜其悲惋也者。廿二年以后，余又南归，直至廿四年夏，重返清华园从事民族学书目之搜集，一晚，幸遇先生于中央公园之来今雨轩，孰知草草一别，遂成永诀！

　　钱先生研究国学，师章太炎氏，而对于思想路线，则从吴先生稚晖。其排旧之笃，疑古之深，似非少年人所易几及。而对于中国思想界之贡献，亦于此方面为最多。

　　自故都沦陷以后，钱先生消息寂然，然识者多知先生年来患湿气病，其闭门不起，盖非偶然。以一代文化巨人，对于抗战建国运动，不能及身参与，以致客死故都，想全国文化界，闻之当为悲凄永叹也！

---

* 载《更生评论》第 3 卷第 10 期，1938 年 7 月 30 日，署名凌霜。

反对轰炸不设防城市运动的意义 *

（1938）

日本军阀在我们不设防的城市——广州，武汉，长沙，九江……——连续地狂炸，法西斯派在西班牙之猛烈轰炸，都是违反人道与破坏世界和平的妄举。国际反侵略大会根据中国分会和各界之不断呼吁，并各国人士之愤激与巨怒，所以定于今日和明日在巴黎举行"国际反对轰炸不设防城市大会"。预定的议程，最重要的是：

（一）怎么样才能有效地制裁轰炸不设防城市并派遣国际调查团往中国，西班牙，调查事实的真相。

（二）如何有力地对于轰炸受伤的市民，予以充分的救济。

（三）根据世界的和平大会（即国际反侵略大会）的原则，对于中国，西班牙，及捷克之反侵略运动，予以切实之援助。

国际反侵略大会，本来成立于一九三六年。会员超过四万万人，有五十三国单位，四十七国际单位，为拥护世界和平最有力量的团体，此次在巴黎召集这个大会，其重大意义，最少有两方面：

（甲）动员世界舆论界，一致起来，对国际侵略者予以反抗。

（乙）希望各国分会代表团督促各国政府由同情中国，而为具体与集体的援助。

我们广东各界代表，为响应这个伟大的大会，大家聚集于此，一方对于敌人的轰炸，表示无限的愤慨，而他方对于大会的伟大的同情与援助，却应当表示无限的感谢。我们希望全世界的人士，彻底了解我们的处境，急速起来，拯救中国，拯救中国即是拯救和平。我们此时应向世

---

* 载《更生评论》第 3 卷第 11 期，1938 年 8 月 10 日，署名黄文山。

界说明的有以下四点：

第一点——是事实问题。日本轰炸我国不设防城市，破坏了千万间家室，荡平了几百间医院学校，屠杀了整千整万非武装的公民，惨杀了无数的妇女与小孩，这是千真万确的事实，万目睽睽之下，绝不容否认，亦不能否认。单就广州一隅而论，自五月廿八日以后，敌人连续数周惨无人道轰炸，以致平民血肉横飞，肝脑涂地，尤为惨不忍睹。但是日本的代言人同盟社，及驻港领事屡次向世界声言：广州死的市民，多为高射炮弹所伤，或则曲解了我们警察局长的说话，故意造谣，企图欺骗。然而事实究竟是事实，一手决不能掩尽天下人之目。日本代言人的谰言，已有广州市的许多英美籍医生，予以痛辟。我们希望此次巴黎大会，能够把敌人屠杀我们不设防城市的市民的铁一样的事实，宣布给全世界人民知道。目前英国记者森逊对我说：他亲眼看见一个孕妇被炸而死，婴孩经医生取出，足部受伤，尚有气息，但卒不救而死。他说："我到美国各地去，以一个独立的观察者之资格，向各地民众宣传，我相信没有一个妇女听掉，不流眼泪，不起来反对日寇的！"所以我们这回反对侵略运动，第一先要使全世界人士明白日寇屠杀的真相。

第二点——再说立场。此次中国抗战，固然是求我们民族的独立与自由，而他方亦在维护世界的和平，正义，与保存世界的文化。所以我们反侵略运动，绝不是单纯为着本民族自己的利益，而是为着整个世界人民的进步与文化的演进。

中国民族为着反对日寇的侵略，一年以来，全国军民，已集中力量，在本党三民主义旗帜之下，服从本党总裁之领导，前仆后继，再接再厉，奋斗牺牲，万死不辞，已为抗战必胜，建国必成，奠下坚固的基础。这种全国团结一致，为着保卫民族的生存，与敌人作殊死战的精神，全世界各国无不同情……

我们现在所要告诉世界的，就是中国的民族主义，不是狭义的国家主义，她在求中国之自由平等而外，更希望与同情的与国和友邦，合作互助，以进于大同。所以世界爱好和平的人士，应该急速起来，与中国携手，有效地反对侵略者对于不设防城市的轰炸。

第三点——是判断。我们对于侵略者轰炸不设防城市，用不着根据甚么公法，予以谴责。我们即就常识而论，最少也可得下列三种判断：

（甲）从文化演进的阶段讲，民族学者常分人类文化演进，为由蒙昧到野蛮，由野蛮到文明。今日我们已经到了文明的阶段，而美洲的印第安人，非洲之丛林人，澳洲的小黑人等等，则仍滞留野蛮的阶段。我们常说侵略者对我们人民的屠杀，是野蛮的，其实从前与今日的野蛮民族，决不会这样大规模地向人类屠杀！当一九一四年到一九一八年欧洲大战时，飞机发明不久，只能用作侦探性质，所以杀人就比较的少。今日侵略者则利用科学技术的进步，使无数无辜市民的生命，顷刻化为灰烬。这的确是人类的刽子手！

（乙）从文化的建造上讲，人类的文化是经很长久的时间，以一点一滴的劳动力与精神力累积而成。即就中国近代文化而论，新式学校之建立，工厂之设置，医院之设备，图书馆之建筑亦经半世纪以上的劳绩所构成，然而敌人在几秒钟已把我们几千年的文物，百数十年的设备，完全毁坏！

（丙）从人道的观点讲，人民生命，是最可宝贵的东西。中国圣人说："天地之大德曰生。"西方社会学者亦说："求生乃文化进化之总因。"我们总理说："生为宇宙的中心，生存为社会的中心。"尤为古今不易的真理。可见凡属有生之伦，没有不爱惜自己的生命，保卫自己的生存的。但是敌人却绝不顾什么人道，利用新式的杀人技术，对于妇人小孩老弱无告者，一律屠戮，其黑暗实非任何历史上最黑暗的时代所能看见。

人类如果没有正义，没有是非，没有理智，没有正当的判断，那就不必讲；否则凡属文明的人民，为着文化的进步，为着人道的维持，就不应对于侵略者的屠杀，袖手旁观，束手无策，或宣言中立。当星星之火，焚着邻家屋宇的时候，如不去把它扑灭，将必然地烧到你自己的屋子来呀！

第四点——就是如何切实对于被侵略者加以援助的问题。我们明了以上的事实之后，全世界人士自应联合起来，扩大此次反侵略的运动与积极开展此运动，使他如火如荼，蓬蓬勃勃。我们希望此次大会能够确实地推动世界人士及各国政府，做到两件事：

（甲）消极方面，对侵略者予以制裁，举凡足以增强他们的侵略力量，无论在经济上，政治上，军事上，技术上，文化上，精神上，物质上的，都应该断绝一切，把侵略者孤立起来。

（乙）积极方面，举凡足以增强我们反侵略力量的，无论在经济上，政治上，军事上，技术上，文化上，精神上，物质上的，都应该有系统地，有计划地予以供给和援助。

　　总而言之，我们中国现在正向日本帝国主义作历史上从没有过的伟大的民族战争，我们建国的基本原则，虽是自力更生，但我们希望全世界爱好和平的人士，对于这一个和平的民族，在日机空袭下遭受的惨痛，有计划地，有组织地，从行动上，从实际上予以援助。须知拯救中国，即是拯救和平，拯救和平即是拯救全人类与人类所创造的文化。

孔子与民族主义[*]

——为纪念八月廿七日孔子诞辰

（1938）

　　孔子是中国民族文化的代表，不但在中国民族文化历史上是仪型万世的至圣，即在世界文化史上，其人格学说，也是光芒万丈，与天地金石同其不朽，孔子之所以伟大，当然在于他能发明正确的宇宙（见《易经》）人生观（见《论语》），使我们二千数百年对于做人与淑世的原理原则，有所准绳，然而最重的一点，却是中国二千年来所以能抟控为一体而能维持于不敝，经过许多的民族的斗争，如今仍屹立世界之上，表现出勇猛精进的新精神者，实赖孔子为无形的轴心。

　　现在讲孔子与民族主义，请先说明民族主义的意义。

　　这一百五十年来的世界，大半是民族主义的世界。民族主义曾团结法国，统一德意，使波兰，芬兰，挪威，捷克，希腊与巴尔干诸国家，恢复民族独立的地位，同时解散了土耳其帝国，奥地利帝国，俄罗斯帝国。民族主义所以成为近代政治变动的主要因子，当然与法国革命，工业革命有密切关系，为构成民族主义的基本原则之理论有二：

　　第一，以每个民族组成文化的整体，其间血统，生活，语言，宗教，风俗习惯，都是构成整个民族文化的要素。一个民族，同时也应该独立的国家，保存其特殊的语言文化，使其发荣滋长，尽量发展，更以此种民族的文化为单位，织成整个艳异的世界文化。

　　第二，以民族的自觉，自尊，自信系每个民族光荣的历史之产品，我们有了这种民族的意识，民族精神，便可以永远不被别族征服，即一时被强者压迫，亦可以透过民族主义的动力，复兴起来。

　　欧洲各国对于民族的形成，一方面自求脱于野蛮状态，一方面反与

　　* 载《时代动向》第 4 卷第 4 期，1938 年 8 月 31 日，署名黄文山。

新侵入的野蛮人抗战，往往需千余年的努力，但根据民族主义以建立民族的国家者，则又近百余年始行着手，如今仍在这建国的大道中迈进。

我中华民族的民族的形成，及其生存的斗争之实际情形，究竟如何？

第一，最初的中华民族其所处之地理环境，甚为逼狭。春秋时，文化最盛，而当时所谓诸夏之国，有周，鲁，齐，晋，宋，卫，陈，蔡，燕，许，郑。他们所居的地方，就是今日的山东，山西，河南，陕西，及河北的一部分。其间还有许多夷狄，杂处其间，如赤狄，白狄，山戎，伊洛之戎，莱夷，淮夷，徐戎等，至于浙，闽，粤，湘，桂，蜀，黔，甘，辽，沈等多浅化民族所栖止。像这样复杂的民族，如何能形成整个民族？其维系的力量何在？

第二，中华民族在历史上，屡亡于异族，最著在如蒙古人打倒宋室，建立元朝八十多年的帝国，满洲人侵略明室，建立清朝，支配中夏者，凡二百余年，后来何以站立不牢，其主因何在？

这里，我们可以简单地给予一个答案，就是因为中华民族的意识，早已觉醒，中华民族的精神，早已建立，中华民族文化的体系，已经完成。完成以后，决不能消灭，而所以觉醒之，建立之，完成之者，则以孔子为轴心。

孔子之所以有这样伟大的力量，实由于其伟大的理想而来，由理想以造成文化，演为制度，进为动力，此理想就是孔子的民族主义。这理想的表现，可以从两方面来说明：

第一是民族中心主义的建立，民族中心主义本来发源于原始社会的"我群"与"他群"的观念。原始时期，人类组合以小团体为单位，在"我群"内者认为同志，和蔼亲睦，对"他群"即认为敌人，发生生存斗争的关系。到了孔子编订春秋，以"内诸夏而外夷狄"为其史学上的最高原则，倡明尊周攘夷复仇之义，这是第一次把民族中心主义有意识地建立起来的伟大的企图，他认定中华民族的"诸夏"为中心，其他民族都不在中国的文化圈内，所以不许他们入主，但同时也主张"夷而进于中国则中国之，许他们同化"。兹举两例为证：

（一）孔子说："夷狄之有君，不如诸夏之亡也。"夷狄谓楚与吴。楚吴虽迭主盟中夏，但强暴不行礼义，故不如诸夏之无君，尤为合理。孔子言此，实恶诸侯之君事夷狄，而伤诸夏之太不振，所以传说：

"吴何以称子，主会也。吴主会曷为先言晋侯，不与夷狄之主中国也。"这与罗马人抵拒野蛮人之侵入,同一观点。

(二)管仲内则一匡天下,九合诸侯以安民,外则攘夷狄,使诸侯免陷于被发左衽之俗,整个民族都受了他的恩惠,所以孔子许之为"仁",并且说:"微管仲吾其被发左衽矣!"这种民族中心主义,何等明显。

第二是民族精神和民族文化体系的奠定。春秋间诸子继起,百家争鸣,到了孔子才把忠孝仁爱信义和平诸种德性,诚意正心修身齐家治国平天下的工作,指示出来,奠定民族精神的基础。自秦汉以后,思想渐趋统一,而民的文化体系,遂以确立,其统一与确立,系以孔子之道为中心,融合百家九流之思想,经一度之涵化,遂成民族文化的完整的有机的体系。这个民族文化的宇宙观,是崇拜自然,信任命运,否定①神怪,人生观,则守中庸与忠恕之道。曾子说,"夫子之道,忠恕而已矣",忠恕二字,朱子解为竭其在己之为忠,推己及人之谓恕,陈立夫先生说,"尽其善生善存应有之努力谓之忠,推其共生共存必有之德性谓之恕"。其次为中庸之道,中者和平中正,不偏不倚,这是体,庸者,日用常行,平凡切实,普遍通达,这是用,所谓极高明而道"中庸"者在此。孔子这种思想,已经支配了二千多年的时间,整个民族涵育于其中而不知不自觉,到了最近三民主义起来,我们才对于此思想之传说的体系,知所珍视。

由于以上两方面的思想之建立与奠定,其效果便可得而言:

(一)我以诸夏民族为中心,把国内固有的复杂民族及其文化,冶为一炉,更以其伟大之文化熏育侵入之诸外族,使其同化,经数千年之岁月,然后形成今日之中华民族,而今日我民族文化之创造,犹在日日迈进中,见其行未见其止②。

(二)民族精神既已深入人心,为民族文化的基础,故中国在历史上虽曾数度被压于异族,但卒能中道奋起,旧业复兴。第一度,元朝统治中国,凡八十余年,前二十年差不多有二百余次的暴动(陶希圣先生统计),到朱元璋等发动民族革命运动,因而恢复了中国。第二度,满清入主中国,兴文字之狱,竭力想法消灭民族意识,循至保皇党认贼作父而不自知,总理所以说中国的民族主义确是亡了,所以幸明末遗老如

---

① "定",原作"完",校改。——编者注

② "止",原作"正",校改。——编者注

顾亭林黄梨洲傅青主等抱"可变，可革，可禅，可让而不可异族间之"，"非我族类①，其心必异"之义，把民族思想寄托在洪门三合等会党，到了总理与诸先烈创造同盟会，然后把民族主义提揭起来，满清以倒，中华民国方才建立。第三度是现在日阀的侵略中国，他们在军事侵略之后，第一种主要工作，便是消灭我们民族意识及民族中心观念，所以在北平创立新民学会，提倡新民主义来驱逐三民主义，推行反民族主义，来使我们民族受日本帝国主义者的统治和宰割。我们相信孔子思想不灭，民族主义永存，所以中国决不会灭亡，中国民族文化也决不会中绝，以综上所说，可得结论如下：

（一）我国民族数千年之精力，大半费于"形成民族"及"建立民族文化"的大事业中，而为此大事业之无形轴心，即为孔子。

（二）孔子对民族主义之贡献：（一）建立民族中心的原则，（二）奠定民族精神与民族文化之基础。

（三）数千年，我们能屹立于大地，虽沦于异族，但因有孔子的理想在，故能屡倒屡起，光复故业。

（四）大同的理想——"大道之行也，天下为公"——为未来社会的指标，但在大敌当前，急于燃眉的今日，自应遵"时中"之谊，提扬伟大的民族主义运动，以对抗敌人之侵略。

（五）民族主义是民族起死回生的至宝，抗战必胜，建国必成的要素。总理的三民主义，已把孔子的民族中心观融合起来，我们应当发扬光大，使它发生至大至刚的活力，如火如荼的光芒，重建历史的新页。

---

① 原文此处衍"心"字。——编者注

民族文化建设纲领[*]
（1939）

一、民族文化的意义

（一）中华民族文化之"性格"及其伟大性

（甲）中华民族系由汉语族系、懵克语族系、掸语族系、突厥语族系等在同文平等的条件之下，形成的一个伟大民族。民族文化，就是我们整个民族为着生存的要求，在社会的交互作用中，根据本国物质环境，由动作、思想、创造和类化产生出来的伟大的生活丛体。

（乙）中华民族为世界上最有悠久历史的民族，中华民族文化为世界上最发达、最丰富、最优美、最美丽、最庄严、最伟大的文化，所谓"范围天地之化而不过，曲成万物而不遗"，庶几近之。在民族上，他有共同的血统，有不朽的活力，有创造的天才，有组织和类化的能力。在文化上，他有特殊的状貌与性格、悠久的过程、丰富的内容、无限的力量，有"刚健""中正"的训示，为民族的最高理想。其工艺技术、政治组织、经济关系、道德习惯、语言、文字、艺术、科学，以及物质建设的全体，系整个民族几千年甚至几万年长期的生存奋斗与创造，把各种文化质素糅合汇流的成果，故中华民族的生活方式之总体，不特为东方文化的主型，而也是世界文化的基石。

二、为什么要建设民族文化

（二）民族主义与民族文化

（甲）民族主义在近一百五十年间，曾团结法国，统一德义，使波兰、芬兰、挪威、捷克、希腊与巴尔干诸国家，恢复政治独立的地

---

* 载《战时文化》第 2 卷第 1 期，1939 年 1 月 10 日，署名黄文山。

位；同时解放土耳其帝国、奥地利帝国、俄罗斯帝国。我们中华民族二十余年来在东亚的活跃，最近抗战必胜建国必成的信念之成为普遍化，也纯由民族主义运动造成，民族主义所以是现代文化变动的一个主要原素。

（乙）根据民族主义讲，每个民族，应当组成一个独立的国家，应当保存其特殊的语言文化。一个民族，只要有光荣的历史，崇高的文化，他必然会产生一种极坚强的自尊心和自信力。反之，民族文化如果被剥夺破坏，而民族的分子对之漠不关心，便无异于放弃其独立的自尊。

（丙）世界上没有那种民族文化，是可以征服或消灭的，尤其是历史悠久，"极高明而道中庸"的文化，更无可以消灭的道理。我们必须促进"文化民族主义"，使世界上各个民族能够尽量发展自己的文化，更以此种种民族文化为单位，织成整个艳异的世界文化。

三、过去民族文化建设运动及其意义

（三）民族文化运动的五种类型

（甲）"五四"运动。"五四"运动是指"民八"以后几年间的新文化运动而言。这个运动包括"国语文学运动"、"自由思想运动"、"劳工解放运动"、"妇女解放运动"、"地方自治运动"。从整体看，这个运动彻头彻尾是一个反封建的运动，是一个民族的启蒙运动，从成果看，他虽是破坏多而建设少，然而他却奠定了国民革命的基础，使民族文化得以向另一个阶段迈进。"五四"运动的文化指导者，以蔡孑民、胡适之、钱玄同、陈独秀诸先生为最努力，成就也最大。

（乙）乡村建设运动。此运动在北方有三个重要中心，即山东的邹平、河北的定县与河南的镇平。在南方也有三个中心——晓庄、无锡、萧山。他们的运动中心，虽因领导者思想与环境有种种的不同，发生许多差别，但他们的共同目标，却是一致的：即是普及平民教育、推行乡村自治、复兴农村经济、改良社会风俗。这个运动以梁漱溟、晏阳初、陶行知诸先生为主要的领导者，他们的实验，虽未能产生伟大的效果，但却能着眼于民族复兴的基本工作，从民间做起，其功自不可没。

（丙）新生活运动。这是蒋总裁在二十三年发起的一种复兴民族的基本运动。整个运动的目的，在要求中国民族基本生活的改善，在要求国民衣食住行合乎礼义廉耻，用"整齐"、"清洁"、"简单"、"朴素"、"迅速"、"确实"六大原则来养成生活军事化、生产化、合理化。蒋总裁指出："这生活运动的精神力量，就是我们民族抗战的最大武器！"经过这次伟大的民族文化运动之后，全国国民，才振奋起来，萎靡者为之奋发，吝夫为之慷慨，庸碌者为之挺拔，贪夫为之廉洁，怕死者为之慷慨赴难，全国风气，于焉丕变。

（丁）国民经济建设运动。这个运动是由蒋总裁于二十四年双十节所发表的《国民经济建设运动之意义及实施》一文所掀起的。我国国民经济，向来落后，民生上因之感觉无限的困难。自这回运动发生以后，不数年间，交通建设，顿呈显著的进步，财政与币制机构，树立坚固的基础，农业改良，日见进步，科学方法，亦已在相当范围内采用，国防工业，尤有长足的进展。我们经济复兴的基础，可说已在积极的建设中稳定起来。

（戊）中国本位文化建设运动。这个运动是以四年前陶希圣、王新命、何炳松、萨孟武、武堉①干、陈高傭、黄文山、孙寒冰、章益、樊仲云十人联名发表的《中国本位文化建设宣言》为根据，当时简称十教授"一十宣言"。这个宣言的特点，就是指出各时各地有各时各地的需要，进而肯定此时此地的中国，自有其特殊的需要，所谓"中国本位文化建设"就应以这种特殊的需要为基础。进一步讲，这个宣言所主张的，在义蕴上，不外以为中国人应以中国民族利益为前提，不忘自己的民族，认清自己的民族地位，以从事于最适宜于中国人民生活的改进。这个运动以陈立夫先生所领导的中国文化建设协会为推进的大本营。年来我国民族自尊心与自信力之提高，抗战必胜建国必成的信念之坚定，民族思想普及于文化界与青年界，与这回浓厚的民族主义运动，有密切的关系。当时还有所谓全盘西化说，也就在这种民族本位运动的高潮中，忽然没落。

以上所说的五种民族文化运动，对于民族文化的演进，确有划时代的贡献。这些运动的类型，在今后的文化建设运动中，不是全盘的扬弃，而是进一步构成民族文化建设的新元素与新综合。

四、最近民族文化建设运动的理论

（四）国防文化建设论

自抗战以来，文化上已经产生了新的改革，新的进步。所谓"战时

---

① "堉"，原作"育"，校改。——编者注

教育"、"战时文化"之提倡，颇引起一时之注意，独对于国防建设运动，尚鲜谈及。政治部陈辞修部长去年七八月间在庐山所讲的国防的建设计划，实为提倡国防文化建设运动的理论之首倡者。陈先生的国防文化计划，计分要领与纲目。要领分：（一）以民族主义精神及新生活运动，施行国防教育。（二）应国防生产之需要，培育技术人才。（三）注意科学研究，必使集中于国防及生产等实际问题。（四）注意国民体育，使全国国民均具备"国防人"之健全体格。纲目分：（甲）民族主义教育，（乙）国防技术人才教育，（丙）科学教育，（丁）生产教育，（戊）社会教育。这是完全站在国防文化建设的立场上，想透过民族主义教育，把文化从根本救起。陈先生说："我认为中小学的教育，以后一定要注意实际生活技能，最低限度要使中小学毕业生能够作一个优良的工人，一个良好的工头，或做一个进步的农人，通统都能够生产。到了大学专门学校所训练的人才，便要以国家的需要为转移，由易而难，由浅入深，这样养成的人才才能切合适用。近几年来，中国的教育已有相当的进步，不过离我们的要求还是很远，我们正需要加紧的继续的努力，来奠定国防文化的基石。"这话在民族文化的建立上，有极重要的贡献。

（五）新启蒙运动的理论

新启蒙运动的提倡，已有几年的历史，而张申府先生，实为这个理论的创导者。他说："在思想上，如果把五四运动叫做启蒙运动，则今日确有一种新启蒙运动的必要。""关于这个新启蒙运动的内容，有三点特别可举：第一，这个新启蒙运动必是理性运动，必然要反对冲动，裁抑感情，而发扬理性。第二，在文化上，这个新启蒙运动应该是综合的。如果说五四运动引起一个新文化运动，则这个新启蒙运动应该是一个真正新的文化运动。所要造的文化不应该只是毁弃中国传统文化，而接受外来西洋文化，当然更不应该是固守中国文化，而拒斥西洋文化，乃应该是各种现有文化的一种辩证的或有机的综合。第三，今日的启蒙运动，不应该真只是'启蒙'而已。更应该是深入的，清楚的，对于中国文化，对于西洋文化，都应该根据现代的科学方法更作一番切实的重新估价，有个真的深的认识。"（见所著《我相信中国》）张先生近更以一个宝塔来表示新启蒙运动的根本原则，主要号召之点，以及其任务与目的。兹照录如下：

实

理性

新科学

思想解放

自觉与自信

普及大众教育

编刊新百科全书

建立抗战建国文化

树立起文化上的国防

实现文化上的三民主义

五、目前建设民族文化的原则与目标

（六）中国近百年为被压迫的国家，故中国国民革命之目的即在于扫除内外的障碍，建设现代独立自由的三民主义国家。民族文化与三民主义文化是异名同义的。我们建设民族文化，必须依照本国目前之需要，而战时更有战时的需要。在此种条件下，民族文化建设，应该根据以下两个原则：

第一，积极地启发民族的自觉与自信，使整个民族共同努力维护中华民族文化的存在，并使之发扬光大，以保其过去灿烂的光荣。

第二，以过去民族文化做基础，斟酌时间空间的需要，进而吸收现代思潮与现代科学的成果，以改造原来的文化型式，充实其内容，加速其行程与转变。

（七）根据这两个基本原则，我们为要使抗战必胜，建国必成，民族文化建设的总目标，应该是：

第一，凝结中国的个人及家庭单位，使其成为一个动的有机的单位——民族单位。激动每个人对于民族的自信与爱护，认定"民族至上"、"国家至上"，完成民族主义文化的基础，以期在抗战的过程中及在抗战胜利以后，保持民族自由平等的独立地位。

第二，民主政治是与民族主义相辅而行的。我们需要有组织的自由、集合的力量、人民与国家政府应结成一气，共同奋斗，以期达到真正民权主义的社会。

第三，"建国之首要在民生"。为充裕国家民族的民生，巩固国家民族在世界上的地位，增加长期对敌抗战的力量，必须利用现代科学与技术的发明，把工业制度确立起来，唯有工业化的国家，才能成为真正的民族与民主的国家。

六、民族文化建设的程序

（八）民族精神与民族思想的建设。

（甲）① 我国近百年来，因为文化的落后、社会的停滞、外力的侵凌，民族精神几为之完全丧失，所谓"文化上看不见中国"，就是指民族意识之模糊而言。总理说："中国的民族主义真是老早亡了"，也是这个意思。鲁登道夫说："民族精神一致的团结，是全体性战争的基础"。总裁说："过去战争之失败，不仅是武器之不足，社会思想之复杂与生活之颓废，都是失败的原因"。所幸一年以来，抗战的洪流，已经把支离散漫的人心，熔炼成铁一般的团结，一切反民族利益的病根，也洗的干干净净。可见民族精神和民族思想，是我们起死回生的至宝，抗战必胜建国必成的要素，我们不仅要把握住它，还要去发扬，去光大，使它发生至大至刚的活力，如荼如火的光芒。其方策如下：

（一）关于精神方面：

第一，要发扬民族的文化，改变民族历史的行程，必须：

甲．探究民族的过去，把历史的伟绩，复活起来，使每个国民热爱民族过去的火焰，在内心上燃烧起来，更由这种潜力，表现出百折不回的壮烈果毅的行动。

乙．此外，更要培植民族艺术、民族文学，保存民间历史与传说。

丙．普及民族的语文，给它注入新的血液，并培养其新生命，以充实民族做人的基础。

第二，要使整个民族的志趣，倾向于民族文化内容的改善与增进，要使其对于民族文化的"性格"，起个性化作用，要使其觉悟自己是世界最富活力的种族。

第三，必须使整个民族，认识自己本身的固有价值，过去文化的卓越，信任民族在这阶段中的伟大的历史任务，而予以热烈的拥护，热诚的推进。

第四，恢复过去，同时要注重现在，更要创造将来。我们民族未来的目的，是要根据社会的唯实的理性观，为未来国际大众建立起一个和平的创造的互助的大同社会。

---

① 下文无（乙），为保持原貌，保留。——编者注

（二）关于思想方面：

第一，根据新启蒙运动的理论，以自然替代超自然，以科学替代神学和玄学，相信宇宙、文化、人生受法则的统制。

第二，尊重理性主义的精神，用理性以发现自然法则，文化法则，使生活适合于这种法则。

第三，相信世界是变的，文化是变的，要努力使社会进步——有目的有计划的进步，促进民族自力更生。

第四，要使整个民族对于一切民族文化活动，觉醒起来，使群众与文化相融合。要使科学方法与科学精神与民族文化相和解，并以此为对付自然和社会的基本态度，破除一切迷信与虚伪。提倡诚实、为公。肃清一切不合民族需要的思想。一切技术、工艺、雕塑术、音乐、美文学、戏剧、智能的发展，都要成为民族主义的工具。现代学问，虽有科学的基础及遍性，却多是拥护民族主义的。所以无论基督教、回教、佛教、道教、孔子主义、自由主义、马克斯主义、黑智儿主义等等的理论体系，以至自然科学和社会科学的建造，都要拿来完成我们民族文化建设的目的。

（九）民族教育与民族生活建设。新生活运动的目的，在平时是"用社会的教育的方式，使一般国民日常生活能够整齐、清洁、简朴、勤劳、迅速、确实，做一个适合于时代的国民"（蒋委员长《新运四周年训词》）。民族生活建设的目的与新生活运动的目的，完全相同。我希望透过民族教育，以民族教育的方法，改变因袭的生活，来促民族走上复兴的大道。其方策如下：

第一，民族教育以达到维持民族生存促进民族复兴为最重要，其当前最紧急的工作，是训练出适合于民族生活的国民。

第二，改变旧日民族不合理的生活，实行生活革命，脱离因袭的颓废的生活，实行人生规律化，举凡起居饮食住行，均须有一定的规律。

第三，改变旧日民族零乱无序的生活，注重生活的齐一性与标准化，使得民族的各个分子有合作的行动、集体的思想、秩序的习惯，以期增进文化的动力。

第四，排除宗族的，阶级的，尤其是轻视劳动，好逸恶劳的心理，使整个民族认定劳动才是新时代新民族的新道德之新基石。人人从事劳动服务，由劳动来创造新文化新社会。

（十）国防文化运动与物质建设。在这个民族生存斗争与建立民族国家的过程中，我们要维护民族的独立与生存，必须注意国防文化与物质建设，这点陈辞修先生已经指点了出来。总裁也说："总理实业计划所定出来的东西，都是发展国计民生最切要的根本企图，明白指示了我们达成这个目的的方针和具体办法，而且就开港筑路以及设置衣食住行物料的各种工厂的内容看起来，实在又是一部极精密的国防计划。"国防文化运动与物质建设，实为抗战建国之基础，关于这方面，我们提出的方策如次：

第一，注意国防建设，培养专门技术人才，以应抗战的需要，同时科学的研究，应集中于国防生产诸实际问题，用以完成国防的文化。

第二，现在为适应抗战急需，宜就实业计划中有关国防经济的节目，先期着手，同时即为达到物质建设的基础。

第三，发展民族经济，对于农工矿林各业，应联合共同发展。农村小工业及工业合作，尤为战时及战后所必需，亟需积极扶助。

第四，民族文化发展之物质的，技术的基础，必须有计划地积极扩展，一方保存及利用民族本有的特别技能与原料，并促进其事业，使其力能自给；他方其属于基本工业，为一国原动力所系，与国防文化有关者，尤须以集中的力量为之完成。

民族文化建设乃使中国抗战必胜建国必成的主要工作。我们要使旧国家旧社会旧民族旧文化蜕变成新国家新社会新民族新文化，固然要从这里下手，即中华民族的起死回生，中华民族绚烂光辉的前途之创造，其主要的关键亦在此。

文化工作者的反省[*]

（1939）

在第二期抗战中，我觉得文化工作者最大的任务，就是要将过去工作发现的毛病和缺点，检讨出来，澈底加以改进，来确立后期胜利的基础。这种任务，当然要全体文化工作者来担负，我自己只能把个人所见到的，率直地说几句。

去年十月二十三日广州失守，我个人也随着朋友们，于敌兵入城以前，仓惶后退，当时沿途被袭，虽然于九死中得庆生还，但自己以多年文化工作者的资格，却深自愧悔，深自痛恨，觉得在国家民族这种生死存亡的斗争中，而对于宋儒所谓"愧无半策匡时艰，惟余一死报国恩"，这样的一死，尚还未做到。在敌人压境之际，我们文化工作者不能执起手枪，与敌人拼命，流最后一滴血，以保卫领土之完整，而徒希望最后胜利的降临，是做得到的吗？这是我反省的开端。

由内心的反省，便发见在前期抗战中，我们的文化工作，处处都是错误，而这些错误，差不多整个文化界都是免不了的。错误是什么？

第一，是一切文化工作太不切实，太不着边际——只有理论而无事实，只有计划而无行动，只喊口号而缺乏力行，结果实免不了昔贤"空言相续，纸上加纸"之讥。前年底南京陷落后，全国文化工作者于去年春夏之交，大部分群集广州，所以那时刊物的印行，据我所知，大大小小，几至百种，什么动员理论，什么民众组训计划，样样都有，中国式的、苏俄式的，件件齐备。可是我们除了一些不着边际的文化座谈会，一些空洞的游行和喊口号外，试问大家还有什么行动？虽然宣传即教

* 载《战时文化》第 2 卷第 3 期，1939 年 4 月 10 日，署名黄文山。原文前有按语："本文曾在《扫荡报·星期论文栏》发表，惟编辑人发稿时，漏去末页，以致最后两段未经载入，今经补齐，重载于此。"

育，文化工作差不多也限于宣传，但光是宣传，却还不够！广州的失守，固由种种错误造成，但我们文化工作者临事张皇，束手无策，反正也免不了"无用"的批评。颜习斋评儒者之"无用"，循至亡国，尝痛切地说："虎豹已鞟矣，犹云宁质；邢卫已亡矣，犹云羞管；虚言已蠹世矣，犹云讲读①纂修；而生民之祸烈矣。"又说："白面书生，微独无经天纬地之略，兵戈礼乐之才，率柔脆如妇人女子，求一豪爽倜傥之气亦无之。"这是多么痛心的事。当明之末叶，有人书一仪状"谨具大明江山一座，崇祯夫妇二口，奉申赘敬，晚生八股文顿首拜"，贴于朝堂（语见吕晚村《何求老人残稿》）。科举八股之祸国误国，已见于前，洋科举洋八股之祸国误国，如复见于今日，则我们文化工作者非速即觉醒，将无以救国家于危亡。

第二，文化工作者大多数只贪图安逸，不肯做战地工作，一到敌人来袭，便不能站硬脚跟，只存逃亡的念头。结果文化工作者遇着急难，据我所见，多捱不起，其心理浮动，落荒而逃的情形，比民众尤为零乱。在广州失守后，我先后跑过许多县份，我感觉我们做文化工作的所谓"文化人"，有几种普遍的错误：（一）存怕敌之心，自信不坚，自乱阵容；（二）不切实负责找办法；（三）不紧张地向前干，不在敌后继续文化教育工作，惟急忙地逃到租借地去；（四）更无决心做背水阵的烈士，焦头烂额，以抢救乡邦，还我河山。到了烽火弥天，敌骑纵横，公私涂炭，人间何世的时候，我们期求一如明末之陈子壮、张家珍、张家玉辈，忠勇奋发，捍卫宗邦，渺乎难得，这不是文化工作者的耻辱是什么？

第三，文化工作者大多免不了文人相轻的恶习，各自为战，各自标榜，缺乏确实的联络。在平时我们都喜欢开什么座谈会，组织什么文化团体，但这些结合一到急时，便不发生丝毫作用，而其缺点，就是组织不够，组织无力。结果下来，我们在一切战地或游击区域，看不见文化工作者的团体，至于文化食粮的供养，更谈不到了。广州失守后，内地与外间交通隔绝，国际的消息，固然得不到，中央的新闻，亦经许久许久，方才辗转到达前线。我们虽能勉强把《广州日报》在肇庆出一个小而又小的战地版，供给一些战事消息，但一方因为经济来源的断绝，一方纸张与消息之不易获得，经过数月的穷干苦干，仍然无法补救。反而

---

① "读"，原文作"修"，校改。——编者注

观之，后方刊物报纸的过剩，已形成了一个畸形的状态。文化宣传与游击战不能配合，这个责任，我们文化工作者当然是要担负的。

上举的例子，虽然是特殊的，然而在前期抗战的末了，似也有其遍在性。我们吃了大亏之后，应该发生一种新估计运动——到第二期的反省——对于已往失败的原因，要有深刻的经验，对于后期抗战的性质与文化工作者的责任，要有明切的认识，由认识而力行。

我在这里，只提供几点浅见：

第一，战时文化工作与民众动员固然要靠理论，单是理论而无行动，则理论为"清谈"。战时文化工作究竟应该怎样开展着，张申甫先生最近回答这个问题，说是只有一句话："文化从军。""所谓文化从军者……就是文化工作，文化工作者，应该尽量地到战区里去，到前线去，到战壕中去。"这是一点不错的。在前期抗战中，文化工作者就是不曾尽到这个责任，第二期抗战中，一切文化工作，我希望必须做到后方与前线相配合，必须做到事实与理论相配合，从行动上表现工作，从力行上实施方案与计划。

第二，民族生存所以维持之基础，据经验所昭示，实为"民族、战略与文化"三者之一致。鲁屯道夫将军论全体性战争，谓我们捍卫者为国家，而实不离乎民族。然其荷戈执戟者，民族也，非国家也。我们如何然后可以使民族担负这个责任，使每个份子都愿意牺牲最后的一滴血为止，且常能保持其战斗意志与战胜希望，不顾一切生活上之痛苦与宣传之淆惑，则战略与文化都应与民族一致。所以我们要使战争胜利，文化工作者首先要坚强其（一）自发的精神力——自觉自信；养成其（二）自动的行为力——科学的习惯与体力之支持；坚持其（三）不屈不挠的意志力——民族气节。进而从文化上，使整个民族都养成这三种力量，把一切物力心力人力都为抗战而征发而集中，做到最高领袖训示的，今后战胜敌人，要大家切记力行：废人利用、废物利用、废时利用、废地利用的口号。更要澈底团结军民，使人人能忠于本党——国民党，忠于三民主义，则上有领袖的战略，下有全国一致的民众，抗战胜利是必然的。

第三，文化工作者在今日生死存亡的斗争中，自应化除畛域私见，切实组织联络，对于战地人民无论如何不许敌人把我们同胞的民族意识消沉下去。敌人对于占领区域争取民众之手段，在于施行奴化教育，谓"不澈底由支那儿童教育作起则不足言占领地之建设"，"不根除支那民众之排日心理，则不足以安定东亚秩序"。我们的文化政策，应当针对敌人这种奴化的诡谋，迎头加以痛击。现在的文化工作者不应当像顾亭林先生一样，一方为民族守节，一方却让自己的外甥去中满清的状元。我们应当自动自发地分道并进分散各地与华侨社会，用秘密的革命方法，散播革命种子，或到敌后用直接的行动，革命的方式，歼灭敌酋，粉碎一切所谓"新秩序"之建设的勾当。

以上所述，仅是个人的沉痛的经验与片段的感想。曾涤生常说："转移习俗，而陶铸一世之人，非特处高明之地者然也，凡一命以上皆与有责焉者也。"我希望举国文化工作者，当此颠沛流离之会，一致反省过去的错误，从而转移习俗，陶铸一世之人，使得"文化"与"民族、战略"一致，则抗战没有不胜，建国没有不成者。

论中国青年的技术训练[*]

（1939）

　　"生于忧患，死于安乐"，这是人类社会的一条铁则。一个新的国家是要从抗战中革命中才能建立起来；世界的新秩序是要从建立新国家当中才能建造起来；有为，有守，能思，能行的新青年，也要在创造新时代的当中，才能孕育出来。天才是可遇而不可求的。一般青年非经过惨痛的经验，呼天泣血，困心横虑，增益其所不能，不会到了"穷则通"的境地。通的境地不能达到，如何能"开拓万古之心胸，推倒一世之豪杰"呢？我们是要借这次痛苦患难的长期的抗战来建立新国家，同时要从建立新国家中来建造世界新秩序，创造新时代，所以也必要在这个过程中，训练出有专技，能建设，能创造，能行动的无数青年。

　　"建设，创造，重于战争"，"专技重于博学"，"行动重于理论"，"训练重于作战"，这是总裁对第二期抗战提示的许多原则中几条重要原则。本着这些原则，我们觉得要战胜敌人，固然须要几百万战士在疆场上，浴血奋战，洗净我们的耻辱，然而这还不够，我们必须：

　　（一）把中国的青年，训练成现代化的青年，使大家在纪律上，生活上，行动上，智识上，体格上，特别是技术上都比得上欧美的青年，超越过日本的青年，然后可以在日常生活与行动上战胜敌人，在团体组织上战胜敌人，在科学技术上战胜敌人。

　　（二）在现代战争中"汗"与"血"有同等的价值。中国工业不发达，固然不能打现代式的仗，而工业所以一辈子不发达，实由于不能造成许多能够出汗的青年工人与工头。蒋百里先生说："一个好国民不一定要拿枪才算好汉，拿一把锄头，一根米突尺，也是一个无名英雄。所

---

　　* 载《训练通讯》第 1 卷第 3 期，1939 年 8 月 15 日，署名黄文山。

以现在德国服劳役的人，拿锄头同拿枪一样的方式，我还受人家举'锄'致敬之军礼哩。"这种情形，是我们应该取法的呵！

青年的技术训练，在抗战建国的进程上，其重要性所以总不会在精神训练，思想训练，人格训练，生活训练之下，然而我们似乎未注意到这里，就是注意到这里，亦未实行到这里。记得今年春天全国教育会议在行都召集以后，我曾拜访参加会议的当代的教育名宿吴稚晖先生。谈到教育，他老先生摇首长叹，觉得在战时还要学生一年一年的升级毕业，一点一滴的考学分，一个一个的静候发文凭，等到领了文凭之后，还要静候升官，这种社会的□流，完全与时事脱节，是要不得的。先生的意思，以为现在还不把青年们大量集合起来，加以集体的技术训练，使大家能够直接生产，造"摩托"，还做什么？这是他老先生尊重科学的一贯精神之赤裸的表现。然而他以为这话说出来不特没有人照着去□，且恐怕没有人愿听！

也许受了梁漱溟先生的影响，我常常喜欢瞧□东西文化的不同；这双方文化的不同，即在青年教育和训练的出发点上，已有鸿沟的分别。我自己曾受过中国式的蒙学和小学教育，受过西洋式的中等教育，总感觉到西方人训练青年，是从工具使用开始，要大家熟习质、数之学。我们教育儿童与青年，却从理论记诵开始，要大家熟诵四书五经，诸子百家，要大家铭心刻骨的记着"天子重贤豪，文章教尔曹，万般皆下品，惟有读书高"！结果西洋人科学发达，智巧相尚，所有军事，政治，经济，交通，教育，工业，无不根据实验研究而来。我们则生活与时代脱节，成为时代的落伍者。敌人复挟其模仿西洋所得之技术与利器，乘我未备，节节进攻，肆行惨杀，而我则仍本书生本色，仰天长叹，束手忍受。此其故大部盖由于青年受了士大夫教育使然，即在现今抗战建国之日，大家仍竞以文相尚，不特文学家宣传家为文，做官者亦要以文见长，文之美者，诚如扬雄所云："深者入黄泉，高者出苍天，大者含元气，细者入无间。"所以，总理在发明知难行易学说的时候，慨然说："中国数千年来，以文为尚，上至帝王，下逮黎庶，乃至山贼海盗，无不羡仰文艺，其弊也，乃至以能文为万能，多数才俊之士，废弃百艺，惟文是务，此国势所以弱，而民事所以不进也。"（孙文学说）

本来世间一切真知灼见，固然如总理所云由科学而来，而一切权力与国力，亦如罗素所谓由科学技术造成。近代世界是伽利略，牛顿，陆华西几个科学家的功绩之产品，稍懂文化史的，谁不知道。然而我国知识分子忽视生产技术与实际科学的程度实使现代并此各国的知识分子闻之惶惑骇异，不知其故。实则中国古代的学问是立脚实际生活的。圣人不是徒然懂理论，和潜心于性命和天人之际的玄学家，凡能创造物质文化，制出特殊技术的，皆得称作圣人。这种道理，《易经》已经说得甚明，《考工记》也有这么一段话："知者创物，巧者述之守之，世谓之工，百工之事，皆圣人之作也；烁金以为刃，凝土以为器，作车以行陆，作舟以行水，此皆圣人之所作也。"可见今日之劳工，工头，工程师能有所作为的都是古时所谓圣人，与德国中古时代称工头为"师父"（Master）者，其受社会之尊重，可谓前头合辙。

中国古代学问不与实际生活脱节，所以不是"因文见道"，而是"由艺入道"。周末以前，物质文化本有相当进展，其后诸子百家竞出，以游谈相尚，学问始与实用分家。凡为学问者对于生产技术，绝不理会，结果学问与官僚缔结，成为求官之工具，于是数千年的物质文化停滞不进。到了近百余年，遇着西洋科学发明，工业有了大革命，一切技术日新而□不同，大家从比较上方知道自己现有的技术方法，虽较周代农法有若干进步，然而因周代的农具，已用铁器，其后数千年也不过发明了灌溉用具与水力舂米的方法以及若干其他农具。至于交通的工具，则仍使用木船与马车牛车骡车。采掘矿山，也还用到土制的几件简单工具，这样从经济史的观点，才点出中国物质文化之不进步，一切民生上的根本需要——衣食住行——之满足，自无从说起。

我们抗战是要建立新国家，创造新文化的。"建设之首要在民生，故对于全国人民食衣住行四需要，政府当与人民协力，共谋农业之发展，以足民食，共谋织造之发展，以裕民衣；建筑大计划之各式屋舍，以乐民居；修造道路运河，以利民行。"（建国大纲）总裁所以说到革命的目的，谓为："在谋人民的最大福利。一切建设目的，即在如何解决民生问题，民生问题能够解决，然后可以建设国家，发扬民族。"（总理遗教六讲）因此所以竭力提倡国民经济建设运动，要振兴农业，鼓励垦牧，开发矿产，促进工业建设，归根到底也就是想把民生主义，见施实行。

中国建设在民国以后不能说没有进步，但工业革命没有完成的原因，综结一句，就在于知识与实用分离，读书人一味高谈理论，不去实行，故一切的一切，只有空谈，此是普遍的社会现象，即不举例，即不分析，大家自然也会心心交喻。申子说"为政不在多言，在力行何如耳"，这话是没有人听的。

我们建设新国家，我们需要一千万个工头，三千万个技师，几千万个工作干部，这样自非如总裁告青年书的诏示："青年一方面须注重科学之修养，使意识言行一切皆科学化，养成有条理，有组织，重精密，重实践之新的民族性，同时更须以最大之努力，接受技术训练，养成生产与劳动之技能，俾得有大量青年服务于农商路矿电气等各种轻重工业，使国家伟大之建设可以加速完成。"

广大青年的技术训练之重要性，已如上述。则其方法如何？有没有可供参考的实例？苏俄，意，德的青年训练，国人介绍者多，大家已耳熟能详，兹简单地介绍美国最近对于青年技术训练的一个实例，来做思考和实施的参证。

一、问题：

美国在商业衰落时期，有十五万以上的男女青年没书读，没工做，过着流浪生活。有三十二万七千个学院和高中生在贫穷线上渡生活。怎样才能使这许多青年学生回到学校去或有接受训练的机会？为解决这个问题，美政府在三年前所以建立一个"国立青年管理局"（National Youth Administration）来担负解决这个问题的使命。

二、根本原则：

"青年管理局"的着眼点是未来的建设，它要在建设的路线上，把一个经验的学校组织起来，其根本原则以为青年不但应给予工具，且须如何教他们使用工具。它不发文凭，不教死的语言文字（如拉丁文），与古典文学，不教无用的历史；不给分数，不分学□。

三、课目：

专门技术的训练，有下列诸项：

汽车工程	摄影
印刷术	造路建筑
商业技术	汽机使用
电气工程	木工
测绘工程	医学
绘画	

除专业研究外，青年男女有受英文，数学，科学，公民，体育学课

及使用图书馆的机会。以上是"合作训练中心"（Co-operative Training Centers）的课目。

在"合作寄宿舍"中，每个青年要学会耙田，犁田，撒肥料，种果，种蔬菜，养六畜，使用及维持田畴的机器。修理和建造牛奶场，建立房子，宿舍，建造家具，计划和办理烹食。青年男女都要研究为什么要做一切这些工作，及怎样去做。每个学生每月工作五十小时，大家在农场，牧牛场，牧猪场，汽车工厂，手工厂，厨房轮流参加各种工作，一切课程，都是特别为之设计，使与他们的工作互相配合，故与大学的普通课程截然不同。

四、入学资格与入学时间

入学实在不□什么资格，只须青年自己愿意工作，便可以进去，进去后可以住六个月，如果有兴趣，可展期六个月，无正式开学与毕业的期间，时时可以进去，进去的一天便是开始学习的一天。

五、试验结果

（一）经过数年的新试验，在奥拉哈马州（Oklahoma）有许多新住宅，由青年们的手里建筑起来了；在新奥林州（New Orleans）建立了不少的医院，在艮都克州（Kentucky）建立了许多的家私店。无论跑到那里，都看见他们建造的新桥梁，游戏场，以及手制的新衣服，这种新试验在总统罗斯福的领导下，实在处处表现出无限的新希望。

（二）"合作训练中心"与"合作寄宿舍"的社会价值，是不容易量度的。青年们在那里选举他们自己的议员，组织起议事会，每个人对整个团体有相当的义务与责任，个人把自己与社会生活和住居中心的整个工作都调整起来，这种试验，对于青年问题，甚而至对于人类问题，的确提供了新的解决方案。

美国是资本主义的国家，中国是三民主义的国家，我们自然不须完全仿效他们的这种做法。不过有点值得注意。美国的长处有三点，第一是原料丰富，在世界上占第一位。第二是全国动力多——汽油动力，电气动力，均为世界冠。第三是组织健全，所以一块钱有几万万块钱的用处，一个人有几万人的用处，这种作用，全靠组织。我们旁的可不学，或不能学，但后二者却不能不学，而二者均须从青年技术训练做起。我们要仿效他们，在战时训练出几百万青年能驾驶汽车，开飞机，放炮，造无线电，建房子，筑桥梁，修道路，造军火，缝衣服，这样才可以解决战时的需要。自然，我们不必死守上述青年管理局的做法，一毫不变，特别因为在抗战建国的艰苦斗争中，我们是无效法其他国家容许多种政治信仰与行动并存发展的必要，所以除技术训练之外，当然要顾及纪律，精神，思想，行动，生活等等训练，方能使大家忠义奋发，效忠国家，尽孝民族。此其一。

抗战两年多的血淋淋的教训，总应该使我们会在血与火的洗礼当中，认识敌人，同时亦认识自己。惟能认识敌人，才能攻破敌人，歼灭敌人，惟能认识自己，才可以一方知道民族精神与民族固有智能，应当恢复与发扬，一方也知道民族的缺点——空言相尚，不务实际的生活方式□不得，急须从我们这一代中转变过来，使民族生活现代化，科学化，生产化，否则在生活和行动上不能战胜敌人，将为敌人所制，驯至整个文化尽行澌灭，整个民族永沉九渊，子子孙孙，降为舆台，永劫不复！所以如何确确实实地使现代青年的生活学问与实际一致，与战斗一致，这是老一辈青年们的责任，大家千万不要再误了他们，误他们就是误国家，误民族。此其二。

"青年是国家的花，民族的魂，潜藏活力，充满朝气，握有改造社会的权威，负有领导革命的责任。"这类的话，颇为流行，亦非过誉，不过是有条件的。由戊戌维新运动以至五四运动，当年一般青年，均以此自许，然而他们毕竟未救了国家，不曾把国家现代化，工业化，因此知道青年如果真正能改造社会，领导革命，单靠空言，单靠美妙的文章，仍不济事。青年们必须有专门的技术，才可以创造动力，增进组织，国族与国族的争斗，只是力的比赛，文化与文化的较量，不过在组织上争短长。所以战时青年乃至平时青年，其环境良好的，能于学术有所深造者，不应妄自菲薄，须勉为国家的专才，其为环境所限者，亦应努力上进，期成一艺之长，以报国家。青年们单致力于贴标语，办壁报的风气，似乎应当改变一下，更从深刻沉毅处用功，接受技术的训练，这样下去，数年乃至数十年之后，我们物质文化蔚起，将不难追踪美国，超迈苏俄、日本云乎哉！此其三。

末了，我希望中央训练的机关如中央训练委员会及其直属的中央训练团，与领导青年的唯一机关如三民主义青年团，早日切实担负起青年技术训练的责任，尤其希望全国青年忠诚热烈地接受这种训练，完成这个"科学的群众时代"的伟大的任务。

世界文化的转向及其展望[*]

——由实感文化体系到唯生文化体系

(1943)

一、概念与问题

（一）一九四〇年初夏，作者寄寓纽约赫贞江畔，其时适值德军攻陷巴黎，目击美国文化界在此时期中，因战事势影响，环境的变迁，与心理的感召，不期而思想的进路，同趋于一个新方向，此一新方向，即认定现代欧美文化，如潮流然，始则势力甚微，现在已达满度，今后且将由满度以趋于没落或转形［型］。佛说一切流转相，例分四个阶段，曰生、住、异、灭。德国文化哲学家斯宾格拉（Spengler）认文化为有机体，喜以幼、壮、老三期相比附。①文化生命的流转，是否必循此轨，文化学者，今无定论。但现代欧美文化，□四五百年来酝酿培灌的结果，内容既经完满充实，外表尤为□异馥郁，门堂户奥，次第建立，美轮美奂，继长增高，所谓"宗庙之美，百官之富"，灿然俱备。此正欧美现代文化由"生"而"住"，或由"幼"达"壮"的时期。此次大战前后，整部文化的缺点，已不期然而然地显现无遗，环境既逐渐变易，社会需要亦别转方向，是则此种文化已进入过渡时期，过此以后，恐将蜕变，由"异"而"灭"，或由"壮"达"老"。我们现正处在最痛苦的过渡时期当中。作者当年旅居异邦，萦回脑际而思有以作答的问题，即是西方现代文化的建树是什么？其过渡时代的特征又是什么？这是本文要解答者，此其一。

（二）文化是一个"统体"（Configuration），其一切主要部门的波动，只是整部文化由一种类型转变到他种类型的深刻的赅博的变动之表

---

* 载《中山文化季刊》第 1 卷第 1 期，1943 年 4 月，署名黄文山。

① Oswald Spengler，*Der Untergang des Abendlandes* 1917—1922 (*Decline of the West*, N. Y. A. A. □, 1939) .

象。一种文化，例如由"观念的类型"进到"实感的类型"，其中一切艺术、哲学、宗教、科学、伦理、法律、政治、经济，必然经历同样的变动或蜕化。社会上所谓真伪、美丑、善恶、合法或非法、科学或非科学，根本上为"当时""此地"优势的文化类型所决定，其次要的文化类型，则屏息潜伏，不能分庭抗礼。在观念文化类型中，唯心派的科学、哲学、宗教、法律、伦理、艺术、政治、经济、社会，乃至其他的唯实形式，均被摒斥，且目为虚伪、错误、非法、罪恶、异端、渎伦，反之在优势的实感文化中，举凡一切科学、哲学、宗教、艺术、伦理、法律、政治、经济、社会的实感形式，俨然成一统体，葱葱郁郁，有勃然之气，天下皆被其泽，莫之能外。而观念型的文化，在此一时期中，自然被斥为迷信、偏见、虚幻、愚昧、野蛮，与"时代错误"，依此原则来说，目前欧美现代文化究属于何种类型？其类型的特征是什么？据此而兴的文化类型，究为何若？这些都是作者当年沉吟赫贞江畔，上下古今，苦思穷索而亦本文要提出作答的问题，此其二。

（三）我国文化，一方与欧美文化异型，他方亦与其发展之阶段异骤。进到近世，国人震于西方物质文明的发达，方才奋发，急起直追。然而不论文化讨论者之如何主张全盘西化或充分西化，结果直到今次抗战军兴，而经验科学终无由发扬，我国文化乃与现代文化愈距愈远，几至完全脱节。现在西洋文化已达到过渡或转形〔型〕的阶段，我将随着它过渡呢？抑或以中国文化本位为基础，吸取人家文化的精华，以创造新型的文化体系，贡献世界，并匡补现代文化的缺点呢？这本是卑之无甚高论的老生常谈，但亦为作者当年所深刻地注意的问题。本文重新提出，欲加解答者，此其三。

去夏（一九四一）归国曾屡应国立中山大学研究院，中央党部学术研究会，桂林三民主义青年团支团部和国立编译馆之约，演讲《战后世界文化改造问题》，惟当时抱持意见，不尽与此相同。本文之作，亦所以补前此之所未及。

二、文化的体系和实感文化的意义

（一）文化是由各种元素构合而成的"统体"。每种"统体"，有其特自的"类型"（type），而每种"类型"，又必有其中心原则。类型与中心原则发见以后，文化的整个状貌，便厘然呈露，例如有两种文化统体于此，第一种的思想主流，认定最后的真正"实在"（reality）是超感觉的，第二种正与此相反，认定世界唯一的"实在"，就是感觉的知觉官能。据此，我们的理则的演绎之路线，当如下述：例如两种文化，皆有高度的理则的整体性，则下列的两个系串的特征元素，必然地代表着人间的两股文化的基本主张。

第一种文化	第二种文化
理性论	经验论
唯心论	唯物论
永恒论	无常论
无定论	决定论
唯实论	唯名论
普遍论（社会学的）	单独论（社会学的）
绝对论	相对论
绝对原则的道德学	乐利派的道德学
性善论	性恶论或无善无恶论
静态社会的生活	动态社会的生活
绘画上的观念派的风格	绘画上的透视派的风格
经典为文学的主型	文学上的俗化论，自然论，肉感论，唯性论
神权政治，以"赎罪"为刑法的基本原则	俗化权利，注重社会教育，以"调适""再教育"为处理危险分子的法门
神学	自然科学

这两种文化，各有各的"变数"（Variable），每方面的"变数"，发生理则上的联系，所以每种文化皆成为特殊的"类型"。第一种的文化类型的一切特质，自然由"实在"是超感觉的中心原则推演而来，第二种的一切特质，则由"实在"是感觉的原则产生。①

（二）假如上述的分析，不甚纰缪，我们应可以卓然廓然，鉴空衡平，断定世界文化的体系，似可分为四种主要类型。第一种是观念的，以信仰的真理为依皈；第二种是唯理的，以理性的真理为极则；第三种是实感的，以感觉的真理为无上；第四种是唯生的，以生存的真理为第

---

① 参看 Pitirim A. Sorokin, *Social and Cultural Dynamics*, Vol. I—Ⅲ, 1937, Vol. Ⅸ, 1941, N. Y, Vol. 1, Ch. 2, 又看太虚法师《真现实论》，页一一〇，中华书局。

一。兹把四种文化类型的特征，列表如下：

文化类型	主要特征
观念的	"信仰的真理"。题材多偏于宗教、魔术、默示、"神秘经验"。以超经验的，超感觉的，超理性的，或上帝的诏谕，甚至其他超感觉超理则的资料做根据。
唯理的	"理性的真理"。理性的和理则的"唯理论"之体系，以心的法则做根据。一切感觉和默示的真理，若果与人类理性想调和，则亦辅助地予以接受。这是信仰的，感觉的，理性的真理之不一致的糅合。
实感的	"真理的科学体系"。最注重经验和实感，而以感觉器官的证明做依据。（利用望远镜，显微镜，及其他工具作为感觉接受器的扩大）
唯生的	"生存的真理"。以"生是宇宙的重心，民生是社会的重心"底法则做根据。综合观念的，唯理的，实感的文化类型之贡献，阐明"生存"和"民生"的真谛。

　　（三）实感文化类型的意义如何，须先略予阐释，至于唯生文化类型，则留待后面再论。现代西方文化澈头澈尾是实感文化的世界，在这一世界中，只有一种真理体系是绝对的，这就是"科学的真理"。一切在体系以外的知识，特别是属于信仰和理性真理的范围以内的，皆认为"迷信"，"玄谈"，或无根据的臆测。知识生活的中心，此时并非集中教会和书院的讲坛，而是出自大学的实验室。在信仰时代，"上帝"或"神"高于一切，到了实感时代，科学俨然成为万能。信仰的真理之"心态"（Mentality）纯乎其纯地把一切现象都变成精神化。感觉的真理之心态，在定义上，只参见物质现象，且把一切东西视为物质化，甚至精神现象，如人类的"灵魂"，亦非例外。所以一方是唯心论、无定论、非机械论、有神论，并驾齐驱，而他方是经验论、唯物论、机械论、决定论，互相连系。实感文化时代是"经验"无上的时代。一切学与术的共同倾向，莫不侧重机械论、物质论、决定论、行为论、生理论、反应论、心理分析论，以求解释心理现象及文化现象。"机械论派"的解释，在此一时代，旗帜最为鲜明，而所谓"科学者"，非此莫属。举凡"唯物论观"、"经济史观"、"唯性史观"、"实证史观"、"技术史

观"、"行为主义史观",都深刻地烙印着唯物论、机械论、决定论、感
觉论的色彩。此外还有其他的心态,也可根据当前优势的真理体系,为
之阐明。十七世纪学者巍然独创簇新的"社会物理学",决非偶然;它
是唯心哲学的大解放。① 自此以后,学者一步一步把理化和数理科学的
方法,应用到心理学、社会学、史学、宗教学、人类学的领域,蓬勃莫
之能御。夙昔认为不能量度的现象,如"智慧"、"定性的价值",此时
皆一一应用数学方法,为之搜究,在任何事物的科学的研究和真理的发
见中,"思想"的职能,视为不足轻重,反之,"方法"的职能,则目为
第一义谛。只要方法应用适当,再加上钻研累积的工夫,则下愚可转上
智,对科学界可以创发不朽的盛业。这是四百年来西方人士不断谈论的
"科学方法"所造成的新天地。就此点论,"实感文化"与先前的"观念
文化"、"唯理文化",在本质上绝不相类,其真理的体系,随处表见求
真求实的新精神,其成就确能为文化转一新方向,其经验论的哲学的立
脚点,可称二千年一大翻案。

(四)实感文化,在近百年中,诚然支配着整个人类社会。但回溯
过去,当马可波罗在元朝来游中国,与哥伦布发见新大陆时,我国文
化,还为西方人士所惊叹,所模仿,不特如吴稚晖先生所言,"东西人
境,原无差别",实则大家同处在观念文化或理性文化的境界中,浑浑
噩噩,过着比较单纯的生活。迄一七六九年瓦特创造汽机以后,跟着工
业革命起来,西方局面,乃突然丕变。耶稣教会挟初期的实感文化特质
东来,适当明清之际,本可创造一豁然的局面,可惜当时对象上只注意
君主及上流人,学术上只注意天算测量,结果与群众无关,而超功利的
科学心态,亦莫由发展。其后虽经国人数度提倡文化运动和思想运动,
但观念文化与理性文化,真所谓"上掩百世,下掩百世",国人率为所
蔽,于是客观求实的心态,终不能养成,而物质科学的进步,迟迟至今
者以此。实感文化在中国之不能充量建立者亦以此。

三、实感文化的建树

实感文化的伟大建树,可从它的主要特征上为之说明:

(一)新科学。西方十七世纪是"天才的世纪",其科学上的创举,

---

① E. Spektorsky, *The Problems of Social Physics in the Seventeenth Century* (in Russian) (Warsaw 1910 and Kiev 1917).

集中于天文学和数学。十八世纪继往开来，数学和化学的贡献，占领导的地位。十九世纪物理学，尤其是进化生物学，异军突起，影响所致，学术思想，发生重大的波澜。二十世纪向前迈进，天体物理学和电力机械学有长足的进步，而马克斯维耳（Clark Maxwell）、歧斯（Willard Gills）、泼兰克（Max Karl Ernst Ludwig Planck）、埃因斯坦（Albert Einstein）、潘嘉雷（Pincare）对于"自然"的数学的综合，不特产生簇新的科学意念，而哥白尼、牛顿的时代，亦从此终结。新的物理学肃清了一切旧观念，同时，其方法与理论的进步，使其他科学也趋入新方向，自然思想，因此激起大革命。

（二）自一九〇〇年泼兰克创量子说，经萨满福特（Summerfield）与波耳（Bohr）的发展，至一九二五年后，由斯鲁丁干（Schrödinger）与海珊堡（Heisenberg）等之修正，我们得知自然的终极行为，并不如旧观念的"自然不跳跃"（Naturana Facit Salome），而却是非连续的或波动的运动，由此构成的"无定原理"（Uncertainty Principle）遂成为自然科学上的新认识论。电子之为微粒或波浪，乃依各人观察其"动作的类别"而起。我们且不能正确说出波浪之速率及指出微粒去到何处。这样一来，公认的"因果原理"，便□无意义。

（三）今日的生物科学与心理科学，也因新物理学给予人类以新知识，而进入新的光亮中。社会科学中之史学、人类学、社会学、经济学、政治学等，在此时期中，亦有长足之进步。文化的研究，由文化人类学、文化社会学为之先驱，骎骎乎由附庸蔚为大国，成为独立的科学——"文化学"。但把科学方法，应用到社会科学，在二十世纪中最引人注意的，却为意大利的统计学者和经济学者柏烈图（Vilfrodo Pareto 1848—1923）所著的四巨册《人心与社会》（*The Mind and Society*，N. Y. 1935），自此书出版以后，一切关于"定义"、"叙述"、"分类"与"方法学"上的论战，已有转而注意社会文化"功能"和"历程"的分析之新倾向。

新的科学，虽未能解决人类一切的困难，而社会科学晚出，尤为幼稚，但在实感文化中，总算已产生几种划时代的利益。英国科学家汤生（J. Arthur Thomson）所提示的，有下列数种："第一，科学已把过去与人类反抗的力量，或人类对于恶魔的恐惧心理，一一扫除。第二，科学说明世间万事万物，是有秩序的。旧日浑沌的观念，由此可以肃清。第三，科学证明宇宙间的一切，只要有事实做根据，未来的结果，由彗星的出现以至□子的产生，是可以预测的。第四，科学指出大化流转，息息不停，不论新问题与新困难，如何转起，但进化与变动是真实的。第五，科学证明许多罪恶，从前认为不可消灭的，只要应用现代知识，便可消灭。许多问题，今日认为不能解决的，到了人类知识有进一步发展时，亦便易于解决。"① 这不但自然科学如此，社会科学也是如此。

二②、新经济。工业革命在英国约发生于一七七〇年以至一八二五年之间，由一八一五年起，已逐渐传播全欧及新旧世界。"工业革命"一词，本来包含着三个方面：第一，是制造方法，运输方式，交通和情报的技术底变动；第二，是工厂制度的兴起——工业组织与管理乃至管制劳工的新方法之采用；第三，是新技术学和工厂制度对于经济、文化、社会所产生的结果。此处自不能把工业文明的伟大意义，一一综述，但其基本要求，则为：（一）搜集原料供工厂的需用。（二）替工业出品找求市场。（三）向农业国获取食物。（四）把剩余资本，流输其他国度。这种新经济所造成的文化，为前此所未有，——一面引起经济帝国主义，向外侵略，一方面又在西方国度里，产生丰裕的新时代。此其原因，全在能利用机器，以少数劳力，产生大量货品，而货品的种类之繁杂，尤非前期文化所能窥见。从理论上讲，贫穷问题，在这样的社会早应该不成其为问题，但至今绞尽思想家的脑力，依然无法解决，这是社会思想还不能与机械文化调适的一个明证。

三、新交通。约在一世纪前，人类首先发明汽机，其后机车、汽船、内燃机、电车、摩打车、摩打船、飞机、电话、广播机，次第发明。结果，过去一百年，实可以叫做"发明的世纪"。交通工具的发明，其重大意义，第一是打破固定与重演；否认旧秩序的神圣，使一切旧风俗与旧权威，相继崩溃。第二是把"时间和空间征服"，人类的思想和行动，到了今日，实在可以说是"冲决藩篱，昂首天外了"。

四、新的世界统一观念。新科学，新经济，新交通交织成的世界，反映到人类的思想上，便产生"人类一致"，"世界一体"，"联邦"，"大同"的种种新原则。本来在交通闭塞的时代，民族孤立，国与国之际，老死不相往来，所谓"天下"者，原是坐井观天，以蠡测海的"天下"。今日则因空间之打破，"人心唯一，文明各殊"（man is one, civiliza-

---

① 参看拙著《西洋知识发展史纲要》，第七章，北京大学出版部。或 H. E. Barnes, *History of Western Civilization*, N. Y. 1935, pp. 1054, 1049。

② 原文无序号"一"。——编者注

tions are many）的理论，震古烁今，不仅成为人类学上公认的真理，抑亦二十世纪新精神之所寄。①

四、转变中的实感文化

人类在一时期，只能集中精力以完成一事业，且必须如此，然后事业可以确实成就。西方人士在此一时代中，刻意集中精力于实感文化的创造，其贡献于世界文化者，已具如上述。本来宇宙间事物，都是变动不居，一息不停，所以孔子有川上之叹，庄周亦谓："物之生也，若骤若驰，无动而不变，无时而不移。"实感文化的真理体系既支配此一时代，我们能否断定这种体系，永久不变，使其他真理体系，绝无兴起的机会？根据社会科学的"内在因果关系"（Imminent causation）与"限度"（limit）的两种原则来说，实感文化在本身的发展上，终究有必然的限度，限度达到以后，便转换方向，由递升而停顿而没落。这种过程，纵使不遭遇外部因素的影响，也会产生自身转向或没落的种子。从前几种真理体系的没落，均循此轨，原证俱在，可以覆按。然则实感文化的真理体系的本身限度究竟是什么？②

第一，实感文化的第一原则之在发展的过程中，绝未顾及其所研究的"实在"，在性质上，到头来只是"幻象"和"空虚"。本来科学家既只承认感觉的"实在"，则在理则上讲，他们必然会根据感觉器官，发现这种"实在"，是条件的，主观的，折射的，改变的。又会因环境的不同，产生种种不同的式样与改形。同时，参加研究的人员和集团，更往往因各自的感觉或文化之差别，所采用底工具之殊型，与经验技术之不同，提出矛盾的断论。结果，在思想史上，所以便有所谓"不可知主义"、"实证主义"、"实验主义"、"相对主义"，和科学上的幻觉的"印象主义"，纷然并呈，形成"两行"的哲理。实感文化发展的限度，此其一。

第二，唯物论所谓"物质"的实在，在十九世纪本视为"如实"真理，如今亦变作仅仅是"知觉的可能性"。甚至那时认为天经地义的科学法则，如今也失掉正确性，而只有盖然性。"实在"已渐渐成为不"实在"，就是关于"元子"、"物质"，与"不易的机械法则"，此时均皆发生极度动摇。结果，唯物论本身的内在进程，引导大家天天接近的，是些

---

① 美国人类学大师鲍亚士（Franz Boas）曾归纳其研究之结果有此断语。看 Race, *Language, and Culture*, 1940, N. Y. Macmillan。

② P. Sorokin, op cit, vol. II, chap III.

不确定的、不如实的、条件的、相对的、幻觉的事物。近代艺术上，类似的幻觉主义，固然已经产生，而在现代文化的各种部门，同样的心态，也如洪流，见其进未见其止。实感文化发展的限度，此其二。

第三，物质技术的权力，因科学发达，已一天一天增高起来。加利略、牛顿已经替世界创造出一种新的权力。然而西方人士往往把这种新权力当作目的，当其追求目的，或目的已达到时，则又绝不管这种目的是否与他人的欲望相调和，结果，便成今日的争霸世界。现代实感文化一部分病态的症结，原来在此。罗素先生所以很痛心地批评说："往昔人们把自己卖给魔鬼，去获得魔术的权力。自己也被逼而做了魔鬼。除非权力可以驯服，使它为人们服务——不是为这个或那个狂妄的暴虐者的集团，而是为全体人类，不管他是白的、黄的、黑的、法西斯主义者、共产主义者、民主主义者，否则这个世界是无希望的。因为科学已经造成这样的世界：人类如不是必然地共生共存，就必然地同走上死亡的道路。"① 实感文化发展的限度，此其三。

第四，学者果能如戴震所谓"不以人蔽己，不以己蔽人"②，自能看出人类的合理生活，除科学以外，还须许多其他的社会价值，例如礼义廉耻的行为，牺牲的道德，博爱的行动，以及克鲁泡特金所谓"互助为进化的因子"；总理所谓"人生以服务为目的"皆是。我们如果把经验的真理，认为超越社会价值以外，且给予发展的绝对自由，结果，对于这些价值的存在，必致发生莫大的障碍。本来经验论的立场，完全是非道德的、非宗教的、非社会的。一切善恶、利害、神圣与渎圣，及其他类似的范畴，纯然与科学无关。科学是以纯客观的态度，研究罪与善，道德与不道德的现象，不容许估价的观念，丝毫夹杂于其间。所以科学如把上述范畴中认为属于伦理的真理，加以贬除，终之也许是非道德主义，非社会性主义，推其极，将使具有社会价值的社会生活成为不可能，而利己主义的毒害，发挥尽致，驯至流入狡诈、奸滑、阴险、刻薄、穷兵、黩武、自私自利的种种恶劣现象。人类到此地步，佛说"未能自度，而先度人，是为菩萨发心"的利他动机，固然泯灭以尽，即我们所望"立己立人，达己达人"的精神生活，亦剥夺无余。试举假设的事例来观，假如科学能发明一种最猛烈炸药，其力量可以在刹那间把地

① B. Russell, *Power: A New Social Analysis*, 1939, p. 34.
② 《东原文集·答郑用牧书》。

球的大部分摧灭，尽成灰烬。从科学立场说，这当然是空前大发明，且科学最珍贵的产业。但从社会立场说，其对于人类生存，也许发生极大危险，或竟至把文化的前路，整个遮断。此次大战当中，英美文化界，已深刻地感觉到实感文化的真理，末流滋弊，不失于彼，必失于此。实感文化发展的限度，此其四。

要之，实感文化的真理体系，根底极深厚，气象亦雄伟奇特，然其自身的发展，苟不予以合理的管制，则其内在的因果关系，将必然地限制着它的前途与进步。外在的因素，对它的影响，究竟如何，姑置弗论，但为实感文化本身着想，则今后似当觉悟其对于人类的生存与文化，应负最大的任务。

五、过渡时代之现实性和战争在文化上的问题

我们这一个"社会时间与空间"，的确是一切新理想新计划新行动的试验场，诚无愧常言所谓"大时代"。美国史家班恩（H. E. Barnes）曾言："二十世纪是文化的转形［型］期。"[1] 在这转形［型］期中，我们估算它的主要特征有四：

第一，由放任的行动到管制的行动。——在十八九世纪中，实感文化发达甚速，即在其庇荫下的资本主义，亦向前迈进，故社会经济上的"放任行动"，到处流露，生机蓬勃。举世聪明之士，以此为主张，闲冗者亦希声附和，反对政府干涉。直至世界第一次大战后，反动以起，于是资本主义，法西主义，共产主义的社会，莫不主张舍弃"放任"，而以"管制"为职志，"独裁"，当为过渡时代不可避免的支配形式。

第二，由少数民主政制到群众社会。——二十世纪西方的群众，与前世纪全然不同。他们的行动之特征，为不恬静，不忍耐，不满足，不安贫乐道；喜有为，喜危险，喜暴动，喜革命，喜独身，喜权力，喜转变，一切欲望，都要发达到最高的限度。新兴的群众行为所构成的社会体系，已迥非前一世纪农业经济时代的少数民主政制所能驾驭，所谓"四时之运，功成者退"，其衰落乃势之必然。[2]

第三，由不平等制度到平等制度。——帝国主义者所特创的殖民地

---

[1]　H. E. Barnes，*Society in Transition*，N. Y. 1939，p. 945.

[2]　Karl Mannheim，*Man and Society in an Age of Reconstruction*，N. Y. 1940，pp. 345 - 347.

和次殖民地政制，以及种族主义的种种理论，到了十九世纪末叶，发挥略尽。后起者虽因袭补苴，无复创作精神与支配能力。一部分诺克族胄，独自倨贵，俨成"种阀"（如希特拉的纳粹党），但西方学者与新进政治家，已憬然于□旧之非计，相率为之吐弃，即在华有百年历史的治外法权，亦已宣告废止，不平等制度的命运，自不能久延。

第四，由手工技术到社会技术。——人类事件的处理，因科学技术的发达，由手工技术转变到社会技术，自然会影响到整部的人类生活。例如目前战争技术的进步，不只影响内战，即国际战争的局势，亦发生剧烈的变化。次如技术管理，不只产生新的思想方法，并且引起唯物派的哲学，竟趋于以技术发明，为历史转变的因子。①

这是时代的状貌与特征，但时代的问题在那里？问题的把握，须先认识两种现实性：

现实性第一。科学进步，物质文化，趋于烂熟，其在现代西方社会中，一方面早已孕育出新环境，产生了新条件。多数民族，在此时期，承流向风，各有建树。但另一方面，既未能同时提炼新观点、新态度、新精神、新教育、新道德、新制度、新关系，尤未能以极大胆的理论与行动，对数千年束缚，谋一突飞的大解放，以开自由世界之门。西方的精神文化，除苏俄革命后，有若干转变外，大部仍是中古的遗形，所以物质文化与社会思想间，形成了极深的鸿沟，而社会思想遂不足以指导和管制现代生活的实际。这就是所谓"文化脱节"。

现实性第二。现代科学产生伟大的权力，前即言之。综观二百余年的科学史，这种权力对全世界的影响，一言以蔽之，就是："打破空间，联合世界。"第一步，新的交通方法，把空间阻隔扫除，民族文化，有互相接触的机会，而人类孤立的状态，乃渐渐趋于淘汰。第二步，新的权力也是一种毁灭的力量：这种力量，经过组织以后，转瞬而破坏社会的秩序生活，毁坏世界的森林，消灭球面的珍禽异兽，罄尽地下的资源。毁灭的力量，应用到非义的战争，便致血流成河，尸伏千里，人类的生存，因之也受到空前的威胁。英国史家威尔斯（H. G. Wells）曾谓："今日的战争是大规模的，人类如不能管制毁灭力量，毁灭力量将破坏文化。反过来看，人类如果有切实的计划，十年二十年以后，便可

---

① 看拙著，《种族主义论》，《民族学研究专刊》第三期，中山文化教育馆编辑，商务印书馆发行。又 Mannheim 提出社会技术的概念，以为影响人类行为的科学是社会技术，军事方法和权力之应用是社会技术。看上注所引之书。

跻世界于大同。否则科学纵然发达，而人类必因之沦胥俱亡。"① 如此实感文化，在今日所构成的，的确是一个极端矛盾的社会。所以总理说："这种文化应用到人类社会，只有物质文明，只有飞机炸弹，只有洋枪大炮，这是一种武力的文化。"的确不错。

由于这些现实性的不断发展，乃表现而为今日世界空前的大战。此一战争，其结果是否将如十九世纪的法国大革命，使世界昂然进入一个新的文化时代，现在尚不易断定。但班恩有言："二十世纪是人类史的新时代。在人道发展上，这是主要的过渡时代——近代制度，如国家主义、民主政治、资本主义等，现在皆在流动转变当中，其危机与中古时代的制度，如封建、庄园、基尔特之哥伦布和路德的时代相同。也许在本世纪末叶以前，一切现存的制度，都要发生剧烈的变动，或简直予以扬弃，进而采取管制人类的较好方法。"② 这话颇值得注意。最近《伦敦时报》更作露骨的表示，它说："假若上次大战，是社会革命和政治革命的先驱，这次战争，已经把我们投掷在革命的漩涡。封建制度已被拿破仑所摧毁，战前的秩序，则被希特拉所扫荡。一九四〇年的事态，惊醒了全世界的人士，今后旧秩序之不能恢复，正如封建制度之不能挽回，毫无二致。"③ 上述种种见解，并非一二人的私言，而实可以说是代表全世界开明人士的共同意念。

战后世界文化，究应如何改造？近来东西学者，对于这个问题的讨论，已甚嚣尘上。但问题的性质，迥非如说者之单纯。我们认为要解决这个问题，须先把握两点：

> 在战后，我们有没有法子消灭战争，使它不致如往昔之循环无尽，周而复始？此其一。
>
> 我们有没有法子，在万事蜕变的今日，脱离凝滞而烂熟的实感文化，且急自湔拔，以创造唯生体系的新文化？此其二。

理则上，这两个问题，原来只是一事之两种看法。现在请先谈前一个。依人类学者的见解，战争是"普遍文化模型"（universal culture）

---

① 威尔斯于一九四〇年十二月八日在美国金门商会演讲（Two Hemisphores or One World），讨论人类的未来，词中有此言语，作者曾纵笔记之。
② 见班恩，前书同页。
③ 一九四一年一月九日该报社论。

的一种特质，正如宗教，艺术之为特质一样①，杜威以为人类制度是由社会习惯构成，这些如"战争"，在远古已经形成了。威尔斯曾说："人类生活的转变，倘若不能达到一种新的生活方法，便免不了长期或短期的暴动、悲惨、破坏、死亡，甚至整个人类的消灭。这个问题严重极了。我们是逃避不了的，你越离开它，它越会追赶你，我们如不把它解决，终会被它整个地毁灭净尽。"所以它的警语是："人类如果不终结战争，战争终结人类。"② 我们中国民族，本来是世界上最爱好和平与最反侵略的民族，其在历史上，对于战争，多有凄怨伤乱之声，如唐代曹松："泽国江山入战图，生民何计乐樵苏。凭君莫话封侯事，一将功成万骨枯。"陈陶的《陇西行》："誓扫匈奴不顾身，五千貂锦丧胡尘。可怜无定河边骨，犹是深闺梦里人。"把战争的结果，写得何等痛苦。可见消灭战争，是古今人类的共同要求，然而战争既是人类文化的普遍模型中的特质之一，它能够容易消灭的吗？

从历史上观察，数千年来，在多数民族当中，战争是习惯的事业，且与和平一样，成为常态条件之一。试观我国，二十一史本来是一部相斫书。汉族对于夷狄，如周之猃狁，汉之匈奴，晋之五胡十六国，唐之突厥吐蕃，宋之辽金元，明之满洲，民国之倭寇，都是最大的敌人。在民族史上，抵抗侵略的战争，悲壮忠烈，不知占据了多少篇幅。旷观西史，希腊人不啻把战争当做一种商业行为，而和平却须订立条件，为之保证，方能建立。其在罗马，战争是商业扩展的唯一可能的方式。日耳曼部族，常以朴素率直的态度，庆祝战争。到了封建时代，战争骤成商业投机的最有体面的方法。二三百年前，一个英国绅士致富的唯一捷径，就是和法国打仗。迄乎民族主义发生时期，战争隐然是民族国家建立必由的历程。每个政府，都落在战争的圈套，绝不能自拔，这不是它们喜欢战争，但它们所作所为，却必然地引起战争。到了现代，国家主义，帝国主义依旧支配着全民族战争，正如悬崖转石，非达地不止。

从统计上观察，战争是历史上的循环现象。近人对于奥德施巴路特的著作的修订③，从而指出由公元前一四九六年安飞泰阿尼联盟（Am-

---

① Clark Wissler: *Man and Culture* 一书中以文化的普遍模型，仅括：一、语言文字，二、物质特质，三、艺术，四、神话与科学知识，五、宗教，六、家庭与社会组织，七、财产，八、政府，九、战争。

② G. Wells: *New World Order*, 1940, Chap. 1.

③ Edyse Borot, *Lettres sur la Philosophie de L' Histoire*, 1864, p. 20.

phictyonic League）构成时起，直至元后一九三二年止，中间更历三四二八年，其中有战争的时间，共有三一四五年，占着这些年份百分之九一·七。素罗坚（Sorokin）分析法国八百五十年的史事，证明在这些年代当中，百分之八十以上没有离开战争的状态。又英国八百七十五年的历史中间，共属战争的年份，占百分之七五。复次，他研究世界史上九百六十七次的战争，从而推论战争现象之为普遍化、常态化，正如和平一样。在任何国度的历史里，和平很少能占一世纪四分之一的时间。据此，所以进一步断定除少数例外之外，每一个世代，都离不开战争的火药味。[1]

人类学者谓战争为"普遍文化模型"的一种重要特质，这是不错的。从邃古到现在，战争的性质不但没有减轻，且日趋激烈，战争的范围不但没有缩小，且日趋广泛，我们在这个以"种族"、"民族"、"阶级"、"宗教"的元素所构成，而以生存为目的底社会体系当中，究竟有没有消灭战争的法子？这个问题的解决，如上所说，显然不是单纯的。我们以为这个问题能否得到适当的解决，要看人类在战后能否创立真正的集体制度，而集体制度之能否实现，则端赖唯生的文化体系之能否建立以为衡。请更端言之。

六、社会文化改造的理想鸟瞰

古今来一切宗教，一切主义，一切哲学，一切社会运动，莫不标揭社会文化改造的理想，希冀消灭战争，创造康乐大同的社会。所谓理想者，非必有计划，有组织，但其中必有独创的见解，为改造社会文化或建立"乌托邦"的理论根据。旷观世界社会思想发展的历程，我们知道这类的思想，真如汗牛充栋。虽其中或则现宗教色彩，引起继续的群众运动，或则仅成为一部分人的主观嗜好，旋起而旋灭，但到今日，这些理想，不问其所创者在何部分，亦不问其所得之巨细，要之，其对于人类文化遗产，有一番贡献，使现代人改造社会文化底意识，日日浓厚，而计划亦日日精进，由思想播为风气，由计划渐趋实行，此则为当代学者所公认。

《礼运》说："大道之行也，天下为公，选贤与能，讲信修睦。故人不独亲其亲，不独子其子，使老有所终，壮有所用，幼有所长，鳏寡孤

---

[1] Sorokin, op cit, vol. III, chap. 9.

独废疾者皆有所养，男有分，女有归。货恶其弃于地也，不必藏诸己；力恶其不出于身也，不必为己……是谓大同。"这是我国最早而又最完善的社会文化改造论，总理常悬此以为三民主义之最高鹄的，所谓"以建民国，以进大同"的"大同"者盖指此。梁任公以今语释此一段文章谓："此一段者……则民治主义存焉（天下为公，选贤与能），国际联合主义存焉（讲信修睦），儿童公育主义存焉（故人不独亲其亲，不独子其子），老病保险主义存焉（使老有……所养），共产主义存焉（货恶……藏诸己），劳作神圣主义存焉（力恶……为己）。"梁氏谓"康有为谓此为孔子之理想社会制度，谓《春秋》所谓'太平世'者即此，乃衍其条理为书"。这就是《大同书》。梁氏又谓："有为著此书时，固一无依傍，一无剿袭，在三十年前，而其理想与今世所谓世界社会主义多合符契，而陈义之高且过之。"而梁氏亦认："有为悬此鹄为人类进化之极轨，至其当由何道乃能致此，则未尝言。"[1] 可见康氏托古的"乌托邦"，虽然富于想象力，但远不如三民主义之有方法，有步骤，有计划，循序渐进，只要切实力行，必然会到达天下为公的大同世界底鹄的。

西方人士，根据唯心论的观点所提出的类似的"乌托邦"理想，尤为丰富，可惜经过不少实验，事实上，差不多全数是失败的。所以总理说："从前讲社会主义的人，都是乌托邦派，只希望造一个理想上的安乐世界，来消灭人类的痛苦，至于怎样去消灭的具体方法，他们丝毫没有想到。"这是的论。然而过去"文学的乌托邦"，在社会关系与文化理想的讨论中，却占绝大的位置，兹为简便计，把重要的代表作，列表如下[2]：

作者	书名	宗旨
柏拉图 Plato	共和国 Republic	实施道德教育，替全社会谋幸福，建造理想的极乐国。
穆尔 Thomas More	乌托邦 Utopia	主张共产主义，以农业为基本职业。
倍根 Francis Bacon	新大西洋 New Atlantic	主张以科学为基础，创造新的机器世界。

---

① 梁著《清代学术概论》，页一三三——一三六。
② 看 L. Muniford, *A History of Utopias*。

续前表

作者	书名	宗旨
坎柏尼拉 Campanella	太阳的城市 The City of Sun	主张实行共产主义，以劳工神圣为理想。
穆理时 William Morris	城外情报 News from Nowhere	建立"乌托邦"，把大城市消灭，以"创造"上的快乐，作为劳动之适当报酬。
格隆伦 Laurence Gronlun	合作共和国 The Co-operative Commonwealth	建立合作社会，生产工具受集团控制，一切公民皆为公仆，劳动的报酬，依照结果计算。
卡壁特 Etienne Cabet	到埃卡里亚的航程 The Voyage en Icaria	主张以民族为单位，组织整齐划一的工业社会。
费立伦 Theodor Herzka Freeland	一个社会的预告 A Social Anticipation	主张创立一个以生产为基础的社会，工业生产，为经济之唯一动机。
威尔斯 H. G. Wells	现代乌托邦 A Modern Utopia	主张建立统一的世界社会，而以教育知识的发展为基础。
赫贞 W. H. Hudson	结晶的时代 A Crystal Age	以农庄和家庭为社会生活之最后单位。人类的善性，须善为培植，恶性则痛加贬除。
巴拉密 Edward Bellamg	回顾 Looking Backward	主张建立共产的工业社会，一切由政府管制。
卡立古 A. D. Cridge	乌托邦：一个消灭的星球之历史 Utopia on the History of an Extinct Planet	大致谓人类社会，由最原始的文明阶段，发展到工业的最高阶段，便要经过剧烈的阶级斗争，直至改革党成功，才告终止。

续前表

作者	书名	宗旨
亚伦 H. E. Allen	工业合作政府之钥匙 The Key of Industrial Co-operative Government	主张建立合作社会。"生产"、"消费"皆国家化，强迫劳动。
杜奈里 E. Donnellg	凯撒的纵队 Caesar's Column	以扩大政府权力，为补救阶级斗争和阶级怨恨的唯一办法。
费思克 A. K. Fiske	般尼以外 Beyond the Bourne	主张创立共同社会，个人的快乐，以看见他人有同样的机会为原则。
汤玛斯 C. Thomas	结晶的枢纽 The Crystal Button	主张建立平等社会，不正义的废除，由于树立较高的伦理标准和建设开明的舆论。
奥拉立治 H. Olarich	无城市无乡村的世界 A Cityless and Countryless World	主张土地和生产方法公有，各人获得工作应有的结果，作为打破城市和乡村分别的乌托邦之基础。
荷威尔 W. D. Howell	来自阿托里亚的旅客 A Traveler From Altruia	主张采用和平手段，把资本主义社会，转变到商业国有化的社会。
美立尔 A. A. Merrill	伟大的觉悟 The Great Awakening	主张改变金钱制度，"通货"以当时财富之总量为基础。

　　上述的种种主张，其理想皆近于现代的社会主义，或三民主义中的民生主义。现代与未来的社会经济组织，均蒙此种理想的影响，自不待言。自经十九世纪的空想社会主义者圣西门、高德文、福烈，共产主义者马克思、恩格思，以至苏联的列宁、史达林，无政府主义者巴枯宁、克鲁泡特金，当代美国的技术统治论者斯葛特（Howard Scott）等无数哲人瘁精研究后，社会文化的改造已成为全世界的公共问题，各国学者的头脑，皆为所恼，成为未决的悬案。

此次大战发生前后，除德国之"改造欧洲十年计划"，与日本之企图创立所谓"东亚共荣圈"，其本身毫无理想，不足稍供顾盼外，同盟国的学者，受新事变的刺激，发生新觉悟，恒能产出新的狮子吼，各为剧烈的运动，其代表作者，如英之威尔斯，则提出五点：（一）率直地采行社会主义，对于未来社会，应根据科学为之计划与指导，（二）以"新人权宣言"为根据，建立世界根本的大宪章，（三）言论批评出版，完全自由，扩大教育组织，（四）空军由国际管制，（五）世界资源，由联邦保存。罗素的永久的和平计划主张二项：（一）成立国际空军（同盟国不得单独建立空军），（二）组织国际政府（对于战争，同盟军应一致反对侵略）。美国方面，史达立（Streit），首先提倡民主联邦说，其要端有二：（一）以欧美十个民主国家为单位，根据美国宪法，建立新宪章，组成民主联邦，（二）成立共同公民制，建设公共防卫力量，采取共同法币，及共同税则与交通制度。史诺（Snow）主张三点：（一）英美对被统治人民一体解放，（二）应从财政上、技术上、工业上、医药上、社会上，援助殖民地，使他们建立工业化、合作化、集体化的经济制度，（三）战后建设世界民主联邦。我国方面，孙哲生先生曾著《三民主义与世界改造》，说明英美有识人士所主张的世界改造方案，与三民主义若合符契。梁寒操先生主张在战后应：（一）重建国联（内容外貌，与从前不同），（二）订立世界宪法（以美国宪法、三民主义、新人权宣言为依据），（三）以人数最多或国力最富的国家作国际机构的领导力量，（四）应有执行国际军事与经济制裁的具体组织与力量。此外他种主张，值得注意的，所在多有，惟根本范畴，皆侧重于改造实感文化的政治与经济等等制度，但对于文化的中心原则，似鲜加注意，戴震谓："凡习于先入之言，往往受其蔽而不自觉，古今皆然，实不足怪。"

七、唯生的文化体系的建立

总理根据中国正统的学术思想，博采欧美社会科学的精华，并以自己独见创造的真理，完成三民主义，而三民主义的最高原则，就是民生哲学或唯生论，所以三民主义的文化体系，为简便计，可以名之为唯生的文化体系。观念类型的文化体系是以唯心论做根据，实感类型的文化体系是以唯物论或经验论做根据，唯生类型的文化体系当然以唯生论或民生哲学做根据。总理在哲学上的主张，既不偏于唯心，亦不偏于唯物，但根据新物理学和新心理学的真理，主张生的宇宙观是合心物为一体，因而说：

> 总括宇宙现象，要不外物质与精神二者，精神虽为物质之对，然实相辅为用。考从前科学未发达时代，往往以精神与物质为绝对分离，而不知二者本合为一。（《军人精神教育演讲》）

"生是宇宙的重心，民生是历史的重心"。根据这种唯生的一元论来解释人生，历史与文化，所以便断定：

> 民生为社会进化的重心，社会进化又为历史的重心，归纳到历史的重心是民生不是物质。（《民生主义第一讲》）

> 民生是政治的中心，就是经济的中心和种种历史活动的中心。（《民生主义第一讲》）

> 再不可说物质问题是历史的中心，要把历史上的政治和社会经济种种的中心都归于民生问题，以民生为社会历史的中心。（《民生主义第一讲》）

> 社会的文明发达，经济组织的改良和道德进步，都是以什么做重心呢？就是以民生为重心，民生就是社会一切活动的原动力……所以社会各种变态是果，民生问题才是因。（《民生主义第二讲》）

> 古今人类的努力，都是求解决自己的生存问题，人类求解决生存问题，才是社会进化的定律，才是历史的重心。（《民生主义第一讲》）

总理以上的言论，都是唯生的文化体系之理论的根据。

兹进一步，把这种体系与其他体系的区别，予以说明。本来任何文化类型，皆有其真理或知识的体系。这种体系，无论整体或非整体，总不免包涵文化模式中的所谓哲学、宗教和科学的思想。在不同的文化体系中，真理的题材与论证的方法，全然不同。兹把各种体系与唯生体系的区别，列表如次：

观念的体系 （信仰的真理）	题材	材料和实在是超感觉，超理性的。例如：上帝、鬼神、灵魂、神不灭论、罪恶、拯救、涅槃、复生、天国、地狱皆是。在这种真理体系中，最高的训练，就是把神学当做超感觉实在的科学。真理的表达，采取训诫式和征象式。

续前表

唯理的体系 （理性的真理）	题材	一部分属于超感觉的，一部分属于感觉经验的；但把由感觉得来的知识，置于超感觉实在之下。知识的整个体系，通常包括在唯理派的理性哲学形式内（经院哲学，宋明理学之类）。最后的实在，认为可由思想为之认识。真理的表达，采取辩证和演绎的形式。
实感的体系 （感觉的真理）	题材	大部存在于感觉的知觉界，如自然科学所研究的现象，是在心理、文化和价值的领域，其现象的某方面，似乎不易归入物质的形式。科学因此集中感觉方面，企图从可感觉的外部，现象之形式，为之量度。（客观主义，行为主义，机械主义，定量主义）的倾向，由此而起。超感觉的实在，认为不存在或不可知（批判论，不可知论，实证论），自然科学被公认为最完善的、最正确的科学。哲学、宗教，亦以建立科学的哲学、科学的宗教自居，真理表达所采的形式，是归纳的，尤其是实验的。
唯生的体系 （民生的真理）	题材	民生的实在，包括生活、生计、生命、生存的真理。侧重生产分配，及民生的需要，如衣、食、住、行、育、乐等。对于社会主义、大同主义、共产主义、无政府主义均分别采取，去粗留精，而以三民主义集其大成。表达的形式侧重"因果功能"和"理则意义"的。
观念的体系 （信仰的真理）	证明的方法	以"圣经""古典"为权威。一种新的真理，必要以"古"或"神"或"圣"为依据。纯粹理则的推理，和感觉器官的证件，认为只有辅助的价值。一切理论，如与"神言"或"圣言"违背，便是"非神"或"非圣"，所以无法，所以目为"离经叛道"、"异端邪说"。
唯理的体系 （理性的真理）	证明的方法	介乎观念体系与实感体系的方法之间。采用理则推理的方法（经院哲学派的方法）。在这种方法中，往往把圣书的证据和理则学以及感觉的方法，糅合起来。

续前表

实感的体系 （感觉的真理）	证明的方法	以感觉器官的证明为依据（常靠望远镜、显微镜等，作知觉的扩大），而以理则的推理，尤其是数学的形式，作为辅助。
唯生的体系 （民生的真理）	证明的方法	相对地采取实感的真理体系的方法，但侧重社会科学上的"因果功能"（Causal-functional）和"理则意义"（Logical-meaningful）的方法。

唯生的真理体系之题材和方法，与前三种真理体系，不尽相同，或竟可说是前三者的最高综合，如上引征，已属显然。兹更从两个方面，来说明唯生文化体系，必然继承实感文化体系的原因：

第一，从文化生命的开展上观察。——西欧文化，在纪元前五世纪可以说是观念型的，〈前〉五世纪至〈前〉四世纪是理性型的，以后的几世纪是实感型的。由耶稣纪元起到四世纪末叶是过渡的，由五世纪至十二世纪是观念型的。由十二世纪至十四世纪是唯理型的，由十六世纪至二十世纪是实感型的。印度文化纯然是观念型的，有时似有进入唯理型的倾向，但实感型的文化则希微不足道。我国文化，大体上可以说，在殷商时代是偏于观念型的，周秦及以后是唯理型的（南北朝及隋唐之佛学，虽富于观念型色彩，唯理性的成分似占多数），明末清初，本有跻进实感型的倾向，但卒以"实"字始，而不能以"实"字终，故终清之世，举世心态，仍徘徊于观念与唯理两型文化体系之间，不能完全进于实感文化的心态。唯生文化的真理体系，渊源甚远，根底至厚，今后必将撷取实感文化的精华，开拓唯生文化的果实，机缘□开，如今大熟，此不独中国为然，全世界亦不能例外。

第二，从文化过渡时代的迫切要求观察。——我们对于实感文化的伟大贡献，是应该感谢的。但它的功绩，只在供给人类控制自然的权力，而不曾训练人类，使大家有克制的能力——也就是克制情绪、欲望、食欲、性欲，尤其是战斗欲的权力，反之，科学的权力，落到轴心国家的手里，使成为空前的毁灭力，对于整个人类及其文化的生存，发生莫大的危机，在危疑震撼的今日，人类最急迫的要求，所以是人生的"新的第一原则"——唯生的文化体系的建立。戴东原说："人之生也，莫病于①无以遂其生。欲遂其生，亦遂人之生，仁也。至于戕人之生而不顾者，不仁也。"王淑陶先生谓："'生'字实含有两义，生的第一个意思是对'死'来说，生则不死。另一个意义是对杀来说，生则不杀，不杀就是仁、爱、中和、同情与博爱。"② 这些看法，都是不错，但我们似应更进一步，积极地从功能的观点，指出：如果实感文化的主要功能，在乎创造征服自然的权力，则唯生文化的主要功能，应该是："人类的驯服——人道化"（Humanization），"权力的驯服——社会化"（Socialization）。惟有人类能够人道化，战争才能够废除，权力能够社会化，生活才能够淑善。唯生文化的目的与意义，正如总裁说："生活之目的在增进人类全体之生活，生命之意义，在创造宇宙继起之意义。"至于由唯生文化所灌培出来的人类，第一是要能克制自己的人——"己欲立而立人，己欲达而达人"（忠）。第二是要能与一切同胞和平互助的人——"己所不欲，勿施于人"（恕）。第三是要能看出而且能企求文化的不朽的价值的人——"兴灭国，继绝世，为天地立心，为生民立命，为往圣继绝学，为万世开太平"。由这样的人创造出来的文化体系，就是"王道文化体系"，由这样的文化所构成的社会体系，就是民族平等、民权普遍、民生乐利的大同社会体系。③

　　一时代有一时代的文化价值和体系。"人类的人道化"，"权力的社会化"，这两个伟大目标，如果没有新的文化价值和体系做基础，是绝对不可能的。实感文化的价值和体系，到了今日，已经是"日中则昃，月盈则食"。宇宙间的事物，发展到最大限度，必有转变的方向。《易》

---

　　① "于"，原文作"以"，校改。——编者注
　　② 王著《新哲学的体系》，页三三。
　　③ 目前关于世界战后改造的计划，由罗斯福、丘吉尔的大西洋宪章起，尽管很多，但能从文化及真理的体系改造上着眼者，尚不多观。我们在这里似不需提出任何具体的计划，但却要指出一点，这就是：拨乱反正，使世界由小康进到大同，必须发动集体的力量，完成集体化的制度，才可以通过制度，来废除战争、贫穷、奴隶、阶级、以及种族、语言、宗教等等的隔阂。为着这点，我们希望在战后最低限度必须能够做到：
　　（甲）建立新的思想中心——根据唯生的文化及真理体系，发表世界大宪章，为人类新行动的标准：（一）精神与观点，必须是世界的；（二）新的信仰须与三民主义相一致；（三）消除一切偏见、固蔽，尽量发展世界公民教育。
　　（乙）建立国际武力，作为公共管制战争的方法之第一步：（一）养成非战习惯，以法定手续，解决纷争；（二）武力，尤其是空军，应归国际共管。
　　（丙）建立集体化的制度，采用公共管制方法，来处理政治经济事业，并实施文化改造的计划：（一）制度的性质必须是民主联邦的；（二）借制度的力量，管制人类政治和经济的生活历程；（三）废止战争，不许第三次世界大战重演。

曰:"亢之为言也,知进而不知退,知存而不知亡,知得而不知丧。其惟圣人乎,知进退存亡而不失其正者,其惟圣人乎。"(《文言》,《周易》卷一页五)。我们置身过渡时代的今日,稍知进退存亡之故者,当能预测实感文化由唯生文化代兴,自有其必然和当然者在。总理说:"物种以竞争为原则,人类则以互助为原则","人类顺此原则则昌,不顺此原则则亡","然而人类自入文明以后,则天性所趋,已莫之为而为,莫之致而致,向于互助之原则,以求达人类进化之目的矣"。可见文化转变的新方向,已由总理深切地指示出来了。

八、回顾与前瞻

假若以上所取的材料、观点,与所批评者不甚纰缪,则我们应起的感想,有数种如下:

其一,可见文化确有其类型,而欧美现代文化则属于实感类型的范畴。此种文化类型经四百年之灌溉滋植,植基至为深厚,而西方人士之冷静缜密的科学心态,亦由此训练而来。此种性质,实为科学成立与发达的根本条件。他们以此种心态,复凭借其丰富的资料,经瘁精的研究,尽脱旧思想旧方法的束缚,戛戛独造,乃拓开实感文化的新天地。

其二,可见此次大战爆发后,实感文化的机体,发生重大的"失调"。此种"失调",不仅局部的痛痒,而且经历文化生命上的最严重的危机。这种危机,与它的契约式的社会(资本主义的)有连带的关系。其征兆,最初发端于十九世纪末叶,殆进到二十世纪四十年代的今日,一切凌乱支离之态,已经在绘画、雕刻、音乐和文学的转变上;发明和发见的运动上;科学、哲学、宗教、伦理、政治和经济的第一原则上;乃至战争和革命上,澈底地表现了出来。当前事变的深刻,非尽人所能理解,但我们总会感觉到今日的问题,已经不尽是"民主政治"的问题,而是牵涉整个当代文化、社会及人的问题。从外表看,危机的形式,此地与彼地不同,今日与明朝异样。危机时而属于政治的、农业的、商业的、工业的,时而属于道德的、法律的、宗教的、科学的、艺术的,有时则又见于专制政治与民主制度、资本主义与社会主义、法西斯主义与共产主义、国族主义与国际主义、和平主义与军国主义、保守主义与急进主义的冲突。综合来说,实感文化的价值之整部体系,根本上已发生了危机,而此种危机,层层逼挼,非到尽头不止。我们今日适值过渡时代,只要能够注意它的各种现实性,自然理解这种有四五百年寿命，而且支配着近百年世界的实感文化，已无复当年元气淋漓，向上奔放的生态了。

其三，可知我们目前站在两个划然不同时代的中流：昨日种种，是数百年灿烂的实感文化，方成残局；明日种种，是淬厉精进的唯生文化，方兴未艾。我们依然在四百年凌轹万类的实感文化的历史尽头，生活着，思想着，行动着。不过"夕阳无限好，只是近黄昏"。黄昏的阳光，虽然还一样地照澈大地，其光线却已一步一步暗淡下去，微弱下去。一切努力，将无补于其流转和消逝。"岂冤禽之能塞海，非愚公之可移山。"在这时代的中流，伟大的唯生文化，已如太阳之东升，其徐徐昂进的象征，隐然在望！

这是历史进程中的真实状态。上举的种种实据，也许能证明本文的观点和批评，不尽纰缪。然而此戋戋短文，既不能对于文化生命的"历程"、"类型"、"方向"、"波动"、"倾向"、"律动"、"时率"之系统的理论，作充分的叙述，而关于文化学的方法论，亦无暇作清晰的研究。但上述的结果，总可以表证我们的文化诊断，与其他流行的文化理论，实无调和的余地。

第一，十九世纪后半期以来的乐观的进化派，其根本观念，以为文化演进是一线的。社会主义者多服膺此说，而社会科学晚出，益扩张其范围。举世人士，遂相信极乐的"乌托邦"，必然在实感文化的第二阶段中出现。但今兹轴心国家发动之侵略战，弄得血流万里，积尸参天，社会文化，为之摧残殆尽，所谓秩序的一线进步之理论，已与我们所见所闻，完全矛盾。

第二，马克思、列宁的革命观念学，本为西方实感文化病理诊断的最珍贵的遗产，但他们的革命计划，也不过是过渡时代的文化之副产品。其历史功能，在乎破坏过去的文化体系，给人类生活，预示一个新路径。然而它的第一原则之唯物论，却不能超出实感文化原来的窠臼，深察社会的生理，因此，所以不能适应此一时代，成为救国家，救世界的良药。今后的良药，实为新的第一原则之唯生论及其文化与真理体系。

第三，文化生命的循环论，本有悠久的历史。此种概念，在斯宾格拉的大著《西方没落》里，因十九世纪进化论的反响，已重新表现出来。近日素罗坚，端贝（Toynbee），研究文化动力学与历史哲学，殆亦不能免除此种倾向。① 我们的结论，以为实感文化，到了生命的尽

---

① A. J. Toynbee, *Study of History*, Oxford University, Vol. Ⅰ—Ⅵ. 关于端贝，素罗坚的文化理论之批评，看 H. E. Barnes, Howard Becker, *Contemporary Social Theory*, N. Y. 1940, pp. 522 - 540.

头，并非循环□□，以促成观念文化体系的重演，而实为层进突创，采纳传益，以创成较丰富较综合的唯生的文化体系。此种倾向，不但在战时的中国，有明显的表现，而在西方的社会的学术与行动上，亦到处流露不可复掩。[①]

我们对于世界未来文化转向，分析所得，大略如是。兹更愿敷述余义以自厉且厉国人：

一、实感文化的价值，一时已甚衰落，不复能维系现代的人生，但科学的方法和成果，可以灌溉唯生文化体系之滋长者正多。国人自不可再袭用夙昔中体西用之说，而当站在唯生文化本位的立场，博采实感文化的特长，以实学代虚学，以动学代静学，以生学代死学，充分世界化，以造成唯生的科学的国民或世界公民。

二、唯生文化的真理体系，乃总理撷取古今中外学术的精粹，应时代环境的需要，独立创成的学派。国人处此过渡的大时代，自当益加淬励健行，不坠先业，一面发展自己所学，一面尊重人家所学，求为充量的发展。但最要紧的一点，还是如总理所指示："我们要学外国，是要迎头赶去，不要向后跟着他。"（《民族主义》第六讲）如此，然后能为民族文化和世界文化作充量的贡献。

《诗》言："风雨如晦，鸡鸣不已。"作者写此文章，觉大战终止之后，灿烂庄严，刚健中正的唯生文化世界，将跃然横现于国人与世界之前，为民族与世界文化转一新方向。

民国三十一年十月三十日于北碚李庄

---

① 关于实感文化及其真理体系之批判，参看 B. Russell, (The Revolt against Reason,) in *Asiatic Monthly* (1935) pp. 222 - 232；L. Hoghen, (The Retreat from Reason,) (don 1936)；K. Mannheim, (The Crisis of Culture,) in the *Sociological Review* (1934)；Beard. C., *Toward Civilization*, N. Y. 1930；Mumford. L., *Technics and Civilization*, N. Y. 1932. 关于战后世界改造的理论之著作，现在已不胜列举，惟一般的倾向，则可说是趋向唯生的，例如孙哲生先生《三民主义与世界改造》（《中国的前途》，页一七，商务印书馆）所举者，即代表其中的一部分。

种族主义论[*]

（1943）

一、引言

十九世纪中叶后，西洋古典派的社会进化论出世，持说新颖，远迈往昔，当时所认为名理法则者，影响极大，且往往以为是绝对的而不是相对的，例如对于种族与文化的研究所提出的原则，其最要者有三：

第一，文化演进，依照一定规律顺序，一线相承，往前展开。

第二，各种种族，皆有其不同的文化层次进步率，此种差异，乃由地理位置和经济条件所造成。

第三，文化有高下优劣之不同，高者优者乃是优越种族生来的心理禀赋造成的业绩。

此三原则，往昔社会科学家皆视为金科玉律，殆至今日，文化的科学（the science of culture）发达，经过一番客观和批评的研究，始指从前所谓不可动摇的绝对原则，殊未足据为定论。前两个原则，与本文范围无涉，可置不究外，惟第三个原则，浸假变为种族主义（Racialism）；此种主义在理论上，浸假得着遗传学，优生学，甚至体质人类学的辅翼，声势日张；而在行动上，浸假又与狭义的国家主义，经济帝国主义，殖民地政策相联系，迄乎德国纳粹主义突兴，浸假且以此种主义为信仰的中心，日日以唤起种族"优越感"与排除异族或劣种相号召，且不惜掀动此次世界的全面战争，以求其对他种族的妒恚厌憎"心理情绪"之尽量表现。故在今日，凡从事文化的科学的探讨者，实有对此主义重新估价与检讨之必要。纵使今兹大战，尚有他种因素，夹杂其中，但种族理论之误用，当为其中基因之一。佛家说因缘存在，谓："有此

---

* 载《民族学研究集刊》第 3 期，1943 年 9 月，署名黄文山。

则有彼，此生则彼生，无此则无彼，此灭则彼灭。"我人顾往瞻来，自应即今日之果，以推寻昔日之因，更思易今日之因，以求它日之果，本篇所以搜集史料与论据，对种族主义，分作以下四层，做澈底的检讨：

第一，种族主义，乃生物决定论的一种形式，其在欧洲思想史，发生动荡作用，已有百年历史，然则其渊源与主张，究竟何如？

第二，种族主义，在法、德、英、美均有其拥护者，但只有德国才把"雅利安"（Aryan）或"诺迪克"（Nordics）的神话，培植起来，使它在行动上发生决定作用，然则纳粹主义的种族信仰之形式，其要点何若？

第三，种族主义在欧美俨然成一时代思潮，现宗教色彩，影响所至，人鲜敢婴之，而所谓文明人者，且以此为评量文化之标准，其真实性果能"如实"表见否？

第四，种族主义，如果是错误的，但它已成功一种"心理情绪"，一种"群众现象"，今后有没有纠正的方法？

这些问题，都是作者在本文所欲企求解答的。

二、泛论种族主义或种族决定论

种族主义或种族决定论，原来是晚近学者解释社会或文化进化的一种方法。从共相上说，此种学说相信社会或文化演进，一方固然由于遗传选择，有以致之，他方却由于人口当中，秉有特异的元素，为之构成。从殊相上说，它以"世界人类中的某一种系，比一切其他种系较为优越，所以认定这个种系就是文化的开往者，同时也是继来者"[1]。这些理论，名目繁多，主张各别，有的叫"雅利安主义"（Aryanism），有的叫"条顿主义"（Teutonism），有的叫"诺迪克主义"（Nordicism），有的叫"盎格尔萨逊主义"（Anglo-Saxonism），有的叫"迦尔特主义"（Celtism），实则皆渊源"雅利安主义"。所以汉根斯（F. H. Hankins）说："雅利安主义的形态虽变化无常，但它的精神却永远存在。"这种精神为什么会永远存在，此种原因，大抵由于每个民族的意识，都潜伏着"民族中心观"（Ethnocentricism），有以使然。所谓"种族"与"民族"契合的理论，在民族生长的过程中，有悠久的历史；所谓"文化"，"社会组织"，"社会制度"，与"社会生活"的优异业绩，

---

[1] F. H. Hankins, *The Racial Basis of Civilization*, 1926, p. 26.

纯为某种种族禀赋的特殊产品之学说，也有长远的记载。例如我国民族，向以夏族或汉族为中心，诸夏族自命为"神明华胄"，认本族的文化，"光被四表，格予上下"，而目夷狄为"犬羊贱种"，其文化为"被发左衽"。我国在强盛时代，常自称为堂堂大国，声名文物之邦，以为中国是居世界之中央，所以叫自己的国家做中国，自称大一统，所谓天无二日，民无二王，所谓万国衣冠拜冕旒。这种民族中心观在一切民族的民族意识中，因时间空间的不同，均有其强烈的表现，不独我国为然。

民族中心观何由而来，这是不易解释的谜。从史实上言，一种族本来可析分无数民族，例如盎格尔萨逊种族可析为英美民族，一民族可包含无数种族，例如美国民族，可包含白、黄、黑诸种族。世界上有英、德、美、法的民族，没有英、德、美、法的种族，种族是生物上，体质上的名词，民族是政治上，文化上的名词。一个民族到了为共生共存的愿望所驱使时，往往发生热烈爱国爱种的情绪，表现"非我族类，其心必异"的心理，因此，这个民族便认定自己的种系是统整的，一元的，纯洁的，不变的，凡在同一团体之内者，是为"我群"，反之是为"他群"，进一步所以创造出"种族"的概念，而"种族神话"或"民族中心观"，遂由集团共同命运的自觉中，有意识或无意识地，产生出来。

一个种族，经过观念化的历程以后，此其观念，在某时代中，俨然现宗教色彩。观念的势力，初时本甚微弱，运动愈久则愈扩大，经过相当时日，便成一种权威，一种风尚，一种信仰，一种力量。假如美国民族，是由许多种族混合构成，绝无所谓纯种其事，但外至侨民，对于美国革命先烈，景仰备至，所以凡属籍民，不论体质何若，总喜把自己与国家传统的种族契同，而且以契同为无上光荣，差异为无上耻辱。精神既经潜移而默化，所以整个民族，不知不觉地便与特殊的种族配合起来，凡属优美之点，都归诸本族自身。此共通之观念既成，且据之以为思想和行动之出发点，人人可以为种族而生，为种族而死，休戚相关，利害与共，所谓种族决定论，遂由是宣告成立。近代的历史运动，特别是帝国主义的扩展，非必有意识有计划，但在无意识无计划中，种族理论，却负着很大的使命，占着极重要的位置，造成无数之罪恶与悲惨，人鲜感婴之，亦不知如何以婴之。这些含宗教色彩的理论，如上所陈，叫做雅利安主义，条顿主义，盎格尔萨逊主义。

三、雅利安主义

雅利安主义，究竟是什么东西？简单说，它是白种人士对于祖先来源的一种臆说，其动机在说明种族与文化的演变，其内容则立论各殊，矛盾互见。后起诸种主义或理论，皆循此历程，递相流转，或自固壁垒，或因袭残说，然其缺乏科学的价值，则大抵相同。

初，英人准兹爵士（Sir William Jones）于一七八八年发现印度和欧罗巴语言间，有类似的地方。影响所至，比较语言学，文字学的研究，盛极一时。二十年后，席勒格（Frederich Schlodge）提出新意见，断言梵语为语言的鼻祖。一八二〇年之顷，罗得（J. C. Rhode）估定中亚为印度欧罗巴种的祖居，且以这个种族，就是欧罗巴语的创造者。坡特（F. A. Pott）于一八四〇年把祖居地点，确指为恶舍斯（Oxus）和耶色特斯河（Jaxastes）的山谷之印度顾锡（Hind kush）山，此外更以原始的雅利安，是天资敏慧，卓荦不群，且曾创造世界一切伟大文明的种族。后来麦思米勒（Max-Müller）在英国皇家学院讲演《语言的科学》（*The Science of Language*，1861，1863），始把当时流行的意见，综合贯串，发扬光大，断定印度欧罗巴语系民族的祖先，本源相同，且谓："印度人，波斯人，希腊人，罗马人，斯拉夫人，迦流人，日耳曼人，在昔有一时期，皆在同一地区，望衡对宇，出入相助，怡然同居。"[1] 不料后此二十五年间，比较语言学上的发见，唤起求真的观念，扫架空说的根据，证明历史种族与语言之间，没有互相证同的可能，至此，麦思米勒方才摒弃原来的见解，但他的创论，早经灌注到史学、文学和一般的传说上，一般人又从而推波助澜，所以愈□愈大。

一八五〇年左右，欧洲学者，尤其是斯平丹那威亚方面的，根据新发见的人类学证据，纵□欧罗巴族，实在起源于欧洲，并以波罗的海的周围，就是他们的祖居。夙昔关于该族起源于亚洲的臆说，虽经扬弃，但新说因无确证，也未能成立，所以后来更有人推寻到欧洲中部、东部、北部，迄无结论。哈特曼（Hartman）在一八七六年曾说：雅利安种族，仅仅是教书先生的一种发明，这可谓一语中的之论。麦思米勒在一八八八年竟能承认："□切证据，如此易挠，研究者自然可以随便把

---

[1] *Die Nigritien*，p. 135.

祖居安排在世界任何部分。"① 到了最近（一九二二年），还有根据语言学论据，把祖居定位黑海□北者。② 季尔士（Giles）同年又把它估定为匈牙利③，柴尔德（Childe）更给原始雅利安族，起了一个新名，叫做"卫路斯"（Wilos），并以为他们的祖先，与诺迪克一样，皆出自俄国南部。④

雅利安问题的讨论，已满百年的历史，直到如今，文化演进的浪漫解释者，虽然还感着浓厚的兴趣，但一人一义，十人十义，百人百义，人数愈多，结论愈杂，不足为据，已如上述。我们所以以为这个问题，是人类学上的一个谜，尽管学者如何努力，到头来，最多不外增加若干臆说而已。早先学者，认为雅利安是创始的，纯洁的，体质特殊的，智慧卓越且会操简单、纯正、不曾分化的语言的民族。这个观念，现在已经成为神话了。不过这个神话，最近在德国又复活起来，部分人且以宣传捍卫此种神话为自己的责任，常以牺牲精神以赴之，其理论如何，留待后文再说。

四、条顿主义

雅利安主义，有早先的臆说，骤成时代时潮，此其中最惹人注目的主角，当无过于法国高宾奴（Comte Authur de Gobineau）其人。他的名著《人种不平等论》⑤ 把诺迪克、条顿、盎格尔萨逊渲染曲解，矛盾叠见，举世作品，恐无出其右者。原书主题，认定种族谱系，溯源黑种，次经黄种以达白种，而在白种中占主要地位，则属丁挺秀和白皙的条顿族，即知识、道德，亦特别优越。他的历史哲学，以下列四个前提做根据：

（一）世界一切显赫的文明，皆是雅利安种族创造出来的业绩。

（二）征服一个种族后，再把它的文化加以改造，此种工作，与征服者的种族血统，恰成比例。

（三）对于文化的庚续改造，有无可能，要看征服者对于自己的种

---

① *Biographies of Words and the Home of the Aryes* (London，18)．

② H. H. Bendar，*The Home of the Indo-Europeans*，1922．

③ P. Giles，*The Aryans*，*Cambridge History*，*India*，Chap. Ⅲ．

④ *The Aryans*，*A Study of Indo-European Origins*，1926．

⑤ *Essai sur l'inégalité des races humaines*，4 Vols (Paris，1853–5)，German trans. by Schemann (1897)，English trans. by Collins (1914)．

族，能否保留其纯洁性以为断。

（四）征服者和被征服者之间，总不免混合，结果必驯至种族衰老，文化没落。

世人因为高宾奴提出这种观点，遂把他看作种族纯洁论的天使，此种看法，还不曾把握着他的思想之核心。其实他相信文明只能从征服者和被征服者混血产生的新种族手里，开拓出来。他屡经说明，种族混合所产生的酵母，为高级文明不可缺乏的因素，例如，希腊人所以在艺术史能占着崇高位置，这是由于适量的黑人血液和他们混合的结晶。同时，他又指出一切伟大文明的没落，皆因原始族裔，渐退衰老，而衰老的终极原因，殆由于他们与基层人口混合，产生混种；遂使力智下降，有以致之。

据此，他的立论矛盾，可想而见。姑不论他的诡说，曾发生很大的影响，而他本人也是法国人，可是他却特别推崇日耳曼族，把他们恭维备至。但又公开表白，赞扬古代条顿，并非谄媚近代的日耳曼族，所以说："德人本质不是日耳曼族。"他以德国种族之价值，远不及法国人，理由是他们比较混杂。他又说，英国是盎格尔萨逊的家乡，因为地理的孤立，多少年来，保存着最丰富，最纯洁的血统，所以能创造出伟大的文明。

高宾奴所倡导条顿族有创造优越文化能力的理论，在德国所以起信者，盖有数因，凑合而成。第一，费希特（Fichte）与黑格尔（Hegel）老早提出国家宛如绝对的人格的唯心概念，这个概念很容易与高宾奴的见解，发生联系。第二，席勒格亦曾提出一种学说，大体上谓耶教文明，在没落的罗马族手里，已经中道衰落，后来复兴，全靠日耳曼族的力量。此其见解，与高宾奴一样，相信日耳曼族是富于创造天才，而且笃信宗教的。第三，高宾奴的学说，在德流行，发端于一八七八年，当时实由瓦格涅学会（Wagnerian）出版的刊物①为之先导。后来谢蒙（Ludwig Schemann）继起，在一八九四年组织高宾奴协会（Gobineau Vereinigung），积极鼓吹，建功亦伟。

此外，十九世纪八十年代和九十年代的人类社会学派，亦同时替此种学说张目。此派主旨，纯想从头颅指数上，证明魁梧白皙的长颅族裔，若与宽颅比较，前者的智慧力和创造力，占绝对优越的地位。理论

---

① *Bayreuther Blätter.*

根据，原极脆弱，错谬之处，早经西班牙的阿奎拉（F. Olorizy Aquil-era），英国的柏杜（J. Beddoc），美国的立普力（W. Z. Ripley），意大利的李维（R. Livi）加以驳斥。但相反地，最近还有蒲斯（Poesche）和潘卡（Penka）的著作，不惟对于诺迪克优越说，起而竭力维护，并且进一步主张一切种族都是由波罗的底盆地分化出来，这也可说是高宾奴的理论之化身。

德国种族主义的著作，可纪者不少，其中卓然造成潮流，带有高宾奴主义浓厚之色彩的，当推张伯伦（H. S. Chamberlain）著的《十九世纪的基础》之巨著①。这书与高宾奴的作品一样，矛盾连篇：其历史的概推是浪漫的，其人类学的演绎是幻想的，然而因为作者富于热情，想象，智力和文学天才，所以今日展书诵读，仍觉虎虎有生气，燃烧着条顿雅利安主义之火。作者一方明白地指出现代德国民族，已濒衰老，一方又以日耳曼族，是人类各种文化领域活动的领袖和创造者。他们在历史上的主要业绩，可得而追述者，第一是保存基督教；第二是在文艺复兴时代，复兴文化。条顿族倘若一日一日萎化，或由混种而濒近于衰老，那就只有日耳曼族，才可以把这种文明保存，使它不致没落。

所谓条顿族究竟是代表什么？据张伯伦的意见，则以为包含北欧大部分的血统，在历史上就是有名的卡尔特（Celts）"真正的"（亦即日耳曼的）斯拉夫族，和塔思丁时代（Tacitean）时代的日耳曼族，他以原始的条顿族，在血统上是最纯粹的。这样，他一面相信种族混血，可使天才增加，成为文化进步的因素，一面却相信混血必须严格限于一定的时间空间，因为普遍的混合，会产生杂种的群众，而这样的群众，必然缺乏领导，组织，或创造的活动力。人类学家微周（Virchow）从前以欧洲的贵族，全然是属于挺秀的而白皙的类型，惟张伯伦举出英国许多贵族显然是黔肤的，证其不确。这样，他便建立起自己的"种族人类学"，因为只有这样的理论，才可包含"条顿族的真正后裔"，乃至圆颅的黔肤的路德（Luther），和长颅的黔肤的丹第（Dante）。由此推论，所谓真正的条顿族，不论体质如何，只要是历史上第一流人物，都可兼容并包，网罗靡遗。

张伯伦有时极口赞美犹太人，特别是"由往昔西班牙，葡萄牙之犹

---

① *Grundlagen des neunzehnten Jahrhuaderts*（Berlin 1899），Eng. tran. by Less：*Foundation of the Nineteenth Century*，2 Vols，London and N. Y. 1940.

太人所传下之犹太人"（Sephardim）的天才，但同时又说："他们在基督教文明中，不但是外人，而且是仇敌。保罗不是犹太人，因为他的母亲是希腊人；耶稣不是犹太人，因为他的教义是雅利安的；不过基督教犹太化了，后来且受没落的罗马主义之不良影响，到了宗教改革时，方才由条顿族的宗教的民族之魂的精神信仰中挽救过来。现在他仍然受'罗马化的犹太主义'所麻醉，其永远的拯救和唯一的出路，在于用真正的条顿的宗教为之替代。"

所谓条顿主义，分析剖视，不过如此。

五、纳粹主义的种族信条

张伯伦的著作，如上所述，卑之无甚高论，仅仅是高宾奴的理论之德国化的覆演，并没有什么簇新的发明，但德国国家主义派的作家，实取二人之说，倒卷而□演，使种族的神话，整个复活，这不能不说是现代文化中的奇异现象。此种现象，是谁造成的，这是社会周遭种族因缘造成的，尤其是与十九世纪德国的战斗文化，有密切联系。智识社会学者谓思想乃社会所决定，纳粹的种族论，当然就是德国社会和文化环境所决定的。

在纳粹第三帝国下，种族主义早已成为思想的中心原则，稍为留心德国历史演变的，认为毫不足异。不过他们对于种族崇拜的热狂，超过宗教信仰，且由崇拜进而作积极宣传，由宣传而订为政党行动纲领，以消灭和囚禁非雅利安的人种为职志，种族偏见，一发而不可收拾，在政治史上，总算是空前的。巴森（Barzun）在《种族，近代迷信的研究》（*Race, a Study in Modern Superstition*，1937）一书中，早经点出，在纳粹出现前，德国流行的种族信条，最少有三种是值得注意。现在这三种信条，已包括在希特拉的神秘的唯心论与政治行动之内，成为纳粹的中心信仰与行动的根据了。[①]

第一种信条，就是"大雅利安主义，反犹太主义，反马克思主义"。这个信条，与十九世纪的诺迪克神话，有密切的联系，是很明显的。纳粹的宣传家卢森伯（Alfred Rosenberg）在第一次世界大战后，就竭力提倡此种学说，做德国民族复兴的根据，所著《二十世纪的神话》

---

① 希特拉曾访张伯伦于拜路特（Beyreuth）寓所，受种族大师的直接鼓励，这是值得注意的。

(*Mythus der* 20 *ten Jahrhunderts*，1920）曾大胆宣言："科学家的贡献，由他的种族特征所决定。"每个种族有他自己的"特异的研究态度"。"世界上真正科学和艺术，乃是单个种族的业绩，亦惟有他们，才可以了解这种业绩"。一切文化，都是"日耳曼的创造力"之表现。"诺迪克希腊人始创自然科学，继承者却是日耳曼人。"① 还有汉尼（Franze Hahne），致力于高宾奴的生平之研究②，也站在大诺迪克主义立场，激烈地反对马克思主义，而对于纳粹政府的优生种族卫生程序，尤其给予热烈的拥护。

第二种信条的形式，乃借自然科学和文字学混合的力量，描写德国民族的伟大，而以德国民族心理和文化的性质，都是诺迪克血统遗传的结晶。耶拿（Jena）大学人类学教授君特（H. E. R. Günther）就是这型种族论的宣传翘楚，所著各书，风行一时。③ 他把德国民族所由构成的各种成分，区分为百分率，其中诺迪克占百分之五十，东方百分之二十，丹纳力（Dinaric）百分之十五，东波罗的（Eastern Baltic）百分之八，菲立（Phalic）百分之五，西方百分之二。他说："我们的民族之主要元素，是诺迪克族。这不是说，我们民族之一半是纯诺迪克。一切上述的种族，事实上，已在我们祖国的各部分互相混合。然我们民族之大部分是诺迪克苗裔，故对于其品格、精神、体质美、身体构造，须从诺迪克的立场，为之评价，是应该的。它给我们立法的根据，和依照诺迪克的人生观，建立国策的原则。"④

第三种信条的形式，为赞美德国农民的诺迪克性。纳粹农民部长达里（Walther Darre）可算是这型理论的官式倡导者。他的著作，在德国的著述中，并非没有多少根据。⑤ 尼采（Nietzsche）曾赞美农民说："农民是贵族最普通的类型，因为他们靠自己而生活。农民血液是德国最优良的血统，比如路得，尼伯（Niebuhr），毕士麦（Bismarck）就是好例。"⑥ 尼采本来不是诺迪克说的真正拥护者，但纳粹主义者竟把这

---

① *Hoheneieben Verlag*，1930，pp. 407 – 498.

② Gobineau，*Ein Lebensbild* (1924).

③ *Rassenkunde des deutschen*，*Volkes*，*Rassenkunde Europas* (Eng tr. *Elements of European Racial History*，1928).

④ *The Nazi Primer*，tr. by Harwood L. Childs，Aug. 1933，*Hapers Magazine*，pp. 240 – 247.

⑤ *Bauerntum als Lebensquell der Nord Rasse*，1924.

⑥ *People and Countries*，p. 13.

些错误观念，认为"如实"真理。达里指出诺迪克种族显著标准之一，为与赛姆族对照。前者对于猪，表示崇敬，并把它当做神圣的家庭动物。这与赛姆人的浪漫的沙漠生活，恰恰相反。"赛姆族关于猪的一切东西，均表示反对"，这是诺迪克族与赛姆族的认识，发生基本差异的所在。① 此外还有"血和土"的学说，在他的思想中，亦占重要位置。这也许是由斯宾格拉（Oswald Spengler）的《西方之没落》（Der Untergang des Abenlandes）的哲学里，演绎出来。后者以为城市人民和文化是没落的，至于乡下人民及其文化，是精进的，创造的。法人斯宾里（Spenle）曾综合他的观点说："依斯宾格拉的看法，西方人已经陷落于我们所知道的文明之最低状态，其特征为道德衰老和动脉硬化……理性主义，机械主义，工业主义，城市主义，都是没落的征象。……德国青年必须了解，将来要起来排除虚伪的唯情论，尤其是没落文明的知识之精巧化。"② 这可见种族崇拜论的第三种形式，如何烙印着"血和土"的学说之色彩。

上述的理论，在德国国内，经过长期的播种和培植，已成为战前德国人民信仰的基干。自此次世界大战爆发以后，雅利安神话的传播，往往披上诺迪克的或条顿的外衣。其宣传工作，一方固然由著名科学家的著作，为之负担，他方则由许多为着特殊目的而组成的团体，给予推进。由条顿主义的倡导，回到雅利安主义的鼓吹，此种需要，似由张伯伦首先点出，因为他觉得一个含混的名词，既可包括传统的诺迪克的条顿族，也可包揽一般向为人民所崇拜而目为民族英雄的圆颅和黔肤人。尤其重要者，就是要把所谓主人的种族，如第三帝国的黔肤的领袖希特勒，戈培尔（Goebbels）之流，也包揽在内。正宗的雅利安主义文献，通常把犹太人描写成最诡诈的，最难同化的，寄生的，粗犷的，和破坏优美文化的族裔，所以无怪乎一般政治宣传家、学院理论家所推演的雅利安主义，大部与反犹太主义异名同义。希特勒的《我的奋斗》（Mein Kampf）就是这型的新的默示录。专门刊物中，如《种族》（Rasse），《民族与种族》（Volk und Rasse），卢森伯主持的《国家社会主义月报》（National sozialistische Monatshefte），和《种族与社会生物学半月刊》（Archiv fur Rassen und Gesselschafts-biologie）均属重要。在人类遗

① Darre, *Das Schwein als Kriterium der Nordischen Rasse*
② J. E. Spenle, *La Pensée allemande de Luther à Neitzsche*, A. Colin, Paris, pp. 186 - 187.

传学和种族心理学的领域之学院的研究中，自以葆亚（Bauer），菲沙（Fischer），林沙（Lenz）的《人类遗传学》，为能占领导地位。[①] 原书第五部专论种族差异，在语调方面，似乎趋于客观，但其所提出的证据，却笃信北方种（诺迪克）型之一般优越性，例如，他们承认犹太族和条顿族有许多相同的地方，并罗列许多犹太的天才，指出犹太人在职业上教育上的成就，谓两种种族，都是天赋有意志力量，有企业精神和征服意志的，"其唯一不同之点，就是条顿人喜用强力来达到自己的目的，犹太族则喜用诡谋"[②]。

大战爆发后的种族文献，其发展变迁，多循斯轨，但种族主义者的信条，却愈演愈狂妄。他们的整个世界观，集中于一种理论，以政治组织、领袖、法律、道德和宗教，实是种族的血之表现，所以种族纯洁化，成为国策的主要目标。例如君特宣称："诺迪克族退化或腐化，已经苍临德国人民身上，他们复兴的唯一希望，在乎坚决地把诺迪克族的有价值的健康的遗传禀赋，予以增进。"青年诺迪克联合会宣言里也说："我们愿意永远记着，如果我们的种族不要灭亡，问题不但是要如何选择诺迪克的伴侣，而且比这点更重要的，就是从婚姻上帮助我们的种族来达到一个胜利的生育率。"由此可见纳粹的种族文献，曾提供两种实际而又近乎矛盾的目标，其一是优生的种族意识之强烈化，其二是生育率之提高。

总之，纳粹的种族信条，本为前期学说酝酿灌培的结果，思想内容，大体早经前人予以充实，后来的科学家，易与环境顺应，能注意局部问题，作"窄而深"的研究，固然有多少贡献，但根本理论，既经前辈浚发无余，承其流者，亦不过希附光末，陈陈相因，故弄诡辩，为政治家张目罢了。

六、盎格尔萨逊主义

在种族主义笼罩大陆思想界，虽贤者不能避免其影响的时候，英美两国学者对于盎格尔萨逊主义和诺迪克主义之阐发，与德之于条顿主义，法之于伽力主义，平行共进。但其热烈情绪，不如德国远甚。大抵英美人士，通常认定本族的血统和文化，乃属于盎格尔萨逊型，此型族

---

① *Menschliche Erblehre und Rassenhygiene* (4th ed, munich, 1936)；tr. (3rd ed) by E. & C. Paul, Human Heridity (London, 1931).

② Tr. by E. Y. C. Wheeler (1927), p. 261.

裔赋有营谋个人自由，建立民主政治，开拓商业组织和领导群众的特殊才能。这点在高宾奴和拉普治（Lapouge）的意见上，均得到佐证，因他们均认盎格尔萨逊的特殊才能，乃创造未来文化的唯一希望之所寄。

盎格尔萨逊的传说，何由而起，史乏佐证。大抵塔思丁斯（Tasitings）和征服时代的故事记，已经说及，其在近代的复兴，乃由于下列几种著作，推波助澜所造成：垦伯尔（Kemble）《英国的萨逊》（*The Saxons in England*，1849），施杜司（Stubbs）《英国宪政史》（*The Constitutional History of England*，1847-8），费立民（Freeman）《罗马族与条顿族》（*The Romans and the Teutons*，1860），以及格林（J. R. Green）的许多史学著作。这些著作，在描写英国民族时，均认他们是纯洁，高贵的盎格尔萨逊族之苗裔，此外，施梨（Seeley），李亚（Lua），克伯龄（Kipling），克□伯（□）的著作，均阐扬盎格鲁萨逊的"天赋使命"，俨然以开化"落后民族"的大任自居。此种种族神秘论，后来变为帝国主义的观念学，纯为经济侵略的资本主义作护符，迄乎今日，时代推迁，环境变易，其缺点亦自表露靡遗，下面自明。

美国的社会思想，向来是欧洲思想的反映，所以十九世纪之末和本世纪初期，希声附和，倡导类似的观念者，大不乏人。政治思想家中，如李伯（Lieber）曾表示："我们属于英格尔（Angliean）种族，这族的明显任务，在把英格尔的原则和自由，传殖到整个地球……"① 美国政治学先辈的蒲其斯（Burgess）曾留学德国，感染其种族理论，故一切主张，不能冲决藩篱，尝谓条顿族富有政治天才："在历史的开展上，要把世界从政治上组织起来，此其任务，已落到他们的双肩。"这些早期代表作，其最大缺点，在于忽视文化配景和文化比较，对于后来文化发展所提出的新证据，尤非他们所能见及，所以他们的立论，虽多由爱种爱国的热诚所引起，但实际上不啻为帝国主义者张其军。

此外，努力传播高宾奴，张伯伦的学说者，近来有葛兰特（M. Grant）著的《伟大种族之消逝》（*The Passing of the Great Race, or the Racial Basis of European History*，N. Y. 1916）。这部著作，在美颇似震动一时，究其内容，则绝少科学价值。相关的作品，如高尔德

---

① *On Civil Liberty and Self-Government* (Phila, 1859), p. 21.

(Gould)，撒拉（Saddler），布耳（Barr），斯吐特（Stoddard）①，偏见太甚，则自□以下，更无足道。巴力罕（Brigham）对于美在战时募集的军队，曾施智力测验，用以推证诺迪克型的优越，所得结论，哄动一时，不过后来，他已把这个方法放弃不用。② 麦独孤（McDougall）曾把社会淘汰派的主张，旧论重提，谓诺迪克型特别喜欢移殖、离婚、自杀、相信新教。他以历史和心理测验做根据，提出"文化种（cultural species）适应法则"，其学说在说明每种族具有特殊的文化能力倾向（cultural aptitudes），而伟大文化差异，便是微细的遗教的种族差异，产生出来。③ 此种法则的评价，暂且不提，往下自可分晓。

美国的种族主义思想，本无戛戛独造之处，反之，其反种族主义之思想，却震烁古今，独创新局，非勉为附庸而已。例如人类学大师鲍亚士（Franz Boas）先生及其弟子高登卫塞（Goldenweizer）对于种族论，岸然非议，诚所谓"开拓万古之心胸，推倒一世之豪杰"，余尝从鲍亚士先生游，深感其学说超迈，今时过境迁，益觉先生立说，确有科学根据，非时下宣传家所能望其项背。④ 自美国卷入大战后，一般有力者已觉种族谬见之应当放弃⑤，其原因，固由于鲍亚士派的创见和播种，抑也由于社会及文化环境之变化所促成。

七、种族主义的检讨

种族主义的理论，其背谬之处，早已襮露，除轴心国家的学者，死守最后的堡垒不论外，英美学子，已憬然于守旧之非计，相率吐弃之，批评之，这种主义，经过"生"，"住"，"异"的阶段，现在已进入"灭"的阶段来了。兹特举其谬误之荦荦大端者，分检如次：

第一，认种族多元的谬误。关于种族起源论，一向有多元及一元的

① G. W. Gould, *America, A Family Matter* (1922).

W. S. Saddler, *Longheads and Roundheads* (1918).

C. S. Barr, *America's Race Heritage* (1922).

G. L. Stoddard, *Racial Realities in Europe* (1924).

② C. C. Brigham, *A Study of American Intelligence* (1923).

③ *Is America Safe for Democracy* (1920).

④ 看本期戴裔煊君所著论文。

⑤ 例如美国副总统华莱士（A. Wallace）一九四二年五月十一日在纽约自由世界协会之演讲，谓"从根本的观点，世上无所谓落后民族，一切民族，均能读，能写，能运用机器，正如我们儿女一样。各地方的人民正在向前进展。无数人民，学习读，写，学习思想与利用工具……"。

看法。① 美国人类学家迪克孙（Dixon），拥护多元说，谓人类独立生长，已有八次之多。② 种族论者假定人种乃是多元的，所以断定人种的流派，天生是不平等的。我国学者严又陵氏，早就主张人种一元，他说："欧亚之地虽异名，其实一洲而已，殊类异化，并生其中，苟溯之邃古之初，又同种也，乃世变之迁流，在彼则始迟而终骤，在此则始骤而终迟，因知天演之事，以万期为须臾。"（《社会通铨序》）反种族主义论的高登卫塞谓自然也许是极其机妙的，人只有一次起源，盖一次起源比多次容易。③ 沈士（Sims）认为在动物中，种类最重要的标准，莫如相互偶配一事，在一般动物中，种类不能相互媾和，但人类不论何种，均可偶配和生育。④ 生物学上的证据，证明人类最初是一元的。我们以为邃古时期，一切种族，必然一致，时间迁逝，才不知不觉地散播全球。迄乎近代，非洲是黑人世界，亚洲是黄人世界，欧洲成为白人世界（一类漂白的蒙古利亚人），美洲成为印第安人的故宅（也是蒙古利亚族裔）。此外尚有许多变种，则在各种物质环境影响之下，分化起来。种族既是一元，则宋儒"民吾同胞，物吾与也"的人生观，当然是正确不易，而种族论者之偏见，不攻自破了。

第二，认种族不变的谬误。种族主义者以种族乃是遗传的，其机体不是适应的，所以断定种族有一定类型，即移置新环境，也与原来一样，绝不会变化。这种看法，现在已经动摇。最近人类学的研究，指出物质环境，对于种族型的变化，有很大的潜力。鲍亚士师对于美国外来移民的后代形体变迁之研究，发见波兰和意大利侨民生殖的儿女，经过测量考验，与其本国的祖宗，有显著的差别。⑤ 沙毕尔（Shapir）测量日本在夏威夷的侨民，亦有同样之发见。⑥ 这种现象，显然由若干尚未发见的淘汰形式造成，而这些形式，无疑是属于环境的。种族在新环境中的可塑性，虽然很小，但在相对简单的环境中，能产生如此结果，则种族移动，便产生许多未知数，举例言之，此种因子，对于著名的侨民如波利尼细亚族（Polynesian）或美洲印埃安族的影响是什么，就值得注目。这种事实既明，可见人类种族，从长期的回顾中，既没有固定种

---

① 拙译索罗金《当代社会学学说》，对于二者均不下断语。
② *The Racial History of Man.*
③ *History, Psychology and Culture*, N. Y. 1933, pp. 391 – 410.
④ Sims, *The Problems of Social Change*, Chap. 4, N. Y. 1939.
⑤ *Changes in Bodily Form of Descendents of Immigratants* (1912).
⑥ H. L. Shapir, *Migration and Environment*, 1939.

类，在现在和未来，也可作如是观。人类的民族型，显然是流转不居，永远在形成历程当中，向前变动，所以"种族名词，仅是应用到一个假设的过去，或一个问题的未来，不是应用到真正的现在"①。种族主义者的谬误，就是忽视这些实在，因而把种族在社会上的功能给予证同或划分，认定每个种族有其固定的体制和精神特性。事实上，这是人为的划分，而且纯是人为的创造，其工作不啻等于人类学的幻术，换言之，它们只是心理的建造，不是客观的实体。

第三，认世上有纯种或比较纯种其事的谬误。据人类学家的考见，种族混合，是历史的通则。先史时代，因地理分离和孤立之结果，人类集团也许代表很有区别的次种类。所谓原始种族，如尼格立阿（Negroid），蒙古利阿（Mongoloid），高加索（Gacausian），在某时期，的确是有的，但经若干时期，不同类型，互相混合，积时既久，原始的次种类集团，已大部分不复存在。高登卫塞说得好："种族是逐渐混合的。非洲方面，由蒙古人移迁过去。这事在古代见于北非，今日见于南非。欧洲有了白种人口，但蒙古族不断冲入。其次，亚剌伯人在未出现欧洲以前，首先进到非洲北部边界，与黑人混合，到了他们进入西班牙时，早经蕴藏着黑人的血液。迄乎马特尔（Charles Martel）在都尔（Tours）和波瓦的埃（Poitiers）开战，要阻止他们往北扩展时，他们早与西班牙人和西班牙犹太人通婚，进一步由后二种人把黑种血液传播到北方的国家。白种进达美洲时，他们又与蒙古种支流——美洲印埃安人——混合，再与黑人混合，黑人又与印埃安人混合。"② 又据他的观察，一切种族当中，白型者最复杂，其血统上具有各种人的血液，所以纯种是一种神话。中国种族的复杂情形如何，未易轻下断言，李济之氏谓："中国民族扩展的途程中，曾经征服他族，被他族征服，又征服他族，把自己适应新环境，改变自己的文化，无论到什么地方，吸收新的血液。"③ 文化史家如柳翼谋氏曾这样表示我们民族构成的复杂性："今之中国，号称五族共和，其实上有苗瑶侗蛮诸种，不止五种。其族之最大者，世称汉族，稽之史册，其血统之混杂，决非一单纯种族。数千年来，其所骎骎同化之异种，无虑百数。春秋战国所谓蛮夷戎狄者，无论矣，秦汉以降，若匈奴、若鲜卑、若羌、若奚、若胡、若突厥、若沙

① Huxley and Hadden, *We Europeans*, 1936, p. 134.

② *Psychology, History and Culture*, pp. 393 – 398.

③ Chi Li. *The Formation of the Chinese People*, 1928, p. 4.

陀、若契丹、若女真、若蒙古、若靺鞨、若高丽、若渤海、若安南，时时同化于汉族，易其姓名，习其文教，通其婚姻，外此，如月氏、安息、天竺、回纥、唐兀、唐里、阿速、钦察、雍古弗林诸国之人，自汉魏至元明，逐渐混入汉族者，不知凡几。"[1] 最近卫惠林氏对于《中国民族的分类》[2]，较有系统，而我国民族之复杂，更显而易见。大抵种族孤立，会使一个集团的特殊特征，成为定型，而迁播和混合，倾向于产生新的类型。梁任公说："一民族之组成分子愈复杂者，则其民族发展之可能性愈大，例如西南部之苗及猓猓等，虽至今日，血统盖犹极纯，然进步遂一无可见，现代欧洲诸国之民族，殆无不经若干异分子之结合醇化，大抵每经一度之分化，则文化内容，必增丰一度，我族亦循此公例，四五千年，日日在化合扩大之途中。"[3] 可见从种族或民族史看，一切种族或民族都是混合的，种族优越说如以种族纯洁为优越之证据，实在是不适用的。

第四，认种族心理品质差别的谬误。当代人类学权威胡顿（E. A. Hooton）曾公开承认："人类学家至今不曾发见任何体质的标准与精神能量间有什么关系，无论是个人的或集团的。"[4] 所以体质人类学家最多只能假定智力——既然是变的，而且是遗传的——具有体质的根据，所以与体质特征一样，受演进和种族差异的同样历程所支配。种族武断主义者不能以这种假定做根据，断定种族上有心理的差异，因为心理品质与种族品质，并不是属于同一的范畴。

晚近关于美国侨民的研究[5]，似乎一致地发见凡由欧洲北部与中部到美国者，比由南部而去者，较为优越；其中以西班牙人，意大利人，和西班牙墨西哥人的等级最低。学者对于这些研究的结果之批评，一部分以为这些差异，皆由淘汰和文化背景造成，其结论决不能施诸他们原属的民族集团。一部分则以为这些测验全然不确，例如，中国人和日本人之文化背景与欧美人差别甚大，但根据一般测验，则双方都是平等的。由此看来，种族的遗传的心理差异，既不可靠，则前述麦独孤所提出的"法则"，由种族的差异来说明文化的差异，并非"如实"真理，

---

① 《中国文化史》，上册，页三一四。

② 见金陵大学《边疆研究通讯》，一卷二期。

③ 《中国历史上民族之研究》，《饮冰室合集》，专集第十一册。

④ E. A. Hooton, *Apes, Men and Morons*, 1937.

⑤ H. C. Kirpatrick, *Intelligence and Immigration*, 1926.

T. R. Garth, *Race Psychology*, 1931.

而且是反理则学的。

我们现在大体可以断定种族品质或气质的差异，并不是属于种族的，而是属于文化的，不是属于遗传的，而是属于教育的。文化因子，如经济状况，宗教控制，社会地位，影响情绪的状态和气质属性的表现者甚大。关于民族性或民族特质的问题，也可以如此看法。[①] 民族心理不是生根于生物，而是建基于历史，各国的民族文化——文化的地域主义——也纯然是历史的，不是生物的，是心理的，不是种族的。高登卫塞说："根据不杂偏见的传教士，游客，和科学家的观察，全世界人心的动作，大约相同。平常所谓种族的心理特质，如民族性之类，都是获得的，不是天赋的。印埃安人的鲁钝性，蒙古人的自下性，黑人的情绪性，都是外铄的，正与意大利人的复仇性，法国人的理则性，德国人的博学性，俄国人的情操性，英国人的密实性，美国人的正直性，不是天生的一样。这些品质，如果存在，都是属于文化的，系由教育获得的，而且跟着社会环境变迁的……"近来文化人类学者的著述，均已采取此种文化决定论的观点，说明文化媒介对于固有能量的发展和表现之重要性，所以我们以为个人所隶属的文化，实在可以决定个人的心理内容，因此也就决定他的思想和情绪。文学家和艺术家的发明和创造，在速率和数量上，也依靠文化的配景，天才是不常有的，纵然遇见，也许只是生物的变易体，决不会离开时间和社会而产生或存在。

第五，认现代文化为优越种族的产品之谬误。种族主义者最后有更严重的谬误，就是认定他们自己的文化，在现代当中特别进步，因此便产生一种"优越感"，轻视所谓"落后民族"。固然，从近几百年历史看来，"落后民族"，尤其是"原始民族"，与白人接触的结果，到处发生目不忍见，耳不忍闻的悲惨命运。在白人方面，文化则日日进步，人口则日日增加，反之，土人方面，人口则日日减少，文化则日日没落，这是一个不幸的对照。一九四〇年春，作者曾在美国考察集中在亚立森尼亚州（Arizonia）的所谓"保存区"的印埃安族，看见这群住在黄土屋子的蒙古族人，便觉得他们有迅速地幻灭的可能，除非战后美国人能给他们想出特别保护的方法。英国人类学家利维斯（W. H. R. Rivers）提到南太平洋的土人也说："这些土人都是由无聊当中死亡了。"高登卫塞

① 关于这种"文化决定论"，可看 A. L. Kroeber, *The Superorganic Am. Anthrop.* XX (1917)，pp. 163–213；W. F. Ogburn, *Social Change*。

则以为他们与白人文明接触后，对于自己的观念、理想和价值，完全失却自信。他们又不许采纳白人的文明，结果异常悲惨。信仰动摇了，品格受损害了，输入的罪恶和疾病发生重大影响了。土人的文明在崩溃了！原始民族在消逝了！这是一幕悲剧，人类的悲剧！

这是种族主义与帝国主义造成的人类悲剧。试从客观观察，便知普通的概推，以"原始民族"或"落后民族"没有什么文化，只有白种才能创造高度文明之说，实在纯然是主观的看法，算不得"如实论证"。原始民族如美洲的印埃安族，中国若干边疆民族，南太平洋的各种部族，均有相当的文化创造，虽然他们的文化层次，并不一致。至于最近历史，也证明东方民族，如中国人，印度人，一样具有政治能力，组织能力，创造天才，一样有救国平天下的伟大抱负，有人生正义的理想，日本人更染着帝国主义者的野心，妄冀"八纮一宇"，夜郎自大，希望支配亚洲，与白人争夺世界的霸权。由此可见种族主义者以为世上只有条顿族，才有政治能力，才配为文化的领导者。这种看法，与当代历史事实，恰恰相违。

白种人在最近二百年中，一切文化的进步，的确比其他种族迅速，这是不可否认的事实。例如，在智识上，无论理论方面或应用方面，一切的造诣，总比他种文化高，所以能产生伟大的文明。种族主义者根据此种事实，便断言："人是多种的，文明只有一种。"意思是说，人类不同集团之心理的体质的品质，是有差别的，世上只有一个集团——白种人，尤其是诺迪克或条顿——曾产生真正的文明。新派人类学家如鲍亚士与高登卫塞，从比较客观和批评的观点来观察这个问题，所达到的答案，却正相反，认为："人只有一种，文明是各殊的（Man is one, civilizations are many）。"这是说，人类一切种族，从其对于文化事业的创造性来论，是相同的或可以比较的，陆象山所谓"人同此心，心同此理"，正是此意。他方，文明在样式或业绩方面看，其种类是殊多的，试从文化史回顾一下，便知曾建立高度文明的种族，决不只一种。例如试看顿贝（Toynbee）在《史学研究》（*A Study of History*）的巨著中所列举的二十一种文明，那一种对世界不曾有过伟大之贡献的？

诺迪克或条顿族对于文化的贡献，固然很大，但现代西方文化，不过是近二百年间的奇迹。此种奇迹是由许多因缘和合而成。没有十二世纪及以后十字军东征，不会把西方人的眼光扩大，使一个自足自满的世界观之基础为之动摇。没有十四五世纪地理开辟和发明的结果，不会使西方人与新种族接触，朝着新的方向进行。没有文艺复兴，不会产生歌白尼（Copernicus），刻卜勒（Kopler）的臆想，没有雷俄那多得文思（Leonardo da Vinci），伽利略（Galileo）的机械研究，不会重新开放科学研究的宝藏，而测量，实验，法则的观念，也不会开始走进自然科学的路上去。没有瓦特发明汽机，更不会引起工业革命，与现代灿烂的工业文明。白种人知道应用科学智识，到民生及其他的领域，这的确是人类史上的一大进步，但我们不能说这种文化，只能见诸白人，不能在其他种族当中产生。其他种族，既有独立创造文化的能力，而由文化的传播历程，谁能说他们没有文化综合的可能，而这种可能，根据中山先生的三民主义之指导，谁能断定不在战后的中国出现？再旷观哲学，伦理，艺术，或社会政治组织的一切领域，白人就未必比其他种族进步。罗素先生是一个能祛除时代和种族偏见的伟大的哲学家。他相信白人如果能接受中国人的文化理想及其对于学术教育的敬仰，对于伟大思想的爱慕，对于美的欣赏，则白人将来也许能达到更有价值的结果。这话虽使我们受宠若惊，但在人生哲学上，甚至政治哲学上——这点，中山先生早经指点出来——中国对于世界文化，实在有其不朽的贡献。次从宗教上看，一神教是否超越佛教之无神论，及其他之泛神论和万有有灵论，也有问题。如果我们的世界观，是以多元哲学的角度做根据，则万有有灵论也许是超自然主义的理想形式。再从道德哲学看，如果道德是生活上的道德行为，而不只是以道德法典相标榜，则浅化民族的道德，恐比现代人高尚，因为道德之作用，是自然的，故老子曰："道之尊，德之贵，夫莫之名而常自然。"就是此理。

要之，现代科学的产生，为期甚晚。在实证知识方面，今日欧美，比希腊罗马为优，正如他们比非洲黑人，澳洲丛林人为优，恰好相同。而生活的机械方面——生产方法，交通，运输——当代人与十九世纪的差异，又正如后者与他们的祖先的差异相同。"天演之争，万期为须臾"，这本不足为奇。近人卢于道氏说："寻常学者因中国文化落后而推及知力较逊，因知力较逊而推及脑组织较低等，其实吾国文化之地位究何如？以目前而论，和西洋各国相比，固缺乏科学，缺乏工业，但过去三千年来，在世界上之地位，并不在他民族之下。"① 诚然，中国的汉族或诸夏族，在过去固厘然成一种特异之"文化中枢"，举凡历史上之

---

① 卢于道：《中国人脑及智力》，见《科学的民族复兴》，页二〇八，中国科学社出版。

所谓戎、北戎、羌戎、伊洛之戎、蛮氏戎、犬戎、骊戎、狄、夷、蛮、濮、巴……均受其文化所同化，但汉族虽有"神明华胄"之称，惟向来绝不以世界上唯一优秀种族或民族自居。孔子称，"微管仲，吾其披发左衽矣"，亦不过申张民族主义之大义，以保存此"文化中枢"为职志。故孔子作《春秋》张三世之义，所传闻世为第一阶段，其时治尚□□，则内其国而外诸夏。所闻[①]世为第二阶段，其时治进升平，则内[②]诸夏而外夷狄，所[③]见世为第三阶段，其时治进太平，则天下远近大小若一（《公羊》何休注），故曰"有教无类"，又曰："洋溢乎中国，施及蛮貊[④]，凡有血气，莫不尊亲。"又曰"四海之内，皆兄弟也"。这可见我族思想之伟大，非但古代部族观念，在所鄙夷，即近代种族观念，亦至为薄弱。至于佛家哲学，对于一切众生，不妒不恚，不厌不憎不诤的纯爱，对于愚人恶人悲悯同情的挚爱，体认出众生不可分离，"冤亲平等"，"物我一如"的绝对爱，可谓卓越无以复加。国父创造的三民主义，"实亦可以说是人类平等，与人类同胞两大主义之结晶物"[⑤]，而民族主义，尤为达到世界主义之大道，所以在三民主义的烛照之下，种族主义的一切谬误，特别是以现代文化为优越种族之产品的谬误，是应该排除的。

八、结论

种族主义或种族决定论的涵义，历史发展，及其错误之所在，已略如上述，我们最后还感觉到种族偏见，起于"种族"的名词的运用之不得其当。究竟"种族"的定义是什么？胡顿说："种族是人类的大区分，这区分内的分子，虽然各个不同，但从集团看来，却有形态的和测度的特质之某种联合，这种特质不是适应的，而是由祖先获得的。"[⑥] 这个定义，说明两个重要方面，其一是各个人的差异，这纯然是生物学的现象，其二是种族的特质，主要方面是非适应的，如头发，头形等。近代所谓种族，由此定义者，已极明显，不过照鲍亚士师的研究，人类体

① "闻"，原误作"传"，校改。——编者注
② "内"，原误作"由"，校改。——编者注
③ "所"，原误作"传"，校改。——编者注
④ "貊"，原文作"猫"，校改。——编者注
⑤ 梁寒操先生语，见《论国民外交之道》，《大公报》，三十一年六月二十八日。
⑥ Hooton, *Up from the Ape*, 1931.

形，随环境而变迁，然则这定义在今日是否适用，还成问题。作者往昔在美国哥伦比大学亲闻先生之说，谓人类只有各种"类型"（Types），所以主张以"类型"一名来代替"种族"的术语，较为妥适。年前在第二届国际人类科学大会中，人类学者如福柳（J. Fleure）亦以为在此时期中，应消灭"种族"一名词。万儿雪克（J. Volsik）以种族只能用在大群，例如黄种，白种，黑种，小群只能算他是一种"民族型"，而司徒里湖兄弟（R. et E. Stolyhwo）则以为在可能范围内应有一种合理的标准，把他分为种族型与制度型。① 由此可见人类科学上，对于"种族"一名，已有主张消灭或不采用之明显倾向。此次美国加入世界大战后，彼方有识之士，莫不大声疾呼，主张消灭种族偏见，在战后种族应一律平等，这种觉悟，是值得重视的。② 我们以为"世界社会"如不要创造则已，否则破除种族偏见，当为战后改造世界及其文化之一个最重要的工作。破除种族偏见的方法，也许很多，但我以为有三种是值得注目的：

第一是心理分析的方法。"种族"在今日西方社会，已形成一种心理状态，一种人生态度。心理分析家叫做"心理情结"。对于此种"情结的情结"之医治方法，最好由人类学者和文化学者，站在先知先觉的地位，把它由非意识领域里，引导出来，以意识之光，为之烛照，使它冰消瓦解。近来种族论者，利用心理测验和统计学做他们的武器，故我们非采用人类学与文化学的科学工具，心理分析的技能，爬梳抉发，实在不足以摧伪显真，改邪归正。

第二是教育的方法。种族偏见是一种社会群众现象，有悠久的传统，非意识地传袭下来，只有圣雄哲士才能不偏不倚，超然象外。群病医治的最好方法，莫如从教育做起，所谓"有教无类"，如果战后社会，能打破狭义的国家主义，而以世界公民的道德为标准，使人民认识种族

---

① 见本期徐益堂，《纪第二届国际人类科学大会》所载。

② 例如作家赛珍珠女士等均曾发表是项主张。蒋夫人在美国纽约《时报》发表《如是我观》一文，尤为美人所重视。其结论说："将来怎样呢？西洋人必须改变他们对东方的观念，我们中国当然也同样的应当尊重西方国家。在我们所要创建的未来世界里，不应当再有谁是优秀谁是低劣的思想存在，应当人人平等，全世界各民族的男男女女大家携手往崇高的理想迈进。不论东方西方谁欲闭关自守，自给自足，都是愚蠢的念头，我们中国的精神力量使我们会渡过最恶劣最艰辛的难关，希望西洋人能了解这种精神力量的价值，我们中国也应当学习西方的科学进步。不论是东方人或是西方人，让我们各尽各的力量，对于文化，科学，以及精神的进步作不断的贡献，这是人类共同的宝藏，也是世界真正的财富。"

平等的真义，则种族主义的谬见，经过相当时间，未尝不可以祛除。

第三是培养济弱扶倾的世界意识。人类社会的演进，到了现在，如不是共生共存，那只有共同毁灭，这是一种事实。欲达到共生共存的目的，便应依照中山先生的诏示，来培养起济弱扶倾的世界意识。他说："中国古时常讲济弱扶倾，因为中国有了这个好政策，所以强了几千年，安南、缅甸、高丽、暹罗那些小国，还能保持独立。现在欧风东渐，安南便被法国灭了，缅甸被英国灭了，高丽被日本灭了，所以中国如果强盛起来，我们不但要恢复民族的地位，还要对于世界负下大责任，如果中国不能担负这个责任，那末中国强盛了，对于世界便有大害没有大利。中国对于世界究竟负什么责任呢？现在世界列强所走的路，是灭人国家的，如果中国强盛起来，也要去灭人国家，也去学列强的帝国主义，走相同的路，便是蹈他们的覆辙，所以我们先要决定一种政策，要济弱扶倾。"（《孙中山全集》第一〇二页）如果要排除种族偏见，这种济弱扶倾的互助观念，非培养成世界意识不可，亦惟有这样，才不为"优越感"所蔽，所谓拨云雾而见青天是也。

我们诚恳地希望上述三种方法，在战后能够见诸实施。最后请述老子之言，以终是篇："圣人后其身而身先，外其身而身存，非以其无私耶，故能成其私。"

"不自见故明，不自是故彰，不自伐故有功，不自矜故长，夫惟不争，故天下莫能与之争。"

"以其终不自大，故能成其大。"

"贵以贱为本，高以下为基。"

"慈故能勇，俭故能广，不敢为天下先，故能成器长。"

民国三十一年八月三日于北碚中山文化教育馆

参考文献举例

Babington W. D. , *Fallacies of Race Theories as Applied to National Characteristics* (London, 1895).

Boas, F. , *The Mind of Primitive Man*, 2nd ed. (1938).

Boas, F. , *Anthropology and Modern Life* (1932).

Barzun. J. , *Race: A Study in Modern Superstition* (1937).

Cood, C. S. , *The Races of Europe* (1939).

Deniker, J. , *The Races of Man* (London, 1900).

Goldenweizer, A. , *Culture, Race and Psychology* (N. Y. 1934).

Haddon，A. C. ，*The Study of Man* (N. Y. 1898).

Hankins，F. H. ，*The Racial Basis of Civilization. A Critique of the Nordic Docrine* (1926).

Hooton, E. A. , *Up from the Ape* (1931).

Pittard，E. ，*Race and History：An Ethnological Introduction to History* (1926).

粤侨事业与广东经济建设 *

（1946）

一、计划时代的粤侨事业

粤侨的外汇，是当前广东经济的中心，舍弃外汇而谈广东经济建设，实在是隔靴搔痒，笼统肤浅，这是尽人皆知的事实。然而稽诸粤侨事业的历史，一切侨汇的运用，截至目前，依然是循着放任自由的路径，往前奔放。由华侨领袖而至国内的政治家，经济家，技术家，并不想方法或有实效的方法，有系统地，有计划地把侨胞在海外辛辛苦苦用血汗换来的资金运用到本省的经济建设上，以便促进本省的工业化，使我们的物质生活、文化生活与欧美并驾齐驱，这是一件可为痛哭流涕长太息的事情！

经济上的放任时代，已跟着第二次世界大战的闭幕而宣告结束了。整个的计划时代，已面临于我们之前。一切经济的，政治的，社会的，文化的建设，今后再不能任其自由自在地，马马虎虎地，得过且过，无为而治。所以粤侨今后无论向外发展，抑归国置产建业，在过去历史教训与目前局势的烛照之下，实应澈头澈尾，大觉大悟，反过来站在计划的观点上，作通盘的打算。放任主义，小算盘主义在计划时代与民族主义时代，已绝对无法支持下去了。

认识了时代的意义与粤侨事业的关系，所以广东省政府在复员伊始的时候，立即排除一切困难，设立粤侨事业辅导委员会，其目的就在计划与辅导粤侨经济事业的展开。

二、广东五年建设计划与粤侨事业之关系

本省当前施政，其最重要者，莫过于复员与建设。中央规定复员期

* 载《粤侨导报》第 1 期，1946 年 6 月 1 日，署名黄文山。

为一年，过此以往则为建设年，故我们对于本省今后建设之设计，目前即须开始，刻不容缓。以整个国家看，中央设计局老早已拟定战后物资五年建设计划说明项目，战后物资五年建设计划各部门纲领数字配合办法，战后五年农业建设计划政策，教育文化政策等。本省省政府亦于委员会第廿八次会议通过一案，即是依据中央五年建设计划，延聘专家起草本省五年建设计划。现在我们所应着手准备的，第一，不独应将五年计划的全部需要，人才，物质，财力，来一个总的估计，表示我们的需要，尤应将本省可能开发的资源，可能培植的人才，可能筹措的内外资金，来一个估计，以表示我们可能动员的力量。第二，国父的实业计划是今后计划建设的根据，但其中的计划，非常广博，有许多部门，例如食品工业，衣服工业等，都可以鼓励华侨自己来办理。但是无论公营或民营，计划的实现，不是在社会的真空中所能奏效的。它需要满足许多条件，而其中最重要的两个条件，第一是人才，第二是资金。

说到人才，我们便不能不求诸粤侨社会了。本来编制建设计划，自然可以由政治家，经济家为之提纲挈领，把全部工作，加以规定。但执行计划就需要无数的技术人才，这些人才照中国之命运所提示的，虽然可以分年由学校或训练机关为之训练，但目前有一部分技术人才，如冶铁，电气，农业，水利，航空等等，实在可以从粤侨社会中挑选而来。我们的优秀的华侨青年，在过去二十年中，特别是在美国，已有整百整千的专家，在学校，在工厂，在农庄，在飞行场训练了出来。他们具有现代的知识与科……计划①，和为着粤侨事业在本省的开拓，都应该鼓励及延聘他们返国，从事各部门的实际工作才对。

说到资金，那就非靠粤侨的外汇不可。八百万海外华侨当中，广东最少占五百万，而南北美洲三十万华侨中，差不多百分之九十九都是粤侨。粤侨过去对于广东经济建设的贡献之伟大，是当代历史上最光荣的一页。我们常说：广东为革命的策源地，但革命的经济的来源，实在出自粤侨。没有粤侨，广东过去的经济建设，政治建设，甚至文化建设，恐怕绝不会像今日之光华灿烂，进步几为全国之冠。所以为要使广东能够继往开来，成为今后民族复兴的根据地起见，那就必须设法把粤侨的资金，加以合理的运用，使它确能与我们的建设计划配合才对。过去粤侨的外汇之数目，每年究竟有多少，中央研究院社会科学研究所，以及

---

① 此处疑脱句。——编者注

本省省银行经济研究室等机关，均曾有统计数字，此处无详细征引之必要。现在抗战胜利了，粤侨一以数年来的积蓄，二以战后家属生活费的急需，侨汇的数量，当然递升。据旅美旧金山侨领邝炳舜氏最近对作者的谈话，南北美洲粤侨预备在交通畅通后，立即回国建家置业及经营生意的，约有三万人以上。假如每人平均带回三万元美金，则综合此三万以上之侨胞带回的外汇之数量，其庞大宁非惊人？

本省今后建设，必须动员和集中省内可能的资金与国外的资金。国外的资金，一部分统靠外汇投资，但其权不完全操诸在我。至于其他一部分外汇，则为侨胞血汗的结晶，其性质与外国投资不同。所以我们认为粤侨的外汇，是广东经济的中心，我们必须把握这个中心，使能与五年建设计划联系起来，两者之间，才能相辅为用，相得益彰。

三、怎样辅导粤侨实现经济建设计划

我们认为有三点应该注意：

第一，必要辅导粤侨投资，使能促进本省工业计划的实现。建省与建国一样，当以工业为首要，所以本省五年建设计划，先立乎其大者，即是以经济建设为重心。顾以往侨胞在本省的投资，除粤汉，宁阳，潮汕三铁路而外，很少能够与国家建设相配合，因而一切资金，如不用于回乡置田建屋，便存贮香港外国银行及用以购金器及股票等。这种行动，在过去对于整个国民经济，影响尚小，但到了今日，大量的外汇，如不好好地设法导入工业生产的巨流，行将造成经济崩毁的后果，有可断言。所以我们必须把握时机，设法辅导侨胞，使一切侨资与建设计划配合，——由小工业而至大工业，由私人经营而至公营与国营——方不会错过了大好时光。亦惟有如此，本省才可以在短期内，踏进工业化的园地。

第二，粤侨投资本省工商业，应有计划的辅导。为着有计划地辅导侨胞回国从事各种工商业起见，我们必须罗致各种经济与文化专家，组织各种委员会，例如：（一）中外贸易委员会，（二）交通运输委员会，（三）农林渔牧委员会，（四）工矿委员会，（五）水利委员会，（六）经济调查委员会，（七）侨汇问题委员会，（八）特种计划委员会。其任务有三：第一，研究各种有关侨胞投资的问题。第二，将各地物产及需要开发的实业，列表移交海外各地侨胞，以资参考。第三，拟定各种投资计划，预备各侨胞组织公司或独资经营，例如说，拟设一制纸厂，预计

每年产纸若干吨，应投资金若干，实物设备约计若干。各委员会所能编订的，以及需要我们编订的计划，大抵以各单位的大纲为限。假如我们把许多工矿、农林、水利以及文化事业的单位之计划大纲，妥为编订，以供侨胞参考，裨益当非浅鲜。

第三，必须筹设华侨金融机构，俾为经济建设的动力源泉。银行为现代经济事业的枢纽，我们为要吸收侨资，以及奖励，保障和移植华侨生产事业起见，今后在本省中，必须次第成立华侨银行，或华侨旅行社与华侨信托公司一类组织，作为调剂的中心，始能奏效裕如。抗战期中，重庆本有华侨兴业银行与华侨联合银行之设立，颇能引起海外人士的注意，惟前者顷已因事暂告挫折，恢复需时，后者以南洋侨资为对象，未能遍及南北美洲，我们希望今后广东华侨银行，广东华侨旅行社，中美贸易信托部等等新的华侨金融机构，应运而生，负起吸收侨资并与本省五年建设计划之实施，互相配合，本省工业化前途实利赖之。

第四，必须对于粤侨投资工业生产加以奖励和保障。粤侨投资省内农矿工商和国防有关的经济事业，乃至独自组织公司，私人经营，都应该由省政府切实奖励与保障。例如：（一）经营技术上的指导与协助，（二）捐税的减免，（三）运输的便利和运费的低减，（四）公有土地的使用，（五）资本及债票的保息，（六）补助金的给与，（七）安全的保障，（八）荣誉纪念品的颁给，（九）遇有特殊困难时，由政府救济，诸如此类，均属必要。

上陈诸端，卑之无甚高论。只要大家一心一德，真的为侨胞谋幸福，真的为广东谋出路，真的以经济建设为第一，真的以新、速、实的精神为前提，不怕艰难，向前迈进，则我们辅导粤侨事业的计划，必能实现，而我们的广东第一次五年建设计划，也必能如期成功。

经济建设与华侨使命[*]

（1946）

　　自去年九月三日敌寇签降迄今，我们的复员工作不过一个多月，一切尚未完全上了轨道，特别是我们正在忍受着比抗战期间还要严重艰苦的经济难关，这个经济难关需要我们全体人民，以极端的节约，极端的刻苦精神，来从事于产业的振兴，与民族资本的积聚，才能使战后的人民生活，国民的生计，群众的生命得着较美满的解决。

　　在进行这种民生主义之经济建设的时候，就我们广东的现象来讲，本省经过了抗战八年的大破坏之后，一切公私建设，如道路，港湾，和城市街等，或则因为集中在易受敌寇攻击占领的沿海沿江地带，或则因为平时很少注意到军事配备和军事功能，所以在全面抗战展开后，以至大陆决战的最后阶段，原有的工业基础，都被破坏殆尽，农村生产也跟着日寇的深入流窜化为烬余，或不幸沦入敌手转资敌用，或则无补于抗战而陷停顿状态，加以经济资源的沦丧，失业劳工的众多，我们不但在公私经济上的损失，不能以数字计，同时亦做成了社会普遍的困苦和不安。

　　我们广东素来是富庶之区，但经过了多年的穷困和战争的破坏，在复员以后，我们正面临着很多的困难，无论任何经济建设，都遭遇到很大的阻力，凡工矿之开发，物资之分配，商业金融之运用，皆有赖于运输通讯系统之扩张与充实，在省内固应竭求交通复员的利便，以裕物资之供应，在国外尤应竭求各种物资的充分交换，可是，这次胜利复员以后，交通事业显未能与经济建设取得密切联系，其次，近代新兴的国家，莫不以工业为其经济基础，我国农业自属重要，但不应以此自足，

---

　　[*] 载《粤侨导报》第 2 期，1946 年 7 月 1 日，署名黄文山。

应进而提倡工业以恢宏制造能力，我们要建设成功一个工业化的新广东，亦应循此途径！

基此理由，所以经济建设力量，实是政治的摩托，文化的初基，军事的后盾，本省夙为工业发达之区，制造品之繁夥，及其精巧著名全国者，多为紫檀器具，象牙雕刻器□货布，丝绸纱绢等织物，但这些都不是战后复员所急切需要的。我们要特别指出：（一）固有工厂设备，应设法保存，以充实内地的生产能力；（二）国防急办之钢铁工厂，应积极筹设；（三）燃料及电力水力，纺织及建筑材料，应妥筹供给；（四）农村手工业，应提倡促进；（五）民营事业应扶植奖励；（六）恢复主要铁路线及沿海航线，内地公路，及各都市空运。但这些庞大的建设事业，当然不是地方财力所能举办，最好的办法，就是由中央规划，统筹运用，大规模的归之国营，小规模的归之民营。其次，就本省立场说：我们可以鼓励华侨投资加以有计划的开发与调剂，这在经济建设上，当有很大的裨补。所以广东省政府为达成辅导侨界归粤从事经济建设起见，才设立了一个粤侨事业辅导委员会，这是很富有意义的事。

谁都知道：华侨在近代中国革命史上，有不可磨灭的伟绩，特别是在抗战期间，海外侨胞的慷慨赴义，踊跃输将的爱国热情和行为，尤其特别振奋发皇。自太平洋战事爆发以后，曾经沦为敌区的各地华侨，居然还能竭力挣扎，或踊跃输将或组队返国服务，这种坚苦卓绝舍己为国的精神，实在可泣可歌，值得赞扬。现在抗战已经获得光荣胜利，迅速扶助华侨复员固然重要，但华侨向以富力雄视海内，其可征发的财力是极有济量的，而且华侨的汇款归国，在平衡国家收支上，厥功至伟。几年以来，国家经济借此挹注者实多。如今这个粤侨事业辅导委员会的使命，就是站在第三者的地位，纯以粤侨为对象，一方面指导及辅导华侨归国投资开发省内实业，一方面代替本省政府宣达侨情，沟通声气，使彼此均能诚信相孚，协进经济建设，以增益社会福利，提高人民生活，才能有裨于战后的经济复兴。

海外侨胞号称千万，而隶属粤籍者恒在百分之七十以上，其民族意识的浓厚，经济力量的宏沛，及其认识现代工业的深刻，夙为世所共知，时至今日，复员建设，华侨亦与有责。据我们所知道，海外侨商所经营之商业，如米，糖，橡皮，油，金属，矿产，及渔业，制筑等，可供军食民用的各种企业很多，倘能有组织有计划的日就高速度发展起来，不但可以巩固侨胞的经济基础，同时，以其在海外从事工业建设的富力与经验，随时响应政府的征发，回国投资，经营实业，那所得到的效果，必然可以协助国内渡过经济的难关，致国家社会于康乐繁荣之境，这是今日的华侨，对正在积极建设的祖国所应负的使命。尤其是粤籍华侨，对于建设工业化的新广东，更具有责无旁贷的使命，本会职责所在，亦当善尽辅导与诱掖的责任，竭智尽忠，作更伟大有效的贡献，展开建设新广东的史页，这是我们所愿与海内外粤侨共相策勉的。

华侨力量与经济建设 *
——粤侨会兼副主任委员在广东省
三十五年度行政会议报告辞
（1946）

一、粤侨的力量与广东建设的关系

本届省府委员会自去年九月在罗主席领导下，于重庆成立时，即开始注意侨务工作，当时派杜厅长梅和及本人向海外部财政部侨务委员会转请中国银行改善侨汇并提高汇率，率获得相当结果。我们是广东人，我们对于华侨始终有两点认识：

第一，是华侨力量的伟大；第二，是广东政治经济文化建设无论过去现在将来，均离不开华侨。

从第一点看，历史给我们说明，华侨是革命的母亲，过去五六十年总理领导革命，创造民国，华侨贡献最大。若站在数量与地理分布的观点讲，华侨为数八百万，而广东占了六百万以上。他们散布到南洋，澳洲，非洲，欧洲，南北美洲。再从经济观点讲，在海禁初开的时候，粤督张之洞已对侨资深加注意，至民国成立，华侨的经济势力，更加澎涨[膨胀]。历年汇回的巨款，全盛时代，年达四万万元，二十六年至二十九年突增至十二万万元。抗战胜利后，虽尚无整个统计，但就台山开平论，今年台山新昌中国银行每月付出二十万万元，台山城中行每月付出六十万万元，开平赤坎每月亦有十五万万元，合计台开每月有九十五万万元，这还是由中行的汇款，其他由香港各方汇回的恐亦有此数。我国过去入超实依靠侨汇为之抦注，殊非虚构。不但如此，二十年来侨界技术人才在海外专门学校及工厂养成的，亦特别之多，所以华侨的经济以至思想文化已是进步的，不是落后的。他们这些伟大的力量，对于建设新中国新广东的关系，绝不可忽视。

＊ 载《粤侨导报》第 5 期，1946 年 10 月 1 日，署名黄文山。

第二，本省的五年经济建设计划，今已作初步的决定，我们应该知道本省过去的经济文化建设绝不能离开华侨，将来的建设，当然也不能离开华侨；战前的物质建设，如潮汕铁路，宁阳铁路，乃至广州汕头等大城市的大建筑如爱群，星岛等大厦，均为华侨资本所建筑，尽人皆知，即学校如岭南，培英，培正，乃至纪念建筑，如黄花岗等亦无一非华侨的力量，至于四邑东江海南岛等地的教育与文化建设更不用说了。

二、粤侨会过去十月的工作

本会依据广东省施政纲领之规定，为计划粤侨福利事业，辅导粤侨从事经济建设起见，当经将原设之侨资增殖委员会及粤侨通讯处两机构裁并改组为粤侨事业辅导委员会，于卅四年十二月一日正式成立。拟定卅五年度工作计划及进度表切实展开工作，兹将过去十个月□作扼要报告如下：

甲·调查工作

一、制定海外华侨分布概况及海外各地华侨及粤侨职业等调查，寄发海外各使馆总支部及华商总会查填。

二、调查粤侨出入口人数及海外粤侨生活动态。

三、函请海外各华商总会及广东会馆调查华侨战后复员概况及粤团体组织情形。

四、调查本省各县市归侨所兴办之农工矿渔盐等实业经营状况。

五、举办本省经济调查，举凡渔盐、蔗糖、丝茶、纺织、交通、工矿等事业，一面做成调查报告，以备侨胞咨询。

乙·辅导工作

一、各埠侨领抵粤悉予款待，并由本会介绍引导参观各种企业，帮同设计，投资办理。

二、听取归侨报告侨情，随时拟具适应办法，在可能情势下施行。

三、筹设侨乐社，以便招徕归侨，对侨胞加强服务工作。

丙·保障工作

一、承办府稿，通饬各县市局切实整饬治安，特别保护归侨及侨眷，并应督饬各该辖内乡镇长，随时呈报回国侨民姓名里居，以备查考。

二、函请本府各政务视导团，于考核各县市政绩之便，访问各地归侨及侨眷，如有被匪徒抢劫或受土劣压迫欺诈等情事，责成各县市政府查明严办。

三、吁请省府通饬各县市局切实保障华侨产业决议案，及保护收复区华侨产业办法，以维持华侨权益。

四、向海外侨胞广播，说明本府维护归侨之措施，以安侨心。

丁·沟通侨情工作

一、接收粤侨通讯处，改组为粤侨文化社，在不增加政府经费负担原则之下，勉筹印刷费，搜集本省政治经济文化建设等有关资料，编印《粤侨导报》，分寄海内外各侨团及有关机关，以广报导，现已出版至第四期，每期共印发二千份。

二、采访海外各地华侨状况，编成新闻通讯稿，规定每周发稿三次，计已发稿卅八次，共一千件，供给本省各地报纸采用，因本社所发之稿为交换性质，故各地报纸亦予以采用。

三、搜集本省各项有关资料编成有系统性之特约通讯稿，分寄海外各地报社发表，使侨胞确切明了粤省政治动向，计共发稿十八次，共二千件。

戊·发展侨垦工作

一、接受前侨资垦殖委员会所属之马坝、走马坪、龙平三个垦殖区及南华林场，加紧垦区复员工作。

二、成立侨资垦殖社，并拟具三十五年度垦区复员计划，奉核定拨发垦区复员事业费三十六万元，购置设备费二十五万元，经分配各区场，照编预算请款办理。

三、向中农银行贷得土地改良贷款国币五百万元，转发各区场赶趁春耕及统筹购买肥料，计支配马坝垦区一百七十万元，龙平垦区、走马坪垦区及南华林场各占一百一十万元，合共国币五百万元，现再向农行洽借一千万元，准备办理冬耕。

四、函请善救分署拨发救济物资，协助完成走马坪垦区复兴渠水利工程、马坝垦区修复白芝塘蓄水渠。

五、由农林处洽领美国蔬菜种籽，转发各区场垦民栽种。

六、函请省府地政局调查全省荒地可资垦殖者，准备设置新垦区，招致归侨开垦，并拟具新垦民简章，呈府核办。

三、今后工作计划展望

一、研究运用侨资，协助实施五年建设计划。过去侨资之运用，可

分三类:

　　(一) 接济家用。

　　(二) 购置产业——如田地,房屋,买金等。

　　(三) 投资工商业——占少数。

　　今后如何导引侨资,从事经济建设?

　　(1) 必须有精密计划——罗致各种事家聘为专门委员,组织各种问题研究会,研究及决定:

　　(a) 各种有关侨胞投资问题。

　　(b) 把各种特别需要开发之工业列表送与各地侨胞,以资参考。

　　(c) 拟订各种投资及工厂计划,预备各侨胞组织公司或单独经营。

　　(d) 编印广东实业指南。

　　(2) 劝导侨胞,筹设金融机构——金融是一切经济建设的动力源泉。南洋华侨已有华侨联合银行之设立,惟南北美侨资尚无法集中,须要有银行一类之组织或由广东省银行设法办理才行。

　　二、兴办归侨福利事业:

　　(a) 请政府在香港汕头等口岸设立侨乐分社或服务社,解除旅途困难。

　　(b) 请省政府在广州近郊划定地区由归侨照价备领,建设侨乐新村。

　　三、辅助归侨兴办实业:

　　(a) 调查海外粤侨资产与投资志趣。

　　(b) 与建设厅及实业公司联系,凡可以由华侨自营之工厂,应给以优先权利,请其兴办。

　　(c) 对于归侨经营之工业,由政府注意保障合法权益。

　　四、宣慰侨胞,鼓舞内向心理,使其合力完成五年建设计划:

　　(a) 请省政府于最近期内,选派熟悉侨情之大员分赴南北美洲南洋各地宣达政府护侨与建设新广东之计划,并力促内向。

　　(b) 要求侨胞不分党派,完成五年建设计划,为内国之模范省。

　　五、整理及扩大侨垦区:

　　(a) 已有之三垦区及南华林场,应继续办理。

　　(b) 开辟大窿洞新垦区。

　　(c) 调查各县荒地在五十亩以上者,辅导各县利用侨资,从事开垦。

　　(d) 完成各垦区之水利工作。

如何引导侨资[*]
（1946）

　　我国人民移居海外已有悠久的历史，远如美洲非洲，近如南洋群岛一带，皆有我国人民的足迹。他们刻苦耐劳，披荆斩棘，故多能创基立业，建立经济的基础。在抗战以前，全世界侨胞人数，约有八百余万人，从他们每年由海外汇返祖国的巨大款额，曾引起我国朝野的重视。但对于此项侨汇如何运用，以及如何鼓励侨胞投资国内建设事业，则极少计划推动。兹值我国战后经济建设迫切需要，故作者不敏，愿对此问题，略抒所见，以就教于当代贤达。

一、侨胞资力的估计
　　关于侨胞在海外的资力如何，是一个很值得研究的问题。因为他们散处各地，情形各不相同，而在每一地方的侨胞职业，也极为复杂，故欲确知他们的资力，至为不易。现在我们只能将每一地方华侨经济概况，略为说明，而得其梗概。
　　南洋方面：侨胞在南洋的事业，大体言之，即系为西人与土人的中间人，一方面收买土产售与西人，一方面批发舶来品于土人，从中博取微利。大概越南缅甸泰国的侨胞，多经营米业，马来亚的侨胞，多经营树胶及锡矿，菲律滨的侨胞，多经营糖椰烟等，东印度的侨胞，多经营糖咖啡树胶椰米等。据战前日本人调查，居于南洋英属马来亚缅甸婆罗洲荷属东印度，法属安南，美属菲律滨，及泰国各地的华侨，总数一共为五百二十三万六千人，其中从事农业者占百分之十七，计有八十六万一千人，从事工矿者占百分之二十三，计有一百廿万零八千人，从事商

---
　　* 载《粤侨导报》第 6 期，1946 年 11 月 1 日，署名黄文山。

业者占百分之五十二，计有二百七十六万人，从事其他事业者占百分之
八，计有四十万七千人①。至他们的财产总数，约值国币六十七亿元，
其中投资于农业者，约为国币十五亿元，投资于矿产者，约为国币一亿
七千万元，投资于工业者，约为国币四亿八千万元，投资于商业者，约
为国币四十二亿元，其他各业，约为国币四亿元。这是抗战前的情形，
经过这几年战争的摧残，现在当有重大的变化。

美洲方面：在美洲的侨胞，多经营酒饭店洗衣什货古董业等，在加
拿大的侨胞，多经营饭店洗衣店旅馆什货店，在加拿大各都市的近郊则
多栽培花木菜果，或受雇于码头工厂，在墨西哥的华侨，多任矿工，至
中美洲方面，多营小商业，南美洲方面多从事农业工作。

在抗战以前，美洲侨胞经济力量与南洋侨胞经济力量相比较，当以
南洋侨胞为强，盖南洋华侨经营大企业者顾不乏人，资本相当宏厚，而
美洲侨胞大多从事小商业及劳动工作，资力自然微薄。惟南洋一带，于
此次大战中，沦陷敌手，遭受敌人摧残，故我侨胞力量亦大为损耗。至
美洲方面，远离战场，一切工商业仍如常进行，侨胞的资力不特未受摧
残，而且继续发展，故两地侨胞的资力，此消彼长，当然已发生变化。

据最近报载侨领邝炳舜氏谈话，谓现在美候轮返国的侨胞约有三万
人以上：如每人携回现金平均为三万元美金，则合计已达美金九万万，
单此批准备返国的美洲侨胞已有此大宗款项携回祖国，则现在全美洲侨
胞资力的宏大，也不难想像了。

二、侨汇的估计

关于侨胞每年汇返祖国之款究有若干，迄今也无详确的数字，盖因
侨胞汇款的方法极不一致，有的系由外商银行票汇，有的系由我国银行
票汇，有的系由民信局信汇，有的系由邮局驳汇，有的则系由水客带
回。大概美洲方面以银行票汇为最通用，南洋方面则以民信局信汇为
多。因为这种情形，故调查统计，至为困难。据广东经济年鉴所发表的
估计数额，计民国廿年为 420 000 000 元，廿一年为 323 000 000 元，廿
二年为 305 000 000 元，廿三年为 232 000 000 元，廿四年为
316 000 000 元，廿五年为 320 000 000 元，廿六年为 450 000 000 元，
廿七年为 600 000 000 元。自廿八年以后，因为我国币值日趋低落，外

---

① 以上各项数字均不准确，仍照原文录入，不作更改。下同。——编者注

币汇率日益增高，则侨汇数字必与日俱增。单以北美侨胞汇款而言，如照目前汇率，即一美元折合国币 3 350 元，该地华侨约有三十万人口，如每人每月汇款返国接济家用为美金三十元，总计每月即达美金九百万元，等于国币30 150 000 000元，又据最近报载战后初期四邑每月侨汇只达三十万万元左右，但近数月来，数目迭有增加，计新昌中国银行每月付出侨汇约达二十万万元，台城中行每月付出侨汇约达六十万万元，赤坎中行每月付出侨汇约达十五万万元，单此三处每月由中行付出的款，即有九十五万万余元。其实四邑方面侨汇，并非尽由中行汇返，尚有其他方法可以汇款，中行所支付的款，只占全部侨汇的一部分而已。至南洋侨胞，虽连年因战事影响而受重大损失，但因过去几年汇款不通，现在各侨胞苟力所能及，也莫不汇款返国，接济家用。关于此方面数字，虽未能遽作估计，但相信每月汇返的款，也必甚可观。

三、过去侨资的运用

我国侨胞在海外各地既有雄大的资力，而他们每年汇返祖国的款也至为巨大，如果我国对于此项侨资能善为运用，则我国经济建设，当可获得极大的助力。过去国人似乎只知我国对外贸易为入超国，每年国际收支不敷之数，可由此项侨汇弥补，而使其平衡，但对于侨资如何利用，未见有详细计划，这确是一件憾事。

过去侨汇的用途，大概可分为三类。

第一，即系接济家用，此一用途的支出，大概当占汇款的最大部分，但此项消费，实属必要，而难以避免的。

第二，侨胞汇返的款，除必需的家用外，如尚有余存，则大多用于置业，如购买田地及建置房屋，田地系批租与农民，而房屋则除自用外，亦多批租，其次则为购买金饰，而妥为收藏。此种用途差不多系一般侨胞认为最安全者，故虽代价如何高昂，利润如何微薄，但他们终乐为之。平心而论，此一用途确属安全，但可惜对于整个社会，并无什么利益。

第三，有一部眼光比较远大和国家观念比较浓厚的侨胞，眼见外国的富强，很想把其余资投放于本国的工商事业，但因为我国社会环境的不同，以及天灾兵祸的频仍，大多荆棘丛生，终归失败，使他们辛勤得来的资金，蒙受损失，使他们热烈的情绪，变为冷淡，他们的失败，不独使他们以后谈虎色变，不敢再为尝试，而其他侨胞也引为殷鉴，裹足不前。

四、如何引导侨资于经济建设事业

现在我国需要努力经济建设以成为现代化的国家，是谁都明白的，但经济建设是需要充分的资金的。照目前我国情形，国库正感入不敷出之苦，民生也深感困乏，要筹集巨大资金，以应经济建设之用，确不易办到。故此时筹集资金，除举借外债鼓励外人投资外，即应当鼓励侨胞投资国内的生产事业。我们知道外债与外资，是要付出重大代价的，只有侨资才是我国自己的资金，才是最为妥善的办法，但侨胞因为过去的教训，已有戒惧，现在在我们应当如何而可以使他们乐于投资呢？关于此问题，我以为应该注意下列几点：

第一，必须有辅导的机构：我们要侨胞投资于国内的经济建设事业，必须先有辅导的机构。此种机构不特可使侨胞与祖国密切联系，并且可鼓励其向内投资。辅导机构的最重要工作，一则可以向海外侨胞报导祖国的消息，二则可以辅导侨胞出国，三则可以辅导侨胞在本国投资，经营生产的事业。苟无此种机构，不特侨胞对于本国容易发生隔阂，而对于投资本国建设事业，也必不易吸引的。

第二，必须有精密的计划：一种事业的成功，必须先定有精密的计划。今后要运用侨资于建设事业，自不能离开此原则。但拟定此项计划，我们必须罗致专家，组织各种委员会，例如（一）中外贸易委员会，（二）交通运输委员会，（三）农林渔牧委员会，（四）工矿委员会，（五）水利委员会，（六）经济调查委员会，（七）侨胞问题委员会，（八）特种计划委员会。这几种委员会的主要任务，第一即研究各种有关侨胞投资的问题；第二即将各地物产及需要开发的实业，列表送与海外各地侨胞，以资参考；第三即拟订各种投资计划，预备各侨胞组织公司或独资经营，如侨胞愿意经营，便可根据此项计划，筹集资金，早日开办。

第三，必须筹设华侨金融机构：金融是一切经济建设的动力源泉，一切建设如得金融的调剂，流转即可灵活，如不得金融调剂，则偶一发生障故，则有全盘停顿之虞。故我们为侨胞投资的事业计，必须筹设若干实力雄厚的华侨金融机构，以资配合。

第四，必须定有奖励与保障办法：侨胞素居海外，对于国内情形，总不免有多少隔膜，政府对于侨资设立的事业，应当尽量与以便利，例如技术的指导，土地的收购，运费的低减，税额的减免等等，都应于可能范围内，与以方便，以示奖励。至对于侨资的安全，也应予以密切的注意。如遇侨资事业发生纠纷时，应当尽力予以调解，如发生亏损时，则应设法予以补助，使侨胞所投放的资金，尽可能获得安全的保障。

关于侨资的运用这个问题，范围至大，关系綦要，当非本文所能尽述，兹所论述不过举其要者而已。总之，关于此一问题的开展，必须视侨胞是否真为祖国的繁荣而努力，与国家能否切实本爱护侨胞的初衷而予以奖助而定。如侨胞确真为爱护祖国而来，国家也能切实予以奖助，则侨资的蜂拥而来，与我国经济前途的繁荣发达，当可断言的。

华侨协助实施广东五年经济建设计划及其途径[*]

（1947）

华侨同志们：

全世界数百万旅外的侨胞，爱国爱乡，有为有守，彰闻天下，作者在过去廿余年间，曾亲历南北美洲南洋日本苏联各地与侨胞握手言欢，每念高谊，神驰无既。假如我华侨们能够把平素经营事业的经验，与现在拥有资财之一部分，用来助长本省的经济建设，作者大胆地相信，本省将必能于五年以内，由中古式的农业社会形态，转变而为现代式的工业社会形态。这个前提，大抵是侨胞们所共许的。然而此事的枢纽与展开，自然要看行政方面，能否提挈导引，予归侨以保障，措归侨于乐利，从而辅导侨群，致力于生产事业以为断，因此省政府还治以后，乃有粤侨事业辅导委员会的设立，其中心目的，一方在保障归侨的安全，增进归侨的福祉，而他方则在鼓励辅导归侨，投资于省内工商渔盐矿产与交通企业。

本会成立年余，其志虽奢，其力实薄，所以在事实上的表现尚少。但际此期间，适本省五年经济建设计划，在罗主席慈威领导下，延聘百余专家学者与企业家，以集体的方式，经过缜密的研究，悉心擘划，终于完成。目前最大的问题，在如何急速成立五年经建实施机构，选任大员分赴南北美洲及南洋宣慰侨胞，及招致侨资外资于最短期内，把第一年计划所罗列之各种工业，迅速予以实现。此不惟建立新经济与解救民生痛苦之迫切要求，于是乎赖，抑亦全省人士全体粤侨，在战后薪求建设新广东成败关键之所在。

作者相信生产事业，在全省局势已渐趋安定条件下，发展是无限量

---

* 载《粤侨导报》第 10—12 期合刊，1947 年 5 月 1 日，署名黄文山。

的。侨胞们不能以过去种种不宁情形，以致自馁和自卑，政府尤应在此
渐趋安定局势中，协助华侨归国投资，力求发展。生产事业，一旦蒸蒸
向上，政府的财政，人民的生活，以及通货物价乃至政治社会文化诸问
题，都可连带迎刃而解。所以作者希望侨胞们，大家本着爱国爱乡的热
诚和忠义，分别缓急先后，把握着战后千载一时稍纵即逝的机会，协助
本省当局与人民，一步一步实施我们五年经济建设计划。实施的途径，
若详细分析，自然不止一端，若就眼前论，我们试提出以下诸点，请求
华侨同志们曲赐注意！

甲．我们的观点

（一）广东在过去为革命之策源地，过去半世纪间一切革命力量，
莫不渊源百粤，普播全国。现在复员告终，建设伊始，我们一方自应念
念不忘过去的历史，一方尤应策励未来，要使广东成为今后全中国工业
革命之策源地，在短期内改造广东旧社会，建立簇新的广东，由是以改
造中国，建立三民主义的新中国，然后使我们在原子能时代的今日，不
致被淘汰以去。

（二）广东北枕五岭，东南濒海，东西北江交错为其间，土沃气温，
财殷物阜，虽在历史文化上，开辟较中原为迟，而与近代欧美文化接触
最先，且与港澳南洋欧美交通最称便利，此种地理条件，极适宜于输进
新机器建立新工业，无烦赘述。

（三）我国华侨旅居南洋者在八百五十万人以上，旅居南北美洲者
亦有三四十万人，其中粤侨占百分之八十，大家均能克勤克俭，经营工
商农矿各业，于近代企业建树良多，而在革命与抗战过程中，确曾对国
家对民族尽了最大的贡献。现在随着抗战胜利，国家复员与统一，自然
要有很多新的任务，需要我们努力完成，而新任务之一，便是从经济上
建设我们的家乡，这种需求与号召无论从个人主义家族主义民族主义的
观点都是合理的。

（四）粤侨力量的雄伟，不只在人数之众多，尤在经济力之深厚，
我们生产落后，每年入超动辄达战前币值数万万，所获以弥补者，十之
八九惟侨汇是赖，胜利以后，美洲侨汇之巨，每月达二三百亿元以上，
其数至足惊人，如此巨资，倘能以一半由消费转移到生产上，从事资源
之开发与新工业之建立，则五年经建计划之实施，不难头头是道。

乙．五年经济建设计划要点

本省五年建设计划之范围，包括政治，文化，经济三方面，希望齐

头并进，达到平衡发展之境地，然在实施时，则仍确认经济的工业化为建设的重点，根据这一政策，经济建设部门之专业，分为工业，动力，矿业，农业，水利，水产，交通，运销，分配，配合十类，而以工业类为重心，故该类规划特详，分为钢铁，机械，食品，纺织，运输工具，器材，化学，建筑器材，实验九项。至本部门建设之大体，结果约有公营工厂五十余所，农场九十余所，渔场四十余所，矿场一十余所，发动电力三十余站，水利工程四十余处，而其最低度效益则达到足供全省人民衣料百分之三十，减少全省粮食缺额百分之四十。这是本计划的大概。

丙．实施五年经建计划的方式与途径

实施五年经建计划，最重要者实为资金问题，关于资金集合的方法，就省内说，似有下列诸种：

一、省营工厂让渡给华侨经营。

二、发行建设公债。

三、银行贷款。

四、公产变卖。

五、将省内产品输出换取外汇。

以上种种方式，均可筹得相当资金为经建之需（第一种亦是华侨资金）盖可断言。但本省建设事业之财源，究以外资侨资最为巨，故工厂之经营，似亦可采取下列诸种方式：

（一）中外合资共营——例如向美国出入口银行贷款百分之五十经营某种工厂，其余百分之五十向华侨招资合办是。

（二）机器借款——向国外购买机器，先给价值三分之一长期信用借款。该项购机资本，可以建设公债方式向华侨筹募。

（三）侨资经营——由华侨组织公司或合作社而经营。

以上诸种方式，似均可采行。关于第一种方式，最近美国商人潘宜兴李仲生合组潘李公司，曾向广东省政府建议，请由本省给予该公司某种特权，俾得向美国出入口银行借款，同时向华侨招股，以便经营瀚江水电工程，八字岭煤矿，广州海港，广州市煤气厂，徐闻糖厂等等，这就是循此一方式进行的。关于第二种方式，闻陈伯南先生主粤时，有三年建设计划，当时建立之工厂，一部分即采取机器借款方式，次第完成，惟陈氏似不曾向华侨推销建设公债而已。关于第三种方式——事实老早径已实行，省营工厂——如士敏土厂，顺德糖厂，广州冰厂等——一旦实行让渡华侨经营，当然也采取这一方式，由华侨独立集资主办。

然而我们认为本省各类轻工业，都可由华侨合资举办，举例如次：

第一类——农业类——目的在帮助本省恢复农业经济，并供给人民更多之粮食，可设立下列各项工厂：

糖厂　每日产量 1 000 吨　资本约美金 90 万元

肥田料场　每年产量 750 000 吨　资本约美金 8 000 000 元

农具厂　制造小型农具并具有 500 匹马力之抽水机 1 000 个　资本约美金 2 000 000 元

第二类——兴建有关本省人民衣服工业之工厂：

棉织厂　容量 1 000 000 锭子　资本约美金 2 000 000 元

丝厂及纺织　资本约美金 2 000 000 元

第三类——其他有关民生工业，比较轻而易举之工厂举例如下：

冰厂　约值一万四千至五万美元

锯木厂　四万美元

玻璃厂　二十万美元

纸厂　一万五千美元

桐油厂　八万五千美元

砖厂　四万美元

士敏土厂　四十万美元

胶质粉厂　十二万美元

以上各小型工厂，除士敏土厂须资本较大外，余均比较轻而易举，似均可由侨胞个人独自出资经营，或集合资本组织公司或合作社，共同经营，其他各种公用事业，如电车，水利，公共汽车，矿产可经营者尚多，恕不缕举。

丁．现在与将来

经济建设是政治文化建设的基础，省政府还治后一年多的设施，大约侧重于三方面：第一是公路的修理；第二是水利的兴建；第三是省营工业的规复。关于第一项，除于卅四年冬及卅五年春，先后将广韶，韶兴，梅汕，韶□，韶坪，惠樟，广高等八线修理通车外，广九公路亦于去年七月修复，琼崖环岛公路大部分也可行车，东南两大干线，最近亦可完成，其他如粤汉广九铁路，则早由中央修复通车，商办之台山新宁铁路，战时完全破坏，交通部亦答允就可能范围内，力助其复员。其次就水利方面论，统计各种防潦灌溉工程，其施工完竣者，计有高明十三围，东莞南畲及西江芦□水闸等工程，面积共 8 000 市亩，在兴工中的，计有惠阳马鞍围防潦工程，受益农田廿万市亩，曲江栏湾水灌溉工程，受益农田六千一百市亩，曲江老隆水库灌溉工程，受益农田四千四百市亩，这几项工程预计于今年雨季来临之时，便可完成。至各县兴办塘渠堤圳等小型水利工程，已完成的共计 1 060 宗，台山玄潭碑蛮陂头的水电工程，目前经已开工，年底完工，受益农田六七千亩，其他经已查勘测量与设计，如台山大罅洞及石版潭之水电工程，尚有数十处之多。各县地方人士，亦均谋集资兴办。第三，省营各工厂如士敏土厂（估计战前资本约为 8 200 000 元），纺织厂（战前资本约 5 300 000 元），顺德糖厂（战前资本约 3 810 000 元），饮料厂（战前资本约 2 600 000 元），麻织厂（战前资本约 1 280 000 元）等等亦均在广东实业公司指导下，悉经次第规复，成绩卓著，其他私人经营之工业，如橡胶，火柴等，去年在工业界厄运中，也还能勉强赚钱。

华侨投资省内生产，在目前看，自然有许多先决条件，第一起码条件，为局势与金融之安定，第二为工业之奖励与保障。关于前者，就国内外政治经济情形趋势看来，从前所引为杞忧的问题，如今已逐渐迎刃而解。治安，金融，此后日进安定，实可断言。关于后者，国民政府与本省省政府均先后宣布奖励与保障华侨投资实业的办法，此一方面，只要切实履行，在民主宪政时代，亦不成问题。

华侨归国投资和办理生产事业，除此以外，目前自然也还遇到经营上的许多困难，特别是关于原料工资，市场等。不过这些都不是内在不可解决的问题，只要国内局势能够安定，全国能够统一，政治能够改进，经济能够稳定，这些困难，也决不是永不可解决的。

我们要计划建设一个新中国，我们先要计划建设一个新广东，如今新广东的建设，已经计划出来了，我们能否切实履行，担负这个时代的重大使命，固然要靠许多条件，但我们诚心相信，只要侨胞振作奋斗精神，整刷经济的战略，利用自己的经验和资金，先把广东建设起来，则一扭乾坤，改变现阶段广东的形势，乃至全中国的形势决非难事，然而一切的一切，都应从脚踏实地，一点一滴，流汗出力，实施本省五年经济建设计划开其端。最后请诵罗主席慈威所手写的青年团二次大会开幕纪念词以为华侨同志勖：

　　一扭乾坤光禹甸，八方风雨会庐山；
　　同心伸出拿云手，创业开天莫等闲！

侨汇的萎缩及其补救对策[*]

（1948）

我国向为贸易入超的国家，每年入超数额约在三亿美元左右。战前的入超，端赖侨汇二亿至三亿法币约合美金七千万至一亿元、平均每月约有六七百万美元的汇入，以资弥补国际贸易上的差额。全盛时期且不止三亿元，竟达至十二亿元。所以侨汇对于平衡国际收支及国民经济的调剂上，实有很大的贡献。战后的中国，经济残破，百废待兴，自应加强吸收侨汇，以补偿庞大的入超损失。可是，胜利复员两年以来，侨汇已成江河日下的趋势，根据粤侨事业辅导委员会综合承做侨汇各行局的数字报告：去年（卅五）度，全年侨汇统计达六百九十二亿零八百六十一万五千二百二十三元。[①] 去年度因外汇汇率迭有调整，遂致各月份折成的法币数额，时有改变，而依外币折算实值，非但未见增益，且不及战前二十八年之半数。本（卅六）年度因外汇比率又再提高，侨汇之国币数字，亦随之增加，自一至十月约计共达一千四百五十四亿七千二百二十万余元。[②] 其中以美洲为多，次之以为南洋一带。如果逐月比较，则四月份总数不过二百零八亿八千七百四十一万元，五月份二百四十五亿七千五百万元，六月份减至一百三十九亿元，七月份减至七十四亿九

　＊　载《侨声》，1948 年 2 月号，署名黄文山。原文前有按语："从今以后，应该改变作风，拿出政治眼光来争取侨汇的入超，除加强机构，改善技术以外，应准许经营侨汇的华侨银行，不在拘束在官定的汇价，亦可考虑市场汇价，并予以贴补帮助，所定汇率，以接近黑市或不低过于黑市汇价为原则，俾使官价能随黑市涨缩，侨汇走私，自可防止。"本文另刊《粤侨导报》第 17—18 期，约为 1947 年下半年。

　①　见《粤侨导报》第十三十四期合刊，《卅五年度粤省侨汇统计表》。

　②　卅六年度尚未结束，本文数字仅系一至十月之约计，系综合广州中国银行、省行及储金汇业局，广东银行，及汕头中国银行，江门中国银行、省行、交通行，台山中央银行，各月份所得侨汇统计者，尚有汕头省行邮局少许侨汇数字，未计算在内。

百余万元，自八月份管理外汇办法颁布后，亦仅九十四亿九千一百九十余万元，九十两月份虽各在二百三十余亿元之继①，然以外币折算之，侨汇确已萎缩，逐渐走下坡路。就去年度我国贸易上比额一万亿美元净入超计之，战前的侨汇（一九三五—三六）可以平衡入超二分之一，而战后两年的侨汇，每年仅能平衡入超百分之十二以上，侨汇萎缩程度之速，殊足令人惊异！

依据上述的数字来看，侨汇为甚么萎缩到这般田地呢？个中原因固然很多，而最重要的还是实价的汇率与黑市的比率，相差竟至二分之一至三分二之间，例如本（卅六）年外汇政策未变更前，黑市价每美元可换国币五万元，而官价还是一万二千元，迫使侨汇相继逃避，流入于黑市走私。据非正式统计，仅马来亚一带每月经港入国内的黑市侨汇，约计港币四千万元，美洲加拿大南美菲律宾各地经港入国内的黑市侨汇，约计五千万元美元，这个数字，且随黑市价与官市价的差额为正比例，正在加速地扩大汇率的幅度，尤以本（卅六）年六七两月逃避黑市达最高潮。八月十六日管理外汇新办法颁布后，当时所定国币基准价与黑市价极为接近，侨汇得获一时活跃，但八月份所得仅有就是九十余亿元，嗣即恢复外汇未改订前的状态，政府原想借挂牌市价汇率来扑灭黑市走私，然因为国内物价受着金融尖锐影响，物价不断跃升，汇价不免牵累进口货价，间接即影响一般物价的涨势。于是不到一月之间，黑市价乘机追从上去，官价又与黑价脱节了，眼看着华侨的血汗钱，一批批跳进另一个人的钱袋，未曾全部归入国库，变成政府的外汇基金，其损失的严重，可以概见。如何筹谋补救对策，却是当前一个亟待解决的重要问题，本文仅在提供政策意见，至于技术的改善，概未论列。

政府的管制侨汇，目的在于掌握外汇头寸，以充实已经短缩的外汇基金，故对于侨汇向侧重硬性汇率（即所谓公价），以求汇价之稳定，而便于管理，在战时，曾经实行补助金原币汇款等方法，以谋改良侨汇，颇收宏效。胜利后政府抱定低汇价政策，原为针对外货与外币在本国市场过分活跃的办法，只因走私之风炽盛，此项办法反有利于贸易走私的活动。到去年十一月起，政府始转变方向，逐渐平衡国际收支，本（卅六）年八月外汇基准价挂高以后，对于国际贸易统制愈加严谨，以期调节外汇，减少消耗，但因通货膨胀过速，物价波动太甚，走私贸易

---

① 十月份尚有广州省行侨汇统计表，亦付缺如，尚未列入，仅系约计数。

和投机猖獗的结果，外汇基准价虽采取弹性调整，但其提升速率决追踪不上黑市价，于是差价愈大，逃避亦愈多，政府所能掌握的外汇，一时尚无显著增加。以此观之，侨汇的重点，似乎只是汇率问题。最近我政府与港政府正在洽商缔订中港经济协定，内容包括汇兑和取缔黑市走私，对于争取侨汇回流祖国，自有莫大的裨益，适因英政府宣布英镑不能自由兑换美元，而我政府亦在改订出口结汇办法，于是协定中，关于中港间各种汇率的折算标准，未获得协议，遂致搁浅。这一未完成工作，甚盼政府财政及外交当局努力折冲，早日促其实现，以解除华商经济的威胁，引导侨汇入于正轨。

侨汇的重点，似在于汇率的差价关系，但汇率只是银行买价与银行卖价的价格，应该定得高或低，各方意见颇不一致。华侨的观点，正与国内出口商一样，希望政府提高汇率，特别是兑现价格，并以贴补方式，由国家银行及指定银行，利用香港特殊地位，按期议订接近市价的汇价，使汇价与物价隔离不致过远，以利侨胞的汇入。就经济观点言，国家银行如能放纵汇率观念，以与黑市作战，给好买价，使与黑市平衡，至少在原则上为同程度的挂高，侨汇自不致逃避黑市中驳汇，此种权宜的机动方法，并非承认黑市买卖之合法，乃在阻止资金外流，压低黑市抬头。然而，由于我国社会组织的松懈，与战乱军事及通货膨胀之未能一时中止，物价脱离常轨，涨风吹遍全国，仅以本（卅六）年十二月为例，外汇牌价与黑市价相差达百分之四十，自十九日外汇平衡基金委员会再挂高美汇一万元为八万三千元，英镑高三万为二十五万九千元，港币一万六千一百二十元，约放长百分之十五以上，但距离黑市仍远，这证明法币对内购买力的差度增大了以后，纵使改订汇率，汇率终无办法稳定下来，亦未必能根本消灭黑市的。而且我国金融贸易向甚紊乱，侨汇跟通货问题有关，在币制未改革以前，目前所急的倒并不是汇率问题，而且确定一个汇兑政策。与其用人为方法，强制一切都变动来迁就新汇率，毋宁放纵汇率观念，在政策上活用，而使汇率时时适应新环境。这即是说：国家银行及其指定银行，不应该拿出商业眼光，专在侨汇上作赚钱打算，以低汇价吸收侨汇，形同剥削或等于没收，致使华侨吃了官价过低的大亏，华侨不甘白受损失，侨汇自然逃向黑市走私，这是谁之过呢？从今以后，应该改变作风，拿出政治眼光来争取侨汇的入超，除加强机构，改善技术以外，应准许经营侨汇的华侨银行，不再拘束在官定汇价，亦可考虑市场汇价，并予以贴补奖励，所定汇率以接近黑市或不低于黑市汇价为原则，假使官价能随着黑市涨缩，侨汇走私，自可防止。要是官价与黑市价始终保持相当距离，无法相接近时，侨汇就难免逃避在香港了，通货增发所产生的物价周期性波动日甚一日，法币不如外币比值之高，侨汇就难免留用在香港了。经济的问题，须用经济方法疏导，不能用法律的干涉与政治的抑制手段，那是收效甚微的事。为针对此种事实，政府除采取机动性调整汇率以外，似应增办港币或原币汇款，或准予侨汇开立外币存单，提款时得按当日牌价支付法币，一方面可使外汇市价跟随购买力平价，侨眷生活之所需，得以追从物价上涨，一方面还要严禁外币在公共场所行使，以提高法币的信用价值，使法币外价与内价起一种调节作用，黑市需要，自然减少。华侨汇款归国既不遭受无谓损失，自乐于经由国家银行汇入，则每年一亿五千万美元的侨汇，不难全部归国家银行掌握，以充裕外汇来源，否则，空言吸收侨汇，而又限制外币进口，徒使侨资呆留国外不得出路，究于事何补呢？

近闻李朴生先生专论，认为吸收侨汇的一个最简单办法：就是凡非海关禁止入口的东西，一律准许由侨汇购买输入，不受输入管理委员会的限制。因为侨胞在海外有不少自己经营的生产事业，这些生产的物资，表面是洋货，实际是国货，如马来亚有许多橡皮、锡矿、黄梨，暹罗缅甸越南有许多米、木材、鱼干等等，都是国货，不是洋货，都应该尽量输入，不应该加以限制，输入这些物资，与消耗外汇无关，因为这是国货，侨胞实价所得，是用之于国内，不是用之于国外。李氏这种主张，准许侨汇以实物输入的办法，既不消耗国家有限的外汇基金，而又可输入必需物资，似无危害外汇平衡的倾向，政府应于改订汇率之外，采取补助政策，加强吸收侨汇。顷阅报载：政府已决定取消必需品输入补贴制度，并规定此后输入米麦、面粉、煤、肥田料、棉花，所需之外汇，一律取消公债，而改以牌价售领。又关于大豆、猪鬃、桐油、茶叶等重要输出品，大部分将由政府收购，以增加政府之外汇资源云云。那么，李氏所建议的侨汇实物输入办法，于政府新订进出口政策，不特并无丝毫妨碍，且有勸助输入物资，促进经济复员之效，在侨汇政策上，确属平妥可行。华侨居留地区的政府，多数恶意限制华侨汇款，如能输出侨营物资，返国换取法币，还是一样可以维持侨眷生活，将见谁都乐为之。不过在华南走私贸易特盛的今日，为避免走私嫌疑起见，我要补充一点意见，在若干华侨汇款困难地区，以自备外汇输入物资时，似应仿照进出口连锁制办法，以一半售与国家银行，将纯利所得全都拨充侨汇的补助金，其余一半售与指定的民营或侨营工厂，使能获得廉价的外来物资，以减轻生产成本，其制成品或其他输出品，又可赖华侨以力作输出，畅销于海外，换取外汇或购粮输入。惟侨胞自备外汇输入物资，应否限额或免税进口，却是值得考虑研究之点，政府为节省外汇用途，协助解决工业困难，凡不需外汇而可输入物资的变相侨汇，正是一个平妥可行的政策，希望政府能采取较为明智的适当措施，以挽救侨汇的萎缩，那不特今后侨汇可望回升，而侨胞之投资国内生产事业，亦将加速其迈进姿态了。

文化学在创建中的理论之归趋及其展望*

（1948）

一、楔子

中国社会学社广东分社今年假岭南大学举行年会，岑家梧教授以朱谦之、陈序经两先生及本人都是研究文化的人，因此主张由我们三人提出报告，再行集中讨论。我很喜欢接纳这一建议。据我所知，朱先生在十余年前，曾发表《文化哲学》一书，最近又出版《文化社会学》。陈先生也是一样，十余年前著有《中国文化之出路》，最近又有《文化学概观》问世。两先生的著作，都是鸿篇巨制，宏征博引，自成系统，允称国内不可多得之杰作。

我个人则甚为惭愧，自问对文化的研究，虽发愿甚早，顾至今二十余年，尚在旁皇求索中，自觉其学未成。计余研究文化之过程，约分四期。第一期，约由民十一至民十六年左右，其时正在美国，曾参照人类学上历史学派之原则，以英文写成《中国文化发展预测》一书，经文化史家桑戴克（Thorndike）教授之校阅。十八年归国后，本拟增订后问世，不幸南京沦陷，全稿失去。廿九年重游纽约，故友黄剑农由哥伦比亚大学图书馆将原稿取出，不料三十年携归桂林广东省行，卒因该城失守，又复散没，个人早年对于文化之探究，已无法与世相见，而数年心血，亦付之流水。第二期约由二十年至二十五年，是时余讲学北京大学、中山大学、中央大学等校，颇以文化学相号召，曾一再在中央大学《社会科学季刊》，南京《新社会科学季刊》，《社会学刊》等发表有关文化学之文章，主张文化学应该建立起来，成为独立的科学。廿七年底出版《文化学论文集》，即为搜集本期作品一部分汇印而成。第三期，廿

---

* 载《社会学讯》第 8 期，1948 年 12 月 19 日，署名黄文山。

八年至三十年余复到美曾进纽约新社会科学研究院及在加省大学图书馆搜集有关文化资料，卅一年归国后，伏处四川北碚中山文化教育馆，起草《文化学体系》一书，至抗战期毕，仅成上册，约六十万字。近以战后世界文化思想益复孟晋，个人见解视数年前又多变易，乃决心陆续将书稿在各种学刊次第发表，共已发表者如《文化体系与社会体系》(《广东法商学院法商学术汇刊》)，《文化学的建立》(《中山大学法学院社会科学丛刊》)，《文化学方法论》(《中华文化学会文化丛刊》)，《文化心态的类型》(《中国民族学会年报》，尚未刊行)，《文化学在科学体系中之位置》(拟交岭南大学印) 等篇，此仅为原稿之一部分，将来拟与战前论文，择要选编文化学论丛问世。本期写作，志在说明文化学之对象范围，方法，原则，与文化结构之类型。第四期的研究，可说从卅六年开始，此时余接受杨成志博士之约，为中大历史研究所人类学组同学讲文化学及文化动力学，并从新计画写《文化学体系》一书，区区志愿，以求真自矢，除对诸家学说，叙述弥详之外，欲由博反约，抉择群言，归于一宗。昔章学诚有言："学贵自成一家，人所能者，我不必以不能为丑。"立愿如此，惟时光逝矢，不知何日方能告成，自勉而已。

我对于朱陈两先生的贡献，佩服之余，仅述个人研究的进程如此。顾细自检讨，觉得个人的观点，与两先生多不相同，记得学术史上有一个有趣的故事：十九世纪欧洲有三个思想家，对于文化历史的哲学，均有贡献，但三人的观点，互相悬殊，这三人就是马克思，斯宾塞与冯德。马克思整个文化历史的思想集中社会经济的个案，而以文化的精神方面，仅是"副现象"，且为"非因果性"的，故在研究上，罕加注意。反之，斯宾塞与冯德几乎完全抹煞经济与技术的因素，斯氏虽然也把工业制度与军事制度对比，但立论殊嫌武断偏颇。至于冯德则与马克思斯宾塞异趋，独注意于艺术的探讨。这三家的体系，此是被非，彼破此立，所以然者，尽由马克思是以经济学者出现，斯宾塞是以社会学者自居，而冯德则原始要终，还是一个民族心理学家。由此说来，我们三人虽然同是研究文化学，观点正不必相同。学问非一派可尽，一面尊人所学，一面申己所学，或能对本国思想，世界思想作充量的贡献。

二、文化学的先导者及其主要理论

文化学的研究，在十九世纪初期，尚属幼稚万分。德国哲学家黑格尔早就提出文化学一词，而拉弗日尼·培古轩 (Lavergne Peguilhen)，格雷姆（Klemm），阿斯华德（Otswald）继起，亦曾标示文化学的概念或刊行若干著作，不过他们鲜能像孔德，斯宾塞，华德之于社会学完成文化学的博大的体系，故文化学在十九世纪中，绝不能与社会学齐观，受学术界的重视。十九世纪下半期以迄二十世纪之四十年代，因学术之进步，环境之变迁，文化历程之交互影响，一部分研究社会科学的人之思想，不期同趋于一方向，于是相呼汹涌，方才造成今日建设文化学的运动，然而反对此一运动者，尚大有人在。

克鲁伯（Kroeber）有言，人类学者是最初发现了文化的。如果这话不错，晚近科学的文化学的建设运动，可说是从人类学的领域以内孕育成功。张其军者则为心理学，历史学，社会学，始则互相依附而为文化心理学，文化历史哲学，文化社会学，继则文化学由人类学，心理学，史学，社会学突创而蔚然成为独立之科学。然而这种科学的观点如何，原则如何，方法如何，范围如何，至今犹在摸索前进中。

于此，我们试举过去人类学者，社会学者，如泰洛（Tylor），涂尔干（Durkheim），现在的人类学者，文化学者如克鲁伯，怀德（Leslie A. White）的主要理论，作为文化学建设运动的急先锋之代表型。

第一，据我们所知，英国人类学者，泰洛（E. B. Tylor）虽然不是第一个采用文化学的名词的学者，但他在《原始文化》（*Primitive Culture*）的第一章《论文化的科学》里，对于文化学的观点，目的，原则，与范围，已开始作清晰的说明。其显著之贡献有二，其一，说明这种科学的研究对象，既不是人类行为，也不是"社会历程"或"社会互助"，而是一特类的现象，这即是文化特质本身。其二，指出这种科学的任务不在研究部族与民族，而在研究知识，宗教，艺术，风俗等等的状态。总言之，泰洛在六十年前，即认定文化学是以研究文化特质间的历史的，地理的，功能的关系，而不是人与人间的关系，（社会互助）为其对象的科学。他的观念也许受到德国人类学者如格雷姆之影响，然其真知灼见，可说完全是时代思想的综合表现。

第二，法国近代社会学大师涂尔干（Durkheim）在《社会学方法论》（*The Rules of Sociological Method*，Chicago，1938）的序言中，实际上曾企图建立文化学的前提与原则。然他不曾像泰洛一样，把"社会"与"文化"的术语，予以分别，所以不叫他的科学做文化学，而仍然叫做社会学。他对于超心理学的现象——文化——统名之为"集体意识"，其实，深一层看，他所指的是文化而不是社会或社会的互助，他的社会学主义，实际包含两种理论：其一，是实证派的方法学之综合，再附上一套的"集体主义"（Agelicism）学说，认定群体（文化）是自成一类的实在，有因果的优先性。"集体表象"（文化）乃是伟大的合作之结果，其范围之广，不但遍一切空间与时间，其构成也在个人之先。文化的渊源及其变迁，所以并非个人的欲望与意志所能直接影响或移易的。其二，实证主义认定社会科学应该采物质科学的方法或计画，求索社会发展的必然法则。他把群体主义与实证主义综合起来，形成社会学主义的方法学，因此本质上是反心理学主义与反个人主义的。

根据以上的理论，他认定社会是一类超个人的集体意识，而个人只是社会的细胞。如果说社会只是包含个人，那是不对的，它除个人以外，还包含物质物象。在物质物象中，他列出：屋宇，建筑，交通线，运输与工业上所用的工具。这些东西，一旦建立之后，变成自治的实在，离开个人而独立。关于精神方面，他也说："行动与思想的集体方法，具有个人以外的一种实在，而个人在每一秒钟，都不能离之而独立。这些思想与行动的方法，又根据自己的权力而生存着"。怀德教授所以说，涂尔干在这里所论的是文化而非社会或社会互助，他所企图建立表面虽说是社会学主义，而实际则为文化学主义，这是一点都不错的。

文化学的理论，在十九世纪末期，已由泰洛，涂尔干奠立了始基，数十年来，欧美人类学者，虽然产生许多文化的著作，但关于这类的科学的学说，却依然是凤毛麟角。在晚近的美国人类学界中，我们只能提出克鲁伯与怀德学说做代表。

第三，克鲁伯可说是美国人类学者当中第一个从事文化的科学之理论的探究者。他对于文化学的理论之贡献，可析为数点：其一，他把文明现象与心理现象的不同，加以区分，谓文明不是心理的动作（Mental Action）而是心理运用之"流"（Stream）或"体"（Body）。其二，他指出研究文明的科学，其对象不是心理学的事象而是超有机（文化）的现象之动作与反应。其三，他认定文化——作为一类超心理或超有机的现象——构成一种实在，有特定的"顺序"（Order）。有自己的因果关系，其客观性与决定性正与那些"次心理的"或"无机的"相同，所以视文化是"现象的闭锁体系"（Closed System of Phenomina），而文化现象必须是用文化名词为之说明。其四，近著《文化生长的统形》(*Configurations of Culture Growth*，Perkeley，1944) 就是企图探究文化业绩的"波形"的法则的一本巨著。其五，他曾提示文化的科学可叫做"文化机械学"（Cultural Mechanics），并且以为在未来的科学，注意文化者当远比社会多。克鲁伯的思路，大致如此，其详非短篇所能尽。

第四，当代文化学者当中，眼光之锐利，主张之澈底，立场之一贯，当以怀德（White）占首席。他的理论，本篇多征引，这里仅撮要如下：其一，他认为文化学在今日似乎是新鲜的，奇特的；但我们知道斯宾塞曾用"社会学"一词为野蛮，社会科学到了成熟时，自然习知非要采取"文化学"不可，如果对于哺乳类的研究称为"哺乳类学"（Mamalogy），矿物研究称为"矿物学"（Minerology），音乐研究称为"音乐学"（Musicology），为什么文化的研究不可称为"文化学"（Culturology）。其二，他指陈文化是超生物，超体质，超心理的连续体，纵的方面，代代相承，横的方面，由一民族或区域传至其他民族或区域。这种文化历程之动作，以本身之原则或法则做依据，故只能用文化学的名词为之说明，一切用心理学或生物学的概念来解释文化的，根本必然走不通。其三，他一贯地主张文化决定论，反对自由意的旧科学。其四，他认定科学的发展与扩大，是由解剖学到生理学，生物学，心理学，以至社会心理学与社会学，最后则为文化学。

晚近人类学者，社会学者当中，除上述者外，提出文化学的主张者，还不只此数。例如魏斯拉（Wissler）也采取文化学的观点，谓："文化的概念，乃是人类学的研究中之最近与最主要的功绩"。他把人与文化的研究区分，以前者为研究人民行为的方法之科学，应属心理学范围，后在［者］为研究文化特质或文化行为的方法之研究，应属人类学或文化的科学。 （*Man and Culture*，N.Y，1923.）此外，则斯腾（Stern）对于"社会"与"文化"之区分，摩尔铎（Murdock）对于"文化学"之提出，南尼格（Znaniocki）主张由专家通力合作，密切互助，完成一种"普通的文化学"，作者在《文化学的建立》一文中，已详载言之，此不再列。

三、文化学的理论之批判者及其意见

文化学本来由人类学，社会学的领域层创而来，但这些学者当中，也有不少反对文化学派的理论和方法的，兹约述如次：

第一，文化学者的主要观点，在乎认定文化是一种超有机的，甚至

心理的实在，有自己的生命与本身的法则。反对者大多是从心理学的立场，针对克鲁伯的论调，施以反击。高丹怀素（Goldenweizer）说："文化的生命，属于心理学的水平。它存在社会的人们之心理当中……史家，人类学家都是生命的学者。生命即是心理学。"鲍亚士（Boas）也说："……似乎绝不需要把文化当作一种神秘的实在，说它存在于社会的个人负荷者之外，而又受自身的力量所推动。"班尼迪（Ruth Benedict）也认定克鲁伯用"超有机"来说明文化历程，是一种神秘的论调，同时也以为形成一种文化的科学，把文化当作自成一类现象去研究，实无必要。这些历史学派的人类学者，大抵都不甚了解或不欢迎文化学者把文化统形当作一种超有机的，超心理的结构或历程为之研究，所以他们排斥这些观念说是"神秘的"论调。

第二，文化学者认定两种文化特质可以相互影响，同时文化对于个人的行为也有决定的力量。社会人类学中功能学派的巨子拉克拉夫-布朗（Radcliffe-Brown）即批评这种理论。他以为文化只是"一种抽象"（An abstraction），所以说："想象……两种抽象到了接触时……可以产生第三种抽象，这是幻想。他以为文化学的观点，以文化可以影响个人，其背理之处，无异于视一种二次方程式可以使人自杀。"布朗的理论观点，纯粹是社会学的，他还不曾深知文化决定论的重要性。他进一步追问：一种文化学是可能的吗？鲍亚士说是不可能的。"我是赞同的。你不能有一种文化的科学。"本来布朗是崇奉涂尔干学说的人，何以矛盾如此，这是不易使人了解的。第一，他把文化看作抽象，实在大错。文字是文化的特质，但它象征的意义，与物象的性质（可以听觉的），这可以当作抽象吗？如果视礼仪为抽象，则元子核，或细胞的形式都可视为抽象了。文化特质是真实的东西，一切文化物象，行为，形式，观念，都是可经验的实在，我们着实没有理由视为抽象。其二，文化对于个人行为影响的能力，是不容怀疑的。一个方程式或不能令人自杀，但是一套观念（如忠孝礼仪）刺戟人的有机体，使他自杀，这是常有的事情。这里文化特质是原因，自杀是结果。不同的文化刺戟，当然产生不同的结果。至于文化特质如何能互相影响，读下文便明。

第三，文化学者假定文化是一种力量，到了构成体系或历程时，本身是可以发展的，至于人的有机体，只是文化所以表现的媒介，而非原动力。文化哲学家如卜尼（Bidney）谓："学术界中有一倾向，认文化成为实在，并且认定它是超越的，超有机的，超心理的力量……这假定文化是一种力量，本身可以构成或发展。"他批评地说："这是文化主义的谬误。"怀德教授以为卜尼不曾明了科学在近百年以上的方向，是由个人心理学的水平，进到社会心理学，再由社会心理学进到超心理学，或文化学的水平。他只感觉到潮流中的反动之影响，所以成为这种表达的被动的媒介。这话是不错的。个人在文化体系或文化进程中，究竟有什么作用，看第三段便明，此不申述。

第四，文化学者认定文化是自成一类的现象，有自己的顺序，可以离开"社会"，作单独的探究。社会学如素罗金（Sorokin）颇反对这种观点。他以为："社会文化的顺序（Sociocultural order）是不可分的，任何人都不能单从某一面，例如只顾社会方面，而不管文化与人格的方面，可以建立成单独的科学。"所以他反对南尼格以下的说法，谓"社会学原始要终是研究……社会的。——至于知识，宗教，语言，民物等等则与它无关"（即属于文化学的研究）。素罗金以为这个观点是站不住的。所以然者，因为他认为"社会文化的交互作用之结构，表现三个不可分的方面：（一）人格——乃是交互作用之体，（二）社会——乃是交互作用的人格之整体，有它们的社会文化的关系与历程，（三）文化——乃是交互作动的人们所具有的意义，价值与规范以及把这些意义加以客体化，社会化之器物的整体。人格，社会，文化是不能分立而存在的，任何家说，在社会文化界的研究上，只侧重任何一方面，都是不适切的"。素罗金最近发表的《社会，文化与人格——一种社会学体系》（*Society, Culture, and Personality, A System of Sociology*, 1947）就是把这三方面合并讨论的巨著，然而他对于与文化的区分，依然承认，谓："社会"是指交互动作的人们及他们的关系之整体，至于"文化"所表示的，是集中在意义，价值，规范及物质的器物（或物质文化）。如果"文化"与"社会"是可以区分的，则文化的独立的研究，不能说没有它存在的理由。这点，我在《文化学的建立》一文，已详细说明，可供参证。

四、现阶段的文化学理论鸟瞰

文化学目前刚进入建设运动的初期，反对与怀疑这种科学的可能性者，自然大有人在。在建设的初期，这种科学在条理方面，的确未全树立，研究方法在问错试验中，而对于许多根本问题，亦未提出解答，然经多年酝酿培灌之结果，思想内容，一日一日充实，方法技术，一日一日精密，原理法则，亦渐露端倪，今日以后，继长增高，美轮美奂，自必粲然可观。赫胥黎（T. H. Huxley）有言："任何人只要懂得科学史的，总会承认科学的进步，在一切时代中，尤其在今日，就在我们所谓物质（Matter）与因果关系（Causation）的领域之扩大。"如果这话是不错的，则今日文化学的创建，当然在科学领域的扩大，而当前关于文化学的"物质"与"因果关系"的问题，虽然复杂繁琐，不易析理，但我们以为也可以提出以下几个根本问题出来讨论，同时也可代表现阶段的文化学理论之归趋。

甲．文化决定论与自由意志论

人类为着生命的安全，群体的继续，在远古开始，老早就要适应环境与控制环境。然而他适应与控制环境的方法，与一般动物有很大的不同。他有发音的语言，有了语言便可以建立哲学，给整个宇宙，予以解释和评价，并利用这些哲学来控制环境与适应环境。

宇宙，由自然界以至文化界，本是法则的范围，但是人类对于宇宙的解释，因文化的演进，形成了不同的阶段。在第一阶段中，其哲学是"万有有灵论"，"超自然主义论"，"人神同形论"——即是以人类心理力量——精神，来说明外界。这种哲学的类型，以自由意志论为骨干，其本身虽可以满足人类的情感，但作为了解与控制外界的工具，它是不会有实际的效用的。经过千数百年后，到了第二阶段，一种新哲学类型，逐渐发展出来，这时人类解释外界，是用外界本身，而不是靠人心所投射的欲望与意志。自由意志论因此让位给决定论。决定论的应用，最初只见诸物质科学，到了最近，方才进入社会文化科学的领域。决定论对于人类行为的解释，似可分辨为下列五种：

（一）物理决定论——认气候，或物质可以影响人类行为与各种社会文化历程的展开。

（二）生物决定论——认生物遗传，体质或种族对于文化变迁，有决定的力量。

（三）心理决定论——以群众的情况，产生某种非常的心理刺戟，而这些刺戟又产生强有力的情绪反映与"色着行为"（Aberrant behavior）。

（四）社会决定论——以集团对于个人的行为，可以用某型的行动，为之约制或禁止。

（五）文化决定论——以观念（意义），价值，行为模式（规范），透过教育与模仿作用，可以影响或决定人民的信仰以及行动的方法或生活的方式。

文化学者是相信文化决定论的。半世纪前泰洛便说："人类历史是自然历史的一部分；我们的思想，意志，行为，逃不出一定的法则以外，正如光波的运动，酸性与盐基的结果，动植物的生长，一样受法则之支配相同。但许多知识之士，对于这个观念，还认为不尽不实，且应反对。"

涂尔干也以自由意志论，是过去人类中心哲学的遗留，看他说："许多人类中心的偏见，依然遗留到现在；这阻碍着科学进展之前路。从前人们以为自己对于社会秩序有无限的权力，现在如果加以否认，大家当然不高兴……其实这种支配事物的权力，实在由于人们认识自己的性质，以及肯概然研究他们的性质方才开始。"

最近克鲁伯也主张一种文化研究如要成功，科学非先战胜人类意志的旧哲学不可。看他说："一种事物（文化）与我们本身有密切关系，且又可以控制着我们自己，使到我们的意志，不能动弹，这种真理，一旦认识以后，我们本能上当然不易赞同。我们不能不否认他的实在性，否认它可以当作实在的确实性，正如人类早就剧烈地反对在自然界，有纯粹自动的力量与体系之存在一样；人们认为这些力量的存在，乃是人格存在的可能的根据。"

怀德也以为当 1880 年与 1890 年之顷，人类学早已踏上决定论的哲学之途径，看泰洛说的："如果法则存在于各处所，它便存在于一切处所。"便可明白，但今日人类学者，还有许多依然主张自由意志论，例如美德（Magaret Mead），斯温敦（J. R. Swanton），林顿（R. Linton）都认为我们可以随意决定自己的命运。林顿更以为统制文化变迁是一种极简单的事情。又如卜尼《论文化危机的概念》（*The Concept of Cultural Crisis*），谓"人在上帝之下，控制着自己的文化命运，且可自由地选择与觉知他所要达到底目的。这些纯然是自由意志论的复活……"。

文化的两极概念，在这里发生了根本矛盾。文化哲学家方面，大抵相信人类为着自己打算，总能决定未来文化发展的途径与形式。举凡对于一切不涉人格的，不可逃避的文化法则之信仰，他们以为只有瘫痪了人类的创始性，而且不会给未来的文化变动之方向或模式，供经验的预料标准。因为一切文化法则都是条件的，假设的，其本身的维持与孕育，离不开人类智慧，意志与创始性，所以世上不会有逾先的法则。反之，文化学者以为一切科学的实在论（Realism），是以机械论为根据。人是有机体所构成，有机体不会决定文化，只有文化决定有机体的动作。近代思想，在基础上，发生上述的两种理论之根本的矛盾，也就是我们的文明所以摇摆不定的原因。试更详述文化学者对于个人与文化历程的观点如后。

乙．**文化历程与个人**

文化学者认为文化体系或文化历程乃是文化特质或元素之"流"所构成。这些元素——名，概念，风俗，信仰，态度与工具，都是在互动的连续的历程当中，每种元素影响其他元素，而本身又受其他元素之影响。在这交互动作的历程中，若干特质，因时间的演进，成为陈迹（如石斧），由文化的洪流，淘汰出去，新的元素，粲然并陈，琳琅夺目。如此交感互动，推故起新，文化的新综合新结果因以构成。我们叫这些新结果新综合曰"发明"或"发见"。

在生长互动的文化历程中，一切预需的元素，如果都已具备，一种"发明"或"发见"，必然会应运而生，一部科学史，都显赫地证明文化历程发展到了某阶段时，某种发明或发见自然而然地会实现。发明或发见，不能没有人的存在，这是一个自明命题，无人否认，然而文化学者认为时人把个人当作原因，来说明文化的历程之进展，这是不适当的。个人只是文化事象的"轨迹"（Locus），文化历程的负载者（Vechle），并不是它的原因或决定者。

科学上"能量不灭的法则"（The Law of Conservation of Energy）说明了文化元素的综合性。文化由石器时代开始，一直到现在，一切信仰，说明了文化元素的综合性。文化由石器时代开始，一直到现在，一切信仰，制度，工具成为互助的洪流，彼起此灭，彼灭此生。当生长的，开积的文化历程已经发展到某阶段时，某些概念已经进入联合的时期，一种综合便告发生，这就是所谓"能量不灭法则"。

这个法则，本来在一八四七年由四个人同时独立发明，其基本概念，是由无数年代开积的观念，信仰，知识，经验，加上能量，质量，物，热，动，与工作的结果之综合。根据这一法则类推，蒸汽机的发明，既然是知识，工具与技术的新综合。但它的始源，可以追溯到旧石器时代。达尔文主义乃是几百年来比较解剖学，胚胎学，化石学，地质学，心理学，人类学，地境学的领域所获得的观念与事实之纪载。微积分是奈端与莱布尼芝的大发明，但他的渊源可以追溯得到原始人用手指足指的计算。这些综合，最初是从某人的神经系统产生，然而这只可说是他们对于文化刺戟的特殊组织之反应。文化业绩本来是离他们而存在的，他们生活在文化之流当中，到了某种文化元素与自己的神经系统发生互动，遂产生新的综合。他们不曾创始这些文化元素，所以然者，因为他们的心理的创造乃是文化业绩的函数，而非其反面。

然而人在文化开积与创造中，完全是被动的吗？这又不然。文化学者以为人的有机体是一种"动力体系"，而非纯粹被动的东西。个人由外部接受一切文化元素，但自己也能够对文化加以改变，消留，增加，联系与综合。人的有机体对于外界一方是接受文化材料，一方也是文化剧变的动作者（agent）。他使文化体系或历程成为可能，影响文化元素的交互动作，但在整个体系或历程中，决定者究竟是文化而并非个人。个人——一个类型的个人有机体——是一个常数（Constant），文化才是"变数"（Variable）。我们如果要说明人的行为，所须要注意的，所以是文化因素。人的有机体受到文化业绩的刺戟，必然地依照某方式而思想，而感觉，而行动，如果受着不同的文化刺戟，也就当然起不同的反应。因此，学者对于人类的适当研究，不是人而是文化。文化的研究所以不是心理学的任务而是文化学的任务。

综合来说，人类的思想，感觉，行动，都是社会文化体集的历程之流，而绝不是个人有机体之"函数"。任何人绝不能离开文化体系而独自思想，感觉，行动，所以个人是文化体系的一种"函数"，他的思想，态度，不是受自己决定，而是受文化所决定，他不是文化的创始者，决定者。故从唯实的，科学的，非人类中心的意义说，举凡一切思想，觉感，行动与革命的动作，实在是文化的一种历程，不过借人的有机体为之媒介，从而表达而已。

由此可见文化学者第一认为文化不是生物决定的，第二文化也非心理决定的。由前一点说，当代人类学者如高丹怀素，班尼迪，沙皮尔（Sapir），林顿等认为文化乃是个人活动的产品。"文明的任何元素，在最后的分析上，没有不是个人的贡献"（班尼迪）。文化学者对此的答复，以为文化体系是无数个人建筑成的伟大结构，这个观点，是自明的命题，但进一步指出如果拿这一观点来说明文化历程的变迁，这是人类中心论与先科学论的遗留。人人都以为太阳在动，地球不动，但只有哥白尼才肯定地证明真理恰好站在相反的方面。个人在文化历程中，一切行为的形式与内容，完全由文化所供给，所以个人并非文化历程的创造者，原动者，决定者，上面已详载言之。复次，文化业绩的表达，原靠人为之媒介，因此受个人的生物的差异之影响，然而在一致的文化环境中，一切老的，少的，瘦的，肥的个人，其行为有高度一致性；语言，信仰，态度，衣服，食物习惯大抵相等，所以文化成为人类行为的决定素，个人的生物的差异，绝不足以说明文化的差异。由后一点说，文化学者认为把发明或发现当作个人心理的创造与行动之产品是不够的，因为一种发明或发现，在任何科学，技术学，哲学或艺术上，都是文化历程的事象，应该用文化学而不应该用心理学为之说明，因为发明或发现是受文化历程本身所决定，而非个人心理创造与行动所决定。

综结以上所论，有如下列：

一、在文化体系与历程中，人可以看作"常数"，而文化才是"变数"。

二、人的集团中之生物差异，不能用以说明文化的差异。

三、文化可以看作超生物学的，超体质的连续体——文化的业绩，纵的方面，由一代传到他代，横的方面，由一民族或区域传到他民族他区域。

四、文化历程的动作，以本身的原则法则为依据，故只能用文化学的名词为之说明，不能以生物学或心理学的概念为之说明。

五、个人当出生时，没有遗传着文化。他生在文化传统中，因而获得一切行为的形式与内容。

六、若干过去学者，认个人是文化的主要创始者，决定者，这是人类中心的观念，结果引至文化的心理解释，同时把文化学的解释与唯实论的可能性抹煞。

七、从文化体系的关系说，个人只是剧变的动作者，他使文化历程成为可能。但不足以决定他的内容，影响他的途径。

八、人不是上帝，说这里有文化，那就有文化，人只是文化遭遇及存在的媒介。

丙．文化学的观点及方法

文化学者认为文化的研究须要采用文化学的观点，而不能采用生物学或心理学甚至社会学的观点。我们在没有举例来说明这些观点应用到文化的说明上之不适当性以前，先要解释文化学的观点是什么。

第一，我们已知文化学者认为文化现象为"闭锁的体系"，本身有其因果的关系，所以文化的研究，可与人的有机体分离，不必相提并论。例如"群"是文化特质的一种，在原始社会，其本身就影响到性的分工，住宅的风格，食物的习惯，宗教信仰与仪式。又如美国文化，自从由德国输入汽车后，便直接受了很大的变动，最显著者如车的制造，铜铁与树胶业的发达，公路的建筑，城市的发展等等。原子能的发见与应用，将来更可以引致整个文化的大革命，使到一切文化特质受到莫大影响。这不是虚伪的实在论，而是真正的超有机论，超心理论。

第二，文化学者把文化现象当作文化现象为之说明，这种方法，并非革命的，簇新的。事实上，许多学者在科学的领域上，通常都做这样的研究。例如，语言学者研究印度欧罗巴语言，要了解这种语言结构与历程，他必要研究语言历程本身，无需乎顾及任何个人的有机体，因为语言有它自己的形式，结构，行为的齐一性。换言之，它发展某种原则，且以这种原则为依据，产生自己的功能。语言所以当然是具有超体质的，超生物学的，超心理学的特性的。又如我们研究工业革命对于政治制度的影响，社会主义对于经济民主化的潮流之影响，乃至哲学，数学，音乐学，艺术学等等问题，学者老早已用文化学的方法为之解答了。所以文化学的观点与方法，不是新鲜的，奇特的。若干心理学者，社会学者，人类学者往往反对这种观点，文化学者认为是错误的。

第三，文化学者指出研究文化现象，当作与人的有机体无关，这与科学上的普通所用的方法，没有什么不同。物理学家研究物体下坠时，就把它视如完全从真空下坠，不受到阻碍似的，为之研究。物理学者在这里是用"理念的情景"代替"真实的情景"，这是一种"知识的结构"。科学家对于物理现象的这种说明方式，没有人素朴地提出反对，认为不可能。我们不能因为文化具有意义与价值的范畴，离开人的有机体为之研究，就如拉克利夫·布朗所想象的那么背理与非现实。

丁．文化学者对于生物学的观点之否定

当代人类学者，有以文化的研究，只是生物学的一个流派，所以想从生物学的观点，反对文化学的建立的。例如胡顿（E. A. Hooton）说"人类的行为既是有机体的一种机能，那么对于人类动物的幸福与灾难之文化与心理征象之研究，应该属于体质人类学的范围"便是一例。正如林尼（Lynd）一样，他对于文化学者把文化与民族加以区分，视为最可悲痛的事情，因为依胡顿所见，文化与人类有机体，血，骨，与肌肉是不能分开研究的，所以说："民族学者，甚至社会人类学家，把社会现象加以抽象，且当作与人的本身分离，我是极其反对的。过去的方法，把社会制度看作与人的动物完全独立，这实在不对，因人才是制度的创始者。"其他如赫德（C. W. M. Hart），甚至朱皮（Chappie），孔逦（Coonn）都表示约略相同的态度。他们之所以采取这样观点者，殆由他们对于超生物学领域的事象，毫无所知使然，否则绝不会把文化现象降到生物的水平为之研究。过去生物决定论，种族主义论的谬误，都可从文化学的观点，澈底予以否定。

戊．文化学者对于心理学的观点之否定

数十年来，一种超心理学的文化学之建立，在学术界上，早已异军突起，成为猛烈的运动。但美国历史学派的人类学者，始终没有把握这个概念。鲍亚士，沙皮尔，班尼迪的观念，上边已经说过。高丹怀索说："文化属于心理学的水平，它是存在于人的心中的"。朱伦（John Gillin）也说："近来最伟大的进步之一（在人类学说上），就是人类学者觉知文化是一种心理学的现象"。最近赫斯高维斯（Herskovits）更说："文化的终极的实在，是心理学的"。据怀德的观察，文化的研究，由文化水平降到心理水平，这不是进步而是退步。如果把文化的"终极实在"，放在心理学的历程，则我们也可以退一步把它降到生理学或化学物理学的水平，这当然不是进步而是退步。

美国人类学最近的倾向，在作"人格的研究"，"深蕴心理学的研究"，由此可见人类学不但从泰洛所侧重的文化水平回到心理学的水平，抑且由社会心理学的水平，退到个人心理学的水平。科学在人类学上本来老早已经进到文化的水平，发展了超心理的文化学。这种超心理的文化学对于人类行为，提出什么解释，兹于下节详论之。

己．文化学的人类行为观

依照上面所述，文化学者在讨论民族间的行为之差异时，以人是一个"常数"而文化则为"变数"。我们知道中国民族，美国民族，俄国民族，野蛮民族与文明民族的行为，各有不同，其所以不同者，皆由于文化体系或文化水准的不同，绝非原于生物学的——解剖学的，生理学的，或心理学的——不同，文化学者对于人类行为的解释，所以与心理学者迥然有别。心理学者通常对于一个民族的行为，分成勤俭的，想像的，快乐的，和平的，好战的心理特质，或宗教的，哲学的，艺术的类型，其实这种看法，全然不对。民族间的这些行为之不同，只是一个共通的"常数"——人类有机体——对于各种文化刺戟的反应造成。人类一切行为，也即是我们所思，所觉，所行，都是文化决定的。

文化学者对于民族间的行为之差异，既作如是观，因此根据怀德的看法，民族间对于食物的嗜好，如若干民族喜吃牛奶，猪肉，若干则否，若干民族许可婚前的性交行为，若干则实行婚时贞操试验；若干重视性的妒忌，若干则赞成多夫制或偕妻制；若干重视私产制，若干则实行共产制，这些行为的差异，只有文化学才能说明，若诉诸心理学当然是走不通的。

鲍亚士曾用心理学解释种族偏见，认为这是民族把同类的特征归到个人身上的倾向造成，但他不曾说明为什么有些民族完全没有这种偏见，若干民族却带着强烈的偏见的色彩。弗来乙德（Freud）也曾用心理学解释"岳母禁忌"，但他只表明凡是这样的风俗存在时，跟着就有某种情感与态度，至于这种制度的本质是什么，为什么甲部族有这样制度，乙部族则否，他就不能说明了。推而广之，举凡关于社会结构的统一与分化，生存的样式，生产与交换制度等等，如用"人心的倾向"来说明，总觉得毫无意义，但如提出文化学解释，便豁然贯通。

社会科学家对于"乱伦"（Incest）的问题，曾作过不少的研究，但始终找不到答案。高丹怀素以为"乱伦禁忌"之起源是神秘的，只有"心理分析术"，终能提供适当的心理学说明，然而心理学或"心理分析术"决不能说明为什么若干民族禁止同姓婚姻，若干则赞同血统混合。关于这些问题的适当的解答，归根到底，应该是属于文化学的，至于心理学显然负不起这样的任务。

在许多原始部族中，氏族是重要的集团。氏族不但是血统的单位，而也是合作的单位。然而心理学者单从对内互助对外恐惧的情绪，说明氏族的起源与存在，决不能解释为什么若干部族有氏族，若干则否，又为什么有些氏族是母系，有些则为父系。关于这些问题，也只有等候文化学者对于这样的特质，如劳动与性的分工，生活与保卫的样式，住宅之业权，婚后住所等等，加以讨论，方能提供适宜的解答。

心理学者对于革命现象与战争现象，似乎亦无法提出适当答案。如果革命是心理生物学的现象，则革命应该在任何时间空间，都不断表现，有如人口的生死一样。然若干文化体系，一旦达到高度统整与平衡时，却在很长的时间中，没有革命的现象发生。革命事象大抵起自文化体系内部的矛盾与冲突。人类有机体在和平与革命时期，都是相同的，所以革命现象，以其说是先天欲望的产品，不如说是后天文化的结果。战争现象，也是如此。占姆士（William James）以为人类有爱光荣，喜竞争的本能，所以认战争出自本性。鲍亚士谓战争由"心理的态度"，"一种观念的情绪的价值"造成，所以有理性的原因。战争是出自本性吗？若然，为什么若干民族是战斗的民族，若干则为和平民族，长久没有战争呢？文化学者坚决地指出，心理学不能解释战争的问题，原因是战争起于不同的文化体系之冲突。不同的部族或不同的民族间，只有若干情景的文化——如海外市场之争夺，油矿或铀矿之竞取——才决定战争是否实现，由那些人执行，为什么要举行。所以从文化学观点看，战争是文化体系间的竞斗，而非个人间的竞斗。战争的说明，也是文化的，不是心理的，因为战争是文化现象，这只能由文化名词为之说明。世界永久和平，终有实现之一日，如果"大道之行也，天下为公"，这决非由竞争本能的消灭，而必然是由文化历程的演进。社会进化，最后必然把民族合而成真正的联合国，把细小的集团融结为伟大的集团，全世界人类统于单个的政治组织，由"世界政府"以进于大同世界之"无政府"，这时永久的和平就告实现。

有机体的人类与超体质的文化环境之关系，由上所述，本已瞭然，无待深辩。兹更用音乐行为，作总结的说明。世界各国民族的音乐行为，殊不一致，其所用的音乐款式，亦文野异趋，这样的情形，如用人类有机体来说明，一样是走不通的。文化是个变数，有机体是常数，变数不能用常数说明。只有音乐传统变了，音乐行为也跟着变。行为是有机体对于一套文化刺戟的反应。

音乐行为如此，推而至其他语言的，哲学的，数学的，建筑的，宗教的，经济的，政治的，乃至任何人的行为，都非例外。文化学的人类行为观之方式，所以是：人类行为乃是有机体的人对于一类外部超体质的象征的刺戟——文化——之反应。人类行为的变化乃是文化变数的函数，而非生物学的常数之函数。

文化体系或文化历程，可以断言是超体质的，超心理的。它们虽不能离开人而独自存在，不过他们一旦存在后，就有自己的生命，其行为受本身的法则所支配，而非受人类有机体的法则所决定。文化学对于人类行为的说明所要阐发者，大致如此。

庚．文化学与社会学的分别

好像费孝通氏最近在北平中国社会学社年会说过，文化学就是社会学，其理由如何，未见其详。过去德国社会学者如飞尔康德（Vierkant），米勒赖耶（Muller-Lyer）都作如是观。最近美国社会学者汤马士亦以为社会学是一种"文化的特殊科学",至社会心理学则为"文化的主观方面之普通科学"。素罗金则以为社会学系是讨论"文化,社会与人格"的科学。文化社会学如韦柏(Alfred Weber)的巨著《文化史即是文化社会学》(*Kulturgeschichte als Kultursoziologie*, Lydon, 1935)反对哲学的决定论,以为有压抑人生自发的嫌疑,亦称文化社会学就是研究社会历程,文明历程与文化运动之科学。文化学与社会学的相互关系,诚然不可否认,但文化学与社会学是不是一而二,二而一混然不可划分的呢?在文化学者看来,答案是一个坚决的"否定"。兹析论如下:

其一,首先要说明的,人类在社会所习知及获得的神话,宗教,哲学,语言,艺术,风俗,制度,伦理,工具等等,我们集体地名之为"文化"。文化体系或文化现象是人类行为的"超心理学的决定素"(Super psychological determinants),所谓超心理学者,其意是指一切关于文化的解释是要超出心理学范围之外的。社会学如果有如飞赖耶(Hans Freyer)所谓代表一种方法,一种观点的话,社会学研究的范围,原始要终,实在不能超出人类行为的心理学观。

其一①,从科学的发达史看,心理学经过很长的时间,一直到最近十余年中,仍然是"个人心理学"。以解剖学,生理学为根据的心理学,不能超出"个人"的范域。在早年期间,心理学的题材是"心","心"是在有机体内发生作用的,所以心理学者要借解剖学的结构,生理学的历程为之观察。心理学是研究心理的,而心理是个人主义的现象。关于个人行为的科学有了相当进展后,科学家开始承认行为的重要决定素,还有在个人以外者,科学乃开始注意"超个人的决定素"(Super individual determinants),把他们纳入科学解释的范围以内。然而职业的心理学家,不易立即承认人类行为的超个人的决定素之意义,因此科学乃在另一旗帜下,组织起来,担任这种研究工作?这个新运动就是社会学。

其二,社会学起来,成为研究行为的"超个人的决定素"之科学的有组织的企图,在科学史上,是科学范围的扩大。同时这些决定素在性质上是社会的,因此社会学成为"社会的科学"(Science of Society)。早先的社会学者把他们的科学与心理学划分,其基本观点,即认定心理

---

① 原文如此。以下10段的序数均照原文未更改。——编者注

学是研究个人的，社会学则是研究群体的。吉庭史说："心理学乃是个人心理的研究……社会学……则是对于更特殊，更是复杂的群体心理现象的探究。心理学就是观念的联合之科学。社会学则为心理的联合之科学。"然而心理学也慢慢把它的范围扩大，包括超个人的决定素。占姆士（William James）在他的《心理学原理》（*Principles of Psychology*，1890）讨论"自我意识"，已深刻注意行为的社会因素。波尔文（J. M. Baldwin）早就预料到未来的心理学，将以"社会的"为中心（*Conception and Methods of Psychology*，1906）。麦孤独于一九〇八年在英国发表《社会心理学》（*Social Psychology*，1908），这是心理学采用这个学名的开始。恰好罗斯（E. A. Rose）在同年当中，以美国社会学者的身份，亦出版《社会心理学》。亚尔钵（F. H. Allpol）到了最近给社会心理学定义为：研究个人行为及与其他个人的行为相关之科学。社会学者方面，例如吉庭史辈，此时亦以为社会学是研究"人类行为的科学"（The Science of Human Behavior），因此社会学与社会心理学连成一气，几乎混同。一八九〇年以至一九〇〇年之顷，许多社会学者（当然数十年前孔德也表示这一倾向）认为人类行为的个人方面与群体方面，既经研究，则科学的体系，已经首尾毕具，划然完成。社会学因此被称为科学体系的皇冠。然而文化学者认为社会学的成绩姑不论如何发皇，但实际上它并不会达到孔德及以后许多社会学者的理想，使社会学成功一种伟大的科学体系之领袖，其理由，我们相信是：

其三，个人心理学所研究的是个人行为。社会学所研究的是超个人的行为，至于超心理学的决定素（文化），除却少数例外之外，社会学完全未加分别或予以承认，因此它不会成功一种"文化科学"（Science of culture）或"文化学"（culturology），由此来完成人类科学的整个体系。简而言之，社会学只是从心理学扩申出来的，而以研究集体方面的行为为对象。它毕竟不会变成一种文化的科学。但社会学的范域以外，显然有另外的一种科学需要实现，这也就是文化的科学或文化学。

其四，社会学对于超个人的决定素（社会）之外，自然也遭遇着超心理学的决定素（文化）；不过社会学与其说是从文化水平研究文化的决定素，不如说是把文化转移到社会心理学的水平，企图以"社会历程"或"社会互动"的名义为之说明。社会学者大多不会知道所谓"社会互动"没有不是受文化决定的。他们以"社会互动"在这里产生母系氏族，在那里产生父系氏族，这种说法不但毫无意义，而且前后倒置。

其实，照文化学者所见，只有民族的类型，文化，质素，决定社会互动的形式：即是母系氏族产生了某型的社会互动，父系氏族产生他型的社会互动。同时，所谓氏族这种文化特质，不论用个人心理学的历程——希望，欲望，恐惧等——或用社会互动的历程，都不能说明，如果要作有效的说明，当然非要用性的分工，婚姻规则，已婚夫妇的住宅等等文化质素不可。总言之，不论在家庭也好，氏族也好，邻里也好，教会也好，市场也好，只要有互动的具体历程表见出来的，事实上没有不是受文化决定的（给予形式与内容）。社会学者想用"社会历程"，或"互动"来说明文化，所以必然是失败的。文化之社会学的解释，一方既不能对于风俗与制度，提供关于文化起源与功能的科学解释，一方也不能表现文化的超心理学的性质。我们由此可知科学在扩大他的范围时，已经创造了社会学，科学范围的进一步扩大，当然创造文化学。

其五，社会学乃欧洲工业革命后的一种产品，它在学术体系上的突创，迄今已有一百二十五年多的历史。自文化的概念进入社会学领域，发生重大的影响之前，它在学术上亦已很普遍，尤为各种学科所喜用。但社会学者，除少数例外以外，既不曾进一步采取文化学的观点，亦不曾看出文化与社会学的区别，究竟何在。许多社会学者以为文化只是"行为"，或"行为的特种类别"或"人类有机体的反应与反动"而已。杨格（Young）说："文化由学习的行为模式所构式"。边尼（Read Bain）说："一切文化模式皆存在人的有机体当中……文化是由社会象征为之媒介的一切行为。"乌格邦（Ogburn）与南可夫（Nimkoff）说："文化是由学习传递①的行为。"爱尔乌德（Ellwood）说：文化是"靠象征由社会里获得与由社会传递的行为模式"。社会学者中也有把文化当作社会互动的一种副产品者，例如格劳夫斯（Groves）说："文化是人类联合的一种产品"。又有若干人以为在社会学术语中，"文化的"已成为"社会的"之另一名词，例如班纳（Jessie Bernard）说："文化"很可以替代"社会"，"文化的"可以替代"社会的"。

其六，由此可见许多社会学者似乎没有能力觉知文化是属于一种超心理学的顺序，且与"社会互动的历程"不同。此点从德国形式学派的社会学者沈沫尔（Simmel）的断定，可以窥探出来。他以为："语言，道德，教会，法律，政治与社会组织的发展与特性，构成独立的实在之

---

① "递"，原文如此，下同。——编者注

一种结构，有自己的生命与法则，又由它本身的特别力量，遂与它的个人成分独立。"这个概念，似乎是不可避免的，但他自己没有看出，这种人推理的重要性，所以在最后的分析上，还承认只有个人是存在的。许多美国社会学家，例如格雷（Dorothy P. Gary）著的《文化之展开的研究》（*The Development of Culture*）便以为只有从以下的观点来分析文化，方才可以建立一种文化的科学——即是"文化本身是一种社会历程，由集体的人类行为产生，且同时包括这些行为在内"。照这样看，一种文化的科学与其说是文化的科学，毋宁说社会历程与集体行为的科学，只有如此看法，文化学方能建立起来。又亚培尔（Th. Abel）在所著的《一种文化社会学是可能的吗》（*Is Cultural Sociology Possible?*）其结论谓"社会学是对于人与人间的行为之研究"，文化只是其中的一方面，所以断言文化社会学是不可能的。

其七，由此可见社会学者以为文化是行为，是社会历程或互动，是人类行为中的一因素，或人类行为的副产品。他们很少能够升到另一种水平，把文化看作另外一类超心理学的，超社会的现象（Suprapsychological, Suprasocial Phenomena）；与把文化看作自成一类，且具有自己的法则之历程。简言之，他们不能超越一种社会的科学，进而延揽一种文化的科学。这是不足惊异的，因为社会学者在定义上与在传统上都是戮力于社会或社会互动的研究的。所以他们在遇着文化时，当然是用自己所熟知的名词，"社会互动的意象"，为之研究。社会学者当中，据我们所知，除涂尔干外，很少具有文化学的清晰概念，且从事于这样的一种科学之推进的。

其八，然而若干社会学者亦已充量受到文化学的观点之影响，而深感徨惑的，例如马其维（R. M . Machiver）便以为"文化的搜讨（方法），使社会学失却了重心"。林德（R . S . Lynd）亦清晰地警告，不要"把文化看作一种自满的力量，根据自己的法则而运行着"。班纳也反对文化是自成一类的东西，谓文化只是人类有机体对于环境的反应。

其九，由此可见社会学者是承认文化现象的，但只承认其在人类行为中之机能。他们当中，除少数人外，实际没有达到文化学的概念，且不曾深知文化现象构成一种分立的清晰的"顺序"，不曾知道文化元素是依照自己的法则动作和相互动作；不曾知道文化不但可以离开人类有机体而且又以离开"社会互动"而研究。事实上，这一特类的现象必须研究，且须要特殊科学为之研究，这个科学不是心理学，不论个人的或社会的，亦不是社会或"社会互动"的科学，而是超心理学的文化的科学，即是文化学。

其十，因为社会学的创立，科学的疆界，已扩大到把行为的超个人的决定素，包括起来，作窄而深的研究。但是社会学本质是集体行为的科学，是集体心理学的决定素的科学，所以不能把握和说明超心理学的决定素。科学因此不能不断决原有的疆界，创建一种新科学。这种科学就是文化学。

辛．文化学在科学体系中之位置

各种科学的进步，不是同时的，一致的。天文学物理学的进步比生物学快，生理学比心理学快，心理学比社会学成熟较早。每种科学的诞生，很能予以确定的划分，其中有些是互越的，有些是同时生长的。如果依照科学的大概年龄与成长的顺序，作层位的排列，便成下表：

社会的与文化的科学	文化学 社会学 社会心理学
生物科学	心理学 生物学 解剖学
物理科学	化学 物理学 天文学

从科学史看，科学在时间上的发展，为什么会发生如上的顺序，这是一个极不易解答的问题。孔德在实证哲学（Positive Philosophy）中，把"科学的层阶"（Hierarchy of Sciences）排列起来，且加以详细的说明。他的排列，依次分为五种基本科学，即天文学，物理学，化学，生理学，社会物理学（即社会学），本质与上开的排列，没有什么不同。不过他不曾把科学，分为三个范畴，而只分成两个范畴，即是：

（一）无机的物理学（包括天文学，物理学，化学）
（二）有机的物理学（包括生理学，社会学）

以上两个范畴，虽然不曾把"生理学"与"心理学"排列在内，但他在实证哲学第五卷也研究到心理现象。斯宾塞在一八五四年发表的《科学发生论》（*On the Senesis of Science*）一方攻击孔德的科学的阶层说，一方说明科学在进化的整个途程中之连续的一致性。对前者，他以为科学没有真正的"逮属",因此视孔德的整个假说是错误的,对后者,他以为科学不能依照线性的顺序,作合理的排列,因为他视科学乃是多方面的心理历程之一种堆积的产品。到了十年后,他又发表《科学之分类》(*The Classification of Sciences*,1864),重新对于孔德的分类,施予攻击,但他的排列,据华德(Lester E. Ward)把他的体系平列比较,本质上与孔德所手定的,没有什么不同。大抵孔德与斯宾塞所提出的排列,根本无甚分别,这是不成问题的。

在科学的发展上,物理科学居先,次则为生物科学,最后方是社会文化科学。斯宾塞大抵根据进化的观点,指出物理现象的发生,必然先过生物现象,因为宇宙现象的发生,必先有元子与分子然后有细胞与有机体;至于社会体系则必须建立在生物学的基础之上。但他不曾说明为什么物理现象的科学解释,先过生物现象的解释,而生物学的形式之解释,又先过社会现象的解释。反过来看,孔德恰好说明科学的发展之次序:"每种科学必以前一种为依据……欲对于一种科学作有效的研究,必须对所依据的科学有充分的知识才行。我们的研究,所以是从最普通的或简单的现象开始,再连续地进到较特殊或较复杂的现象。这必然是方法上的道路……"孔德采用普遍性与复杂性的度数,说明科学的发展,科学家早已评其不当,科学产生及成长的顺序,并非由于他们的普遍性之递减与复杂性之递增,而是由于人们对于各种经验的领域,分别自我与非自我之不同的能力。怀德根据这一原则,曾指出当我们研究那些对于人类行为的决定性不甚显著的现象时,这种分别是不容易的。人类从经验上,发见行为的决定素,若干是比较辽远的,若干则与人们极为接近。例如天体(风,雨,露,雾)对于人类行为决定的能力,比较辽远且不很重要。因此天文学的生长比地体物理学,地质学,地理学早。解剖学的发生,先过生理学,生理学又先过心理学,理由也是如此。据此科学发展的法则,可以综结为:"凡是对于人类行为的决定性最薄弱最辽远的领域,其科学的产生与成长居先;反过来看,凡是对于人类行为的决定性最有力的又最密切的领域,其科学的产生最迟,生长最慢。"这个法则,孔德也看得甚为清楚,因为他早就说过,凡是最普通最简单的现象,与人们的关系越远,所以人们能以较冷静和较合理的心态,从事研究,反之最复杂的现象与人们的关系越近,所以关于这类现象的研究,特别延迟。

试用下图(见后面)来指示科学的发展与叙列。在图圈中心,就是人类；人类的周围就是宇宙，宇宙之内，景象罗列，这些景象对于人类的行为之影响，表现出不同的度数。若干科学，离人们较远，若干则极为接近。从这观点看，科学进步，其性质显然是范围的扩大，多过自身的生长或发展，科学本来是研究经验的特殊方法。人们开始这种方法说明经验领域之特殊部分时，最初是研究天文学，因为天文现象，作为人类行为之决定素，是最辽远与最不重要的。这种方法的使用，逐渐应用到其他经验部分，由物理学、化学，进到解剖学，生理学以至心理学，社会学，最后则为文化学。科学范围扩大，万有有生论，人神同形论的旧哲学，一天一天萎缩；换言之，自然法则与决定论越进步，自由意志的哲学迅速地向后退落。这里逻辑的结论，当然是：——科学的哲学，逐渐包括人类经验的整个领域，作为合法的研究对象。

因果关系的法则之应用，已由自然领域逐渐进入心理，社会与文化的领域。依照孔德，斯宾塞，华德的看法，社会学在科学的体系中，不但是最后的一环，也是发展的最后阶段。人类次第研究人类行为的各种决定素——天文学的，地质学的，物理学的，化学的，解剖学的，生理学的，心理学的——此外只剩下一类决定素，这即是社会学的。但是依照我们先前所述的见解，这个分类不特不适切，也绝不能说是最后的，因为此外还有一类关于人类行为的决定素，是在心理学范围之外的，这就是文化现象。文化现象与人们的关系是最密切的，因为如此，所以科学家也到了最后才采用科学方法为之研究。文化学所以最晚出者以此；文化学所以继社会学之后，在科学体系中占最高的位置者亦以此。

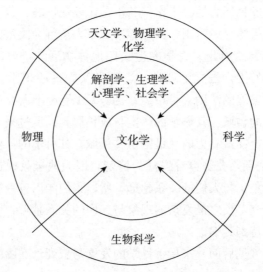

五、回顾与前瞻

以上所述，已约略将当代文化学者的理论之倾向，作一鸟瞰的观察，如所见不甚纰缪，则我们应起之感想，有如下列：

其一，文化体系，或文化历程有自己的生命，自成一类的实在，受本身的法则所决定，故文化研究，必然成为独立的科学，有自己的目标，方法，水平，范围与法则，学者可以就此作彻底的忠实的搜讨。

其二，文化人类学者，社会学者尚多承认"文化统形"（Cultural configuration）是心理的，而非形式的结构的实在，最近文化学者则要说明文化不但是超有机的而且是超心理的，超社会的。关于这类现象的研究，必须站在本身的水平之上，把它当作与人的有机体独立，为之探讨。因为从科学观点看，我们所讨论的只有一类现象。例如，"生物化学"中，似乎包括两类现象，但实际上也只有一类。我们可以把"生物化学"的事象，一方还原到化学，一方还原到生物学，但这不会否定生物化学的事象之作为生物化学的现象之完整性。每种现象有自己的明显的水平，而每种水平的事象又有其"类"之完整性。科学家对于当前一切关系现象，虽然也可作综合的观察，然而他永远不会清晰地把握其综体。宇宙的事情，都是息息相关的，一个鸟坠下地上来必然地立牵涉到整个的宇宙。如果这样子研究他的综合的关系，在科学上既用不着，事实上也无可能。科学家所以必须把某一部分的实体，某一类的现象，从其他类中抽象出来，加以研究，一若他的存在是与其他现象独立似的。这种现象的锁闭体系之探究，依照科学的方法看，似乎是可能的。

其三，文化学在指出文化学在科学体系中应占的位置，并非看轻了心理学，社会学的职能。这些科学在科学分类中的位置，是确乎不易的。我们指出把心理学，社会学与文化学的领域划分，然后可以避免许多概念上的混淆，至于"人格"，"社会"与"文化"的交互关系是不可否认的。

其四，文化学者以人的有机体是一个"常数"，文化是"变数"。这个观点牵涉到自然主义与文化主义的根本争论。自然主义者把文化业绩的产生，归诸内在的人性，所以要从自然来抽绎文化的形式。文化主义者在相反的极端，认定文化是超心理的历程，其现象本身是自洽的，其发展则依照自然法则，其势力可以陶铸个人乃至一世之人而莫能外。实证主义者固然采取这一立场，即新康德学派的唯心论者，如柯恩（Hermann Cohen）和迪尔提（Dilthey）也赞同这个观点，把自然的范畴还原到文化，把认识论与本体论纳入社会学或文化学之内。史的唯心论者很自然地以为前者犯了"自然主义的谬误"（Fallacy of Naturalism）后者犯了"文化主义的谬误"（Fallacy of Culturalism），所以对于自然主义派的方法，固不赞同，对于实证派的"文化理则学"也表反对，进而主张人类现象的正当了解，离不开主观的搜讨。然而最近的倾向，还是史的文化主义在占优势，例如卡斯拉（Ernst Cassirer）、卡士特（Ortega Y. Gasset）认定人性是不确定的，可塑的，人的性质是一个永恒的变，而非一种伊利亚的（Eleatic）自我证同的形式。换言之，人的卓越的标志，不是他的形而上的或物理的（形而下的）性质，而是他的工作，只有这种工作，或人类活动的体系（文化），方才决定着人道的范围。

其五，文化决定论似乎把人看作是被动的，引起许多学者如韦伯（Alfred Weber）等之反感，然而怀德并不否认人是一个"动力的体系"（Dynamic System）。他的行为之形式与内容，虽受文化所决定，但他对于文化，仍然有改变，消留，增加，联系与综合的力量。人所以一方是为文化所决定者，而一方也可说是文化的秉持者，价值剧变的动作者（a Catolytic Agent）。

其六，一切科学都是年青的。文化学为最晚出的科学，当然是最年青的一种。批评者，反对者似乎不必因为它年青与幼稚，就加以讥讪。人类文化已有一百万年的历史，学者对于过去文明的分类，不论是丹尼拉维斯基（Danilevsky）所采的十种，或汤贝（Toynbee）所提出的二十一种，这些实际只是若干尝试而已。未来的文化，如不为原子战争所毁灭，最少还有二千万年的历史。生命的方式，将来必然改变，不会永远以战争来解决人类问题。在文化历程不断开积，发展，进步的当中，作为研究文化体系与文化历程的文化学不但必然产生，而且必然是占着科学层阶的最高位置。

其七，我们今日可以看出科学的长期发展，是从天文学开始，后来次第前进，产生物理学，化学，经过达尔文主义的胜利，生物学也建立起来。心理学突起，最后可以把"心"当作"物"为之研究，社会学在发明的世纪起来，已不断发见了许多的"社会互动的法则"。科学的范围，因"物质"与"因果关系"的新发见，而逐渐扩大，文化学所以因文化的发见，异军突起，以找寻过去百万年并预测未来二千万年以上的发展的法则之科学自命。

其八，文化学乃是科学历程的新项目，许多人常谈如何改造文化，如何管制文化，然而很少人知道，如泰洛、涂尔干、克鲁伯、华德所指出的，不是人类管制文化，其实是文化管制了人类，文化的生长与变动，是依照自己的法则的，我们如能把原始的人类中心观念祛除，精研文化的性质，找出文化的法则，则人类更有能力来获得更合理的更有效的文化生活。斯宾格拉（Sprangler），汤贝（Toynbee），索罗金的伟大的文化历史与社会的体系，在近数十年中，可算是"穷天人之变，成一家之言"的。他们指出的文化法则，大抵以为西方现代的文化之创造力，已经快到发挥尽致的时期。文化体系的内在生长，其形式不是无限的，所以每种体系，必然经过"生，住，灭"的阶段，绝对无法避免，然而索罗金则独自主张，西方实感文化（Sensate Culture）在今日一方是没落，一方是转形［型］，惟有转形［型］然后可以再发挥其未来的创造力。这些文化法则，是否有高度正确性，此处姑不批评，然而文化法则的追求，的确已经在不断的进展中。科学的新项目之文化学，似应以发现文化"进退，存亡，得丧之故"的法则自任。

其九，过去百年间，史学，人类学，社会学对于文化资料，已经堆积得不少。文化的测量当然是需要，但目前创建文化学，其最大的急务，似不在搜集资料，而在把既存的资料，予以类化，及作合理的选辑的排列，进一步把文化学建立成体系的科学，这样的一种概推的科学，应具有一套参考的原则，一种动力的因果方法。他除却要说明这种科学发展的过程本身在人类科学中的特殊任务与在整个科学体系中的位置之外，它似不必详细讨论人类行为的物理的，生物的，心理的，社会的决定论或先文化学的问题，反之，它应该探究文化现象的结构与动力，企图发现他们的法则。文化学体系似可分为两方面：第一，普通的文化结构学，研究（甲）发生的文化现象之结构与合成（约略与生物学对生命现象的细胞之构成，或物理学的原子之研究相符合）；（乙）文化体系的主要结构类型及它们间的相互关系，建立文化结构的学说。第二，普通的文化动力学，研究（甲）覆演的文化历程——文化特质与体系的发明，传播，统整与崩解，融合与积叠；（乙）文化历程的节奏，拍子，循环，倾向，振动——以及文化变迁与进化的一般问题，建立文化动力的学说。至于特殊的文化学，则专究特殊类别的文化现象之发生的覆演的方面及其关系，建立各个现象的结构与动力的学说。所谓文化现象的特殊类别，例如宗教文化学，知识文化学，艺术文化学等等属之。

其十，在人类知识的现阶段，希望对于复杂万端的文化体系之主要类型的齐一性，予以概推化，并建立这种体系的发生，功能，变迁，没落，转形［型］或新生之类型的方式或法则，当然不是容易的事情。一切方式或法则，只可以算是几近的，尝试的与临时的。这种的方式或法则必要以既存的实验的，半实验的，统计的，历史的，调查的观察为根据。前人在文化领域内所得到的学说与结果，应该予以批评的分析和科学的比较，再研再炼，提出融和的综合。这样的完备的，赅博的文化学体系，虽还未有完成，但在海内外，已有不少学者引其端，创其绪。在文化交流与文化昂进的现代，学者必将远绍博采，卓然树立创成灿烂庄严之新学术体系，对世界文化作充量之贡献，当属无可怀疑之事实。

黄文山年谱简编

1897 年①

出生于广东省台山县洞口乡长兴里。父黄世河，在港经商。幼时跟从其四叔祖黄兖文学习旧学，7 岁时到香港学习英文，后入广州千顷书院肄业。在广州读书时受无政府主义者刘师复影响，崇拜巴枯宁和克鲁泡特金，开始形成无政府主义思想。

1911 年

转学于香港皇仁书院。在香港读书期间，奠定极佳的英文基础，并组织香港世界语学会。

1915 年

赴上海考取清华学校，到北京求学，旋转入北京大学哲学系。到北京后，黄迅速接受"人道主义与自由的社会主义"，北京留法勤工俭学学会成立，黄加入为会员。

1917 年

与赵太侔等组织无政府主义团体"实社"，主编不定期刊物《自由录》，为主要撰稿人，以凌霜为笔名，自是凌霜为其别号。这一刊物在思想上承接巴黎《新世纪》，以激进著称。

6 月，在《新青年》第 3 卷第 4 号以凌霜为笔名发表《托尔斯泰之生平及其著作》，介绍托尔斯泰的主要思想观点和主要著述。

---

① 关于黄文山生年，见导言有关注释。

7月，在实社《自由录》第 1 集以凌霜为笔名发表《实社〈自由录〉弁言》、《答思明君》、《素食与道德》、《竞争与互相》、《托尔斯泰之平生及其著作》，介绍创建实社的宗旨和宣传无政府主义思想。

1918 年

5月，在实社《自由录》第 2 集以凌霜为笔名发表《非是非篇》、《少见多怪之时事新报》、《嘉利福禄特连女士之生平及其著述》、《克鲁泡特金之进化论》等文章，及译作《组织论》、《近代科学》、《爱国主义与政府》。

5月，在《新青年》第 4 卷第 5 号以凌霜为笔名发表《德意志哲学家尼采的宗教》。

6月，在《劳动杂志》第 1 卷第 4 号、第 5 号以凌霜为笔名发表《工读主义之希望》、《工厂与田庄》（译著）。

12月，在《华铎》第 1 卷第 16 号以凌霜为笔名发表《近代思潮》（译著）。

1919 年

1月，创办宣传无政府主义思想的《进化》杂志，并在《进化》第 1 卷第 1 号以凌霜为笔名发表《本志宣言》和译文《无政府主义及其发展之历史》（原著者克鲁泡特金）。《进化》杂志共出版 3 期。

2月，在《进化》第 1 卷第 2 号以凌霜为笔名发表《师复主义》、《改造社会的方法》、《女子自由问题的研究》、《评〈新潮〉杂志所谓今日世界之新潮》。

2月，在《新青年》第 6 卷第 2 号以凌霜为笔名发表《世界语问题》、《Esperanto 与现代思潮》，介绍了世界语的由来，并赞同将世界语列入学校课程。

5月，在《新青年》第 6 卷第 5 号以凌霜为笔名发表《马克思学说的批评》，从无政府主义的立场和观点，对马克思主义的经济论、唯物史观和《共产党宣言》中的政策主张提出评论。

11月，在《解放与改造》第 1 卷第 6 号以兼生为笔名发表《克鲁泡特金的道德观》，介绍了克鲁泡特金的无政府主义的道德观。

1920 年

译罗素著《哲学问题》，与李季、沈雁冰合译了罗素著《到自由之路》，两书均由上海新青年社印行。

在《北京大学学生周刊》各期以兼胜为笔名发表《批评朱谦之君的无政府共产主义批评》、《批评朱谦之君的无政府共产主义批评（答朱君的再评无政府共产主义)》等文，为克鲁泡特金的无政府主义辩护。两人因论战而成为友人。黄文山其时正是《北京大学学生周刊》的编辑，他后将《周刊》的编辑工作托付给朱谦之。

9—10 月，加入北京的共产党小组。此时黄文山与早期中国共产党人过从甚密，在联络建立北京、广州的早期共产党组织过程中发挥过重要作用。

10 月，担任《劳动音》主编，此刊后为北京共产主义小组的机关刊物。在《劳动者》第 1 号以兼生为笔名发表《实际的劳动运动》，主张要以科学实验室的态度，开展劳动运动。

11 月，与其他 5 名无政府主义者退出共产党小组。退出《劳动音》的编辑工作。

1921 年

获北京大学文学学士学位。

应广东机器工会马超俊邀请，代表广东机器工会赴莫斯科参加"东方劳苦大众大会"，即 1921 年底共产国际决定在苏俄召开的远东各被压迫民族代表大会（苏联文献称为"远东革命组织第一次代表大会"）。出席代表有中共党员张太雷、邓培、张国焘等 10 人，国民党党员张秋白等 10 多人。同行有广东女界代表黄碧魂（化名黄丽魂）。秋末自广州北上启行，经满洲里进入苏俄。

1922 年

年初，进入苏俄欧洲部分，经乌拉尔山，见欧洲、亚洲分界之碑，对东西文化分界岭留下深刻印象，此后多次记载过经过乌拉尔山脉时所带来的心灵上的震撼。

1 月，以广州机器工会代表的身份向远东革命组织第一次代表大会报告该工会的情况。

在俄期间，与俄国无政府主义者有多次往来，拜见克鲁泡特金夫人。

春，在从苏俄回国路时，执笔写了一封信给陈独秀。7月，陈独秀把它公开刊登于《新青年》第9卷第6号上，信中黄文山表示认可"无产阶级专政"为社会革命的唯一手段。

夏，赴美留学，先后入哥伦比亚大学、克拉克大学研究院与纽约"新社会科学学院"（即"新学院"）从文化人类学大师鲍亚士（Franz Boas）等专攻社会学、哲学、史学、文化人类学。至1928年毕业。

在美国留学期间，政治上转向国民党，成为国民党党员。开始深入研究三民主义理论，先后任纽约《民气日报》总编辑和旧金山《国民日报》总编辑，这两份报纸在侨界中都很有影响。这是黄文山投身于国民党的宣传工作的开始。

1923 年

4月，勤工俭学中国留法学生办的《工余》杂志发表《同志凌霜的一封来信》，对俄国革命和社会状况多有贬损，并说明在《新青年》上所载与陈独秀的通信并非本意。该信亦发表于《春雷月刊》第1期。

1928 年

获美国哥伦比亚大学文学硕士学位。硕士论文题目是《中国文化发展蠡测》（A Short Survey of the Cultural Development in China），英文写作。

应国民党元老吴稚晖所邀回国，由美赴欧，经历欧洲各国。归国途中研读斯宾格勒的著作《西方的没落》。

返抵上海，任劳动大学教务长，后任国立暨南大学社会学系主任。

1929 年

与黄兴之女黄文华完婚。

7月，在《社会学刊》第1卷第1期发表《社会进化论与社会轮化论》。

论著《社会进化》由上海世界书局出版。

是年间，讲学于上海各大学，主张"文化学"研究，有成为独立的科学之必要与可能。

1930 年

5 月，在东南社会学会（后为中国社会学会）主编的《社会学刊》第 1 卷第 3 期上，发表《史则研究发端》，论述了自己对于历史法则的认识。

秋，由孙本文邀请，到南京任中央大学社会学系教授兼主任。旋去职隐居杭州西湖，从事译述。

所译素罗金著《当代社会学说》，由上海北新书局出版。该书分别介绍了西方各种流派的社会学理论。黄文山为此书作长篇序言。

1931 年

在北京大学和北平师范大学任教，开始为学生讲授"文化学"。

1932 年

1 月，在广州国民党中央执监委非常会议出版的机关刊物《中央导报》上发表了《中国革命与文化改造》一文，从国民党的意识形态出发，阐述其对中国文化的基本看法，指出中国社会当时所处的病态，在于文化的失调。中国革命的意义，就是要建立新的文化系统，革命是实行主动的文化变革，"是文化转向的唯一因子"。

"一·二八"事变后，南下广州，任国立中山大学社会学系教授。中山大学社会学系于 1931 年成立，该系成立对于"文化学"的相关课程开设多有推动。

中日间局势稳定后，赴南京改任国立中央大学社会学系主任，并获选制宪国民大会代表。

所著《西洋知识史纲要》，由华通书局出版。该书全面叙述了从古希腊到近代的政治、经济、宗教、哲学、科学、技术、教育等方面的发展情况。

1933 年

所译阿贝尔（Abel）原著《德国系统的社会学》，由上海华通书局出版。该书分别介绍了德国各主要社会学家的社会学理论。黄文山为此书作长篇序言。

参与创办"中华社会科学学社",是三名常务理事中的一员,负责编辑期刊工作,同时担任社会组兼史地组组长。几位与黄文山关系密切的学者,如何联奎、卫惠林,均为该会会员。

1934 年

2月,与友人共同创办《新社会科学季刊》(中华社会科学社主编,南京正中书局出版)。在《新社会科学季刊》第1卷第1期发表《中国古代社会的图腾文化》、《对于〈中国古代社会的图腾文化之我见〉跋》、《转型期的社会科学》(书评)等文。

8月,在《新社会科学季刊》第1卷第2期发表《文化学的建筑线》,倡导建立"文化学",作为一门纯粹的、客观的、综合了其他各门具体文化科学的学科,以解决关于文化的重大问题。这是黄文山主张建立"文化学"的最早和最重要的文献之一。同一期上还发表黄文山的《人类、文化与文明》(书评)。其后,发表《中国文化及其改造》等论文多篇。

8月,在《中山文化教育馆季刊》创刊号发表《民生史观论究》,主要依据孙中山的民生史观和陈立夫的"唯生论",指出民生史观是历史研究的最高的和唯一正确的指针,是"研究历史的锁钥"和"实际行动的南针"。

11月,在《新社会科学季刊》第1卷第3期上分别以黄文山、黄兼生、凌霜的名义发表《对中国古代社会史研究的方法论之检讨》、《社会诊断学之创建》、《社会法则论》等文。

12月,与何联奎、孙本文、卫惠林、胡鉴民等民族学学者、社会学学者共同发起"中国民族学会",以研究中国民族及其文化为宗旨,主要活动计划是:"搜集民族文化之实物"、"调查中国民族及其文化"、"研究中国民族及其文化"、"讨论中国民族及其文化问题"、"编行刊物与丛书"。黄文山当选理事。在其工作计划中,已经确定分任介绍欧美民族学目录及其研究方法、原则,黄文山、孙本文负责美国部分。

1935 年

1月,上海、南京、北平的十位教授王新命、何炳松、武堉干、孙寒冰、黄文山、陶希圣、章益、陈高傭、樊仲云、萨孟武在《文化建设》发表《中国本位的文化建设宣言》(简称"十教授宣言"),主张不守旧;不盲从;根据中国本位,采取批评态度,应用科学方法来一一检讨过去，把握现在，创造将来，并对"复古"和"西化"两种倾向都进行了批评。黄文山不是参加宣言草拟的主要讨论者，是作为中央大学教授列名的，但这篇宣言的观点，代表了黄文山对于中西文化的态度和中国文化的出路的答案。

3月，在《新社会科学季刊》第1卷第4期发表《阶级逻辑与文化民族学》，另以黄兼生的名义发表译著《孔德的社会学研究》。

5月，十教授又在《中国本位的文化建设宣言》引发的文化论战中发表《我们的总答复》，对讨论中各方提出的意见作出答复，主要是对一些基本的概念和命题追加略为具体的解释，以使本位文化建设的体系臻于完备。黄文山仍为列名者之一。在此前后，黄文山在著述中多次重申"本位文化建设"的立场，并为此进行宣传。

在《社会学刊》发表《文化法则论究》，文化法则在黄文山的"文化学"体系中具有特别重要的意义，黄文山强调"研究文化法则，为文化学的主要任务之一"。

以《民生史观论究》的内容为主体，将《史则研究发端》的一部分，作为《由史的"偶然论"说到史的因果法则》一章，并补写了《史的唯生论的方法论》一章，合为一体，撰成《唯生论的历史观》一书，由南京正中书局出版。

所译哈尔（K. D. Har）原著《社会法则》，由上海商务印书馆出版。

1936 年

春，在南京与友人创办《政问周刊》。在《政问周刊》创刊号上发表《"我群"和"他群"——两个基本概念》一文。

与友人共同创办《民族学研究集刊》（中山文化教育馆研究部民族问题研究室编，上海商务印书局印行），5月，在《民族学研究集刊》第1期发表《民族学与中国民族研究》。

两广事变后，奉国民党中央命，到广州从事国民党党务工作。

任国立中山大学社会学系教授，在中山大学讲授文化社会学。

兼任中国国民党广州市党部委员，广州市立第一中学校长。

1937 年

创办《更生评论》，由斡庐学术研究社主办，任社长，主编者为杨成志、周信铭。在《更生评论》各期发表《发扬民族气节之根本义蒂》、《复兴民族的几个基本原则》、《历史科学与民生史观》、《战时统制理论纲领》、《朱执信先生及其革命的人生观》等文章。

在《时代动向》各期发表《民族复兴之心理基础》、《文化上的中国统一观》、《抗战进展中教育界的任务》、《为要扩延抗战的能力率与持久性请大家尽量购买救国公债》等文章。

7月,在《新粤周刊》第1卷第1期发表《文化史上的广东与广东文化建设》。

以上各文主要在抗战全面发生的背景下,宣传国民党的民族主义、政治统一和文化统制理论和政策,配合全面抗战工作。

兼《广州日报》社长。

1938 年

在《时代动向》周年纪念学术专刊发表《怎样研究民族学!》。

在《更生评论》各期发表《太平洋问题的关键》、《再论复兴民族的几个基本原则——本刊立场的再检讨和新估定》、《我们只有一个敌人》、《关于民族政党》、《双七抗战建国纪念节掇感》、《悼钱玄同先生》、《反对轰炸不设防城市运动的意义》、《新道德运动的展开》等文章。

8月,在《时代动向》第4卷第4期发表《孔子与民族主义》。

《抗战建国与复兴民族》由广州更生评论社出版。

《文化学论文集》由广州的中国文化学学会出版。该文集是黄文山在广州局势危急、各种文化机关面临内迁的情况下,为使已作各篇关于"文化学"的论文不至散失而搜集刊印。其中《文化学建设论》、《文化学方法论》、《文化学法则论》、《中国文化建设的理论问题与文化学》、《从文化学立场所见的中国文化及其改造》,是这一时期黄文山关于"文化学"建构的主要代表性论文。

广州失守后,在肇庆出版《广州日报》战地版。

1939 年

到重庆,担任中央训练委员会、政治部等机构职务。倡议创办《青年中国季刊》和《中国青年》(月刊),向青年灌输对抗战建国的认识。

在《战时文化》月刊各期发表《民族文化建设纲领》、《文化工作者的反省》等文章。

在《中国青年》（重庆）各期发表《论中国青年的技术训练》（又刊于《训练通讯》1939 年第 1 卷第 3 期）、《青年的自信、自励与自课》、《权力，一个新的社会分析》（书评）。

9 月，《青年中国季刊》创刊号（青年中国季刊编辑，重庆青年书店出版）出版，在该号发表《权力的科学试探》。

10 月，奉派赴美国视察党务侨务。1939 年至 1941 年间，在哥伦比亚大学、加州大学图书馆进一步搜集关于"文化学"的资料。

1940 年

1 月，在《青年中国季刊》第 1 卷第 2 期发表《民族学研究上的一般原则与方法》。

1941 年

自美回国，在重庆的中山文化教育馆开始写作《文化学体系》。直至抗日战争结束，完成上卷约 60 万言。

5 月，任中山大学法学院院长。1942 年 3 月辞职。

任立法委员。

1943 年

在《中山文化季刊》各期发表《世界文化的转向及其展望》、《知识结合学与知行学说》等文，指出"唯生文化"将是未来世界文化发展的新方向。

9 月，在《民族学研究集刊》发表《种族主义论》。

1945 年

抗战胜利后，广东省立法商学院成立，创办社会学系，任院长兼系主任。

8 月，任广东省府委员、国民政府侨务委员会委员。

11 月，中华文化学会在广州恢复并举行成立大会，与吴康等 9 人当选理事和常务理事。学会有研究部，分为三大类、27 组，其中在第二大类社会科学类中设有文化学组，黄文山、戴裔煊和岑家梧为主要研究员。

12月，受广东省主席、粤侨事业辅导会主任委员罗卓英聘为粤侨事业辅导会副主任委员。

1946 年

任中国社会学社广东分社理事长。该社于是年在广州成立，主要由中山大学、广东省立法商学院、岭南大学三校社会学系人员组成。

4月，在《民族学研究集刊》第5期发表《综论殖民地制度及其战后废止的方案》。

5月，在《社会学讯》第1期发表《文化科学上的因果功能方法》。

在《粤侨导报》各期发表《粤侨事业与广东经济建设》、《经济建设与华侨使命》、《华侨力量与经济建设》、《如何引导侨资》等文，对动员广东华侨参与战后建设提出许多建议。

11月，在《中华文化学术专刊》第1卷第1期发表《文化学上的科学的比较方法》。

1947 年

1月，在南京演讲《原子能的发见与新文化的创造》，与孙本文、凌纯声商讨恢复组织中国社会学社、中国民族学社及出刊社会学报、民族学年报。

应中山大学杨成志的邀请，黄文山为中山大学历史研究所人类学组讲授"文化学"及"文化动力学"。

5月，在《粤侨导报》第10—12期合刊发表《华侨协助实施广东五年经济建设计划及其途径》。

10月，在《社会学讯》第6期发表《文化体系的类型》。

当选国民大会代表、国民党中央监察委员。

1948 年

2月，在《社会科学论丛》新1卷发表《文化学的建立》，再次提出建立系统的独立的"文化学"学科。

在《侨声》发表《侨汇的萎缩及其补救对策》。

5月，与美国人类学家莱斯利·怀特（Leslie A. White）通信探讨"文化学"的问题，此后在1950年代两人多次通信讨论"文化学"。1949年怀特在其著作《文化科学》中，提到了黄文山关于"文化学"

的撰述。

12 月，在《社会学讯》第 8 期发表《文化学在创建中的理论之归趋及其展望》。

1949 年

在《广州大学学报》发表《文化学的方法》。

所著《文化学及其在科学体系中的位置》经岭南大学校长陈序经推荐，由岭南大学西南社会经济研究所出版。该书是黄文山《文化学体系》中的重要一章，黄文山根据科学的分类，指出"文化学"在科学的体系中占有最高的位置，"科学的生长是依照如下的层次：解剖学、生理学、生理学的心理学、心理学、个人心理学、社会心理学与社会学，最后则为文化学"。

是年春，黄文山到台湾，居台北数月。5 月由台飞广州。7 月抵达美国旧金山，在华侨中开展文化宣传。

1950 年

应美国文化人类学学者克鲁伯邀请，赴美国哥伦比亚大学人类学系从事"文化学"研究。

在纽约新社会科学学院（New College-New School for Social Research）讲授中国文化史、文化学、艺术史等课程。

1956 年

发起创办华文出版社，在洛杉矶出版中英文《华美周刊》。

1959 年

所著《黄文山学术论丛》由台湾中华书局出版。所收各论文以提倡建立"文化学"的论著为主。

1960 年

任教于美国南加州大学（University of Southern California），教授中国文化史、文化学、中国艺术史等课程。

秋，参加巴黎召开的国际第六届人类学及民族学大会。游历欧洲各国。

所著《黄文山旅美论丛》由台湾中华书局出版。

1961 年

在洛杉矶创办"华美文化学院",自兼院长。该院以保存及阐扬中国文化,并促进东西文化之交流与混融为目的。

1962 年

9 月,参加世界社会学大会第 5 届大会。

1963 年

6 月,在台湾的《"中央研究院"民族研究所集刊》第 27 期发表英文《文化学的演进及其展望》(*Culturology—Its Evolution and Prospects*)。

8 月,参加在美国洛杉矶举行的美国社会学学会第 58 届大会。

1968 年

应台湾的"国家科学委员会"之聘,返台担任客座教授,任教于台湾大学社会学系及考古人类学系。

在日本东京出席国际人类学与民族学大会。

所著《文化学体系》(上、下册)由台湾中华书局出版。全书 19 章,分上下中三篇,合计约 70 万字。该书对文化研究的学说进行了全面的综述和批评,系统提出了关于"文化"和"文化学"的观点,指出"文化学"是研究文化现象的科学,不但应当成为独立的科学,而且应在科学体系中占据最高的位置。"文化学"的任务,是说明文化体系的类型、结构和动力,形成一般的文化学说和原则,并据此求得文化问题的解答。这是黄文山自 1920 年代致力于"文化学"建构以来最系统的和集成性的理论著作。

1969 年

在台湾逢甲大学演讲,谈及中国文化复兴,将中国文化凌驾于世界文化之上。认为应恢复中国固有中道精神之传统文化,方能造成世界性之社会与文化,进而挽回西洋社会所造成之危机。

1970 年

受聘为香港中文大学新亚学院客座教授。

参加在韩国汉城举行的第 37 届国际笔会，与罗香林同为香港代表团执行代表。

1971 年

应香港珠海书院之邀，留港讲学，任该校文学院院长。

在珠海书院出版委员会印行的《珠海学报》第 4 期发表《由文化形态到文化学——克鲁伯的文化学说研讨》一文。

所著《当代文化论丛》（上、下册）由香港珠海书院出版委员会出版。

所译李约瑟著《中国之科学与文明》首卷由台湾商务印书馆出版。

1973 年

夏，辞退香港职务，返回美国，任洛杉矶东方大学研究院院长及教授。

1974 年

论著《太极拳要义》英文版 *Fundamentals of Tai Chi Ch'uan* 由香港南天书业公司出版。

所著《文化学导论》英文版 *An Introduction to Culturology* 由香港南天书业公司出版。

1976 年

10 月，张益弘主编《黄文山文化学体系研究集》，由台湾中华书局出版。主要收录了对黄文山生平的回忆、对其著述的介绍和阅读心得。

1978—1979 年

编辑《黄文山文集》，主要收集了若干篇论述民族学、社会学、中国文化的论文及一部分评论、序跋、诗词等文字。该文集 1983 年由台湾商务印书馆出版。

1982 年

《唯生论的历史观》、《文化学及其在科学体系中的位置》由台湾商务印书馆重新出版。

所著《中国古代社会史研究方法论》由台湾商务印书馆出版。

6 月 20 日，在美国洛杉矶逝世。黄文山在世时，交待自己的后事，请求友人刘伯骥为他"写一墓碑……碑下英文横书作家、文化学专家、爱国者黄文山"。

中国近代思想家文库

康有为卷	张荣华 编
宋育仁卷	王东杰、陈阳 编
汪康年卷	汪林茂 编
宋恕卷	邱涛 编
夏曾佑卷	杨琥 编
谭嗣同卷	汤仁泽 编
吴稚晖卷	金以林、马思宇 编
孙中山卷	张磊、张苹 编
蔡元培卷	欧阳哲生 编
章太炎卷	姜义华 编
金天翮、吕碧城、秋瑾、何震卷	夏晓虹 编
杨毓麟、陈天华、邹容卷	严昌洪、何广 编
梁启超卷	汤志钧 编
杜亚泉卷	周月峰 编
张尔田、柳诒徵卷	孙文阁、张笑川 编
杨度卷	左玉河 编
王国维卷	彭林 编
黄炎培卷	余子侠 编
胡汉民卷	陈红民、方勇 编
陈撄宁卷	郭武 编
章士钊卷	郭双林 编
宋教仁卷	郭汉民 编
蒋百里、杨杰卷	皮明勇、侯昂妤 编
江亢虎卷	汪佩伟 编
马一浮卷	吴光 编
师复卷	唐仕春 编
刘师培卷	李帆 编
朱执信卷	谷小水 编
高一涵卷	郭双林、高波 编
熊十力卷	郭齐勇 编
任鸿隽卷	樊洪业、潘涛、王勇忠 编
蒋梦麟卷	马勇、黄令坦 编
张东荪卷	左玉河 编

丁文江卷	宋广波 编
钱玄同卷	张荣华 编
张君劢卷	翁贺凯 编
赵紫宸卷	赵晓阳 编
李大钊卷	杨琥 编
李达卷	宋俭、宋镜明 编
张慰慈卷	李源、黄兴涛 编
晏阳初卷	宋恩荣 编
陶行知卷	余子侠 编
戴季陶卷	桑兵、朱凤林 编
胡适卷	耿云志 编
郭沫若卷	谢保成、魏红珊、潘素龙 编
卢作孚卷	王果 编
汤用彤卷	汤一介、赵建永 编
吴耀宗卷	赵晓阳 编
顾颉刚卷	顾潮 编
张申府卷	雷颐 编
梁漱溟卷	梁培宽、王宗昱 编
恽代英卷	刘辉 编
金岳霖卷	王中江 编
冯友兰卷	李中华 编
傅斯年卷	欧阳哲生 编
罗家伦卷	张晓京 编
萧公权卷	张允起 编
常乃惪卷	查晓英 编
余家菊卷	余子侠、郑刚 编
瞿秋白卷	陈铁健 编
潘光旦卷	吕文浩 编
朱谦之卷	黄夏年 编
陶希圣卷	陈峰 编
钱端升卷	孙宏云 编
王亚南卷	夏明方、杨双利 编
黄文山卷	赵立彬 编

著作权声明

图书在版编目（CIP）数据

中国近代思想家文库. 黄文山卷/赵立彬编. —北京：中国人民大学出版社，2013.8

ISBN 978-7-300-17576-8

Ⅰ.①中… Ⅱ.①赵… Ⅲ.①思想史-研究-中国-近代 ②黄文山（1897～1982）-思想评论 Ⅳ.①B250.5

中国版本图书馆 CIP 数据核字（2013）第 107888 号

中国近代思想家文库

黄文山卷

赵立彬 编

Huang Wenshan Juan

出版发行	中国人民大学出版社		
社　　址	北京中关村大街 31 号	**邮政编码**	100080
电　　话	010 - 62511242（总编室）	010 - 62511770（质管部）
	010 - 82501766（邮购部）	010 - 62514148（门市部）
	010 - 62515195（发行公司）	010 - 62515275（盗版举报）
网　　址	http://www.crup.com.cn		
经　　销	新华书店		
印　　刷	涿州市星河印刷有限公司		
开　　本	720 mm×1000 mm　1/16	**版　　次**	2015 年 3 月第 1 版
印　　张	34　插页 1	**印　　次**	2025 年 1 月第 3 次印刷
字　　数	543 000	**定　　价**	119.00 元